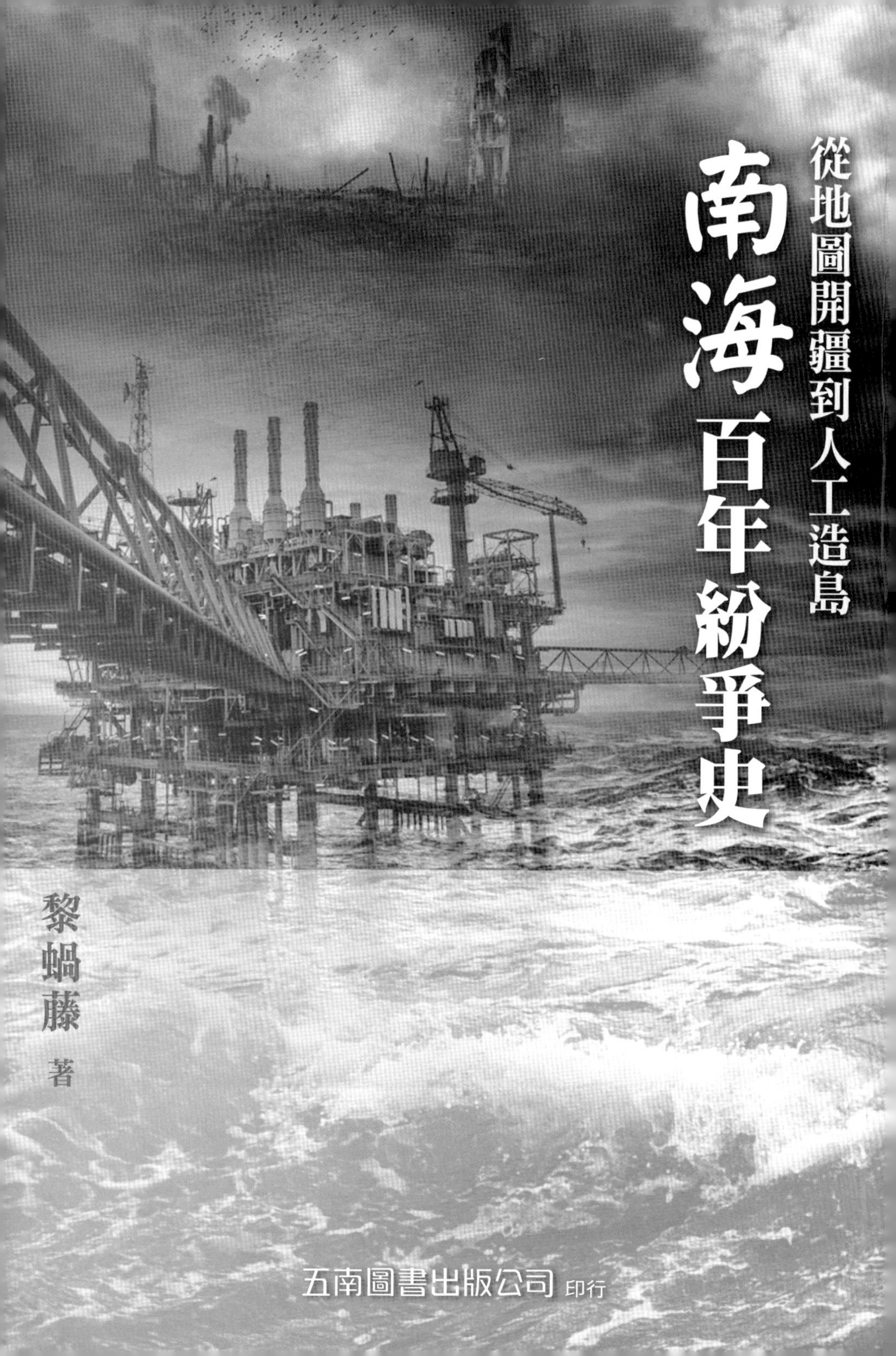

南海百年紛爭史

從地圖開疆到人工造島

黎蝸藤　著

五南圖書出版公司　印行

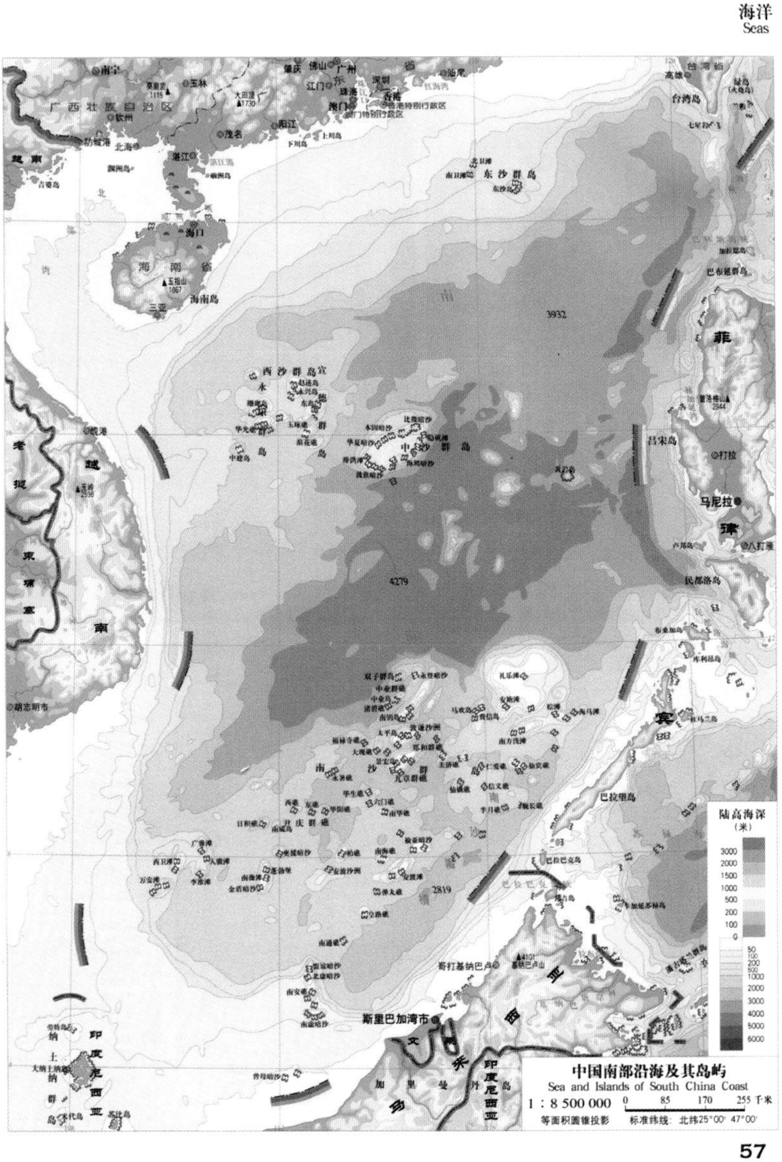

彩圖1　中國出版的南海諸島圖（見第7頁圖1）

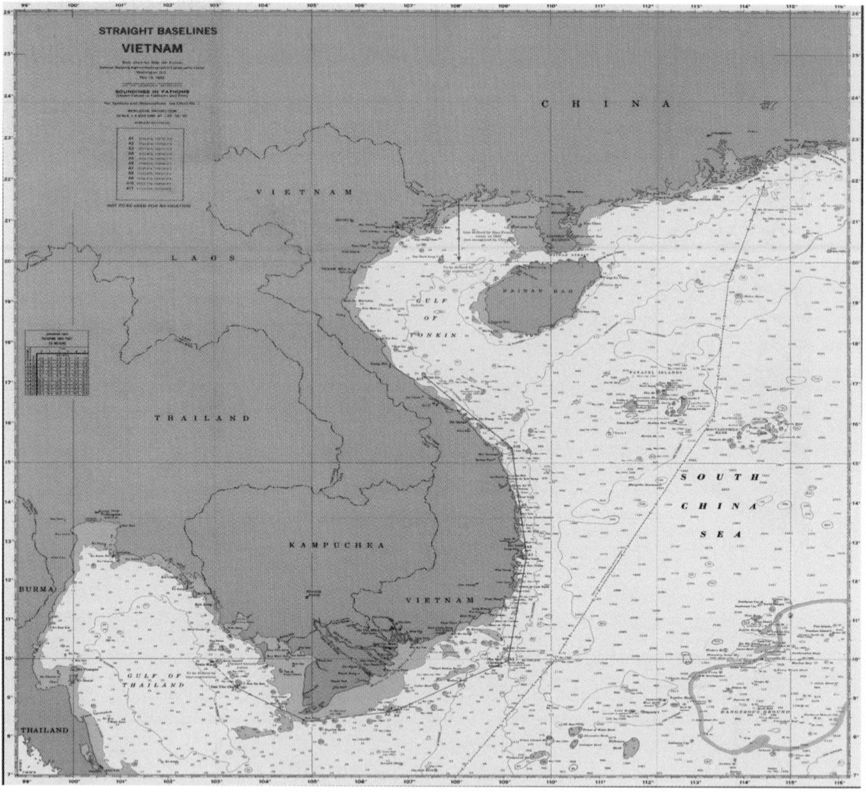

彩圖 2　越南領海基線（見第 286 頁圖 31）

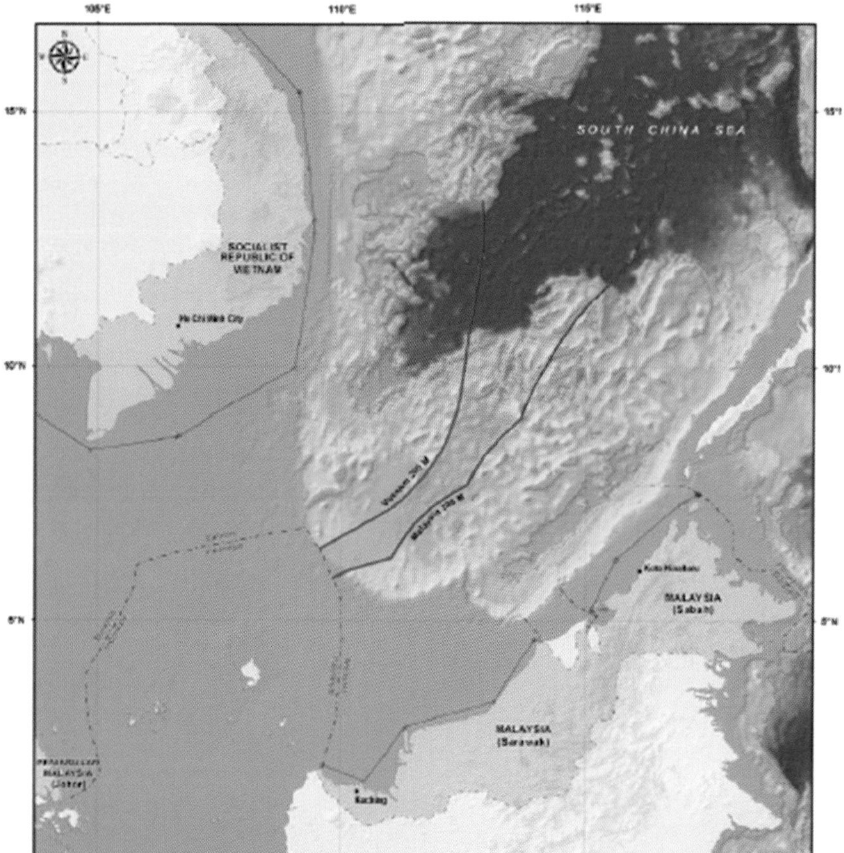

彩圖 3　馬來西亞和越南的聯合申請外大陸架區域（見第 504 頁圖 68）

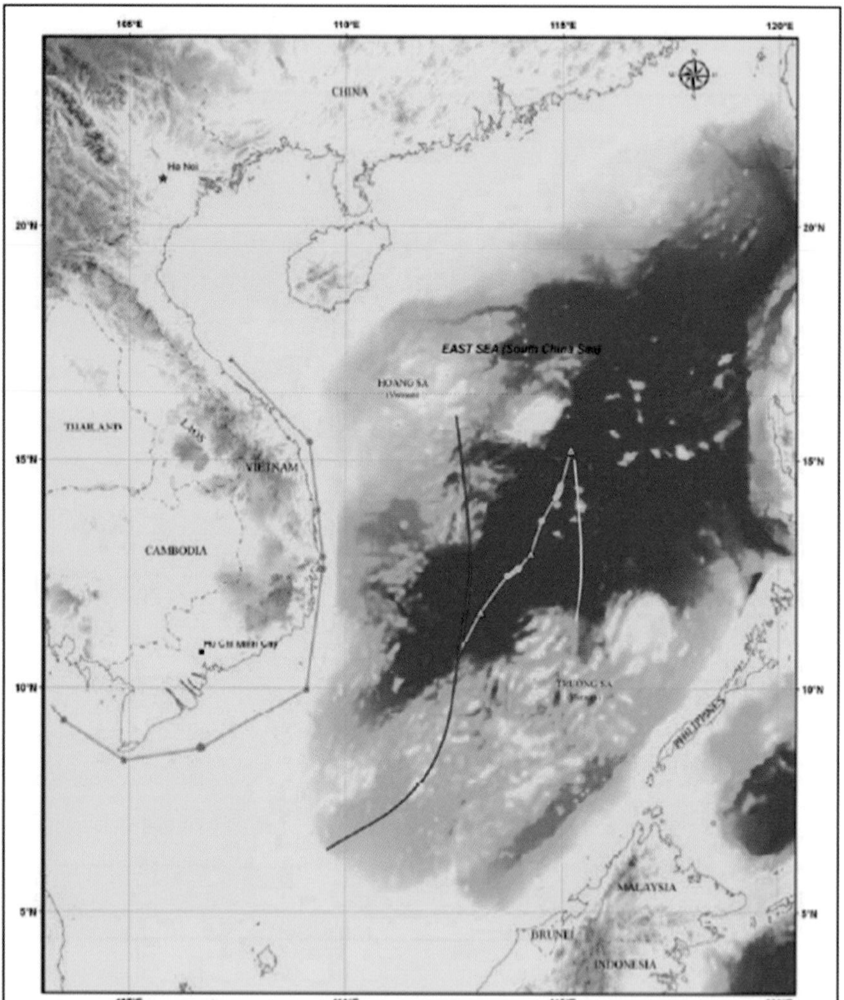

彩圖 4　越南單獨申請的外大陸架區域（見第 504 頁圖 69）

Abstract

The disputes in the South China Sea (SCS) have been a flashpoint for a long time. In addition to the traditional contests of territorial claims to the islands, maritime boundaries, and the underwater and seabed resources between China and its neighboring countries, the SCS became a wrestling arena between the US and China for maritime power in recent years. To understand the contests for the SCS, one has to understand the history of the SCS. However, although a large quantity of articles and books on the SCS is available, an impartial and thorough examination and analysis of the historical materials on the SCS can hardly be found.

My book, *The Sea without Disputes, The Distorted History of the South China Sea (SCS) before 1900* (2016), was the first attempt to do that. This present book is a continuation, focusing on the modern history of the SCS, i.e. the history after 1900. It has four aims. First, to collect, excavate, and examine the historical materials related to the SCS. Compared to ancient times, historical materials for modern times are much more abundant. But the narratives of the modern history of the SCS were largely distorted by cherry picking and misinterpretations in national propaganda. Second, to explore the origins and developments of the disputes over the SCS, and to interpret the related events in their historical contexts. Third, to analyze the relevant legal issues in a framework based on international law. Fourth, by analyzing the interests of the related parties, the book aims to help readers better understand the current situation of the SCS. The book finds that no party's claim to the SCS is unquestionable. To settle the disputes based on international law may be the best solution, although a peaceful settlement of the disputes is not promising.

The book divides the modern history of the SCS into four periods. The first period (1900-1952) is the "Japanese Era." During this period, Japan played a crucial role in the SCS. Commercial interests drove Japanese businessmen to explore and occupy the islands with the support from the Japanese government with a certain degree of military purpose. The Japanese explorations were the direct or indirect causes for the first (the Pratas Island, 1907), second (the Paracel Islands, 1931) and third (the Spratly Islands, 1933) territorial disputes in the SCS. Following her defeat in War World II, Japan renounced the SCS islands in the peace treaties. However, the peace treaties did not settle the sovereignty issues of the SCS islands.

The second period is the "Era of Occupying the Islands" (1953-1989). In this period, the two Chinese administrations (Republic of China or Kuomintang in Taiwan, and People's Republic of China or Communist Party in Beijing) and the newly independent countries (Vietnam, the Philippines, Malaysia, Brunei and Indonesia) competed for the control of the islands. The discovery of oil in the SCS in the late 1960s further intensified the competition. Beijing controlled the whole Paracels and advanced to the Spratlys by two naval battles against Vietnam.

The third period is the "Era of Low Intensity Confrontation and Maritime Delimitation" (1990-2008). At the end of the Cold War, China adopted the "Good Neighbor" diplomacy and proposed to "set aside the disputes." China changed her strategy by using official civilian ships instead of naval battleships in confrontations, which substantially lowered the intensity of the conflicts. As the United Nations Convention on the Law of the Sea (UNCLOS) came into effect in 1994, the importance of delimitation of the SCS surpassed the territorial disputes. China's "Nine-Dashed Line" which first appeared on official China-published maps in 1947 but whose meaning had never been explained or clarified, came to the center stage of the disputes. In 2002, China and the ASEAN countries signed "The Declaration on the Conduct of Parties in the South China Sea," which brought a brief period of peace to most involved countries.

The fourth period is the "Era of Pursuing Sea Power" (2009-2016), characterized by the deep involvement of the US. China aimed to control the area within the "Nine-Dashed Line," and complemented the aim by coercing neighbor countries, taking over Scarborough Shoal from the Philippines, building artificial islands in the seven occupied reefs in the Spratlys, and militarized the SCS islands. In return, the US proposed and advanced the Asia-Pacific Rebalance Strategy and conducted U.S. freedom of navigation operations in the SCS. The Philippines sued China at the Permanent Court of Arbitration and gained a historic victory. However, China's "salami-slice" strategy in the SCS seemed non-stoppable. Donald Trump's surprising success in the 2016 US presidential election indicated the beginning of a new era of the SCS.

Table of Contents

常引用著作簡稱

中文專著及史料

釣魚臺是誰的	黎蝸藤《釣魚臺是誰的——釣魚臺的歷史與法理》，臺灣五南出版社，二〇一四
被扭曲的南海史	黎蝸藤《被扭曲的南海史——二十世紀前的南中國海》，臺灣五南出版社，二〇一六
疆域研究	李金明《中國南海疆域研究》，福建人民出版社，一九九九
南海爭端	李金明《南海爭端與國際海洋法》，海洋出版社，二〇〇三
南海波濤	李金明《南海波濤——東南亞國家與南海問題》，江西高校出版社，二〇〇五
史料彙編	韓振華主編《我國南海諸島史料彙編》，東方出版社，一九八八
地名資料彙編	廣東省地名委員會編《南海諸島地名資料彙編》，廣東省地圖出版社，一九八七
歷史與現狀	李國強《南中國海研究——歷史與現狀》，黑龍江教育出版社，二〇〇三
起源與發展	吳士存《南沙爭端的起源與發展（修訂版）》，北京，中國經濟出版社，二〇一三
晚清南海	郭淵《晚清時期中國南海疆域研究》，黑龍江教育出版社，二〇一〇
成案彙編	陳天賜《西沙島東沙島成案彙編》，商務印書館，一九二八
法律地位	傅崑成《南海法律地位之研究》，一二三資訊，一九九五
讓歷史告訴未來	張良福《讓歷史告訴未來——中國管轄南海諸島百年紀實》，海洋出版社，二〇一一

大事記　張良福《南沙群島大事記，一九四九至一九九五》，中國科學院南沙考察隊，一九九六

南海！南海！　伊始、姚才中、陳幀國《南海！南海！》，廣東人民出版社，二〇〇九

立場文件　《中國關於菲律賓所提南海仲裁案管轄權問題立場文件》，二〇一四

中國二〇一六白皮書　中國國務院新聞辦公室《中國堅持通過談判解決中國與菲律賓在南海的有關爭議》，二〇一六

外交部專題　中華人民共和國外交部南海專題，http://www.fmprc.gov.cn/web/ziliao_674904/zt_674979/ywzt_675099/wzzt_675579/2305_675827/

外交部檔案彙編　外交部研究委員會編印《外交部南海諸島檔案彙編》，臺北，外交部，民國八十四年

史料選輯　內政部編印《中華民國南疆史料選輯》，二〇一五

南海說帖　中華民國南海政策說帖，二〇一六年三月十二日

西方專著

CFSCS　Marwyn S. Samuel, *Contest for the South China Sea*, Methuen & Co. 1982

CPTTD　Chi-Kin Lo, *China's policy towards territorial disputes, the case of the South Cina Sea Islands*, Routledge, 1989

SDISCS　Robert Catley & Makmur Keliat , *Spratlys: The Dispute in the South China Sea, Ashgate* Publishing, 1997

SOPSI	Monique Chemilier-Gendreau, *Sovereignty over the Paracel and Spratly Islands*, Kluwer Law International, 2000
SFPIA	Bill Hayton, *The South China Sea: The Struggle for Power in Asia*, Yale University Press, 2014
SCSAED	Stein Tønnesson, The South China Sea in the Age of European Decline, *Modern Asian Studies* 40, 1 (2006), pp.1–57
SBDW	Philippines-China Relations: Sailing beyond Disputed Waters, Philippine Association for Chinese Studies, *Chinese Studies Journal*, Vol.10, 2013

西方史料

The China Sea Directory	*The China Sea Directory*, published by Hydrographic office , Admiralty, 1884 version
China Sea Pilot	*China Sea Pilot*, published by Hydrographic Office , Admiralty, 1st Edition, 1912
FRUS	Foreign Relations of the United States Diplomatic papers

越南專著

特考	阮雅等著，戴可萊譯，《黃沙和長沙特考》（即史地雜誌二十九期的中譯本），商務印書館，一九七八
越南彙編	戴可來、童力編譯《越南關於西南沙群島問題文件資料彙編》，河南人民出版社，

一九九一

Vietnam Dossier　*The Hoang Sa and Truong Sa Archipelagoes (paracels and Spratly)*, Dossier, Published by Vietnam Courier, I (1981), II (1985)

SVD　*The Sino-Vietnamese Difference on the Hoang Sa and Truong Sa Archipelagoes*, by luu v n l i, The Gioi publishers, Hanoi, 1996

黃沙長沙問答　*BIỂN ĐẢO VIỆT NAM – HOÀNG SA TRƯỜNG SA: HỎI VÀ ĐÁP*, Trần Nam Tiến（陳南田），Nhà Xuất Bản Trẻ, 2011

史地雜誌二十九期　Tập San SỬ ĐỊA số 29 Đặc Khảo Hoang Sa Truong Sa, 1975.

歷史與理由　*BIỂN ĐẢO VIỆT NAM – BẰNG CHỨNG LỊCH SỬ VÀ CƠ SỞ PHÁP LÝ: HOÀNG SA TRƯỜNG SA LÀ CỦA VIỆT NAM*（歷史與理由，黃沙長沙屬越南），多人，Nhà Xuất Bản Trẻ, 2011

HSTSA　*The Hoang Sa and Truong Sa Archipelagoes part of Vietnam's Territory, From the Standpoint of International Law*, Nguyen Q. Thang（阮國勝）, translated by Ngoc Bach, Ho Chi Minh City General Publishing House, 2013

EOVS　*Evidence of Vietnam's Sovereignty on the Bien Dong Sea*, Edited by Dr. Tran Cong Trug,translated by Pham Xuan Huy, Information and Communications Publishing House, Ha Noi, 2014

一九七五白皮書　南越西貢外交部《關於黃沙和長沙的白皮書》，一九七五年五月

一九七九白皮書 《越南對於黃沙和長沙兩群島的主權》，一九七九年九月二十八日

一九八二白皮書 《黃沙群島和長沙群島——越南領土》，一九八二年一月二十八日

一九八八白皮書 《黃沙群島和長沙群島與國際法》，一九八八年四月

日本專著

國際紛爭史 浦野起央《南海諸島國際紛爭史》，刀水書房，一九九七

國際法

法律條約彙編 陳鴻瑜編譯《東南亞各國海域法律及條約彙編》，國立暨南大學東南亞研究中心出版，一九九七

SCS Workshop Workshop on Managing Potential Conflicts in the South China Sea

菲律賓專著

SBDS Teresita Ang See, Chito Sta. Romana, Sailing beyond Disputed Waters, Philippine Association for Chinese Series, *Chinese Studies Journal* Volume 10, 2013

目錄

附錄二　九段線的法律地位　705

徵引書目　741

圖目錄

表目錄

序言

近年來，南海爭議成爲國際關注的焦點。除了傳統的領土之爭、海域之爭、資源之爭外，現在南海爭議又成爲中美雙方角力的場所。要理解南海爭議，首先就得讀懂南海的歷史，縷清南海爭議的來龍去脈。這看似最基本的前提，實際上卻很難做到。因爲對南海歷史的敘述，大都與敘述者的立場有莫大關係，因而有關南海的信史極其難覓。筆者目前找到的南海歷史書，根據來源可以分爲三類：中國和臺灣出版的、越南出版的，以及西方出版的。前兩類都帶有濃厚的本位主義立場，難言客觀中立，後者則因文獻獲取所限而普遍深度不足（尤其對南海古代史與二戰前的南海現代史）。

筆者在五南公司幫助下，於二〇一六年出版了《被扭曲的南海史——二十世紀前的南中國海》。該書以史料爲證據，通過對南海古代史料的分析和對比，嘗試還原了南海在一九〇〇年之前的歷史，以期幫助讀者理解：南海自古以來就是公共之海，而非「自古以來」屬於中國。這本書是該書的姐妹篇，專注於南海現代的論述，也就是一九〇〇年之後的南海歷史。本書全面參考了這個領域的代表性著作、眾多中外論文和專著，以及各國政府的白皮書、政府組織的學術圓桌會議和研討會資料等。筆者在書中進行了大量的原創性分析，對比各方關於南海的觀點與證據，試圖從歷史與學術的角度，勾勒出南海現代歷史，並力圖從中立的立場，客觀探討和理解南海問題。

本書首要的任務，仍然是發掘與梳理南海史料。相對古代史而言，南海現代史料較爲詳實，但在有關國家的「語言僞術」下，片面的史料選取和曲解歷史的描述依然比比皆是。例如中國宣稱：中國一直主張南海諸島的主權；戰時及戰後的一批聲明及條約把南沙歸還給中國；九段線在頒佈後三十多年一直沒有遭到反對；南沙從一九六〇年代發現石油之後才出現爭議；越南在一九七〇年代之前一直承認中國對西沙和南沙的主權；六七十年代，絕大多數國家都承認中國對南海諸島的主權等等。如果光看中國的一面之辭，難免令人以爲中國的鄰國都貪得無厭。同理，如果只看越南方面的描述，就難免對中國「以大欺小」恨之入骨。然而，只要認眞考據史料，運用正確的邏輯進行分析，並輔以國際法衡量，就會發現：南海問題錯綜複雜，遠非官方宣傳的那般清晰明了。也只有清楚意識到這一點，才有可能理解南海爲什麼會成爲國際間領土爭議的焦點。

本書的另一個重要任務是追溯南海爭議的起源、演變和激化，並在歷史的框架下理解這些爭議。南海爭議在最近這一百多年才出現，也是二十世紀南海史最重要的部分。得益於最近幾年各國檔案的開放和維基解密，可以對當年歷史事件的決策過程進行更深入的分析。即便如此，南海的形勢變化還是取決於宏觀環境；南海爭議的演變與世界大局息息相關。本書以《從地圖開疆到人工造島》爲名，正是意在體現過去一百多年間中國實力的變化趨勢。

本書的第三個任務是從國際法的角度初步釐清南海爭議。《被扭曲的南海史》一書沒有太多涉及國際法，因爲該書涉及絕大部分時段中都沒有「現代」的國際法；而且當時幾乎沒有國家提出對南海諸島的主權爭議，適用國際法分析的事例並不多。但國際法成爲二十世紀以後討論南海問題時必不可少的因素。因此，本書在討論南海歷史時，適當地插入相關的國際法討論，希望初步釐清相關歷史事件的國際法意義，以及主要南海問題的國際法框架。但是，南海諸島和南海劃界問題在國際法上的複雜性，大大超出了本書所能涵蓋的範圍。筆者唯有寄望未來能夠有時間和精力，在下一本關於南海的書中專門詳細分析討論。

本書的最後一個任務是通過理清南海紛爭的來龍去脈，理解當前的南海局勢。南海是目前國際關係中的熱點。本書從歷史的角度，通過分析南海國際關係中的各方在南海的利益以及對南海的立場態度，描繪出南海局勢的大致脈絡。礙於篇幅，本書沒有深入討論南海的軍事與資源。

第一章　南海爭議的先聲——中日東沙島之爭

一・一　南海的基本地理

南海面積達三五〇萬平方公里，以越南南部金甌（Cà Mau）與馬來西亞哥打巴魯（Kota Bharu）連線爲界與暹羅灣接界。周邊爲大陸、半島和群島等環繞，堪稱東亞的「地中海」。其東北爲臺灣，北部爲中國大陸，西部爲越南，西南部爲馬來西亞（馬來亞）、新加坡和印尼，南部爲馬來西亞（沙巴和沙勞越）和汶萊，東部爲菲律賓。南海周邊國家有中國（包括北京與臺北政府。爲行文方便，一九四九年後的中國北京政府簡稱爲中國或大陸或北京，臺北政府稱爲臺灣，以不混淆爲旨）、越南、馬來西亞、新加坡、印尼、汶萊和菲律賓，共計七國八方。國際上稱這個海域爲南中國海（South China Sea），中國稱之爲南海，越南稱之爲東海，菲律賓稱之爲西菲律賓海。爲方便起見，本文一律按照中國的稱呼稱爲南海。廣義的南海包括暹羅灣，但是由於南海的爭議領土和海域都集中在越南金甌和印尼納土納島（Natuna Islands）連線以東，在本書中，南海都指這一連線以東的海域。

南海上分布著諸多島嶼。通稱的南海諸島是指分布在南海上遠離大陸的一系列珊瑚島礁。從地理上看，國際上一般把南海諸島分爲五個群島（圖1）：東沙群島（Pratas Islands）、中沙群島（Macclesfield Bank）、黃岩島（或民主礁，Scarborough Shoal）、西沙群島（Paracel Islands）和南沙群島（Spratly Islands）。[1] 中國方面把黃岩島也包括在中沙群島中。根據中國的標準編目，南沙諸島礁暗沙總共二百八十多個。[2]

南海諸島的領土爭議，可以分爲三組：黃岩島只有中國和菲律賓之間存在爭議；西沙只有中國和越南存在爭議；南沙是爭議最大的群島，牽涉到中越菲馬汶五國，但爭議主要集中在中國、越南和菲律賓之間。

各國在南沙群島主張的主權範圍是不一樣的：中國聲稱整個南沙群島；越南聲稱的南沙群島不包括南部的幾個暗沙（如曾母暗沙、北康暗沙等）；菲律賓所聲稱的南沙群島不包括上述南部的暗沙，以及南威島及以西的島礁和暗沙；馬來西亞僅主張位於其大陸架延伸之上的島礁和暗沙；汶萊僅聲稱對南通礁的主權。而實控方面，根據中國的說法，越南占有最多的南沙群島島礁，達二十九個；[3] 菲律賓次之，占有十個；[4] 馬來西亞則占有八個島礁，[5] 另在北康暗沙、南康暗沙、曾母暗沙附近海域有大量

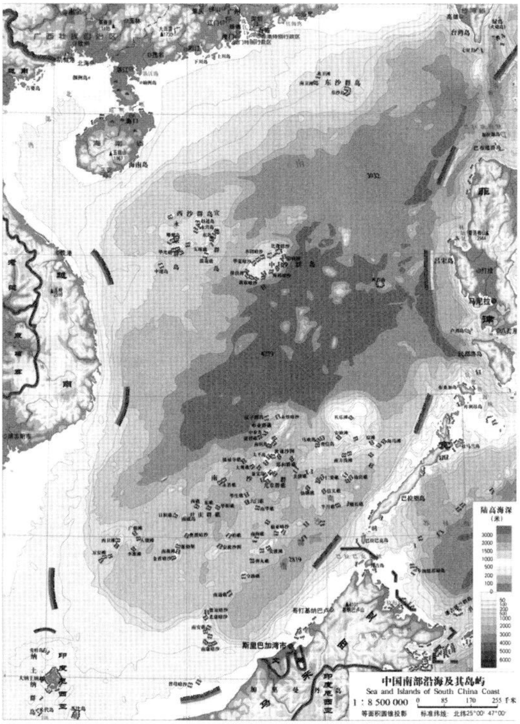

圖1　中國出版的南海諸島圖（見彩圖1）

[1] 參見《被扭曲的南海史》第一章。

[2] 《南海諸島地名資料彙編》，廣東省地圖出版社，一九八七，二三五頁。

[3] http://www.qstheory.cn/special/5625/5675/201108/t20110802_99156.htm。

[4] http://www.qstheory.cn/special/5625/5675/201108/t20110802_99171.htm。

[5] http://www.qstheory.cn/special/5625/5675/201108/t20110804_99882.htm。

海上油氣開發平臺。汶萊對南通礁的主權最近得到馬來西亞的承認，但沒有實控的跡象。此外，印尼的主張不涉及島嶼或暗礁的主權，但對沒有主權爭議的納土納群島附近的海域聲稱主權，與中國的九段線海域有五萬平方公里左右的重疊。[6]

中國大陸占領了十個島礁：渚碧礁、安達礁、南薰礁、赤瓜礁、牛軛礁、東門礁、西門礁、永暑礁、華陽礁、美濟礁。另外中國最近也在其他南海海域擴大巡邏範圍，可能已經形成了對其他島礁的控制，這些控制的力度難以評測。中國實控的十個島礁，有的是礁石，有的只是低潮高地（即天然狀態下不能在高潮時露出水面），但是中國大陸在它們上面都建立了人工建築，以便在漲潮時也能露出水面。二〇一四年開始，中國進行大規模的造島工程，一些人工島礁的實際面積已經超越太平島成爲南沙的最大陸地了。臺灣則占有最大的島嶼太平島以及它附近的中洲礁。

在這些島礁中，以天然面積來計算，只有十一個島嶼可以維持人類居住，[7]但在二〇一六年的南海仲裁案判決中，這些「島」都被視爲礁石。這十一個主要島嶼由臺灣、越南和菲律賓瓜分：臺灣占有最大的島嶼太平島；越南占有西部的南威島和北部的南子島、景宏島和鴻庥島；菲律賓占有中業島、北子島、南鑰島、西月島、費信島、馬歡島這六個北部和東部的島嶼。

在表一中列出各國占有的主要島嶼，其天然面積的數據來源自 Hancox 和 Prescott 關於南沙地理的著作。[8]這些面積的估算不一定可靠，尤其是在潮漲和潮退的時候，面積差異很大。所以這些數字只有參考意義。

南海各聲索國在南沙群島占領的主要島礁

占有方	中文名	英文名	面積（公頃，10000平方米）
臺灣	太平島	Itu Aba	43
越南	南威島	Spratly Island	15
	南子島	Southwest Cay	13
	景宏島	Sin Cowe Island	8
	鴻庥島	Namyit Island	8
	敦謙沙洲	Sand Cay	9
	安波沙洲	Amboyna Cay	2
菲律賓	中亞島	Thi Tu Island	33
	西月島	West York Island	16
	北子島	Northeast Cay	14
	馬歡島	Nanshan Island	6
	南鑰島	Loaita Island	7
	費信島	Flat Island	4
	楊信沙洲	Lankiam Cay	0.44
馬來西亞	彈丸礁	Swallow Reef Island	人工島
中國	永暑礁	Fiery Cross Reef	人工島
	美濟礁	Mischief Reef	人工島
	渚碧礁	Subi Reef	人工島
	南薰礁	Gaven Reefs	人工島
	赤瓜礁	Johnson South Reef	人工島
	華陽礁	Cuarteron Reef	人工島
	東門礁	Hughes Reef	
	牛軛礁	Whitsum Reef	
	西門礁	Mckennan Reef	
	安達礁	Eldad Reef	

[6] http://www.qstheory.cn/special/5625/5675/201108/t20110804_99884.htm。

[7] 林若雩〈東協與中國達成《南海行動宣言》的意涵與臺灣的因應之道〉，《新世紀智庫論壇》五十五期，二〇一一。

[8] David Hancox & Victor Prescott, *A Geographical Description of the Spratly Islands and an Account of Hydrographic Surveys Amongst Those Islands*, Maritime Briefing Vol.1 No.6.

一・二 二十世紀之前的南海

南海的歷史大致可以以一九〇〇年爲界，分爲古代與現代兩個部分。之前，南海諸島並未產生主權爭議，其歷史在敝著《被扭曲的南海史——二十世紀前的南中國海》一書中有詳細討論。這裡進行一個概括性的說明。

二十世紀之前的南海歷史可以分爲古代和近代兩個時期，而古代南海又可以進一步以約西元九六〇年爲界，分爲遠古—中古和近古兩個階段。

遠古—中古

古代南海的第一個階段是從遠古到中國宋朝成立（約九六〇年）。以九六〇年爲分界線主要有兩個原因。第一，在該年前後，越南從中國獨立，之前越南長期是中國的一部分，當時「中國人」在南海的活動，難以區分到底應該屬於後來的「中國人」的歷史，還是後來的「越南人」的歷史。在越南獨立之後，絕大部分的時間是獨立國（除了短期被中國入侵之外）。其後在南海的活動就能明確分開是中國人還是越南人的活動。第二，宋朝之前，中國在南海的航運不發達，宋朝之後，中國才大量參與南海航海，對南海的紀錄和認識才有顯著的增加。

從古代起，南海就是沿岸各民族休養生息之地。南島語系的早亞洲人是最早到達南海的人，晚亞洲人中的百越族是其次到達南海的人，晚亞洲人中的華夏族只是後來者。中國直到秦始皇呑併南越之後才短暫地和南海接壤。西元前一一一年，漢朝呑併南越國之後，中國才眞正成爲南海的沿岸國。

在這個階段，中國對南海的開發和利用都很有限，更不用說控制。從西漢開始，南海貿易和交通已經興盛，但是在接下來的一千多年的時間內，中國作爲南海貿易的生產地和市場，卻缺乏動力和經驗直接參與南海貿易的交通，以致在南海交通中並不活躍。扶南、占城、印度、波斯和阿拉伯人等相繼成爲南海交通的主角，中國人只對兩廣交趾沿岸的近岸航運交通有部分的貢獻。中國的政治經濟利益以對陸地的控制爲主，南海對於中國來說並不具備戰略意義。隋煬帝一度企圖在南海擴張影響力，但很快就因爲敗亡而告終。唐朝對南海也沒有控制慾望。

這個時期沒有可靠的證據能證明當時中國已經知道南海諸島的紀錄，沒有證據證明中國人已經在南海諸島從事過生產活動，更沒有證據證明中國治理過南海諸島。這並不奇怪，因爲古代對海洋的認識源於航線的開發。中國在唐朝時期所認識的南海（時稱漲海），僅限於外國所開發的航道周邊的範圍。在隋朝之前，南海的航道是經過東京灣（又稱北部灣）的沿岸航線，自然無法發現南海諸島。到了隋唐之際，才開發出從占城到廣州的便捷航線（內溝航線），經過西沙群島附近海域，發現西沙群島才成爲可能。在唐代南海交通中占壟斷性地位的阿拉伯人，可能最早發現西沙群島，但由於紀錄不準確，難以確認；至於南沙群島，由於遠離交通航道，更不爲人所知。

值得指出的是，自從被漢朝吞併之後，越南在長達千年內是中國的一部分。這段時間內的中國歷史，是現代中國和現代越南的共同歷史。當時，「中國人」在南海中的活動，包括在南海的（近岸）生產和（短途）航運活動，很大的程度上歸功於被稱爲高涼生口的越人。因此中國在此時期即便有

對南海的「歷史權利」，也難以在國際法中獨占這種權利。【9】

近古南海

古代南海的第二個階段是中國宋代到近代之前（九六一—約一八四〇，近古時期）。宋朝是一個重視海外貿易的國家。由於通過絲綢之路的地帶被契丹（遼國）、金國和大夏（西夏）所把持，宋朝從建立開始就重視海洋貿易。中國海上勢力興起，開始成長爲一個南海貿易的大國。但與此同時，阿拉伯、波斯和占城等商人在南海航運上仍然有極重要的地位。他們在中國的港口建立外國人社區，勢力之大，以致宋朝委任占城人蒲壽庚（一說阿拉伯人）爲泉州船舶司。蒙古征服中國之後，元朝繼續維持海上的強勢。蒙古人在十三世紀後期，進行了四次在南海的海戰：蒙宋崖州海戰，蒙越海戰、蒙占海戰以及蒙爪海戰。除了最後一戰失利外，其他三戰都戰勝對手，說明當時水師的強大。元朝時期，阿拉伯人也被蒙古人征服，導致阿拉伯人航運相對衰落。這時中國在南海上才與阿拉伯人分庭抗禮。

可是到了明朝，中國很快又開始海禁。朱元璋規定私人不得出海。在明成祖朱棣期間，有鄭和下西洋的壯舉，但那不過是霎那的光輝，鄭和一死，中國又重新進入海禁。明朝試圖建立「宗藩體制」，把原先單純的國際貿易關係作爲一種政治手段，外國的「朝貢」成爲和中國貿易的唯一渠道。這樣，反而極大地抑制了中國在南海的勢力。除了被中國政府認爲是非法的走私和海盜，南海貿易交通絕大部分都是外國的「貢船」，或者西洋的商船（到澳門）。明朝時期，中國周邊海域的關注點是海防「倭寇」——中國走私者和海盜，以及一些日本「浪人」。這種對倭寇的記憶一直延續到清朝一八四〇年：當時廣東編輯的《洋防輯要》中還處處提及防倭寇。清朝海禁甚至比明朝更爲嚴格。到了乾隆時期（十八世紀中期），規定只保留廣州一個對外貿易口岸，中國進入「閉關鎖國」時期。海禁政策儘管有一定的反覆，但整個明清基本都以禁爲主。

縱觀整個近古，宋元較重視南海的海上利益，明清則相反。鄭和之後，中國在大部分時間對南海的控制都很薄弱，在南海的交通也不發達。清人在《海錄》中提到，十八世紀末期，南海有四條航道，中國船隻和水手由於技術上的不足，只能走兩條沿岸的航道，而另外兩條，一條需要穿過西沙和中沙之間的航道，另一條需要經過南沙附近的航道，都只能由外國船隻行駛。

從宋朝開始，對南海諸島的紀錄較多，但西沙群島與南沙群島情況很不一樣，需要分別討論。儘管在十世紀之前，西沙很可能已經被當時的航海家所熟悉，但沒有確證。而且宋朝之前，中國在南海交通中的地位並不活躍，所以發現西沙群島不太可能是中國人。

在論證中國宋朝之前對西沙的發現之時，中國專家至少犯了兩個錯誤。第一，以偏概全，把古籍「漲海生磁石」，說成是中國人發現「包括西沙和南沙在內的廣大南海珊瑚島」，其實這個磁石即使眞的是珊瑚礁，也僅說明中國知道了南海有珊瑚礁這回事。南海的珊瑚礁在沿海一帶就有，這和發現西沙或南沙是完全不同的概念。第二，「霸占」歷史，把在中國書籍上記載的事都說成是中國人做的事。比如唐代賈耽所記錄下的南海航線，其實是從外國人口裡得知而記錄下來的，卻被說成中國開發

[9] 此段參見《被扭曲的南海史》，第二章。

南海航線的證據。

眞正能確認是西沙群島的紀錄直到宋初年（一〇一八年）才出現，在《宋會要》中記載的占城使者出使中國時說：「國人詣廣州，或風漂船至石塘，即累歲不達矣。」。由於航海路線和對地理方位的描述，這裡的石塘爲西沙無疑。因此，以史料證據而論，占城人是最早發現西沙群島的人。

長時間以來，西沙都讓各國航海家聞而生畏，是需要在航海中刻意避過的危險地。可能從中國的明朝開始，開始有漁民到此地捕魚。中越兩國都說自己的漁民很早就在那一帶捕魚，但具體開始的時間並不確定，因爲史書上一般不記載這些「下層人民」的生活。近年來在西沙的考古成果豐碩，但主要成果都是各個時期的沉船遺物，並不能證明漁業的活動。在西沙也找到一些人類生活所留下來的痕跡，但由於受中國傳統和文化的影響，越南的文化習俗與中國相似，越南人的用品和中國南方人——特別是海南人——極爲相似，同書寫漢字，同信奉媽祖，這些人類生活遺跡的所屬難以確定。

中國在宋之後對南海和西沙的記載甚多，但在絕大部分的地理學書籍上都沒有明確指出西沙歸屬，反而部分指西沙位於越南的界內或屬於越南的領土。比如在航海指南《順風相送》中，西沙群島屬於「交趾洋」；在明朝使者吳惠出使南洋時描述先進入交趾界才經過西沙群島。在中國方志系統中，自明代萬曆朝起就有「萬州有長沙海石塘海」之說，但這些說法都專門注明是「古志云」和「莫稽其實」。而追溯到他們所依據的《瓊管志》，裡面只提及吉陽軍「東則千里石塘萬里長沙」，當時的千里石塘和萬里長沙都是指西沙群島，它和西面的眞臘和南面的占城等外國並列在一起，並沒有領土歸屬之意。因此，這些證據並不能說明中國把西沙歸入萬州管轄。更爲正式的國家級地理志，比如從元到清的七個版本的《一統志》，這些「莫稽其實」的紀錄並沒有收錄在案。這顯示了中國中央政府並不認爲這些地方屬中國。

中國明代以後的「天下一統」地圖和東南夷、西南夷地圖中多有出現石塘和長沙，但其具體位置難以確認。「天下一統」圖應該被視爲世界地圖，圖上面的地點並不全是中國的地方；地圖上，長沙和石塘混雜在各個外國之中，難以確認是中國的一部分，有的甚至被顏色和界線表示爲在疆域之外。在東南夷、西南夷地圖中出現的長沙和石塘，更像是外國的一部分。中國國家級地圖中的版圖都止於海南島，西沙群島和南沙群島都不在內；分省圖（廣東省）、州府圖（瓊州和萬州）也都沒有西沙和南沙群島。中國的海防圖一般包括不屬中國但對中國海防重要的地方（如明朝時的臺灣）。但即便如此，這些圖上也沒有包括西沙和南沙群島。這證明西沙和南沙在古代確實不在中國的政區之中。

國際法中，單純的發現並不能產生主權，單純的民間活動也不可產生主權，地圖的作用也不宜高估，官方實際管治的證據更爲重要。但中國列舉對西沙的管治證據既模糊又分散。元代四海測量的地點不可考，但在越南中部（即林邑）的可能性遠大於在西沙群島上的可能性。即便測量地在西沙，由於其測量工程中有多個測量地點在國境之外，也難以因此認爲這毫無疑問地體現了主權。中國對西沙的巡邏證據都非常模糊：宋代《武經總要》中的記載實際上是一次出征紀錄，而不是巡邏紀錄；明朝將領柴公巡邏的紀錄難以說明他巡邏到了西沙；明朝人黃佐所記載的「巡邏紀錄」其實不過是中國歷史學家把後人注解的地理信息曲解爲巡邏路線；清代吳升巡邏海南島所經過的七洲洋應是海南島東北的七州列島。有確鑿證據顯示中國曾經在對外用兵的時候經過西沙群島，也有證據顯示鄭和下西洋時可能經過西沙群島。但這些都是特殊的遠征和遠航的事例，都難以被視爲行使了對西沙的主權。

因此，在近代之前，中國儘管有很多對西沙群島的紀錄，也有在西沙群島的民間活動，但中國既沒有把西沙群島納入領土範圍，也沒有確鑿證據顯示治理了西沙，很難認爲中國在古代已經對西沙擁有主權。[10]

越南的歷史性主權

現代的越南在歷史上是兩個國家。北部是以越族人爲主，在十世紀之前被中國統治，九五八年獨立後長期保持獨立地位，稱爲大越。它是一個受中國文化影響很大的國家。南部則是從西元前二世紀就建國的占城（又稱占婆），以占族人爲主。它屬於印度文化圈。歷史上，大越和占城長期互相攻伐，最後在十八世紀，大越的南方阮主政權（又稱廣南國）徹底滅亡了占城，把領土擴張到越南南部，其後又從高棉手裡奪得湄公河三角洲土地，形成了現在的越南。

大越和占城，在南海古代交通中非常活躍，尤其以占城爲甚。在可以確認的紀錄中，占城是最早發現西沙群島的國家，但這種基於發現而形成的「初始權利」，並沒有轉化爲眞正的主權。在越南從中國獨立後很長一段時間內，越南對西沙的紀錄近於空白。如前所述，同時中國也缺乏有力的證據證明自己的主權意圖和有效控制。

但是從十七世紀起，越南開始逐漸統治西沙。十七世紀中期或後期，杜伯所畫的《纂集天南四至路圖書》開始談及越南南方阮主政府（又稱爲廣南國）每年都派人到一個叫黃沙灘的地方打撈失事船隻的遺物。越南方面認爲這裡的黃沙灘就是西沙（越南稱爲黃沙）。阮主每年派人往黃沙打撈的事在另外三種獨立的作品中都提到過。其一是法國人皮埃爾·帕和的書中提到他聽說過阮主派人往「帕拉塞爾」打撈一事。其二是中國僧人大汕厂翁對《海外記事》也記敘了越南政府每年派黃沙隊前往「萬里長沙」打撈失物的事。從方位描述看，這裡的萬里長沙極可能就是西沙群島，而萬里長沙也是當時中國對西沙群島的稱呼。最後，也是最有力的證據，就是黎貴惇寫下的《撫邊雜錄》提到政府每年都派黃沙隊到大長沙（黃沙渚）打撈失物的事。這個紀錄非常詳細，令人確信這裡談到的地方就是現在的西沙。在這四部作品，尤其是後兩部，都說明了阮主確實每年派遣黃沙隊對西沙群島打撈失物。這種舉動有強烈的主權意圖：首先，它是官方的行爲；其次，它是常年而有規律的行爲；最後，它具有行政管理的意味。可以說，十七世紀末到十八世紀初，越南已經初步建立了對西沙的主權。

到了十九世紀初，阮朝建立之後，越南更有效地統治了西沙。尤其是一八一五—一六和一八三三—三六這兩個時期，嘉隆皇帝和明命皇帝陸續派水軍到黃沙升旗、測量水文、建廟立碑和種植樹木以作爲航標。這些事不但記載在《大南實錄》等官方正式史書之中，還有最少四部當時的西方著作所記錄。在十九世紀初到十九世紀中葉，不少西方的文獻、地圖和同樣地理書上都承認西沙（Paracel Islands）是越南的領土。中國著作《海錄》也認同萬里長沙是越南的外屏。儘管中國專家既否認黃沙是西沙群島，又否認帕拉塞爾是西沙群島，但經過仔細分析，尤其是西方國家在一八〇八年後就已經清楚西沙的準確位置後，這種質疑難以成立。這些證據都說明了在十七世紀後期到十九世紀中期，越南逐步建立了對西沙的統治，在十九世紀中期，這種主權已經完全確立並得到世界承認了。[11]

[10] 參見《被扭曲的南海史》，第三章。
[11] 以上參見《被扭曲的南海史》，第四章。

從一份筆者最新發現的史料，可以看到越南在一八三〇年代是如何管治西沙的。這份一八三九年的西方報紙中描述交趾支那寫道：

It is well known that the present government has a well appointed navy, the largest and best armed in Eastern Asia. This year some petty acts of piracy had been committed on the coast, which so much incensed the King, that a large part of the fleet was immediately put under sailing orders; and , cruizing about the Paracels and other places, fell in with several craft from Haenan. There being some guns on board, these fishermen and traders were declared pirates, and brought in triumph to the harbor of Phuyen. In the meanwhile, an Amoy junk coming up from Singapore, happened to fall in with one of these cruizers, and was ordered to heave to. Upon refusing to comply with this request, the suspicion that this was a regular buccaneer increased, and she was finally boarded by force. The sailors, having been transported to the next military station, were put in prison, and the property was confiscated. The commander, however, was a very spirited man and drew up a suitable petition to the local authorities, wherein he explained the legality of his pursuits and also sent in the register of the junk with a permit to trade to the Southern seas. This document contains an order of Keen-lung addressed to all the prefects of the maritime provinces, to allow Chinese junks to sail to the Indian Archipelago, and puts the lawfulness of this trade beyond doubt. After a few weeks of delay, the magistrates finally set them free, but made them pay a heavy fine for not lowering immediately the sails, when the man of war ordered them to do so. They then re-embarked their cargo, met with a very severe gale, lost their mast, and being without water, abandoned the vessel and arrived entirely destitute at Keamoon.

... The only rich man is the King, he has fine palaces, large treasures, excellent fortresses and vessels far superior to the navy of the Celestial Empire. [12]

這份史料提供了幾個關鍵的信息。首先，越南海軍是當時東亞最強大的，比中國更優越；其次，越南海軍經常巡邏西沙群島，並把有疑問的中國漁船當作海盜帶回越南審理；最後，越南強行對來往中國和新加坡之間的漁船收稅，展示了對這一帶海域的行政治理。這份史料和其他史料高度吻合，進一步證明了一八三〇年代，越南對西沙群島的主權以及對南海的控制。

南沙群島與汶萊及蘇祿

南沙群島長期在東南亞主要航海路線之外，故此它們被文獻記錄的時間更晚。最早發現南沙群島的，仍然可能是占城人，時間也必定在宋代開始之後。到了元朝，才有確鑿的中國人關於南沙的紀錄，但它是作爲「萬里石塘」的一部分被描述的，顯見對它的了解也極爲有限。

對於南沙群島，無論中國、越南還是其他國家，都沒有充足的主權證據。在中國的地理書和史書中，南沙群島也和西沙群島一樣記載模糊。只是籠統地稱爲「長沙」、「石塘」、「千里石塘」等名稱。並沒有任何可靠的事例說明對南沙的管治。其實，連相對較近的西沙也沒有確切的統治證據，很

[12] *The Bombay Times and Journal of Commerce* (1838-1859) [Bombay, India] 02 Jan 1839: 3.

難想像反而會對遙遠和細小得多的南沙進行管治。

但同時，越南對南沙也沒有明確的統治證據。越南史書上有依附於黃沙隊的北海隊在十八世紀活動的紀錄，其活動範圍包括「北海」，這個北海有可能是南沙一帶的海域，但由於記載太少，無法確認。而且，與黃沙隊後來被水師取代不同，歷史上並沒有進一步記載北海隊的活動。可見，即便越南眞的對南沙有一定的官方行爲，也與眞正的管治相差甚遠。而其他的地圖證據等也無法證明越南版圖包括南沙。

同時，古代在南海南部的沿岸國比如汶萊與蘇祿等，對南沙群島也有不可忽略的歷史性權利，比如有中國文獻顯示，在明代她們可能是在南沙群島航行的主力。[13]

近代西方主導的南海

十六世紀西方開始進入南海，從那之後其在南海的影響力越來越大。十九世紀中葉，開始入侵南海沿岸的中國、越南、汶萊、蘇祿等國家，西方在南海的霸權主義直到十九世紀末達到頂峰。南海沿岸各國，除了中國，都變成西方列強的殖民地——越南是法國的，婆羅洲是英國和荷蘭的，菲律賓先是西班牙的後又變成美國的。中國儘管仍是獨立國家，但是由於弱小的海軍以及以近岸海防爲主的軍事思路，對南海既無意進取亦鞭長莫及。於是，西方列強以其船堅炮利，主導了南海的局面，給這一地區帶來以下幾方面的影響：

首先，西方各國以其先進的科技，對南海進行多次的勘探和測量，製作準確的海圖，從根本上改變了對南海以及南海諸島的認識。西方國家亦通過建立國際救援系統與打擊海盜等措施保障了南海的航海自由與安全。

其次，西方國家的殖民侵略打破了南海沿岸各國原先的格局，其中最受影響的是越南。在逐步淪爲法國殖民地之後，儘管在書籍中仍把它視爲越南領土，但一八六〇年之後，實際上已經失去了對西沙的控制力。由於越南在西沙的活動基本是官方主導，在官方活動停止之後，民間的活動並無後繼。所以最遲在一八六七年之後，越南人已經在西沙絕跡。而西班牙對蘇祿的侵略，以及英國和西班牙對汶萊的侵略，都使這兩國喪失了對南沙群島的影響力。

第三，西方國家對南海諸島均未有積極的主權態度。比如法國，作爲越南的保護國，並不關注西沙或南沙。儘管在一八九九年曾計畫在西沙上建立燈塔，但這個計畫最後並沒有得到實施，否則可視爲宣示主權的行爲。英國對南沙群島也不積極：它在十九世紀後期對南沙的兩個島嶼，兩次批出了開發許可，亦記錄在案，但是自始至終都沒有實際的開發行動。此等消極態度的原因主要是因爲南海諸島面積細小，資源貧乏，無利可圖；在軍事上既無戰略地位，亦難以維持駐軍。於是，唾手可得的南海諸島均被視爲雞肋而不予以兼併，導致在一八六〇年到一八九九年這一段時間，西沙和南沙群島在官方治理中處於主權眞空地帶。唯一的例外是黃岩島，西班牙人爲菲律賓取得了主權。

第四，南海諸島主權眞空的狀態最大的得益者是中國。十九世紀是中國漁民成規模地在南海諸島活動的時期。一八六〇年之後，漁民的活動開始擴展到南沙。在這段時間，中國漁民成爲了在西沙和

[13] 以上參見《被扭曲的南海史》，第四章。

南沙的唯一開發者。這些民間的活動為以後中國在南海諸島主權爭議中帶來優勢。此外，中國在十九世紀末海疆憂患意識開始興起，民間知識分子對於南海諸島的地位開始重視，有民間的書籍模糊地把西沙（或者包括南沙）視為中國的領土。

但是在中國官方看來，西沙和南沙均不是中國的領土。中國水師的巡邏範圍僅到達海南島南端；官方權威地理書籍裡，中國的南端只到海南島。在一九〇七年之前，沒有任何證據可以證明官方對這些島嶼有管治的意圖：郭嵩燾的言論並不具有法律效力；赫德在東沙建立燈塔的提議沒有得到實施；所謂抗議德國測量船的事無稽可考。相反，在一八九五和一八九六年的船隻失事事件中，中國政府明確表示西沙不屬中國領土。

第五，西方國家進入南海的同時也把西方的國際法體系帶到這裡。殖民宗主國依據國際法觀點處理南海問題，而中國也通過條約和外交實踐確認了國際法對中國的適用性。十九世紀中後期，西方的領海觀念已經取代了東亞國家之間傳統海疆的觀念。在清朝時期的傳統觀念中，中國與越南之間有明確的海界，兩國海疆相接，中間沒有「公海」。比如在南海海面上，雙方以海南島南端的玳瑁洲對開的水面為分界，越過此界則進入越南「夷洋」。但是在中國和越南（法國）都支持以海岸為領海界限的基礎之後，中國和越南之間就出現「公海」。東方國家對「公海」的承認，是航海自由原則的勝利，也為今天的海洋法奠定基礎。在此之後，脫離陸地和領土主權而談論海界，已經缺乏合理性。

第六，這個時期的劃界條約，儘管沒有明確牽涉南海諸島，但已經為以後的島爭留下爭論點。其中尤以一八八七年，中法在北京簽訂《中法續議界務專條》，與一八九九年《美西巴黎條約》為最顯著。前者的第三款規定的「海中各島」以通過東京灣的茶古社的南北直線為界，以西為越南，以東爲中國。這條界線終止於何處並無明確規定。於是它是否包括西沙和南沙，成爲中法在三十年代西沙爭議中的爭論點。後者劃定了美西交割的地界，黃岩島被態度與英法相似的美國人令人匪夷所思地「丟失」了。

第七，西方帶來的國際法體系爲判斷此時南海諸島的歸屬奠定了原則。根據國際法的「時際法」，此時南海諸島的主權應該採用當時國際法的觀點，即需要有明確的「主權意識」和「有效占領」。[14]

在中國的宣傳中，「中國在南海的主權、主權權利、管轄權主張有二千多年的歷史，從漢朝開始就發現和逐步完善了對南海，特別是南沙諸島礁以及相關海域的管理。」[15]這句話把眾多的論點混爲一談，產生中國「自古以來」就對南海諸島擁有主權的誤導。而實際上充分的歷史證據證明，自古以來，南海都是一個不屬於任何國家的公共海域。即便是對南海諸島，除了越南歷史上對西沙群島曾有實際的控制之外，也沒有什麼國家在二十世紀前認眞地要兼併它們。這種情況要到二十世紀，一個新興勢力出現後才有改變。

[14] 以上參見《被扭曲的南海史》，第五章。

[15] 中國副總參謀長王冠中二〇一四年六月一日在新加坡香格里拉論壇上的發言。http://theory.people.com.cn/BIG5/n/2014/0603/c40531-25096523.html.

一・三　日本人在東沙島的開拓

進入二十世紀，南海突然也進入了一個爭議的時代。以中日東沙島之爭爲開始，西沙和南沙也相繼出現爭議。儘管東沙島的主權現在已經沒有爭議（除了中國和臺灣之間的爭議），但回顧這段歷史對正確認識南海歷史有極大幫助。

東沙島位於汕頭的南方約二五〇公里之外，由一個環礁島（東沙島）和兩個暗礁組成。十八世紀初的時候中國稱呼爲「南澳氣」，西方稱呼爲「蒲拉他士島」（Pratas Island）。它大概很早就是中國漁民的活動範圍，但十九世紀初才有準確的文字紀錄。一八六八年，中國海關總稅務司赫德（Sir Robert Hart，英國人）曾提議在東沙島建立燈塔，但沒有實現。中國喪失了一個向東沙宣示主權的機會。一八八三年，荷蘭一艘船隻在東沙擱淺，貨物遭到中國漁民哄搶。荷蘭人曾經向中國提出外交照會抗議，但此事結局不得而知。中國再失去了一次宣示主權的機會。[16]

在二十世紀初，南海爭端出現了新的一方──新崛起的東亞強權日本。自明治維新起，日本就走上了向外擴張的道路。一八七〇年代，日本首先吞併了琉球；一八八〇年，日本占領了小笠原群島；一八九五年，日本先是占領了釣魚島，再透過《馬關條約》從中國手上奪得臺灣與澎湖列島；一九〇五年，日本擊敗俄國取得了南滿的特權，並取得千島群島和南庫頁島；一九一〇年，日本正式兼併朝鮮。在歷次的擴張中，日本一舉取代中國成爲東亞的區域大國。日本本身是一個島國，其擴張也是從島嶼開始。散佈在東亞地區的離島，特別是「無人島」成爲日本擴張的首要對象。在取得了小笠原群島和釣魚島之後，借助甲午戰爭後的聲威，日本人開始把注意力放在了南海。以釣魚島和小笠原群島為例，日本的通常模式是民間驅動的：先是民間勘探和開發，再由官方確認為無人島，最後兼併。[17]南海諸島也不例外。

一九〇一年，日本人西澤吉次所購買的一艘船在日本駛往臺灣基隆途中，誤駛到琉球南部，最後船隻飄到了「無人島」。此島就是東沙島，但當時的船員都不知此島，當時也不明島嶼的準確位置。船員在島上停留兩日，發現島上沒有居民，於是取了一些泥沙樣本回基隆化驗。結果發現島上泥土含有磷礦，存在開發價值，西澤決定加以開發。於是在一九〇二年，西澤前往東沙島考察，並帶回一些礦石和海產。一九〇三年，他再度前往東沙島，還帶上了化學家，但遇到風暴未能到達。此後，由於日俄戰爭，市面蕭條，在缺乏資金之下，西澤的考察只好停止。[18]邊遠小島的磷礦是當時日本開發島嶼的動力之一，在一八八五年日本政府考察釣魚島的時候，也同樣考察過泥土的磷含量。[19]

一九〇一年，另一個日本人對東沙島產生興趣。那就是著名的島嶼探險家玉置半右衛門，他是十九世紀後期開發大東島的關鍵人物。和西澤不同，他是通過海圖知道東沙島而有計畫地前往探險。在一九〇一年十一月，他向日本外務省諮詢東沙島的歸屬，外務省無法回答，於是指令駐香港領事調查。港英政府的回覆是：「好像沒有歸屬，清國好像正在猶豫是否將其列入清國的版圖，應當查明清

【16】《被扭曲的南海史》，四八九—四九一頁。
【17】參考《釣魚臺是誰的》，第三章。
【18】《東沙島成案彙編》，五二頁。
【19】《釣魚臺是誰的》，第四章。

國的意向」。[20]但在沒有進一步查明的情況下，外務省就答覆說此島應該沒有歸屬。於是玉置在一九〇二年五月到八月間，組織了幾十人對東沙島進行了為期三個月的探險。但他的考察結果似乎顯示開發價值不大，因而沒有進一步的行動。

上述的三次登島就是日本人對東沙的最初考察，中國方面都沒有什麼反應。如果說西澤的考察時間較短，那麼玉置為期三個月的大規模考察時間不可謂不長。但對這次考察，不但當時中國政府不知道，就連漁民後來也沒有提及，後來的《東沙島成案彙編》也沒有記錄。可見，中國政府當時缺乏對東沙島的管理，這進一步加深了日本人認為東沙島是「無人島」的理據。

日俄戰爭後，西澤繼續對東沙島的開發企圖。一九〇六年八月，西澤帶領人員駕駛「長風丸」第二次登上東沙島，帶回一批樣本。一九〇七年夏天，西澤帶領一二〇人第三次登上東沙島。這次西澤有備而來，在島上開路建屋，在島上樹立日本國旗，把島嶼命名為西澤島，其後又從日本和臺灣招募更多人手，包括醫生和化學師，正式在東沙島開採磷礦。[21]據報導，西澤在正式開發之前，還向多個機構詢問過此島是否有所屬，包括「駐日清使、駐橫濱各國領事、上海關道、英領香港政廳」，最後的答覆都是「全無所屬」，最後得到了日本外務省的許可才從事。[22]若此事屬實，則進一步說明當時中國對此島缺乏認識。

在西澤的紀錄中沒有對中國人的記載，但在後來中國漁民的口述中，記載了日本人如何驅趕中國漁民的事。比如漁民梁勝就招供：日本人先是對漁民進行驅趕，不許他們在附近打漁，遭到拒絕後，更把舢板打壞；日本人還把島上的大王廟和兄弟所拆毀，甚至把島上墳墓掘開，屍骨燒化棄入海中，以致他不敢再返回東沙島。[23]

一·四 中國的調查

西澤對東沙開拓之事，最早由日本的媒體報出。日本報章認爲這是一件「發現無人島」的光榮事蹟，「大有哥倫布尋得美洲新大陸之勢」。[24] 其後香港媒體進行轉載，這才引起關注。中國政府的反應顯示了官方對東沙島缺乏管治。中國官方最早關注此事的是兩江總督端方。他從報章中得悉此事，在一九〇七年九月致電清朝外務部要求查明。[25] 外務部在十月十一日指示兩廣總督張人駿，一方面指「（該島）華人畏難苟安，人跡罕至」，一方面認爲「凡閩粵人之老於航海及深明輿地學者，皆知該島爲我國屬地，尊處應有圖籍可稽」，並要求兩廣研究「該島舊係何名？有無人民居住？……（日本人開拓）是否確有其事？」[26]

從外務部的電文看，所謂「皆知該島爲我國屬地」之事大概是端方的電文所述或者是香港報紙的用語，外務部其實並不清楚該島的情況。在一開始對島嶼位置的經緯度描述也是錯誤的（寫成是北

[20] 《國際紛爭史》，一四七—一四八頁。
[21] 《東沙島成案彙編》，五三頁。
[22] 〈廣東東沙島問題紀實〉，《東方雜誌》，一九〇九年第六年第四期，六一頁。
[23] 《東沙島成案彙編》，六六頁。
[24] 據〈廣東東沙島問題紀實〉轉引，《東方雜誌》，一九〇九年第六年第四期，六三頁。
[25] 端方的原始電文沒有保留在《東沙島成案彙編》中。
[26] 《東沙島成案彙編》，第四頁。《史料選輯》，一〇八頁。

緯十四度四十二分二秒，東經一百一十六度四十二分十四秒）。[27]這個錯誤可能也是從端方的電文中而來的。

張人駿收到命令後，會同各司加以考察，在十月十五日覆電。電文中根據島嶼（錯誤的）經緯度，認爲「似非粵省所轄」，但仍然未知島嶼的情況。最後要求「聞該處風浪最大，粵省無大兵船輪，難往查探，可否請鈞部轉電南洋，酌派大輪往查？」[28]

張人駿的回答說明了兩個情況。第一，中國官方對東沙島認識甚少，就連島嶼的名字和位置也不知道，廣東方面也不知道日本人占據東沙島之事。第二，廣東缺乏到東沙島巡邏的船隻，需要從南洋水師借調兵船，這顯示了廣東水師根本沒有能力在東沙島常規巡邏。連同其他證據一起，[29]這證明了在晚清時期中國水師的巡海範圍限於近岸，水師甚至連巡邏東沙島也不可能，更遑論西沙群島和南沙群島了。

就在等候南洋水師增援的時候，端方向日本諸南京領事館諮詢，日本領事告之：「此島實在臺灣之西南，香港之東南，距香港一百七十餘英海里，即新譯中國江海險要圖說之蒲拉他士島。」[30]端方隨之查閱《新譯中國江海險要圖說》，[31]終於搞清楚這個島在西方海圖中被命名爲「蒲拉他士島」，[32]以及正確的位置，也從這些源自英國人的材料中搞清楚「中國漁船在此港避風」，並認爲此處「確係廣東所轄」。[33]他將這些結論在十一月四日的電文中發給了張人駿，並請張人駿尋找早年的圖籍，因爲現在他能找到的都是新測新繪的圖籍，證明主權說服力不足。張人駿的回電答覆，「遍尋粵省志書輿圖，均無記載此島確據。」還是需要實地考察才能下定論。[34]

南洋水師的船隻遲遲未能調配，於是接下來將近一年都沒有進展。這時反而是英國人有點著急了，他們害怕日本占領東沙島後，影響英國在廣東和南海的利益。遲遲不見中國動靜之下，英國駐廣州領事館在一九〇八年八月向廣東洋務委員發函：「該島並無居民，顯爲無所統屬之地。但每年之中間有中國漁船駛到該島。於一八八二年及一九〇二年，英政府提議，究竟應否於該島建立燈塔。後以不能決斷該島屬何國，應由何人設立之故，遂作罷。現奉本國外部諭，飭將該島情形及屬何國詳細查復等。因用特函請執事，於督署案卷內，詳細確查，該島是否中國屬島。中國政府有無宣布明文。逐一示之爲荷。」[35] 廣東洋務委員答覆是「該島確係中國屬島」。[36] 這和張人駿的態度有異，大概當時廣東省方面已經有意認定東沙島屬己，於是儘管對內還要尋找證據以便和日本交涉，但對英國則明示主權。

---

[27]《晚清南海》，一二五頁。

[28]《東沙島成案彙編》，四—五頁。

[29]《被扭曲的南海史》，四五五—四六〇頁。

[30]《清季外交史料》，宣統元年八月二十七日，第四冊第一〇頁，轉引自《史料彙編》，一四五頁。

[31] 此書是節錄翻譯英國的 *China Sea Directory* 的第二版。

[32] 海圖見《新譯中國江海險要圖說》，第一卷圖十和圖四十一。廣文書局印行，一九〇〇年，第一〇頁，第四九頁。

[33] 此句爲原《險要圖說》所無，*The China Sea Directory* 是一本純粹的水文著作，不牽涉主權歸屬問題。見《釣魚臺是誰的》第八九—九一頁。此處端方大概從此島爲廣東沿岸圖的一部分而引申出來。

[34]《東沙島成案彙編》，六頁。

[35]《東沙島成案彙編》，七頁。

[36]《東沙島成案彙編》，八頁。

端方知道之後，急忙在一九〇八年九月十四日再致信南洋提督薩鎮冰，催促應該儘快派船調查。以便向日本提出交涉。他認爲英國「首言中國海內，繼言每年中間有中國漁船駛到，隱示此島明屬中國。後乃以英國政府擬設燈塔爲詞，屬詢問中國此島是否中國屬島」。[37] 因此估計英國是「明知該島爲日人占據，見中國並未詰問，故爲此旁敲側擊之詞，暗爲提醒催我宣布，詳加籌度。」[38]

惟船隻調配還是障礙，一直到了一九〇九年二月一日，南洋水師才派出「飛鷹艦」，從香港出發，二月二日抵達東沙島。在此調查中，中國才第一次搞清楚，該島的中國土名是東沙島。並觀察到當時島上已經沒有中國人，只有日本人活動，亦提及日本人把天后廟毀去以及驅趕中國漁船之事。[39] 這是中國官方史上第一次到達東沙。這次的報告極爲簡陋，可想考察並不仔細。於是張人駿派飛鷹艦和另一艘粵海關緝私船（英國人掌管的船）再到東沙詳細勘查。

兩艘船在二月十九日再度抵達東沙。這次考察比上次詳細得多，他們登上島，受到日本人的接待。儘管西澤當時不在，日本人還是非常配合地回答各種問題，氣氛良好，可惜主事之人對此島來龍去脈所知不多。此後，考察人員也探訪了整個島嶼，以及探訪了周邊的漁民，終於寫成了比較詳盡的《委員報告》，內有和日本人的問答和漁民的供詞。[40] 在此報告中值得注意的是幾點：第一，西澤的開發是私人性質的，並非日本政府直接參與；第二，在一九〇八年，（日本）臺灣總督曾經派員來視察，這表明日本政府後來知道西澤在東沙開拓一事；第三，該日本人對此島屬何國並不了解；第四，日本人在此經常驅趕中國漁船，並在島上拆毀原有的中國建築物；第五，常在此活動的中國漁民損失很大，但他們卻不知道應該向誰報告。

至此，東沙島之事才爲中國官場和社會所知。掌握了這些資料之後，張人駿在三月十五日向外務部詢問，是由外務部出面還是由廣東方面出面和日本交涉。[41]五月十三日，外務部覆電張人駿，決定由兩江總督端方出面先和日本交涉。但張人駿等不到外務部的覆信，在三月十七日，就照會日本駐廣州總領事賴川淺之進，從而開啓了中日之間的東沙島交涉。

一·五 中日之間的交涉

一九〇九年三月十七日，張人駿向日本駐廣州總領事發照會說：「現查惠州海面，有東沙一島，向爲閩粵各港漁船前往捕魚時聚泊所在，係廣東之地。近有貴國商人，在該處僱工採磷，擅向經營，係屬不合，應請貴領事官諭令該商即行撤退，查明辦理，以紓睦誼」。[42]日本領事回覆正發電向日本外務省了解情況。這時，中國駐日公使胡惟德因日本報紙報導此事，向張人駿查詢。張人駿和外務部就決定雙管齊下，由廣東省向日本領事以及駐日公使向日本外務省同時交涉。

【37】《東沙島成案彙編》，八頁。
【38】《東沙島成案彙編》，八頁。
【39】《東沙島成案彙編》，九頁。
【40】《東沙島成案彙編》，一二—一八頁。《史料選輯》，一一〇頁。
【41】《史料選輯》，一〇九頁。
【42】同上，二〇頁。

三月二十一日，賴川會晤張人駿，聲稱「該島原不屬日，彼政府亦無占領之意，惟當認為無主荒島，倘中國認該島為轄境，須有地方志書及該島應歸何官何營管轄確據，以便將此等證據電歸外部辦理。」[43]

張人駿指出：⑴中國漁民在此打漁；⑵島上原有中國建造的海神廟，現雖為日本所拆，但還有痕跡可以指認；⑶各國地方並非一定有人居住才能有轄權。但賴川反駁，在此打漁只能算私人活動，海神廟之類如已經不存則難以細察，唯有真正的統治證據才能說服日本。[44] 在駐日公使胡惟德和日本外務省交涉的時候，也得到類似的答覆。[45]

根據日本報紙報導：「日本政府表示東沙島現在雖係不知所屬何國，而日本決不據為己有。且日本亦能承認此島屬中國，若中國能示以的確之憑證。」[46] 被香港媒體詢問時，日本駐香港領事表示既不清楚此事，也否認了此事是日本政府所為。[47] 此說與西澤之前得到外務省的許可相互矛盾，一個可能的解釋是當時日本駐香港領事未必清楚外務省的許可，但也可能在此時，日本已經決定不爭奪此島，領事急於撇清關係。

張人駿為此感到日本蠻橫無理。但平心而論，日本的態度並不算很差：至少日本也承認此島原先不是日本的領土，只要中國拿出實質統治的證據，日本就願意放棄爭議；而日本所要求的實質統治證據，還是合情合理的，遠沒有達到後來（一九二九年）美國與荷蘭關於帕爾馬斯島爭議的仲裁案中仲裁員做出裁決時，對統治證據的要求。比如日本認為只要拿出圖籍等證據就可以作準了，而帕爾馬斯仲裁案中地圖還難以成為證據。[48]

在日本方面，只有臺灣總督發表意見，認為東沙島是臺灣的附屬島嶼，是由中國在甲午戰爭中割讓給日本的。【49】但此說沒有絲毫根據，日本政府也顯然不同意這種說法。

日本的態度可能和國際形勢相關。當時日俄戰爭結束，日本惹來了英法美等國家的注目。爲了保護他們在南海的傳統利益（三國都在南海有殖民地），這三國自然不願日本把勢力插入到南海。英國旁敲側擊地提示中國在東沙建立燈塔就是一例。日本在戰爭之後也需要休養生息和韜光養晦。在一九〇八年發生的二辰丸事件後，中國的民族主義情緒高漲，東沙島爭議無異於火上澆油（見後）。此外，日本在東沙島的開發由始至終僅是私人性質的開發，西澤甚至還沒有成立公司。儘管臺灣總督支持對東沙島的兼併，臺灣地方官員也曾登島考察，但臺灣只是殖民地，不能完全代表日本政府的態度。而且臺灣也沒有正式爲西澤的行爲背書，比如沒有把東沙島納入臺灣的政區，也沒有官方的管轄。因此，日本政府在此事件的介入並不深，並非刻意要奪得東沙島。於是在一開始，日本政府就指示賴川，不必堅持東沙島是日本的，只是要求中國出示證據，如果中國無法出示證據，才考慮進一步

【43】《清宣統朝外交史料》卷二，自《清季外交史料》，文海出版社，一九六三年，第七冊，三九頁。

【44】《晚清南海》，一三八—一三九頁。

【45】《晚清南海》，一三八—一三九頁。

【46】據〈廣東東沙島問題紀實〉轉引，《東方雜誌》，一九〇九年第六年第四期，六七頁。

【47】《清宣統朝外交史料》卷二，自《清季外交史料》，文海出版社，一九六三年，第七冊，六—七頁。又見〈廣東東沙島問題紀實〉轉引，《東方雜誌》，一九〇九年第六年第四期，六七頁。

【48】對帕爾馬斯案的介紹和討論，可以參見《釣魚臺是誰的》，四一五—四二八頁。

【49】〈廣東東沙島問題記實續篇〉，《東方雜誌》，第六年第五期，一九〇九年，一三六頁。

的對策。

這樣一來，事情就簡單了很多。張人駿開始著手找尋證據，但證據卻不易找。主要原因是儘管漁民在東沙島活動甚多，但中國政府對東沙島事實上並沒有過硬的證據。事發將近兩年，中國政府對東沙島的位置還是含糊不清的，比如在三月二十四日，中國外務部還給張人駿發出指令，要求核實經緯度，以及東沙島是否「碧列他島」。[50]三月二十七日，張人駿在回覆中稱：

> 丁未九月初六日，准鈞部電，指有轄島一區，當北緯十四度四十二分二秒，東經一百十六度四十二分十四秒。查之英國海圖，該處汪洋一片，並無島嶼。離粵太遠，自難引爲粵境。而粵中又無可用以遠行探海之大輪，不免望洋興嘆。嗣接午帥電開，該島在北緯二十度四十二分，東經一百十六度四十三分。復查英海圖，始知該島名蒲拉他士島（Pratas），即粵轄東沙島數處，並無指稱日人現據之島在北緯十四度之說。現既查明距粵海界甚近，且有瓊海西沙島對舉之稱，西沙島已派員仍僱用海關輪船往查，加以各種證據。細繹中國江海險要圖，指明該島爲粵離澳十三里，可決爲粵境，據以與爭。均部查圖復有碧列他島之名，當係蒲拉他士島譯音之轉。日人近且易名西澤矣，鄙意擬執我國向有東沙之名爲斷，我國輿地學詳於陸而略於海，偏於考據方向遠近，向少實在測量記載，多涉疏漏。沿海島嶼，往往只有土名，而未詳記圖志。欲指天度與言，舊書無考。所恃者，仍是英國海圖。其他證據現正刻意搜求，要不外於漁業所在。柔遠記，江海險要圖說所載各端，持此與爭不爲無效。[51]

這段回覆有幾點值得注意的。第一，「北緯十四度四十二分二秒，東經一百十六度四十二分十四秒」位於黃岩島以西一百公里左右。此處被粵督形容爲「離粵太遠，自難引爲粵境」。第二，粵督承認，中國的地理學「詳於陸而略於海，偏於考據方向遠近，向少實在測量記載，多涉疏漏。沿海島嶼，往往只有土名，而未詳記圖志。欲指天度與言，舊書無考。」這是中國難以舉出實在證據的原因。第三，到最後，還是以英國海圖爲所恃，而《江海險要圖說》則是英國海圖的翻譯本。第四，中國政府的其他統治證據，一概缺乏。第五，當時找到相對來說是國產的地圖乃是王之春所著的《國朝柔遠記》（一八八一），當中的沿海輿圖中有東沙一地名，其實中國地圖上記載「南澳氣」的還有不少，但官方並不知曉，故此能找到的只有這一本。第六，這裡提到了西沙的問題，這在下一章還會討論。

三月二十九日，張人駿就拿著這幾幅地圖向賴川交涉。賴川很爽快就表示：「以該島屬中國之證據，雖未齊備，重以粵督之言，似亦未嘗不可承認，惟須妥爲保護，否則政府仍作無主之島看待。」[52]這裡，日本表示僅有這些地圖證據仍然是不足夠的。此說確未貶低，實際上英國海圖僅是海圖而不涉及主權問題。而《國朝柔遠記》中的地圖，也缺乏明確的國界標誌。按照嚴格的標準，確實難以證明東沙屬中國。但日本此時並無意與中國爭奪東沙。於是，很快議題就轉到賠償問題上。

[50]《清宣統朝外交史料》卷二，四二頁，《清季外交史料》，文海出版社第七冊，一九六三年。

[51]〈粵督張人俊覆外交部東沙島係我國舊名有各種圖記可證電〉，《清宣統朝外交史料》卷二，第四七—四八頁，《清季外交史料》，文海出版社第七冊，一九六三年。

[52]《東沙島成案彙編》，二八—二九頁。

張人駿問賴川：何為妥為保護？賴川答道：「西澤經營，頗費工本，一旦撤退，必多損失——撤退之後，其所營房屋機件鐵路等物，必有相當之辦法。」[53]日本的意思是，只要中國肯賠償給西澤，日本就願意退出東沙島之爭。張人駿則以中國漁民的損失為反駁。雙方同意就此問題做進一步談判。

至此，東沙島爭議已經掃清了主權的障礙。在以後幾個月的談判中，中日雙方圍繞著賠償和如何歸還的問題展開談判，但已非根本上的問題。[54]這些問題包括：⑴日本要求西澤仍可在島上開採礦物，中國堅持要收購所有物業；⑵如果中國堅持收購，西澤物業估價當為多少？西澤在這幾年開採的海產和礦物是否需要交稅？⑶中國漁民的損失以及在島上廟宇被毀的損失是否屬實，估價多少？

最後，在十月十一日，雙方簽訂協議，中國收買西澤物業，定價毫銀十六萬元；西澤交還漁船廟宇稅款等款定為三萬元；西澤把物業和現存鳥糞按清單交給中國後，在半月內中國將把款項交給廣東日本領事。[55]在此協議中，從國際法的角度來說，值得注意的是稅款的字眼。稅款意味著西澤須就之前所得向中國交稅，這意味著日本承認在之前東沙島並非無主地，而是由中國政府所管轄的島嶼。十一月十五日，中日雙方代表共赴東沙島，對物業進行清點和移交。東沙島爭議正式結束。

一・六　中國對東沙島主權的鞏固與中國海防意識之興起

東沙島爭議結束之後，中國立即加強對東沙島的統治。這些措施包括：

⑴考察。一九一〇年二月十三日，廣州候補知府蔡康率領人員考察東沙島。歸來後寫成報告《接受員招商承辦島產之籌議》，提議在島上招商開發磷礦、採集海產、承辦漁業；招募護勇、修

理船隻；請九龍關稅務司派船測量繪圖等多項措施。[56]

(2)**招商**。根據這個建議，廣東省勸業道、善後局和布政司聯合出示招商公告。對磷礦和漁業進行招商。爲商人考察方便，在三月二十七日，蔡康與二十多名商人前往東沙島實地考察，但是島上的惡劣條件大大的降低了商人的開發意欲，招商無終而結束。[57]

(3)**官辦開發**。招商失敗之後，中國決定以官辦的形式經營東沙。在一九一〇年六月通過官辦章程，讓蔡康聘請日本技師和招募中國工人。七月設立「管理東沙島委員會」。在此後兩個月，委員會組織人員採出一批磷礦，但銷路不佳，收益甚少，無以爲繼，最後在九月底決定停辦。[58]東沙島司事洪念宗在十一月二十日對島上物業進行驗收。[59]

(4)**中日合作開發**。官辦開發失敗之後，中國只得再次和日本合作。一九一一年，在日本領事賴川的牽線之下，廣東勸業道和日本大澤商會簽署合同，由日商對東沙島的海產（海螺等）進行

[53]《東沙島成案彙編》，二八頁。
[54]此後，中方代表換成了新粵督袁樹勳。
[55]《東沙島成案彙編》，五九頁。《史料選輯》，一一一頁。
[56]《東沙島成案彙編》，七八—八七頁。
[57]《晚清南海》，二一五—二二〇頁。
[58]《晚清南海》，二二一—二三二頁。
[59]《晚清南海》，二三二頁。

開發，收益中國占六成，日本占四成。但日本商人收益太少，於是在同年十月又告停辦。[60]

(5)漁業和漁民管理。在一九一〇年，廣東發布政府通告，通知惠州漁民，可以到島附近捕魚，並如果海上有風浪或有事故，可以到島上由駐島人員招待。也可以重新建設廟宇，但須稟經官方許可才可准行。[61]後來，廣東還嘗試制定更為詳細的漁業章程，但是由於已經被日本所承包，章程沒有被採用。[62]

(6)巡視和管理。在中日合作期間，東沙島司事洪念宗多次到島上進行巡視，報告島上項目進展。在報告中還描述，島上有隸屬廣東勸業衙門的「委員一名管理島上事務，管工一名，勇目一名，醫生一名，護勇十三名，看守東沙島物業。」[63]

儘管中國對東沙島的開發並不成功，但通過以上一系列舉動，中國已經充分實施了對東沙島的主權。在一九〇九年之後，東沙島也普遍出現在中國和廣東的地圖之上（見二．八）。這表明中國對東沙島的統治已經正式確立。民國後，廣東省實業廳又發出通告，對東沙島招商。這顯示了民國時期對東沙島統治的延續。

在東沙島事件中，中國國民的反應是有趣的。一方面，一九〇七年當漁民被驅離東沙島之際，他們有怨無路訴，也不見有何媒體報導。另一方面，在一九〇九年中日交涉之際，媒體開始報導，就出現群情洶湧之態。比如一九〇九年三月上旬，惠州自治研究社派代表往省城，和省議會紳商聯合集議，[64]群策群力，舉出《海國聞見錄》的證據說明中國早已知道東沙。又有曾到過東沙的關佐田指出，在「二三十年前，已有南海稟生胡維桐上書當道，詳言該處一帶島嶼，至關緊要。該稟原文尚可以搜出。」[65]廣東省自治會在紳商周孔博的領導下，又集眾公議東沙島問題，決定採取三個步驟來解決：⑴迅速公布中外，製造輿論壓力；⑵稟文政府，要求政府確保漁民利益；⑶力爭到底。四月十一日，周孔博再次組織會議，提出致電政府，要求保護東沙島利益。此後，不斷有人上書粵督和兩江總督，要求保護中國主權。[66]

這時，廣東「民族主義」興起。在一九〇八年二月發生中日二辰丸案。二辰丸號運載軍火在澳門路環島外洋面卸貨，被清朝水師截獲。雙方爭議事發地點是屬中國水域還是葡澳水域，中國水師是否有權緝私。最後，清朝承認該水域是澳門水域，並向日本道歉賠償。此事引發廣東的反日高潮。隨之而來的一九〇八—〇九年澳門劃界談判中，中國也對澳門做出讓步。與此同時，在東北還有中日間島的爭議。因此這時廣東已經掀起了抵制日貨等反日排外高潮。現在再加上東沙島爭議，更加群情洶湧。日本媒體認爲東沙島事件「當此人心激昂之際，其氣焰之熾，殆不可向邇。而又無端忽起此問題，其利用之以爲杯葛煽動口實者，誠實可虞。外務當局宜勉公平無私，調查事實，以速解決之。」[67]中國在此時對西沙群島也宣示了主權，法國同樣因爲害怕引發中國的民族主義而決定沉默以對。

【60】《晚清南海》，二三二—二三九頁。
【61】《東沙島成案彙編》，一〇七—一〇九頁。
【62】《晚清南海》，二三五頁。
【63】〈洪念宗九月二十八日報告〉，《東沙島成案彙編》，二一〇頁。
【64】〈廣東東沙島問題紀實〉，《東方雜誌》，一九〇九年第六年第四期，六七—六九頁。
【65】〈廣東東沙島問題紀實續編〉，《東方雜誌》，一九〇九年第六年第五期，一三五頁。
【66】〈廣東東沙島問題紀實〉，《東方雜誌》，一九〇九年第六年第四期，六七頁。
【67】〈廣東東沙島問題紀實〉，《東方雜誌》，一九〇九年第六年第四期，六八頁。

總之，在東沙島事件之後，中國政府和人民都對南海島嶼問題加以更高的關注。南海諸島不再是無關重要的島嶼，而是需要明確加以宣示的領土。一九〇九年，中國取得東沙和對西沙的主權宣示，都是這種海權意識興盛的反映。

東沙島是南海諸島中最早解決主權問題的一個。進入民國之後，民國繼續加強在東沙的治理，鼓勵華商開發東沙，禁止外商（日本人）開發。日本人對島上海產依舊有興趣，特別是一種叫海人草的藻類海產。一九二六年，廣東一間公司承辦了海人草的獨家執照，暗中讓日本人經營海人草，被廣東省政府發現，廢除了該公司的執照。一九二七年，另一家公司獲得東沙島海產經營權，但不斷和偷採海人草的日本漁民發生衝突，一九三二年更釀成血案。一九三三年，日本商人強行登島，霸占島上倉庫和設備，引來中日外交交涉。海人草之爭直到一九三七年中日戰爭爆發還沒有結果。[68]不過，這些紛爭中，日本政府都沒有挑戰中國對東沙的主權。關於那些爭議的綜述可以參考他人專論，[69]本書不再詳述。

一・七　結論：東沙島爭議的評述

東沙島的爭議是有史以來南海諸島的第一次爭議。日本這一新興海洋強國攪動了原先平靜的南海。從接下來的幾章可以看到，整個二十世紀上半葉，南海的爭議都和日本有關。日本的出現，一方面驚醒了中國的海權意識和民族主義情緒，一方面也觸動了英法美等國的利益，讓他們更關注南海的局勢。可以說，直到一九五一年《舊金山和約》簽訂爲止，日本都是南海問題的主軸，而戰後的南海問題也與含糊不清的《舊金山和約》有關。

在整個東沙島事件中，有幾點對南海諸島的國際法問題的認識有幫助：

第一，東沙島位於中國之近海，最早為中國漁民發現和利用是可信的。因此，根據國際法，中國享有此島嶼之初始權利。而在日本人開發此島之前，並沒有任何國家對此聲稱主權。比如西方的航海家很早就知道、在地圖上畫出和測繪了這個島嶼，但並沒有聲稱這個島嶼是他們的。一八八三年荷蘭因為觸礁船隻對中國的抗議可視為對中國在東沙主權的國際承認（但中國似乎對此不知）。因此，在東沙島事件之前，並沒有國家擁有可以和中國相提並論的歷史性權利。這個情況和西沙和南沙的情況截然不同。西沙和南沙都難以確定是中國人發現的，[70] 西沙群島有越南的統治證據；[71] 南沙群島一直有各國的航行和測繪證據。[72] 根據可靠的紀錄，中國人僅在一八六〇年代左右才到達南沙從事漁業，[73] 並無優於其他國家的歷史性權利。

第二，在東沙島爭議之前，中國政府缺乏對東沙島的管轄。這體現在幾個方面：首先，中國漁民

【68】參見《東沙島成案彙編》。

【69】呂一燃《近代中國政府和人民維護南海諸島主權概論》，《近代史研究》，一九九七年第三期，三—四一頁。

【70】《被歪曲的南海史》，九三—一〇〇頁。

【71】《被歪曲的南海史》，第四章。

【72】《被歪曲的南海史》，四二六—四二九頁。

【73】《被歪曲的南海史》，四三一頁。

在受到驅趕之後，並無任何的反映渠道，當地政府並未得悉。中國政府尚要由沒有直接關係的兩江總督通過媒體才關注到此事。其次，中國政府對東沙島的位置和其他相關信息嚴重不足，需要由日本領事提供資料並用長達兩年的時間反覆確證才知道此島的正確位置、正確名稱和中國的土名。再次，中國政府對東沙缺乏常規的管理能力，在急需查證東沙的實際情況之際，廣東水師沒有船隻可以到達東沙，需要等待長達一年半的時間才能借調南洋水師的船隻前往探察。最後，在事發之後，中國才到處尋找材料去「證明」此島屬中國，而最終的主要證據還是英國的海圖。

第三，日本在一開始對東沙島的認識為無人島（無主地），此說有相當根據。首先，日本在一九〇一年曾經就東沙島歸屬對港英進行諮詢，但得到「好像沒有歸屬」的答覆。其次，一九〇一年玉置半右衛門在島上進行了三個月的考察，沒有受到中國的抗議。再次，一九〇六年在西澤開發東沙島之時向「駐日清使、駐橫濱各國領事、上海關道、英領香港政廳」，最後的答覆都是「全無所屬」。可見，在當時國際上的很多國家的認識確實是此島並無所屬（荷蘭可能是唯一的例外）。最後，連駐日清使也認為此島不是中國的。

第四，日本儘管鼓勵個人向海外無人島開拓，但是至少在當時並不是不講道理的。就在中日談判一開始，日本已經決定只要求中國出示最低限度的證據就認可中國對東沙島的主權就是證明。這個例子可以用來論證釣魚島的情況，中國常稱釣魚島在《馬關條約》簽訂前後被日本「竊據」，又說既然臺灣已經割讓，那麼中國也無力再提釣魚島之事。[74]但東沙島之事說明，日本並非那般蠻橫。

第五，中日釣魚島之爭是通過談判解決的，而不是通過國際仲裁而解決。這表明，東沙島主權歸屬所涉及的國際法問題僅對談判兩方有先例作用，而對第三方沒有任何先例以及約束力。

第六，中國在東沙島事件中表現出來的無知和統治證據的缺乏（比如缺乏圖冊、沒有常規的管治、漁民被趕不知向誰彙報、官方沒有正式常規渠道得知島嶼狀況等）的事實表明，中國對更遠的西沙群島、黃岩島以及南沙群島的「歷史證據」更是薄弱，更不用說對海域的控制。這在分析那些島嶼的國際法的時候，對於正確理解中國的「歷史證據」有很大幫助。

第七，事實表明，中國的民族主義確實可以在相當程度上影響島嶼主權的歸屬。在南海諸島這些原先被廣泛認爲是無人島的地方，如果另外一國的態度並非堅決，那麼它們可能需要衡量得到這些島嶼的利益和導致這些民族主義所帶來的損失之間做出一個平衡。這可以幫助理解法國在當時對西沙群島的態度。

[74] 參見《釣魚臺是誰的》，一八一—一九七頁。

第二章　西沙及南沙之爭的開始

（一九〇九－一九三八）

二・一　中國對西沙群島的主權宣示

東沙島事件大大刺激了開始日益重視海疆權益的中國政府，令其決心經營南海。一九〇九年東沙島爭議尚在進行之際，有中國媒體在三月二十六日和三十一日報導，一艘歐洲炮艦最近駛往西沙島。[1] 這引起粵督張人駿的警覺，他決定對西沙群島進行探查並宣示主權：「茲又查有西沙者，在崖州屬榆林港附近。……特派副將吳敬榮前往勘察」。[2]

關於吳敬榮等前往勘察西沙的事，現在已經找不到原始報告，在中國史料中語焉不詳。惟在法國駐廣州總領事布瓦（Mr. Beauvais）的記載中可以看到一些細節。[3] 吳敬榮、王仁棠和林國祥三人乘坐從海關租借的「開辦號」（*K'ai pan*）出發，四月十五日返回香港，十九日提交了報告。他們指出西沙有東八西七等十五個島。他們沒有在島上發現外國人，但發現了明顯是外國人留下的痕跡。他們仔細盤問了島上簡陋小屋裏住的中國漁民，確認了兩個德國人、一個日本和他們的馬來傭人曾經來過島上，在島上鑽了不少孔，看來是對土壤做分析，以考察島上燐礦是否有開採價值。

在張人駿的引述中指出報告中提及西沙的基本地理情況，並主張「若任其荒而不治，非惟地利之棄，甚爲可惜，亦非所以重領土而保海權也」。[4] 於是，張人駿一方面設立「籌辦西沙島事務處」，提出《復勘西沙島入手辦法大綱》，一方面準備派水師提督李準、廣東補用道李哲浚以及副將吳敬榮等三人駕駛「伏波」、「琛航」、「廣金」前往西沙島「巡視」。[5] 航行並非一帆風順，據張人駿事後彙報：「月初，派勘榆林港外西沙各島係用伏波琛航駛赴。該兩船年久朽窳機器陳舊不靈，遇風幾遭覆沒，此外更無可派之船。」[6] 但最後還是成行。根據隨行人員的奏報，三艘戰艦在五月十九日從廣州出發，五月二十一日到香港，二十五日到達榆林，在榆林停留了十天，再在六月四日出發向西沙進發，五日到達西沙，在西沙羅拔島、大登島和地利島停留三天，六月八日開返廣州。[7]

關於他們的行程的另一種說法是當時在香港的一個法國時事觀察家拉皮克（P. A. Lapique）提供的，他說由於水師對遠海航行不適應（他說李準是一個「江河水師」的提督），以及等待有利的風向，在海南榆林港逗留了頗長一段時間。以致直到六月六日才到達西沙，在六月七日四點就從西沙返航了，因此在西沙逗留的時間不足二十四小時。拉皮克的說法有誤，其原因大概是他混淆了舊曆與新曆。[8]

李準一行在西沙主要做了三件事：第一，登島勒石，他們在登上的每個島上都樹立石碑，豎起了大清黃龍旗；第二，記錄地形和物產；第三，對照西方給各島的名錄（當時有《西沙志》，當是英國航海書的翻譯本），給島嶼重新命名，並繪製了西沙群島地圖。

---

[1] Annex 15, SOPSI, p.200.

[2] 《西沙島成案彙編》，二二頁。

[3] Annex 15, SOPSI, p.200.

[4] 《西沙島成案彙編》，二二頁。

[5] 《史料選輯》，七六頁。

[6] 《清宣統朝外交史料》卷四，一一頁，《清季外交史料》，文海出版社第七冊，一九六三年。

[7] 同上，一八—二〇頁。日期已經換算爲公曆。

[8] SOPSI, pp.100-101.

李準之行還有一個年份混淆的問題，一系列公文都指出他是一九〇九年（宣統元年）奉命到西沙的，但是卻也有說法指他在一九〇七年（光緒三十三年）到西沙，甚至在石頭上刻字「大清光緒三十三年廣東水師提督李某巡閱至此」之字。這個錯誤的來源是在一九三〇年代中法九小島事件之際，《國聞週報》的記者採訪李準後寫成的《李準巡海記》。當時李準年事已高，時間等細節都錯漏甚多，裡面把時間寫成一九〇七年（光緒三十三年）。[9] 鑒於此文爲李準自己在二十多年後西沙紛爭初起之際的自述，裡面不排除有錯漏、誤記和誇大的成分，不可不鑒。比如，文中說李準在一九〇七年春天已經到達東沙巡視，並發現日本人已經在島上建有辦公室和鐵路，且與之交涉。但其實直到一九〇七年夏天，西澤才開始帶人到東沙並開始建築。一九〇七年春天何來鐵路和辦公室？且根據東沙的檔案，一九〇九年才有張人駿派船查探東沙之事，若李準在一九〇七年已經查探東沙，張人駿又何必等兩年才開始和日本交涉呢？這個一九〇七年巡航西沙的說法流弊深遠，直至今天還有一些文章說李準在一九〇七年巡海。《中國南海疆域研究》這種嚴肅的中國學術著作，雖然確認了此事發生在一九〇九年，[10] 但該書仍然沿用《李準巡海記》的錯誤說法，指李準當時刻字「大清光緒三十三年廣東水師提督李某巡閱至此」。《中國南海疆域研究》這本書也不乏其他關於二十世紀初西沙歷史的錯漏，比如其附錄中關於西沙有一段描述，指一九〇二年清朝派官員到西沙視察，並立碑紀念，刻上「大清光緒二十八年字樣」。[11] 這個說法並無任何來源，筆者也查不到任何相關記載，當爲不實的史料。惟有的學術書還加以引用，「證明」中國對西沙的主權。[12] 這種錯誤也須加以澄清。

這次主權宣示行動的過程也顯示了非常規性。在宣示主權之前先專門派員探測水路，說明當局對於西沙一帶的水文狀況並不熟悉。爲了尋找能到西沙的戰艦，兩廣總督還專門從閩浙總督處借用了戰船，這說明兩廣沒有常備的可以巡邏到西沙的船隻。這次宣示主權無疑是成功的，中國明確地宣示了對西沙的主權。但是，如此特殊的宣示主權事件本身也說明了，中國之前對西沙的管治如果不是沒有的話，也至少是非常薄弱的，否則也不需要通過宣示主權這種非常規的方式進行。中國幾百年來僅有兩三個充滿疑點的事例可能與對西沙的「管治」相關，已經充分顯示了一九〇九年之前中國在西沙缺乏實質性的管治，[13]這次非常規的宣示更說明這一點。

儘管中方把它稱爲「巡視」，在返航後一個月後的報導中用了「重申」的字眼，但李準的認識是「此地**從此**即爲中國之領土矣」。[14]而國際社會中也普遍視爲這是中國第一次有意圖管治西沙。英國海軍一九三七年出版的《中國海指南》寫道「西沙群島……一九〇九年中國政府將其列入版圖」（They were annexed by the Chinese government in 1909.）。[15]

中國的行動是如此高調而爲世所知，但是法國和其他國家一樣，並沒有對這個事件提出抗議，儘管她在一八九九年已經準備在西沙通過建立燈塔而取得主權。在吳敬榮第一次勘察西沙之後，張人

[9]《李準巡海記》，中國南海諸群島文獻彙編之八，臺灣學生書局，一九七五年，第一頁。
[10]《疆域研究》，三六頁。
[11]《疆域研究》，一八五頁。此段「史料」沒有寫入正文之中，大概作者也感到不妥。
[12]《晚清南海》，二四〇頁。
[13]《被扭曲的南海史》，四三四—四七二頁。
[14]《李準巡海記》，中國南海諸群島文獻彙編之八，臺灣學生書局，一九七五年，第二頁。
[15] *China Sea Pilot*, Hydrographic Department, Admiralty, Vol.I, 1937 version, p.107.

駿宣布要進行第二次登島（五月三日）的次天，法國駐廣州總領事布瓦（Mr. Beauvais）就已經給法國外交部（Minister for Foreign Affairs, Paris）寫信，[16]敘述了來龍去脈，指出西沙群島在南海航線附近，具有戰略重要性；也分析了中法雙方對西沙的權利，並引用出法國曾經計畫在此建造燈塔、越南漁民和中國漁民一起在此打漁、以及中國曾經聲稱西沙不屬中國等例子，得出結論：

布瓦同意法國對這些島嶼有和中國一樣多的權利，我們也很容易找到支持我們（主權）主張的論據。但是，如果這種舉動是不值得的，在他看來，我們毋寧對此睜一隻眼閉一隻眼，因爲我們的任何干預都可能會導致新一輪的中國人的民族主義情緒。這對於我們的壞處大於占領島嶼給我們帶來的好處。[17]

這裡的民族主義情緒指一九〇八年中日二辰丸案與一九〇九年中葡澳門劃界這兩件在廣東發生的事件（見一・六），當時都引來民間抵制日貨和反列強侵略的運動與輿論。此外法國在一八九九年趁著列強在華設立租借地的大潮，租借了廣州灣（湛江）九十九年（同一時期還有英國租借新界與威海，德國租借青島）。如果西沙之事引發對法國的民族主義不滿情緒，導致其在廣州灣統治的動蕩，得不償失。

於是，在整個事件中法國保持緘默。法國的沉默態度令法國與越南在以後對西沙的主權要求的問題上處於「默認」的不利狀態。

值得一提的是，布瓦曾經在海口任職多年，對海南和西沙所知甚多，這封信中還描述了當時西沙群島上，中越漁民不時爲捕魚而發生血腥衝突，也會互相偷竊捕魚所獲，而由於越南漁民出行喜歡把妻子兒女都帶上，所以中國漁民經常會「順手牽羊」，把這些越南女人和小孩抓走，再在海南販賣，在海南港口經常能遇到這些被販賣的婦孺。

二・二　何瑞年事件和中國對西沙統治的鞏固

李準巡西沙後，張人駿成立了「籌辦西沙島事務處」，除了擬定了十五個島嶼的中文名稱[18]外，還提出一系列開發西沙的計畫，包括：⑴提出以榆林和三亞作爲開發西沙的根據地；⑵制定了開發磷礦的計畫；⑶籌建無線電臺和燈塔。[19]但是張人駿不久就被調任，新任總督袁樹勛在一九〇九年十月就因財政緊張而撤裁了「籌辦西沙島事務處」，[20]這些計畫都沒有得到實施。唯一的進展是在地圖上，把西沙和東沙畫上了中國和廣東的版圖。值得指出的是，中國專家後來認爲「經營西沙的重心

[16] Annex 15, SOPSI, pp200-203.

[17] Annex 13, Note dated 4 May 1909 from Mr. Beauvais, Consulate of France in Canton. SOPSI, pp197-198. 此段翻譯是譯自同一天對原信的摘要記錄（note）。

[18]《西沙島成案彙編》，二〇—二一頁。

[19]《晚清南海》，二四七—二五一頁。

[20]《西沙島成案彙編》，三—二四頁。

從萬州移到崖州」，[21]這只不過是為「西沙原先屬萬州」的理論圓場（中國有理論認為古代西沙甚至南沙歸萬州統治，這個理論站不住腳。）[22]實際上，當時的公文和報導，無一提及萬州和西沙群島的關係。[23]

一九一一年辛亥革命爆發，進入民國之後的好幾年間，西沙島無人理會。一九一七年，海利公司商人何承恩向廣東省政府申請開採西沙的磷業和海產事業，但被管理礦物的財務廳認為應該按照採礦程序辦理，何承恩不同意，此事告終。另一位商人鄧士瀛在一九一九也提出對「玲州島」（即東島，Lincoln Island）的開發，也被拒絕。一九二一年，香山縣（中山）商人何瑞年、香港商人梁國之、廣東商人劉惠農、廣東商人譚宏等相繼提出開發申請。

香港商人梁國之背後是日本人勢力。日本人對西沙群島資源的興趣始於一九一七年二月，小松重利和池田金造等人登上西沙群島考察並繪圖，證實島上（特別是林島）有可開發的資源。另一家有興趣的日本公司是日本南興實業公司，其法人代表平田末治在該年六月開往東沙島的途中被風吹到西沙島，也發現了西沙群島的礦藏。一九一八年，他再度前往西沙，帶回樣本化驗。一九一九年三月，他向日本政府申請開發西沙群島，但是日本政府查明，在《海軍水路志》中列明西沙屬中國。於是開發計畫只能暫停。[24]一九二〇年，再有一家日本公司三井物業也想開發西沙，去信法國西貢海軍司令詢問西沙群島是否法國的領地，法國給出了謹慎模糊的答覆（見二·四），三井物業只好暫時打消開發的念頭。[25]一九二一年，平田末治轉向中國。和東沙島一樣（見一·六），這時廣東政府禁止外商開發西沙島。平田得到日本駐廣東領事藤田榮助的支持，在他牽線下，平田找到生於香山的香港商人梁國之，希望通過他出面申請專營權。

但平田的計畫進行得太遲，梁國之四月提出申請的時候，軍政府內政部已經批准了香山商人何瑞年的申請，只是還沒有公布而已。何瑞年是從事港澳間貿易的富商，也是孫中山的舊友，得以多次向孫中山面陳其開發西沙的計畫。如在其申請書中所說，他得知日本人多次前往西沙勘探，擔心「國土海權」流失，於是希望自己能開發西沙實業，以「杜外人覬覦」。孫中山支持他的說法，他三月提交申請，很快就得到政務會議的通過。

因應此項申請，一九二一年三月三十日，南方中華民國軍政府下的廣東省政府把西沙群島正式歸入崖州管轄，[26] 這是中國歷史上第一次把西沙群島編入政區。有中國專家也認為這是把西沙島的管轄權從萬州轉移到崖州。這也同樣是為「西沙原先屬萬州」的理論圓場而已，並無根據。儘管此舉是廣東省南方政府所為，但是北洋政府在收復廣東之後繼續承認這個劃分，一九二三年再次成立的南方政府也繼續承認這個劃分。

由於何瑞年申請在先，政府也已經批准其開發優先權，梁國之的申請被拒絕。但這沒打消日本人

[21]《晚清南海》，二四九頁。呂一燃《中國近代邊界史》下卷，一〇七四頁。
[22]《被扭曲的南海史》，二〇三—二一三頁。
[23] 整本《西沙島成案彙編》中並無出現萬州。
[24]《國際紛爭史》，一六〇—一六一頁。
[25]《國際紛爭史》，一六一—一六五頁。
[26]《國際紛爭史》，一六五頁。

開發西沙的熱情。平田又經日本駐廣州總領事藤田榮助介紹與何瑞年相識，商討通過梁國之入股的方式合作開採西沙磷礦。何瑞年有開發權在手，占據上風。最後，雙方祕密簽訂了《合辦西沙群島實業公司訂立合同》：「西沙群島實業無限公司」股本中，何瑞年一分錢不出，梁國之代表資本團出一百萬股本；利潤分成則何瑞年得三成五，梁國之得六成五。[27]但在十一月上交給廣東省署的公司註冊中，卻隱瞞了資本結構和少報了資本金額。[28]

一九二二年，崖州縣長孫毓斌派專員陳明華往西沙查勘，發現竟有日本人在開採磷礦。又有傳言梁國之雖然住在香港，但其實是冒充爲福建籍中國人的日本人，西沙群島實業無限公司中，何瑞年占的僅是七分之三，梁國之反而占七分之四，在島上開採資源的幾乎全部是日本人或臺灣人。因此，他擔心何瑞年的公司實際上是日本人借中國人的名義進行開發，實質要掠奪中國人的資源。這個消息一傳出，群情洶湧，崖州各團體紛紛抗議，要求撤銷「奸商」何瑞年的經營權。[29]

何瑞年辯解說梁國之其實是華人。省署本已經查明，卻不敵當時的抗議浪潮，最終撤銷了經營權（第一次撤銷經營權）。何瑞年並不死心，在一九二三年三月以興辦實業被誣撓爲由，向廣東省申請維持原案。廣東省政府經過覆核，同意何瑞年的說法，重新給予專營權。[30]

在第一次被撤銷專營權之前，何瑞年還參與經營。但恢復經營權之後，何瑞年就幾乎全賴日本人開發，自己僅爲名義法人，一切經營都托於日人之手，坐享日本人轉讓的利潤。日本人在島上開發前後大約九年，在林島上建造了工廠、營房、鐵路、碼頭蓄水池和蒸餾裝置等一整套設備。開發頗見成效。

一九二六年一月，南方政府海軍部訓令海道測量局，東沙島西沙島隸屬海軍軍事區域。[31]二月，瓊東居民李德光呈請開墾西沙兩個島嶼，促使省政府再次檢查何瑞年開發進度。結果再次發現島上大部分是日本人。於是省政府準備第二次撤銷何瑞年的承辦權，適逢這時另有商人馮英彪申請開發鳥糞。於是省政府準備撤銷何瑞年經營權時同時批給馮英彪經營權。但這時中山大學教授鄺嵩齡向省政府舉報，原來馮英彪也是爲日本人工作的，言萬萬不可批給他。於是決議又拖延下來。到了一九二八年二月，馮英彪再次申請經營權，廣東政府再有取消何瑞年經營權交給馮英彪之議。最終決定由省政府組織包括中山大學、民政廳、建設廳、海軍部等在內的團體，由政治會議廣州分會專員沈鵬飛帶隊，一道往西沙考察。

其實在一九二六年中國政府要第二次撤銷何瑞年專營權之時，平田已經要退出經營了。南興實業公司的日本人七月開始迅速撤離林島，到九月完全撤離，林島於是被荒棄。[32] 這時，另一個日本人齊藤藤四郎接替了平田的位置，繼續和何瑞年合作開發林島。可是在一九二七年十月二十三日，一支約三十人的中國軍隊突然襲擊島上的日本人，把島上日本人盡數俘虜，並囚禁在島上。十一月二十四

【27】《國際紛爭史》，一六六—一六九頁。
【28】上文註冊文件見《西沙島成案彙編》，三八—四三頁。
【29】《西沙島成案彙編》，四八—五三頁。
【30】《西沙島成案彙編》，五三—六三頁
【31】《史料選輯》，七八頁。
【32】《調查西沙群島報告書》，中國南海諸群島文獻彙編之八，臺灣學生書局，一九七五年。

日，香港人沈起鳳帶領二十五人登上林島，要中國軍隊和日本人一同離島。[33]關於這支中國軍隊和沈起鳳等的來歷之事，中國似無記載，因此尚有很多不解之處。之後，沈起鳳可能短暫地開發過西沙。但在一九二八年西沙調查團到達之時，島上已經空無一人了。

西沙考察團在五月二十二日乘坐「海瑞號」出發，二十八日到達西沙群島，三十一日折返，撰寫調查報告。調查團一行考察了各島地理地勢地質、鳥糞、礦產、農產、水產以及闢港的可能性等事項。考察團也證實了島上均由日本人實際經營，儘管大部營房設施已經被廢棄，但在林島上尋獲日人留下日記一本，從而得悉很多日人開發細節。惟當時各島上除一兩島的鳥糞和幾種海產外，已別無可供經營之價值。中山大學奏請，讓中山大學負責開發剩餘的鳥糞資源云云。[34]最後，廣東省政府決定把西沙群島鳥糞資源撥給中山大學管理，最終廢除了何瑞年的經營權。

中山大學取得了西沙管理權之後，因時局和經費之故，遲遲未能往西沙開採。到了一九二九年，只好要求政府批商承辦。之後商人宋錫權、嚴景枝和蘇子江等相繼投得經營權。惟各個企業的開發都僅維持一年左右即告失敗。[35]情形就這樣持續到中法西沙糾紛開始。

此外，中國在一九二五年還提議在西沙設置氣象臺；一九二六年，海道測量局長許繼祥還爲此到永興島調查，[36]但因財力關係而無法建設。一九三〇年四月，在香港召開中法菲港四方參加的遠東氣象會議，決議讓中國政府在西沙設立氣象臺。七月，國民政府發令決定在西沙建立無線電臺和氣象臺各一，惟財政困難，無款可撥，有說直到一九三六年才建成，[37]筆者從檔案中沒有找到證據。

綜上所述，在一九〇九—一九三〇年之間，中國行使在西沙的主權的主要行動措施包括：(1)在行政上把西沙歸入崖州；(2)把開發專營權批予何瑞年等商人；(3)政府專員帶隊登島考察。此外，還有停留於紙面的各種開發計畫和設置氣象臺計畫等等。這些措施鞏固了中國對西沙的統治。

二·三　日本對南沙群島的開發經營

日本幾乎同時對西沙和南沙群島產生興趣，對南沙的興趣甚至比西沙更大。早在一九〇七年，日本人宮崎就在「水產南進」的鼓動下，駕駛漁船進入南沙群島活動。一九一七年，日本人小松重利和池田金造等人在調查西沙之時也同時在南沙進行調查和測量，發現了南沙的磷礦資源，引發到南沙調查的高潮。平田末治在一九一八年，橋本圭三郎與神山閏次在一九一九年，齊藤英吉與野澤專藏等在一九二〇年也分別前往南沙考察。其中橋本的考察，爲了正式起見，還特地邀請農商務省的技師鴨下松次郎和技手櫻井凌亮一起出發。[38]

這些考察都讓日本人知道了南沙豐富的礦產資源，於是他們紛紛向日本政府申請開發。在一九一九年三月平田末治向日本政府申請開發西沙的同時，也申請開發南沙。一九一九年五月十三

【33】《國際紛爭史》，一七六—一七七頁。
【34】《調查西沙群島報告書》，中國南海諸群島文獻彙編之八，臺灣學生書局，一九七五年。
【35】《中國近代邊界史》，下，一〇八三頁。
【36】《史料選輯》，二一一頁。
【37】《中國近代邊界史》，下，一〇八一—一〇八二頁。
【38】《中國近代邊界史》，下，一〇八一—一〇八二頁。

日，身爲貴族院議員的橋本圭三郎向日本外相內田康哉請願，將南沙群島納入日本版圖及進行開發。

但最終，這個開發權批予有軍方背景的拉沙島磷礦株式會社（ラサ）。社長恆藤規隆是日本有名的地質學者，是日本第一個農學博士，也是主持大東島開發的科學家，與海軍關係密切。通過和海軍的關係，他聘請了預備海軍中佐小倉卯之助進行對南沙的考察。在小倉的主持下，一九一八年十二月十四日，一行人出發對南沙進行第一次調查，採訪了北雙子島、南雙子島、西青島（西鑰島）、三角島（中業島）和長島（太平島）等五個島嶼，在島上豎立了占有標誌，並分析當地磷礦。一九二〇年十一月到一九二一年三月，小倉再度帶隊第二次登上中小島（南鑰島）、丸島（安波沙島）、南小島（鴻庥島）和西鳥島（南威島）多處島嶼進行勘察。經過兩次考察，基本上所有能稱得上島的都已經被考察過了。他的考察紀錄記載在《暴風之島》一書。[39]這本書通過訪問在當地捕魚的海南漁民，首次系統地記錄了南沙群島部分島嶼的海南土名，對研究中國漁民在南沙群島活動的歷史很有價值。中國類似的紀錄和資料整理要遲至一九三〇年代後才出現。

一九一九年六月十日，拉沙公司向東京地方裁判所申請了五個小島的採礦權。日本外務省與海軍省對南沙群島的歸屬進行研究以及公示之後，確認它們是無人島。於是拉沙公司的申請在一九二一年四月得到批准，由日本政府發出採礦許可。[40]日本正式把它命名爲新南群島。新南群島這個名稱是在現代意義上對南沙群島的首次命名。中國古書中用長沙、石塘等名稱泛指南沙群島，所指範圍和包括的島礁都不明確，而西方的航海圖冊與書籍中，有對各個島礁的單獨命名，卻沒有如同帕拉塞爾群島（即西沙群島）一樣的整體命名。新南群島則有相對固定的範圍。在二戰結束前後，此名在西方的文獻中也被廣泛使用。

拉沙公司在南沙諸島開始大規模的採礦，而長島（太平島）則成爲南沙的大本營，島上建有建設事務所、棧橋、倉庫、軌道及其他建築物。太平島上人口最多時候超過一百人。這是歷史上第一次在南沙的島嶼上進行大規模的有組織的商業活動。在此後幾年間，日本人探訪和開採的島嶼共包括北雙子島、南雙子島、西青島（西鑰島）、三角島（中業島）、長島（太平島）、中小島（南鑰島）、丸島（安波沙島）、南小島（鴻庥島）和西鳥島（南威島）這九個主要的小島。這九個小島就是新南群島的核心島嶼。

日本政府積極研究對南沙的主權。一九二七年，日本外交官們以私人的身分向法國、英國和美國（菲律賓）詢問他們是否會主張對南沙的主權。法國和美國都給出了否定的答案，英國的態度則較含糊。[41] 日本詢問菲律賓是基於地理原因：他們認爲，從地理看，南沙是菲律賓群島的一部分。[42] 日本在考慮主張南沙主權的時候沒有詢問過中國。其原因在一九三三年的一份報告中提到，那就是在東沙島爭議中被中國拿出來證明東沙島屬中國的兩部書籍——《國朝柔遠記》和《江海險要圖說》——中都沒有提及南沙。因此，日本認爲中國和南沙毫無關係。[43]

---

[39]《國際紛爭史》，一九七—二二四頁。
[40]《國際紛爭史》，二一一頁。
[41] Annex 17, SOPSI, p.205.
[42] Annex 17, SOPSI, p.205.
[43]《國際紛爭史》，二三〇頁。

在受到鼓勵之下，日本海軍在一九二九年派遣一艘運輸艦「膠州號」（Koshu）前往南沙群島調查。三月，齋藤英吉、鈴木圭二等向外務大臣及海軍大臣陳情將「新南群島」併入日本版圖。日本政府進行積極的研究，準備正式對外宣布對南沙的主權。四月，日本在「新南群島」上設立石碑，以取代一九一七年豎立的木碑。可是就在這月，因受到世界性經濟危機的不景氣之影響，拉沙公司停止採礦，社員三人及礦工一百三十人皆撤返日本。日本對南沙的主張事宜也稍有停頓。正因如此，才讓法國後來捷足先登，搶先宣示對南沙的主權。

儘管晚清開始，中國漁民一直在南沙活動，但是那些活動是非常隨機且私人的，無論在規模、組織性和持續長度都無法和日本的開發相比。日本的開發帶有半官方色彩，尤其有日本海軍在背後支持，在先期探測的隊伍中，分別由退役和現役海軍軍官率領。最爲顯著的差別是，日本的開發得到了日本政府批出經營權，這意味著這種經營是得到官方支持的。與英國在十九世紀後期對兩個島嶼批出經營權但實際無開發活動相比，日本在「有效控制」方面的主權證據更有力；但主權意圖方面則不足，因爲英國刊登了憲報而日本沒有公布。

對比這個時期日本在南沙群島和中國在西沙群島上的主權證據，可以說是非常相似的。雙方都批出經營權，雙方都有實際在島上開發（儘管在西沙開發的主要是日本人），雙方都有官方登島考察。日本不如中國的是其對南沙的控制並沒有得到國際的承認。儘管日本在島上設立界碑可以作爲主權意圖的體現，但當日本準備對這種主權進一步公開化的時候，由於突如其來的經濟危機，落在了法國的後面。

與東沙島爭議相比，中國的反應是有趣的。儘管後來中國聲稱對南沙一直擁有主權，但在當時，中國政府，無論是北洋北京政府還是南方廣州政府，對日本長期且大規模的開發事件都沒有反應，也沒有新聞報導。就筆者看到的檔案來說，也沒有關於南沙的內容。相反，一九二四年和一九三〇年分別發生日本漁船在東沙捕魚的事件，中國都第一時間做出抗議。[44]日本人在西沙採礦，中國也群情洶湧（見二．二）。因此，中國對日本人在南沙的開發不發一言，只有兩個可能：第一，中國認爲南沙屬中國，但不知道日本人在南沙進行的開發；第二，中國知道日本在南沙的開發，但是並沒有認爲南沙是中國的一部分。即便是第一種情況，在長達十年的時間內都不知道日本人的開發，就已經說明中國實際上並沒有對南沙有多少關注。事實上，在一九三三年之前，中國政府從沒有以任何形式表示中國對南沙擁有主權。

從二十世紀開始到一九三〇年代之前，日本對於南海諸島的態度主要是積極經營開發，以取得經濟利益；其次也有把勢力滲透到南海之中，以抗衡法國和英國在東南亞的勢力的考慮。但前者是最重要的。幾乎所有行動中，日本追求的是實際的得益，而不是名義上的好處。在東沙，經過中國的交涉，日本承認了中國對東沙的主權。在西沙，日本企圖通過法國和中國取得礦產的開發權，最後在中國許可狀之下實現對西沙的開發。在南沙，日本在無人抗議的情況下大規模開發礦產多年也沒有及時宣布對南沙的主權。

---

[44] 呂一燃《近代中國政府和人民維護南海諸島主權概論》，《近代史研究》，一九九七年第三期，三一─四一頁。

二·四 法國態度的變遷

到一九二〇年代中期爲止，法國對西沙和南沙都沒有太大的興趣。正如法國駐中國廣州總領事布瓦在一九〇九年的電文中指出，法國的興趣在於保持在中國的總體利益，而西沙與之相比並不重要，因此，法國不值得爲西沙而激起中國人的民族主義情緒（見二·一）。

有證據顯示，在一九一〇至一九二五年之間，法國在西沙有不少活動。比如曾經有法國海軍到過西沙群島進行不定期的航行，以解救「被中國漁民綁架的越南婦女和孩子」，以及在西沙進行過軍火和毒品的緝私工作。法國巡邏艦還在林島上抓獲一艘正在裝載磷礦的日本船，日本船員辯解說他們得到法國方面的批准才在該地作業。[45]在沈鵬飛勘察西沙時拾獲的日本人日記中，也記載了幾次法國巡邏船在周邊的活動。[46]但法國只是希望在這一帶維持和平和水道安全，其對西沙的主權態度和一九〇九年並無差別。

一九二〇年九月二十日，日本三井物業爲準備開發西沙之故向法國西貢海軍司令雷米（Captain Rèmy）諮詢西沙的主權時，他回答：「在海軍司令部沒有正式的文件可以確定西沙群島的地位。但是，我相信我可以確定它們不是法國的領土，儘管這完全是基於我的記憶，我也沒有辦法提供任何文件證明這一點。」[47]儘管西貢海軍司令的話用保守的語氣和私人立場說出，但是也證明了當時法國對於西沙主權缺乏興趣。一九二一年，中國南方軍政府宣布把西沙群島劃入崖山縣管理。這兩次事件開始引起法國的注意。法國殖民地部和印度支那當局開始討論對西沙的採取何種態度問題。但最後，法國再一次做出了沉默的表示。主要原因是當時西沙群島的主權對於法國來說是可以和其他利益相交換的籌碼。法國甚至在討論是否應該公開承認西沙主權屬中國，以換取中國承諾永遠不在西沙建立軍事基地，也不把西沙租借給其他國家建立軍事基地。[48]

此外，如果法國向南方政府提出抗議，也可能面對法律問題，因爲南方政府不是法國承認的中國法定政府，而北洋政府又沒有實際管轄西沙。[49]

總而言之，法國在一九二〇年代並沒有對西沙宣示過主權，但也沒有正式承認中國對西沙享有主權。在內部，他們認爲西沙主權的利益並不是不可交換的，而且還認眞考慮過和中國談判。對南沙，法國基本不認爲是法國的領土，而是把它們視爲無主地。但是這種態度在一九二〇年代中期開始轉變。這種轉變有以下幾個原因。

首先，是越南人的要求。一九二五年三月三日，阮朝軍事大臣申仲攜（Thân Trọng Huề）向法國保民官發出一封正式函件，要求法國代表越南向中國主張西沙群島的主權。[50]他說：「西沙群島一向屬安南，無有疑問。在一九〇九年中國重行取回西沙群島以前，法國根據保護條約，在對外關係上，

[45] P. A. Lapique, *A propos des îles paracels*, Saigon, Les éditions d'Extrême-Asie, 1929, p.9-10. Also cited from SOPSI, p.104.
[46]《調查西沙群島報告書》，中國南海諸群島文獻彙編之八，臺灣學生書局，一九七五年。
[47] Annex 12, SOPSI, p.194.
[48] Annex 16, SOPSI, p.204.
[49] SOPSI, p.101.
[50] Vietnam Courier, *The Hoang Sa and Truong Sa Archipelagoes (Paracels and Spratly)*, Honoi, 1981, p.16.

自應代替安南執行西沙群島保護之權。惟因過去，對於其地幾完全置之度外，不加過問，於是乃引起中國有正式占領其地之意。」[51]

申仲攜在當時突然提出這個要求的原因不詳。但信中所言，越南是殖民地，外交無權自主，只能通過法國交涉卻屬實。回看法國人在一九〇九年的信件中認爲「法國對這些島嶼有和中國一樣多的權利」，但信中所形容的權利僅是越南漁民也在西沙捕魚等基於現狀的理由。有理由相信，法國殖民當局當時對於越南和西沙的歷史關係（見一．二）所知甚少。但是當申仲攜提出了西沙一向屬安南之後，法國找到了主張西沙主權的更大理據，即基於歷史的主權。如果基於現狀的理由和中國一樣多，那麼加上基於歷史的理由，豈非更應該偏向法國？

其次，法國對日本在南海勢力擴張感到疑慮。一直以來，西沙和南沙在法英等國的眼中都是航海的危險地帶，是南海航行中的障礙。英國和法國在十九世紀多次測量了西沙和南沙，惟其目的更多在於爲航海線路準備數據，以讓船隻在航海中避免這些危險區域。儘管在一些島嶼上存在磷酸開發的潛力，但是這些潛力在英法看來價值有限。所以西沙和南沙都不是英法的核心利益。

但一九二〇年代之後，日本大力向南海擴張。他們在西沙和南沙持續開發磷礦，儘管收益不明，但是日本「商人」的舉動其實有軍部，特別是海軍在背後支持。因此，英法懷疑其眞實目的是在南海進行滲透。儘管日本一直沒有聲稱主權，也沒有在島上安置兵力，但英法兩國都不約而同地感到自己的核心利益受到威脅，認爲那是日本掩蓋其政治目的。於是從一九二〇年代中期開始，基於戰略理由，法國的態度也有了大幅轉變。

一九二〇年代中後期，法國加緊了對西沙和南沙兩群島的研究。一九二五年，法國派出戰艦德拉內桑號（*de Lanessan*），由印度支那海洋測量部（Oceanographic Service of Indochina）的總管Krempf博士帶領對西沙進行測量和考察。[52]但認爲此舉是法國對西沙聲稱主權的行動的說法是不充分的。從十九世紀開始，英國、美國、德國、日本都曾到西沙群島進行過測量，國際社會並不認爲這些行動是對西沙宣示主權的行動。法國的行動除了測量之外還有考察，考察可以視爲行使主權的一部分，但單獨的考察並不能說明多大的問題。

經過調查，印度支那總督感到有必要深入研究西沙和南沙的法律地位，特別是一九二八年東京新磷公司（The New Phosphates Company of Tonkin）向印度支那政府申請在西沙和南沙的磷礦開採權之後。[53]於是他寫信向安南高級駐留官（Resident Superior of Annam）萊福爾（Aristide Eugène Le Fol）詢問。經過詳細調查，特別是參閱了越南的歷史檔案之後，萊福爾在一九二九年一月二十二日寫給總督一封重要的信件，詳細地敘述了越南和西沙的關係以及法國應該採取的態度。[54]信中主要提及了以下幾點：

第一，西沙歷史上都是越南的領土，從十九世紀初起就一直被越南國王統治（這也是越南／法國

---

[51] Oliver A. Saix，《法國地理雜誌》（*La Geographe*），一九三三年十一月及一九三三年十二月。胡煥庸譯，更名爲《法人謀奪西沙群島》，中國南海諸群島文獻彙編之八，臺灣學生書局，一九七五年，二〇三頁。

[52] SOPSI, p.104.

[53] Annex 20, SOPSI, p.210.

[54] Annex 8, SOPSI, pp.180-182.

方官方第一次正式確認黃沙即西沙）。第二，儘管如今沒有越南漁民在那裡活動，但是越南國王和一些法國的政治人物都認爲它們仍然是越南的領土。第三，法國作爲越南的保護國，理應承擔起守衛越南故土的責任，但在過去（四十多年）法國一直沒有這麼做，尤其是一九〇九年中國宣示主權的行動中，法國沒有負起應有的責任。第四，西沙在地理上是越南大陸領土的自然延伸。第五，西沙有重要的戰略地位，在作戰中可以被他國作爲基地對印度支那發動攻擊；西沙還是交趾支那、東京（指越南北部）、遠東和太平洋航運的交通要道，占領西沙的敵方很容易就能切斷以上地區之間的交通，危及印度支那的安全。在信的最後，萊福爾要求印度支那總督儘快解決西沙的問題。

對此，巴黎方面還是猶豫不決，法國印度支那總督巴斯奎爾（Pierre Marie Antoine Pasquier）也傾向於再等待。但是隨著文件的公開，幾個月之間西沙問題的輿論不但在西貢發酵，甚至還蔓延到巴黎。法國國會向殖民地管理部去信要求在西沙採取行動。殖民地管理部於是再次命令巴斯奎爾解釋立場。終於在一九三〇年三月，巴斯奎爾確信法國有主張西沙主權的根據，但是他仍擔心中國的反應。六月，法國外交部進一步向巴斯奎爾施加壓力。最後直到十月，巴斯奎爾才最終下定決心在西沙的問題上和中國攤牌。這反映在一九三〇年十月十八日他發往巴黎的電文上。一九三一年，西貢《輿論報》發表文章，要求法國「收回」西沙群島。但法國外交部直到一九三一年底，才最終下定決心。

值得注意的是，儘管這兩年多的一系列通信的誘因，很大部分的原因是南沙，但法方討論的重點只是西沙，僅有少量篇幅提到了南沙，並且放在很不重要的位置。法國大概認爲當時只有西沙是在中國的治理之下，所以西沙的爭議才需要擔心中國的反應。

一九三二年，中國再次批出一份西沙開採許可證。趁這個機會，十二月四日，法國正式向中國駐法大使發函，申明法國對西沙擁有主權，但補充說如果中國對此有異議，可以提交仲裁。理由主要三點：越南嘉隆、明命朝已經對西沙確立了統治；一八九八年中國官員曾向英國表示，西沙群島不屬中國；一八九九年，法屬印度支那政府準備在西沙建立燈塔。[55]

這裡所說一八九八年之事[56]是指一艘德國運銅船（*Bellona*）和一艘日本運銅船（*Imegi Maru*）分別於一八九五年和一八九六年在西沙的北礁（North Reef）和海后群島（Amphitrite Group）擱淺，中國漁民把貨物和船掠奪一空並拿到海口售賣。由於這兩艘船都是英國公司承保，英國公使巴克斯—艾倫塞得（Herry Bax-Ironside）和駐海口領事布爾特（O'Brien Bulter）向中方提出抗議，並代表英國公司向中國政府索償。在一八九九年八月八日總理衙門給英國公使的照會中，記載了兩廣總督對此事的反駁：「西沙群島是廢棄的島嶼，既不屬中國，也不屬安南，它不屬海南任何一個政區，沒有人需要爲其安全負責」（Paracels were abandoned islands which belonged no more to China than to Annam. They are nor administratively attached to any district of Hainan and no special authority is responsible for policing them）。最終，英國公司沒有得到賠償。此事爲英國駐北京大使館和駐海口領事記錄。[57]

這是歷史上法國第一次正式對西沙提出主權要求。也是西沙主權爭議的開始。一九三二年四月，法國再次致函中國外交部，聲稱西沙主權屬法國，並就廣東省對西沙的鳥糞開採權準備進行投標表

[55]〈轉呈關於七洲島問題法外交部來電並請示我國意見〉（一九三二年一月七日），《外交部檔案彙編》，一四五頁。
[56]《被扭曲的南海史》，四七〇—四七一頁。
[57] P. A. Lapique, *A Propos des Îles Paracels*, 605-616 (1929); SOPSI, pp.36-37.

示抗議。[58]一九三二年，法國派兵在林島（永興島）上宣示主權。六月十五日，法國通過一五六號法令宣布把西沙群島歸於安南承天省管理，並命名為帕拉塞爾專區（Delegation of the Paracels）。[59]一九三四年，法國在林島上興建了黃沙寺。

二・五　中法西沙交涉

中國外交部接到法國信函後，立即向內政部、廣東省、廣西省以及海軍部諮詢意見。他們首先搞清楚了法國人在中文翻譯中所說的「七洲洋」就是指西沙群島，之後找到多項材料證明中國對西沙群島的主權。從內部的信函看，中國各部門對西沙屬於中國非常有信心。[60]中國駐法大使顧維鈞一九三二年九月二十九日致函法國外交部，對法方的主張進行反駁，抗辯理由主要有五點：[61]第一，根據一八八七年《中法條約》，中法海面的分界線在東經一〇八度二分，而西沙群島在此線以東，所以理應屬中國。第二，西沙群島中除了兩個島嶼之外，並無資源，在群島上只有海南島漁民出沒，並無越南人。第三，在一八一六年，越南還是中國的藩屬，均無侵占中國領土之可能。第四，在一九〇九年中國宣示西沙主權和一九二一年廣東政府宣布把西沙納入行政區域的時候，法國都沒有抗議。一九二一年之後，廣東省至少五次批出西沙礦產經營權，法國也沒有抗議。第五，國際社會幾次要求中國政府在西沙建造燈塔，這證明國際上認同西沙是中國的領土。一九三〇年，有法國印度支那氣象臺臺長參與的一個在香港舉行的國際會議中，也向中國建議在西沙建造燈塔，這表明法國也認同西沙是中國的領土。第六，法國所稱中國官員否認西沙群島屬中國一事，未知真假，但即便真有其事，也不過是前朝官員不負責任而已。

這裡簡單地說明一下第一點和第五點。一八八七年六月二十六日，中法在北京簽訂《中法續議界務專條》，裡面第三款規定：

> 廣東界務，現經兩國勘界大臣勘定邊界之外，芒街以東及東北一帶，所有商論未定之處均歸中國管轄。至於海中各島，照兩國勘界大臣所劃紅線，向南接劃，此線正過茶古社東邊山頭，即以該線爲界（茶古社漢名萬注，在芒街以南竹山西南），該線以東，海中各島歸中國，該線以西，海中九頭山（越名格多）及各小島歸越南。[62]

據法文版翻譯爲：

> 廣東界：已商定芒街以東和東北面，勘界委員會勘定的邊界線以外的所有爭議地點，歸中國所有，

[58]〈關於七洲島問題事〉，民國二十一年四月二十九日，《外交部檔案彙編》，一六三—一六五頁；法文原本見二〇三—二〇七頁。

[59] Annex 28, SOPSL, p.222.

[60] 見《外交部檔案彙編》中各來往信函，一四六—一六九頁。

[61] Annex 10, SOPSL, p.184-186.

[62] 王鐵崖編《中外舊約章彙編》第一冊，三聯書店一九八二年版，第五一三頁。

巴黎子午線東經105°43'以東，即經過茶古社島或稱萬注島東端並構成邊界的南北線以東的所有島嶼亦歸中國所有，這條子午線以西的九頭島及其他島嶼歸安南所有。[63]

同時，在公約所附中越兩國邊界最東段地圖上畫有一條南北方向的紅線（圖2），並注明「從兩國勘界大臣所勘北界起往南至紅線經過茶古社山頭東邊以該線爲界」。[64] 這條紅線位於東經105°43'巴黎經線，按照格林威治經線即爲東經108°03'13"。這條線畫得很短，但延伸下去，會經過印度支那半島，南海和南海諸島都在這條延伸線的東面。

中國認爲，該條約所規定的分界線，一直延伸到穿越印度支那半島，西

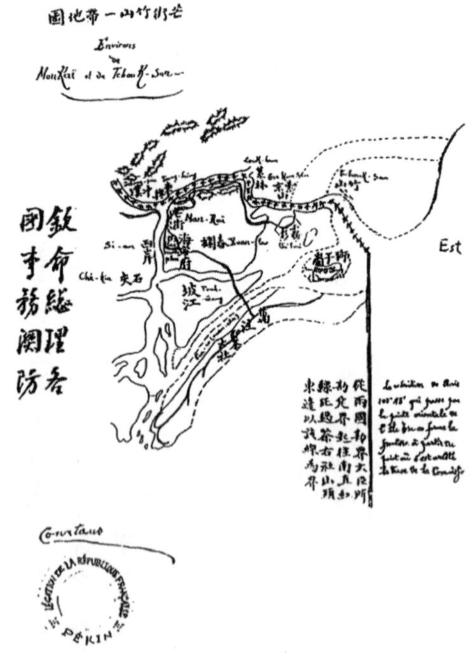

圖2　一八八七年中越分界地圖

沙群島在該線的東邊，所以西沙已經根據條約屬中國。

第五點，指的是一九三〇年四月二十九日到五月三日在香港召開的遠東氣象會議。這個會議以香港天文臺臺長爲大會主席，有南京中央氣象研究所代表、青島觀象臺、東沙島觀象臺、上海徐家匯天文臺、馬尼拉天文臺、海防天文臺等各臺長，以及英國海軍航空代表共十餘人參加。主要議程包括制定統一的本地暴風信號（Local Storm Signal Code）、遠東暴風信號（Non-Local Storm Signal Code）、統一氣象預報的發布時間，以及用短波進行通信方式等一系列有關在南海氣象和航海安全的事務。與本案相關的是在四月三十日，由馬尼拉天文臺長「提議本會承認中國政府之創設東沙島觀象臺實爲中國海之最重要氣象機關，而航行中國海船隻亦獲益良多，並希望於西沙島（Paracel）及密克勒司費濱（Macclesfield Bank）兩島亦當創設以期增進航海之安全案。議決由東沙島觀象臺臺長呈請中國政府從事創設該兩島之觀象機關。」[65]此乃決議第九條。

中國外交部調查認爲，上海徐家匯天文臺臺長（L. Froc）雖然是法國人，但天文臺由天主教會建

[63] 法文爲：Au Kouang - tong, il est entendu que les points contestés qui sont situés àl'est et au nord - est de Monka, audelàde la frontière telle qu'elle a étéfixée par la commission de délimitation, sont attribués àla Chine. Les les qui sont àl'est du méridien de Paris 105°43'de longitude est, c'est - à - dire de la ligne nord - sud passant par la pointe orientale de l'le de Tch'a - kou ou Ouan - chan(tra - co) et formant la frontière sont également attribuées àla Chine. Les les Go - tho et les autres les qui sont àl'ouest de ce méridien appartienent àl'Annam.

[64] 此描述見沈固朝〈關於北部灣的歷史性水域〉，《中國邊疆史地研究》，二〇〇〇，第十卷，第四期，四四—五九頁。

[65] 〈遠東氣象會議筆錄〉，民國十九年六月二十六日，《外交部檔案彙編》，二三四—二三九頁。

設，只是科學機構，除受法租界政府保護外，並不能算是法國官員。但海防天文臺，設於法國屬境，受法國政府資助，完全是法國政府機關，所以其臺長（E. Bruzon）算是法國官員。[66]

一九三三年九月二十七日，法國回覆了中國。信中一一反駁了中國的理由：第一，中國在一九三○年同意採納「三海里原則」以劃領海，西沙群島距離海南島一四五海里，不能認爲屬於中國領土。第二，一八八七年的分界條約中，意在劃清芒街（Moncay）區域之中越界線，西沙群島遠離芒街，超出專條之履行範圍，如果不把紅線認作局部界線，而可延長直至西沙群島適用，則不但越南多數島嶼須劃爲中國領土，連越南本陸之大部亦然，實屬不可能。第三，海南漁民在西沙捕魚，在國際公法和慣例方面，不產生任何效力。第四，一九○九年，中國公告中外占領西沙，顯然在此之前並不對西沙擁有主權，而一八一六年嘉隆帝正式管有此島則有史冊爲證。第五，遠東氣象會議提議在該島建立燈塔之事，法國與會代表之唯一任務，爲在科學方面盡力，對政治問題無權過問，故不代表法國的立場。[67]

一九三四年六月七日，中國再向法國反駁：第一，所謂「三海里原則」，乃是以中國近海各處領土之邊疆爲起點，而不限於瓊崖，否則距離法國本部遠超於一四五海里的殖民地，豈非也不是法國領土？第二，一八八七年分界線，條款規定「紅線以東，海中各島歸中國」，並沒有說越南本陸地面，所以仍然適用於西沙群島。第三，嘉隆帝一事，在中國史籍上無西沙屬於越南之記載，是越南記載失實，當時越南是中國藩屬，也沒有侵占中國領土的道理。第四，一九○九年李準宣示主權，是重定島名之紀念儀式，中國占有西沙群島，遠在漢朝伏波將軍馬援南征之時，而且民國十幾年來，一直行使對西沙的主權。第五，在九小島事件中（見二・六、二・七），法國向中國提出「中國地理及地圖內，對於法占之九小島，從未提及或列入，中國地理亦僅認西沙（Paracel）之最南島Triton爲中國之最南領土」。這種表述，雖然否認九小島是中國領土，但至少已承認中國之最南領土爲西沙群島之最南島Triton。足以證明法國明知西沙群島素爲中國領土。[68]

法國直到一九三五年才回覆。對於第一點，法國承認中國的說法，但認爲「中國政府爲力爭該島主權，業不再以廣東省領海擴至南海之全部」。對第二點，認爲按照法文版本，並無「海中各島」這個詞，故仍然堅持條約只是確定中越劃界之中國領海與北圻領海中各島之歸屬而已。對第三點，堅持法方觀點。對第四點，照錄備考中方說法。對第五點，指出「法國駐華使館爲指明法方所占之九小島與該島無涉，援用中國地圖，純爲說明九小島之不屬中國無可爭執而已。不得認爲法方即認西沙群島爲中國領土。」而一八九七年的中國廣東地圖沒有西沙群島，一八九八年的英船沉船事件也態度消極，足以證明中國從漢朝開始就擁有西沙主權之說不確。[69]

一九三三年，法國宣布兼併南沙所引發的「九小島事件」，中國對西沙的力保態度更爲強硬（見

[66]〈復徐家匯及海防兩天文臺與法國政府之關係〉，民國二十三年九月四日，第六〇七七號，《外交部檔案彙編》，二四一—二四二頁。

[67]〈抄錄關於西沙群島問題法外部復文〉，民國二十二年十月二十七日，總字第五四九號，《外交部檔案彙編》，二〇〇—二一二頁；法文原文見二〇七—二一二頁。另見，SOPSI, p.85.

[68]〈爲西沙群島事，外交部致法國使館指令〉，民國二十三年三月二十日，歐字第三三二四號，《外交部檔案彙編》，二一三—二一五頁。照會原文見二二三—二二七頁。

[69]〈關於西沙群島問題抄送法外部十一月二十三日復文呈請鑑核由〉，民國二十五年十二月十日，總字二一八二號，《外交部檔案彙編》，二七〇—二七二頁，原文見二七二—二七六頁。

二・六，二・七）。除了外交交涉外，也準備進一步行使主權。一九三三年十月二十七日，中國通知法國，會在西沙島上建立觀象臺，受到法國抗議，要求中國暫停計畫，連駐法大使顧維鈞也認爲在主權有爭議的情況下，如此舉動「實未有便」。[70]他認爲，法國現在還是強調和平解決，中國的最佳策略是從速依法解決，而不是貿然建立燈塔而惡化關係。[71]但在法方抗議及顧維鈞勸告下，中國仍堅持要準備建立燈塔。由於在西沙建立氣象站和燈塔確實有其需要，航海業和天文業，特別是徐家匯天文臺臺長（E. Gherzi，法國人）的努力推動下。法國終於做出讓步。一九三五年七月，徐家匯天文臺臺長收到法國駐華大使韋禮得（Henry Auguste Wilden）的信件。該信聲明，如果中國同意在西沙上建設燈塔和氣象站並不涉及或解決西沙主權的話，那麼法國將不反對建設。[72]但中國對是否應作此承諾態度模糊。直到一九三七年中日開戰之前，還沒有下文。[73]一九三七年二月，廣東省政府在沒有知會外交部之下，又準備派員到西沙調查，以備開發。顧維鈞再次認爲此舉欠妥，[74]法國也表示抗議。[75]與此同時，中國也加強對西沙歷史的研究，特別從越南採購越南地圖以及覓得《大南一統志》、《皇越地輿誌》以及塔伯爾主教（Jean-Louis Taberd）之著作[76]等能讓法國證明越南對西沙主權的書籍進行研究。

一九三七年二月十八日，法國向中國駐法大使顧維鈞發出照會，提出希望就西沙問題展開直接談判，但「倘所勉力未能成功，則不得不提議付之仲裁之途徑」。[77]四月十九日，法國駐中國大使再次向中國提出這個要求。但中國政府「始終認【西】沙群島屬於中國毫無疑義。」[78]五月二十六日，中國再指令駐法大使館向法國交涉，提出了對西沙群島的新證據，認爲：第一，嘉隆帝在西沙群島插旗之事，在越南史料中沒有記載，只是「無稽之傳說」；第二，《大南一統志》中只記敘了黃沙島，但是否西沙群島屬疑問；第三，《大南一統志》中所記載的古廟，當是中國漁民所建；第四，越南出版的地圖，直到一九三六年，還沒有畫上西沙群島；第五，法國在一九〇九年以來，多次承認西沙不屬越南。這類證據有：⑴一九〇九年，法國對中國宣示西沙主權無動於衷；⑵一九二〇年，法國海軍司令 Remy 答覆日本行業公司時保證西沙非法國所有；⑶越南海軍電詢法國海軍關於西沙主權一事，法海軍回答僅知中國一九〇九年主張主權；⑷代理越督認爲除非有新消息，西沙應視爲中國所有；⑸越督 Pasgnier 說西沙群島可留待向中國交換利益；⑹法上議院議員 Bergeon 說安南與西沙現已絕無關係；⑺越督 Doumer 說中國應該阻止他國占有該群島。【79】應該說中國這次提出的證據還是相當有力的。但在檔案中找不到駐法大使館向法國提交這項照會的文件，難以確定大使館是否向法國發出照

【70】《關於西沙島案事》，民國二十三年三月二十一日，第一五三號，《外交部檔案彙編》，二一七頁。

【71】《電陳法方對我在西沙島建臺意見書》，民國二十三年四月十四日，《外交部檔案彙編》，二一八頁。

【72】《徐家匯天文臺長致南京海軍部函》，一九三五年七月二十七日，《外交部檔案彙編》，三一六—三一七頁。

【73】《檢送徐家匯氣象臺臺長雁月飛來函一件》，一九三七年四月二十五日，《外交部檔案彙編》，三五二—三五四頁。

【74】《關於西沙群島案事》，民國二十六年二月十九日，第三五三號，《外交部檔案彙編》，二七九—二八〇頁。

【75】法國事後表示抗議，見《西沙群島案》，民國二十七年七月六日，電字二五一三號，《外交部檔案彙編》，三八八頁。

【76】對這些材料的分析，請參考《被扭曲的南海史》第四章。

【77】《抄送關於西沙島案與法外部來往照會原文由》，民國二十六年三月十七日，總字二三四一號，《外交部檔案彙編》，二八四—二八七頁。

【78】《西沙群島案，外交部致法大使館節略》，民國二十六年四月二十六日，《外交部檔案彙編》，三四五—三四六頁。

【79】《西沙群島案，外交部指令駐法大使館》，民國二十六年五月二十六日，《外交部檔案彙編》，三四六—三五〇頁。

會。不久後，日本開始入侵西沙，中日之間也爆發全面戰爭，中法西沙之爭暫告一段落。

綜上所述，從一九三一年開始，西沙群島就進入了中法爭議的年代。法國提議把西沙問題提交國際仲裁，但是中國沒有答應。在一九三二年到一九三八年之間，儘管雙方都聲稱對西沙擁有主權，但是在西沙都沒有形成完全和有效的管治。中國和法國在西沙群島都沒有常駐的防衛兵力和人員。中法各自在部分的島嶼上設立了一些設施，雙方沒有爆發衝突的紀錄。這種狀態持續到一九三八年三月，法國派兵占領西沙。

二・六　法國對南沙群島的占領與法日爭議

如前所述，法國對南沙的處理態度和對西沙的完全不一樣。在西沙，法國考慮中國的態度，但是在南沙，中國完全不在法國人的考慮之內。因爲在法國人的眼裡，南沙是無主地。一九二五年後，在加強對西沙關注的同時，法國也加強了對南沙的關注。在一九二五年三月二十三日的一份內部文件中，印度支那總督認爲應該把南沙置於越南巴里省之下。[80]於是當一九二七年日本駐河內領事黑澤（Kurosawa）向印度支那政府詢問南沙的法律地位時，法國沒有貿然回答，而是先進行內部調研。法國人得出的結果是，南沙和法國或越南均無關。從一九二七年底到一九二八年底之間，印度支那總督遞交法國殖民地管理部的報告以及法國亞太總部的通信中指出：「看起來，法國從來沒有聲稱過對這些島嶼的主權，邏輯上，它們更加應該屬印度尼西亞群島而不是印度支那半島的一部分。」[81]「這些島嶼無論從政治上還是從地理上都和安南海岸線無關，相隔一千到二千米深的海槽。」[82]與此同時，一九二七年法國也派出戰艦德拉內桑號（*de Lanessan*）往南沙群島進行考察（沒有遭到中國的抗議）。通過這些研究，法國基本形成南沙是無主地的結論。有報告認爲，如果認定南沙群島是無主地，應該採用符合國際法的舉動，才能宣示法國的主權。[83]

一九二九年，法國外交部致電法國駐馬尼拉大使館，詢問菲律賓是否對南沙有主權要求。法國大使館覆信表明菲律賓對南沙沒有興趣。同年，日本駐河內領事館向印度支那政府再次詢問法國對南沙的主權要求，法國一邊不予答覆，一邊決心加快在南沙的行動。

一九三〇年四月十三日印度支那總督派遣軍艦「麥里休士號」（*Malicieuse*）到南沙，在南威島上插上法國國旗，並鳴響起二十一聲禮炮。[84]在法國一份內部地圖上，法國要占有的區域爲東經一一一—一一七度和北緯七—十一度的區域。[85]這種以經緯度確定區域的方法與美國從西班牙手中取得菲律賓時所使用的條約界限類似。這時還沒有對南沙群島的統一稱呼。

英國第一時間注意到此事。四月三十日，英國駐西貢總領事在給外交部的電文中提到：

---

[80] SCSAED, p.4，有說此事發生在一九二九年，從邏輯上說更正確。
[81] Annex 17, SOPSI, p.205-206.
[82] Annex 18, SOPSI, p.207-208.
[83] Annex 19, SOPSI, p.209.
[84] SCSAED, p.5.
[85] SCSAED, p.5.

法國所宣布兼併的斯普拉特利島或者暴風之島，似乎就是英國在一八七七年所兼併的島嶼。當地政府宣稱他們接受的是法國外交部的命令。[86]

這裡所指的一八七七年發生的事是英國婆羅洲政府向商人批出斯普拉特利島（南威島）和安波沙洲開發權一事。一八七七年九月，一個美國人 Graham 與兩個英國人 Simpson 和 James，向英國殖民地沙巴的納閩區（Labuan）當局提出申請，要求在南沙斯普拉特利島和安波沙洲豎立英國國旗並開採磷礦。代理納閩首長兼代理婆羅洲總督 W. H. Treacher 簽署文件確認了這個申請，並指出這個申請已經被英國外交部大臣批准，但如果十年內沒有開發或者連續五年沒有開發的話，這個許可權將會被取消。同時，Treacher 還建議，由於這兩個島嶼並不在納閩的地界，申請者需要再到婆羅洲總督辦公室去登記。三人照做。於是在一八七七年，英國在《香港及海峽殖民地憲報》（*Government Gazettes of the Colonies of Hong Kong and the Straits Settlements*）中刊登出對這兩個島嶼的管轄和經營權事項。自始，這兩個島就作爲英國的領地記錄在英國的檔案之中。[87]

一八八八年，另一間磷礦開採公司——中央婆羅洲公司（Central Borneo Company），也提出了對這兩個島嶼的開發權。於是一八八九年婆羅洲殖民政府派出一艘英國船到這兩個島考察，發現一八七七年申請在此開採磷礦那幾名商人並沒有在那裡開採磷礦，於是原來頒發給他們的許可狀失效。在英國殖民地部和外交部的同意下，婆羅洲政府把這兩個島的開採許可證頒發給「中央婆羅洲公司」。[88]關於之後事情如何發展，並沒有詳細的紀錄，但似乎該公司也沒有實際開發。

西貢總領事同日稍晚的電文再加以解釋，法國實際宣稱的是整個北緯七到十一度之間，東經一一一到一一七度之間的所有島嶼。[89] 英國迅速整理了歷史檔案，評估了該群島的重要性。五月二十一日，英國以歷史檔案爲依據向法國提出交涉，認爲該島嶼早已是英國的一部分，也從來沒有被英國放棄，屬英國的領土。[90] 法國大感意外，因爲法國對此事一無所知，在研究了英國人的證據後，法國提出反駁，認爲沒有證據顯示當時的申請人曾經在島上升起英國國旗，該島嶼也沒有隸屬於特定的行政區，因此不認爲是有效占領的證據。[91]

儘管英法兩國在這個問題上交涉多時，但是兩國同意不公開處理這個問題。法國雖然覺得英國的理由非常薄弱，但是一個無人反對的假象對於法國更加有利；英國分爲兩派，占上風的一派樂得低調，希望可以把法國拖入南海，以形成英國與日本之間的緩衝區；另一派認爲法國的理由根本不足，而且還沒有公開對南沙的主權聲明，因此英國應該主動派海軍占領這些島嶼，而不是和法國打嘴仗。一九三〇年九月二十三日，法國通過新聞稿（Communiqué）方式向各方通報這一事件，並宣稱法國占有了南沙群島，而英國在公開場合並沒有對此表示抗議。[92] 惟此通知似乎沒有傳達到中國和日本，

【86】Geoffrey Marston, Abandonment of territorial claims: the cases of Bouvet and Spratly Islands, *British year book of international law*, Vol.57, 337-356.
【87】同上。
【88】同上。
【89】同上。
【90】同上。
【91】同上。
【92】SOPSI, p.38.

因爲這兩國對此似乎一無所知，與一九三三年時的反應截然不同。

爲了堵住英國人的口，法國決心把儀式做得更加充足一些。於是一九三三年四月十三日，法國戰艦阿羅德號（*Alerte*）和麥里休士號（*Malicieuse*），以及測量船星盤號（*Astrolabe*）和德拉內桑號（*de Lanessan*）駛往南沙。他們在南沙六個島上進行了更加正式的主權宣示儀式，包括在每個島上升旗，用密封的玻璃瓶裝著船長簽名檔文檔固定在島上。

值得一提的是，在法國占領南沙時，明確提到了南沙諸島上有中國人活動。一九三〇年時，斯帕拉島上即有三人。一九三三年時，更報告：「當時西南島上計有居民七人，中有孩童二人。帝都島上，計有居民五人。斯帕拉島上計有居民四人，較一九三〇年且增一人。羅灣島上有華人所留之神座茅屋水井等。伊都亞巴島則雖不見人跡，而發見一中國字牌……」。[93] 一些中國人還對法國的行動表示反抗，比如等法國人撤離後，砍斷法國的旗杆等。

一九三三年七月十三日，法國通訊社宣布了這一行動。法國決定不採取以坐標範圍確定島嶼的做法，而是詳細列出主要島嶼。於是七月二十五日，法國政府正式宣布法國占領了斯普拉特利群島，並列出了其中六個島嶼的名稱與位置：Spratly、Amboyna Cay、Itu Aba、Les Deu Îles、Loaita和Thitu。法國宣稱對整個斯普拉特利群島擁有主權（而不僅僅限於升旗的六個島）。[94] 同年十二月二十一日，法國宣布把斯普拉特利群島歸入交趾支那的巴地省（Ba Ria Province）管轄。[95]

各個相關國家中，只有日本進行了公開的抗議。日本政府於八月十五日形成內閣決議，對法國提出抗議聲明，強調日本拉沙公司從大正七年（一九一八年）以來就在南沙群島開採磷礦，日本政府給予了協助；日本在南沙群島已進行管理和開發多年，新南群島並非「無主地」（*terra nullius*）。日本在八月二十一日正式致信法國外交部，抗議法國對南沙的主權要求，聲稱日本對南沙享有主權。八月二十三日，日本外務省正式刊出聲明，宣布對南沙群島擁有主權。[96] 一九三七年到一九三九年間，日本更頻密地和法國進行了五輪外交交涉。[97]

菲律賓有一個議員曾提出南沙是菲律賓的領土，要求菲律賓官方交涉。但是美國駐菲律賓總督對此不以爲然，僅記錄在案了事，並沒有在外交上採取任何行動。菲律賓和美國的做法等同於不否認法國在南沙的權利。

英國仍然在公開場合保持緘默，直到六年之後才承認南沙群島是法國的領土，但那時南沙已經被日本占領了。

[93] 胡煥庸〈法日覬覦之南海諸島〉，《中國南海諸群島文獻彙編第八卷，中國今日之邊疆問題》，臺灣學生書局，一九七五，一六八頁。

[94] Official Gazette of the French Republic, p.7857, from *Vietnam Dossier*, II, p.20.

[95] Decision No.4762 CP of 1933/12/21, from *Vietnam Dossier*, II, p.22.

[96] *The China Press*, 1933/08/24, pg3.

[97] 《國際紛爭史》，二七五—三〇四頁。

二・七 中國對九小島事件的態度

中國在此事上的反應有很多疑點值得澄清。中國方面的材料說中國進行了抗議，並民情激盪云云，但是在外國的資料中，卻認爲中國保持了沉默。這到底是怎麼一回事呢？其實，中國的反應的時序基本是這樣的：

一九三三年七月十五日，中國報紙才開始報導此事件。《申報》十五日專電描述，「有人訪外交部，詢西九小島之歷史及我國應採何種步驟交涉，據負責者談，外部對此事尚未接到正式報告，僅於報端及該島素不聞名，在軍事上亦不居重要地位，法國此舉用意不明，外部對此事將先電菲律賓領館，令就近查明該島之歷史方位面積、中國漁民居住之人數及漁業地位，然後再研究應對辦法，此時當無所表示。」[98]

於是，外交部在七月十七日向馬尼拉領館發電：「究竟該小群島位於何處？是否西沙群島 Îles Paracels，及島上現在有無中國人民居住？」[99] 同日，也向駐法使館和海軍部致電，詢問類似的內容。[100] 七月十八日，再電令駐法使館探詢法外部對於此事之態度。[101] 在這時，外交部並不知道所謂「九小島」是哪裡，最關心的是九小島是否西沙群島。這是因爲在一九三一年，法國已經向中國提出西沙群島的主權爭議，中國害怕法國悄悄占領了西沙。

海軍部最早給了外交部回覆：「查東經一百十五度北緯十度之地點係在菲島與安南之間，並無九小島，其在菲島與安南之間迤北，所稱九島即係西沙群島 Îles Paracels，與瓊州島相距密邇……」，並列舉了西沙的九個島嶼爲九小島。[102]

由於報紙的報導，地方和民間團體也開始關注此事，紛紛給外交部發函要求「保衛國土」。這時，輿論都認為九小島是西沙群島，這些團體所要保衛的，也自然是西沙群島。比如七月二十五日，漢口黨務整理委員會通電：「據報載法占我西沙九小島，果事非虛傳，則匪特有損我領海主權，更足影響全部海防。」[103] 十九路軍總指揮部通電：「東北創痛之後，法人又效尤占領我西沙群島。」[104] 國民外交後援會通電：「西沙七洲洋諸島，向歷我國版圖……乃法人今忽乘我之危，悍然占領。」[105] 七月二十八日，西南政府分會要求，請國府「請據理向法嚴重抗爭」，請「粵省府向駐粵法領提抗議」。[106] 八月二日，瓊崖旅京同鄉會代表團致信外交部：「竊查珊瑚九島即瓊崖所屬西沙群島之別名。」[107] 同日，廣東省政府向法國駐廣州領館提出抗議。八月三日，南京市工界抗日會抗議法占領九

---

[98]《申報》，九小島樹法旗，一九三三年七月十六日，〇三版。

[99]〈法國占領南海九小島由〉，民國二十二年七月十七日，歐字第一三八七〇號，外交部致駐馬尼剌總領事館代電，《外交部檔案彙編》，二七頁。

[100]〈法國占領南海九小島由〉，民國二十二年七月十七日，歐字第一三八七二號，《外交部檔案彙編》，二七—二八頁。

[101]《申報》，外部調查法占九小島，一九三三年七月十九日，〇九版。

[102]〈復報載法占各島似係西沙九島〉，民國二十二年七月十九日，第四八〇〇號，《外交部檔案彙編》，二八頁。

[103]〈為法國占我西沙九島事請查明抗議以保海權〉，民國二十二年七月二十五日，《外交部檔案彙編》，三〇頁。

[104]〈為法占九小島事件函送海南島志一書〉，民國二十二年七月二十九日，《外交部檔案彙編》，三三頁。

[105]〈關於法占中國海小島事〉，民國二十二年七月三十日，《外交部檔案彙編》，三三—三四頁。

[106]《申報》，西南政會討論法占九小島案，一九三三年七月二十九日，〇三版，http://shunpao.egreenapple.com/detail?record=4650&ChannelID=5462&randno=24892&resultid=2349.

[107]〈為法國占領瓊屬珊瑚九島詳陳事實〉，民國二十二年八月二日，《外交部檔案彙編》，三八—三九頁。

個小島，並通電全國。[108]

七月二十五日，法國政府正式刊登公報，宣布九小島屬於法國，這時已經公布島名及坐標。[109]但由於距離和時差的關係，外交部在二十七日還向駐法領館發電「報載法政府於二十五日正式宣告所占九小島已屬法國領土，確否所稱九小島其名稱、位置經緯度如何，並是否係西沙群島（îles Paracels），盼速詳細查明，一併電復外交部。」[110]同日，顧維鈞覆電，說明對具體位置仍未掌握。[111]同日，外交部也請菲律賓領館、廣東省再度查詢九小島是否在西沙群島。[112]

當時在九一八事變後，前一年也發生中法西沙爭議，諸多函電都把九小島事件和九一八的失土相聯繫。國民政府當時還沒有搞清楚九小島是否爲西沙群島，就不得不先表明態度。七月二十六日，《申報》載：「中國外交部發言人稱：菲列濱與安南間珊瑚島，僅有我漁人居留島上，在國際確認爲中國領土，頃得法方官報，竟正式宣言占領，何所依據而出此，法政府亦未宣布其理由，外部除電駐法使館探詢眞情外，現由外交海軍兩部積極籌謀應對辦法，對法政府此種行動，將提嚴重抗議。」[113]這是在整個九小島事件中，中國外交部發出的唯一的一份表示「菲列濱與安南間珊瑚島」屬「中國領土」的聲明，但顯然，在外交部的認識中，這裡的九小島還是指西沙群島。

到七月底才開始有人糾正中國政府和媒體的錯誤認識。七月三十一日，《英文北平時事日報》記者王公達寫信給時任外交部長羅文幹：

> 最近法國南海九島問題甚囂，外部發言人稱我國正從事調查準備提出抗議，而抗議的大前提是如果牠是西沙群島……

今天我要建議的是：我們不可作出外交上的笑話！因爲牠不是西沙群島，更不是中國領土，已經在數晝夜學術的探查上證明了。

……

這個事實，現在證明已是千眞萬確，我曾有一略圖伴 Bonavita 的談話刊於敝報，茲一併寄上核閱。國防委員會委員張其昀先生說，南海除西沙外再無他島，這眞正是我國學術界的奇恥大辱。

……[114]

王公達通過外電報紙資料，以及與法國駐北平使館武官 Lt. Colonel Bonavita 討論，得出九小島的正確位置，列出詳細的島名，畫出了南海法占小島示意圖，在此前已經發表在報刊上。他作爲一個

[108]《疆域研究》，一九二頁。

[109]《申報》，法外部聲明，中國海內九小島屬法，一九三三年七月二十六日，http://shunpao.egreenapple.com/detail?record=4168&ChannelID=5462&randno=32606&resultid=2349.

[110]〈法占九小島事〉，民國二十二年七月二十七日，第三七八六〇號，《外交部檔案彙編》，三一頁。

[111]〈關於法占九小島事〉，民國二十二年七月二十七日，第六九號，《外交部檔案彙編》，三一頁。

[112]《申報》，外部請派專員勘測西沙群島，一九三三年七月二十八日，http://shunpao.egreenapple.com/detail?record=4500&ChannelID=5462&randno=32764&resultid=2349.

[113]《申報》，外部準備提抗議，一九三三年七月二十七日，〇三版。

[114]〈英文北平時事日報社王公達致羅部長函〉，民國二十二年七月三十一日，《外交部檔案彙編》，四七—四九頁。

初出茅廬的新聞記者（當時王公達尚在讀大學，僅在報紙做兼職），得到的消息竟然比龐大的外交、新聞、學術系統還要快捷和準確。此外，中國政府對南海一無所知，地理學術權威兼政府要員張其昀竟然以為南海除了西沙之外再無其他群島，知識的貧乏及不求甚解的做法令人髮指。無怪王公達對他嗤之以鼻。

七月二十九日中國駐馬尼拉總領館覆電，指出九小島在西沙群島之南約三五〇海里，但沒有指出島名。[115]直到七月三十一日，顧維鈞才從法國發電，言及所謂九小島其實是越南和菲律賓之間的七個小島，又提及日本對法國提出保留答覆權，惟對具體位置仍未清楚，僅說小島是否屬於中國，海軍部必有海圖可查，建議海軍實地考察為宜。[116]八月一日，顧維鈞再發電，告知外交部七個小島的名稱。[117]這時，外交部總算初步搞清楚九小島不是西沙群島。但外交部對九小島並不太在意，反而對西沙群島分外緊張，因為此時傳來消息，日本臺灣總督有可能也會以與法國類似的方式，要求日本占有西沙群島。故八月二日，外交部致海軍部和廣東省，要求海軍部派艦駐防，廣東省從旁協助。[118]至於九小島，僅說「擬先向法聲明在未經確實查明前對於法國之宣告保留其權利」。[119]在大約八月三日寫成的《法占九小島節略》中，關於九小島的方案，提出：

㈠向各關係方面，詳細調查該島之隸籍問題；㈡，照會法使館，請將法國占領各島名稱，及其經緯度分查復，並聲明在未經查明前，中國政府對於法國占領該島之宣告，保留其權利。[120]

於是，外交部八月四日向法國駐南京大使館發出照會：

> 近據報載，法國政府，現將安南與菲列賓間中國海內之九小島，豎旗占領；並正式宣告該小島自後將屬法國領土。中國政府，對於斯舉，甚爲重視，擬請貴公使將各島名稱、地位及其經緯度分數，查明見復。中國政府未經確實查明前，對於法國政府上述之宣言，保留其權利。【121】

隨後，法國大使館在八月五日向中國提交小島位置圖，並聲明這些小島在西沙群島以南三〇〇海里，不屬於中國的領土。因爲中國的領土在特里屯島（Triton Island），並列舉兩項證據：第一個是一九三二年三月出版的《中華民國分省圖》，圖中最南只是到西沙，並有文字「特里屯島爲我國極南之地」；第二項是一九三二年三月出版的由洪懋熙主編的《最新世界形式一覽圖》，其第六幅圖裡面最南也只是到特里屯島。並註明「極南，緯度十五度四十六分，特里屯島，屬西沙群島。【122】」【123】八月

【115】〈極密（法占九小島節略）〉，《外交部檔案彙編》，四二—四四頁。

【116】〈關於法占中國海小島事〉，民國二十二年七月三十一日，第七十二號，《外交部檔案彙編》，三五—三六頁。雙子島，法國算一個島，中國算兩個島，所以有六個與七個之分。至於爲何稱九小島，則可能是一開始以訛傳訛的結果。

【117】〈電報法占海島名稱事〉，民國二十二年八月一日，《外交部檔案彙編》，三六頁。

【118】〈密（爲防日方占領西沙群島我國應速派艦駐防）〉，第一四三二三號，《外交部檔案彙編》，三七頁。〈密（協助海軍部派艦駐防西沙群島）〉，同上。《史料選輯》，一二三頁。

【119】同上，三八頁。

【120】〈極密（法占九小島節略）〉，《外交部檔案彙編》，四二—四四頁。

【121】民國二十二年八月四日，歐字第四一四三六九號，《外交部檔案彙編》，五〇—五一頁。

【122】原文：Au sud, Lat. 15°46', l'île Triton, dans les Paracels.

【123】法使館傳祕書來函，民國二十二年八月五日，《外交部檔案彙編》，五二—五四頁。

十日，法國大使館又送來詳細的島表和坐標。這下，外交部才最終確定九小島的位置。

此後一星期裡，中國政府內部各部門、各領館忙於互相溝通，也忙於向之前通電的團體解釋九小島不是西沙群島。羅部長還致信王公達，感激他提供的資料詳盡，裨益甚多。此外，外交部又向廣東詢問，「法使提出我國史地所載僉謂特里屯島 Triton Island（北緯十五度四十五分）爲中國最南之疆土，足徵特里屯島以南與中國主權無關云云，貴省有無其他有力反證，足以證明該九島係我領土？」[124]廣東在四日後回覆：在法國軍艦占領九小島時，有中國漁民作業。[125]而馬尼拉領事館也提到：該處小島不止九處，有中國海南漁民採捕玳瑁和魚類，日本人也早在當地採掘鳥糞。[126]

這時民間也開始得知九小島不是西沙群島，但各地媒體、黨部、社會團體、地方政府等的信件仍然雪花一般湧向外交部和政府，認爲海南漁民早在當地作業，九小島屬於中國，要求政府維護主權。八月十六日，浙江寧海縣農會致電政府，對法占九小島提出抗議。比如，八月十八日，上海市總工會電請政府向法國提出抗議。八月二十二日，浙江紹興縣商會請求政府向法抗議。八月二十三日，浙江鄞縣民船船員工會對法占九小島提出抗議。八月二十六日，上海繅絲產業工會電請政府向法抗議和交涉。不一而足。

儘管民間群情洶湧，但是政府卻遲遲沒有正式行動。到了八月二十日，外交部還在繼續調查。[127]八月二十三日，日本向法國提出正式抗議。[128]但中國還是沒有採取行動。最後，事件竟不了了之。報紙無奈哀嘆，「外部『縝密調查』中迄未知何日方能『妥籌對策』」，「前途不寒而慄矣」。[129]

在整個事件中，中國政府僅在七月二十六日，事態未明，以爲九小島是西沙群島時，由發言人提出九小島是中國領土。但在明確九小島不是西沙之後，卻僅發一保留權利之照會，並無任何抗議和後繼交涉，也沒有對法國提出九小島不屬中國之證據提出反駁，和日本的態度形成強烈對比。記錄在案的最多僅是廣東政府的抗議，而法國人並沒有把這個沒有外交權的地方政府的抗議當作國家的正式抗議。這就是爲什麼外國資料都認爲中國沒有抗議的原因。

中國政府如此取態的原因可能有幾個：第一，法國舉出的證據確實有力，中國難以反駁；第二，中國政府也知道，漁民打漁並非強有力的證據，民間聲音不懂國際法，但外交部對此心知肚明；第三，當時南沙是法國和日本之爭，中國希望從這種爭端中獲得好處。九月一日，參謀本部呈上《法占九島在軍事上之關係及辦法意見書》，認爲「對於法占九島以暫持冷靜態度爲有利」，因爲：雖九小島在歷史上有爲中國領土之可能性，有中國漁民之居住故可持之爲吾領土之理由，然有無政治上交通上及事業上設施以及曾否對外有所聲明則不得其詳，暫守冷靜以保留漁業權利爲辭，似亦於國體無傷。從軍事上說，中國海軍孱弱，連沿海島嶼如舟山群島、海南島及西沙群島也無法可守，遑論九小島；如果日本占領九小島，則中國門戶盡被封鎖；而法國占領，則日本勢力不能深入。「今不如委骨

【124】〈密（查復法占九島係我領土之證據資料）〉，民國二十二年八月十一日，《外交部檔案彙編》，六六—六七頁。
【125】〈關於法占九小島一案事〉，民國二十二年八月十五日，《外交部檔案彙編》，七四頁。
【126】〈駐馬尼拉總領事館呈外交部〉，民國二十二年，八月十一日，《外交部檔案彙編》，六七—七〇頁。
【127】《申報》，外部繼續調查，一九三三年八月二十一日，〇三版。
【128】《申報》，日本抗議內容，一九三三年八月二十四日，十版。
【129】《申報》，法占粵海九小島案，一九三三年七月三十日，〇八版。

於地任日法兩犬相爭」，讓法國和英美連成一線對抗日本對中國有利。從外交上，如果力爭九小島，不但爭不到，反而讓日本有藉口爭奪西沙群島，對中國反而不利。所以現在最要緊的是加快西沙群島的建設，落實西沙主權爲要事。[130] 這份文件相當充分地解釋了爲何儘管民情洶湧，中國政府也沒有提出對九小島主權的原因。

二・八　中國第一次地圖開疆

法國對南沙及西沙的占領掀起了中國官方和民間對海疆問題的重視。在官方，進行了「地圖開疆」的行動。民國內務部成立了一個水陸地圖審查委員會，對南海各島嶼進行中英文名字的審定，並在一九三五年一月的會刊第一期中發表《中國南海各島嶼華英名對照表》，[131] 審定了島礁一三二個。[132] 當時把現在的中沙群島稱呼爲「南沙群島」，把現在的南沙群島稱呼爲「團沙群島」。而那些島嶼的名稱幾乎一律採用英文的音譯或者意譯，幾乎可以肯定委員會是照英國海圖和海路資料音譯而成的。即便是團沙群島這個名稱，也是對 Tizard Group 的翻譯。該委員會在四月的第二期會刊中出版了《中國南海各島嶼圖》[133]（圖 3），確定中國最南方在曾母暗沙（這是對英文 James Shoal 的翻譯）。這是民國官方出版的第一份比較詳細的南海地圖。

筆者對「地圖開疆」的定義爲：民國政府把當時自己沒有控制的土地和海域畫在了自己的地圖上面，而完全不理會到底自己有沒有歷史和現實的權利，也不理會自己有沒有能力控制，先畫了再說。在此，先回顧民國以來的地圖，有助理解民國時期的地圖開疆。

一九〇〇年以前的中國地圖對於中國國境的形狀大致準確，但是對於海外則完全無法以現代的眼光來審視。以魏源的《海國圖志》爲例，幾乎所有東南亞國家和地區都畫得不準確。這反映了中國對於南海地理的認識遠遠落後於西方國家。大約到了十九世紀末，中國出版的有關南海的地圖才借鑑外國研究書籍和資料，與外國接軌，步入「現代化」。

在十九世紀末的官方權威的新版式地圖中，中國的南界僅到達海南島。[134]進入二十世紀，地圖還是沿用這個疆域。比如一九〇五年的大清帝國全圖（一九〇五，圖4），[135]這是中國出版的以「現代」的畫法繪製中國國境的地圖之一。從圖上可見，中國的南界只到達海南島。

一九〇八年，羅汝南編著《中國近世輿地圖說》（圖5），這是一套八本二十三卷的中國大部頭地理學著作。有幾點需要特別注意：⑴書中有重點篇幅提及中國海防，因此作者並非忽視海防之人；⑵作者爲廣東人，對於廣東的地理應當更爲熟悉；⑶作者花了大量篇幅介紹（西方）地理學，顯然是有一定的現代學術功力的人。書中文字明確寫出，中國的南界是海南島南端。無論在中國全圖上還

[130]〈密（轉呈參謀本部處長朱偉呈研究法占九島在軍事上之關係及辦法意見書）〉，民國二十二年九月一日，國防委員會祕書處函，《外交部檔案彙編》，九九—一〇五頁。

[131]〈中國南海各島嶼華英名對照表〉，《水陸地圖審查委員會會刊》，一九三五年第一期，六一—六五頁。《史料選輯》，四四頁。

[132]東沙群島一個，西沙群島二十八個，南沙群島七個，團沙群島九十六個。

[133]〈中國南海各島嶼圖〉，《水陸地圖審查委員會會刊》，一九三五年第二期，七三頁。《史料選輯》，四五頁。

[134]《被扭曲的南海史》，四四六—四五五頁。

[135]《中國古地圖珍集》，西安地圖出版社，一九九五。

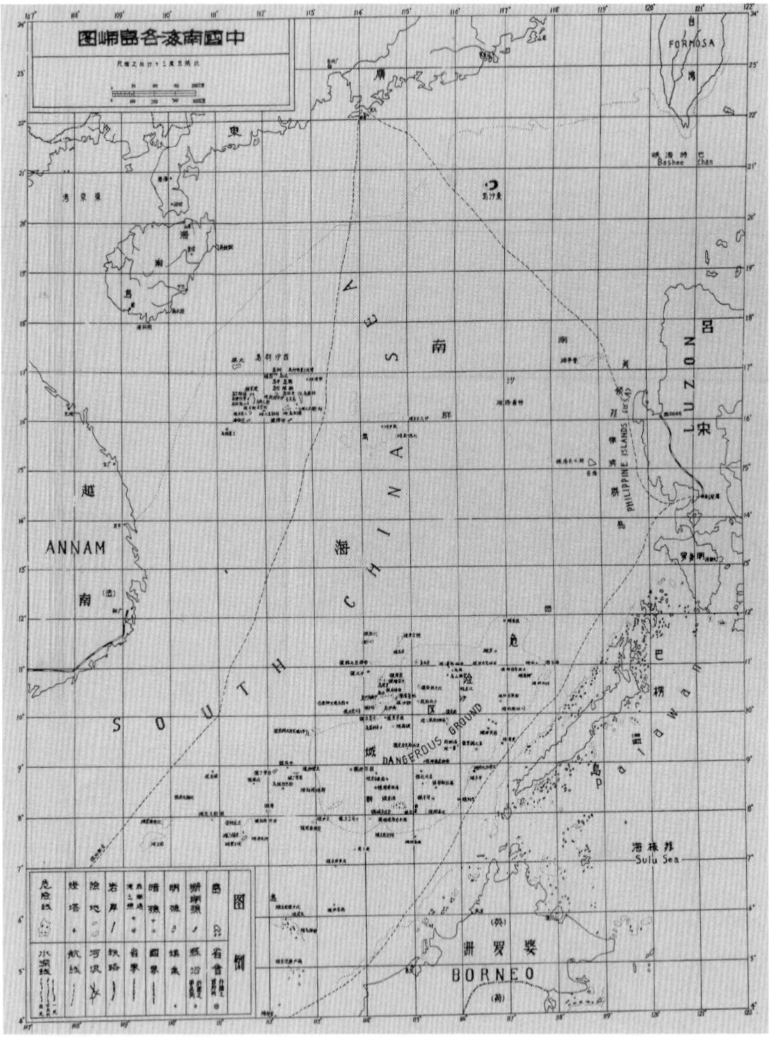

圖 3　中國南海各島嶼圖（一九三五）

圖 4　大清帝國全圖（一九○五）

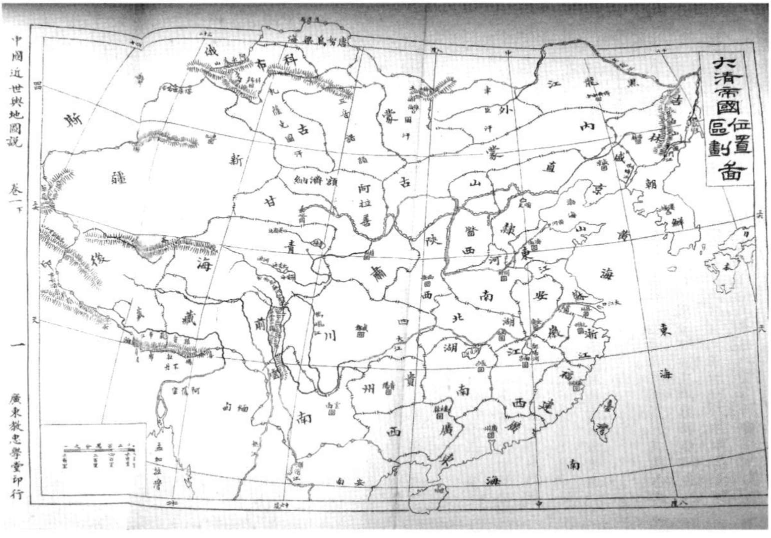

圖 5　中國近世輿地圖說（一九○八）

是在廣東地圖中都找不到南海諸島。

一九〇八年的另一本地圖是《二十世紀中外大地圖》。這本地圖中，中國的南界也只到達海南島南端。在本地圖集的亞細亞地圖中（圖6），完全沒有標示南海諸島，而當時世界同期的地圖大多都把南海諸島標記在內。相反，印度的安達曼群島和南海的納土納群島都出現在地圖上。這本地圖有上下兩冊，下冊是世界地圖部分，可惜筆者未能尋獲下冊，否則可以知道當時中國是如何繪製東南亞的。

一九〇九年出版的《廣東輿地全圖》（圖7）[136]是筆者所見的晚清地圖之中最早把西沙和東沙畫在中國界內的地圖。一九〇九年，李準在西沙宣示主權，這是近代以來，中國第一次在西沙群島聲稱和行使主權。這份地圖充分反映了當時的歷史進程。值得注意的，儘管這本地圖反映了中國對南海領土的訴求，但是地圖中沒有中沙和南沙群島，這表明當時這兩個群島還不在大清帝國的視線之中。

從筆者收集的地圖看來，在一九〇九年之前，中國沒有把南海諸島當作中國或廣東省的一部分畫在中國的版圖內。一九〇九年，在李準西沙之行後，西沙才開始被中國政府和民間視爲中國的一部分。而南沙和中沙，還沒有被任何一份地圖包括在中國國境內。

民國初年，在地圖上對於南海諸島基本沿用了清末的體系。一九一五年上海出版《中國新輿圖》[137]（一九一五，圖8）中，中國的南端仍然只是到達海南島，與一九〇八年的《二十世紀中外大地圖》一樣。本版是再版，可推斷第一版也類似。直到一九一七年的《中國新輿圖》第三版，[138]情況還沒有改變，中國最南端仍然是海南島。可見，儘管李準在一九〇九年到西沙宣示主權，相當一部分中國地圖編製者，尤其非廣東籍的，仍沒有把西沙視爲中國的領土。可見「西沙是中國領土一部

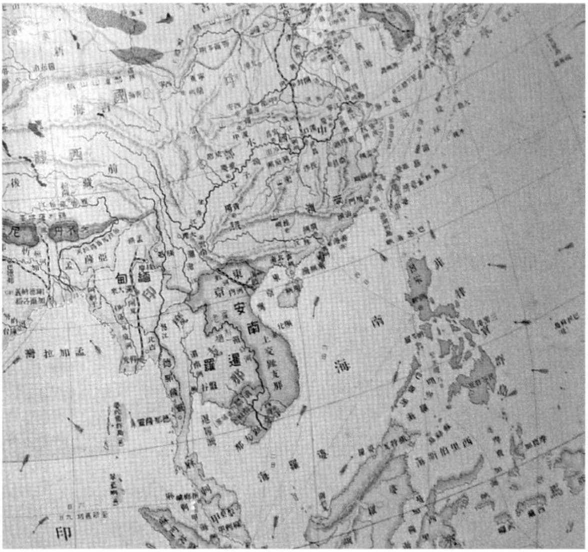

圖6 二十世紀中外大地圖（一九〇八）

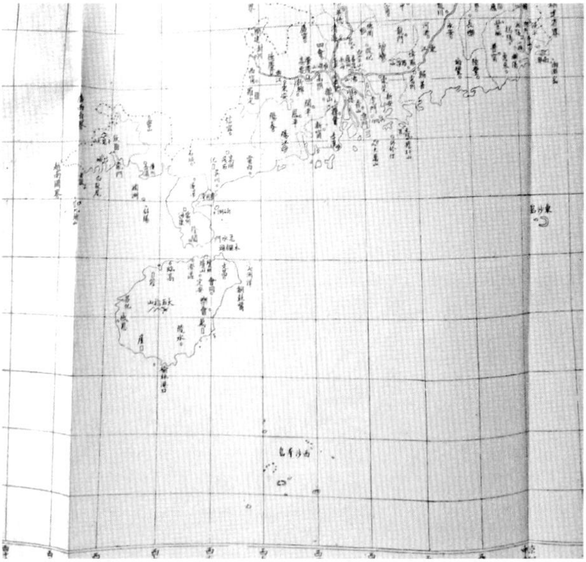

圖7 廣東輿地全圖（一九〇九）

【136】《廣東輿地全圖》，成文出版社，根據宣統元年版本影印，中國方志叢書，一零八號。

【137】《中國新輿圖》，上海商務印書館，民國四年再版。

【138】《中國新輿圖》，上海商務印書館，民國六年三版。

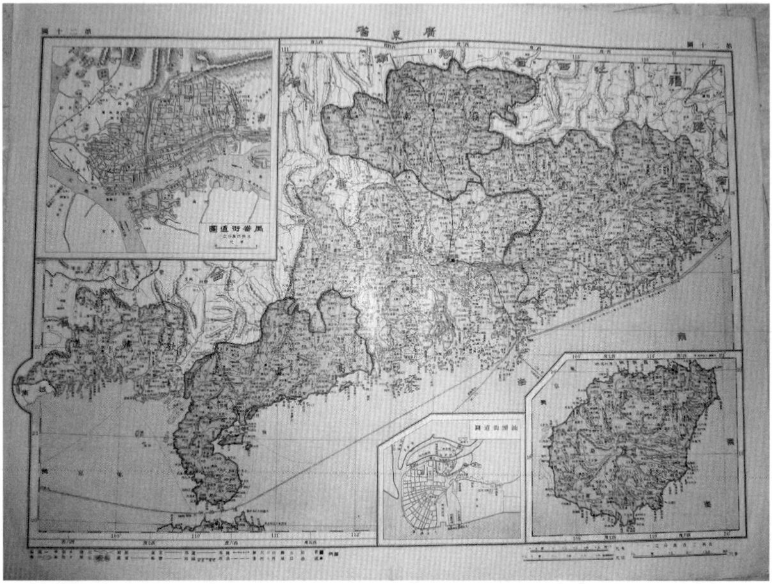

圖 8　中國新輿圖（一九一五）

分」在當時還沒有得到社會的共識。

《中華民國新區域圖》[139]（一九一七，圖9）顧名思義，重點在於「新」，西沙群島也被納入中國的疆域之中。這個地圖也是筆者見過的最早一份以額外的方框把南海諸島以小圖形式附於全國地圖中的地圖。圖中的中國南海屬地還僅在西沙和東沙，中沙群島和南沙群島仍然沒有被包括在中國領土之中。

出版於一九二二年的《中國地理沿革圖》是一本歷史地圖集，但其民國地圖採用了一九一八年的中國地圖。在這份地圖中，西沙同樣以方框出現在全國地圖上，可見這種形式已經開始普及。與上一幅地圖一樣，只有西沙和東沙屬中國版圖。

《中國新形勢圖》[140]（一九二二，圖10）是一份中學地理教科書的參考地圖集，論細緻程度不如以上的地圖集，但是更加能夠說明在當時的主流社會眼中的中國版圖範圍。與

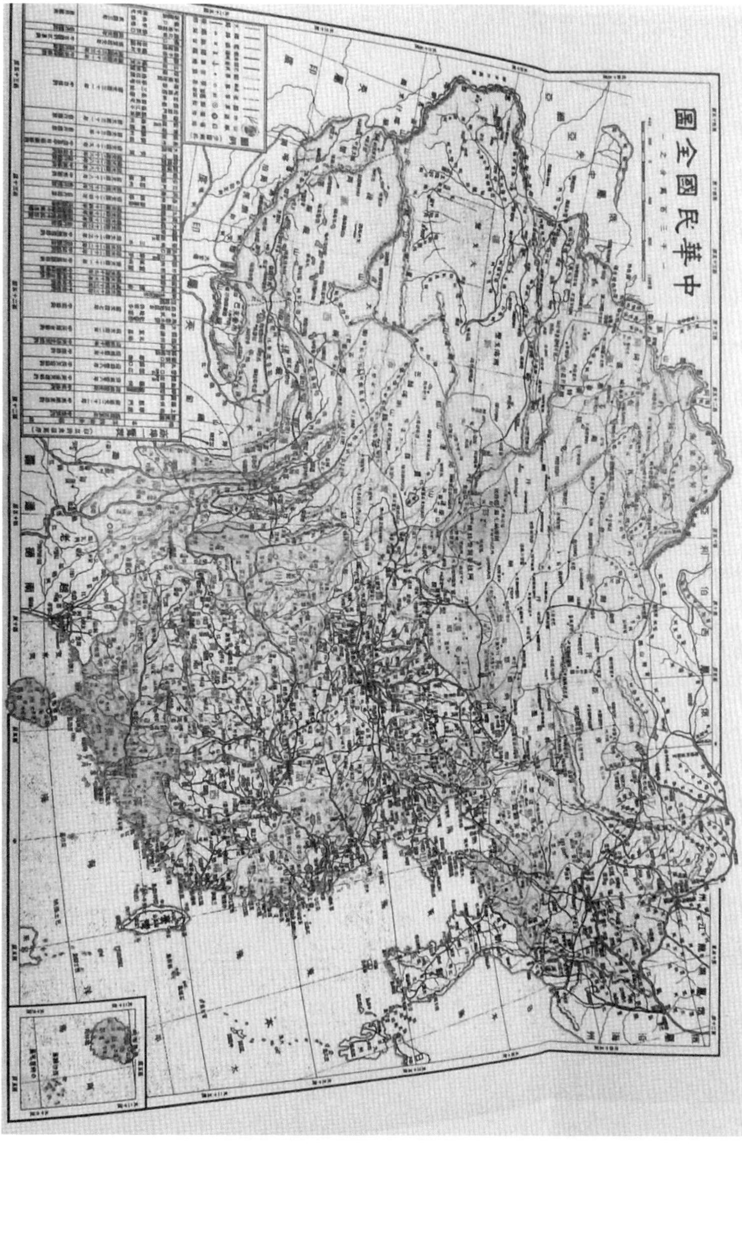

圖9 中華民國新區域圖（一九一七）

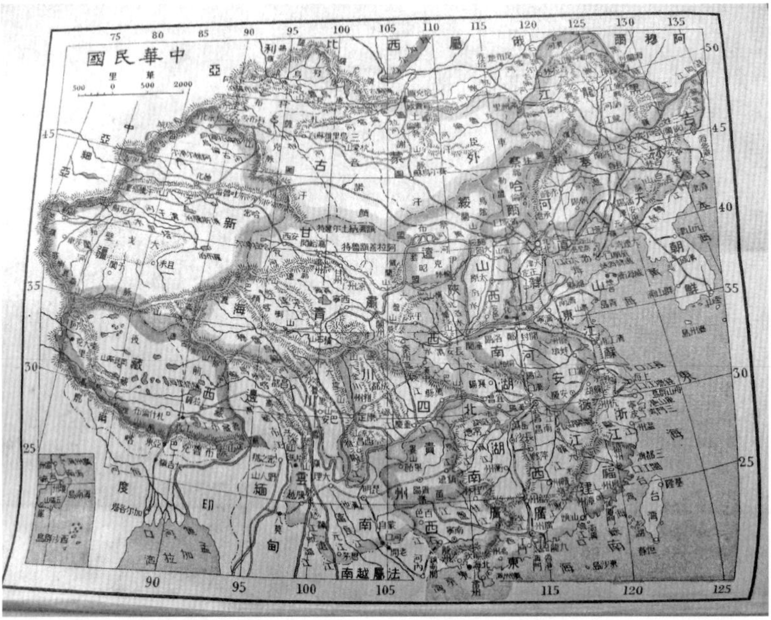

圖 10　中國新形勢圖（一九二二）

上兩張地圖一樣，中國最南端到達西沙，中沙和南沙都不在內。即使到了一九三一年的《中華析類分省圖》，[141]中國的版圖還沒有變化，最南端仍然在西沙。

一九三四年，爲了紀念《申報》誕生六〇週年，《申報》專門組織了一批地理學專家（包括丁文江、翁文灝、曾世英），以巨大的人力和物力編撰而成了《中華民國新地圖》（圖11）。這可算是民國時期最具權威性的地圖了。這份地圖冊以八開本印製，是當時中國的一個創舉。因爲價格和應用方便原因，在日後各版中以十六開出版普及本。儘管這時已經發生了法國宣布南沙主權的九小島事件，《申報》也以激烈的態度報導了這個事件，但這份由該報主編的地圖集中，中國的版圖還是只包括西沙和東沙，依然沒有把南沙列爲中國的領土。

可見，在民國開始到一九一七年前，西

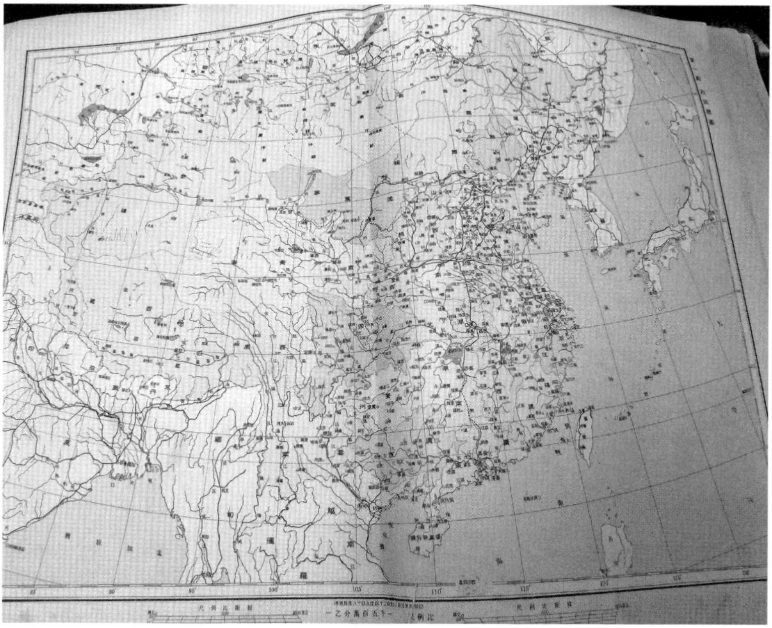

圖 11 中華民國新地圖（一九三四）

沙群島乃中國領土還不是中國地圖界的共識。一九一七年之後，西沙群島才在絕大部分地圖上成爲中國的一部分。但是在一九一七年到一九三四年之間，就筆者所見，中國地圖上中國的疆域只是到達西沙群島，中沙和南沙並不是中國地圖上所顯示的中國領土。但在一九三五年內務部公布島嶼名稱之後，中國地圖界也迅速跟上政府的步伐。

《申報》編輯的第二版《中華民國新圖》（一九三六，圖12）改爲以十六開本的大小出版。儘管在全國地圖上還沒有添

[139] 童世亨，《中華民國新區域圖》，上海中外輿圖局出版，一九一七。

[140] 童世亨，《中國新形勢圖》，商務印書館出版，一九二二。

[141] 《中華析類分省圖》，武昌亞新地學社，一九三一。

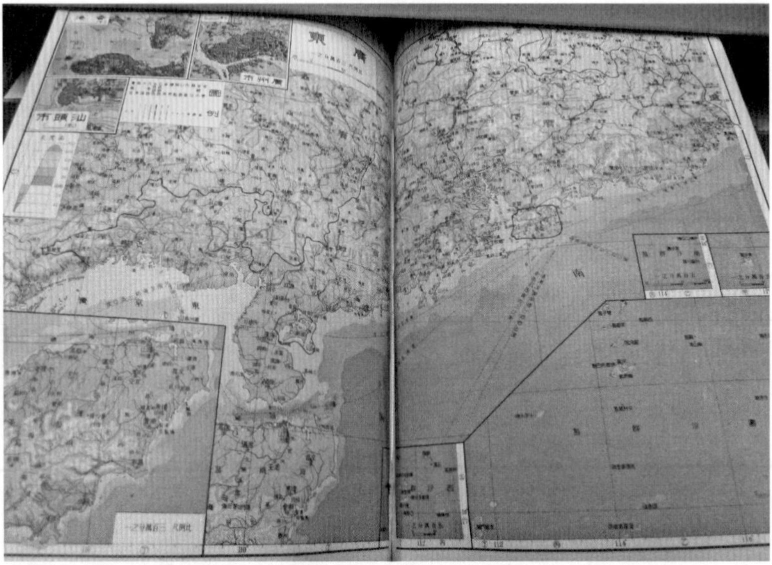

圖 12 中華民國新地圖之廣東省（一九三六）

加上團沙群島（南沙群島），但在廣東省地圖上已經出現南沙群島和團沙群島的字樣。[142]注意，在這份地圖上沒有出現黃岩島。可見在民國政府地圖開疆的初年，黃岩島是否中國的一部分還沒有得到地圖編輯者的共識。

《中華民國郵政輿圖》是另一份一九三六年出版的地圖（圖13），包含有更多南海島嶼。黃岩島也出現其中，稱爲「南石」，已經被劃爲南沙群島（即後來的中沙群島）的一部分。在中沙群島的最東部（比黃岩島還要靠東），還標有一個現在南海地圖上一般沒有畫出的地方，也用類似島嶼一類的圖標標識，這個地方是後來的管事灘。

《中國省市地方新圖》（圖14）出版於一九三九年。這時，地圖開疆已經得到中國地圖學家的普遍承認。在一九三六年地圖上沒有標注名稱的地點在此圖中已一一標注上名稱。這版地圖集中專門給出一幅南海諸島的地圖。

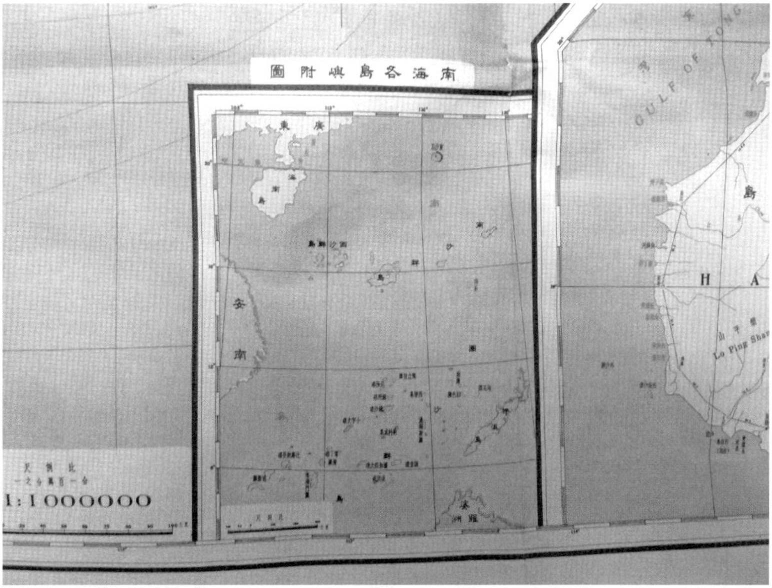

圖 13 中華民國郵政輿圖（一九三六）

在筆者看到的所有地圖集中，這是最早的一本。黃岩島的名字叫做斯卡巴洛礁。有趣的是，在這個地圖中，黃岩島並不是中沙群島的一部分，它和特魯暗礁（特魯路灘）都被單獨標注出來，再加上「屬中國」的字樣。另外，上圖裡中沙群島最東端的無名暗礁在這幅地圖上也有了名字，名爲管事灘。管事灘（Stewart Shoal）也是一塊在水底的暗礁，最淺處離水面還有四十五米。這塊暗礁（連同原被列在南沙群島的八仙暗礁和立地暗礁）在現在北京出版的地圖上都沒有標誌出來。翻查民國一九四七年的南海島嶼命名文件，管事灘也沒有出現在文件之中，但是八仙暗礁和立地暗礁都列於當中。爲什麼

[142] 當時的南沙群島指的是現在的中沙群島，團沙群島指的是現在的南沙群島。爲清晰起見，在本節中提及這些地名時採用現在的名字加上括號內當時的名字標識。

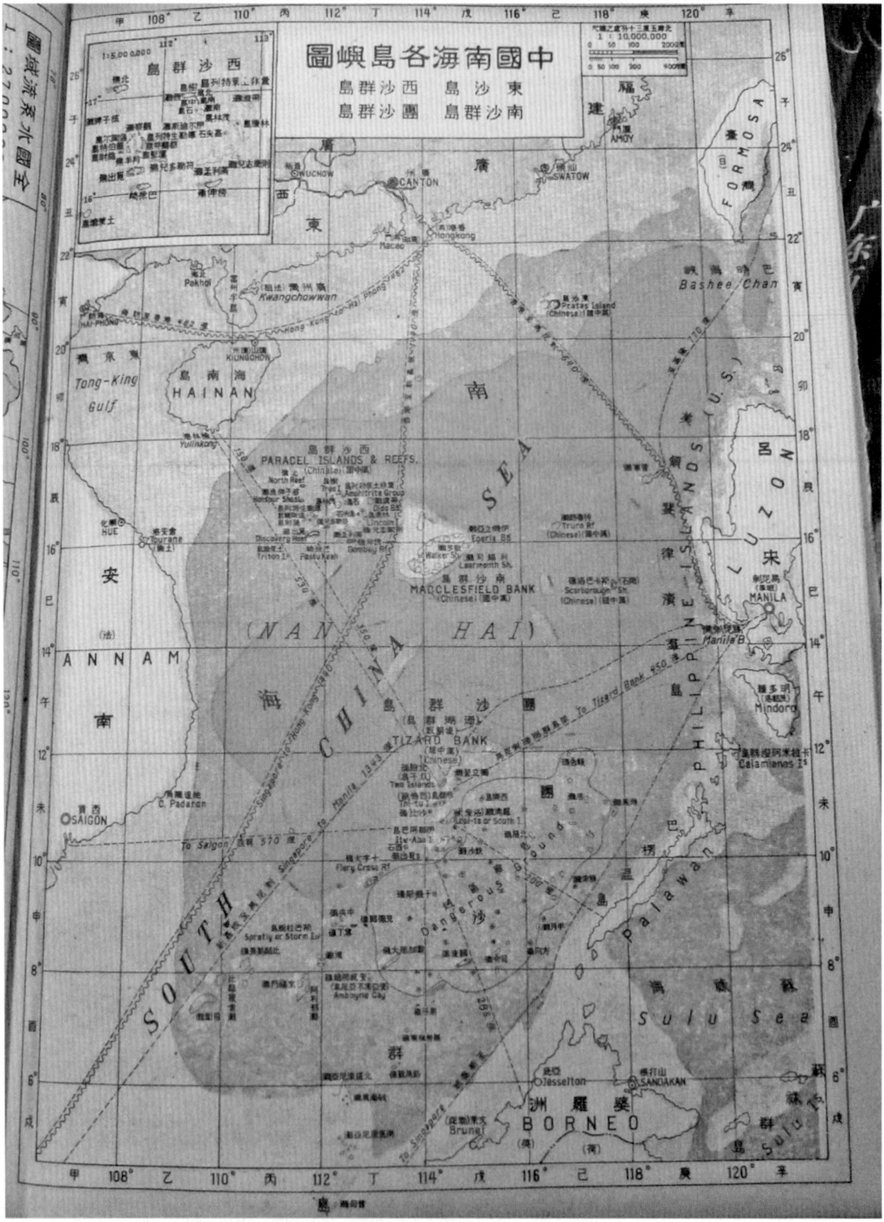

圖 14　中國省市地方新圖（一九三九）

一九四七年和以後，管事灘沒有被列入？並沒有公開的解釋。據說這是由於這幾個地方太接近中國後來畫的九段線，而九段線沒有具體坐標，所以它們是否在九段線之內不好確認，於是乾脆就不提了。

由此可見，從晚清到民國的地圖中，南海的範圍基本隨著政府的態度而增長。値得指出的是，對照日本在十九世紀末兼併大東島和釣魚島的過程，中國對南海諸島，特別是南沙群島和黃岩島聲稱主權的舉動非常草率。日本爲了確認大東島爲無主地，經過再三登島考察，最後才得出島上並無人煙，亦沒有國家管治之痕跡，最後才加以兼併。日本在對釣魚島最終兼併之前，進行了爲期十年的觀察，再三肯定沒有任何他國統治的痕跡之後才納入行政管轄。[143] 民國政府雖然在《中國南海島嶼圖》中把南沙劃入自己的領土，但是在出版該地圖之時，完全根據外文的資料，之前甚至從來沒有派遣過任何船隻到南沙進行探測。沒有證據顯示中國曾經對這些島嶼進行歷史與現狀的調研，以澄清：黃岩島是否有別國統治的痕跡？南沙群島到底應該包含幾個島嶼？眞正中國可以聲稱主權的有多少？等等疑問。筆者甚至懷疑主事的官員是否熟悉國際法，是否明白如同曾母暗沙這一類的海底珊瑚礁是無權作爲領土的？抑或是否根本不知道曾母灘（當時的名稱）是一個暗沙？中國把這些島嶼（南沙和黃岩島）畫在地圖上之後，也沒有派出船隻前往宣示主權，更不用提在該處維權。因此，民國政府的那次行動是典型的「地圖開疆」。

當時沒有國家認眞留意到《中國南海島嶼圖》。因爲在當時的國際法的實踐中，沒有人把地圖

---

[143] 《釣魚臺是誰的》，一四〇—一七八頁。

證據當作一項合法的官方證據。一九二八年，美國和荷蘭關於帕爾馬斯島嶼的主權爭議才剛被國際仲裁，法官在判決中拒絕接受地圖爲合法的主權證據。國際上承認的是實際控制而不是口頭宣示。而在南沙群島的外交交涉中，中國也沒有提出外交交涉。因此，國際社會基本都無視中國的主張。

其實，對於《水陸地圖審查委員會會刊》上發布〈中國南海各島嶼華英名對照表〉算不算對外宣示了中國對南海諸島的主權也很成問題。水陸地圖審查委員會是一個隸屬於內政部的機構，而該委員會設立的目的，是要標準化全國發行的地圖，包括世界各國的地圖（比如世界地質圖、世界各國軍港圖等）。[144] 因此，其會刊散發的對象是中國各地圖出版商，而不是各外國外交機構。其發刊詞的副標題爲「爲審查水陸地圖告出版業」。[145] 而且這個委員會僅出版了三期會刊之後就由於經費緊張而撤銷了，[146] 其成果和影響非常有限。類似之機構，在一九四六年才重新設立。[147]

單就〈中國南海各島嶼華英名對照表〉而言，除了羅列島嶼之外，也沒有多做其他的說明，比如這些島嶼是中國的領土之類。只有標題「中國南海」四字可能表明這些島嶼屬於中國。但在一九三〇年代，「中國南海」亦是南海的正式名稱[148]（也有叫「南中國海」）。因此，這四個字，既可能表示屬於中國的南海，也可能是僅僅表明地理位置。中國方面當然有理由將其解釋爲這些島嶼屬於中國，但其涵義畢竟還有模糊性。而且這份雜誌沒有外文版，中國外交部也沒有對外宣布。因此，當時似乎沒有外國得知這份文件，也不知道中國的主張。比如，美國就不知道中國對黃岩島有主權意圖（見五·六），國際上也沒有中國主張南沙群島主權的認知。比如在一九三九年日本宣布占領南沙群島後（見三·一），美國駐日大使館給美國國務院的電文[149]中提及：「英國和法國都主張對南沙群島的主權，但當日本也主張這個主權的時候，英國撤回了自己的主張並支持法國，以促使法國注意到大大加強對自己主權進行防衛的重要性。」這裡沒有提及中國對南沙群島有主權主張。

考慮到連美國這個區內國家（當時擁有菲律賓）也不知道中國的主張，很難相信中國已經算是公開宣示了對所有這些島嶼的主權，特別是南沙群島和黃岩島的主權。有臺灣學者認爲「這項宣示是採取內部規範的方式，並沒有向世界各國表達中華民國這項立場。」[150]

事實上，即便在中國，也沒有證據說明政府已經把南沙群島納入領土主張。在一九三七年四月，有漁民報告，西沙有日本人驅趕漁民，於是政府派廣東第九區行政督察專員公署黃強專員調查，最後被證實並非事實。在這份報告中是這麼寫的：「該群島（指西沙群島，筆者）位於北緯十五度至十七度，東京一百一十度之一百十二度之間，距崖縣榆林港東南約一百四十五里，爲我國最南之領

---

[144]《申報》，內部審查水陸地圖，一九三四年五月七日，〇六期。

[145]〈發刊詞——爲審查水陸地圖告出版業〉，《水陸地圖審查委員會會刊》，一九三五年第一期，七—八頁。

[146]《申報》，內部附設地圖審查委會撤銷，一九三五年六月十日，〇六版。

[147]《申報》，內政部重行修正水陸地圖審查條例，一九四六年九月二十五日，〇六版。

[148]比如，在《申報》一篇翻譯文章中，寫（法國）「它控制全部中國南海」。《法國在遠東權益的檢討（續）》，一九三八年十一月二十七日，〇三版。

[149]FRUS, 1933-1945, Franklin D. Roosevelt, 1939 vol. III, The Far East (1955) 111-112, 851G.014/8: Telegram. "Both Great Britain and France have claimed title to Spratly islands but when Japan also laid claim the British withdrew in favor of the French while impressing on the French the importance of stoutly defending their title against the Japanese."

[150]陳欣之〈南沙主權糾紛對臺海兩岸關係的意義與影響〉，《問題與研究》，一九九九年，第三十八卷第七期，二三—四〇頁。

土。」[151]同一篇報告也提及了日本占據「黃山島」（Loaita）一事，但並沒有認爲日本侵占了中國的領土。[152]外交部收到報告後表示：「本部王部長深致嘉許，所有該群島主權問題自應由部繼續向法方交涉以期早日解決。至黃山島，既據梁艦長說明係屬九小島之一，查九小島早經法國占有，似與西沙群島無涉。」[153]而國民政府軍事委員會收到報告後，一方面肯定了西沙群島爲「我國最南之領土」，一方面也沒有表示日本占領「黃山島」是侵占中國的領土，而僅強調西沙群島的重要性，必須加快在西沙上的駐守和燈塔建設事宜等。[154]

從法律角度看，地圖開疆也未有按照既定的法律程序。民國時期的憲法很混亂，但不妨礙以憲法的角度看領土的規定。在一九一三年《天壇憲草》中有：「第二條　中華民國國土依其固有之疆域。國土及其區劃，非以法律不得更變之。」[155]一九一四年五月一日通過的《中華民國約法》中有：「第三條　中華民國之領土依從前帝國所有之疆域。」[156]一九二三年十月十日通過的《中華民國憲法》（即曹錕憲法）中有：「第三條　中華民國國土依其固有之疆域。國土及其區劃非以法律不得變更之。」[157]

這些憲法都聲明，第一，中華民國的領土是繼承清朝的領土，即最南只到達西沙；第二，國土的變遷，需以法律更改。地圖開疆所用的程序是由一個低級別的委員會的一個出版物發布，連法規都談不上，更不用說是需要經過國會通過的法律了。

當然，在一九三五年，中國處於沒有正式憲法的階段。臨時性質的一九三一年《訓政時期約法》沒有提及領土變遷的程序。但正在起草的憲法《五五憲草》中同樣有「第四條　……中華民國領土，非經國民大會議決不得變更。」[158]這說明領土的變遷需要高級別的決議通過，是一貫的精神。地圖開疆顯然也是與之背道而馳的。

二・九 結論：中日法的不同利益

二十世紀前半葉的南海可以稱爲是以日本爲主軸的歷史。二十世紀之前，各國對西沙和南沙的主權問題都不甚在意。英國和法國在十九世紀後半期曾經分別關注過南沙和西沙的主權，但態度都難言積極。其原因不外乎此等小島礁既缺乏經濟價值，又缺乏戰略價值的緣故。直到二十世紀初，一向是域外國家的日本相當突然地闖入南海，在開始海外拓展的日本的衝擊下，各國才關注南海諸島的問題。東沙爭議可謂先聲，西沙和南沙也相繼進入爭議。

在西沙，中國在一九〇九年首次宣示了主權，並在一九二一年將其劃入了海南崖縣行政區。在

【151】〈關於日人占據西沙群島砲擊我國漁民案〉，民國二十六年八月十七日，黃專員強致外交部長函，《外交部檔案彙編》，三六四頁。
【152】同上，三六六頁。
【153】〈西沙群島事〉，民國二十六年八月二十日，外交部歐美司致黃專員，《外交部檔案彙編》，三六九頁。
【154】〈關於西沙群島現況及加強建設管理〉，民國二十六年八月三十一日，第一二三四二號，《外交部檔案彙編》，三六九—三七三頁。
【155】https://zh.wikisource.org/wiki/%E5%A4%A9%E5%A3%87%E6%86%B2%E8%8D%89.
【156】https://zh.wikisource.org/wiki/%E4%B8%AD%E8%8F%AF%E6%B0%91%E5%9C%8B%E7%B4%84%E6%B3%95.
【157】https://zh.wikisource.org/wiki/%E6%9B%B9%E9%8C%95%E6%86%B2%E6%B3%95.
【158】https://zh.wikisource.org/wiki/%E4%BA%94%E4%BA%94%E6%86%B2%E8%8D%89.

一九二〇年之後，廣東政府至少五次批出礦產開發權，並對西沙進行官方的考察。在這一系列事件中，法國都沒有做出抗議。日本承認中國對西沙的主權。可以相當肯定地說，在一九〇九年到一九三一年之間，中國實際有效並無爭議地在西沙行使主權。法國直到一九三一年底後才公開表示對西沙擁有主權。法方的理由是西沙是越南以前的領地，法國作爲越南的保護國，應該恢復越南的國土。在一九三二年到一九三八年之間，中國和法國都聲稱對西沙的主權，但是都沒有完全有效治理西沙。

在南沙，儘管從十九世紀後期開始有中國漁民的活動，但並沒有任何一國管治。一九二〇年代，日本曾在南沙群島大規模開發，但在宣布主權問題上被法國占先。法國在一九三〇在南沙宣示了主權，一九三三年再次宣布對整個南沙享有主權。日本在一九三三年做了外交層面上的抗議和交涉，直到二戰後占領爲止。英國在私底下和法國交涉，但是在日法交涉中傾向支持法國。中國正式對南沙提出領土主張，但用「地圖開疆」的形式（有疑問地）把南沙群島劃入中國版圖。就這樣，到了二十世紀二三十年代，西沙和南沙都進入爭議期。

在二戰之前，南海諸島的幾個爭議方——日本、法國、中國和英國——對南海諸島的關注點是完全不一樣的。日本的關注點是經濟利益。儘管英國和中國都考慮過南海諸島的開發問題，但只有日本人能眞正地可以把南海諸島的資源轉化爲眞正的經濟利益，在東沙、西沙和南沙均如是。對於南海諸島的主權問題，卻不是非常熱心：在東沙爭議中，日本僅要求中國出示東沙屬中國的證據，在中國出示後，就承認東沙屬中國；在西沙，日本得知中國已經宣示過主權之後，也僅採取合作的方式（通過何瑞年）而開採礦產，而沒有對西沙提出主權要求。在南沙，日本最早在南沙進行政府批准的開發，但在長達十年的開發中，既沒有及時聲稱主權，也沒有建立軍事基地。由於日本人的嚴謹作風，在聲稱南沙主權的問題上既拖沓也向潛在對手暴露意圖，以致讓法國在南沙問題上奪得先機。

而法國，並沒有參與西沙和南沙的開發。法國人的目光不是經濟價值，而是戰略。她和英國一樣，認爲西沙和南沙具有「戰略」意義。聲稱主權和占領的主要動機還是戰略利益，爲了阻止日本占領而導致對印度支那和婆羅洲的不利。在沒有日本的「威脅」之前，法國對西沙的關注僅是一種潛在的和中國做交易的籌碼，對南沙更是漠視。即便後來安南舉出了曾經統治西沙的證據而推動了法國在西沙問題上的態度轉變，但很難認爲這種推動力在整個決策過程中處於重要的地位，在筆者看來更可能是多找出一些理由以合理化自己的行爲而已。

同樣英國對南沙也是以戰略價值爲出發點。與法國人不同，他不希望直接和日本衝突，而期望法國在日本和英屬領土中充當緩衝作用。

西沙和南沙的戰略利益是否屬實？筆者抱以懷疑態度。如果眞的是那麼有戰略意義，何解日本在開發南沙這麼久都不去占領、不急於聲稱主權、不在上面建造軍事基地呢？而且在下一章可以看到，即便在二戰中，西沙和南沙的戰略意義也幾乎爲零。所以，筆者認爲，法國和英國都誇大了南海諸島的戰略利益。

中國對南海諸島的興趣更在於「民族主義」。中國在東沙和西沙都嘗試過開發計畫，但以中國人爲主的開發都無疾而終，最後只能讓日本人或明或暗地開發才能支持下去，可見各種紙面上的經濟利益，以當時中國的商業能力，是無法轉化爲實際利益的。而中國也沒有嘗試在西沙上駐守，可見中國在西沙也談不上什麼戰略利益。

相反，民族主義卻一直是促使中國主張西沙群島的主權的動力，在九小島事件中，這種動力又被用於南沙群島之上。中國的現代民族構建在十九世紀末之後開始，但以「民族恥辱」爲核心的民族主義是中日「二十一條」之後開始的，而在其後一系列的「恥辱」中越演越烈。「失土」正是「民族恥辱」的最大表現。這可以解釋爲什麼在西沙何瑞年事件以及九小島事件中，中國媒體、學者甚至部分政客都表現出如此狂熱。值得說明的是，中國的所謂失土，其實未必是眞正的失土，有的「失土」只是幻想和誇大的結果。比如當時很流行的《國恥圖》，把幾乎整個東南亞（印度支那、英屬馬來亞和蘇祿）都畫在「原國界線」之內。中國本來對南沙並沒有主權意圖，但是在經歷西沙爭議之後，民間對法國宣布占領南沙也反應激烈，於是也採用地圖開疆的方法「開疆」南沙。相對而言，實際從事外交工作的人員和有國際法知識的專家都比較謹愼和能夠正確地認識中國的邊界問題，以及在這些問題上的利害關係，他們也能影響決策者。於是在九小島問題上，儘管群情洶湧，但中國政府最終沒有加入爭議。

從國際法的觀點看，有以下幾點是値得注意的。

第一，中國對西沙的主權是在一九〇九年李準前往西沙宣示主權開始的。在此之前，中國沒有聲稱過擁有西沙的主權，這和中國後來一直主張自古以來就擁有對西沙的主權相反。這點有以下幾個論據：⑴中國在一九〇九年之前的官方權威地圖和地理志中都說明中國最南端是海南島的崖山；⑵一九〇九年之前，中國沒有在西沙宣示主權；⑶一九〇九年之前，中國沒有對西沙實行管治；⑷國際都認爲一九〇九年是中國第一次主張對西沙的主權。

第二，中國在一九〇九年到一九三一年中法爭議開始的期間，有切實的主權意圖和有效統治，證據包括：⑴劃入政區；⑵批出開發權；⑶官方組織的考察。這個時期的主張得到日本的承認，以及法國的默認。

第三，法國在一九三一年提出對西沙的主權爭議，距離一九○九年已經二十二年。期間雖然有⑴登島考察；⑵艦艇巡邏等行爲，但這些行爲體現的有效控制卻不足以和中國的證據相比。在主權意圖方面，更是薄弱。期間，法國對中國的行爲都採用默認態度，也構成了對西沙主權的不利。即便認爲一九二一年—一九二八年之間中國的活動是南方政府的行爲，而南方政府是法國所不承認的政府，但也無法爲法國的沉默態度合理化。因爲事實當時法國在廣州有領事館，這個領事館一直和南方政府打交道。法國完全可以通過領事館向南方政府表達反對的。不過，儘管法國對西沙問題長時間保持「默認」，但沒有表示「承認」的態度，這在國際法中也應該給予適當的考慮。

第四，越南在西沙問題上有值得理解的不利因素，因爲她無法直接和中國進行交涉。如果考慮到這一點，那麼以越南向法國當局提出爭議的一九二五年作爲越南反對中國對西沙主權的時間點，從一九○九年到一九二五年只有十六年的時間，這個時間還不算太久。

第五，日本是最早在南沙進行現代化資源開發的國家，也是最早通過頒發許可權的形式對南沙進行管理的國家。從這個意義上說，日本對南沙的主權要求有相當有力的證據。

第六，法國是最早在南沙以實際行動宣示主權的國家。這爲法國在對南沙的主權要求上增加了有力的證據。但英國和日本隨即提出抗議和反駁。這意味著法國對南沙的主權主張並沒有被公認。

第七，中國在法國占領南沙後，並沒有提出反對意見。即便一開始的模糊表態（保留反對的權利），也是針對西沙群島而言的。在了解清楚九小島不是西沙群島之後，就沒有如同日本一樣向法國提出抗議。

第八，中國的第一次地圖開疆是否能算已經主張了對南沙的主權有很大疑問，這是因爲：(1)文字表達含糊；(2)刊發只是一本新的級別很低的刊物；(3)沒有經過嚴格的法律程序，不符合憲法精神；(4)沒有向外宣布；(5)相關國家都不知情。

第三章　二戰前後的南海（一九三七—一九五二）

三・一 法國和日本對南海諸島的統治

在日本沒有全面發動對華戰爭之前，英法美中等國都對日本在南海的存在感到擔憂。西沙、東沙和南沙都被日本視爲潛在的進攻東南亞的踏板。一九三七年四月二十六日，有海南漁民向廣東瓊崖政府報告，西沙附近有日本兵船和漁船出現，似在該島開闢飛機場。[1] 中國大爲緊張，頂著法國可能會抗議的壓力，派海南方面儘快暗中徹查。廣東綏靖主任公署以特派調查組負責。六月二十—二十四日，調查組前往西沙密探，方得知此事非確。但又從漁民的口裡得知日本已經占領了南沙「黃山島」（該報告解釋是指 Loaita Island，但似應該指太平島）。調查人員還在西沙立碑，總共在各島立碑十三塊，林島三塊、石島一塊、琀洲島三塊以及北島六塊。比較奇怪的是，在這些碑石上，均寫上不同年代所立，其中寫有「視察紀念光緒二十八年立」三塊，「視察紀念大中華民國元年立」六塊、「視察紀念大中華民國十年立」三塊，這種做法很容易令後人誤解那些石碑是在碑文所記的年代所刻的，動機不明。最後，報告認爲中國應該加快在西沙群島駐軍。[2] 國民政府軍事委員會 [3] 和廣東省政府 [4] 都同意要加強對西沙的建設，提議廣東派駐警察以及建立商討已久的天文觀測站，甚至要提議建立警察所需的生活設施。但這些建議還停留在紙上。

中英雙方本來談判在聯合西沙建立一個軍事基地，以抵抗日本的勢力，但是最終沒有實現。法國於是決定獨自加強西沙的防禦。在一九三七年二月，法國派出軍艦往西沙考察，準備在西沙建造防護工事。可是這個計畫還沒有來得及實現，七七事變爆發，中日全面戰爭爆發。之後，日本對南海諸島的野心越來越大。一九三七年九月，日軍占領東沙。[5] 進一步加深了英法兩國的焦慮。

一九三七年七月二日，英國偵查發現有日本人員在太平島活動。原來，從一九三五年到一九三八年間，日本每年都在這些島嶼上巡邏。[6]日本開洋興業公司更在一九三六年十二月開始重返太平島開發。[7]而法國竟然在南沙沒有派駐守軍。此事被媒體在一九三八年四月公開，其時正值法國總理達拉第（Édouard Daladier）訪問英國。媒體被問到此事時，他卻說不出島上的日本人是漁民還是軍人。[8]英國大爲震怒，抱怨自己在公開場合一直對南沙主權問題保持沉默，法國卻沒有負起阻擋日本的責任。在英國壓力下，法國不得不加快在南沙的部署。一九三八年，法國爲島上有「非法入境的日本人」向日本提出抗議。六月在南威島和太平島派駐兵力並建立軍事設施，並在太平島建立一個氣象站，但法國並沒有趕走太平島上的日本人。日本人則形容法國船隻只是商船（不承認是軍隊），對法國人在太平島升旗表示反對。[9]雙方當時在島上基本「和平共處」。

---

[1]《史料選輯》，一一六頁。

[2]〈關於日人占據西沙群島砲擊我國漁民案〉，民國二十六年八月十七日，黃專員強致外交部長函，《外交部檔案彙編》，三六四—三六九頁。

[3]〈關於西沙群島現況及加強建設管理〉，民國二十六年八月三十一日，第一二三四二號，《外交部檔案彙編》，三六九—三七三頁。

[4]〈密（派員會查西沙群島）〉，民國二十六年九月二日，一建字第一六二四七號，廣東省政府咨外交部，《外交部檔案彙編》，三七四—三七六頁。

[5]《史料選輯》，一一七頁。

[6] Foreign Relations of the United States Diplomatic papers 1939 Vol III the Far East. House Documents no. 990, p.113.

[7] Extension of Japanese Penetration into Southern Asia and South Pacific Territories, FRUS, Herbert Hoover, Japan, 1931-1941, Vol.II, p.279.

[8] NYT, 1938/05/01, p.39.

[9] Foreign Relations of the United States Diplomatic papers 1939 Vol III the Far East. House Documents no. 990, p.113.

一九三八年之前，法國在西沙也沒有常駐人員。一九三八年六月，正在進行武漢會戰的日軍宣布將占領海南島，以切斷中國的海上供應線。法國不得不加快西沙駐軍的計畫。六月，法國向西沙派兵，名義爲在西沙緝私的「安南保安隊」，駐紮在拔圖爾島（珊瑚島）與林島（永興島），在島上建立一個燈塔和無線電臺，[10]並且各建了一個氣象站。六月十五日，法國宣布把帕拉塞爾群島以「Délégation des Paracels」之名劃入安南承天省（Thua Thien province），珊瑚島爲行政中心。[11]至此，法國完成了對西沙的實際占領。中國外交部旋即電令駐法大使顧維鈞向法國抗議。[12]但法國辯稱「此舉純爲保護越南安全及假道越南之海航線與中法雙方所持立場毫無影響，該群島主權根本問題仍待將來依照法律解決。」[13]顧維鈞得到法國許諾與主權立場無涉後，也認爲若此舉能令中英法一起共同對抗日本，亦無不可，故電請外交部考慮，是嚴重抗議，還是重申立場，保留日後一切權利。[14]此外，中國駐河內總領事館也向外交部發電，爲法國說情，認爲此舉「無非對日人作堅決表示」，「竊以我國多事之秋，對此除空口抗議外，實無他法，與其抗議無效，徒傷感情，毋寧密約共同經營，以此間便利運輸交換條件爲愈。」[15]於是，中國外交部在七月九日向駐法大使館電令，暫緩作任何表示。[16]七月十三日再發指令：「我方自應有相當表示，但只須用節略聲明中國政府向人該群島主權屬於中國，先中國政府保留一切權利等語。」[17]顧維鈞在十八日向法國通報了中國的立場，並得到法國外交部亞洲司口頭答覆，主權問題可請放心，將來自應友誼解決。[18]就這樣，法國與中國私底下達成共識，正式進駐西沙。

對此，日本反而站在支持中國的立場上反對法國的占領，理由當然是不希望法國在西沙建立勢力而影響日本的南海戰略。日本外務省發言人七月四日在談到二、三十名武裝的安南警察在西沙登陸時說：「我們正關注形勢的發展」。他聲稱，一些日本公民是住在「我們承認屬中國領土的西沙」。【19】中國報紙也報導：「昨日（七月四日），日本外務省發言人宣稱：『日本抗議反對第三國占領中國屬島（西沙群島），或在此項島嶼上作任何作用之權利』」【20】七月七日，日本外次長向法國駐日大使面交抗議書，「大致謂中日戰事初起時，法方曾謂日方在此中法爭執中之島嶼不取任何行動，今法先自違犯上項默契，尤以該島屬日海封鎖區域內，故日方深以爲憾。」【21】美國的外交文書上也記錄了日

【10】Foreign Relations of the United States Diplomatic papers 1939 Vol III, p.219.

【11】Decision No.156 – SC of 1938/06/15, *Vietnam Dossier II*, p.23.

【12】〈查復越軍占領西沙群島〉，民國二十七年七月六日，第二〇八號，外交部致駐法大使館，《外交部檔案彙編》，三八五頁。

【13】〈法方稱越軍占領西沙群島在阻日侵占海南島〉，民國二十七年七月六日，第六七四號，《外交部檔案彙編》，三八六頁。

【14】〈對法占西沙群島我究應持何立場〉，民國二十七年七月七日，第六七五號，巴黎顧大使致漢口外交部電，《外交部檔案彙編》，三九四—三九五頁。

【15】〈議請密約法國共同經營西沙群島〉，民國二十七年七月八日，第三二七號，河內總領館致外交部電，《外交部檔案彙編》，三九六頁。

【16】〈對西沙島事暫勿作任何表示〉，民國二十七年七月九日，第二一二號，外交部致駐法大使館電，《外交部檔案彙編》，三九六頁。

【17】〈以節略向法聲明我擁有西沙群島主權及注意法方行動及日本對法之表示〉，民國二十七年七月十三日，第二一八號，外交部致駐法大使館電，《外交部檔案彙編》，三九七頁。

【18】〈法方表示將以友誼解決西沙群島問題，日方無權過問〉，民國二十七年七月十九日，第八〇〇號，《外交部檔案彙編》，三九八頁。

【19】一九三八年七月四日路透社東京電。

【20】香港《南華早報》一九三八年七月五日。

【21】〈日外次向駐日法大使面交抗議書〉，民國二十七年七月七日，第六七六號，巴黎顧大使致外交部電，《外交部檔案彙編》，三九五頁。

本的態度。[22]但法國強調，「該島向爲安南屬土，華方雖有爭執，但對日毫無關係，決不容第三者干涉。」[23]於是日本也緩和下來，表示只要求保持日漁船往該島打漁之權利。[24]於是，法國占領西沙的事暫時和緩下來。

日本決心進一步爭奪南海諸島。但關於西沙和南沙的戰時狀態，各方的說法並不一致。中方材料稱：一九三九年三月一日，日軍驅逐法軍占領西沙，同月三十一日本占領南沙，並在四月九日把東沙、西沙和南沙都統稱爲新南群島，隸屬臺灣高雄縣管理。[25]但是越南的說法，法國在西沙上維持統治，一直到一九四五年三月。這到底是怎麼回事呢？

根據瑞典學者 Tønnesson 的研究，在法國派兵駐守西沙之前，日本在一九三八年一月已經派軍駐紮在永興島，四月駐軍在東島。但當法軍到達時，日軍並沒有做出任何有敵意的行動，甚至沒有阻止法軍在永興島登陸和升起國旗，只是在法國升旗後向法國聲稱「日本已經占領西沙六十年了」。[26]但這種說法有誤。據派駐西沙的民團總稽查（Inspectour Principal de la Garde Indigene）Edmond Grethen 所言，當時他們乘坐海關巡查艦前往西沙，只在珊瑚島（Pratte）和永興島（Boise）駐紮。前者留越南民兵二十人，後者留二十五人。當時永興島上還有日本人，但並不是軍隊，而是煉磷工廠的工人。這間工廠建立已經十數年，以前用臺灣工人，但後來臺灣人嫌辛苦、不願工作，於是日本轉而用越南人。當越南兵登陸時，大約有一百五十名越南工人。日本人對登陸越南保安隊未有反抗，保安隊也沒有驅趕日本人。雙方在島上和平共處。[27]所以，大概在當時永興島上所駐紮的不是日軍，而是重返永興島的日本開發商（大概有武器）。

一九三九年二月十日，日本占領海南島，印度支那的法國海軍因爲兵力被抽調到非洲吉布提而被削弱，於是只能抗議（法國認爲此舉違反了雙方一九〇七年的不得單方面占領海南島的協議）而無法做出實質的行動。[28] 日軍在三月底順勢揮軍南下，進駐西沙。但日本在西沙的行動難以稱爲占領西沙。在西沙，法國和日本和平共處，法國駐軍在珊瑚島和永興島，日軍主要駐紮在永興島，雙方沒有發生衝突。當時，法國大概是實際的行政管治者，日本則類似寄住在西沙群島。一九三九年五月五日，法國頒布三二八二號法令，把西沙分爲東部的海后區（Délégation de l'Amphitrite et Dépendance）和西部彎月區（Délégation du Croissant et Dépendance）兩個行政區。[29] 同年六月，法國海軍將軍德科（Jean Decoux，一年後成爲印度支那總督）以巡視領土爲由訪問西沙群島，日本也沒有反對。

究其原因，日本在二戰初期並不願和法國兵刃相交。即使其盟國德國向法國宣戰，日本也保持中立。一九四〇年六月，法國被德國擊敗，簽訂了停戰協議，在本土未被占領的領土上成立了維希政府

---

[22] Foreign Relations of the United States Diplomatic papers 1937 Vol III, p.635.

[23] 〈日對法占西沙島抗議照會措詞和緩〉，民國二十七年七月十日，第六七八號，巴黎顧大使致外交部電，《外交部檔案彙編》，三九七頁。

[24] 同上。

[25] 《疆域研究》，一〇六頁。

[26] SCSAED, p.11.

[27] 〈密（據順化民團隊長報告西沙群島情形）〉，民國二十七年十一月十八日，越字第五八九〇號，《外交部檔案彙編》，三九八—三九九頁。

[28] Foreign Relations of the United States Diplomatic papers 1939 Vol III the Far East. House Documents no. 990, p.104.

[29] Annex 28, SOPSI, pp.222-223. Decision No. 3282 of 1939/05/05, *Vietnam Dossier II*, p. 23.

（Régime de Vichy）。維希政府控制了大部分法國殖民地，其中包括法屬印度支那。由於維希政府是德國的傀儡，維希政府下的法屬印度支那和日本敵意消失。法屬印度支那有一條鐵路線連接海防與雲南，是中國最後一條通往外界的鐵路。日本向法國施壓要求關閉鐵路。儘管維希政府採取親軸心國的姿態，但名義上保持中立，所以一開始印度支那政府並未答應日本的要求。但在日本軍事入侵威脅之下，維希政府最終決定和日本合作。九月二十二日，兩國簽訂協議，准許日軍派駐少量軍隊進駐印度支那。從此，法屬印度支那成爲軸心國的盟軍。直到一九四五年之前，日本和印度支那基本保持了和平共處的關係。

日法的和平狀態在西沙與南沙上也得到體現。在西沙，日本和法國沒有發生軍事衝突。所以在一九三八年到一九四五年之間，法國和日本都在西沙群島駐軍，甚至在一個小小的永興島上同時有雙方的駐軍。在形式上，法國是管理者。一九四一年五月十七日，法國還發出文件，繼續委任Mohamedbhay Mohsine 管理西沙群島。[30]中國所說的日軍在一九三八年從西沙驅逐法軍的說法不確。

南沙方面，日本則採取了完全不同的策略。儘管法軍從一九三八年開始就在南威島和太平島駐紮兵力，但日軍在一九三九年一月七日還是進駐了南沙，期間沒有遇上值得一提的反抗。一九三九年三月三十日，日本閣議通過《新南群島行政管轄決定》把新南群島（南沙）領土編入臺灣高雄市管轄。[31]這個決定在三月三十一日向外公布。同日，臺灣總督府也頒布第三十一號令，明確高雄市對南沙的管轄，第一二三號令則明確南沙的地界，採用一九三三年法國棄之不用的坐標線區域方法，區域爲東經一一一—一一七度和北緯七—十二度之間。同日的臺灣總督府告示第一二二號確定，新南群島中的主要島嶼有北二子島、南二子島、西青島、三角島、中小島、龜甲島、南洋島、長島、北小島、南小島、飛鳥島、西鳥島、丸島。[32]日本對東沙和西沙，則無此法令。

法國抗議日本並開始外交交涉。法國再次指出日本違反雙方一九三七年協議，提出可以不再允許中國通過雲南鐵路運輸物資作爲交換條件。但日本並沒有讓步。實際上，日本海軍和陸軍之間的矛盾很深，日本外交部門很難爲它們協調出一個統一的戰略方案。故法國提出的交換條件無異緣木求魚。

此後，日本在南沙群島上修建了一系列的建築、碼頭與工事。在一九三九年到一九四五年之間，日本都實際控制了南沙群島。在南威島和太平島上繼續有少量法軍駐紮原地，與日軍和平共處。但與西沙群島相反，日軍在是實際的管理者，而法軍則像是借住。法日兩軍在西沙和南沙相安無事，直到一九四五年三月。

以日本法律角度：東沙是日占的中國領土，西沙是法國領土或中國領土，而南沙是日本領土。日本對西沙和南沙的定位差異與其對兩地的歷史淵源及戰略重視程度不同有關。南沙是日本經營多年的地方，被視爲自己的領土；且它位於日本南進路線上，故非常被看重。西沙一直不是日本的領土，而且戰略地位並非如此重要，特別是在南海成爲日本的內湖之後，其戰略地位大爲下降。

英國在過去六年中一直和法國私下爭吵南沙的主權，但在日軍占領了南沙後，卻幾乎第一時間承

[30] Decision no. 1351 of 1941/05/17，*Vietnam Dossier II*, p.25.

[31]《國際紛爭史》，三三〇頁。《史料選輯》，一一九頁。

[32]《國際紛爭史》，三三六頁。

認了南沙主權歸法國所有。[33] 美國也對日本提出抗議。[34]

在當時各國電文中，新南群島（Sinnan Islands）和斯普拉特利群島（Spratly Islands）這兩個名稱都被使用，但所指範圍略有不同。Spratly Islands 這個名稱的範圍與當時中國指的團沙群島以及後來的南沙群島的範圍並不一致。在美國遠東司司長 Hamilton 與日本外交顧問（Counselor of the Japanese Embassy）須磨彌吉郎（Yakichiro Suma）的會談中問：新南群島是否就是斯普拉特利群島的另一個名稱？須麻彌吉郎否認，稱新南群島包括的面積遠比斯普拉特利群島要大。[35] 於是，美國國務院在一九三九年三月三十一日給美駐日本大使館的電文中這樣描述：[36]

The Sinnan islands composed small coral reefs which roughly lie between 7 degrees and 12 degrees north latitude and 111 degrees and 117 degrees east longitude. The Japanese names of the principal coral reefs of the Sinnan Islands are given, among which is included a group described as Spratly Islands.

在此電文中，斯普拉特利群島屬於新南群島的一部分。此處的斯普拉特利群島應該指的是法國當年主張主權的六個小島的總稱。且因為日本用經緯度描述新南群島的範圍，故此除了六小島之外，還包括在這個範圍內的其他島礁。而新南群島的範圍只限於北緯七—十二度，東經一一一—一一七度之間的島嶼，並沒有延伸到北緯四度處的曾母暗沙，比中國的團沙群島或南沙群島都要小。而同一封電文也提到，法國和英國也對這個群島提出主權要求，卻並無提及中國對南沙有主權要求。

一九四四年八月維希政府倒臺之後，印度支那政府與日本的關係漸趨緊張。一九四五年三月，日本與印度支那政府翻臉，發動進攻、推翻了法國殖民政府。同時，日軍也在西沙與南沙擊敗法軍，完全占有了這兩個群島。從這時開始直到二次大戰結束，日本實際統治著南沙諸島。

在整個二戰中，除了日軍與法軍的所謂「戰鬥」，無論在西沙還是南沙群島的戰事都不值一提。一九四五年一月，美軍的一份飛行偵察報告中提及：從菲律賓到中國沿岸的飛行路線的觀察所得，林島（Woody Island，永興島）上有人揮舞法國旗，懷疑是否在轟炸中國（日軍）後在當地失事的盟軍戰士，是否需要救援。爲了搞清楚在西沙上的實際情況，在棉蘭老島的美國空軍總部特派了澳大利亞的 Z 分隊（Z Unit）去西沙林島偵察，以確認島上的人到底是盟軍失落人員？是法國友軍？還是日本人的詭計。一九四五年二月四日，美國潛水艇 *Pargo* 號駛近林島，兩名澳洲蛙人登上林島，發現島上既有西方人（似應是法國人），也有日本人，這些人似乎「相言甚歡」。在蛙人祕密撤退後，潛艇露出水面，對島上建築物攻擊一輪就撤退了。[37] 三月八日，美軍軍機轟炸了林島和珊瑚島（Pattle Island）的電臺。七月二日，美軍潛艇 *Cabrilla* 號再到林島偵察，發現島上還有法國旗和日本旗。[38]

[33] FRUS, 1933-1945, Franklin D. Roosevelt, 1939 vol. III, The Far East (1955) 111-112, 851G.014/8: Telegram.
[34] https://www.cia.gov/library/readingroom/docs/CIA-RDP08C01297R000300180025-5.pdf.
[35] Extension of Japanese Penetration into Southern Asia and South Pacific Territories, FRUS, Herbert Hoover, 1931-1941, Vol.II (1943), p.278.
[36] Foreign Relations of the United States Diplomatic papers 1939 Vol III the Far East. House Documents no. 990, p.115.
[37] A. B. Feuer, *Australian Commandos: Their Secret War Against the Japanese in World War II*, p57-62, Stackpole Books, 2006. Also See SFPIA, p.57.
[38] SFPIA, p.57.

在南沙的軍事行動也很少。一九四五年一月，美國潛艇 USS *Bream* 號駛近太平島，同樣派出兩名澳洲蛙人登陸，試圖安放爆炸品，但行動失敗。於是在一九四五年五月一日，盟軍轉而開始採用燃燒彈（napalm）對太平島進行轟炸，B-25 轟炸機在一個星期內轟炸六次，日軍遭到重創。

這些戰鬥都發生在戰爭後期，對戰局無傷大雅。這也證明，所謂西沙和南沙對戰爭的戰略意義被嚴重誇大了。無論是日本進攻還是盟軍反攻，西沙和南沙在戰場上的作用都微乎其微。

一九四五年八月，美軍在太平島登陸，[39]並控制了南沙群島和黃岩島。一九四五年八月，英軍在南威島接受日本南洋海軍投降。因此，在戰爭結束之前，南沙群島已經掌握在盟軍手中，但是西沙群島一直到日本投降時還被日軍占領，但何時撤出西沙並不清楚。

日本在二戰中占領了所有南海各群島，但是這種占有應該被視爲戰爭中的侵占行爲，不構成主權。在日本戰敗之後，日本宣布放棄南海諸群島，徹底退出了南海爭議，南海之爭少了一個至關重要的爭議方。但是戰後模糊的安排卻使南海島嶼的歸屬變得更加混亂。

三・二　《開羅宣言》與南海諸島的關係

二戰期間，美英蘇中四大國需要協調互相之間的戰略，於是就有四國領導人高峰會的計畫。但是由於蘇聯和日本在一九四一年簽署了五年有效的《日蘇互不侵犯條約》，史達林不願意和蔣介石一起開會，最後四方決定先由美英中在開羅開會，再由美英蘇在德黑蘭開會。一九四三年十一月二十三至二十七日，美英中三方在開羅擬定了針對日本的新聞公報。在緊接著進行的德黑蘭會議中，斯大林表示完全贊同公報的內容。於是十二月一日發布的公報成了四大國在對日方面的共識。在開始時，這份新聞公報（Press Communiqué）並沒有任何標題，正文也無「宣言」一字，但逐漸被稱爲《開羅宣言》。宣言規定：

It is their purpose that Japan shall be stripped of all the islands in the Pacific which she has seized or occupied since the beginning of the first World War in 1914, and that all the territories Japan has stolen from the Chinese, such as Manchuria, Formosa, and The Pescadores, shall be restored to the Republic of China. Japan will also be expelled from all other territories which she has taken by violence and greed. [40]

三國之宗旨，在剝奪日本自一九一四年第一次世界大戰開始後，在太平洋上所奪得或占領之一切島嶼，及日本在中國所竊取之領土，如東北四省臺灣澎湖列島，歸還中華民國。其他日本以武力或貪欲所攫取之土地，亦務將日本驅逐出境。[41]

《開羅宣言》中並沒有提到南海諸島的問題。一九四五年，美英中三國在《波茨坦宣言》中說：

---

[39] Hayton 認爲一九四五年十一月二十一日，美國偵察機是戰後首次登陸太平島，此說有誤，應該只是戰後一次在太平島的巡邏而已。http://amti.csis.org/calm-and-storm-the-south-china-sea-after-the-second-world-war/.

[40] http://www.loc.gov/law/help/us-treaties/bevans/m-ust000003-0858.pdf.

[41] 《開羅宣言》沒有正式的中文文本。

「開羅宣言之條件必將實施，而日本之主權必將限於本州、北海道、九州、四國及吾人所決定其他小島之內」。這個聲明再一次確認了《開羅宣言》，同時意味著南沙群島是否屬日本須由三國決定，但是同樣沒有提到它們的歸屬。

中法（越）雙方都對《開羅宣言》做出有利己方的解釋。中國方面認爲，西沙和南沙是屬「日本在中國所竊取的領土」，所以在戰後應該歸還中國。[42] 法國學者 Chemilier-Gendreau 卻有不同的解釋：西沙和南沙屬「其他日本以武力或貪欲所攫取之土地」。[43] 首先，在爲期幾天的會議中，蔣介石沒有向各方提出西沙和南沙的問題（島嶼問題中僅涉及琉球群島）。事後，中國沒有提出保留意見，沒有另外發表聲明。這兩個群島在中國外交上都引起過波瀾，蔣介石沒有理由出現這種疏忽。他認爲法國雖然沒有正式代表參加會議，但是自由法國運動（France libre）代表也在開羅，他們主張應提議交國際仲裁。他認爲，中國當時沒有對群島的地位做出決定；或者中國面對盟國的壓力，爲了二戰的大局而閉口不談。

總之，在最終宣言裡，西沙和南沙既沒有出現在「日本在中國所竊取的領土」中，也沒有出現在「其他日本以武力或貪欲所攫取之土地」中。整個西沙和南沙問題保持了開放的結論，以平衡中法雙方的矛盾。

二戰期間，美國國務院關於戰後領土安排的內部討論文件可以佐證，開羅會議中並沒有對南海諸島做出任何安排。比如，一九四三年五月二十五日擬定的 T-324 文件「斯普拉特利島與其他群島（新南群島）」，從地理、戰略考慮、日本占領歷史、當時的爭議國——日本、法國和中國的領土主張，以及美國的態度等方面討論這些群島。在討論中國的領土主張時，僅基於一九三三年中國駐法大使館被命令向法國外交部提出抗議，而沒有其他的理據。從二一·七可知，大使館實際並沒有發出這個抗議。文件討論中還提及中國當時出版的地圖南端只到達西沙群島，認爲「弱化了中國的理據」。文件中沒有提及一九三五年「地圖開疆」的事，說明它並不爲其他國家所知或者知道了但不認爲有法律效力。此外，討論美國的立場時，文件指出：「新南群島肯定是在一八九八年十二月十日劃定的菲律賓界限之外。」

這份文件中談及新南群島的五個可能性：第一，讓日本保留，這將導致「嚴重的威脅」；第二交給中國；第三，交給法國或印度支那；第四，交給菲律賓；第五，設立一個國際機構（指聯合國）控制和管理。基於以上的討論，文件認爲交給中國缺乏實質性的證據（China's claim does not appear to have substantial foundation.）【44】

在開羅會議之後的一九四四年十二月十九日，爲準備雅爾達會議，遠東分區委員會提出了CAC-301文件「斯普拉特利島與其他群島（新南群島）」。該文件涉及的是與上述T-324文件相同的地區。兩個文件都有同一句話：「新南群島是在菲律賓界限之外」，而CAC-301文件在這句話的前面又加上：「美國不爲本國，亦不爲菲律賓對群島提出主權要求。」而這份文件也否定了日本在戰後能

【42】二〇一六中國白皮書。

【43】SOPSI, p.120.

【44】Post WW II foreign policy planning State Department records of Harley A. Notter, 1939-1945. Microfiche, 89/8000C. Also see, Kimie Hara, *Cold war frontiers in the Asia-Pacific*, Routledge, 2007, p.146.

夠繼續擁有南沙群島：

在日本的控制下，這些群島對其他國家是危險，但如果排除了日本後，它們對其他國家和地區而言並沒有決定性的利益，無論從戰略還是經濟上來看均如此。開羅宣言中已經明顯地指出了不允許日本繼續在戰後擁有這些島嶼。這些島嶼、小島、沙灘和淺灘的物理形態使它們是否能被聲稱爲一國的主權領土都成爲疑問。但臨近的地區，中國、印度支那與菲律賓，以及其他所有在南海航行的國家對它們都有利益關係。

當中有關中國的主權分析基本上和 T-324 文件中一致，但加上了一句南沙對中國的利益和國防並不重要（They are in no way vital to Chinese interests of defense.）。但在處理方案中，從原先的五個變爲兩個：第一，可以設想成立一個國際組織，對新南群島進行管理，但那必須得到法國的同意放棄對此區域的主權方可實現；第二，直接交給法國。沒有交給中國和菲律賓的選項。[45]

一九四四年十二月十四日的 CAC-308 文件「普拉塞爾群島」，是專門爲西沙群島準備的。該文件在審議當時的爭議國——法國與中國——的衝突時認爲，中國在歷史的合法性上占優勢。CAC-308 文件最後做了三個建議：⑴置於國際組織之下：由設定的國際組織的管轄，但必須得到中國和法國承認放棄對西沙的主權要求之後方可；⑵雙邊協議：美國推動中法談判簽定雙邊協議；⑶授予中國：如果中國和法國無法達成協議，那麼美國將需要決定支持哪一方，除非法國可以提供一八一六年中國把西沙給予安南的證據，否則中國對西沙的主權要求明顯更高。[46]

Hara 在這裡分析，授予法國並不是一個選項。從列出的項目標題來看確實如此，但是該結論是在美國根據當時掌握證據之下作出的，證據中存在一個嚴重的錯誤，美國以爲，中國在一八一六年通過割讓的方式把西沙給予安南，但法國的論點是，安南在一八一六年通過先占的方式取得西沙主權，而不是割讓。美國對此顯然理解錯誤。這個錯誤的印象在戰前就留在美國外交部檔案中。[47]

一九四五年七月，爲準備波茨坦會議，在六〇六號文件中，美國列出了有關《開羅宣言》的條款，逐一分析蘇聯對它的可接受性（由於蘇聯沒有參加開羅會議）。[48]當中把《開羅宣言》所涉及的領土分爲五類：⑴滿洲；⑵臺灣和澎湖列島；⑶朝鮮；⑷日本在一九一四年後在太平洋奪得的島嶼，包括國聯託管地（Japanese Mandated Islands）及南沙群島（Spratly Islands）；⑸其他通過暴力和貪欲所奪得的領土。南沙群島被明確歸於「日本自一九一四年第一次世界大戰開始後，在太平洋上所奪得或占領之一切島嶼」的類別之下。文件還指出，這些島嶼的處置方式在《開羅宣言》中沒有被規定（The Declaration makes no provision as to their disposition.）。[49]

一九四六年二月十三日的 **1192-PR-41**、**-42** 和 **-43** 文件中討論了西沙和南沙的處置問題。西沙問

[45] Ibid, also see Hara, *Cold war frontiers in the Asia-Pacific*, Routledge, 2007, p.147.
[46] 同上。
[47] Foreign Relations of the United States Diplomatic papers 1938 Vol III, p.219.
[48] FRUS, 1945-1953, The Conferences of Berlin (The Potsdam Conference), 1945, 2 vols. (1960) Vol.1, 926-927. File: 740.00119(patsdan)/5-2446.
[49] Kimie Hara, *Cold war frontiers in the Asia-Pacific*, Routledge, 2007, p.148.

題的結論爲，如果中國和法國以及其他聲索國通過談判無法達成協議，美國將傾向把這個問題交給國際仲裁，美國同時希望相關爭議國能在西沙設立國際特別機構管理西沙，以杜絕西沙海域的航海危險（1192-PR-42）。[50] 關於南沙問題的結論爲：⑴日本必須放棄南沙；⑵如果各主權聲索國通過談判無法達成協議，美國將傾向把這個問題交給國際仲裁；⑶美國希望相關爭議國能在南沙設立國際特別機構管理南沙，以杜絕南沙海域的航海危險（1192-PR-43）。[51]

一九四六年六月二十四日的 SWNCC59/1 再次討論了南沙的可能安排。它認爲把南沙交給一個國際組織會有法律上的問題，即必須得到聲稱主權的國家的同意，而法國肯定不樂意這樣做。因此，報告建議，僅僅讓日本放棄這些領土即可。[52] 注意在這個文件中，沒有提到中國可能的反應，這再次表明，美國眼裡，中國並不是一個對南沙主張主權有實質根據的國家，在南沙也沒有重要利益。

這些美國內部的文檔證明，在開羅會議中根本沒有直接和間接對南沙和西沙的地位做出結論和安排，唯一可以肯定的僅是日本必須放棄這些土地。

縱觀南海諸島在二戰期間的法律地位，東沙、西沙和南沙截然不同。東沙是國際普遍承認的中國領土，在戰爭時被日本占去。日本投降後，中國有權收復，這是毫無異議的。西沙在戰前是中法兩國爭議的島嶼，國際上尚無明確的結論。日本在戰時儘管短期占據，但並沒有宣布兼併。因此，西沙在日本撤退之後，理應維持戰前的局面再由中法雙方解決。而南沙，在戰前是日法兩國爭議的島嶼，中國只是很不明確地提出主張，惟日本在戰時把南沙併入臺灣，這就使南沙的地位有可能被認爲屬臺灣的一部分而「歸還」中國。南沙的法律狀態比西沙和東沙更複雜。

三・三 中國「接收」南海諸島

一九四五年八月十四日，盟軍宣布日本正式投降，並在同日頒布《普通命令第一號》，宣布了五個受降區。其中印度支那北緯十六度以北地區由中國受降，北緯十六度以南地區由東南亞戰區統帥（英國）和澳洲司令官受降。按照這條受降線，西沙位於北緯十五—十七度之間，勉強可以算是中國的受降範圍，南沙位於英國和澳洲受降區。其實，更早之前，南沙的受降已經進行過了，一九四五年八月十日，英國海軍在南威島（即斯普拉特利島）正式接受日本投降，十一月二十一日，三艘美國軍艦抵達太平島（南沙群島中最大的島）實現對太平島上日本守軍的處理。[53] 而西沙並沒有正式的受降程序，日軍自動撤離西沙回到海南島。

需要指出的是：第一，受降並不意味主權歸屬，比如中國在越南北部受降，之後就交還法國；第二，西沙並不存在一個受降儀式，無論是法國人還是中國人在一九四六年重返西沙時，島上都沒有日本兵，因此以受降作爲到達西沙的理由並不成立；第二，在南沙的受降儀式早於二戰結束前的八月十日就由英軍完成，因此中國在一九四六年對南沙的所謂「受降」並不存在。但是值得注意的是，中

【50】Post WW II foreign policy planning State Department records of Harley A. Notter, 1939-1945. Microfiche, 89/8000C.

【51】同上。

【52】Kimie Hara, *Cold war frontiers in the Asia-Pacific*, Routledge, 2007, p.148.

【53】Uss. Da DD-25, Hss. Uolt, and Srerox. 據《海軍巡弋南沙海疆經過》，中國南海諸群島文獻彙編之九，臺灣學生書局，一九七五，一四頁。

國在北越受降以及軍事存在對於日後西沙和南沙的局勢發展有極爲重要的關係，法國戰後重返南海中不斷顧慮中國的態度。

戰後，中國在南方領土問題上的頭等大事是「光復臺灣」。戰爭一結束，八月二十九日，蔣介石就任命陳儀爲臺灣省行政長官，九月一日於重慶宣布成立「臺灣省行政長官公署」與「臺灣省警備總司令部」，同時命陳儀兼任「臺灣省警備總司令部」的總司令。十月十五日，國民政府軍在基隆港登陸。十月二十五日臺灣進行受降典禮，臺灣省行政長官公署正式運作，陳儀宣布臺灣及澎湖列島已正式重入中國版圖，臺灣已經光復。

對於已經無人的南海諸島，包括東沙、西沙和南沙，中國一開始並不放在心上。直至一九四六年四月十九日，陳儀向外交部發信才引起中國對南海諸島的注意。原來，戰時，南沙和西沙上的氣象站一直由臺灣的氣象臺管理。到了戰後，臺灣總督府派往西沙島的五個氣象臺工作人員失蹤達兩年。美國舊金山戰俘營給臺灣來信，言及其中兩人已經被美軍救出，但還有三人不知所蹤，希望臺灣幫忙尋找。於是翻查紀錄，在一九四五年十二月八日，臺灣氣象臺曾派出一艘救濟船往西沙尋找，發現西沙空無一人，設備也大部分被炸毀，估計剩下三人可能隨法國撤退到越南。這時，陳儀才在給中央的信中提出：「西沙群島原屬我國領土，應否由本省或廣東省接收？」[54]

同日，陳儀又向行政院發信提出：⑴西沙係中國領土，是否由臺灣接收？⑵東沙靠近臺灣，又有臺灣漁民活動，擬由臺灣接收；⑶新南群島在日治時期歸高雄關係，現正積極準備接收事宜，請轉電菲律賓美軍總部予以協助。[55]

值得一提的是，在臺灣出版的《史料選輯》上提到「民國三十四年十一月，臺灣行政長官公署氣象局派員接收西沙測候所」，並出示史料：十一月二十日的警備總司令發出的通行證中英文各一份，允許一艘救護船出海，有效期爲十一月二十日到十二月三十日。《史料選輯》中描述，後來「交通困難無法前往」。[56]但《史料選輯》中又出示一張檔案產生時間爲民國六十三年（一九七四年）的照片，上有一塊木牌，寫著「臺灣省行政長官公署氣象局接收完了」。在照片旁邊的介紹中指這是一九四五年十一月「臺灣省行政長官公署接收西沙測候所紀念碑」。[57]《史料選輯》中沒有說明：爲什麼前面說「交通困難無法前往」，後來又說到了那裡建立了紀念碑。而爲什麼「交通困難無法前往」，而陳儀一九四六年四月十九日的信中又說十二月八日曾派船前往？目前尙不清楚。很可能，十二月八日確實有「救護船」出發去西沙，氣象臺至於此行目的是接收西沙測候所，還是尋找失蹤人員，可能兼而有之。這兩封通行證上都有陳儀的蓋印，但不肯定他是否親自參與此事。但從陳儀一九四六年四月十九日給行政院的信看來，一九四五年十二月前往西沙肯定不能算是接收西沙的行爲。總之，一九四五年的這件事當時並沒有引起他的關注，也沒有想到「接收西沙和新南群島」，直到一九四六年收到美國來信，才與外交部和行政院磋商。

這樣，被遺忘的南海諸島才重新進入中國政府的視線。行政院當即發信給外交部和內政部，要求

---

[54] 民國三十五年四月十九日，卯皓三十五署氣字第〇三五六九號，〈臺灣省行政長官公署公函〉，《外交部檔案彙編》，三九九—四〇〇頁。

[55] 轉抄陳儀電，《外交部檔案彙編》，四〇〇頁。

[56]《史料選輯》，五四頁。

[57]《史料選輯》，六八頁。

研究相關接收事宜。外交部認爲，西沙是戰前中法爭議之地，二戰中先被法國占領，再被日本占領，自應由中國接收，但應由廣東還是臺灣接收請內政部定奪；東沙屬中國領土，收回後似可由臺灣管治；新南群島則「非本科職業範圍」，所以回答中沒有涉及。[58]

接著，中國開始積極準備接收事宜。在西沙方面，外交部開始重新整理有關西沙的文檔，以備法國可能的阻撓。在新南群島方面，[59]外交部則指示馬尼拉領事館向駐菲律賓美軍求助，請予以協助。[60]但駐菲美軍認爲此島並非自己的轄區，要中國向東京麥克阿瑟總司令商洽。[61]外交部於是請駐日代表向麥克阿瑟商洽，[62]但此事沒有下文，是否已經和麥克阿瑟聯繫以及美方的反應不得而知。

一開始，中國對西沙和新南群島的接收工作是獨立的。西沙和東沙相對簡單，很快就開始進行具體程序的落實，五月下旬就已經開始指定將由哪一個部隊進行接收。東沙島在九月十二日由整64D派159B之一部隊進駐。[63]西沙由於距離較遠，且有外交糾紛之可能，後來和南沙團沙的接收一併討論。但在新南群島問題上，由於對地理和歷史認識不足，引來很大的爭論。這時，由於菲律賓已經提出對新南群島的主權（見後），中國在接收新南群島時不得不更審愼。新南群島的地界到底在哪裡？菲律賓人所指的新南群島是否就是臺灣所指的新南群島？它和南沙群島、團沙群島的關係如何都不得而知。一開始有人認爲新南群島就是南沙群島（即中沙群島），[64]但經過馬尼拉總領館的研究，才澄清新南群島和中國的南沙群島並非一處，而是團沙群島。[65]但團沙和新南群島是否同一島還有疑問。在一九三五年第一次地圖開疆的時候，中國當時把 Spratly Islands 定名爲團沙，是 Tizard Islands 的中文譯名，它僅指新南群島北部的島礁。因此在中國地圖中，團沙有時指的是整個新南群島，有時僅指的是新南群島的北部島礁。這種混亂情況在八月底馬尼拉總領館引用海軍部的電文中才得到澄清：

「查新南群島（Shinan Gunto）並非南沙群島（Macclesfield Bank）之別稱，該群島位於南沙群島菲律賓婆羅洲交趾半島之中間，包括南中國海間所有各珊瑚島礁，其主要島嶼包括團沙群島（Tizard Bank）、中小島（Loaita Bank）、千津島（Ti Tu Island）、北險礁（North Danger）及西鳥島（Spratly or Storm Island）等。」[66]爲了搞清楚這個問題，花了整整兩個月。

到了八月，行政院決定由廣東省暫行接收「東沙西沙南沙團沙各群島」，[67]爲何不讓臺灣接收不得而知，可能是爲統一行動方便計。九月二十日，內政部、外交部、國防部和海軍聯合召開關於接收「團沙群島」的會議。會議討論了有關新南群島的地理問題。海軍稱團沙群島僅爲新南群島的一部分，但臺灣稱團沙群島即新南群島，而且兩方對新南群島的位置解釋也不同，海軍稱新南群島在東京

---

[58]〈就東沙西沙群島隸屬粵隸屬臺事提供意見〉，民國三十五年四月二十四日，渝民字第二四三一號，《外交部檔案彙編》，四〇一—四〇三頁。

[59]由於這時對新南群島、斯普拉特里群島、南沙群島和團沙群島的定義混亂，本段敘述的時候，用新南群島這個名稱。

[60]〈外交部電巴黎錢大使及駐馬尼剌總領館〉，民國三十五年四月三十日，函字第八〇三六號，《外交部檔案彙編》，四〇四頁。

[61]〈商洽菲島美軍總部協助我方接收新南群島〉，民國三十五年六月十一日，收電第一七八七號，《外交部檔案彙編》，四〇八頁。

[62]〈外交部電駐日朱代表〉，民國三十五年六月十四日，發電第三一〇六號，《外交部檔案彙編》，四〇九頁。

[63]〈就派兵駐東沙西沙群島事會議〉，民國三十五年十月十一日，戰謀海字第四二四五號，《外交部檔案彙編》，四一七—四一九頁。

[64]〈新南群島是否既係南沙群島〉，民國三十五年七月五日，節京捌字第四一一號，《外交部檔案彙編》，四〇九—四一〇頁。

[65]〈外交部致行政院祕書處公函〉，民國三十五年八月八日，歐三十五字第〇五〇三五號，《外交部檔案彙編》，四一四—四一五頁。

[66]〈關於新南群島之地理位置〉，民國三十五年八月卅日，美（35）電字第〇四八四〇號，《外交部檔案彙編》，七五八—七五九頁。

[67]〈關於電飭廣東省政府暫行接收東沙西沙南沙團沙各群島案令仰知照由〉，民國三十五年八月一日，節京陸字第七三九一號，《外交部檔案彙編》，四一四頁。

一一二度到一一七度間，臺灣稱在一一一度到一一七度間。到底該群島的位置及名稱與範圍應該如何界定？最後，各方決定：⑴由國防部協助廣東省從速接收團沙群島，接收之地理範圍由內政部擬定；⑵關於該群島之地理位置及所屬各島名稱應由內政部繪製詳圖重新擬訂；⑶目前不必向各國提出該群島之主權問題，惟爲應付將來可能發生之爭執起見應有內政國防兩部暨海軍總司令部將有關資料送外交部以備交涉之用。」[68]

九月二十五日，四部再次開會，內政部出示了擬製的《南海諸島位置略圖》和擬譯《南海諸島名稱一覽表》。會議商定按照內政部的地圖劃定接收範圍，在接收完全之前，不向外公布。[69] 在這版本的地圖和名稱中，新南群島被正式定名爲南沙群島，原「南沙群島」被定名爲「中沙群島」，而團沙群島則爲新南群島北部的島礁群，但各島礁的名稱基本如一九三五年的版本。[70] 在這幅圖中，出現了一條由八段折線組成的U形線，[71] 這是官方文件中最早出現後來的「九段線」的雛形。畫法基本和九段線相似，把詹姆沙（曾母暗沙）包括在內。從其誕生的過程來看，其目的僅爲指定接收的島嶼的範圍。在《南海諸島名稱一覽表》中，並不包括民主礁（黃岩島，Scarborough Shoal）。

經過這些準備之後，十月九日，國防部主持召開了由外交部、內政部、軍務局、海軍總部、空軍總部、聯勤總部等參加的「進駐南海群島會議」。決定由海軍在十一月七日之前完成對西沙、南沙（中沙群島）和團沙（南沙群島）的進駐工作，各群島的軍事暫歸廣州行營管轄，外交部需要作外交部準備，但主權問題暫不向各國提出。[72]

在日本人撤離之後，南海諸島出現權力真空。一九四六年，法國已經登陸過西沙珊瑚島和南沙南威島，但中國似乎不知（見三・五），而新獨立的菲律賓已經聲稱對南沙擁有主權，但沒有實際行動

（見後）。中國對西沙和南沙所會引起的外交糾紛也有所了解，於是決定儘快實占南海諸島，特別是有爭議的西沙和南沙。這個行動，即便不是祕密的，也並不公開。可見，中國是明知國際對主權有爭議的情況下，希望儘快占領而造成既成事實，爲以後可能的外交紛爭打下基礎。因此，儘管中國把這個行動定義爲聽起來光明正大的「接收」，但仍然不公開地進行。

中國孱弱的海軍在戰時被日本盡數殲滅，本沒有海軍可供「接收」西沙和南沙使用。適逢戰後美國軍事物資大量過剩，於是美國根據「租借法案」贈送了一批二戰中的戰艦給中國，正好能用於接收工作之中。四艘戰艦（永興號，船長劉宜敏，原 USS *Embattle*；中建號，船長張連瑞，原 *LST-716*；太平號，船長麥士堯，原 USS *Decker*；中業號，船長李敦謙，原 *LST-1056*）在十月二十九日從上海出發，在虎門短暫停留，補充測繪人員，十一月六日從虎門開往海南榆林，補充物質，並聘請了當地漁民作嚮導。之後兵分兩路，姚汝鈺率領「永興」和「中建」兩艦十一月二十四日到達西沙，在永興島（當時還叫武德島或林島）豎立「海軍收復西沙群島紀念碑」，並在島上留下駐軍和

【68】〈關於接收團沙群島事，檢附會議紀錄、會呈文稿〉，民國三十五年九月二十日，美（35）字第〇七八三五號，《外交部檔案彙編》，七六一—七六三頁。

【69】〈院令協助接收南海諸島案會商紀錄〉，《外交部檔案彙編》，七六五—七六六頁。《史料選輯》，五六頁。

【70】〈內政部函外交部〉，民國三十五年十月九日，方字第〇〇一二號，《外交部檔案彙編》，七六六—七七五頁。

【71】《史料選輯》，四七頁。

【72】〈我派兵進駐團沙等群島各機關會議紀錄〉，民國三十五年十月十二日，戰謀簽字第一九一號，《外交部檔案彙編》，七七六—七七八頁。《史料選輯》，五九頁。

建設一個氣象臺。

林遵則率領「太平」和「中業」在十二月十二日到達太平島（當時叫長島）。這是有史可查的第一次中國政府在南沙宣示主權。在太平島上，官軍舉行了接收儀式，宣布太平島歸廣東省管理，並在太平島上成立了南沙群島管理處。官軍在太平島上豎立石碑、升起國旗，並拆除了日本建造的舊建築。在島上還看見法國人在同年十月留下的石碑。[73] 隨行的科技人員還測繪了地形圖，勘探了自然環境，以及採集了一些礦物及土壤標本。官軍在太平島上立的石碑刻著「中華民國十二月十二日重立」的字樣。但實際上，那是中國第一次在南沙群島立碑。

中國隨後在一九四七年三月派太平號再赴東沙島，同時宣布東西南沙都歸海軍管轄。[74] 至此，中國認爲南海諸島「都重新置於中國政府的主權管轄下。」[75] 但這是很有疑問的。首先，「重新」一詞並不準確，中國那是第一次管轄了南沙；其次，中國僅到達太平島，是否等同於管轄了整個南沙有疑問；第三，法國當時有駐軍在西沙，中國僅進駐了東部的永興島，並沒有管轄整個西沙。中國的行動遭到了法國方面的抗議，法國不承認中國在西沙和南沙的主權。

中國在「收復」西沙和南沙的時候所用的船隻都是美國贈送給中國的船隻。如果沒有這些船隻，中國可能根本無法搶在其他國家（比如菲律賓）的前面「收復」南海諸島。但是最近中國外長王毅說，「中國和美國當時是盟友，中國軍隊當時是坐著美國的軍艦收復南沙群島的，這一點美國朋友應該非常清楚。」[76] 王毅暗示的意思是中國收復南海諸島是得到美國支持的。這種理論實在荒謬——中國軍隊當時並不是坐著「美國的軍艦」，而是坐著「美國贈送的軍艦」收復南沙群島。況且美國當時並沒有事先知道中國的收復計畫。美國把軍艦贈送給中國之後，這些軍艦就是屬於中國的軍艦，和美國不再有任何關係。否則，如果中國賣給或贈與其他國家的武器，被那些國家用來打仗，豈不是可以說成是中國支持那些國家打仗嗎？

三・四　第二次地圖開疆與U形斷續線的出現

接收和駐軍南海諸島後不久，中國隨即和法國發生西沙和南沙問題的主權爭議（見下節）。中國當時還沒有正式公布接收西南沙群島的事宜，也還沒有公布南沙群島的範圍。於是爲鞏固在西南沙主權的合法性，民國政府決定討論是否公布接收過程、如何公布，以及公布中需要聲明中國在西沙和南沙的領土範圍爲何。在前兩個問題上，各方態度基本一致，即需要公布，由國內公布爲宜。但在第三個問題上，儘管在接收前確定了南沙群島的範圍，但是否按照這個範圍進行公布則尚有爭議，主持接收的林遵就如何公布西南沙群島爲我國接收的議案，提出三套方案：第一，以日本之新南群島爲範圍，即北緯七度至十二度，東經一一一度到一一七度之所有島嶼礁石，但恐太過接近菲律賓的巴拉

【73】張良福編《讓歷史告訴未來》，海洋出版社，二〇一一，一〇一頁。
【74】《史料選輯》，八〇頁。
【75】張良福編《讓歷史告訴未來》，海洋出版社，二〇一一，七〇頁。
【76】〈王毅談南海：不斷蠶食侵犯中國主權和權益現象不能繼續〉，http://news.ifeng.com/a/20150627/44056731_0.shtml。〈王毅：中國對南沙群島主權要求未擴大也絕不會縮小〉，http://news.takungpao.com.hk/world/roll/2015-06/3034194.html.

望島；第二，以北緯七度至十二度，東經一一一度到一一五點五度；第三，北緯十度到十二度，東經一一四度到一一五度。[77]他認爲第二套方案最理想，即應放棄東部與菲律賓鄰近之小島。[78]但內政部認爲應該宣布占有全部南沙群島。

一九四七年四月十四日，內政部邀請各有關機關開會，討論「西南沙範圍及主權確定與公布案」，結果爲(1)「南海領土範圍最南應至曾母灘，此項範圍抗戰前我國機關學校及書局出版物，均以此爲準，並曾經內政部呈奉有案，仍照原案不變」；(2)「西南沙群島主權之公布由內政部命名後呈請國民政府備案，仍由內政部通告全國周知。在公布之前，並由海軍總司令部將各該群島所屬各島，盡可能予以進駐」。[79]

但可能是林遵堅持的緣故，行政院似乎認爲可以再議。[80]六月十日，行政院召開內政部、國防部和外交部三方會議，討論有關事宜。西沙群島之公布範圍爲整個西沙群島，意見基本一致，但南沙群島的範圍則有不同觀點。內政部代表傅角金認爲：應該按照內政部戰前出版的南海領土範圍之刊物爲準，公布接收整個南沙群島。國防部則認爲：林遵的建議僅是個人建議，不代表國防部；「但查日本對南沙群島，原亦定有範圍，係包括全部島嶼，但不遠至西部公海，我既自日人手中接收，自仍可照此範圍爲準」（即以日本新南群島的範圍）。外交部則認爲，先由國防部派兵駐守群島中較重要者，到位後再決定公布之範圍與方式。最後，會議決定：(1)公布範圍應照內政部呈准之我國南海領土範圍；(2)採用發表新聞方式，在國內宣布，並由內政部編製西南沙群島史地及設施及附圖說明呈送國府備案，同時通飭國內機關學校一體知照；(3)關於公布時間，應俟南沙群島中之重要島嶼（如雙子島及南威島）進駐後，並於鄰近之次要島嶼上豎立領土標識後，予以公布。[81]

在外交部的審查說明中，對於當時的爭論有更多的描述。海軍提議，爲避免和菲律賓的摩擦，放棄接近菲國的無用島嶼，把南沙範圍限制在北緯七度到十二度，東經一一一度到一一五度三十分之群島。但會議認爲有四個理由不可依照海軍提議：⑴一國疆界之劃定，當以主權誰屬爲依據，不能因與他國有爭議，害怕糾紛而放棄；⑵南沙已經爲我領土，而且以前確定的接收範圍已經把坐標定爲「北緯四度至十二度東經一一一度三十分到一一七度，國界南端係北緯四度 James I. 島」，毋庸置疑；⑶所擬放棄之島嶼雖無經濟價值，但在軍事上有利潛艇活動，更何況主權所在，也不應放棄，「領土之擴張，國土不厭多，人方求之不得，我何可自甘放棄」；⑷領海亦國土之一部，與主權有關，不容放棄，何況南沙群島與巴拉望島相距在十二海里以上，雙方除彼此領海三海里之外，尚有相當距離的公海相間隔。至於宣布方式，則以採取國內公布方式，不必採取國際宣布方式，原因是「南沙群島

---

[77]〈准國防部代電關於西南沙範圍及主權之確定與公布一案〉，民國三十六年四月十一日，方字第〇四一一號，《外交部檔案彙編》，五七六—五七九頁。

[78]《外交部檔案彙編》，五九五頁。

[79]爲西南沙群島主權之確定與公布一案函請查照由〉，民國三十六年四月十七日，方字第〇四三四號，《外交部檔案彙編》，五八三—五八四頁。

[80]〈密（派海軍進駐西南沙群島）〉，民國三十六年六月二日，從辰字第二〇七八九號，行政院祕書處公函，《外交部資料彙編》，五九一—五九二頁。

[81]〈奉派出席行政院祕書處關於審查公布西南沙群島爲我收復之會議報告〉，民國三十六年六月十一日，《外交部檔案彙編》，五九六—五九七頁。

根據內政部報告在地理上及歷史上爲我國領土已有根據。」但僅公布全部群島爲收復範圍尚有不足，要儘快確實占領方爲上策。[82]

在這次討論中決定不採取國際宣布方式，筆者認爲其實際原因是害怕國際反對。所謂「南沙群島根據內政部報告在地理上及歷史上爲我國領土已有根據」，根據上文的討論，即使不是強詞奪理也是理據薄弱——中國從未在國際上提出南沙群島屬中國，何以「已有根據」呢？中國此舉無非是在儘快實控的同時，通過國內宣布造成「既成事實」的假象而已。

無論如何，根據會議的決議，行政院在七月十五日發出訓令：⑴就西南沙之範圍，兩者都以全部爲範圍；⑵就宣布各島嶼爲收復一節，西沙沒有必要宣布（因爲多次宣布過了），而南沙由於僅實際占領太平島，故也沒有宣布全部或部分屬我之必要；⑶我國應該在雙子礁和斯普拉特島等處派兵駐守；⑷將來何時和以何種方式宣布各該群島屬我或爲我收復，應該視西南沙群島中占領實際情形再開會決定。[83]

於是，內政部方域司進行重新命名的工作。在此之前，內政部已經把原南沙群島改名爲中沙群島，原團沙群島改名爲南沙群島。在接收西南沙群島後，四月三日，西沙的武德島（Woody Island，此前又名林島）改名爲永興島，南沙的長島（Itu Aba Island）改名爲太平島（以中國接收時的戰艦名命名）。[84]此後，內政部進一步對各島嶼名稱進行「去西方化」。十月，內政部確定了方案。[85]十二月，內政部核定新的南海諸島各島群的名稱，也出版了《南海諸島新舊名稱對照表》。[86]

在確定名字的同時，內政部又爲南海諸島劃定位置，出版了《南海諸島位置圖》（圖15），在地圖上畫了十一段斷續線。在十一月出版的由方域司主編鄭資約撰寫的《南海諸島地理志略》中，也附有這張圖和詳細的中英文對照島名表。一九四八年二月，內政部方域司出版發行《中華民國行政區域圖》，[87]南海諸島以及斷續線出現在大圖右下方的小圖之上。此三份出版物，都是正式的官方出版物，代表了政府的權威意志。十一段線中，東京灣的兩段後來被中華人民共和國政府去除，成爲現在爲人熟知的九段線，這條線外國一般叫做U形線，也有叫做牛舌線。

《南海諸島位置圖》的最初版本是一九四六年九月的八段線圖。[88]從上文的討論看，這幅地圖的出現是爲了解決海軍接收南海諸島，特別是南沙群島的範圍而製作。因此，其U形線的涵義僅僅是指定了各群島的範圍，標識了它們是中國的「領土」。它並不是一條海疆線，也和任何的海洋權利無關。在六月十日的各部討論中，明確承認中國的領海只有三海里，南沙和菲律賓巴拉望島之間存在公

[82]〈關於南沙群島收復範圍之審查〉，民國三十六年六月十二日，《外交部檔案彙編》，七八四—七八八頁。

[83]〈密（派海軍進駐西南沙並公布爲我收復）〉，民國三十六年七月十五日，（36）七外字第二七七八號，行政院訓令，《外交部檔案彙編》，六〇二—六〇三頁。

[84]〈內政部政外交部公函〉，民國三十六年四月三日，方字第〇三七九號，《外交部檔案彙編》，五七五頁。

[85]〈機密（檢送南海諸島位置圖、西沙群島圖、中沙群島圖、南沙群島圖及南海諸島新舊名稱對照表）〉，民國三十六年十月十六日，方字第〇八八〇號，《外交部檔案彙編》，六二四—六二五頁。

[86]張良福編《讓歷史告訴未來》，海洋出版社，二〇一一，七一頁。

[87]內政部方域司傅角金主編，王錫光編繪，商務印書館，一九七四年十二月。《史料選輯》，五〇頁。

[88]〈內政部函外交部〉，民國三十五年十月九日，方字第〇〇一二號，《外交部檔案彙編》，七六六—七七五頁。《史料選輯》，四七頁。

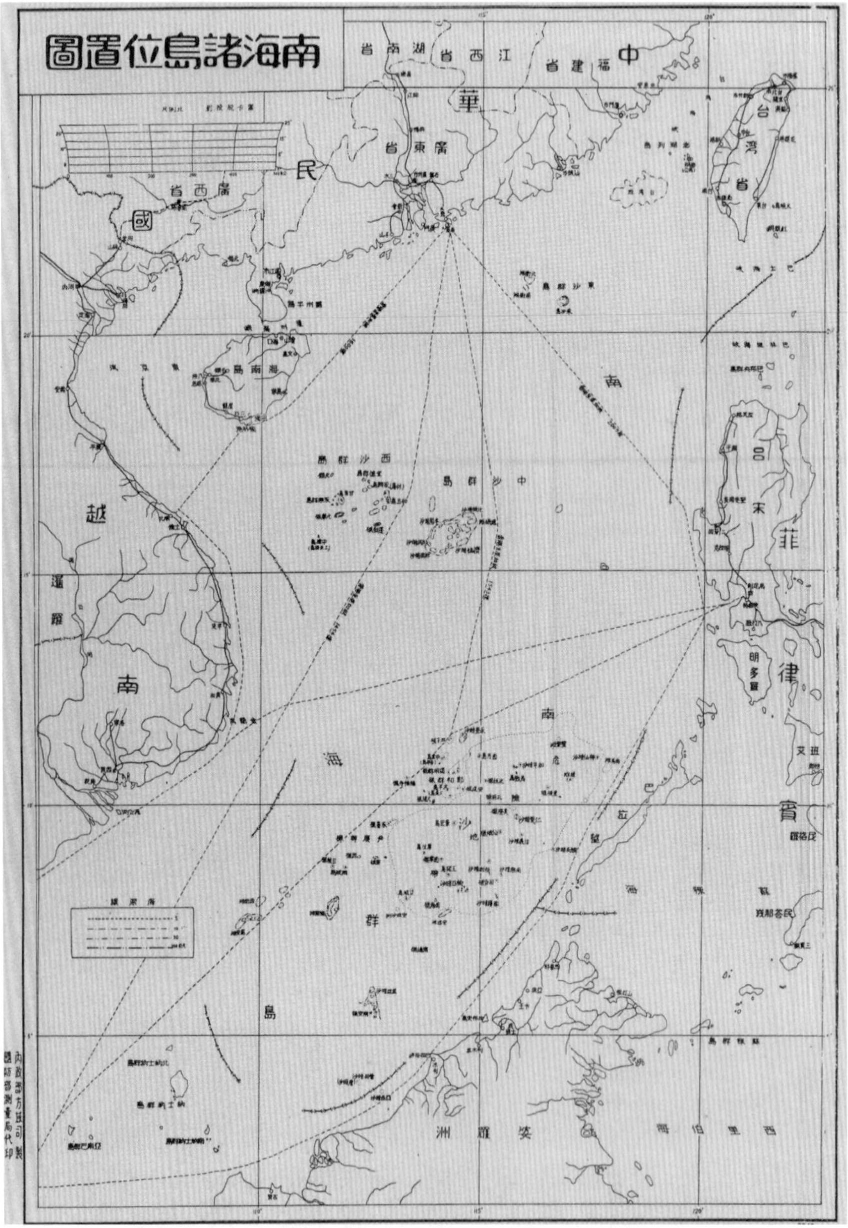

圖 15　國民政府內政部出版的《南海諸島位置圖》（一九四七）

海，故斷續線並不是領海線。[89] 當時雖然有美國總統杜魯門（Harry S. Truman）宣布二〇〇海里範圍的資源線，[90] 但在中國制定此線的時候，從未提及杜魯門的聲明，可見，此線的原意也和海洋資源權利無關。

其實，U形線在二戰前已經見於個別的中國非官方地圖上。在一九一四年，由胡晉接等主編的《中華民國地理新圖》已經出現把東沙和西沙圈在內的範圍線。[91] 一九二七年，屠思聰主編的《中華最新形勢圖》也有這條範圍線，但最南方延伸到北緯十五度左右。[92] 在一九三三年九小島事件之後，隨著內務部第一次地圖開疆，新出版的地圖除了普遍標明四大群島之外，還有一些畫上了U形範圍線，但它們中的大部分都限於北緯七—九度。[93]

第一幅把曾母暗沙也畫在U形線之內的地圖，一般被認爲是白眉初在一九三六年繪製的地圖。在當時的國內國際形勢之下，中國絕大部分的學者都懷有強烈的民族主義情緒。在他們的筆下，中國「原先」的領土越大越好，甚至原先根本不屬於中國的領土也被認爲是中國的「失土」，比如朝鮮、越南、琉球甚至阿富汗和中亞等。白眉初更是其中的代表。他是著名地理學家，在一九二五年就

[89] 〈關於南沙群島收復範圍之審查〉，民國三十六年六月十二日，《外交部檔案彙編》，七八四—七八八頁。
[90] United States, Executive Order 9633 of 28 September 1945, 10 Fed. Reg. 12303, 59 U.S. Stat. 884.
[91] 此圖我未見，描述引自《史料彙編》，三五五頁。
[92] 同上。
[93] 同上，三五五—三六〇頁。

出版了四〇〇萬字的《中華民國省區全志》（當時還沒有包括南沙，也沒有九段線）。一九二九年被排擠出北京師範大學之後，他開始變得激進，從較爲純粹的地理學家，變爲「民命托於天地，國力憑於領土」，強調地理學要爲國家的主權和領土完整服務。[94]他相繼出版《中國國恥圖》、《邊疆失地史略》等地圖和書籍。[95]從書名就可以知道，這些都是渲染「恥辱」的書籍。值得注意的是，儘管《中國國恥圖》[96]（圖16）極力渲染民族主義，但圖中沒有包括南沙群島，反而包括了菲律賓的蘇祿群島。另一幅屠思聰出版的一九二七年《中華疆界變遷圖》[97]（圖17），圖中有「現國界」和「原國界」兩條國界線。原國界則包括幾乎整個東南亞，和蘇祿群島，但不包括南沙群島，而現界線只是包括西沙群島，和《中華國恥圖》類似。

在一九三五年第一次地圖開疆之後，白眉初迅速跟上形勢。他在一九三六年編寫的新版《中國建設新圖》中有《海疆南展後之中國全圖》（圖18），[98]其範圍線到達北緯四度左右，包括了曾母暗沙。[99]但是該地圖並沒有令人信服地解釋這個範圍的依據，僅稱這些地方是「廿二年七月，法占南海六島，繼由海軍部海道測量局實測得南沙團沙兩部群島，概係我國漁民生息之地，其主權當然歸我。廿四年四月，中央水陸地圖審查委員會會刊發表中國南海島嶼圖，海疆南展至團沙群島，最南至曾母灘，適履北緯四度，是爲海疆南展之經過」。[100]這段話有不實之處：一九三三年，中國海軍部斷無所謂「實測南沙團沙兩群島」之事；但也清楚地說明了地圖開疆的這個事實。結合他的民族主義傾向，這種依據的主觀成分很大。白眉初的這幅地圖就成爲以後包括整個南海，南至曾母暗沙的U形線的前身。

此外，另一位地圖家陳鐸也在海上畫下U形線，而其在一九三五年前後的變化也與白眉初類似。

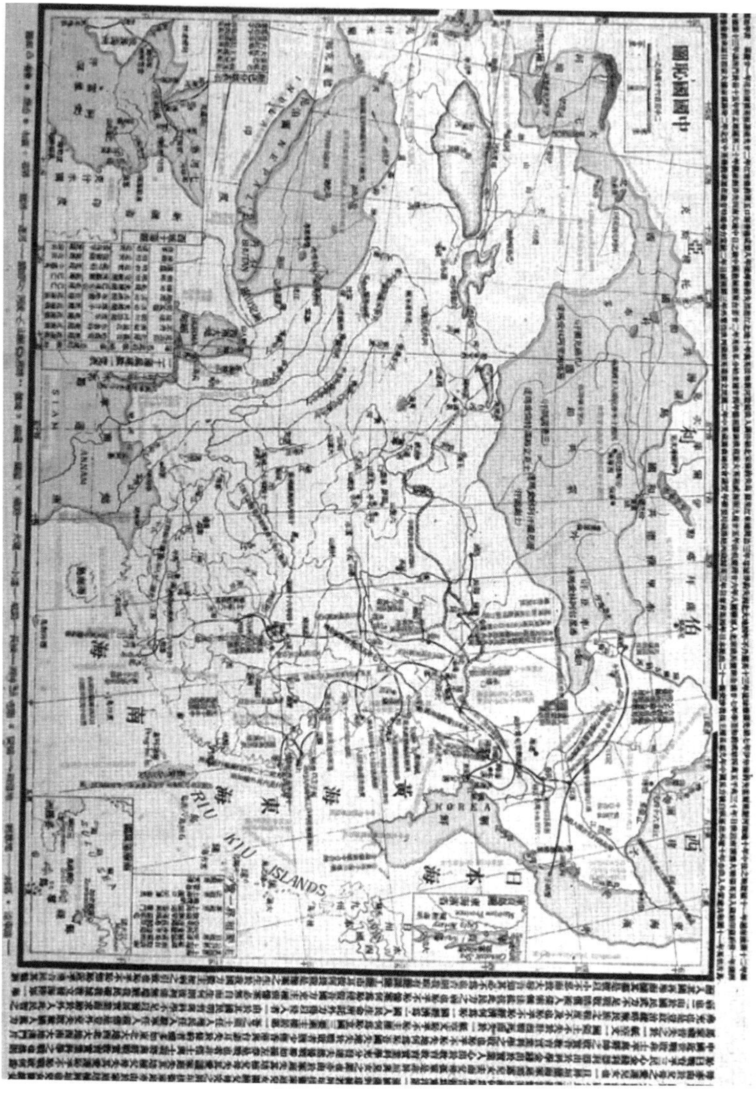

圖16 白眉初之《中國國恥圖》

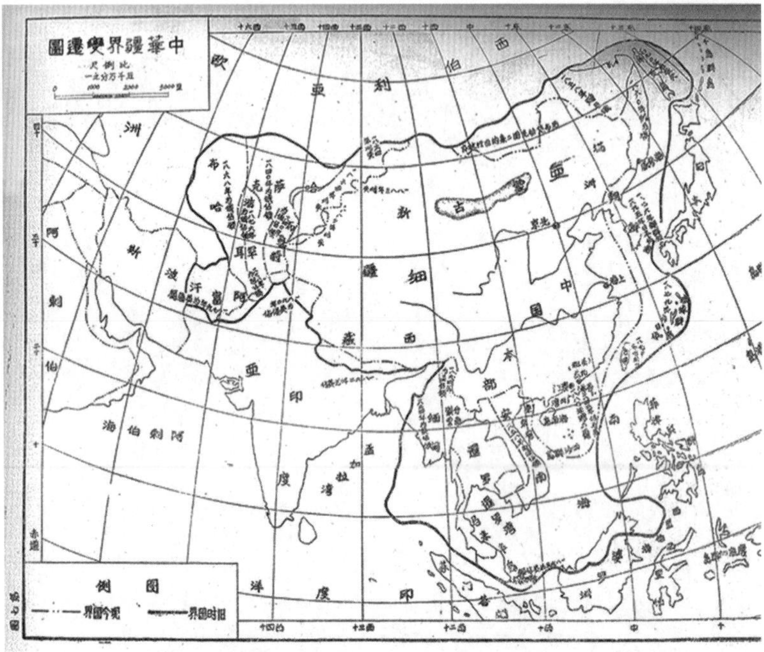

圖 17　屠思聰之《中華疆界變遷圖》（一九二七）

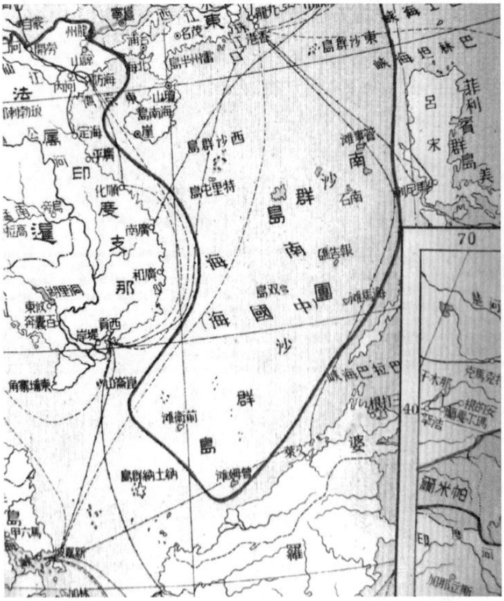

圖 18　白眉初之《中國建設新圖》（一九三六）

一九三四年版的《中國疆域變遷圖》中，U形線只到西沙和中沙（當時稱南沙，圖19），一九三六年出版的《中國疆域變遷圖》（圖20）的線，從黃海中朝交界處，一直延伸到南海。在南海的部分似乎和白眉初的相近，但沒有標示出曾母暗沙。

另一幅《中國分省明細圖》（一九四〇，圖21）也有這條範圍線。它比白眉初的版本和後來的九段線所包括的面積更大，基本上是按照其他南海國家的海岸線畫的。考慮到從晚清直到一九四〇年爲止，中國從來沒有在南沙群島實質性地行使過任何一次主權（不包括地圖開疆），以及中國當時正在對日作戰，南海基本爲日本所控制，中國地圖家能夠畫出這樣的邊界線實在令人感歎。

在一九四七年《南海諸島位置圖》公布後，新的地圖都加上了類似擴展到曾母暗沙的範圍線。

[94] 吳鳳鳴〈我國近代地理學開創者白眉初的新地理觀〉，《地理研究》，二〇一一第三十卷第十一期。

[95] 康占忠〈灤河之子——白眉初捍衛南海海疆〉，灤河文化研究會，http://www.lhwhyj.org/a/huikan/2015/0510/596.html.

[96] 地圖見 William A. Callahan, China: *The Pessoptimist Nation*, p.102, Oxford University Press, 2012.

[97] William A. Callahan, *China: The Pessoptimist Nation*, p.104, Oxford University Press, 2012. 不知道原作者是誰。

[98] 此圖難以找到原本。根據不同來源，有兩種差距很大的地圖。在張耀光等的論文（張耀光、劉鍇、劉桂春〈從地圖看中國南海海域疆界線的形成與演進〉，《地理科學》，二〇一二，第三十二卷第九期，1035-1040）中，給出符合文中說法的地圖。但國家測繪地理信息局測繪發展研究中心發布的徐永清、寧鎮亞所寫的《南海九段線的來龍去脈》中所附有的地圖（http://fazhan.sbsm.gov.cn/article//zxkw/fzdt/sixtyfirst/201307/20 130700128833.shtml，最後瀏覽時間，二〇一五年五月。），圖式和一九二七年《中國國恥地圖》相似。

[99] 李金明《南海爭端與國際海洋法》，海洋出版社，二〇〇三，四九頁。另見《史料彙編》，三六〇頁。

[100] 引用自李金明《南海爭端與國際海洋法》，海洋出版社，二〇〇三，四九頁。

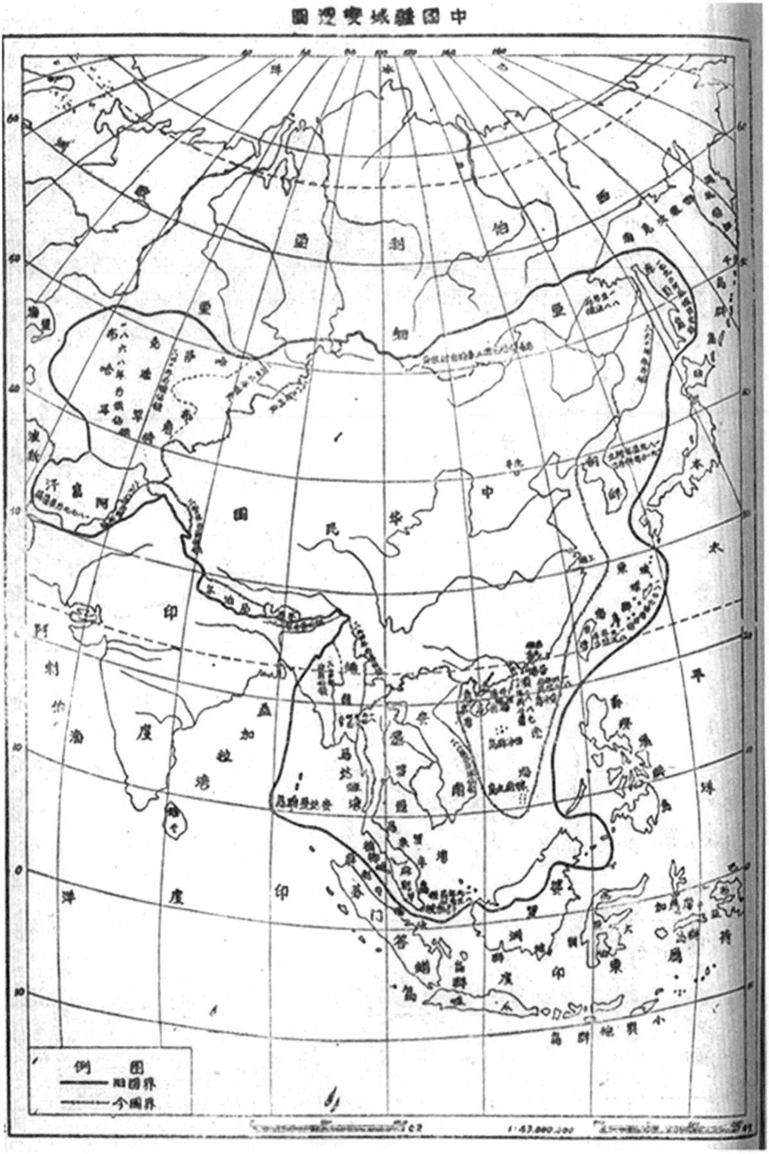

圖 19　陳鐸《中國疆域變遷圖》（一九三四）

圖 20　陳鐸《中國疆域變遷圖》（一九三六）

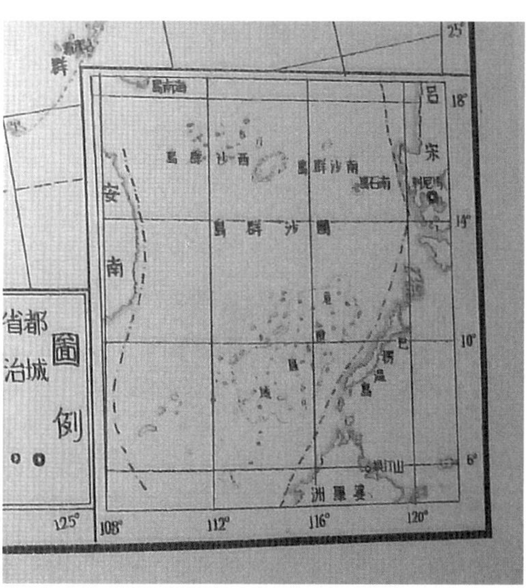

圖 21　《中國分省明細圖》（一九四〇）

但是那時範圍線的畫法是非常不固定的。比如，儘管《中國分省新地圖》（一九四七，圖22）已經反映了中沙群島和南沙群島的命名和範圍線成果，但並沒有完全畫出範圍線。而《申報》編製的第五版《中華民國新圖》（一九四八，圖23）也吸納了最新的開疆成果。但和上圖不同，南海分界線還是沿用連續線，且連續線和標準的十一段線圖不同。因此，在當時如何畫這個範圍線還沒有統一的標準。考慮到中國出版的地圖都是經過官方檢查和確認的，這充分說明，只要這條線把南海諸島都包括在內就已經達到內政部的要求，至於具體的範圍和形式（斷續還是連續）並不重要。

斷續線範圍極大，除了西沙和南沙之外，這些線幾乎都劃到了菲律賓、馬來西亞、汶萊和越南等國的海岸邊，而斷續線的西南部有一大片海域沒有任何島嶼。將如此之大的範圍畫在地圖上，堪稱「第二次地圖開疆」。從以上史料的分析看，基本可以肯定這是要把一九三五年命名的島嶼全部確定為中國領土範圍之故。西南部雖然沒有島嶼，但有暗沙在一九三五年的島表上，所以也被圈入了斷續線之內。曾母暗沙等南部暗沙，在日本統治時，以及在通行的地理書上都不視為南沙群島的一部分，但由於一九三五年的島表中已經被確認為「最南端」，因此斷續線也擴張到極為靠近婆羅洲的海岸。

但在官方層面，中國政府卻從未解釋過這條線。民國政府為什麼在南海地圖上畫上這麼一條線呢？而這條線為什麼畫成不連續呢？這條線代表什麼涵義呢？北京政府又為何刪掉了其中兩段呢？對於這些問題，民國政府當時並沒有任何解釋。直到九十年代才提出歷史性水域的說法（見五·四），而直到現在北京也沒有對此做任何官方的解釋。

在中國的宣傳中，U形線在頒布之後，長期沒有國家提出異議。這個說法似是而非。事實是，無論U形線是什麼意思，U形線最低要求的概念，即島內主權屬中國，在二戰之後，都紛紛遭到口頭上

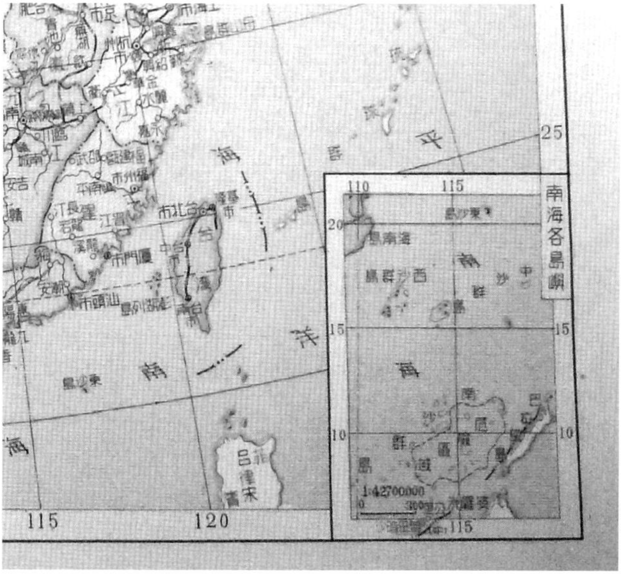

圖 22　中國分省新地圖（一九四七）

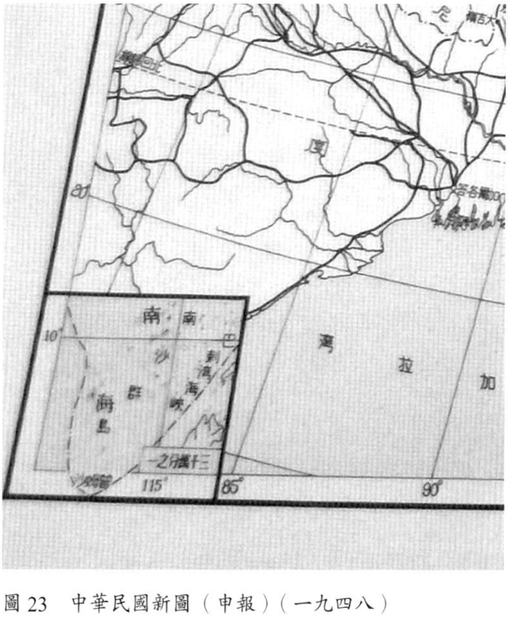

圖 23　中華民國新圖（申報）（一九四八）

的或行動上的挑戰和否定（見後）。因此，所謂沒有國家對U形線提出異議云云，只是自欺欺人的說法。外國沒有明確針對U形線，大概只是因為中國從來沒有對九段線做出官方定義的後果。

不管怎樣，中國在南海畫了一個大圈，於是中國政府對南海的立場就堅持在這個大圈之內了。這對中國既是一個遺產，也是一個負累。現在九段線成為最為模糊的概念，也是最引起爭議的概念。南海問題難以解決，而且引來諸多區外勢力非議的原因，很大程度上就是因為這條線。此乃後話。

三·五　法國重返越南與中法第二次西沙爭議

在二戰期間，儘管法國向德國投降，但是法國的維希政府一直維持在印度支那的統治。一九四四年，戴高樂政府推翻維希政府，印度支那轉而與日本為敵。於是日本在一九四五年三月向印度支那發動進攻，推翻了法國的政權，囚禁了法國軍官與官員。在日軍的支持下，越南保大皇帝建立「獨立」的越南政府。

在八月十五日，日本宣布投降的同一天，一直積極抗日且以越共為首的越南獨立同盟會（越盟，Viet Minh），在胡志明的領導下發動八月革命，攻占北方各大城市的保大政府的重要機構，日軍一直旁觀，又拖延釋放法國政府人員與俘虜，還把從法國人繳獲的武器全部交給了越盟。短短數天，越盟就占領了整個北方。保大政府所在地順化在二十三日宣布獨立，保大皇帝被迫在八月二十五日宣布退位。九月二日，胡志明在河內宣布越南獨立，建立了越南民主共和國（以後簡稱北越）。

二次大戰重創了法國在東南亞的實力，越南的亂局一度讓人懷疑法國是否會直接放棄印度支那。

但以英國爲首的殖民主義勢力在二戰結束後迅速重返亞洲，英國依仗其東亞的軍隊，特別是海軍，迅速重新占領馬來亞、汶萊、新加坡和香港。同時也幫助運送法國和荷蘭的軍隊重返越南和印尼。根據普通命令第一號，跟隨著英軍，法軍遠征軍在高級專員（High Commissioner）阿讓利厄（Georges Thierry d'Argenlieu）的指揮下，在九月二十三日開始接管越南南部，直到一九四六年五月，才完全接管北緯十六度以南的越南南方。

這時，根據普通命令第一號進入越南北部的中國軍隊仍然逗留在越南北部。爲了讓中國儘快撤出越南北部，法國急於和中國達成協議。一九四六年二月二十八日簽署的中法《重慶條約》規定，法國放棄在中國的不平等條約（包括租界和廣州灣）；中國從三月一日到十五日之間開始從越南北部撤出，最遲要在三月三十一日把越南北部交還法國。但中國的撤軍一直拖延到五月底才完成，期間法國企圖先行進入越南北部，被越盟和中國軍隊阻止。法國只能和越盟展開談判。三月六日，法國和越盟達成協議，越盟不追求獨立，轉而讓越南成爲法國聯合體（French Union）下的印度支那聯邦下的自由州（free state），而法國同意在法軍駐守北方五年後進行南北統一的公投。這樣中國軍隊才逐步撤出越南。

美國一開始也支持越盟，但是在越盟向蘇聯靠攏之後，爲了遏制共產主義，轉而支持急於重返越南的法國。越南開始進入了長期戰爭狀態。迫於壓力，法國在一九四九年八月重新支持保大皇帝，以西貢爲首都成立了越南國（簡稱南越），與受蘇聯和中國支持的越盟對抗。

越南的情況複雜如是，但法國並沒有放棄西沙和南沙的意圖。中法談判時和《重慶條約》中沒有提及西沙和南沙，這是一件很奇怪的事。法國希望在處於下風的談判中不涉及西沙不足爲奇。但中國大可以利用這個有利的時機，迫使法國做出讓步。最大的可能是，中國在戰後重新「發現」西沙和南沙的問題是在一九四六年四月十九日，那已經是中法締結合約之後了。可見，中國對南海諸島沒有足夠的重視，是當時中國政府沒有利用此機會的最大原因。

在締結條約後，法國迅速在西沙和南沙宣示主權，他們的行動甚至早於中國政府。一九四六年五月，法國戰艦「前哨戰號」（*Escarmouche*）到達西沙，軍隊搶先在西沙珊瑚島登陸，準備接替要撤退的日軍，但發現島上已經沒有人定居，只有幾個漁民在抓海龜。[101] 法國軍隊在島上逗留了幾個月就離開，沒有常駐。此舉比同年十一月中國登陸西沙要早半年。

與此同時，阿讓利厄給巴黎寫信，要求巴黎再次重申法國對西沙和南沙的主權。[102] 但巴黎此時正忙於和胡志明交涉，且希望中國儘快撤離越南，故沒有立即答覆。直到一九四六年八月，當法國駐南京公使覺察到中國可能會出兵西沙和南沙之後才回信。

回信說南沙被視爲法屬交趾支那的領地，而西沙屬於法國保護國安南的領土。兩者的法律地位不同。再者，南沙在一九三三年法國占領時是無主地，法屬交趾支那政府可以通過巡邏以及更新島上標誌物的方式再次宣示主權。但是駐南京的公使則不必對中國政府主動提出此事，因爲在一九三三年法國宣布主權的時候，中國並沒有提出抗議。至於西沙，法國外交部認爲儘管越南有歷史性的主權，但是現時的實控也是需要的。所以外交部命令阿讓利厄在十月二十二日以安南的名義在西沙建立一個氣象站，以及留守一隊小分隊。[103]

但當時法國和胡志明政府關係開始緊張。十一月二十日，阿讓利厄向海防市的共產黨要求越南人民軍退出海防。二十四日，海防戰役開始。這些軍事上的緊張使得阿讓利厄對外交部的命令一再拖延。以致還沒有來得及執行這個命令，南京公使館已經傳來消息：十一月中國軍隊將「接收」西沙群島。法國在十一月二十五日派出偵察機往西沙，但沒有發現中國軍隊。法國再次命令阿讓利厄在十一月二十八日必須派軍隊進駐西沙。[104]但阿讓利厄再一次拖延了。

如前所述，中國本來不欲聲明占領西沙，但一九四七年一月七日，中國外交部發言人在外交部記者會上被記者問到此事，不得不發表聲明，承認已經接收了西沙群島。一言掀起軒然大波，法國越南輿論譁然。法國提出正式抗議，並聲稱自己將爲越南的利益而捍衛西沙。法新社則重新搬出一九三八年中國「同意」法國以安南帝國名義占領之事。[105]這時，阿讓利厄才採取行動，一月十三日，軍艦「東京號」（*Tonkinois*）再度到達西沙珊瑚島。[106]根據指示，它當在西部的珊瑚島（Pattle Island，當時中國稱白托島）和東部的永興島（Woody Island，當時中國稱武德島）上設立行政中心。但同日派出的到永興島偵查的飛機發現中國軍隊，此偵查行動也引起中國的重視。當法艦一月十七日到達永興島時，發現島上已經有中國駐軍。艦長提出可以把他們運送到印度支那，甚至提出爲此支付金錢，又以

---

[101] SCSAED, p.22. 但越南《一九七九白皮書》說，戰艦的名稱是 Savorgnan de Brezaa.《越南彙編》，六五頁。

[102] SCSAED, p.23.

[103] SCSAED, pp.23-25.

[104] SCSAED, pp.25-26.

[105] 〈查明並交涉法國新聞社訊〉，民國三十六年一月十三日，發電第一二七三號，《外交部檔案彙編》，四二〇頁。

[106] 《史料選輯》，一二五頁。

向天開槍來恐嚇，氣氛緊張。中國駐軍迅速致電南京。南京當即提出提出抗議，並聲稱中國駐軍將奉命抵抗到底，要求法國撤出該島，不要危害兩國友好關係。[107] 法國驚恐南京會支持越盟，只好命戰艦退出永興島，轉而在珊瑚島留下二十餘人，建立指揮中心，[108] 並向中國解釋，法艦登陸是艦長自由動作，非法國政府之意，請中國冷靜。[109] 危機這樣才沒有激化。之後，雙方維持東西各占一島的狀態。

但這一來，又開始了新一輪的中法西沙爭議，即第二次西沙爭議。這次爭議的論據和第一次爭議時基本一致，較之前多了一條一九三八年法國占領西沙是否得到中國的承認一事，不再細述。此外有新意的是中國駐土耳其大使邱祖銘向外交部提出的幾點新建議：第一，無庸顧及「切實占領」與「通知第三國」之手續，因爲我國官書規定西沙屬廣東管轄，在一八八五年《非洲公約》之前，而占領之條件照占領時的公法；(2)我不設官並非我國放棄主權，因爲海防巡哨也是適當的行政；(3)荒蕪一節不足以證明我國放棄主權。[110] 此外，國民參政會委員鄭揆一等提出，臺灣大學馬健英在西沙珊瑚礁上發現永樂時期的錢幣，證明當時已有中國人活動於西沙，也有新意。[111]

但這時，在中國看來，法律問題僅是其次。當時爭議最大的是應否把西沙爭議放上國際仲裁庭的問題。一月二十七日，中國駐法大使錢泰向法國亞洲司嚴重抗議，要求法國撤出珊瑚島。但法國反向中國提出國際仲裁的要求：「中國既覺法律根據堅強，何以不願仲裁？」而且還對中國說，「法國決不過分重視西沙群島，但十五年來法方的立場不能驟變，中國表示如此堅決，並有命令語氣，法方讓步將失面子，最好交付仲裁，（一旦中國答應）法方立即撤兵，不必待仲裁（有結果才）撤退」。錢泰追問，爲什麼法國不能先撤兵，法國說「若此不啻承認中國主權。」[112]

對此，中方早有準備。外交部長王世傑給蔣介石的信中寫道：西沙主權問題的解決，不外武力與和平兩種，外交部不主張武力。而和平方式，則有三種，或兩國直接談判，或提交國際仲裁，或提交國際法院。惟後兩項「法方所持理由，固不能完全成立其對西沙群島之主權，但我方所依據各點，亦非毫無置辯之處，雙方在法律上均缺乏充分之根據，國際仲裁多少含有調解的意義，國際法院則須依照法律，以作最後之判決。預測將來決定，不外採取共管制度，或將該群島各島嶼，由中法兩國均分管理。國際仲裁及國際法院之決定，均具有強制執行性質，一經裁決，雙方必須遵守履行，屆時我反毫無伸縮之餘地，似不若兩個國直接談判，我可斟酌情形，決定何時進行。」他並提出，現時最佳策略是要求法國先撤出珊瑚島再作談判。[113]

於是，雙方焦點是：法國先撤兵，中國才肯談判；還是中國先同意仲裁，法國才肯撤兵。二月一日，法國再度讓步，提出「現在本案最好交兩個法律家各一人研究，如無成議再行仲裁」，「如中國承允交法律家研究原則，可與總理外長商討先行撤兵，但保留法國立場」。但中國還堅持，必須法國

【107】〈抗議法艦駛近西沙群島〉，民國三十六年一月十八日，歐三十六字第〇一一一二號，《外交部檔案彙編》，四三二—四三三頁。

【108】SCSAED, p.27.

【109】〈法軍登陸武德島係艦長自由行動〉，民國三十六年一月十九日，第二二七號，《外交部檔案彙編》，四三九—四四〇頁。

【110】〈西沙群島之主權節略〉，民三十六年二月三日，《外交部檔案彙編》，五〇〇—五〇一頁。

【111】〈國防最高委員會祕書廳公函〉，民國三十六年二月十七日，發服五字第八四八八號，《外交部檔案彙編》，五三八—五三九頁。

【112】〈法方主張將西沙群島糾紛交國際仲裁〉，民國三十六年一月二十八日，第二四六號，《外交部檔案彙編》，四八三—四八四頁。

【113】〈極密（關於西沙群島案本部意見請示遵）〉，民國三十六年一月二十八日，《外交部檔案彙編》，四七七—四八二頁。

先行退兵才可。[114]二月四日，法國再解釋法律解決僅係下臺階方式之一，若中國同意在原則上允許交中法法律家研究，則法國撤退較輕易；以後即便研究不妥，中國仍可不予承認，不受仲裁之束縛。[115]法國這時的態度眞是委曲求全，原因不外是越南局勢不穩，擔心中國干涉，恐怕中國把越南之事提交安全理事會，只能在西沙問題上不斷讓步，表示無意使中法交惡。但中國仍然態度堅硬，堅持法國先撤兵。中國當時也確實有以越南局勢向法施壓之舉，比如國防部長白崇禧就提出，通過「黨僑」（即越南華僑），策動越「革命力量」迫使法自西沙群島撤兵。[116]此外，中國還積極籌畫在永興島上角力砲臺，增加兵力，建築燈塔等方法企圖製造既成事實。[117]

中國態度不但令法國無法下臺，就連駐法大使也覺得不宜太強硬。在法國再次提出「中國不妨暫緩兩三星期，俟輿情平靜後，承允商談，屆時法國悄然撤退略過時日再酌量公布」，錢泰也向外交部建議「如果能做到僅允商談，不定方式，俾其撤兵，是否可以考慮之處？」[118]但外交部仍然堅持「法軍自西沙撤退前，我政府無法接受關於商談之任何約束。」[119]於是事態仍在僵持。三月二十二日，錢泰再次請示如何應付，外交部回電稱：中國難以同意仲裁，因爲(1)中國證明主權材料遠較法國充足，如果允予仲裁，不啻承認法方亦有主權，或我方主權自己發生疑問，此與我一貫立場不符；(2)法國主張主權是以安南王名義提出，如現時與法國解決，是我方間接給予法方可能攫取越南土地之機會；(3)國內輿論對法軍登陸白托島均甚憤激，如果允法仲裁，國人將謂示弱，必多責難。[120]

當時外交部還有另外的一個擔憂。因爲法國和中國都承認國際法庭的「強制管轄權」，所以外交部擔心，如果法國要提交國際法庭，中國恐不得不受管轄。但外交部未雨綢繆，找好了藉口：法國所承認的範圍，僅爲「經批准後所發生於事實或局勢之爭議」。而西沙爭議，既發生在法國批准該宣告之前，而且主權的歸屬，並非「某種事實或局勢之是否存在，故嚴格而言，實超出法方所認國際法庭強制管轄權範圍以外。」但是如果法國提交法庭，中國又不接受，雖然有上述意見可以作爲理由，但在國際輿論上仍然落了下風。所以最好的辦法應該是堅持法國撤軍，即便法國不答應，大不了拖延了事。[121]中國又向駐外使館及中國籍的國際法庭法官發信諮詢如何應對的意見，反饋意見也上以上述兩理由爲抗辯。[122]惟駐海牙大使館提出，「我方法律地位嚴格言之似欠穩固」，如果法國在外交上作一種較爲合理的提議，中國應予以審慎考慮。[123]

如此相峙到六月，又發生法國偵察機到西沙偵察一事，引起新一輪的外交風波。[124]但無傷大雅。

【114】〈法方提議將西沙群島糾紛交法律家研究〉，民國三十六年二月一日，第二五六號，巴黎錢泰致外交部電，《外交部資料彙編》，四九五—四九六頁。
【115】〈法方建議西沙群島糾紛交中法法律混合委員會審查〉，民國三十六年二月四日，第二六一號，《外交部檔案彙編》，五〇三頁。
【116】〈策動越革命勢力迫使法自西沙群島撤兵〉，民國三十六年二月十一日，侍洪字第七〇〇三一號，《外交部檔案彙編》，五二五—五二九頁。
【117】同上。
【118】〈建議我方與法方商談〉，民國三十六年二月十三日，第二七六號，《外交部檔案彙編》，五三四頁。
【119】〈外交部致巴黎錢大使電〉，民國三十六年二月十四日，發電字第二三八九號，《外交部檔案彙編，五三六頁。
【120】〈法方堅持以交付仲裁作爲從西沙群島撤兵之條件〉，民國三十六年三月二十二日，第三二八號，《外交部檔案彙編》，五六五—五六八頁。
【121】同上。
【122】《外交部檔案彙編》，五八六—五八八頁。
【123】〈我方可在外交上對法提出較合理之提議〉，民國三十六年七月十七日，第二二〇號，《外交部檔案彙編》，六〇四頁。
【124】《外交部檔案彙編》，五九三，五九七—六〇〇頁。

七月，法國方面提出了新讓步，以從西沙撤軍換取在上海漢口租借房屋的權利。原來在《重慶條約》簽訂後，法國需要歸還租界，亦需要歸還租借房屋。法國在無償交還絕大部分房屋之後，還希望保留下少數幾間。根據駐法大使錢泰的說法，這是法國駐中國大使梅利藹（Jacques Meyrier）返國後努力遊說法國總理和總統所得到的成果，梅利藹確實已經盡最大努力了；法國讓步已經極爲遷就，若連這也不能滿足，法國將無法對付輿論，恐西沙與賠償這兩案都一併耽擱，因小失大。錢泰提議，如果法國保留少數房屋的要求「大體不過分」，中國值得考慮。[125]但中國並無正面迴響。到了八月，錢泰又致電外交部，提出法國政局面臨變局，右派的戴高樂很可能會上臺，到時政策可能會變得強硬，呼籲中國積極考慮。[126]

這次，連外交部也覺得應該正視，於是在九月九日向國防部發信：「據駐法錢大使電稱，法方已表示讓步，擬撤退白托島駐軍，惟謂西沙群島主權屬越，法現不能加以轉移，俟法越關係改善後，法居中向越調停，以期徹底解決此案。」[127]但國防部並沒有什麼表示。十月中，行政院召開有關西南沙建設事務的聯席會議，外交部再次向其他部門說明法方讓步已經頗大，但國防部和內政部都沒有做出反應，只是興致勃勃地討論如何在西沙和南沙建設的事宜。[128]

九月底，突然傳來法軍已經從珊瑚島撤軍的消息，但消息一直得不到證實。十一月中，海軍派出「中基艦」到達珊瑚島，派陳副長登陸檢查。發現島上有法軍上尉和法越軍人約三十人駐守。陳副長指出該島屬中國，但上尉稱此島屬越南。陳副長要求在島上拍照，得到允許，並在上尉及兩個武裝士兵嚴密監視下完成而返還。[129]這是中法雙方戰後的第二次交鋒。在此之後，西沙交涉陷於沉寂。

在一九四七年一月到十月間，由中國宣布占領西沙，法國登陸珊瑚島開始，中法進行了一系列的外交交涉。如同一九三七年一樣，法國再次提出把西沙的歸屬提交國際仲裁。在此過程中，法國立場一再退後，表示如果中國同意仲裁，法國可以先行退出珊瑚島，後來只需要中國極小的讓步就肯退出西沙。但中方堅持「寸步不讓」。最終雙方的交涉不歡而散，以致珊瑚島長期爲法國—越南所控制。

於是，從一九四六年到一九五〇年，中法平分了西沙群島，中國占領了東部的永興島，也大致控制了宣德群島，法國占領了西部的珊瑚島，也大致控制了永樂群島。到了一九四九年，國民黨在大陸軍事失敗。這時，法國遠東海軍司令希望利用國民黨守軍的薄弱奪取永興島，但是被法國外交部制止。一九五〇年四月，國民黨軍隊從西沙永興島撤走（同年也一併撤走了駐南沙太平島的軍隊）。之後，儘管永興島有幾年處於眞空狀態，但法國也沒有奪取它們。

一九四八年六月五日，印度支那有關各方簽訂下龍灣協議（Accords de la baie d'Along），規定東京和安南合併爲統一的越南政府，與寮國王國和柬埔寨王國一道成爲印度支那聯邦（Indochinese Federation）留在法蘭西聯盟（French Union）裡，而交趾支那則仍保持殖民地和「自治共和國」的

【125】〈法願意從西沙撤兵換取其在上海漢口租借房屋〉，民國三十六年七月十一日，第四五六號，《外交部檔案彙編》，六〇一—六〇二頁。
【126】〈法亞洲司長促同時解決西沙群島和租借地產問題〉，民國三十六年八月二十三日，第五五八號，《外交部檔案彙編》，六一二頁。
【127】〈密（電復關於西沙群島案）〉，民國三十六年九月九日，歐三十六字第一八七一五號，《外交部致國防部代電，外交部檔案彙編》，六一四頁。
【128】〈歐二科劉家駒參加內政部召開之關於會商西南沙群島建設計畫會議報告〉，民國三十六年十月十六日，《外交部檔案彙編》，六二二—六二四頁。
【129】〈爲 Pattle I. 法駐軍尚未撤退情形電請查照由〉，民國三十六年十二月十一日，《外交部檔案彙編》，六三〇—六三一頁。

雙重地位，它是否與越南合併，需要得到自決投票和法國國民議會的雙重認可。一九四九年三月八日，法國和保大皇帝在下龍灣簽訂新協議，原則上承認交趾支那與安南及東京合併，但新越南只有有限的外交權。三月十三日，法國國民議會（French National Assembly）通過決議，允許改變交趾支那的地位。四月二十一日，保大皇帝重返越南。六月四日，法國國民議會通過東京、安南和交趾支那合併的決議。

一九四九年成立的越南國政府（保大政權）宣布西沙是越南的一部分，並在一九五〇年十月十四日正式從法國手中接管了珊瑚島的行政權。[130]當時島上既有法國軍隊也有越南警察。一九五〇年十二月，越南警察在西部的甘泉島逮捕了六名中國「漁民」，並指控他們是共諜，顯示了越南在當時對西沙群島西部有實際的管理和控制權。

法國也很早重返南沙。早在一九四六年九月，法國軍艦小鹿號（*Chevreuil*）到南沙群島，發覺無人居住，於是在太平島上立了界碑，聲稱南沙是法國的領土（中國抗議此事）。這個宣示主權的行動甚至早於林遵的行動。但是法軍並未在南沙群島上常駐。在林遵接收南沙的時候，法國沒有進一步採取行動。一九四九年，法國海軍提出攻占南沙太平島，在遭到外交部的反對後，轉而把目標轉向南威島。法國海軍在一九五一年進行了一次在南威島的空中偵查。儘管確定島上沒有中國守軍，但最後法國也沒有採取實際行動。

法國在南沙群島方面的審慎大約有三個原因：第一，南沙群島畢竟路途遙遠，島嶼細小，駐軍不易，而最爲便利的太平島已經被中華民國所占。第二，法國害怕在印度支那戰爭中得罪中華民國，令其倒向越盟一邊，因此避免和中國的直接軍事衝突。第三，法國儘管內部有討論，但是對於南沙還沒有最終決定。越南政府（保大政權）堅持南沙是越南的一部分。而法國需要在印度支那戰爭中和保大政權合作，因此與其幫助保大政權費力占領南沙群島，不如擱置了南沙的行動，伺機而動。最後，法國認爲中國對南沙的要求理據薄弱，而自己在南沙上則有足夠的主權理據。比如在一九三〇年和一九三三年兩次在南沙宣示主權都沒有遭到中國的抗議，因此法國認爲自己在南沙主權的要求已經得到充分的展示。而且在國際上，區域內的大國，英國和澳洲都支持法國的立場。由於法國從來沒有宣稱放棄南沙群島的主權要求，對於一個早已證明對南沙有主權要求的國家，一時沉默的態度並不能視爲放棄對南沙的意圖。所以法國寧願選擇保持軍事上暫時的沉默。

法國在南沙群島的態度上和西沙有所不同。在法國人眼裡，西沙和南沙並不是處於同等地位：西沙的法統來源於越南在十八世紀以來的統治，而南沙則是一個無人島（res nullius）和無主地（terra nullius），其法統來自一九三〇年法國的占領。在轄區上，西沙屬處於法國保護國地位的安南，而南沙則歸屬法國的直接殖民地交趾支那。因此法國盡可能在西沙的行動中拉上越南，卻避免越南參與南沙的行動。

正因如此，在一九四九年法國向越南轉讓交趾支那的時候並沒有明確列出把南沙群島交給越南。法國傾向把南沙保留爲法國的海外領地。一九五一年四月，一個居住在菲律賓的法國商人 Edouard F. Miailhe 想開發南沙上的磷礦，於是寫信詢問法國，是否擁有南沙群島，能否批出磷礦開採權？

[130] *Vietnam Dossier II*, p.130.

一九五一年五月七日，印度支那大臣（Minister of State for Relations with the Associated States）Jean Letourneau 把信件轉給海外領土部長（Minister for Oversea Territories）時，認爲：「在歷史上越南王國從來沒有聲稱對斯普拉特利群島的主權，也從來沒有占領過它。（一九三三年之後）斯普拉特利群島劃歸交趾支那只是爲行政方便而採取的措施。新的越南國無法基於此獲得它以前沒有的主權。」信中還提議，法國應該把南沙成立爲法國的海外省，而不是交還給越南。[131] 法國外交部同意這種看法，海外領土部以及印度支那高級專員（High Commisioner）也都傾向於批出經營權，但又認爲該商人必須自己承受風險，有糾紛時法國不會提供軍隊支援。但同時，外交部又擔心惹來中國的反對，而且又患得患失，因爲那個法國籍的商人的經營基地在菲律賓，也似乎有菲律賓人參與（另一份法國檔案[132]中提及一個叫 Soriano 的菲律賓人也提出申請，不清楚他是單獨申請，還是與 Miailhe 一道申請），適逢這時菲律賓又提出對南沙群島的領土要求；如果貿然批出，恐怕會對法國在南沙的主權構成威脅。最後，經過一個跨部門會議決定，海外領土部仍然拒絕批出。最後，整件事以商人放棄申請而終結。[133]

三・六　菲律賓的獨立與對南沙的領土要求

美國在美西戰爭後取得菲律賓，並且不顧最初的承諾，鎮壓了菲律賓第一共和國。但是美國從一開始就沒有打算長久占領菲律賓的意願，反而把美式政治帶到菲律賓。一九〇二年，美菲政府通過了《菲律賓組織法》（Philippine Organic Act），成立了群島政府（Insular Government），而這個政府的長期目的就是令菲律賓走向獨立。一九〇七年，美國在菲律賓成立議會。一九一六年，美國國會通過了《瓊斯法案》（Jones Act），成立了菲律賓參議院，承諾菲律賓的最終獨立。一九三五年，新憲法頒布，菲律賓成爲「菲律賓邦聯」（Commonwealth of Philippines）。美國同時還宣布在一九四六年七月四日讓菲律賓獨立。美國對菲律賓的統治除了帶來了政治文明之外，還整合了菲律賓的現代疆域。在西屬期間，菲律賓並沒有完整地控制現在的疆域，南部的蘇祿和棉蘭老島一直是半獨立或獨立的狀態。直到美治時期，這些南部領土才眞正整合進菲律賓疆域之中。美國的統治還帶來菲律賓經濟和社會的進步。比如在經濟方面，菲律賓取得了長足的進步。在社會方面，美國爲菲律賓建立了現代的教育系統、社會保障系統和醫療衛生系統。美國統治之前，盛行於菲律賓的奴隸、海盜和獵頭等不合時宜的現象也大爲減少。菲律賓人的死亡率大幅下降，直至和美國本土相近。

二戰期間，日本占領菲律賓，扶植起傀儡政權。但這個傀儡政權遠不如緬甸和印尼等的穩固。二戰還沒結束，美軍就從日本手裡收復菲律賓，重新建立美菲政權。但美國對菲律賓的承諾沒有因此而變更。菲律賓如期在一九四六年七月四日獨立。儘管新菲律賓經濟嚴重依賴美國，美國也根據協議有權租用菲律賓的軍事基地，但新菲律賓在外交上已經有完全的自主意志。菲律賓對南海顯示出和美菲政府完全不同的態度。

【131】Annex 39, SOPSI, p.247-248.

【132】Annex 40, SOPSI, p.249-252.

【133】SCSAED, p.38.

其實，早在二戰之前，菲律賓官員已經對南沙群島（和黃岩島，見六．六）表現出興趣。一九三三年，參議員雷耶斯（Isabelo de los Reyes）在參與談判菲律賓獨立過渡安排方案時，已經向美國提出，應該把南沙中九個靠近巴拉望島的小島，兼併入菲律賓。[134] 一九三八年，身爲菲律賓內務部祕書的季里諾（Elpidio Quirino）再向美國總督主張應該奪取南沙，但美國持否定態度。[135] 在獨立後，季里諾成爲菲律賓副總統兼外長，終於可以有權主張對南海的主權了。於是，他在七月二十三日宣稱菲律賓對南沙群島擁有主權，並打算把南沙群島納入菲律賓的國防範圍之內。這個時間尙早於中國林遵的南沙之行。這是菲律賓歷史上第一次聲稱對南沙的主權。九月十一日，季里諾以外長身分致函盟軍總司令麥克亞瑟，正式提出應該由菲律賓取得南沙的主權。美國方面不置可否，菲律賓也沒有進一步的行動。因此儘管中國外交部注意到這個事件，卻沒有做出外交上的反應，但那顯然是促成中國決心盡早暗中占領南沙的原因之一。

一九四七年八月，季里諾就南沙問題詢問了法國駐菲大使的意見。當得知法國在一九三三年已經宣布了對整個南沙群島的主權時，季里諾感到極爲意外，因爲他原先認爲法國人所主張的島嶼在他所主張的群島西面，即只是斯普拉特利島（即南威島，菲律賓不主張對其主權）。[136] 這顯然又是南沙群島地名混亂之故，當時南沙群島叫新南群島，或者斯普拉特利群島（Spratly Islands），而斯普拉特利島（Spratly Island），與群島只是單數和複數的差別。當法國領事以爲菲律賓會放棄主張的時候，菲律賓總統羅哈斯在一九四八年去世，季里諾繼任總統，繼續推動奪取南沙的計畫。

一九四九年三月，聯合社與合眾社在香港發出消息，稱中共軍隊二五〇〇人占領了太平島，並欲以此爲基地支援越南共黨。菲律賓大爲震驚。次日，菲外交部次長尼禮在內閣會議上提出此報告，並對中國駐菲公使館聲稱據密報太平島上有中共軍隊二五〇人占領，要求中國澄清。尼禮又提到，本年一月，美國一個墳墓登記隊在美上校拉西（Harlyn Lacy）帶領下，到太平島尋找美軍遺骸，發現二〇〇名中國政府軍在當地。菲總統季里諾當即表示太平島距離菲律賓甚近，有重要戰略意義。他同時又舉例，在巴拉望島外三〇〇海里外的原屬英國的卡拉夫圖群島（Karafuto Group）和龜島群島（Turtle Group）對菲律賓也有重要的戰略安全地位，而戰前他在內政部時就已經向美國提議據此而把它們劃入菲律賓版圖。結果一再堅持之下，到了一九四八年，英國果然就把龜島群島割讓給菲律賓了。[137]言下之意自然是太平島也有可能這樣。

菲外交部向中華民國駐菲公使詢問後，公使館不敢怠慢，立即發電向中國詢問。外交部四月四日回電，稱該島上只有國軍，無共軍。[138]一波未平一波又起，駐菲公使據此回答後。同日，菲律賓又對駐菲公館詢問，美軍在本年一月曾登陸太平島，尋找屍骸，中國守軍做出抗議，有無此事？中華民國外交部查證之後，四月十一日回答並無此事。[139]

【134】 Francois-Xavier Bonnet, "The Spratlys: A Past Revisited," World Bulletin Vol. 23, 2004. Referring to a Letter from Senator Isabelo De los Reyes, to Governor General Frank Murphy, Bureau of Insular Affairs (August 12, 1933).

【135】 Stein Tonnesson, The South China Sea in the Age of European Decline, *Modern Asian Studies*, Vol.40, pp.1-57.

【136】 同上。

【137】 〈關於太平島駐兵問題〉，民國三十八年四月五日，馬（38）字第〇六八三號，《外交部檔案彙編》，七九三—七九四號。

【138】 〈菲圖阻擾我接收南沙群島〉，民國三十八年三月二十六日，來電專號第六二八號，《外交部史料彙編》，七九一頁。

【139】 〈關於美軍探訪長島事〉，民國三十八年四月四日，來第電六三二號，《外交部檔案彙編》，七九一—七九二頁。

過了兩天，十三日又傳出消息，菲內閣會議決定派海軍司令 Andrada 前往太平島視察，並有議員提議，鼓勵巴拉望漁民向太平島移居。於是把南沙群島歸併菲律賓的議論再起。中國駐菲公館知道消息後，立即向菲律賓提出抗議，詢問報紙所寫是否屬實，又聲明南沙乃中國領土。[140] 菲律賓在五月十一日回覆道：當日內閣僅討論了菲漁民在太平島附近捕魚，須多加保護。至於中國聲明主權一節，菲律賓已經注意到，惟關於此案之詳細事實，如中國主張的理由以及該島以前和現在與臺灣的關係，希望中國能夠出示。[141] 遂無進一步動作。菲律賓用得知（acknowledge）中國的立場爲「太平島是南沙的一部分，主權屬中國」，[142] 這種表述已經說明其對中國在南沙主權有所保留。駐菲公館於是不敢怠慢，忙向外交部求援。但外交部未有即時的回覆。直到一九五〇年五月二日，內政部才給外交部總結出一份概況，[143] 但那已經是中共建制之後的事了。

菲律賓對於南沙的領土主張的理據在於南沙位於菲律賓巴拉望島以西二〇〇海里以內。當時國際已經有國家主張領海爲十二海里，相當多的國家還繼續主張三海里，僅有幾個少數國家單方面宣布爲二〇〇海里領海。除此之外，菲律賓並沒有提出與南沙的歷史淵源。其實從歷史看，菲律賓南部的蘇祿群島，以前是蘇祿蘇丹國，在十六至十八世紀是南海交通的大國，很可能控制了包括南沙群島在內的南海東南部，故此也應能提出歷史性證據[144] 無奈天主教爲主的菲律賓人對南方穆斯林的歷史所知甚少，故也沒有提出何種歷史證據。

在法理上，美西《巴黎條約》以來的一系列有關菲律賓國境的文檔中都沒有包含南沙群島。這對於菲律賓是一個不利之處。但以前沒有包括，並不等於以後不能再擴張。

南沙概念的變遷小結

中國把南海諸島分爲東沙群島、中沙群島、西沙群島和南沙群島。西沙群島從十九世紀一〇年代起，就以 Paracel Islands 統一稱呼，其範圍在國際上沒有爭議。現在爭議的雙方——中國和越南對其範圍都沒有爭議。中沙群島的範圍則有很大爭議，只有中國（包括臺灣）把黃岩島和中沙環礁以及其他幾個分散的暗沙組合在一起。除了黃岩島之外，中沙環礁和其他暗沙都不能露出水面，因此，就主權歸屬而論，只需考慮黃岩島即可。但南沙群島，其概念範圍經歷了複雜的變遷，而這些變遷，對歸屬問題有相當大的影響。美國中情局一份一九七四年的文件形容斯普利特利群島在地理上沒有好的定義（ill-defined）。[145]

中國古代以「千里石塘」稱呼南沙群島，但這個稱呼並沒有確切界定其範圍。到了十九世紀中期，由於中國漁民的活動擴展到南沙群島一帶，在漁民的《更路簿》中，稱那一帶的海域是「北海」，並且記錄了很多島名。但從名稱可知，漁民稱呼的目的是描述那一片海域，而不是一個特定的

【140】〈菲圖謀太平島等地〉，民國三十八年四月十三日，來電專號六三五號，《外交部檔案彙編》，七九二—七九三頁。
【141】〈呈報菲內閣議派海軍司令視察太平島交涉經過〉，民國三十八年五月十九日，公字〇六三號，《外交部檔案彙編》，七九五—七九六頁。
【142】《南沙風雲》，一五〇頁。
【143】《外交部檔案彙編》，七九七—八〇〇頁。
【144】《被扭曲的南海史》，四一〇—四一四頁。
【145】https://www.cia.gov/library/readingroom/docs/CIA-RDP85T00875R000600040012-5.pdf, p.8.

群島。在那些《更路簿》中，沒有對「北海」裡的島嶼進行統一稱呼。

越南古代把南沙群島稱爲「萬里長沙」，但也沒有確切的範圍。在十八世紀中期，越南曾經派「北海隊」到「北海」打撈海產和沉船。這個「北海」有可能也是南沙群島，但即使這個假設是眞的，也沒有明確「北海」的範圍。

十八世紀開始，英國和法國的船隻開始在南海的航行中記錄南沙一帶的島嶼。英國十八世紀末編纂的海圖與航海書中，已經有相當詳細的南沙群島的地圖，這些地圖不再像更早期的地圖一樣用一整片危險標誌標示南沙，而是已經畫出具體的島嶼，並加以命名。在一些地點，會標註上Breaker的標誌，說明那是危險的地方，但未經仔細考察。那是歷史上最早開始明確南沙具體島嶼的資料。但無論在地圖還是在航海書中，都沒有對南沙群島的統一稱呼。

對南沙群島的統一稱呼似乎從二十世紀一〇年代才開始。最早那樣做的是日本人。他們以新南群島（Shinnan Gunto，有時拼作 Sinnan Gunto）去命名這一帶的島嶼。在一九三三年法國的九小島事件中，法國人找不到一個概括性的詞彙去描述南沙群島。他們考慮過兩種方式，第一是以經緯度線圈出範圍，第二是列舉的方法把主要的島嶼列出。這個過程顯示了當時國際並沒有通行的南沙群島的範圍。法國最後用了第二種方式，其中包括 Spratly Island（中國稱爲南威島），自此之後斯普拉特利群島（Spratly Islands）才逐漸被用於稱呼整個群島，但其範圍也沒有被明確定義。當時，新南群島和斯普拉特利群島兩個稱呼都被應用，但兩者之間的關係還是困擾各國外交界的難點。在戰時和戰後初期關於南沙的處理方法的文件（見三・二）中，用的是 Spratly and Other Islands（Shinnan Gunto）這個稱呼，定義爲東經一一一點五—一一七度，北緯七—十二度之間的島礁（根據日本新南群島的定義）。當時還沒有把 Spratly Islands 作爲南沙群島的正式名稱。

中國在一九三五年通過「水路地圖審查委員會」創造了「團沙群島」這個名詞，來指代南沙群島的島嶼。這個名字其實是對「Tizard Islands」（即鄭和環礁）的音譯。團沙群島的範圍比新南群島和斯普拉特利群島都要大，因爲它向南擴展到曾母暗沙、向西擴展到萬安灘。但國際上對這個名詞似乎一無所知，見不到過這個名詞在國際場合出現過。在二戰之後，中國把團沙群島改名爲南沙群島，後來在一系列的外交交涉和主張中反覆使用這個名詞，這才逐漸爲國際所認識。

菲律賓在二戰後對卡拉延群島提出主張，卡拉延群島並不等於南沙群島，也不等於斯普拉特利群島。在西面，它不包括斯普拉特利島及其以西的地方；在南面，它不包括北緯七度以南的地方。在一九四〇—六〇年代與臺灣的交涉中，雙方爲所牽涉的爭議範圍爭議多年，臺灣爭辯斯普拉特利群島就是中國的南沙群島，但菲律賓堅持自己主張的卡拉延群島與《舊金山和約》規定的「斯普拉特利島」不是同一處。顯然，直到一九六〇年代，何爲斯普拉特利群島還沒有公認的意見。

越南從法國繼承了長沙群島，所聲稱的範圍和法國原計畫用經緯線公布的範圍相同。南方以北緯七度爲限。即便越南主張萬安灘（如在和中國爭議的萬安灘事件中，見五・五），但在越南的認識中，萬安灘等並不屬於南沙群島，越南之所以擁有萬安灘的主權，是因爲萬安灘是一個暗沙，位於越南的大陸架上。

綜上所述，南沙群島這個概念出現得很晚；而且到現在，其範圍也沒有統一公認的定義。這意味著，如果以占領某些島嶼就聲稱其主權可以擴展到整個「南沙群島」將會出現很大問題。因爲無論從歷史還是現實，都沒有一個公認的「整個南沙群島」。

三·七 中國退出西沙和南沙

一九四七年八月，行政院院務會決議通過以瓊崖改爲海南特別行政區，隸屬行政院。一九四九年四月，海南特別行政區正式成立。六月六日公布《海南特區行政長官公署組織條例》，東沙群島、西沙群島、中沙群島和南沙群島劃歸海南特區，但仍由海軍部代管。[146]但是不久，情況就出現翻天覆地的變化。

從一九四六年起，中國內戰就越演越烈。一九四八年，國民黨局勢逆轉，下半年出現崩潰性的敗退。蔣介石不得不重新部署，以臺灣爲最後基地。一九四九年四月，共黨軍隊攻陷南京，國民政府遷往廣州，幾個月後又遷往重慶。一九五〇年重慶也無法固守，於是被迫遷都臺北。國民黨失去了整個大陸，只在沿海島嶼中殘存。共軍在一九五〇年二月攻陷海南島，南海諸島也岌岌可危。爲了集中兵力，蔣介石做出了軍事上放棄西沙和南沙的決定。五月二日，海軍總司令部令南沙島嶼上守軍先行撤退。五月八日，所有的人員與物資都已經離開南沙太平島，僅國旗仍然高懸。國民黨在西沙的部隊大概同時也撤回臺灣。於是西沙和南沙不再設防。

中共攻占海南島的消息，令法國、越南和菲律賓都大爲震驚。據臺灣的一份研判報告，菲律賓國防部長在五月五日稱，中共占領海南後，下一個目標將是菲律賓。外長和國防部長舉行會議商討若共黨攻占西沙群島以及南沙太平島對菲律賓安全的影響，媒體則呼籲菲律賓和美國應不惜代價占領西沙和南沙，以保衛領土的安全。法國則在西沙群島提高戒備級別，以防中共入侵，但唯恐激怒中共，並沒有入侵永興島。同時，儘管法國偵察得中國從南沙撤軍，但同樣沒有趁著南沙的空虛而占領南沙。而越南在五月十二日重申對西沙擁有主權。[147]

這時，臺灣擔心菲越法等國是否會以防共爲藉口，強占南海諸島。但也承認，若共軍控制南海諸島，則不僅控制該處交通線，並可由此爲滲透東南亞之基點，亦使蘇聯潛艇勢力得以延伸至南中國海，直接威脅英美在東南亞各處之戰略基地及交通線。所以，臺灣傾向早日與菲法越等國聯手共商防共之策。[148]

可見，在一九五〇年之後，臺灣的角色非常尷尬。一方面，希望保持西沙和南沙的領土不爲外國所奪，但另一方面，防共的需要又令其不得不和菲越等國妥協。這種複雜的心態，在五〇年代後期的西沙問題上更是顯露無遺。

其實，當時中共的實力被誇大了。中共強於陸軍而弱於海軍。之所以能攻占海南島，全賴距離大陸不遠，島上又有內應之故。一九五〇年的寧古頭戰役，登陸金門島的共軍被國民黨軍隊全殲，足以證明中共的海戰能力嚴重不足。這也是中共當時連西沙也沒法占領之故，遑論南沙。但正如菲律賓媒體指出的，共黨對自由世界的威脅不純在於武力，而在於內部的破壞和滲透。他們對共黨的戒心顯然不是沒有理由的。

法國和越南當時都深陷戰爭中，菲律賓又成了急先鋒。菲律賓朝野再次討論應該儘快進占南沙

[146]《史料選輯》，八一頁。

[147]〈總統代電抄發共匪侵據海南島後菲律賓與法國之反應及動態情報〉，民國三十九年六月九日，臺外字第四八二一號，《外交部檔案彙編》，六四四—六四七頁。

[148] 同上。

群島一事。五月十七日，季里諾宣布「南沙群島屬菲律賓」。但同時又提出，菲律賓暫時不會推進這個主張，因爲中華民國是友邦，現在控制著南沙，但如果以後南沙有被共產主義控制的危險，菲律賓就會重申自己的權利。[149]這段話不知爲何，在中國駐菲大使館往外交部的電文中被寫成是「菲總統昨對記者稱各該群島雖影響菲國安全，但主權屬於中國國府，菲國與國府有友好關係，不便採取何種行動。」[150]在最重要的事項（主權屬誰）中搞錯了。

爲此，外交部八月十八日密令駐菲大使館：「菲總統以該群島鄰近菲國，曾特表關切。菲政府如爲本身安全計，願派兵接防南沙群島，我政府基於中菲共同反共立場不提異議，惟菲政府須先行同意將來我政府擬自行防守時，即將駐軍撤退。希口頭密洽菲政府並具報爲要。」[151]兩天後，外交內政兩部會呈行政院，除了上述態度外（成爲甲案），又增加乙案：現不採取任何行動，菲國登陸時才做出抗議，申明中國主張。但兩部還是認爲甲案更佳。[152]

但這時，菲律賓還沒有進一步的行動，菲可能一方面覺察共軍的威脅並非如此即時，一方面也顧忌國民黨的反應，畢竟雙方還有反共的共同立場。菲律賓還是想和平解決事件，季里諾甚至一度考慮向蔣介石購買南沙群島。[153]

三・八 《舊金山和約》和《中日和平條約》

二戰後，包括盟國和日本進行和約談判。就在談判的過程中，中國出現劇變。國民黨戰敗，退守臺灣，共產黨在大陸上建制，成立中華人民共和國。於是事實上出現了兩個中國政府，雙方都聲稱自己才是中國的唯一代表。美國本來已經準備放棄國民黨政權，轉而嘗試和中共建立關係。但中國在即將宣布建國之前，就已經決定實行向蘇聯「一面倒」的政策，並發表了著名的《別了，司徒雷登》，把美國人灰溜溜地趕走，拒絕了美國的建立關係的請求。到了一九五〇年，北朝鮮侵略南朝鮮，韓戰爆發，世界格局從冷戰變成了局部熱戰。美國在聯合國的支持下，召集多國聯軍，救援南朝鮮。為了防止共產主義擴散，美國決心重新支持一度被放棄的國民黨政府，使得國民黨政府重獲生機。隨著中共加入韓戰，與聯合國軍為敵，美國和中共的關係也降到最低點。

由於這時出現了一個中國，兩個政府的局面，因此在應該由哪個政府代表中國出席舊金山和約談判的問題上出現了爭議。一九五一年的舊金山對日和會由美國和英國主持。美國支持國民黨政府，但是英國為了維持在香港的統治，在中國人民共和國成立之後就承認了北京政府。所以兩個主導國為了誰才代表中國的問題沒法達成共識。最後，雙方決定兩個政府都不獲邀請出席。中日之間的和約由日本以後「自行」選擇一個中國政府單獨簽訂。

舊金山和談的參與國共有五十一國，美國、英國、蘇聯、法國、日本、越南、菲律賓都在參與

【149】SCSAED.
【150】〈菲對我撤守南沙之反應〉，民國三十九年五月十八日，《外交部檔案彙編》，八〇四頁。
【151】〈密（為自南沙群島撤守事）〉，民國三十九年五月十八日，《外交部檔案彙編》，八〇三—八〇四頁。
【152】〈密（南沙撤守後的問題處理意見）〉，民國三十九年五月二十號，《外交部檔案彙編》，八〇五—八〇八頁。
【153】SCSAED.

國之內。最後除了蘇聯、捷克和波蘭之外的四十八國都在合約上簽字，簽字日期是一九五一年九月八日，生效日期是一九五二年四月二十八日。《舊金山和約》由二戰中絕大多數盟國的參與、簽字和批准，乃是二戰後最正式的和約，有充分的合法性。對比僅僅有三四個大國參與的，沒有元首簽字的《開羅宣言》及沒有得到批准的《波茨坦公告》，《舊金山和約》的合法性、廣泛性和權威性顯然遠遠在它們之上。

《舊金山和約》中的第二章規定了領土歸屬的問題。第二條規定了日本放棄的領土。該條中文譯本爲：

1. 日本承認朝鮮的獨立，並放棄對朝鮮包括濟州島、巨文島與鬱陵島等島嶼的一切權利、權利名義與要求。
2. 日本放棄對臺灣、澎湖等島嶼的一切權利、權利名義與要求。
3. 日本放棄對千島群島、一九〇五年九月五日獲得之庫頁島部分，以及鄰近各島嶼的一切權利、權利名義與要求。
4. 日本放棄國際聯盟委任統治相關的一切權利、權利名義與要求，同時接受聯合國安全理事會於一九四七年四月二日所採取有關日本前述太平洋島嶼委任統治地之信託統治安排。
5. 日本放棄因爲日本國家或國民在南極地區活動所衍生的一切權利、權利名義與要求。
6. 日本放棄對南沙群島與西沙群島的一切權利、權利名義與要求。【154】

第一款意味著把朝鮮獨立和附近三個島交予朝鮮（沒有國家和朝鮮爭這三個島）。第三款涉及的領土在雅爾塔會議中已經明確規定，爭議較少（但是對千島群島的範圍有爭議，導致以後的蘇日領土爭議）。第四款放棄的託管地，其歸屬有專門文件規定。第五款放棄了南極的權利，南極領土由其他相關條約規定。第二款和第六款中都沒有明確指出對於放棄領土的歸屬，這在日後都成爲了爭議。

由於中國和朝鮮沒有參加和會，和約中的第二十一條規定了中國和朝鮮在《舊金山和約》中享有的權利。其中朝鮮擁有第二、四、九和十二條中規定的權利，中國享有第十和十四(甲)二條中規定的權利。要注意，中國並不享有第二條中的權利。這就意味著，日本儘管放棄了這些領土，但是這些領土並沒有規定要歸還中國。這就是日後「臺灣問題未定論」和西沙南沙問題地位未定的根源。

西沙和南沙的地位在《舊金山和約》中沒有明確劃給任何一個國家，但是無論從法律涵義還是從當時實際的討論來看，關於它們的決定也頗爲清晰，那就是「未定」。如果說《開羅宣言》中沒有提到西沙和南沙可能是一時疏忽或者限於篇幅沒有涉及，那麼討論詳細，爭持激烈，最後每個字都精挑細選的《舊金山和約》中有關西沙和南沙的部分就只能說是刻意爲之的結果了。可能有人對這個結果表示困惑，但從歷史來看卻極爲自然。

事實上從一開始，在《舊金山和約》草案擬定時，關於西沙和南沙的部分就已經確定了僅僅提及「日本放棄」的用語。在一九四七年三月的草案中是這麼寫的：「日本在此放棄對東沙島、南沙

[154] 中日外交史料彙編八，《金山和約與中日和約的關係》，中華民國外交問題研究委員會，一九六六，九四頁。

群島和西沙群島，以及其他在南中國海所有島嶼的主權。」[155]而這個版本中，其他涉及的土地並不是都用「放棄」的字眼。比如第二款的臺灣是被說明歸還中國的。它之所以後來變成日本「放棄」的領土，是由於中國被共產黨奪取政權。如果規定臺灣歸還中國，就會有歸還給哪個政府的問題。而且在法律上，美國協防臺灣將會有侵略的嫌疑，帶來法律上的不方便。所以，在英國的建議下，才用了「放棄」的字眼而不確定其歸屬。

但西沙和南沙從一開始就被寫成「放棄」，顯見與臺灣的情況不同。在以後的版本中，關於日本放棄西沙和南沙的用語一直沒有變，只是在範圍上有一些修改。比如在倒數第一個版本中，南沙群島用 Spratly Island 形容，但是法國建議用複數 Spratly Islands，以使範圍更爲明確。[156]因此，和臺灣相比，南海諸島的地位從一開始就是「未定」。

它們之所以不在和約中被提及歸屬，主要的原因是主權問題難以確定，另一個原因是太小而覺得不太重要，當時甚至有種意見是根本不值得在和約中提及。[157]

當時法國全程參與各草案版本的討論，但是並沒有提出要在和約中寫明西沙和南沙屬法國。這有兩個原因，第一，在條約第二條的其他款中均僅寫明日本放棄領土，把西沙和南沙單獨例外顯得不合適。第二，法國當時最關心的事項是她所成立的印度支那聯繫國（Associated States of Vietnam, Laos and Cambodia）能夠被國際承認，以維繫其在印度支那的統治。因此在會議中，法國要尋求美國同意把這三個獨立國家加入舊金山會議。此外，法國還要防止越盟加入會議，因此也不想多生枝節。[158]第三，法國和越南對誰在擁有南沙群島的爭論也影響了進程。法國當時對南沙還有保留的企圖，認爲自己對南沙是先占，和西沙屬越南領土不同。但是這時越南國（保大政權）也參加會議，而保大政權堅持南沙也屬越南。如果法國堅持南沙屬自己，就會和越南在會議上正面衝突，不利於和約的締結。

當時還有另外一種聲音，認爲基於戰略上的原因，應該把南沙作爲一個託管地。澳洲擔心中國在南海的擴張，於是向英國建議：爲了防止共產主義中國取得南沙，最好的方案是把它作爲一個託管地，還建議英國利用現時的海軍優勢，先行控制這個區域。但英國害怕得罪北京而對其在香港統治的不利而加以拒絕。[159] 相反，英國原則上支持法國對南沙的主權，但亦認爲自己對南沙也有一定的權利，故在大會上支持法國僅用放棄的措辭的立場。在一份一九四九年的內部文件中，外交部官員（Milward）談到，日本應該在和平條約中明確放棄南沙群島，但條約應該不處理其主權，而留待英國、法國和其他國家在以後解決，直到眞空被塡補，以及一些主張國能夠更加實質和永久性地顯示其主權之後，這個問題才有可能被解決。[160]

美國儘管更加傾向把群島交還中華民國，但是由於在當時沒有公認的合法中國政府，也明白各國在此問題上的矛盾，所以轉而同意把西沙和南沙的地位設爲未定。因此，各國都傾向在會議上不解決

【155】 Kimie Hara, *Cold war frontiers in the Asia-Pacific*, Routledge, 2007, p.148. Original Text: “Japan hereby renounce all claims to Pratas Island, to the Spratly and Paracel Islands, or to any other islands in the South China Sea.”

【156】 *Cold war frontiers frontiers in the Asia-Pacific*, p.152.

【157】 Updated Memorandum by Mr. Robert A. Fearery of the Office of Northeast Asian Affairs, FRUS, 1950, Vol.VI, p.1328.

【158】 *Cold war frontiers frontiers in the Asia-Pacific*, p.153.

【159】 SCSAED, pp.34-35.

【160】 SCSAED, p.42.

這個問題，用「日本放棄」的用詞就成爲各方的共識。[161]

中華民國儘管沒有參加會議，卻參與了一系列草案的討論。但是在杜勒斯和顧維鈞在一九五〇—一九五一年的一系列關於和約領土問題的討論中，中華民國對西沙南沙如此表述都沒有發表任何意見。雙方討論的是臺灣、琉球、庫頁島南部和北方四島。[162]杜勒斯反覆向顧維鈞解釋爲什麼要把臺灣列爲日本放棄的領土，而非寫成歸還中國，蓋因要爲了防止中共有藉口奪取臺灣，以及避免美國根據國際法無法協防臺灣。可能臺灣認爲，美國最後定案西沙和南沙的時候也有這種考慮。這可能是臺灣不討論西沙和南沙問題的原因。

在大會上，關於西沙和南沙的問題有過爭論。蘇聯外長葛羅米柯（Andrei Gromyko）在九月五日的發言中提出第二條應該作如下修改：

> 日本承認中華人民共和國對滿洲、臺灣及附近一切島嶼、澎湖列島（佩斯卡多爾群島）、東沙群島（普拉塔群島）以及西沙群島和中沙群島（巴拉塞爾群島、阿姆非特里底群島和瑪克斯費爾得沙洲）及南沙群島（包括南威島在內）的完全主權，並放棄對本條所述各領土的一切權利、權利根據與要求。……

但該決議被與會國以大比數否決了。蘇聯之所以作此提議，更重要的目的是爲了幫中共爭取代表中國的地位，而除蘇聯、波蘭和捷克之外的與會國早就達成共識，堅決否決蘇聯這一企圖。[163]

同日會議稍後，越南代表（保大政府）總理陳友文（Trần Văn Hữu）明確提出這些群島是越南的領土：「我們嚴正聲明我們對南沙群島和西沙群島的權利，它們一直屬越南。」【164】會議上無人提出反對意見。越南把當時沒有人反對視爲國際社會支持西沙、南沙屬於越南的證據之一。這種說法理據不足：首先，主要的當事國中國沒有代表在場；其次，原先提出西沙和南沙屬於中共的三國代表都不在場，否則可能提出反對；最後，會議該環節並不需要各國表態。

有人認爲在《舊金山和約》中的這些不明確條款至少是造成日後東亞各種領土紛爭的一個關鍵原因。但事實是，東亞領土紛爭是這些不明確的條款產生的原因。《舊金山和約》並未製造出新的紛爭，只是沒有解決舊有的紛爭而已。中國（共）更認爲，美國蓄意在《舊金山和約》上用放棄的字眼，是專門針對中國的「下絆子」。從以上討論可知，這種說法並無根據。

舊金山會議後，日本選擇與民國政府簽署和約。在和約會談中，民國政府首先要求日本在條約中寫上把臺灣及西南沙歸還中國的字眼，但遭到日本的拒絕。日本認爲如果在中日和約中這樣寫了，就違反了其對其他盟國的承諾。日本的意思是，在中日和約中不能超出《舊金山和約》的範圍。雙

【161】*Cold war frontiers frontiers in the Asia-Pacific*, p.151-152.

【162】中日外交史料彙編八，《金山和約與中日和約的關係》，中華民國外交問題研究委員會，一九六六，四〇—一一八頁。

【163】中日外交史料彙編八，《金山和約與中日和約的關係》，中華民國外交問題研究委員會，一九六六，八六—八七頁。

【164】*Cold war frontiers frontiers in the Asia-Pacific*, p.154. Original Text: "Vietnam will enthusiastically subscribe in advance to such a work of peace. And as we must frankly profit from all the opportunities offered to us to stifle the germs of discord, we affirm our right to the Spratly and Paracel Islands, which have always belonged to Vietnam." Also see *Vietnam Dossier II*, p.27.

方所能夠找到的最大公約數就是日本在條約中，把這兩個條款單獨寫出來。於是在一九五二年四月二十八日，日本和國民黨政府簽署的《中日和平和約》的第二條規定：

> 第二條　茲承認依照公曆一千九百五十一年九月八日在美利堅合眾國金山市簽訂之對日和平條約（以下簡稱金山和約）第二條，日本國業已放棄對於臺灣及澎湖群島以及南沙群島及西沙群島之一切權利、權利名義與要求。

條約承認《舊金山和約》第二條，並再次確認了日本放棄對臺灣、澎湖列島、西沙和南沙的一切權利，但是同樣沒有明確指出這些島嶼的歸屬。民國政府的解釋是既然這個條約是中日兩方簽訂的，那麼日本放棄的領土就等同於默認交還中國。

法國也有這個疑慮，於是向日本責難。最後，日本和法國在同年五月二十三日達成了一份約定，以外交照會的形式確認了日本在《中日和約》中的立場和《舊金山和約》中一致。約定以照會而不是發布宣言的形式實現是爲了不要損壞他們與中華民國之間的關係。日本的照會中寫道：

> *I concur with your understanding that Article 2 of the Peace Treaty between Japan and the Republic of China signed on April 28, 1952, should not be construed as having any special significance or meaning other than that implied by Article 2, paragraph (f), of the Treaty of San Francisco.*[165]

中國北京政府在一九五一年八月十五日發表聲明，不承認《舊金山和約》。同時也強調了中國對南沙和西沙的主權：

同時，草案又故意規定日本放棄對南威島和西沙群島的一切權利而亦不提歸還主權問題。實際上，西沙群島和南威島正如整個南沙群島及中沙群島、東沙群島一樣，向爲中國領土，在日本帝國主義發動侵略戰爭時雖曾一度淪陷，但日本投降後已爲當時中國政府全部接收。中華人民共和國中央人民政府於此聲明：中華人民共和國在南威島和西沙群島之不可侵犯的主權，不論美英對日和約草案有無規定及如何規定，均不受任何影響。

但是在一九七〇年代，中日建交時所簽訂的《中日聯合聲明》（一九七二）和《中日和平友好條約》（一九七八）中，也沒有提及西沙和南沙。在當時的討論中連這兩個群島也沒有提及。

由於條約中沒有列明西沙和南沙的歸屬，於是各方都向有利自己的方面解釋。比如 Chemilier-Gendreau 解釋道，《中日條約》中規定日本放棄領土，但是卻沒有規定把領土交給中國，事實就是規定領土不交給中國。[166] 這種說法未免過度解釋。《舊金山和約》唯一做到的就是再次明確了這些群島

[165] SCSEAD, p.43.
[166] SOPSI, p.121.

的有爭議地位。

三．九　結論：日本時代的遺產

二戰結束和對日和約的簽訂，標誌著南海的日本時代的終結。雖然日本在和約中放棄了西沙和南沙的主權，但其遺留的問題一直影響到今天。

日本在二戰中占領了東沙、西沙和南沙。這幾個群島在日占期間的法律狀態是非常不同的，這直接影響了以後的法律問題。對東沙，日本認爲是中國的領土，日本處於占領狀態，戰後中國收回，各方都沒有異議。

在西沙，一九三八年法國在中國的默許下占領了西沙，而這時日本在西沙已經有軍事存在。日本一方面聲稱西沙是日本加以占領的中國領土，這顯然是要阻止法國對西沙的占領。但法國占領成爲事實後，日本卻默認法國在西沙上的統治。以致在一九四五年三月前，法國和日本在西沙和平相處，法國名義上統治了西沙。這種狀態持續到一九四五年三月日法反目之後。日軍擊敗了法國，占領了西沙直到日本投降。

在南沙，日本沒有理會島上的法國軍隊，占領了南沙之後就以新南群島的名義劃入臺灣高雄市。法國軍人雖然還在島上，但卻默認了日本的統治。直到日法交惡之後被日軍驅逐爲止。於是，在戰時，在日本看來，南沙的狀態是日本領土，而不是中國或者法國的領土。

在戰後，日本放棄了南海諸島。法國和中國都先後重返西沙和南沙。無獨有偶，對法國來說，西沙和南沙也有不同的法律理解：西沙法源是越南傳統領土，現在是安南的屬地，於是法國在西沙的行動都讓越南人參與；而南沙是法國人開拓的無主地，和安南無關，在南沙的行動也沒有越南人參與。當然對法國來說，在戰後最重要的事還是要重返印度支那，西沙和南沙都只能放在靠後的位置，而在越南還需要受到中國的掣肘。這就是爲何法國在西沙和南沙搶先宣示主權卻沒有留下駐軍之故。當法國人知道中國派往西沙再趕去，已經只能占到半壁江山而已。

對中國來說，戰後最重要的收復失土是臺灣（當然還有東北），南海諸島也被放在後頭。要不是臺灣方面的提醒，中國還不會留意它們。中國進駐東沙和西沙是順理成章理直氣壯的，但對南沙的「收復」，卻未免顯得不夠光明正大。中國這時在西沙和南沙上都留下駐軍，這爲以後在兩地的爭議中占得先機。中國的第二次地圖開疆原意只是圈定接收的範圍，但後來卻被演繹其他意思，此乃後話。可惜，中國在內戰之後發生翻天覆地的變化，國民黨退避臺灣，西沙和南沙撤軍，共產黨卻沒有實力填補空缺，南海於是重新出現島嶼控制的真空。

在南海中，新獨立的菲律賓是一個後來者。在美屬期間，美國對南沙沒有興趣，即便菲國內有兼併的呼聲也不以爲然。菲律賓在獨立後，迅速提出了對南海的領土要求，這甚至比中國公開提出對南沙的要求還要早。此後一直成爲主要競爭者。菲律賓對南沙的主要利益，在當時還是地緣戰略利益。

在國際法方面，這個時期的兩份文件極爲重要，一是《開羅宣言》，一是《舊金山和約》。有一些錯誤的觀點需要澄清。

第一，《開羅宣言》中並沒有提到西沙和南沙的歸屬，在開羅會議中也沒有提到，而在美國的看法，南沙屬於《開羅宣言》中日本必須放棄的一九一四年之後侵占的太平洋島嶼，而不是要交還給中國的土地。西沙群島則承認中國和法國有爭議，需要他們自己處理。

第二，有人認爲，在二戰中，日本把南沙群島劃歸臺灣，所以就應該根據《開羅宣言》隨臺灣交還中國。這種觀點也是錯誤的。首先，日本在戰時侵占的領土，自然應該回復到戰前的狀態，再考慮其歸屬，否則，如果日本把呂宋島也劃給臺灣管轄，豈非呂宋島也會被中國收回？其次，正如上述，美國已經把它視爲「一九一四年之後侵占的太平洋島嶼」，自然不可能屬於同樣在《開羅宣言》中列出的臺灣的一部分。

第三，根據《舊金山和約》，南沙和西沙都是日本放棄的領土，這不是美國故意針對中國的陰謀，而是在客觀事實和當時形勢之下做出的決定。第一，從戰時到和約草擬階段，美國始終就了解其主權爭議的複雜性；第二，從第一份草案開始，它們就被擬定爲「放棄」的領土，而不是像臺灣一樣被列爲「歸還中國」，如果說最後把臺灣的處理改爲放棄，是針對中國的特殊形勢的話，那麼在西沙和南沙方面，這方面的考慮即便不是完全沒有，也是極小的。

第四，日本和臺灣的和約，並不能解讀成把西沙和南沙歸還給中國。第一，條款中沒有說要把西沙和南沙交給中國；第二，在和約中專門提及臺灣條款和西沙南沙條款，只能說明這兩個條款和中國相關，這是符合事實的，但卻無從推出把這兩個地方交給中國；第三，在給法國的照會中，已經說明日本在這個和約中並沒有超出《舊金山和約》的範圍。

第四，中共的聲明，只說明了中國單方面的態度何立場，這不能理解爲已經在法律上取得了這兩個群島。

第五，蘇聯等在和會中提議兩群島屬於中華人民共和國的提案被否決，不能被認爲是否決兩群島屬於中國。因爲當時有兩個中國政府，該否決只是否決把它們交個北京政府，而且這個提案的初衷也不在於這兩個群島，而是在於誰才能代表中國。

第六，越南在和會上宣布兩群島屬於越南，無人反對，這也只能說明越南單方面的立場，不應過度引申到在座各國同意越南的立場。

第七，中國的宣傳中，菲律賓是七〇年代爲了石油利益才加入南海爭奪的。這完全不符合事實，菲律賓實際比中國更早主張對南沙的主權。

第八，中國的第二次地圖開疆，只能解釋爲主張對線內的島嶼擁有主權。

第九，中國用美國贈與的船隻「接收」西沙和南沙，這不能被認爲是美國同意甚至支持中國那麼做。此外，中國用「接收」這個詞，有誤導國際社會把兩群島劃給中國之嫌，事實上，中國的行爲和法國的行爲在性質上沒有分別。中國有時還用「受降」，事實上，在南沙的受降儀式早已由英國完成，對太平島日軍的處理也由美國完成，西沙戰後日軍就撤退了，根本沒有所謂「受降」一事。

第四章　南海諸島爭奪戰（一九五三—一九八九）

四・一　人道王國

一九五〇年五月，戰敗的國民黨撤出西沙和南沙，中共卻沒有立即塡補國民黨留下的南沙群島的眞空，南海的形勢爲之一變。舊金山會議把西沙和南沙定義爲日本放棄的領土，但沒有明確其歸屬，導致南海諸島的法律地位進一步模糊。而此時揭開了南海歷史新一幕的，竟然是一群醉心於私人國家（micronation）的冒險家。

所謂私人國家，是指一些自稱以私人名義占有的微小實體。她們自認爲是獨立的國家，煞有其事地印發護照、設立外交部、甚至發行郵票、貨幣等。但這些「國家」沒有得到任何其他國家的承認，一般人視之爲玩笑、惡作劇甚至妄想狂等。其中最著名的當屬英國東海岸外的西蘭公國（Principality of Sealand），其「元首」占領了一座廢棄的五〇〇平方米大小的海上平臺，就自立爲國。其實早在西蘭公國之前，就有一個宣稱在南沙群島上建立的「人道王國」（圖24），可謂現代私人國家的先河。

一九五四年六月五日，中華民國外交部接到一封奇怪的信函，有自稱爲人道王國政府外交部長的安德森（Victor Anderson）聲稱成立「人道王國」（Kingdom of Humanity），並稱其領土在東印度群島與印度支那半島之間。該國秉承天意，願助臺灣光復大陸，但是要求臺灣割讓西沙群島爲報酬云云。落款地址在菲律賓馬尼拉一〇九四號信箱。臺灣對此極爲困惑，卻也不敢掉以輕心，令駐菲大使館展開調查卻無所獲。七月七日，臺灣再接到信函，這次是人道王國行政部長維利俄特（Paul Williord）的信，信中甚至提及要向臺灣購買海南島。

人道王國國旗

自由地國國旗

圖 24　人道王國（左）和自由地國（右）國旗

這時，在馬尼拉市面上出現大量非法印有「人道王國」字樣的郵票，引起菲律賓警方注意。菲律賓警方在調查之後無果，遂交由國家調查局接手。最後國家調查局追蹤了一批郵件，按圖索驥，在一九五五年六月逮捕了一位名叫米茲（Morton F. Meads）的人，在他家中搜出大量郵票證件與地圖。地圖上畫有「人道王國」的國界，範圍正是南沙群島。

原來，米茲原是一個美國的隨軍牧師，在一九四六年退役後留在馬尼拉。他稱自己在一九四五年出海探險，在南中國海航行，發現一批無人的「新島嶼」，將其命名爲 Manity Islands。其中，最大的一個島，他稱爲 Amity Island。他又說，在這些島嶼上原來早有一個國王和行政部長行君主立憲政體，而他就是國王雷安特（Willis Ryant）任命的領事兼商務專員，負責和外國政府交涉，建立外交關係，並印發郵票和紙幣等。他的另一個說法是，其曾祖父 James George Meads 是英國的船長，一八七〇年代在南海航行時，「發現」了南海中的無人島，建立了國家。他是其繼承者，但由於年紀不足以管治，於是由雷安特代位云云。[1]

[1] CFSCS, p.168-172.

如此前所未聞之事頓時成爲馬尼拉的熱門新聞。菲律賓爲了查證是否存在這個人道王國，在一九五五年六月派遣空軍，在赫爾南迪斯少校（Godofredo Hernandez）的帶領下對南沙群島進行爲期三週的空中偵查。結果顯示南沙群島全是無人島，僅在太平島上有碼頭宿舍和遺留的軍事設施。於是，菲律賓得出並無「人道王國」的結論。

米茲隨即被菲律賓以擾亂社會秩序、散佈猥褻刊物和財物糾紛等罪名起訴。但由於米茲在法庭上胡言亂語，被認爲是精神不正常，有幻想症，所有的指控皆不成立。米茲的人道王國被證實只是一個騙局或是幻想，卻再度引起菲律賓對南沙群島的興趣。在派軍機偵測南沙，證實南沙無人之後，菲律賓政府召開祕密會議。有人認爲應該立即加以占領，因爲島上的營房可能會被走私分子和共產黨作爲根據地。菲律賓副總統兼外長加西亞（Carlos P. Garcia）向總統麥格賽賽（Ramon del Fierro Magsaysay）提議，重新主張對南沙群島的主權要求。

這時，中華民國注意到人道王國的「領土」實際上是南沙群島，於是向菲律賓發出照會，重申中國擁有對「人道王國」所指的「領土」的主權。菲律賓遂不敢輕舉妄動。一九五五年七月，菲律賓外交部聲稱「菲律賓鑒於中國聲明所謂人道王國是中國領土，菲政府將不再准許菲國海軍登陸此等島嶼探險」。[2] 臺灣認爲南沙群島「就軍事上著眼於臺澎防衛作戰無甚價値」「暫不派兵占領」，堅持外交方式解決。[3] 因此，此事暫時告一段落。

從菲律賓的歷次表態來看，他們的聲明都是高度外交性的，最多只是「得知」中國對南沙群島的主權要求，卻從未承認這個要求。而不採取行動云云，也只是可以理解爲暫時之舉。菲律賓的外交風格極具柔性，敵進我退，敵退我進，這在南海問題上顯示無遺。菲律賓既然答應不再派海軍登陸，只能另找途徑。克洛馬（Tomas Cloma）於是順勢而出。[4]

被菲律賓釋放之後，米茲還繼續活動。據說一九六三年，人道王國和另一個主張南沙群島的私人國家「Republic of Morac-Songhrati-Meads」（MSM 共和國）合併（亦有一說是把人道王國改組爲 MSM 共和國），[5] 繼續主張對南沙的主權。米茲代表 MSM 共和國直到一九七〇年代初期還不斷發信給臺灣、菲律賓、南越、馬來西亞甚至聯合國，不斷主張自己對南沙的主權，但這些主張一直停留在紙面。他給馬來西亞的信，引起馬國注意，惹來另一端紛爭（見四．十一）。最後，據報 MSM 共和國除米茲外的所有要員在一九七二年乘船出海前往馬尼拉時遇上颱風沉船而死。[6] MSM 共和國這才沉寂下來。

---

[2]《南海風雲》，一六〇頁。

[3]〈爲函復對南沙群島事件辦理經過情形請查照由〉，民國四十四年八月十五日，國防部函外交部，《外交部檔案彙編》，八一七頁。

[4] 關於克洛馬，主要參考資料爲 José Veloso Abueva et. al., *Admiral Tomas Cloma, Father Of Maritime Education And Discoverer Of Freedomland Kalayaan Islands: A Biography*, University of the Philippines Diliman, 1999.

[5] www.angelfire.com/ri/songhrati/history.html.

[6] CFSCS, p.168-172.

四‧二 克洛馬的自由邦與臺菲南沙群島之爭

克洛馬出生於一九〇四年，成年後，一邊在馬尼拉的一間海事雜誌做編輯，一邊攻讀法律課程。終於在一九四一年拿到律師執照。但當時日本攻占菲律賓，打斷了他原先要成爲律師的計畫。在成功地經營了一些小生意而累積了一些資本後，他開始投入少時的夢想——海洋探險。戰後，菲律賓百廢待興。一九四八年，克洛馬在馬尼拉成立了菲律賓海洋學院（Philippine Maritime Institution，PMI），自任校長，專門培訓海員。後來，這所學院成爲菲律賓最大的海員培養機構。

從一九四七年開始，克洛馬就派他的弟弟小克洛馬（Filemon Cloma）帶領海員到北巴拉望一帶捕魚。在鄰近的漁場產量減少之後，小克洛馬繼續向西探索，結果發現一大片他以前不知道的海域，密佈島礁，有豐富的漁業資源。克洛馬對這個發現很感興趣，於是親自出海查探，結果發現這些島礁毫無人煙，僅有日軍留下的建築物。回到馬尼拉之後，克洛馬翻查地圖，發現在他所能找到的地圖上都沒有標誌這個地區，便認爲自己發現了新的群島。其實那就是南沙群島。克洛馬於是第二次出發前往，這次他帶上錄像機，拍攝了錄像。他登上了其中一些島嶼，並在島上插上PMI的旗幟。他同時把這些島嶼命名爲自由地（Freedomland），按菲律賓語中發音（Karajaan）可以翻譯爲卡拉延群島。根據他的說法，這些都是一九四七—四九年的事，當時他還在島上留下了移民云云。但具體的日子和事蹟則難以考據。

克洛馬自始至終都聲稱自己發現了自由地。作爲一個有豐富海事雜誌編輯經驗和航海學校的校長，實在難以想像他竟然在地圖上找不到這些島嶼，而且既然上面已經有建築物，就說明以前早有人煙，何來「發現」一說？無論如何，從克洛馬兄弟宣稱「發現」這個新漁場的經歷來看，在此之前即使有菲律賓人在那裡捕魚，其數量也必定是很少的。中國漁民的口述也說菲律賓人是在一九四九年後才到南沙捕魚。[7]所以，到戰後初期爲止，對這個地方有認識的菲律賓人估計也不多。

一開始，克洛馬僅在南沙捕魚，但是後來有了更大的想法。在馬尼拉，克洛馬認識了當時還是議員的加西亞。兩人同省同鄉，以後在南沙群島問題上長期保持默契。但當他把這個「發現」告訴加西亞，並向他徵求意見時，並沒有得到後者太大的鼓勵。直到一九五三年，加西亞當選副總統兼任外交部長之後，把克洛馬對卡拉延的發現和菲律賓對南沙的領土要求聯繫在一起。既然政府不便出面，何妨讓克洛馬以「私人」名義先行占領？人道王國事件正是一個啓發。

一九五六年三月一日，克洛馬帶領一支四十人組成的探險隊，到南沙群島探險。出發之前，加西亞和一眾議員等都高調踐行。克洛馬一行在隨後三十八天的行程中，登上包括太平島、南威島和中業島在內的九個主要島嶼，逐一把島上原有建築物的標誌拆下。五月十五日，克洛馬正式發信給加西亞，聲明自己發現了這片在菲律賓領海以外，不屬任何國家的土地。同時，他還發信給傳媒，宣布對該地的主權：「*This claim is based on the right of discovery and/or occupation open public and adverse as against the whole world.*」[8]六天後，他又召開第二次發布會，宣布國名爲「自由地國」（**The Free**

[7]《史料匯編》，四一二頁。

[8] *Admiral Tomas Cloma*, p.38.

Territory of Freedomland)。

當時國民黨軍隊已經撤出南沙群島，所以對克洛馬到南沙探訪一事並不知情。直到克洛馬返回菲律賓並召開第一次發布會之後，臺駐菲律賓大使館才提高警惕，向外交部報告此事。外交部回電稱，要向菲律賓報界表明中國的立場。[9]

五月二十二日，克洛馬向臺灣駐菲使館大使陳之邁遞交照會，通報此事。當天，臺灣內政部部長王德傅發出聲明：此群島是「中華民國的一部分」，並列舉出中方的理由：⑴海南漁民早就往來居住捕魚；⑵鄭和下西洋時曾到過這些島嶼；⑶二戰時日本把它們劃入臺灣，二戰後中國派人接收；⑷一九四九年，海南特別行政區成立，這些島嶼被劃入海南管轄；⑸一九五〇年，駐軍因補給困難而撤軍，但不表示中國放棄了這些島嶼，駐軍離開之前曾在島上升起國旗。所以這些島嶼「無論在歷史上、地理上、法理上、事實上，均爲我國之固有領土之一部」，要求菲律賓尊重中國主權。[10]

同日，臺灣駐菲大使發表公報，重申了臺灣對南沙的主權。[11]二十三日，臺灣駐菲大使正式向菲律賓抗議，又多列舉了一些理由：⑴一九一二年英國航海書籍提到島嶼上有中國移民，一九一八年日本人也提到島上的中國人居住；⑵中法一八八七年代條約把南沙劃給中國；⑶二戰後中國接收南沙群島；⑷舊金山合約及中日合約都已經把南沙劃給中國。所以南沙不是無主島也不是未曾發現的小島。正如菲律賓領土中有很多無人居住的小島一樣，現在南沙無人居住，不等於中國沒有主權。[12]這時菲律賓又像以前一樣在「南沙群島」地理範圍上打起太極。加西亞稱：「初步觀察，克洛馬所提各島似不在南沙範圍之內」，要求臺灣出示地圖並和菲律賓的地圖對比，又提議臺灣可以派人和克洛馬一起到那裡驗證。[13]

在隨後一個星期中，臺菲兩國一直交涉，臺灣要求菲律賓人員撤出南沙群島。五月二十八日，臺外長葉公超召見菲駐臺大使雷慕士，告知他臺國防部擬派海軍巡視駐守，但外交部認爲，爲避免臺菲之間無意義之爭執，還是希望和平解決，並讓鄭資約當面向他解釋中國地圖上南沙群島的位置。雷慕士則辯解，克洛馬僅是私立商船學校的校長，其目的不外爲便利學生實習航海技術，以及爲冒險家之炫耀行爲。他本人也不贊成外長加西亞的態度，會向麥格賽賽總統匯報云云。[14]但菲律賓並沒有給出明確的答覆，並有菲報稱小克洛馬仍然帶領二十九人駐紮在太平島。五月三十日，北京就此做出聲明，聲稱南沙群島屬北京。於是五月三十一日，葉公超又第二次召見雷慕士，要求菲律賓：⑴公開承認中國對南沙群島之主權；⑵命令除獲得中國政府許可外，克洛馬等人應該立即撤離南沙；⑶若克洛馬等人不撤離，菲政府要公開聲明，若將來發生嚴重後果，菲律賓政府不予任何保護。並告訴菲律賓，在中共聲稱對南沙的主權之後，臺灣的戰艦不得不出發前往南沙，而且臺灣還委托即將訪菲的美國海軍中將殷格索向麥格賽賽總統直接說明形勢。[15]

[9]〈菲人克洛馬圖占南沙群島〉，民國四十五年五月十八日，《外交部檔案彙編》，八二五頁。
[10]〈我對南沙群島主權事王內長發表嚴正聲明〉，民國四十五年五月二十二日，《外交部檔案彙編》，八二九頁。
[11]〈我國駐菲大使關於南沙的聲明〉，民國四十五年五月二十二日，《外交部檔案彙編》，九七六—九七八頁。
[12]〈駐菲大使陳之邁致菲外長加西亞信函〉，民國四十五年五月二十三日，《外交部檔案彙編》，九七八—九八〇頁。
[13]〈駐菲大使訪菲外交部長〉，民國四十五年五月二十四日，來電專號第七三七號，《外交部檔案彙編》，八三二頁。
[14]〈外交部葉部長與菲律賓駐華大使雷慕士談話記錄〉，民國四十五年五月二十八日，《外交部檔案彙編，八三五頁。
[15]〈外交部長再與菲駐華大使雷慕士談話紀錄〉，民國四十五年五月三十一日，《外交部檔案彙編》，八三九頁。

但菲律賓經過外交國防兩部開會研究後，得出相反的結論：自由地國各島嶼，不屬任何國家，也不屬南沙群島，擬建議菲律賓政府收入版圖；而且克洛馬的行爲是私人行爲，不代表菲律賓政府；菲律賓無意和臺灣爭奪領土，現只能暫時阻止有人繼續前往該地，至於已經在該地的人，希望美國出面斡旋云云。[16]這裡菲律賓繼續玩弄地理範圍的歧義，用 Spratly Island，而不是 Spratly Islands，前者僅僅指西邊的南威島，並不在卡拉延群島內。又稱臺灣所說的 Spratly Islands 只是南威島附近的小島，而不是整個南沙群島。菲律賓不肯做出臺灣所要求的任何一項聲明。[17]陳之邁在五月三十一日和加西亞會談超過兩小時，終於使加西亞搞明白並承認，臺灣所主張的南沙群島，並不限於南威島，而包括克洛馬的自由邦。但加西亞認爲在中共提出對南沙擁有主權的主張後，問題趨於復雜，宜從速解決。他提出邀請美國和其他友好國家進行調解，以防共產主義國家從中取利。雙方努力保持緘默。而克洛馬則任其人員留在太平島，但令其不再做其他侵占的行爲。[18]這等於是讓克洛馬的占領形成現狀，臺灣自然難以答應此要求。而克洛馬則主張，鑒於中國政府聲明主權，可以放棄 Spratly Island。美國駐菲代辦則向華駐菲大使表示「美國從未承認任何一國對南沙群島之主權」。[19]菲律賓的另外的一個手段就是宣稱發現在南沙群島上有共軍的活動，菲律賓爲防「共匪竊據」，不得不對南沙極爲重視。

隨著北京宣布對南沙群島的主權，且與菲律賓交涉難見成效之際，臺灣也改變政策，做外交和軍事的兩手準備。外交上，臺灣繼續與菲律賓交涉，堅持南沙群島屬中國，拒絕菲律賓要求美國調解的建議；同時向美國駐華大使藍欽交底，堅持中國對南沙群島的主權，絕不考慮任何調解和讓步，但希望美國進行斡旋。藍欽大使表示：⑴美國認爲南沙群島主權未明；⑵美國無意在任何情況下捲入這項紛爭中，包括在外交上進行調解。並表示，根據美軍判斷，在南沙上暫無共軍的蹤跡。[20]在得到美國的保證之後，葉公超再次約見雷慕士，除了再次表示南沙主權屬中國外，還提出新建議：首先不要求菲律賓承認中國對南沙的主權，僅要求菲聲明外界對菲政府意圖的說法都是誤傳；其次，可在該群島經濟開發和防止共匪竊占事宜上進行商量。雷慕士除了表示已經把之前中國的要求上級反映，以及重複克洛馬爲一亡命之徒這一個人意見外，並無實質性的表示。[21]

美國關心的是共產主義在南海的滲透，對這幾個盟友之間的領土爭議保持「消極中立」的態度。一份一九五六年六月二十六日的解密文件顯示，當時美國偵察機在西沙和南沙群島上空以每週一次的頻率常規性地巡邏，對兩群島的動態了如指掌。該報告描述在六月二十一日的巡邏中，發現太平島上有「自由地」的旗幟，但是沒有人。美國也得知臺灣要採取登陸行動，但沒有阻止，只是擔心越南、菲律賓和臺灣之間會因此而發生衝突，影響彼此的友好關係。[22]

這種態度讓臺灣下了揮軍南海，重新進駐南沙的決心，畢竟駐軍才是顯示民國政府是中國唯一合法政府，及擁有對全部中國領土的管轄權與主權的最好證明。臺灣從六月一日到九月二十四日，

【16】〈菲方密謀南沙群島〉，民國四十五年五月三十一日，駐菲大使致外交部，《外交部檔案彙編》，八四一—八四二頁。
【17】〈菲態度未定〉，民國四十五年六月一日，駐菲陳大使致外交部電，《外交部檔案彙編》，八四九頁。
【18】駐菲大使陳之邁致外交部電，民國四十五年五月三十一日，《外交部檔案彙編》，九八五頁。
【19】〈菲態度未定〉，民國四十五年六月一日，駐菲陳大使致外交部電，《外交部檔案彙編》，八四九頁。
【20】〈外交部葉部長邀約美駐華大使藍欽來部晤談之節要紀錄〉，民國四十五年六月五日，《外交部檔案彙編》，八五八頁。
【21】《〈外交部葉部長約見菲駐華大使雷慕士晤談之節要紀錄〉，民國四十五年六月五日，《外交部檔案彙編》，八六一—八六四頁。
【22】Memorandum for Chairman Joint Chiefs of Staff, Latest developments in the Paracel and Spratly islands, 26 June 1956.

分別派出三支海軍特遣部隊前往南沙。第一支由黎玉璽中將帶領「太和」和「太倉」兩艘軍艦於六月一日組成立威部隊，在六月五日到達太平島，由於風浪太大，直到六月七日才登島升旗。在太平島上，官兵也發覺有多個外國船隊在一九五〇至一九五六年之間到達該島並留下印記，計有琉球（二十次）、菲律賓（四次）、其他國家（十次）。六月九日，船隊到達南威島立碑升旗，十一日到達西月島，十四日返臺。旅途中還經過了其他一些島礁。旅途中並沒有發現克洛馬的人，但發現中國原先豎立的石碑大部分被破壞，還有菲律賓人留下的標誌物，他們把之盡數塗去。在整個行程中，中國船隊多次遇上美國艦隻和飛機在南沙一帶甚至太平島上空巡邏。[23]

這時，臺灣對南沙群島的處置已經無法像一九四六年時那麼毫無顧忌了。六月一日，另一個「友邦」越南共和國也宣稱對南沙擁有主權，形勢變得複雜。臺灣必須兼顧臺菲越美之間的關係。為此，即便是到南沙「巡邏」，也還需要另找藉口。比如葉公超向雷慕士說明，臺灣兩艘船原定到東沙，得知克洛馬不在太平島，才「特令二艦順道南行，對南沙群島作定期的普通巡邏」。[24] 臺灣想重新在太平島設立基地，也需要先向美國駐華大使提議，稱「發現太平島上建築物有共黨標語，顯示中共匪幫或菲共人員曾竄往該島」，並認為「共匪若竊據或控制南沙，對於該區域公海之自由」，也影響菲律賓與越南的安全；更以一九五五年十一月國際民航組織提議讓臺灣在太平島設立測候所（見四．十三）等為理由，請美國海軍予以協助。[25]

就在臺灣第一次巡航南沙，中美菲三方正在外交斡旋之際，克洛馬又有新動作。六月十日，克洛馬帶領一些人從馬尼拉出發，對南沙進行第二次探險，到達了包括除南威島在外的南沙主要島嶼。他的探險隊和臺灣特遣隊沒有碰上。他們登上了太平島，把臺軍剛插上的中華民國國旗摘下來。六月二十二日，他返回菲律賓後，致信臺駐菲大使陳之邁，通報了行動，並聲稱已經把南沙群島改名爲「自由地群島」，並派人駐守在太平島上，架設無線電臺。[26]

裡應外合的加西亞乘機向麥格賽賽總統促請菲律賓政府正式支持克洛馬的要求。菲律賓外交部法律顧問阿利格萊度提出：「自由地群島」以往未經勘探，不屬於任何一國，菲政府有權對它們主張主權。[27]前外交次長則提出：「自由地群島」應置於聯合國託管之下，菲律賓應該爲託管國。[28]麥格賽賽總統則一直不明確表態，聲稱要先予以最仔細的研究，再作最後決定。[29]但他同時放任加西亞和克洛馬的行動。顯然，麥格賽賽對此即便不是全力支持，也至少是默許的，他不明確表態，只是一種外交的需要而已。

有了加西亞的支持，克洛馬進一步挑釁。六月二十七日，他聲稱要把國旗送呈給菲律賓或臺灣駐菲律賓大使。陳之邁大使得知後震怒，要求菲律賓政府從克洛馬手裡取得國旗，再鄭重交還臺灣。加

---

[23]《海軍巡弋南沙海疆經過》，中國南海諸群島文獻彙編之九，臺灣學生書局，一九七五，九三—一二七頁。

[24]〈外交部葉部長約見菲駐華大使雷慕士晤談之節要記錄〉，民國四十五年六月五日，《外交部檔案彙編》，八六一—八六四頁。

[25]〈本部葉部長約見美國駐華大使藍欽晤談節要記錄〉，民國四十五年六月十二日，《外交部檔案彙編》，八七四—八七六頁。

[26]〈克洛馬致函陳大使〉，中央社，民國四十五年六月二十二日，央祕參（45）六七九號，《外交部檔案彙編》，八七六—八七七頁。

[27]〈菲官方傾向支持克洛馬主張〉，中央社，民國四十五年六月十五日，央祕參（45）六六一號，《外交部檔案彙編》，八八四—八八七頁。

[28]中央社，民國四十五年六月十八日專電，《外交部檔案彙編》，八七七頁。

[29]〈傳加西亞建議馬賽賽正式支持克洛馬要求〉，中央社，民國四十五年六月二十五日，央祕參（45）六八九號，《外交部檔案彙編》，八七七頁。

西亞則回應道，國旗事件是意外事件，並未獲得菲政府的同意，菲政府事前也不知，所以與菲律賓政府無關；且菲律賓已經告誡過克洛馬不要做出政治性的行動。所以菲外交部對此採取不過問態度。[30]幾經波折，陳之邁終於能直接會見總統麥格賽賽。麥格賽賽戲稱克洛馬胡鬧，應該槍斃，如果臺灣要人，可以奉送。陳之邁要求麥格賽賽就此發表一份公開的聲明，麥格賽賽則推搪已經叫外交顧問 Neri 起草，要陳之邁等候。[31]

次日，陳之邁約見 Neri，但 Neri 告訴他，菲律賓政府大部分人都不支持加西亞，但現在既然加西亞支持克洛馬，即便麥格賽賽也不能讓加西亞太失面子。他建議，臺灣必須在外交上對菲律賓作一些讓步，歸功加西亞，這樣才不致加西亞顏面全失。比如，如果臺灣能接受「逾期遊客」的話，那麼將不失為一個辦法。

所謂「逾期遊客」，是當時臺菲關係最複雜的問題。中國內戰，大批中國人通過香港或澳門逃至海外。到達菲律賓的約有三千難民，被菲律賓以「臨時遊客」的身分予以入境。一九五〇年，菲律賓禁止了他們的延期申請。但若要遣返卻無處肯接收。香港認為他們只是把香港作為中轉站，不是香港人。但菲律賓和中國大陸沒有邦交，所以只能向臺灣要求接收。而臺灣因其數量龐大，也不肯接收，認為應該讓他們全部留在菲律賓。雙方一直就此問題在談判。[32]對臺灣來說，這比南沙之事重要多了，故不可能立即做出讓步。所以這個提議也是無法接受的。

最後，菲律賓只安排克洛馬在七月七日到中國駐菲大使館交還國旗，菲律賓官員概不在場。克洛馬辯稱，當時他見旗幟墮落在地，恐有損中國尊嚴，故此拾回交還中國。[33]而一天之前，克洛馬正式宣布在自由地國成立一個獨立的民主政府，委任了一批「部長」。並宣稱，其法律如無另外說明，將和菲律賓法律一致，並將懇請菲律賓作爲自由地國的保護國。七月二十日，克洛馬宣布把「首都」遷往馬尼拉。對此，菲律賓政府既不表示支持，也不表示反對。麥格賽賽答應過的聲明也沒有下文。

在此之後，克洛馬開始展開世界之旅，在香港、紐約等地宣傳他的自由地國。在向各國政府致信之餘，更向聯合國提出申請，要求把自由地國在聯合國備案，並聲稱要發展成爲安置共產主義國家的難民的地方。惟聯合國並沒有受理其申請。

這時，臺灣的第二支特遣隊由謝冠年上校帶隊，由太康、太昭和中肇等三艘戰艦組成的威遠部隊，在六月二十九日離開臺灣，七月十一日到達太平島。他們在太平島上升旗，又發現新一批克洛馬人員留下的物品。這支特遣隊留下部分人員在島上駐守。其餘人員陸續巡航，並登陸了西月島、敦謙沙洲、鴻庥島、南威島、南倫島、南子礁和北子礁。奇怪的是，此次巡邏在各島上發現十七條「共匪」標語（包括「毛主席萬歲」，「解放臺灣打倒五大家族」等），[34]還有六條法文標語，不知何人所留。部隊最後在七月二十九日返臺。在太平島的駐軍成立南沙守備指揮部，[35]從此臺灣在太平島駐軍持續至今。

[30]〈國旗事件結束〉，中央社，民國四十五年七月二日，央祕參（45）七〇八號，《外交部檔案彙編》，八七七頁。

[31]〈面晤菲總統〉，民國四十五年六月二十九日，第七九二號，《外交部檔案彙編》，九九二—九九三頁。

[32]蕭曦清《中菲外交關係史》，正中書局，一九九五，六〇一—六七〇頁。

[33]〈克洛馬率三人來本館面交我國國旗一面〉，民國四十五年七月七日，《外交部檔案彙編》，九九五頁。

[34]〈續函抄在南沙群島發現之匪僞標語〉，國防部函外交部，民國四十五年八月三十日，《外交部檔案彙編》，一〇三六—一〇三七頁。

[35]《史料選輯》，八五頁。

臺灣的第三支特遣隊「寧遠部隊」，在九月二十四日出發，依照前兩次的先例逐一巡航上述島嶼。這次最大的成果就是於十月二日在北子礁附近發現小克洛馬的船隻（*PMI IV*），成為中菲之間在南海的第一次相遇。胡嘉恆上校當即截停了菲律賓船隻，並邀請小克洛馬到自己的船上。「審問」在「氣氛極友善」之下進行。小克洛馬承認自己在南沙群島的活動是私人行為，他們一直在南沙捕魚，因機件故障而停留在北子礁附近。最後，臺灣軍官招待他們晚餐，在檢查船隻並收繳槍械之後，讓小克洛馬簽下不再侵犯中國領土的保證書，才讓船隻離去。[36]

克洛馬得知此事之後，向中國使館做出抗議：「我們難以置信，中華民國會使用他們自稱在反共戰爭中所反對的同樣強硬政策。」[37]他還宣布自由地國進入緊急狀態。臺灣則沿外交途徑，經由菲律賓交還繳獲的槍支。

此後，克洛馬還在繼續為自由地國而奔波。這時，由於臺灣準備開發南沙群島的消息傳出（見四．六），克洛馬也加緊了行動。他致信給臺駐菲領事館，聲稱自己已經在開發南沙的磷礦資源，也向菲律賓政府提出申請，並正和日本、紐西蘭買主商洽云云，後者事實上都是不著邊際的計畫。[38]

一九五七年二月，在經過一段冷靜期之後，加西亞以副總統兼外長的身分，發給克洛馬一封公函，詳細回覆了克洛馬在自由地國開發磷礦的請求。信件表明了菲律賓政府對南沙的看法：

> 你在一九五六年十二月十四日上給麥格賽賽總統關於你在包括屬於所謂南威群島之若干島嶼在內的自由邦的開礦活動的信收悉。
>
> 就外交部而論，本部視這些島嶼、小島、淺洲及沙灘，包括你所稱的「自由邦」，除那些屬於「南

威群島」的七個島嶼而外，均爲無主之島，其中有些是新出水的，另一些在國際地圖中標明爲未列入航海圖及其存在尚有疑問的，它們均未被占領，沒有人居住，換言之，這無異說他們均可由菲律賓國民做經濟開發與移居。在任何國家依照國際法公認之原則對此等島嶼設定獨有之主權，也未經國際間予以承認之前，則在國際法下，菲律賓國民有和任何其他國家同樣進行該種活動的權利。

至於國際上稱爲南威群島的七個島嶼，由於一九五一年九月八日在舊金山締訂的對日和約，菲政府認爲這些島嶼是在第二次世界大戰勝利的盟國事實上的託管之下，因爲在該和約中，日本放棄對此等島嶼的一切權利與主張，而迄今爲止，盟國未作有關它們處置事項的領土處理。因之，只要這群島嶼仍處於該種狀態，則盟國的任何一國國民均同等地基於有關社會經濟與商業事項的機會與待遇的平等，可對該等島嶼作經濟的開發與移居。

菲律賓爲第二次世界大戰中打敗日本的盟國之意，也是對日和約的簽字國之一。

鑒於自由邦包括之此等島嶼與小島的地理位置，它們鄰近菲律賓西疆，它們與菲律賓列島的歷史與地理關係，它們對我國國防與安全的巨大戰略價值，縱使除開在漁業，珊瑚與海產及岩磷方面的經濟潛在價值不談，菲政府只要菲律賓人民從事推進他們的合法追求一天，就不會對菲律賓人民在此等無人居

【36】《海軍巡弋南沙海疆經過》，中國南海諸群島文獻彙編之九，臺灣學生書局，一九七五，一六三—一七三頁。《史料選輯》，九〇—九三頁。

【37】〈克洛馬黨徒竟提抗議〉，民國四十五年十月四日，《外交部檔案彙編》，一〇四五—一〇四八頁。

【38】〈克洛馬聲稱以在南沙開採磷礦〉，駐菲使館致外交部，民國四十五年十二月十九日，《外交部檔案彙編》，九三八頁。

住與占領的島嶼從事經濟開發與移居一事，漠然視之。[39]

臺灣連忙進行抗議，並駁斥關於託管和無主島之說。這時加西亞又故技重施，先聲稱這是去年六月外交部上交總統報告書的內容，此前已經和臺灣溝通過，又反覆聲明內容不代表菲律賓政府的態度，最終態度還是要總統定奪。陳之邁追問說這信是代表總統答覆，故和以前有所不同。加西亞則稱，事雖如此，但絕不代表總統的意見。臺菲衝突應盡量避免，菲政府可以探求克洛馬的意見，是否可以和臺灣一道合作開採南沙資源云云。[40]臺灣則聲明，只有承認臺灣對南沙主權後，才能商談合作問題。但加西亞再一次展示了圓滑的外交手腕，旋即在二月二十三日再次召開記者會，聲稱南沙群島不屬任何國家所有，任何戰勝日本之盟國，均有進行開發的權利。

加西亞和中國人打交道也很有一手，比如他曾主動向臺灣外交官員透露，自己在這件事上支持克洛馬也是情不得已，因爲他和克洛馬是老鄉，也給克洛馬開始的南沙公司投入了資金，如果否定了克洛馬，自己也會血本無歸云云。這些上不了檯面的話，在外交上可算是貽笑大方，但偏偏能得到臺灣外交人員的同情，他們在電文中不乏爲加西亞辯護。

加西亞挑選這個時刻發表了這個既官方又不官方的聲明也是湊巧得很。當時麥格賽賽還在任上，加西亞可以推說不是政府的最終決定。一個月後，麥格賽賽總統就因飛機失事而去世。加西亞以副總統的身分接任。在總統的任上，他反而沒有這麼大膽積極了。這顯然是他知道如果以總統身分發聲，在外交上難以回旋之故。儘管在南沙問題上，加西亞一直和臺灣糾纏，但加西亞當選總統後，和臺灣關係良好。一九六〇年，加西亞出訪臺灣，成爲首位以國寶身分訪臺的國家元首。這在急需國際承認的臺灣來說，當然是極爲「給面子」的大事。臺灣予以極高規格的款待，動員夾道歡迎的人數達十萬之多，各方好評如潮。可見，加西亞此人確實很會伺機而動，又擅於拿捏分寸，外交手段極爲高明。

而另一方面，克洛馬仍繼續在南沙的活動。比如在一九五七年五月，克洛馬帶領人馬登陸南子礁，臺灣得到情報後進行抗議，但仍無補於事。南沙之大，防不勝防，臺灣根本無從阻止克洛馬的活動。克洛馬還和日本東洋貿易會社聯繫，準備共同開發南沙上的磷礦資源。他同時又呼籲，應該把南沙群島置於聯合國的託管之下，美國應該進行干預，甚至還向媒體抗議臺灣軍艦「長江輪」「入侵」自由地國。總之，克洛馬總能找到媒體的「爆點」，令臺灣外交部門疲於應對。菲律賓漁船在南海捕魚也成爲常態。[41]加上在加西亞的推動下，臺菲關係進入蜜月期，臺灣也不願在南沙問題上和菲律賓鬧僵。於是在一九六〇年代，菲律賓人在南沙的活動漸成爲「新常態」。

---

[39]〈加西亞致克洛馬函全文〉，民國四十六年二月十五日，央祕參（46）〇一六〇號，《外交部檔案彙編》，九三九—九四一頁。

[40]〈訪菲外長談南沙案〉，民國四十六年二月十六日，《外交部史料彙編》，九四一—九四二頁。

[41]比如一九五八年五月七日，太平島守軍截獲一菲律賓漁船 *MB Don Arturo*，《外交部檔案彙編》，一〇五一—一〇五三頁。一九六〇年三月二十二日，又截獲漁船 *San Jose IMIV*，《外交部檔案彙編》，一〇五八—一〇六〇頁。他們都和克洛馬沒有關係。

四・三 英國放棄南沙

隨著韓戰和第一次印度支那戰爭的進行，東亞局勢越發緊張。法國在印度支那節節失敗，特別是在奠邊府大敗，故嚴重依賴美國的援助。而英國甚至有計畫一旦中國入侵香港，將要把法國控制的西沙作爲一個撤退的基地。[42]於是英美法三國越發需要一個共同的亞洲政策。美國也開始更深地介入南海事務。但到了一九五四年，形勢趨緩，韓戰簽訂停火協議；越南則簽訂了《日內瓦條約》。法國最終要撤出越南，美國則開始重整在南海的部署。一九五四年九月，美國和東南亞國家簽訂了《馬尼拉條約》（Manila Pact），建立起東南亞國家條約組織（SEATO）。簽約國包括：澳洲、法國、紐西蘭、巴基斯坦、菲律賓、泰國、英國和美國。條約規定了簽約國家之間的集體防衛義務。因而美國認爲有必要明確各方（中華民國、[43]法國、南越、英國和菲律賓）在南海的立場與要求。一九五五年八月，美國向英國致函詢問其對南沙的立場。英國在十月回覆：英國在南威島和安波沙洲有傳統的主權，並且從來沒有承認別國在南沙群島的主權。[44]

當時，英國在東南亞有五處殖民地或保護國：馬來亞、新加坡、沙勞越、北婆羅洲（沙巴）和汶萊。靠近南沙的幾個地區都沒有自己的外交權，而由英國駐新加坡的東南亞總專員（British Commissioner General for Southeast Asia）處理外交事務。戰後，英國準備重整在東南亞的殖民地。在克洛馬事件發生後，東南亞總專員要求外事辦公室（Foreign Office）調查婆羅洲和南沙之間的關係。經過一番檔案挖掘，還是無外乎一八七七年批出對南威島和安波沙洲的開發權。儘管報告得出正面的意見，但英國方面認爲南沙「零散、無人居住、缺乏經濟利益，亦不宜駐軍」，而且暫時看來中共還沒有力量占領這些島嶼，故對英國不構成威脅；而北婆羅洲對南沙的主權證據，在英國看來並不足夠。因此，外交部得出結論，英國還是應該保持原先的態度。

此時的另一件事卻值得一提。一九五五年七月，一個在香港註冊的公司——婆羅洲太平洋有限公司（Borneo Pacific Company Limited），向英國提出在南沙群島上開採磷礦的申請。英國外交部認爲這會令英國捲入南沙紛爭之中，故勸告該公司不要提交申請。但該公司的實際開發意圖被懷疑與石油有關。汶萊在一八九七年發現石油，之後一直是重要的石油開採地。二戰後，近海大陸架石油開始引人注意。皇家蜆殼石油（Shell）敏銳地注意到了南沙附近的石油資源，於是在克洛馬事件後，就與新加坡當局聯繫，要求准許海軍派船保衛該公司的一位地質專家去考察那一帶的地質。英軍已經準備派戰艦 *Dampier* 號執行這個任務，但外交部擬定電文（一九五六年六月十二日）準備拒絕：一來，外交部認爲讓皇家海軍替一間商業公司從事這樣的活動不合適；二來，島嶼被中國或菲律賓占據，英國不方便出面。【45】

在理論上，電文需要經首相艾登（Anthony Eden）簽名坐實才能發出，但實際並不如此，電文在

【42】SCSAED, p.45.

【43】一九五五年九月七日，美國駐華大使館一等祕書韋士德（Mr. Webster）向中華民國提交一份二十二個南沙島教的列表，詢問中國的立場。見《史料選輯》，一二七頁。

【44】SCSAED, p.48. Also refers to https://www.cia.gov/library/readingroom/docs/CIA-RDP08C01297R000300180019-2.pdf.

【45】SCSAED, p.55.

呈送艾登的同時已經由外交部發出去了。不料，艾登深知石油的重要性，看了電文後批註「要放棄石油嗎？」被批示的電文就又回到了外交部。外交部人員論證在那一帶的石油開採並不現實，但感覺無法說服艾登，最後還是決定拖延了事，反正電文早已寄出去了。[46]最終，皇家蜆殼石油的計畫未能成事，新加坡當局將它束之高閣。

於是英國的態度和以前一樣，仍舊只是保持在紙面之上。英國的態度直接影響了當時爲其殖民地，但後來獨立的馬來西亞和汶萊在南沙主權問題上的理據。英國雖然沒有公開聲明放棄南沙群島的主權要求，但在國際法上，已經被視爲一個放棄領土主張的範例。[47]

此外，在克洛馬事件中，荷蘭也通過駐菲律賓大使向菲律賓外交部聲稱：荷蘭對南沙群島的一部分宣稱主權，並聲稱這個主張得到英國的支持。[48]這時，荷蘭雖然已經退出了印尼，但仍然保有新幾內亞島的西部，也屬於東南亞國家。由於這份聲明只是菲律賓在與臺灣的交涉中被提及，[49]現在不清楚荷蘭當年提出對南沙的主張的具體範圍和理據。新幾內亞在一九六〇年代被印尼兼併，荷蘭自此也不再具備在南沙建立統治的法律和現實基礎。至於其在一九五〇年代聲稱的對南沙的主權，是否能因此而轉移給印尼，在理論上也可以探討。但印尼現在並沒有對南沙提出主權要求，故該討論在現實方面意義不大。

四・四　法國與南方越南

進入一九五〇年代，法國在印度支那的統治越來越力不從心。一九五四年的奠邊府戰役標誌著法國在越南的失敗，法國無力再戰。一九五四年七月二十日，美國、蘇聯、法國、英國、中共、北越、南越、柬埔寨、老撾九國外長，在日內瓦達成《日內瓦協定》（Geneva Accords）[50]法國宣布將退出印度支那；越南以北緯十七度爲界一分爲二，暫時成立南方越南和北方越南兩政府；雙方在一九五六年七月以前通過普選而決定統一事項。可是，一九五五年十月，越南國（State of Vietnam）首相吳廷琰（Ngô Đình Diệm）通過操控的公民投票，廢除越南國保大皇帝，建立起越南共和國（Republic of Vietnam）。而北越（越南民主共和國，Democratic Republic of Vietnam）也不願意進行普選。於是南北越南開始了長期的對立和戰爭。以中國和蘇聯爲代表的共產主義陣營僅承認北越政府，不承認南越政府。西方陣營則相反。

由於西沙和南沙都在北緯十七度線之南，故應該屬於南方越南；而東京灣的白龍尾島，則屬於北方越南。在西沙方面，一九五六年二月，法國軍艦加爾尼埃號到達西沙，發現中共軍隊已經在宣德群島登陸後，喪失了爲越南守衛西沙群島的興趣。法軍在一九五六年四月二十八日撤出珊瑚島，由南越軍隊接管。[51]由此，法國把西沙的權利轉移給越南國，越南共和國又繼承了越南國的權利。在整個過

【46】 SCSAED, p.55.

【47】 Geoffrey Marston, Abandonment of Territorial Claims: The cases of Bouvet and Spratly Islands. *British year book of international law*, Vol.57, pp.337-356.

【48】 Bob Catley & Makmure Keliat, *Spratlys: The Dispute in the South China Sea*, Ashgate, 1997, p.29.

【49】 Ibid, p.41, note 28.

【50】 http://highered.mheducation.com/olc/dl/35271/7_4.html.

【51】 *Vietnam Dossier II*, p.132.

程中，南越都沒有放棄對西沙的主權要求。一九五〇年代初，中國（北京）軍隊也進駐西沙的永興島。中國和南越，基本維持了一九四九年之前，中法在東西對峙的局面。

南沙的情況就複雜一些。法國在越南的統治越來越力不從心，但仍然堅持南沙的主權屬於法國而不是越南。比如在一九五三年九月八日，法國外交部在一份文件中指出：這些島嶼，在一九四九年法國把前交趾支那割讓給越南的時候，並沒有作爲越南的附屬地。[52]另一個法國官員指出，在一九四九年割讓交趾支那時的文書寫明了包括崑崙島（Poulo Condore），但沒有寫上南沙群島，這證明南沙群島並非交割的一部分。[53]一九五六年一月，法軍派軍艦加爾尼埃號（*Francis Garnier*）到西沙和南沙群島巡邏，並命令其拆毀一切外國的標誌，重新豎立法國的標誌。此期間，法國遠東海軍一直在南沙有活動。一九五一年八月，一艘法國飛機在空中巡視了南威島，證實上面沒有軍隊；一九五五年五月，遠東法國海軍還在南沙進行了最後一次偵察。

越南方面一直聲稱對南沙享有主權。如前所述，在一九五一年的舊金山會議上，越南明確提出了對南沙（和西沙）的領土要求。在一九四九年到一九五五年之間，法越雙方都一直爲這個問題爭吵。除了南沙方面的矛盾，越南共和國（南越）和法國的關係也在此全面變差。一九五五年初，法國將要撤出越南，南越遂被親美派把持。吳廷琰被保大指定爲南越總理後，徹底投向美國。南越和法國對南沙的爭奪也越發公開化。一九五六年四月，南越在未經許可下搜查了法國在金蘭灣的基地，並要制止法軍在金蘭灣的活動，兩者的對立進一步惡化。

克洛馬事件後，法國一開始並不以爲然。法國駐馬尼拉的外交官似乎不知道法國早已對南沙聲稱主權。在報告給巴黎的電文中，僅僅用「小矮人的荒謬爭吵」（ridiculous quarrel of 'pygmies'）來形

容菲中之間的爭議，並認爲菲律賓給了中國（臺灣）一個干涉南海的藉口。【54】

但南越也迅速做出反應。由於南越是個新獨立的國家，也由於長期複雜的政治局勢，越南國和菲律賓的關係並不太深。直到一九五五年七月，菲律賓才承認越南國。越南共和國對克洛馬事件一開始並沒有太快的反應，但卻很留意中國的動向。於是在中共一九五六年五月二十九日發表對西沙和南沙擁有主權的聲明後，就立即做出回應。六月一日，南越外交部宣布西沙和南沙屬於越南：

> 由於中共外交部發言人於五月二十九日發表有關長沙群島（即南沙）及黃沙群島（即西沙）的聲明，越南政府認爲，有重申對這兩個群島傳統主權的必要。而此主權曾在舊金山和會中被承認。越南出席和會代表團曾於一九五一年九月七日發表聲明說，應要把握機會，澄清曖昧的氣氛，本代表團聲明，長沙及黃沙兩群島的主權是屬於越南的。當時並並沒有遭到反對。【55】

【52】“Ces îles, françaises, nónt paséte rattachées au Vietnam lors de la cession à cetétat associé de l'ancienne colonie de Cochinchine, en 1949. Elles dépendent, en conséquence, du Ministère d'outremer'. Note a/s des îles Spratley, signée J. R. [J. Roux], MAE, 8.9.53, dos. 213, s.-s. Chine, AO 1944–1955, MAE. From SCSAED, p.39.

【53】SCSAED, p.40.

【54】SCSAED, p.51.

【55】〈越南政府聲明全文〉，中央社，民國四十五年六月四日，央祕參（45）第六二九號，《外交部檔案彙編》，一一七一頁。

這樣一來，法國外交部也不得不迅速做出回應。在六月四日，法國外交部向菲律賓和臺灣致函，重申法國擁有對南沙群島的權利，並指出法國船隻定期在南沙群島巡邏，最近一次就在幾個月前（指加爾尼埃號）。[56]法國之所以仍然堅持對南沙的主權，是因為《日內瓦條約》簽訂後，遠東法國海軍還設想在金蘭灣長久地駐紮下去，認為如果有這個海軍基地的話，那麼南沙就有條件建造為一個前沿的情報基地。[57]

消息傳到西貢，引起南越政府的強烈反應。六月八日，南越外交部發表另外一篇聲明，宣布了南越對南沙群島擁有主權的理由：⑴南沙在歷史上屬越南；⑵法國在一九三三年後開始管治南沙，歸交趾支那管轄，在交趾支那割讓給越南後，越南自然繼承了對南沙的主權。六月十一日，南越駐菲公使向菲律賓提出抗議，並聲明南沙屬於南越。[58]

這時，法國駐西貢大使卻並不認同法國政府的主張，轉而要求法國外交部澄清自己的立場，要麼支持南越對南沙的主權，要麼直截了當地說法國對南沙擁有主權。巴黎一連舉行了幾次跨部門的會議，結論是左右為難，部分人認為南沙屬於越南，而且法國不值得為此而與南越徹底翻臉，但另一部分人卻認為，即便要放棄南沙，也需經過法定程序，由國會正式表決。這時由於正逢蘇伊士運河危機和阿爾及利亞獨立戰爭，法國日漸被北非戰局搞得焦頭爛額，沒有能力支持法國海軍的構想，但再度放棄領土將會給法國人造成負面的心理效應。會議討論拖拖拉拉進行了九個月後，最後決定消極以對，堅持模糊的立場，讓此事不了了之。反正法國心知肚明，無法繼續留在金蘭灣的話，在南沙立足已經不再現實。[59]法國海軍終於在一九五六年後完全撤離東南亞。

所以儘管在法律上法國沒有放棄南沙的主權，但實際上從一九五七年已經退出了南沙爭端，情況和英國一樣。法國放棄南沙在意料之中。南沙除了太平島之外，並沒有淡水資源。失去了越南的支援，法國在南海一帶沒有任何基地，根本不能在南沙立足。單獨在這群荒島設立海外省是一個不實際的設想。

那麼根據國際法，越南共和國是否繼承法國對南沙的「主權」呢？法國在移交南方越南給保大政權的時候有沒有包括南沙？南沙不屬於交給越南的交趾支那，是法國政府內部的主流看法。其理據可以用一九五五年六月十六日，法國總專員（General Commisioner of France）兼代理印度支那總司令（Acting Commander-in-Chief in Indochina）雅克將軍（General Pierre Jacquot）給國務大臣的信爲代表。[60]主要的依據是，在一九四九年三月十五日，法國和保大皇帝的祕密協議中提及「帕拉塞爾群島和昆侖島置於越南領土主權下」（the Paracel and Poulo Condor Islands fall under Vietnamese territorial sovereignty），但文中沒有提及南沙群島。

但這種看法的法律觀點值得商榷。首先，一九四九年三月八日的法國和保大皇帝的協議相關部分原文如下：

[56] SCSAED, p.52.
[57] Annex 40, SOPSI, p.249-252.
[58] 〈駐菲大使館致外交部電〉，民國四十五年六月十二日，第七七三號，《外交部檔案彙編》，九八八頁。
[59] SCSAED, p.52.
[60] Annex 40, SOPSI, p.249-252.

Notwithstanding previous treaties of which she might have taken advantage, France solemnly reaffirms her decision to pose no obstacle in law or in fact to the inclusion of Cochin China within Viet-Nam, defined as formed by the union of the territories of Tonkin (North Viet-Nam), Annam (Central Viet-Nam), and Cochin China (South Viet-nam).[61]

在整個協議以及其解釋附錄中，都沒有出現帕拉塞爾群島和昆侖島。在正式協議中，交趾支那是作為一個整體，而和東京及安南合併的。以上提到的一九五五年的信所指，「提出的帕拉塞爾群島和昆侖島要求置於越南領土主權下」，乃在一九四九年三月十五日的祕密協議[62]中，並非正式協議的一部分。

其次，一九四九年六月四日，法國國民大會通過的交趾支那併入越南的協議相關部分如下：

Article II, The territory of Cochin China is reattached to the Associated State of Viet-Nam in accordance with the terms of the joint declaration of June 5, 1948, and the declaration of the French Government of August 19, 1948. Cochin China in consequence ceases to have the status of an overseas territory.[63]

這是正式把交趾支那「交還」越南的法律，當中沒有提到交趾支那的某一部分不「交還」。而條文中提到的一九四八年六月五日的協議（即下龍灣協議，）[64]和一九四八年八月十九日的政府聲明，[65]也都沒有提及交趾支那會「分拆」開來。所以根據法律理解，交趾支那是作為一個整體「交還」給越南。

第三，在法國統治期間，南沙並不是一個獨立的行政區，而是隸屬巴地省。因此，南沙作爲一個政區已經在行政上被整合到越南之中。除非有另外的法令、條約及聲明，否則無法否認，法國在移交的時候也把南沙一併交還越南。在國際法中有一個法則，規定殖民地獨立之時，有權按照殖民地時期的國界或行政區域確立自己的國界，這也適用於越南和南沙群島。

第四，根據法國文件的記錄，在一九四九年三月十五日簽訂祕密協議的時候，是越南方面主動提出把西沙和昆侖島專門單列出來（大概覺得這兩個離島特別重要之故）；[66]如果越南不這麼積極要求，法國根本不會專門列出什麼離島屬於「交還」給越南的交趾支那的一部分，而只會默認整個交趾支那轄區，包括所有離島都屬於「交還」之列，所以不能說密約裡沒有列出南沙，就意味著南沙不在「交還」之列。

最後，當時在越南，黃沙群島這個地理概念包括了西沙和南沙（見以下一四三號令）。越南也可

【61】Allan W. Cameron, Viet-Nam Crisis, A documentary history Vol. 1: 1940-1956. Cornell University Press, 1971, p. 120-128, at p.121.

【62】筆者未能找到這份祕密協議的原文。

【63】Allan W. Cameron, Viet-Nam Crisis, A documentary history Vol. 1: 1940-1956, Cornell Univerisity Press, 1971, p. 128-129.

【64】Allan W. Cameron, Viet-Nam Crisis, A documentary history Vol. 1: 1940-1956, p.117.

【65】Allan W. Cameron, Viet-Nam Crisis, A documentary history Vol. 1: 1940-1956, p.118-120.

【66】Annex 43, SOPSI, p.265.

以爭辯，在一九五〇年交接西沙群島的時候，已經把南沙也一併交接了[67]（這種說法當然也有漏洞，因爲西沙和南沙當時並不屬於同一個政區）。

綜上所述，除非有正式的條約或聲明，畫出「交還」給越南的交趾支那的界限，把南沙摒除在外；否則，南沙是隨交趾支那一併交給越南的觀點，在國際法上更能成立。所以，法國在當時（無可奈何）放棄南沙，並不影響南越對南沙的合法繼承權。且法國所做出的表態，絕大部分是以內部公文的形式，唯一公開的表態只是在駐菲律賓大使的聲明，那對越南來說並無法律效力。而且，在一九五七年之後，法國就不再就這個問題發表意見，也沒有對南越占領南威島的行動做出抗議。故無論從法律上還是外交上，越南的理據更加充分一些。

無論如何，南越從此取代法國成爲了南沙爭議相關方。八月二十二日，越南共和國派出「粹動」號護衛艦，在上尉陳文芬的帶領下登陸南威島。他們取下中華民國國旗，豎起南越國旗，立起界碑，正式宣示了南越對南沙群島的主權。臺灣得知後，立即向南越發出抗議。[68]南越隨即提出反駁，宣稱對中國的抗議深表驚訝，並不能予以考慮，因南沙群島係屬南越領土，且經南越屢次重申在案，並且要求臺灣勿作任何軍事行動。[69]這時，美國駐華代辦 James B. Pilcher 約見葉公超，稱獲得南越方面承諾，若臺灣對南沙不採取行動，南越政府也不再重提此事。故美國國務院希望臺灣不要把此事升級到外交層面之外。[70]國防部仍然希望到南威島採取行動。但外交部勸告，爲大局著想，如在南威島發現南越國旗，可取下，但不要豎起中華民國國旗。[71]於是，臺灣派出「寧遠部隊」進行第三次南沙之行，再次到達南威島。

南越對此並沒有做出外交反應，只是在紙面上進一步把南沙群島納入政區。十月二十二日，南越在一四三號令（Edict 143/VN，圖 25），更改省區劃分，把巴地省、頭頓市（Vũng Tàu）和南沙群島置於新的福綏省（Phuoc Tuy Province）下。[72] 値得注意的是，當時南越還把南沙與西沙一道稱爲「黃沙」（Huàng Sa），於是在這個法令中南沙的寫法是「Hoàng Sa（Spratley）」。Chemilier-Gendreau 認爲這個命令

DANH SÁCH CÁC ĐƠN VỊ HÀNH CHÍNH
NAM VIỆT

Số thứ tự	Tên cũ		Tên mới	Tên tỉnh lỵ
	I) Thủ đô:			
	Sài Gòn – Chợ Lớn		Sài Gòn	
	II) Các tỉnh:			
1	Bà Rịa – Vũng Tàu **Hoàng Sa (Spratley)**		**Phước Tuy**	**Phước lễ**
2		Biên Hòa	Biên Hòa	Biên Hòa
3	Biên Hòa	Long khánh	Xuân lộc	Xuân lộc
4	(chia làm 4)	Phước long	Phước bình	Phước bình
5		Bình long	An lộc	An lộc
6	Tây ninh		Tây ninh	Tây ninh
7	Chợ Lớn – Tân An		Long an	Tân an
8	Mộc Hóa		Kiến trường	Mộc hóa
9	Phong Thạnh		Kiến phong	Cao lãnh
10	Mỹ Tho – Gò Công		Định trường	Mỹ tho
11	Bến Tre		Kiến hòa	Trúc giang
12	Vĩnh Long – Sa Đéc		Vĩnh long	Vĩnh long
13	Trà Vinh		Vĩnh bình	Phú vinh
14	Long Xuyên – Châu Đốc		An giang	Long xuyên
15	Cần Thơ		Phong dinh	Cần thơ
16	Bạc Liêu – Sóc Trăng		Ba xuyên	Khánh hưng
17	Rạch Giá – Hà Tiên		Kiến giang	Rạch giá
18	Gia Định		Gia định	Gia định
19	Cà Mau		An xuyên	Quản long
20	Thủ Dầu Một		Bình dương	Phú cường
21	1 phần Đồng-nai-thượng 1 phần Bình Thuận (hàm Tân – Tánh Linh)		Bình tuy	Hàm tân
22	Côn Đảo		côn sơn	Côn sơn

Kiến thị để đính theo sắc lệnh số 143 – NV
Ngày 22 tháng 10 năm 1956
Sài gòn,ngày 22 tháng 10 năm 1956

圖 25 越南一四三號令

[67] *Vietnam Dossier II, p.130 & 132.*
[68] 〈關於越艦登陸南沙事〉，民國四十五年九月三日，來電專號第七八〇號，《外交部檔案彙編》，一一八〇頁。《史料選輯》，一三六頁。
[69] 〈越南外交部復駐越公使第 408810A〉，民國四十五年九月八日，《外交部檔案彙編》，一一八二—一一八三頁。
[70] 〈外交部葉部長接見美國代辦 James B. Pilcher 談話簡要記錄〉，民國四十五年九月十四日，《外交部檔案彙編》，一一八三—一一八四頁。
[71] 〈國防外交兩部就越軍入侵南威島事研商對策〉，民國四十五年九月十五日，《外交部檔案彙編》，一一八四頁。
[72] EOVS, p.123. Decree No.143, Vietnam Dossier II, p.27.《史地雜誌二十九期》，p.288.

把西沙劃入福綏省，[73]這是錯誤的。臺灣隨後對此抗議，並重申南沙主權屬中國。南越則反駁稱，這是南越的內政。[74]

儘管有這些矛盾，對臺灣而言，南越比菲律賓要容易打交道得多。最主要的原因大概是南越本身國內局勢也不穩定，並不能像菲律賓那樣全力爭奪南海的利益。而且，菲律賓的外交手腕之靈活，也是南越所難以比擬的。

四・五　北京的表態與北越的態度

克洛馬事件發生後，北京在一九五六年五月二十九日再次宣布擁有南沙群島的一切權利：「南中國海上的上述太平島和南威島，以及它們附近的一些小島，統稱南沙群島。這些島嶼向來是中國領土的一部分。中華人民共和國對這些島嶼具有無可爭辯的合法主權。」[75]但北京沒有派出任何武裝或者行政機構進駐南沙。

北京如此態度可能是無奈之舉。第一，當時中國海軍和空軍極爲弱小，南沙距離中國本土約二千公里，極爲遙遠，即便勉強到達，也絕難維持駐軍；第二，中共若進入南沙，必然首先和已經重返南沙的臺灣引發衝突，而中國海軍和臺灣海軍相比還有差距。第三，更爲重要的因素是，當時美國是實際控制南海局勢的國家，在南海相爭的三個國家——菲律賓、臺灣和越南共和國，都是美國的盟國。美國在她們之間可以保持中立，但必定無法容忍中國和北越等共產主義勢力深入南海。美國海軍也顯然不是中國可以匹敵的。南越在一九六〇年代開始南沙巡航，中國也沒有能力對此進行干預。因爲當時中印交惡，中國海軍甚至連爲對印度撤僑護航的能力也沒有，更遑論與南越海軍和臺灣海軍作戰，所以不得不回避臺灣對太平島駐軍的補給艦隊。[76]因此中國能做的只有空洞的抗議。

當時，除了口頭宣示主權之外，中國還進行了資料和文檔的搜集，以便論證對西沙和南沙的主權。在建制之初，共產黨關於西沙和南沙的認識極少，主要都是從四〇年代末報紙社論和文章中得知。中國聲稱西沙南沙屬於自己，卻說不出歷史和法理依據。一九五〇年，菲律賓總統季里諾提出對南沙的主權時，中國僅稱「中華人民共和國絕不容許團沙群島及南海中其他任何屬於中國的島嶼被外國侵犯。」[77]在周恩來一九五一年聲明反對《舊金山和約》草案時，宣稱西沙和南沙是中國領土，但還搞不清南威島和南沙群島的關係。《人民日報》所發表的《南威島和西沙群島介紹》，錯漏之處不少。[78]爲了扭轉這種局面，一九五一年亞洲司司長陳家康開始主持檔案和資料搜集工作。從

[73] SORSI, p.43.

[74]〈關於南沙群島事〉，駐越公使館致外交部代電，民國四十五年十一月二十二日，越公（45）發字第一三二三號，《外交部檔案彙編》，一一八九—一一九〇頁。

[75]《人民日報》，一九五六年五月三十日，《大事記》，七頁。

[76] 外交部檔案館藏，〈海軍司令部光宇光華輪針對南沙敵情〉檔號一一八—＊＊＊＊＊＊＊＊—十（原引用如此），一九六三年六月十八日，轉引自張紹鐸〈新中國對南海問題的認識與對策〉，張以平等編著《南海區域歷史文化探微》，暨南大學出版社，二〇一二，二六九—二七六頁。

[77]《人民日報》，一九五〇年五月二十日，《大事記》，三頁。

[78]《人民日報》，一九五一年八月二十三日。錯漏之處見《被歪曲的南海史》相關篇章分析，其中所謂「一八八三年中國抗議德國測繪南沙」的錯誤還遺禍至今。

一九五一年到一九五六年間，搜集了十四份檔案目錄和十六份參考資料目錄。這才算對西沙和南沙群島的歷史、爭端和法理有初步了解。一九五六年克洛馬事件時，北京大學歷史系邵循正於六月五日和七月八日在《人民日報》上發表了兩篇文章，論證中國政府對南海的主權，其論據已經豐滿了不少。[79]

在一九五〇年代初期，中國只能把實際行動局限於西沙。關於中國進駐西沙永興島的時間有不同的說法。中國的說法通常是一九五〇年五月十三日，[80]但具體如何進駐語焉不詳。即便一九五〇年的說法是眞實的，當時中國在西沙有多大的控制力也很值得懷疑。一九五一年一月，法國情報沒有發現永興島與大陸之間定期的供應船隻來往，所以法國推斷，在永興島上沒有中國駐軍。[81]一九五四年五月，七個海南漁民在西沙擱淺，並沒有得到中國人相救，最後還是被美國巡邏的軍機發現，從西沙帶回菲律賓克拉克空軍基地。後來美國通過英國渠道交涉，欲將這些漁民遣返回中國，而最終結果不得而知。[82]

另一種說法是一九五五年。[83]根據美國的一份解密文件，一九五五年八月二十五日，美國情報機關偵察到中國軍隊占領了永興島。[84]鑒於當時美國、法國和臺灣的飛機常規性地在西沙飛越巡邏偵察，如果一九五五年之前在島上有常駐的中國軍隊，沒有可能不被察覺。因此，那大概是中國眞正軍事占領永興島的開始。同一份文件還提到，一九五六年六月九日，臺灣巡邏機 TF72 號在甘泉島上發現中國軍隊或者民兵活動。臺灣立即將此發現通報美國和越南，兩者都大爲緊張。美軍甚至考慮臺美越三方聯合出動驅趕共產黨軍隊，還打算出動美軍飛機進行轟炸永興島。[85]但後來似乎中國軍隊從甘泉島主動撤退了，這才避免了危機。所以中國軍隊在一九五五年正式進駐西沙永興島的說法應更爲準確。而在那之前，永興島上很可能已經有中國的漁民、調查人員、武裝漁船或者民兵，[86]而不是正式的軍隊。

一九五九年，中國成立廣東省南海行政區西沙、南沙、中沙辦事處，鞏固了在西沙東部的統治。

[79] 張紹鐸〈新中國對南海問題的認識與對策〉，張以平等編著《南海區域歷史文化探微》，暨南大學出版社，二○一二，二六九—二七六頁。

[80] 《疆域研究》，一九八頁。另見 https://zh.wikipedia.org/wiki/%E6%B0%B8%E5%85%B4%E5%B2%9B。值得指出的是，《疆域研究》後的〈大事記〉中有很多找不到原始紀錄，需要謹慎看待。比如它記載了一九五五年在西沙發生的一系列事件：(1)五—六月，海南行政區組織西沙群島調查勘探隊，勘探隊由海南供銷社、水利部、衛生處、建築工程公司以及廣東省農業廳、供銷社等單位組成；(2)一月二十五日，法國炮艦七七五號載運二十餘人在永興島登陸，建造墳墓一座；(3)三—四月，有五艘日本船隻分○到西沙群島進行非法活動；(4)六月，法國在琛航島、南島、北島建立石碑；(5)六月十一日，法國登陸艇一艘，以水陸坦克兩輛、舢舨一隻，載運十六人在永興島登陸。於島上建立高約一米，寬約○．五米的水泥碑，碑上寫「ORNE 1955」，同日在北島也建了類似水泥碑。此後琛航、南島也相繼發現此種水泥碑；(6)八月二十二日，法國軍隊命令永興中國漁民退去，破壞中國紀念碑。法艦 L9006 號駛抵永興島拋錨。二十三日以機艇兩艘載武裝人員三十七人，分三隊登陸搜查，宣稱此島爲法國領土，強令我駐島漁工返回海南。離島前將島上紀念碑搗毀。這些事，在當時的中國報紙、中國其他獨立的著作以及法國、臺灣、越南和美國的檔案中都找不到。除了第一條有一定可信度之外，其他的恐怕沒有根據。

[81] Annex 37, SOPSI, p.242.

[82] FRUS, 1955-1957, Vol II, p.278.

[83] SFPIA, p68.

[84] Memerandum, From Director, Plitico-Military Policy Division to Chief of Naval Operation, Subject Paracel Islands, 11 June 1956.

[85] Memerandum, From Director, Plitico-Military Policy Division to Chief of Naval Operation, Subject Paracel Islands, 11 June 1956.

[86] 一九八○年一月三十日，外交部文件〈中國對西沙群島和南沙群島的主權無可爭辯〉中寫道：「一九五○—一九五六年……廣東省海南行政區有關部門不斷派遣人員到西沙群島調查勘測、捕撈水產、開採磷肥、建立氣象臺，並對西沙群島的漁民進行管理」。

一九六九年，辦事處改稱「廣東省西沙、中沙、南沙群島革命委員會」。中國雖然在口頭上重申了對三沙的主權，但當時僅僅控制了西沙的永興島。中國對南沙和黃岩島既沒有能力控制，也沒有進行任何主權宣示。由於擔心漁民在出海打漁時叛逃或者被收買爲間諜，從一九五〇年代中期（大約是一九五六年）起，[87]中國禁止漁民往南沙打漁，直到一九八四年才解禁。[88]在黃岩島，並沒有中國漁民之前曾在此打漁的紀錄，戰後美軍和菲律賓控制了那一帶的水域，就更加沒有中國漁船在此出沒（五．八）。

北越當時與西沙和南沙沒有任何關係，在一九五六年之前也沒有對西沙和南沙做出任何評論。在北京發表聲明後，六月十五日，北越外交部副部長雍文謙會見中國駐（北）越南大使館臨時代辦李志民，鄭重表示：「根據越南方面的資料，從歷史上看，西沙群島和南沙群島應當屬中國領土。」當時在座的北越外交部亞洲司代司長黎祿也說：「從歷史上看，西沙群島和南沙群島早在宋朝時期就屬中國了」。[89]有人質疑這個資料是否屬實，因爲這資料只是口頭上的表態而並非書面，而越南方面似乎也不承認有這個發言（沒有在越南方面整理的資料中提及）。但筆者還是傾向這是屬實的。

一九五八年八月二十三日，中臺之間爆發金門砲戰，臺海危機一觸即發。九月二日，中國解放軍四艘炮艦和八艘魚雷艦，向載著軍事物資、美軍顧問以及中外記者組成的戰地訪問團的美堅號登陸艦以及護送的三艘臺灣炮艦發動攻擊。原因是爲九二臺海海戰，可能是要在法理上拒絕美軍介入，九月四日，中國發布十二海里領海寬度的聲明：

㈠中華人民共和國的領海寬度爲十二海里。這項規定適用於中華人民共和國的一切領土，包括中國大陸及其沿海島嶼，和同大陸及其沿海島嶼隔有公海的臺灣及其周圍各島、澎湖列島、東沙群島、西沙群島、中沙群島、南沙群島以及其他屬中國的島嶼。

……

(四)以上(一)(二)兩項規定的原則同樣適用於臺灣及其周圍各島、澎湖列島、東沙群島、西沙群島、南沙群島以及其他屬中國的島嶼。[90]

這個聲明再次宣示了中國對西沙、中沙和南沙的主權。美國對此提出反對，首先不承認中國共產黨政府的合法性，也不承認該政府提出十二海里的有效性，亦在一般意義上不認爲十二海里的寬度是符合國際法的主張（美只承認三海里的寬度）。美國還認爲，根據國際法，飛機和船艦對「領空領海」有無害穿越的權利，不需要得到中國的批准。此外，美國對西沙、中沙和南沙的歸屬也持保留意見。一九七二年三月二十四日，美國派出軍機前往西沙群島十二海里內，三海里外的空域飛行，以顯示不承認西沙擁有十二海里領空的態度。[91] 且美國對中國大陸也有長期軍事偵察的需要。

[87] 一九八〇年一月三十日，外交部文件〈中國對西沙群島和南沙群島的主權無可爭辯〉中寫道：「一九五〇—一九五六年廣東省瓊海縣大批漁民不斷前往南沙群島進行漁業生產」。可見中國是在一九五六—五七年之間停止漁民往南沙生產作業的。

[88] 陳若〈潮落潮起海南夢〉，《中國國家地理》，二〇一三年第二期。當中記敘一個海南漁民在一九八三年私闖南沙被吊銷執照的事。

[89] http://history.people.com.cn/GB/205396/15179668.html.

[90] 《中華人民共和國政府關於領海的聲明》。

[91] FRUS, 1969-1972, Vol.XVII, p.873.

在以上因素的共同作用下，美國長期派出軍機和軍艦進入中國領海和領空。中國無法阻止美國的行爲，只能在報紙上一再提出「嚴重警告」。從一九五八年到一九七一年間，中國在《人民日報》和《解放軍報》上總共提出了四九七次「嚴重警告」，其中二三五次是針對西沙群島的。[92]而在南沙群島方面，由於中國對南沙既無駐軍，也無控制力，甚至根本無法得知美國在南沙的行動，所以沒有對美國在南沙的行動做出警告。

而北越則表示贊同北京在九月四日的聲明。九月七日，北越《人民報》發表評論：「越南人民完全讚成中國政府關於領海的聲明。」[93]九月十四日，北越總理范文同在外交照會（圖26）中表示，北越承認並贊同中國這份關於領海決定的聲明。這是北越第二次在外交上表態，承認中國對西沙和南沙的主權，也比上一次更爲正式：

尊敬的總理同志，

我們鄭重的向總理同志聲明：越南民主共和國政府接受並贊成中華人民共和國政府於一九五八年九月四日所作的關於中國領海的決定和聲明。

越南民主共和國政府尊重此決定並將會指示有關部門在與中華人民共和國海上關係徹底尊重中國領海十二海里的決定。

我們向總理同志致以誠摯的敬意！[94]

在這份照會中，范文同提出「接受並贊成」中國關於領海的聲明。這無疑隱含了對中國在聲明

THỦ TƯỚNG PHỦ
NƯỚC VIỆT-NAM DÂN-CHỦ CỘNG-HÒA

Thưa Đồng chí Tổng lý,

Chúng tôi xin trân trọng báo tin để Đồng chí Tổng lý rõ :

Chính phủ nước Việt-nam Dân chủ Cộng hoà ghi nhận và tán thành bản tuyên bố, ngày 4 tháng 9 năm 1958, của Chính phủ nước Cộng hoà Nhân dân Trung-hoa, quyết định về hải phận của Trung-quốc.

Chính phủ nước Việt-nam Dân chủ Cộng hoà tôn trọng quyết định ấy và sẽ chỉ thị cho các cơ quan Nhà nước có trách nhiệm triệt để tôn trọng hải phận 12 hải lý của Trung-quốc, trong mọi quan hệ với nước Cộng hoà Nhân dân Trung hoa trên mặt bể.

Chúng tôi xin kính gửi Đồng chí Tổng lý lời chào rất trân trọng./.

Hà-nội, ngày 14 tháng 9 năm 1958

PHẠM VĂN ĐỒNG
Thủ tướng Chính phủ
Nước Việt-nam Dân chủ Cộng hoà

Kính gửi :
Đồng chí CHU ÂN LAI
Tổng lý Quốc vụ viện
Nước Cộng hoà Nhân dân Trung-hoa
tại
BẮC-KINH.

圖 26　一九五六北越總理範文同寫給周恩來的照會

中聲稱對西沙和南沙主權的「接受和贊成」。這也是爲什麼後來中國指責越南「出爾反爾」的原因。

一九六五年五月九日，當時美軍把包括西沙在內的海域定義爲「戰鬥區域」（Combat Zone）。對此，北越外交部新聞司司長黎莊發表聲明：「一九六五年四月二十四日，美國總統約翰遜把整個越南及其附近水域——離越南海岸線約一〇〇海里以內的地方和中華人民共和國西沙群島的一部分領海規定爲美國武裝部隊的『戰鬥地區』。接著，美國國防部決定公開派遣第七艦隊及所謂『海岸警衛隊』的一些單位進入這一海域進行活動和檢查往來船隻」，「這是違反國際法的。」[95]

這些表述中，北越再次明確地把西沙群島視爲中國的一部分。這種表態有一定的時代背景。在一九六五年之前，美國對進入西沙海域作戰頗有疑慮，因爲西沙雖然在北緯十七度以南，但由於存在中越之間的爭議，如果進入西沙作戰，就有可能違反國際法。[96]美國和中國在波蘭的祕密接觸中，美國亦就這個問題曾和中國進行交涉。[97]直到一九六五年，約翰遜總統基於形勢的需要，才頒布這個戰鬥區域，遭到中國的強烈抗議。[98]顯然，如果北越支持北京的主張，那麼美國會因爲顧忌中國的反應，而不敢駐兵西沙作爲襲擊北越的基地，或者至少不在西沙巡邏，這對當然對北越有利。

而從國際法角度看來，這些表態等同再一次肯定了北越在這個問題上的態度。此外，當時很多北越出版的報紙、地圖、教科書等等都把西沙視爲中國的一部分。

一九六九年五月十三日，北越的《人民報》（*Nhan Dan*）發表文章，稱「五月十日，一架美國軍機在廣東省西沙群島兩個島嶼——永興島和東島——的上方，穿過了中國領空。」[99]鑒於《人民報》的黨報地位（和中共的《人民日報》相仿），這也可以視爲北越政府的正式表態。

此外，北越的地圖和教科書中多次出現承認西沙群島屬於中國的例證。比如，一九七〇年越南教育出版社和越南科學技術出版社出版的《越南自然地理》（圖27）和《越南領土自然分區》圖中，都指明越南領土最東點爲東經一〇九度二十一分，而西沙和南沙都在這個點的東面。

一九七四年，越南教育出版社的《普通中學九年級地理教科書》中，寫到「從南沙西沙割刀到海南島、臺灣島、澎湖列島、舟山群島……這些島呈弓形狀，構成了保衛中國大陸的一座長城。」

一九七二年五月北越總理府測量和繪圖局印製的《世界地圖集》（圖28）中用中國名稱標注西沙群島和南沙群島，沒有用黃沙和長沙等越南名稱。[100]

這些證據和以上北越官方表態相結合，充分說明了北越在一九七四年之前，承認西沙和南沙是中國的一部分。這種承認在國際法上有何意義將在後文才進行討論。

【92】《史料彙編》，四八四—四九二頁。

【93】《史料彙編》，五四三頁。

【94】中國外交部文件〈中國對西沙群島和南沙群島的主權無可爭辯〉，一九八〇年一月三十日，附件四。另見《人民日報》一九五八年九月八日第五版。《史料彙編》，五四二—五四三頁。

【95】中國外交部文件〈中國對西沙群島和南沙群島的主權無可爭辯〉。另見《人民日報》一九六五年五月十日第一版。《史料彙編》，五四四頁。

【96】FRUS, 1961-1963, Vol.I, p.233.

【97】FRUS, 1961-1963, Vol.XXII, p.168.

【98】FRUS, 1963-1968, Vol.XXX, p.178.

【99】SOPSI, p.44.

【100】中國外交部文件〈中國對西沙群島和南沙群島的主權無可爭辯〉，一九八〇年一月三十日，附件五。

ĐỊA LÝ

LỚP CHIN PHỔ THÔNG

TOÀN TẬP

NHÀ XUẤT BẢN GIÁO DỤC

HÀ NỘI — 1974

sâu không quá 200m, lại có những dòng biển nóng và lạnh chảy qua nên lắm cá. Vòng cung đảo từ các đảo Nam sa, Tây sa đến các đảo Hải nam, Đài loan, quần đảo Hoành bồ, Châu sơn... làm thành một bức « trường thành » bảo vệ lục địa Trung quốc. (Hiện nay Đài loan và các đảo xung quanh còn bị đế quốc Hoa kỳ và bọn tay sai Tưởng Giới Thạch chiếm giữ, đấy là một mối đe dọa đối với nền an ninh của Trung quốc, của Viễn đông và miền tây Thái bình dương).

Bờ biển Trung quốc dài 11 000km và nếu kể cả các đảo thì dài 20 000km, đấy là một điều kiện rất thuận lợi cho sự phát triển kinh tế. Dải bờ biển từ bắc Giang tô lên đến Bột hải phần lớn là bờ biển cát thấp, phẳng thuận tiện cho việc phát triển công nghiệp làm muối, hóa chất, đánh cá lộng. Đoạn bờ biển phía nam và dọc các bán đảo Sơn đông, Liêu đông, phần lớn là bờ biển đá, khúc khuỷu, ở đấy có thể xây dựng nhiều hải cảng tốt, kín đáo.

Địa hình.

Không có nước nào trên thế giới địa hình lại nhiều màu, nhiều vẻ như ở Trung quốc. Ở đây, có những ngọn núi cao nhất thế giới (như ngọn Chô-mô-lung-ma: 8 848m), những cao nguyên đồ sộ, mênh mông, những miền đồi núi rộng lớn, những dải bình nguyên bát ngát, phì nhiêu và cả những vùng đất thấp dưới mực nước biển, như bồn địa Tuốc-fan (— 154m). Đấy là cơ sở rất tốt để phát triển một nền kinh tế toàn diện (trồng trọt, chăn nuôi, lâm nghiệp, công nghiệp).

Địa hình Trung quốc nói chung thấp dần từ tây sang đông tạo điều kiện cho ảnh hưởng tốt của biển lan sâu vào trong đất liền, việc giao thông đi lại giữa nội địa và biển cũng được dễ dàng.

4

圖 27 《越南自然地理》（一九七四）

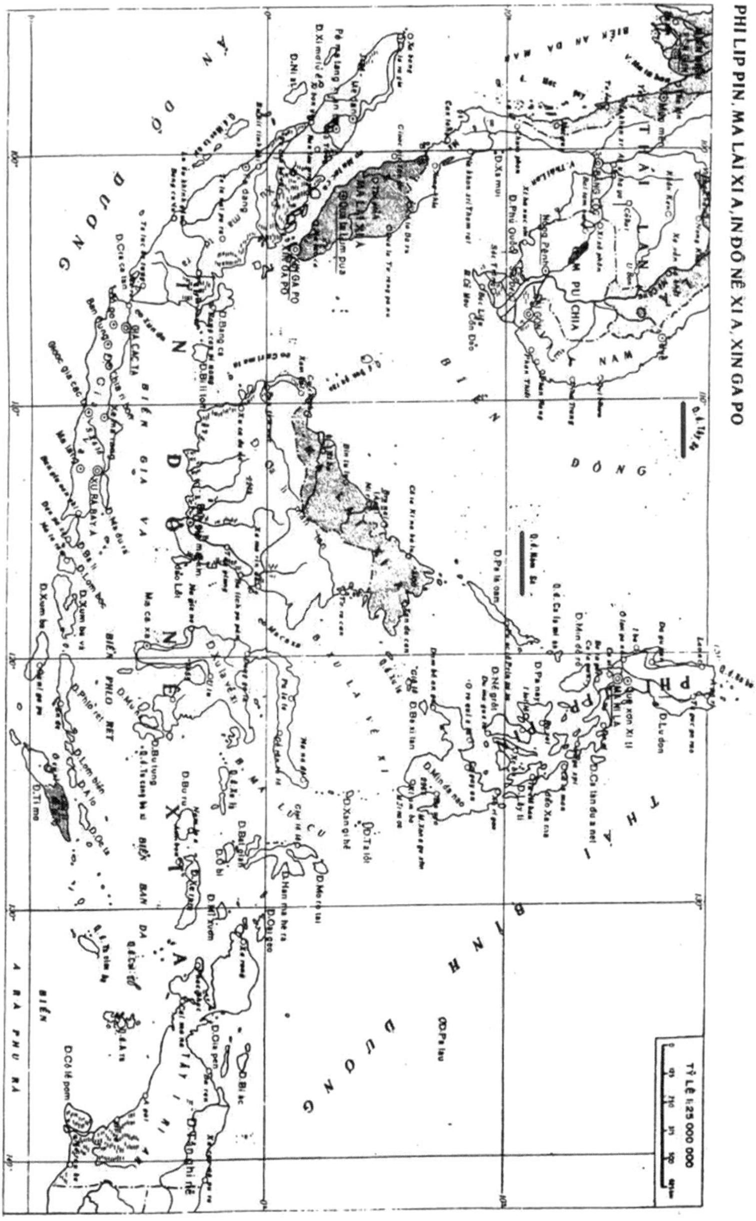

圖 28 北越總理府測量和繪圖局印制的《世界地圖集》（一九七二）

四・六　臺越在西沙和南沙問題上的交涉

一九五六年之後，克洛馬事件逐漸淡化。直到一九六〇年代末，臺灣和南越沒有在西沙和南沙發生軍事衝突，儘管仍有一系列的外交交鋒。雙方都希望把自己實控的土地「常規化」。由於雙方兩處實際控制上的區域不同，南越和臺灣在西沙和南沙問題上攻守互異：在南沙，臺灣處於攻勢；在西沙，南越處於攻勢。

在西沙，南越的動作頻仍。南越軍隊（或警察部隊）從一九三八年開始就和法軍一道駐守珊瑚島。戰後，南越亦和法國軍隊一道重返西沙珊瑚島。一九五六年四月，法軍根據協議全部從西沙群島撤出，由南越再派出一軍隊接替。這樣，西沙珊瑚島完全由南越軍隊駐守。[101]同年二月，臺灣從情報得知，中共已經進駐永興島，並興建營房等設施。[102]這令對西沙鞭長莫及的臺灣陷入兩難之中。臺灣一方面出於主權的需要，不願南越在西沙駐兵；而另一方面出於反共的需要，又不願看到南越輕易從西沙撤出，讓中共占據整個西沙。於是，只能在對南越堅持聲稱主權的同時，默許南越在西沙的駐軍。從上一節提到的臺灣和南越就中共軍隊在甘泉島登陸一事交換情報，甚至可能聯合行動一事，就已經證明了臺灣的這種矛盾心態。

一九五九年一月，南越準備開發西沙群島上的鳥糞，爲此成立的「西沙群島開拓公司」和新加坡有發公司（代表陳家發）簽訂合同。臺灣又陷入兩難之中，臺灣不斷打探消息，卻遲遲沒有行動。後來，國防部和經濟部均催促外交部表明態度。最後在十一月，外交部才向國防部解釋：「鑒於西沙之永興島自四十一年即被匪共占據，該群島不在我方實際控制之下，與中越兩國共同反共立場友好關係，且我方已向越方聲明我對西沙主權立場，本案是否贊可不向越方提出抗議，以免徒增兩國間之往來爭執，於事無補。」[103]臺灣最終對此事不了了之。南越得以順利與新加坡公司開發磷礦。

但此事卻引起北京的注意。北京開始向南越控制的島嶼滲透，採用的方法就是派「漁民」（其實是解放軍或民兵）偷偷到越控島嶼進行蠶食。二月十九日，北京派出的八十一名「漁民」在深航島（Duncan Island）登陸，建設營房並升起國旗。這一舉動被南越發現。未幾，南越海軍巡邏隊登島，連同島上的駐軍（約十人）將中國「漁民」扣留，先押送至珊瑚島，並沒收發報機兩臺和器材一批，再送往峴港審問。這些「漁民」中竟有能操熟練之英文者，顯然不是一般的漁民。但南越也不想因此和中共翻臉，於是聲稱他們是「普通漁民」，以人道主義理由，運回西沙，發放水糧，遞解出境。[104]並且，南越通過柬埔寨向中國表明立場（柬埔寨是唯一和南北兩個越南都建交的國家，當時成爲南越和北京打交道的唯一正式通道。）南越的行動，阻止了北京進一步向西沙西部滲透的計畫。北京當時未敢輕舉妄動，除了海軍尚弱小之外，主要是美國在一九五八年北京宣布十二海里領海之後，

【101】Vietnam Dossier II, p.132.

【102】〈外交部長葉公超呈行政院俞院長函〉，民國四十五年二月二十九號，《外交部史料彙編》，六四七頁。

【103】〈關於越南政府開發西沙群島情形函請查照參考由〉，民國四十八年十一月九日，外交部致國防部，《外交部檔案彙編》，六九七—六九八頁。

【104】〈越南已經將逮捕之中共漁民釋放〉，民國四十八年二月二十八日，駐越大使館致外交部，《外交部檔案彙編》，六七三—六七四頁。〈越南逮捕在西沙群島捕魚的中共漁民八十一名〉，民國四十八年四月十日，六八七頁。

已經常態化地在包括西沙和中國東南沿岸一帶進行飛行巡邏[105]（北京稱爲侵犯領空並嚴重警告）。北京並不想冒著和美軍發生衝突的危險奪取整個西沙。對南越阻止中共滲透之舉，臺灣也樂見其成，除了向南越重申主權立場之外（以確保日後交涉時有所依據），並沒有加以干涉，也沒有對南越不斷整理和提出的主權材料進行反駁。[106]並以此研判，西沙群島除永興島外，大部分在南越控制中。

南越還嘗試以其他方式宣示主權，但臺灣都想盡方法大事化小。比如一九六〇年八月，南越擬發行西沙及南沙紀念郵票。臺灣得知後，連忙和南越商洽，該計畫得以制止。同年十二月，南越經濟部出版的刊物中把西沙和南沙畫入插圖。臺駐越大使對此進行交涉，雙方同意對刊物發行不作宣傳。[107]

一九六一年七月十三日，南越頒布第174/NV號法令，[108]把西沙從承天省（Tuan Thien）省轉入廣南省（Guang Nam），定名定海社（Dinh Hai Commune），屬和萬郡（Hoa Vang District）。[109]若說前面幾件事，由於相對祕密，臺灣官方尚可低調處理，但是南越這項法令的公布引起島內和華僑輿論之強烈反應，臺灣外交部也不得不加以回應。七月二十六日，臺灣外交部發表新聞稿，重申對西沙的主權；七月二十九日，臺灣正式向南越提出外交抗議。[110]八月三日，南越回覆，聲稱此事純屬南越內政，對臺灣提出的主張不得不予以拒絕。[111]因爲臺灣的抗議，南越還整理出第一份較爲詳細的對西沙和南沙的主權闡述。[112]此後，臺灣外交部亦承認無法採取進一步之行動。臺灣內政部研究是否存在向西沙移民的可能，但外交部回應：群島已經被南越和中共占領，執行有困難。[113]故此計畫也只得作罷。一九六九年，南越把定海社與和龍社（Hòa Long Commune）合併。[114]

在南沙，挑起爭端的則是臺灣。在一九五八年四月，臺灣外交部長葉公超出訪南越後，在歸途中飛經南沙群島上空「視察」。[115]南越提出抗議，重申對南沙的主權。此事件僅掀起小風波。

更大的爭議是臺灣準備在南沙的開發計畫。在克洛馬事件發生之後，臺灣就準備開發南沙。一九五六年六月，經濟部漁增會提出，兩年內在南沙太平島建立起一個漁業基地。具體而言是在島上建立無線電臺和氣象觀測所、防波堤和碼頭、燈塔和立標、公用房屋及倉庫、儲油池、製冰廠及冷藏庫、給水設備、船舶修理等八大工程，以供二〇〇艘小型漁船使用。在臺琉球人「琉球革命同志會」會長蔡璋則主動提出，可以中琉合作，以琉球漁民爲先鋒進行開發。也有提議把大陸逃港漁民遷徙到南沙群島。此外，有不少菲律賓華僑提出，願往南沙進行漁業開發。這些提議都引起臺灣政

【105】〈中共譴責美軍海空侵犯西沙群島〉，民國四十八年八月一日，《外交部檔案彙編》，六九〇—六九一頁。內稱美國代理副助理國務卿強調「美方在海峽及西沙群島巡邏任務仍當繼續如前」。

【106】〈極機密（關於西沙群島主權事）〉，民國四十八年四月二十日，外（48）東二字第零零五八六五號，外交部致總統府第一局函，《外交部檔案彙編》，六八八—六八九頁。

【107】〈亞東司簽呈〉，民國五十年七月二十四日，《外交部檔案彙編》，七一一—七一二頁。

【108】《越南彙編》，一七四頁。Decree, No.174, Vietnam Dossier II, p.29.

【109】EOVS, p.124. Decree No. 709-BNV-HCDP-26.

【110】《外交部檔案彙編》，七二〇頁。

【111】《外交部檔案彙編》，七二三頁。

【112】史地雜誌二十九期，三四五頁。Tân Phong. "Vấn đề chủ quyền trên nhóm quần đảo Tây Sa và Trường sa", Quê hương, bộ III, số 27, tr. 178-190.

【113】〈就辦理西沙群島開發及移民一事〉，民國六十年十二月十二日，《外交部檔案彙編》，七三七—七三九頁。

【114】Decision no.709 – BNV/HCDP/26 of 1969/10/21, Vietnam Dossier II, p.29.

【115】《史料選輯》，八七頁。

府的興趣。從八月到十一月，臺灣召開了多次報告會進行研究。一時間，開發南沙成爲熱門話題，甚至有野心勃勃的方案（比如原先僅提議開發太平島，後則提議開發所有島嶼）。但礙於島嶼遙遠，經費所限、外交複雜，事涉多部，各方互相推搪，乃至議而不決，決而不行，直到一九五八年還未有實際行動。直到一九五八年八月，臺灣才以一九五五年國際民航會議要求臺灣在太平島設立氣象站的名義，致函美國，要求美方支援在南沙設立氣象臺。而在開發問題上，最終還是決定最保守的方案，用退役老兵到南沙開發礦產「實邊」。[116]

儘管臺灣官方一再要求在討論階段需要保密，但討論擾攘多年，消息散發，南越也從香港和臺北的報章中探聽到風聲。一九五九年四月二十七日，南越駐臺公使阮功勛向臺外交部，對擬派人前往南沙開發一事，提出正式抗議。[117]臺外交部長黃少谷在第二天和阮功勛會面，後者提出了南越應當擁有南沙的三項證據：一九三三年法國占有南沙並劃歸巴亞省，中國沒有表示異議；南越獨立後繼承了法國在越南的主權；舊金山會議上越南聲稱對西沙和南沙的主權，無人反對。臺灣未與南越商量就單方面暗中準備實施開發計畫，南越不得不視之爲侵略行爲。黃少谷則稱南海諸島幾百年來都是中國的領土，又勸告南越以反共大業爲重，勿要引起爭執，同意將給南越一正式答覆。[118]十幾天後，臺灣給南越覆信，首先澄清「法新社報導中國外交部發言人曾於四月十八日宣稱中華民國政府已決定派遣退伍軍人前往南沙群島開發該島礦產一節不確，中國外交部發言人從未作此項發言。」其次又強調了臺灣對南沙主權的三個要點：(1)數百年來構成中國領土之一部分；(2)二戰後從日本接收，並由內務部公布該群島島嶼灘礁名稱，法越當局未提異議；(3)一九五六年南越宣布把南沙劃入福綏省（十月二十日，南越發布 143/NV 號法令，把南沙劃入福綏省。[119]），臺灣提出抗議。[120]同時，外交部又去函國防部，抱怨國防部保密不力，以後應該避免在報章發放消息，「以免引起鄰邦覬覦，並妨礙中越關係，而增加我方困難」。[121] 此後，南越又提請美國進行斡旋。而此時，臺越之間的關係仍屬不錯。臺灣就將開發之事低調處理，過了一年，仍然停留在收集資料和各項實驗工作。直到後來也沒有眞正實施。

但南越對臺灣並不信任，決定在南沙採取更爲進取的手段，即像臺灣一樣，派出艦隊到南沙巡航。一九六一年六月十三日，南越海軍兩艘巡邏艦駛近太平島，被臺灣守軍發現。詢問之下，越方聲稱是遠航訓練，誤經此處，中國守軍未予深究，吩咐其離去。[122] 其實南越船隻未必沒有刺探之意。一九六二年四月二十三日，又有兩艘戰艦駛近太平島，並要求登陸，被臺軍拒絕。

一九六三年五月十八日，南越高調宣布一隊十艘船隻組成的艦隊當日出發，開赴「菲律賓所要求之南沙群島，以重新確定南越在該南沙群島的主權」，而且聲稱這是自一九五九年來每年的「例行巡視」。[123] 五月二十二日，越軍到達太平島下錨，艦長阮月長登島與臺灣守軍司令姚平嵩會談，詢問島

---

[116] 見《外交部史料彙編》，一〇六一—一一六一頁。

[117] 〈爲越南抗議我開發南沙群島事〉，民國四十八年四月二十八日，《外交部檔案彙編》，一二〇四頁。

[118] 〈黃部長與越代辦談南沙群島主權問題後，簽呈行政院陳兼院長〉，民國四十八年四月二十九日，《外交部檔案彙編》，一二〇五—一二〇九頁。

[119] 《越南彙編》，一七四頁。

[120] 〈關於南沙群島案應復越方各點〉，外交部電駐越大使館，民國四十八年五月九日，《外交部檔案彙編，一二一二—一二一三頁。

[121] 〈密（關於南沙群島開發計畫事）〉，外交部分函輔導會及國防部，民國四十八年五月二十日，《外交部檔案彙編》，一二一三—一二一四頁。

[122] 〈中越（法）兩個關於西南沙群島主權之爭執節要〉，《外交部檔案彙編》，七四一—七四三頁。

[123] 〈關於報載越南派艦前往南沙群島事〉，外交部致駐越大使館，民國五十二年五月二十七日，《外交部檔案彙編》，一二三五頁。

上有無居民，並稱南沙乃南越領土。之後離去駛往其他島嶼。在此行中，南越炸毀了臺灣於一九四六年在南威島所立的碑石，並豎立南越碑石，並在其他一些無人島上豎立南越碑石。臺灣急忙命駐軍往各島查看。六月，揚威支隊往敦謙沙洲、鴻庥島和南鑰島查看，發現南越在南鑰島豎立了水泥石碑，官兵立即加以破壞。十月，揚威支隊再次巡邏各島，在南威島、安波沙洲、中業島和北子礁登陸，炸毀了南越所設立的界碑。[124] 一九六四年五月十九日，南越又進行「例行」巡邏，駛近太平島，測量水文，並要求登陸，被臺灣守軍拒絕後離去。一九六七年五月，南越兩軍艦又抵達太平島。這種豎立己方界碑，炸毀對方界碑的活動，幾乎成爲年度的例行節目。[125] 臺越雙方每次都在這個問題上展開交涉，都各自重申對南沙的主權，但也同意以外交爲解決手段，沒有把事件鬧大。在一九六〇年代，南沙爭端主要在南越和臺灣之間展開，到了一九六八年，菲律賓開始重新進入南沙，加入了登島豎界碑的行列。[126]

四・七　南海發現石油

一九六〇年代，南海領土爭端一度沉寂下來，越戰是一個重要的原因。一九五九年，北越決定武裝統一越南。在北越的支持下，越南共和國內的共產黨成立越南南方民族解放陣線（越共），在一九六〇年一月發動武裝革命，用農村包圍城市的策略與南越政府周旋。南越吳廷琰政府儘管接受美援且有美國軍事顧問，仍節節敗退。爲抵抗共產主義，美國不得不加大對南越政府的軍事支持。一九六一年五月，副總統約翰遜在訪越期間與吳廷琰簽署聯合公報，派遣一〇〇名美軍特種部隊，開始正式軍事介入。這時，由於柏林牆事件，冷戰越演越熱。越南戰爭作爲「冷戰中的唯一熱戰」，成爲表現美國捍衛自由世界決心的最好方式。一九六二年，中蘇反目，兩國競相支持北越和越共，以爭奪共產主義陣營領頭羊的地位。在越南戰爭升級的情況下，南海對美國的重要性大大加強。美軍除了延續其自二戰後在南海的存在外，更把南海作爲封鎖北越的防線和支持南越海上進攻北越的戰場。一九六五年美國決定從「特種戰爭」升級到「局部戰爭」。五月九日，美軍把包括西沙在內的南海海域定義爲「戰鬥區域」（Combat Zone）。這時，整個南海都被美軍所控制。北越及中國的海軍實力有限，只能局限於本土沿岸一帶。爲了反共，臺菲（南）越三方都不願領土爭議擴大。到一九六〇年代末，南沙的「現狀」是臺灣據有太平島，南越有每年例行的南沙巡邏，菲律賓則主要依靠克洛馬等的「私人行爲」在南沙活動。

這時，各國所關注的還是戰略與安全等利益，以及「領土主權」等民族主義的因素。南沙並無顯示太大的商業利益。儘管南沙有漁場，島嶼上也有一定的磷礦資源，但是距離遙遠，補給困難；島嶼細小，難以建立基地。這些實際的困難都減低了各國開發南沙的興趣。距離最近的菲律賓可能還有一些漁業利益，但也並非十分重要。臺灣聲稱開發南沙，但討論了十幾年，仍停留在紙面。因此，南

【124】《史料選輯》，九四—九五頁，一三九頁。

【125】一九七三年七月，越南登上鴻庥島，是這類遊戲的最後一次。《史料選輯》，一四一頁。

【126】〈爲關於越南及菲律賓兩國人員非法進入我南沙群島侵界毀碑一案函請查照由〉，內政部函外交部，民國五十七年八月十二日，臺內地字二八三—四三五號，《外交部檔案彙編》，一二八八—一二八九頁。

沙衝突一直停留在可控範圍之內。但是，南海石油的發現徹底改變了這一進程。

對東海和南海海底的海洋測量和地質研究從二戰之前就開始了，日本在這方面積累了不少數據。惟在當時，海底石油開發還是遙不可及之事，因此無人專門做這方面的研究。在二戰之後，海底石油的開發成爲可能，對海底石油的探測漸漸成爲科學界和工業界的熱點。在東海與南海海域，最早論述有關海蒂石油可能的是一九四九年美國地質學家薛伯（F. P. Shepard）、艾默利（K. O. Emery）與古德（H. R. Gould）所發表的《東亞大陸礁層沉積物的分布》。[127]惟這份報告對南海的研究，重點還是印度支那半島近岸海底沉積層，對南海遠岸地質還沒有太多研究，而且所用的技術還不足以肯定南海海底有無石油。之後，艾默利轉向了美國加州和波斯灣一帶的地質研究。到一九五〇年代後期，他已經成爲美國麻省理工學院海洋地質系教授，並與日本東京水產大學地質系的新野弘（Hiroshi Niino）教授開始了長期合作的關係，聯合在東海和南海的海底進行地質考察。新野弘早在一九三〇年代已經從事對日本周邊的海洋地質研究，積累了對這一帶地理地質的經驗和數據。兩人的合作迅速產生成果。一九五九年十月，他們聯合提交了一篇名爲〈東中國海和南中國海淺海處的沉積岩〉的論文，發表在一九六一年五月的美國學術雜誌《美國地理學會簡報》上。[128]論文通過對從黃海到東京灣一帶漫長海岸的一千多個近岸泥土樣本的分析，討論了黃海、東海與南海的地質構造，提出在黃海和東海交界之處以及在東京灣中部，可能存在有機碳沉積（既石油）的假說。該論文當是最早基於實地考察的實驗數據（而不是僅僅理論和推測），而提出東海和南海海底有石油的論文。

這一研究成果引發了一系列後繼的勘察行動。一九五八年，聯合國第一次海洋會議制定《大陸架公約》等四大公約（見五・二一），進一步刺激了對南海大陸架資源的考察。在南海方面有兩股最重要的勘察力量——美國海軍海洋測量局和聯合國。美國海軍主要是出於反潛艇戰而考察海底地形的需要，同時也希望順便得到更多有用的地質資料。在一九六〇年代，美海軍頻密地在東海和南海進行地磁學和地震波的持續研究，取得了相當大的進展和很多有用的資料。主要行動包括：一九六一年，派出「先鋒號」調查船，對南海進行綜合性海洋調查；一九六六年，派出「里霍保夫」號進行南海水文地質和磁力測量；一九六七年，組織「地磁計畫」，在南海與巽他大陸架北部進行大規模航磁測量，航磁剖面經過西沙、中沙和南沙群島；一九六七年九月到一九六八年二月，聯合南越、泰國、馬來西亞，在南海進行兩萬公里的剖面航測。[129]

而勘察南海更爲重要的一方是聯合國。聯合國在成立不久就成立了遠東經濟委員會（Economic and Social Commission for Asia and the Far East, ECAFE，一九七四年改名爲亞太經濟委員會〔Economic and Social Commission for Asia and the Pacific, ESCAP〕），作爲推動遠東經濟發展的協調機構。基於埃默里的考察成果，以及後繼的一些研究（主要是來源於美國海軍公開的地磁資料），需要一個區域性的組織來聯合開發。於是，聯合國在一九六六年成立了聯合機構 CCOP（Committee for

[127] Shepard, F. P., Emery, K. O., and Gould, H. R., 1949, *Distribution of sediments on East Asiatic continental shelf: Allan Hancock Found*. Occasional Paper 9, p.64.

[128] Hiroshi Niino, K. O. Emery, Sediments of Shallow Portions of East China Sea and South China Sea, *Geological Society of America Bulletin*, 1961,Vol.72, pp.731-762.

[129] 《大事記》，一一—一六頁。

the Coordination of Joint Prospecting for Mineral Resources in Asian Offshore Area），以共享海底測量數據，協調在東亞海域的石油礦物資源考察。最初的成員國有日本、臺灣、韓國和菲律賓，隨後美國、英國、法國和西德以顧問國或協調國的身分加入。再後來，泰國、越南共和國（南越）、柬埔寨、馬來西亞和印尼都相繼加入。於是這個委員會就成爲考察東海和南海石油資源的官方機構。

在東海方面，一九六八年十月到十一月，CCOP組織美國、日本、韓國和臺灣四方的聯合考察團對東海和黃海進行了更大規模的考察。調查報告[130]指出，東海大陸架和黃海海底有極大可能蘊含石油和天然氣；而日本和臺灣之間，即釣魚島附近海域則有潛力成爲世界級的擁有豐厚儲量的產油區。引發了中日臺釣魚島之爭。

在南海方面，CCOP在一九六八年也提交另一份報告，指出越南沿岸及鄰近海域、南沙群島東部及南部海域蘊藏豐富的油氣資源。一九六九年六月至八月間，美國「亨特號」探測船在美國海洋研究所指揮下，五次在南海地區進行探測。探測報告顯示，此海域均以基盤爲火成岩的海底山爲主，山與山之間均有因沉積物形成的盆地，有儲積大量油氣的可能性。[131]這些報告，進一步刺激了各國加快對南海諸島的主權控制。

這些測量活動與東南亞諸國相繼提出大陸架主張和劃分海域幾乎同步：一九六一年，菲律賓公布領海基線法（見四．八）；一九六六年，馬來西亞公布大陸架法（見四．十一）；一九六七年，南越宣布大陸架和大陸架資源屬南越專屬管轄（見四．九）；一九六八年，菲律賓宣布大陸架範圍（見四．八）；一九六八年，印尼和馬來西亞達成海域劃分協議（見四．十一）；一九七〇年，南越頒布《石油法》（見四．九）等等。各國對南海的爭奪進入新階段。

四・八　菲律賓占領南沙群島

公布領海法

在新一輪的島嶼爭奪戰中，菲律賓走在了前頭。作爲一個群島國家，菲律賓在爭取海洋權益方面不遺餘力。聯合國在一九五八年召開了第一次海洋法會議，簽訂了《日內瓦海洋法公約》，該公約由四個條約組成，分別爲《領海及毗連區公約》、《大陸架公約》、《公海公約》和《捕魚及養護公海生物資源公約》。菲律賓是簽約後最早批准的國家之一（同爲簽約國，臺灣直到釣魚島出現紛爭之後才批准條約）。一九六一年六月十七日，加西亞總統就頒布了第二〇四六號法案《界定菲律賓領海基線法》（Republic Act No.3046, Act for define the baseline of the territorial sea of the Phililines, June 17, 1961），規定菲律賓的水域包括內水和領海兩種，並劃定了領海基線（圖29）：

> 鑒於上述諸條約所規定的疆界之內的水域，經常都被視爲菲律賓群島水域之一部分；
>
> 鑒於環繞、介於及連接菲律賓群島各個島嶼之間的所有水域，無論其寬度或大小面積，經常被認爲是陸地領土之必要附屬部分，構成菲律賓內陸（inland）或內部（internal）水域之一部分；

【130】https://www.gsi.jp/data/ccop-bull/2-01.pdf.

【131】蕭曦清《中菲外交關係史》，正中書局，一九九五，七六六頁。

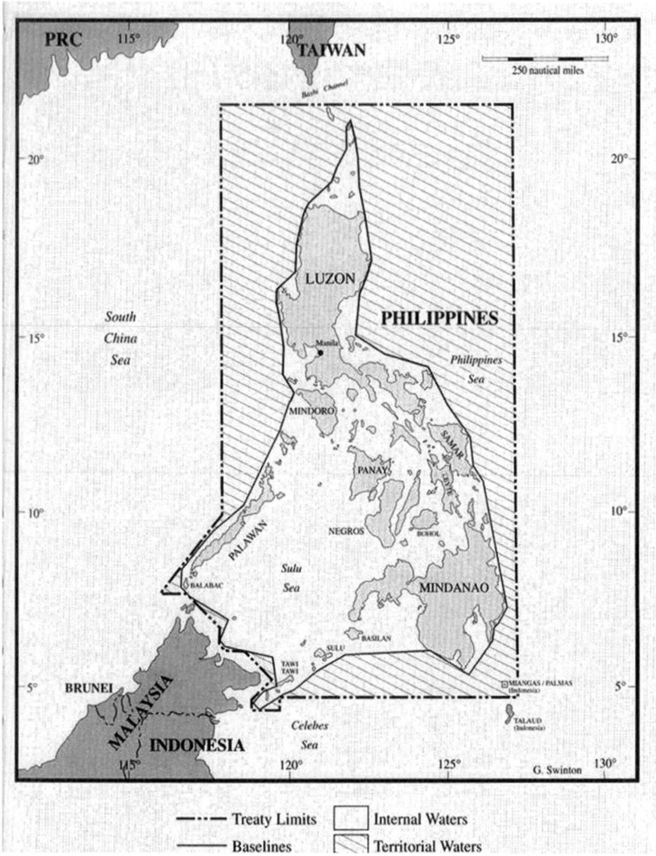

圖 29　菲律賓領海基線

> 鑒於位在群島最外緣島嶼之外但係在前述諸項條約所規定的疆界範圍內之水域，構成菲律賓的領海；
>
> 鑒於決定菲律賓領海之基線是由連接群島最外緣島嶼之各個適當基點的直線所組成；
>
> 鑒於爲使有關各方獲得資訊，前述所謂的基線應予澄清，特表加以界定和描述。[132]

菲律賓還詳細地給出了各個基點的坐標。如圖（圖29）所示，根據法案，基線內（實線）是菲律賓的內水，基線外但在條約界線（虛線）中的海域是菲律賓的領海。值得指出的是，當時菲律賓的領海基點並不包括南沙群島和黃岩島，兩者也都在領海界線（即條約界線）之外（一些南沙的暗沙的一部分在條約界線之內，這裡不深究）。沒有包括黃岩島的原因可能是因爲在頒布此法之後，菲律賓才在黃岩島上插旗、緝私和剿匪（見後）。不包括南沙群島的原因可能是因爲顧及國際關係。這也再次表明加西亞是相當知道分寸的。

這條法案大概是加西亞留給菲律賓海洋權益的最後一筆遺產。幾個月之後，他在大選中輸給了左派自由黨的馬嘉柏皋（Diosdado Pangan Macapagal，後來總統亞羅育的父親）。馬嘉柏皋在南海沒有太多的動作。但四年之後（一九六五年十二月三十日），馬可仕（Ferdinand Marcos）上臺，南海的局勢又爲之一變。馬可仕和加西亞同爲右派的國民黨。和加西亞相比，他是更爲強硬的反共主義者。一九六六年十月，爲針對越南戰爭，他在馬尼拉市主持了東南亞條約組織會議，以支持美軍爲由，派菲律賓軍隊進入南越，與美國的同盟關係變得更加緊密。一九六〇年代末，武裝共產主義運動在菲律賓興起，新人民軍成立；左派學生也受左翼風潮的影響，發動第一季風暴運動（First Quarter Storm）；南部伊斯蘭分離主義分子也加緊了武裝活動。在此情況下，馬可仕在第二任之際（一九七二年九月二十一日）宣布戒嚴令，廢除原憲法中總統只能連任兩屆的規定，更以戒嚴令爲理由廢除總統選舉，走上獨裁的道路。菲律賓他的帶領下，加上石油利益，又加上反共和民族主義的藉口，開始了

【132】《法律條約彙編》，四〇—六一頁。

政府走上前臺的南沙新政策。

一九六八年三月二十日，菲律賓頒布了三七〇號公布令，宣布所有鄰接菲律賓的大陸架上的海床和底土上的所有礦物和其他自然資源，包括從菲律賓領海區域之外至允許探勘該些資源深度處的範圍，包括屬於定居物種的生物之緊鄰水域，均屬菲律賓管轄和控制。[133]通過這條法令，菲律賓法律上可以控制的大陸架延伸到條約界線之外，爲進一步擴大南海的權利打下法律基礎。

軍事占領

與此同時，菲律賓在南沙也開始新的活動。一九六八年四月五日，菲律賓派軍艦前往太平島附近，這是史上首次有菲律賓軍艦駛入南海。臺灣守軍大爲震驚，發信號燈詢問，未獲回應。守軍於是對空射擊示警，菲律賓船隻才離開。國防部得知後決定：(1)再有這類事件，則應勸導離開；(2)應交予外交部跟進，但不宜正式照會通知菲律賓政府，以免應該兩國間友誼關係。[134]根據指示，駐菲大使館武官向菲律賓海軍提出如果以後菲律賓軍艦要接近南沙群島，務必事先通知臺方，以免誤會。菲律賓方答應，又告訴臺灣，菲律賓現在正在解決沙巴的問題，對南沙並不重視。[135]

但過了不久，菲律賓就正式採取行動。一九七〇年八月二十三日，菲律賓派軍艦占領馬歡島（命名爲Lawak Island），並在島上派駐守軍；一九七一年四月十四日，又占領南鑰島（命名爲Kota Island）；一九七一年四月十八日占領中業島（命名爲Pagasa Island），兩島上均派有駐兵。這些行動都沒有大張旗鼓，臺灣和北京當時對此都似乎一無所知。

這時，菲律賓進入了國會選舉競選季，在野的自由黨領袖宓特耐（Ramon V. Mitra）爲了在宣傳上製造高潮，在一九七一年七月七日的國會特別會議上發表演說，聲稱自己在上週末駕駛遊艇在巴拉望以西海域釣魚，兩度受到來自「自由地」（即南沙）方向的遠程大炮射擊。他用望遠鏡向發炮方向探視，發現在一個島嶼上有「外軍」駐紮。之後他駕駛私人飛機探視，確認此島嶼是馬歡島，上面有中華民國駐軍。

事實上，宓特耐的演說內容是虛構的，他是巴拉望人，選區也在巴拉望，大概對南沙的事比較熟悉，於是編造出「釣魚受炮擊」的故事來製造熱點。其實當時在馬歡島上的，不是中華民國的軍隊，而是菲律賓的軍隊。菲國防部長得知之後，立即派人調查，也證實沒有炮擊事件。[136]但這正好給菲律賓一個外交機會。七月八日，菲外長羅慕洛（Carlos P. Rómulo）召見華駐菲大使孫碧奇，聲稱炮擊事件雖然子虛烏有，但臺灣在南沙的駐軍若動輒開火，不免有挑釁之嫌；馬可仕總統認爲南沙距離臺灣甚遠，不影響臺灣安全，請臺灣撤退在島上守軍。孫碧奇回應南沙是中華民國領土，駐軍在此對菲國防也有利。

孫碧奇的態度不能阻止菲律賓展開進一步的行動。七月十日，馬可仕召開國家安全會議，包括兩

【133】《法律條約彙編》，六二頁。

【134】〈密（關於菲侵擾我南沙群島情事）〉，外交部致菲大使館代電，民國五十七年五月四日，《外交部檔案彙編》，九六二頁。

【135】〈密（菲艦入侵我南沙海域）〉，駐菲大使館致外交部代電，民國五十七年五月二十四日，《外交部檔案彙編》，九六三頁。沙巴問題是菲律賓和馬來西亞之間的領土爭議，牽涉沙巴北部領土。

【136】蕭曦清《中菲外交關係史》，正中書局，一九九五，八四八—八四九頁。

院議長、國防、外交、財政和軍隊的重要首領都參加了會議。會後，馬可仕正式宣布，已經追認了七月八日由外交部長向臺灣提出的要求臺灣從南沙撤軍的照會，並宣布，已經在南沙的三個島嶼上駐軍（既前面所提到的三個島嶼）。國家安全會議認爲，南沙群島在二戰後是盟國的託管地，鄰接菲律賓領域，任由外國軍隊駐守，對菲國家安全構成威脅。馬可仕還認爲，基於國際法，私人不能合法取得領土主權，所以克洛馬的自由地實際上已經轉讓給菲律賓政府。此外，菲律賓石油法案已經規定所有在菲律賓大陸架所發現的天然資源及礦藏屬於菲律賓政府，而南沙群島在菲律賓大陸架之上。安全會議之後，菲律賓國會隨即在宓特耐等人的發起下，通過決議，撥款一百萬披索以供開發南沙群島。

臺灣除了提出抗議之外，並無更多的應對手段。就連在七月十四日至十六日在馬尼拉召開的亞洲太平洋理事會第六屆部長會議上，臺灣也爲避免影響各國的團結，而選擇在會議期間不提出此事進行商討。僅在十三日會前發表聯合公報，聲稱雙方對南沙主權問題各持己見，但均願意以和平方式解決。同日，南越和中共也發表聲明，反對菲律賓對南沙的主權要求。七月十八日，馬可仕宣布，菲律賓所占領的自由地，不屬於「斯巴拉特利」群島。顯然，菲律賓還繼續在地名的問題上裝糊塗（見四．二）。

一九七一年世界局勢波譎雲詭。美國和中共爲了對抗蘇聯，在一九七一年四月進行了「乒乓外交」，國家安全顧問季辛吉隨後祕密訪華，爲中美建立關係解凍。一九七一年七月，中共積極謀畫在聯合國代表中國的合法地位。七月十五日，阿爾巴尼亞等十七國在聯合國大會上提出把「恢復中華人民共和國在聯合國組織中的合法權利」問題加入第二十六屆聯合國大會的議事日程。九月二十五日，二十三國提交議案，要求「承認中華人民共和國政府的代表是中國在聯合國組織的唯一合法代表，中華人民共和國是安全理事會五個常任理事國之一，決定恢復中華人民共和國的一切權利，承認他的政府的代表爲中國在聯合國組織的唯一合法代表，並立即把蔣介石的代表從它在聯合國組織及其所屬一切機構中所非法占據的席位上驅逐出去。」[137] 十月二十五日的表決中，提案（修正案）以七十六票贊成、三十五票反對、十七票棄權的大比數通過，是爲二七五八號決議。從此，中華人民共和國正式取代了中華民國代表中國的地位。

在這幾個月間，中華民國在外交上焦頭爛額，傾盡全力處理聯合國席位問題。菲律賓趁機提出南沙問題，臺灣除了表示抗議和反對之外，實在並無法做出更大的反應。中共外交重點也在國際承認上，且對此鞭長莫及。而南越也在打仗。菲律賓趁各方無暇顧及，在七月三十日再次出動軍艦，占領西月島（命名爲 Likas）和北子島（命名爲 Parola）。這樣到了一九七一年八月，菲律賓一共在南沙占領了五個島嶼，並且全部駐軍。根據臺灣的說法，七月二十九日，海軍支隊（太湖、太康及中肅號戰車登陸艦裝載陸戰隊—加強連）在中美島發現菲律賓軍隊正在登島。支隊長郝德雲上校準備進攻奪回，但接到命令不許挑戰。[138]

十月二十六日，就在臺灣退出聯合國的第二天，菲律賓總參謀長甄萬雷（Manuel T. Yan）宣布，十月二十三日臺灣海軍第二十五和三十四號驅逐艦曾嘗試派遣蛙人登陸中業島，但在菲守軍拒絕之下

[137] 聯合國大會二七五八號決議，https://www.un.org/chinese/ga/ares2758.html.

[138] 王懿輝《陸戰新傳》，海軍陸戰司令部，2005年，155頁。

未能成功；十月二十六日亦有臺灣海軍登陸艦嘗試登陸南輪島，同樣被菲守軍拒絕。他宣布，菲律賓已經控制南沙六個島嶼（除上述五島外，還有南子島），並稱凡有臺灣軍隊駐守的島嶼，菲律賓都不接近，但希望臺灣也不要接近菲律賓軍方駐守的島嶼。

修改憲法

在軍事占領的同時，菲律賓也在進行法律上的工作。當時菲律賓沿用的是一九三五年憲法：[139]

The Philippines comprises all the territory ceded to the United States by the Treaty of Paris concluded between the United States and Spain on the tenth day of December, eighteen hundred and ninety-eight, the limits which are set forth in Article III of said treaty, together with all the islands embraced in the treaty concluded at Washington between the United States and Spain on the seventh day of November, nineteen hundred, and the treaty concluded between the United States and Great Britain on the second day of January, nineteen hundred and thirty, and all territory over which the present Government of the Philippine Islands exercises jurisdiction.[140]

在此條文中，菲律賓的領土爲歷次條約所規定的範圍（它們都沒有包括南沙），以及現政府（指一九三五年時期）所行使仲裁權的土地（但當時菲律賓沒有在南沙行使仲裁權），所以在現行憲法中，南沙是被排除在外的。故菲律賓必須修改憲法以便把南沙包括在內。菲律賓從一九七〇年開始進行制憲，儘管其最主要的目的不是專門爲了修改領土範圍，而是把總統制變爲國會制，但也想趁此機會，一併把領土的法律問題解決。[141] 一九七一年七月二十六日，眾議員溫尼西亞（Jose de Venecia, Jr.）提出把自由地列入新憲法的領土範圍之中。而修憲大會國疆委員會（Committee on National Territory）的主席甚至主張把自由地、沙巴（馬來西亞）、馬里亞納群島（美）、關島（美）和巴丹島都寫入憲法中。[142] 但由於這樣一來外交牽涉太大，一九七二年二月十七日所通過的國家領土修正條款，採用了折衷和模糊的表述形式：

The national territory comprises the Philippine archipelago, with all the islands and waters embraced therein, and all the other territories belonging to the Philippines by historic or legal title, including the territorial sea, the air space, the subsoil, the sea-bed, the insular shelves, and the submarine areas over which the Philippines has sovereignty or jurisdiction. The waters around, between, and connecting the islands of the archipelago, irrespective of their breadth and dimensions, form part of the internal waters of the Philippines.

---

[139] 一九四三年憲法產生在在日占期間，戰後菲律賓恢復了一九三五年憲法。在一九四三年憲法中規定菲律賓的領土爲：「現在法律中規定的領土」（The Republic of the Philippines shall exercise sovereignty over all the national territory as at present defined by law.）見 https://en.wikisource.org/wiki/Constitution_of_the_Philippines_(1943).

[140] https://en.wikisource.org/wiki/Constitution_of_the_Philippines_(1935).

[141] 菲律賓修改憲法中領土條文的另一個原因是要規定內水的範圍。

[142] 沙巴是菲律賓和馬來西亞之間的爭議地。馬里亞納是聯合國託管地（美國管理）。關島是美國海外領土。巴丹島屬於菲律賓，但是在一八九八年條約界限之外。

這樣一來，菲律賓的領土並不採用列舉式，但也不限於條約所規定的範圍。由此，菲律賓政府就可以主張在原憲法中不屬於菲律賓的領土了。

轉讓自由地國

第二個法律障礙是與克洛馬的自由地國的糾紛。儘管馬可仕宣布自由地國已經轉讓給菲律賓，但實際上當時並沒有所謂的轉讓過程。克洛馬也認爲雖然他在以前曾請求把自由地置於菲律賓的保護之下，但這並不等同於轉讓，而且菲律賓政府也沒有明確表態。一九七三年九月三十日，克洛馬還在一個座談會上宣布：如果菲政府尊重他對自由地的自主權，比如升起自由地的國旗、豎界碑和開採礦藏等，那麼他將願意和菲政府簽訂協定，把自由地的主權在某种條件之下移交給菲律賓。這裡的開採礦藏指的是克洛馬曾發行一些「礦業轉讓證書」，也聲稱當時已經和美國一家石油公司在接觸有關開發海底石油的事宜。在制憲大會期間，克洛馬繼續指責菲律賓政府假借保護之名，實際對在此地區進行石油勘探的人員及「霸占」土地的人提供協助，侵犯了自由地國的權益，並以「自由地國元首」的名義致電馬可仕，斥責這種「非法行爲」。

但菲律賓政府並沒有太理會克洛馬的要求。一九七二年三月，聯合國和平使用海底委員會（The UN Committee on the peaceful uses of the seabad and the ocean floor）召開第七十二次會議。中國代表提出南沙主權爲中國所有，要求委員會列入紀錄。菲律賓代外長當場提出聲明，提出保留意見，也讓委員會列入紀錄：菲律賓對自由地五十三個島礁擁有主權，並聲言這些島礁都已經在菲律賓的有效占領和控制之下，這種占領是公開的以及排他的（which is open and adverse to all claims）；他同時也抨擊了中國（指中共）對南沙群島的主權主張，引起中國的激烈抨擊。

鑒於菲律賓政府越來越傾向於繞過自己，以及擔憂來自中國的攻擊，克洛馬決定主動解決自由地國地位的問題。一九七二年三月二十九日，克洛馬通過自己的朋友——前外交官艾雷格拉多（Dr. Juan Arreglado）發表公告，表示克洛馬已經準備就自由地與菲律賓政府建立保護關係進行談判。艾雷格拉多則聲稱已經向菲律賓議長提議談判，目的是爲了使自由地早日成爲菲律賓的被保護國（protected state），並認爲這是獲取國際對菲律賓在南沙主權的承認，以及解決南沙問題的最佳途徑。但菲政府沒有回應。

四月中旬，克洛馬爲慶祝其到自由地第一次探險十六週年，欲率眾前往南沙群島視察與慶祝。由於主要島嶼都被菲軍方占領，克洛馬等人的行動被阻攔，最終只能無功而返。四月二十四日，克洛馬組建了自由地國政府的顧問委員會（Advisory Council），由艾雷格拉多擔任主席，前國會議員 Jose C. de Venecia 擔任榮譽主席，律師 Mena Q Teganas 擔任祕書。de Venecia 代表自由地國向菲律賓政府提出了兩個選項：一是支持自由地國對南沙的主權；一是正式簽訂協議，從自由地國取得對南沙的主權。五月二十一日，克洛馬正式向新聞界指控馬可仕侵占了自由地國。

一九七四年初，克洛馬和顧問委員會（已經改名爲最高委員會〔Supreme Council〕）草擬了自由地國新憲法，提出自由地國的地位是「大公國」（Principality），歡迎世界各地的人民到大公國上殖民。有多個來自亞歐各國的人加入了「大公國」。其中一個爲馬里維勒斯親王（Prince John B de Mariveles）。這個時候，馬可仕已經發動政變，成立軍政府。時年七十一歲的克洛馬不得不加快行動。八月二十四日，大公國準備了繼位文件。十一月五日，克洛馬在馬尼拉簽署文件（Documents

1096，Succession, 1974）放棄大公國主席一位，並把此位置移交馬里維勒斯親王。同時簽署的另一份文件（一〇九七號）則把大公國改名爲科洛尼亞王國（Kingdom of Colonia），由馬里維勒斯親王擔任國王。[143]

馬可仕知道此事之後，下令逮捕克洛馬，並以「招搖撞騙」的罪名把他逮捕入獄，罪名是他曾自稱菲律賓海軍上將，又非法穿上海軍的服裝。在獄中，克洛馬被迫簽下一份同意書，以一披索的價格把自由地國出售給菲律賓政府（Deed of Cession to Philippine President Marcos），這才得以釋放。自此，菲律賓通過購買「自由地國」，在法律上「釐清」了雙方複雜的關係。但由於一〇九六號文件簽署在前，出售文件簽署在後，而且克洛馬是在脅迫之下簽署文件，出售文件是否有效存在爭議。有學者認爲，這種法律上的漏洞可以讓科洛尼亞王國在解決南海爭端中扮演一定的角色。[144]但作爲自由地國顧問委員會主席的艾雷格拉多則認爲，這個轉讓是有效的。[145]不過，他發表這個看法的時間正處於馬可仕獨裁期間，有多大程度上出於本意仍然值得考究。

科洛尼亞王國「流亡政府」隨即搬遷到馬來西亞沙巴州的納閩島（Labuan）。沙巴州總督友好地接待了馬里維勒斯親王，並把他介紹給馬來西亞政府。據說馬來西亞政府曾邀請科洛尼亞王國加入馬來西亞聯邦，但被禮貌地拒絕。儘管如此，科洛尼亞王國與馬來西亞政府保持了良好的關係，馬來西亞允許它常駐沙巴，並准許持有其發行的「護照」的公民出入境。[146]科洛尼亞則向馬來西亞提供了和南沙相關的礦藏資料。據說這引起了馬來西亞對南沙的興趣，以致出兵占領了彈丸礁（儘管屬於南沙群島，不在科洛尼亞聲稱的範圍內）。[147]一九八一年，王國改名爲科洛尼亞聖約翰王國（Kingdom of Colonia St John）。據說其後還和哥斯大黎加建立領事關係。這裡按下不表。

中國的默許

菲律賓政府所面對的第三個問題是中國的默認。一直以來中國都堅持南沙群島是中國的一部分，當然由於距離遙遠，中國也一時難以直接威脅南沙，但在一九七四年一月中國從南越手上奪得全部西沙群島以後，中國揮軍直下南沙就成爲現實威脅。而美國拒絕軍事上支持南越的立場令菲律賓更爲擔憂（見四・九）。菲律賓外長羅慕洛把中國對南沙的主張轉交給美駐菲大使沙利文（William H. Sullivan）。沙利文隨即向國務院請求澄清對菲律賓的防務承諾，即《美菲共同防禦條約》的使用範圍是否包括南沙。季辛吉和幕僚商量後決定，不主動做出對南沙群島的防衛承諾。一九七六年，菲律賓爲開採禮樂灘受到中國抗議，馬可仕主動明確要求美國澄清《美菲共同防禦條約》的使用範圍是否包括南沙。但幾經努力，美國最終只肯做出「《美菲共同防禦條約》適用於在禮樂灘活動的菲律賓飛機艦船等，其前提是符合《美菲共同防禦條約》之第一條規定的『和平解決爭端和克制使用武力』」的承諾。【148】

【143】http://www.colonia.asia/history%20-%20the%20history%20of%20the%20kingdom%20of%20colonia%20st%20john.htm.

【144】Virginia A. Greiman, A Model for Collaborative Development in the South China Sea, *The Journal of Asian Finance, Economics and Business*, Vol.1 No.1 pp.31-40, DOI : http://dx.doi.org/10.13106/jafeb.2014.vol1.no1.31.

【145】Juan Arreglado, *Kalayaan, Historical, legal, political background*, Foreign Service Institute (Manila), 1982, p.14.

【146】http://www.colonia.asia/history%20-%20the%20history%20of%20the%20kingdom%20of%20colonia%20st%20john.htm.

【147】同上。

【148】郭躍虎〈美國對中菲南沙群島爭端政策的歷史考察——基於美國新近解密外交檔案的解讀〉，《當代中國史研究》，二〇一三年第二期。

既然美國不願幫助菲律賓防衛南沙，那麼以菲律賓極爲弱小的軍隊，若中國強烈反對，菲律賓對南沙群島的占領和開發是難以維持的。可是中臺雙方在一九七〇年代爭奪國際承認的國際形勢，又給菲律賓提供了好時機。

一九四九年之後，中國就屢屢向菲律賓展開宣傳攻勢，包括散發宣傳品和電臺廣播等。隨著中蘇交惡，尤其是一九六八年蘇聯侵略捷克斯洛伐克，以及一九六九年中蘇珍寶島戰役之後，中國更進一步加快和西方國家的聯繫，以突破長久以來的外交孤立。在對菲律賓方面，一九七〇年菲律賓遭受颱風，中國捐助給菲律賓價值八萬美元的罐頭食品，打開了中菲之間直接接觸的大門。隨著中美解凍和中國在聯合國取得席位，中菲之間的交往進一步加強。一九七一年，馬可仕在新國情咨文中強調，菲律賓要尋求現實路線，加強和蘇俄集團發展貿易關係。外長羅慕洛也展望尋求與共產主義集團建立關係。但相對於西方國家來說，菲律賓和臺灣有緊密的聯繫，而且國內有大批未歸化的「華僑」這個現實的問題，【149】故也難以一下子和中國建立關係。

一九七〇年代初期，菲律賓派出了幾個代表團訪華，都取得了不少的成果，促使菲律賓進一步考慮與北京建交的問題。但菲律賓此時仍然想維持「兩個中國」的做法，即同時與北京和臺灣建交。一九七二年中日解凍之後，菲律賓成爲臺灣在亞太地區最大的友邦，而中國力爭和菲律賓建交的決心也更大。中國不斷使出「笑臉外交」，一方面向菲律賓展開籃球外交，一方面向菲律賓提供貿易優惠，一方面不斷邀請菲律賓高層來訪。一九七四年九月二十—二十九日，馬可仕夫人伊美黛出訪中國，邁出中菲建交決定性的一步。

在訪問北京期間，伊美黛受到了最隆重的招待，不但有周恩來、江青等相陪，甚至連毛澤東也突然邀請相見。毛澤東當時疾病纏身，已經長時間不接見外賓了。但是毛澤東站在客廳門口迎接了伊美黛，他甚至出乎意料地拉起伊美黛的手行吻手禮，並邀請她和馬可仕下次一起再訪中國。除了受到隆重的接待之外，中國還對菲律賓大撒金錢，除了開放國內市場給菲律賓農產品，還以極為優惠的價格向菲律賓提供原油。當時由於菲律賓鎮壓南方穆斯林，阿拉伯國家對菲律賓的原油供應變得不穩定，菲律賓急需石油。中國以每桶七點五九美元的售價出售給菲律賓七十五萬噸（約五七〇萬桶）原油，而當時阿拉伯國家的售價是十一美元一桶。

此行之後，伊美黛完全成為「親中派」，隨即大力推動和北京建交。基於伊美黛（和馬可仕）的個人情感、中國的親善和經濟政策、陸續有國家和中國建交的國際趨勢，以及對南沙領土的現實考慮，儘管在菲律賓有強大的親臺傳統和勢力，馬可仕也決意和中國建交。一九七五年六月七日，馬可仕和伊美黛率領一眾高管和工商界人士到達北京，受到了鄧小平、華國鋒等一系列中國政府最高官員以及數千群眾在機場的熱烈歡迎（當時周恩來已經重病，鄧小平實際執行總理的職務）。在當日，馬可仕和伊美黛即受到毛澤東的接見，就連已經臥病在床的周恩來也在醫院裡和馬可仕會面。隨後，朱德、江青、鄧小平、華國鋒等也相繼和馬可仕會晤。可能出自眞心也可能是一種策略，馬可仕對毛澤東推崇備至，在抵達當日的宴請致辭中，宣稱「中國是第三世界的當然領袖」。[150]有了如此推崇，又

---

[149] 菲律賓在七〇年代初期為止還有大量的未歸化華僑，一旦和中國建交，這些人就會成為中國（大陸）公民，這對菲律賓是一個嚴重威脅，後來菲律賓在中菲建交前採取了全部歸化的處理方法才排除這個障礙。

[150] 蕭曦清《中菲外交關係史》，正中書局，一九九五，四〇二頁。

有了菲律賓承認「一個中國，臺灣是中國一個省」的表態，中國並沒有計較菲律賓在南海的活動。六月九日，雙方發表《中菲聯合公告》，宣布正式建交。

中菲雙方在建交談判中曾討論過南沙群島問題，但具體內容一直沒有披露。《中菲聯合公告》中並沒有提及南沙群島的爭議。只是聲明：

> 兩國政府認爲中華人民共和國和菲律賓共和國的經濟、政治和社會制度之間的差異，不會阻礙兩國及人民在遵守互相尊重主權、領土完整、互不侵犯、互不干涉內政、平等和互惠之原則下所達到的和平共處及友好關係的建立和發展。兩國政府同意上述諸原則，不訴諸武力，不以武力相威脅，和平解決所有的爭端。[151]

中國描述爲：「中菲兩國建交時，兩國領導人達成諒解，對涉及有爭議領土問題，應該在雙方認爲合適的時候通過友好協商求得解決。」[152]

隨後幾年，菲律賓陸續披露了當時的協定。比如在一九七六年禮樂灘事件中，羅慕洛確認馬可仕訪華時曾經討論過南沙爭端，但他聲稱「在斯普拉特利問題上與中國之間不存在問題」。[153]一九七八年三月，中國副總理李先念訪問菲律賓前夕，外媒披露菲律賓占領了一個新的南沙島嶼（Panata，楊信沙洲）。在李先念訪問後的記者會上，馬可仕透露，一九七五年和鄧小平的會晤中，達成兩國在南沙的任何問題上的任何衝突都應通過「眞正的正常的外交途徑加以解決，這意味著使用協商的手段，在友好與合作的氣氛中」解決問題。[154]

一份一九七七年七月三十日，中國外長黃華的內部談話更好地揭示了中國的想法。他指出「沒有中國的同意，任何對南沙群島和其附近海底的資源進行開發都是不正當的」，目前「其他國家」可能根據她們自己的意願開發這個地區，但「時機一到，我們將收復，無需協商，因爲這些群島自古以來屬於中國」。[155]學者 Lo 認爲，由於當時只有菲律賓一個國家對這個地區進行開發，因此黃華的講話中的其他國家只能是菲律賓。[156]但實際上，當時馬來西亞也在開發南海資源，而且馬來西亞比菲律賓更先一步和中國建交（一九七四年五月三十一日），故這個講話中的其他國家可能兼指菲律賓和馬來西亞。

此後到一九九〇年代之前，即便菲律賓在南沙有舉動，中國都保持低姿態，特別是和對越南的態度相對比。中國多是重複對南沙的主權，而沒有行動，甚至沒有更爲激烈的語言。比如在一九七八年菲律賓占領楊信沙洲時，到訪的李先念聲稱中菲之間在南沙問題上沒有麻煩（no trouble would ensue over the Spratly Islands between China and the Philippines）。[157]一九八〇年菲律賓占領司令礁的時候，

---

[151]《起源與發展》，一二七頁。
[152]《人民日報》，一九七五年六月十日，《大事記》，四九頁。
[153] CPTTD, p.148.
[154] CPTTD, p.148.
[155] CPPTD, p.149，《越南彙編》，一八二頁。
[156] CPPTD, p.149.
[157] CPPTD, p.152.

中國也和上次一樣保持沉默。[158]中國的對菲律賓的這種低姿態和對馬來西亞的態度基本是一樣的（見後）。稍有不同的是，和馬來西亞歷來表現出低姿態相比，菲律賓在姿態上要高調得多。但中國也加以容忍，這正表明了中國當時確實和菲律賓存在默契。

因此，當時對菲律賓開發南沙不予干預的政策，很可能就是當時中國和菲律賓之間達成的默契。若果眞如此，那麼就意味著，中國延續了和日本在建交時的「擱置爭議」政策，對南沙群島保持「維持現狀」甚至更爲寬容（容許菲律賓進行高調的開發）的默契態度。正是這種態度，令菲律賓在南沙加快了實控進度，大大鞏固了菲律賓在南沙的存在。其實控主要包括三個方面：法律、軍事和石油開發。

實控的加強

在法律上，馬可仕在一九七八年六月十一日頒布總統第一五九六號令，正式把卡拉延群島（Kalayaan Islands Group），即不包括南威島及以西的島礁在內的南沙群島，納入菲律賓的國土中（圖30）。

鑒於南中國海的島嶼和島礁彼此鄰近的關係，乃稱之爲卡拉延群島（Kalayaan Islands Group）。

（以經緯線的方式列出範圍）

鑒於以上範圍爲菲律賓群島之大陸邊緣之一部分；

鑒於這些地區在法律上不屬任何國家或民族，惟基於歷史、不可缺少的需要及依國際法的有效占領

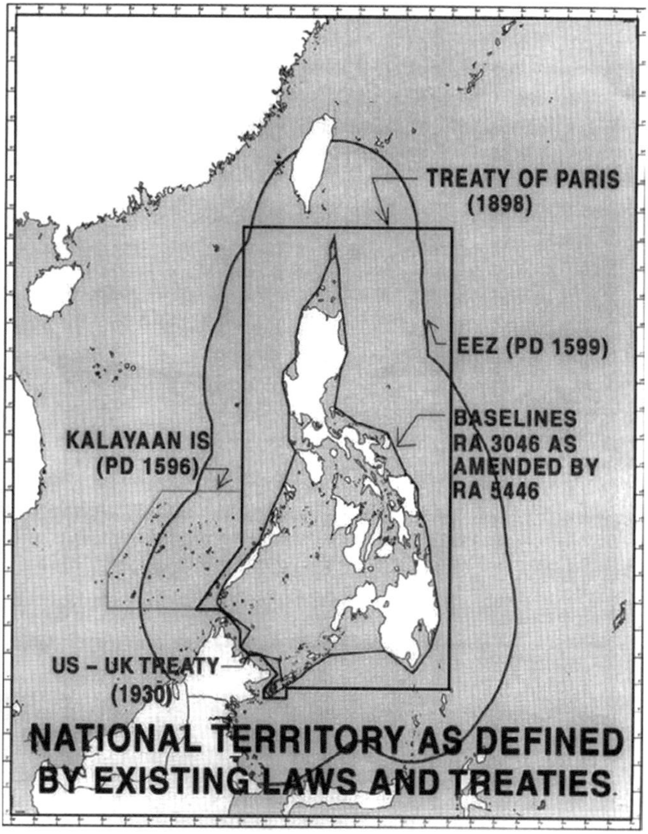

圖 30　菲律賓海上界線的變遷

【158】CPPTD, p.152.

和控制統治，這些地區現在應被視爲屬和受制於菲律賓的主權；

雖然有些國家宣稱對這些地區擁有部分領土，惟他們的主張以因放棄而失效，無論在法律、歷史和衡平上都不能勝過菲律賓。

茲本人菲律賓總統馬可仕，依據憲法賦予我的權力頒布如下的命令：

第一節，在以下疆界內的區域：（以經緯線的方式列出範圍）；包括海床、底土、大陸邊緣和空域應屬和受制於菲律賓的主權。該一地區因此構成巴拉望省一個獨特的自治市鎮，稱之爲「卡拉延」。[159]

同日，他還頒布一五九九號令，設立專屬經濟區：

> 第一節，設立一個稱爲菲律賓專屬經濟區的區域。專屬經濟區應從測算領海之基線起算之二〇〇海里的區域；假如專屬經濟區之最外緣界線與相鄰國家之專屬經濟區重疊，則共同疆界將依照與有關國家之協議或依據一般承認的國際法有關劃界之原則決定。[160]

根據其描述，其主張的專屬經濟區也擁有類似大陸架一樣的權利。也就是說，菲律賓所主張的大陸架，是從領海基線起算的二〇〇海里。

十二月七日，菲律賓國防部長恩里萊稱，菲律賓在卡拉延群島實控了七個小島。[161]

一九八二年《聯合國海洋法公約》簽署後，菲律賓是最早批准的國家之一。在一九八二年十二月十日，菲律賓簽署公約時聲明：「(4)該種簽署不應侵害或損害菲律賓運用其主權權力於其領土之主權，例如卡拉延群島及其附屬之海域」。[162]

可見，菲律賓的條約界線從一八九八年開始畫出之後，經歷了幾個階段：在獨立之前，條約界線僅僅是一條島嶼歸屬線；在一九五五年，菲律賓開始提出條約界線內水域是菲律賓的領海；一九六一年，菲律賓進一步明確領海基線，位於領海基線內的水域是菲律賓內水，位於條約界線和領海基線之間的水域是菲律賓的領海。一九七九年，菲律賓提出按照領海基線外延二〇〇海里的專屬經濟區和大陸架，同時提出卡拉延群島的主權，以及其「卡拉延群島界線」的區域屬菲律賓的專屬經濟區和大陸架。

軍事上，菲律賓在一九七六年三月成立菲律賓西部軍區，並在巴拉望島上起建了 Ulugan Bay 海軍基地。與此同時，在中業島上，菲律賓建造了機場，可供小型飛機起降。菲律賓有 T-28 戰鬥機和 C-47 運輸機，每週兩次定期到島上執勤。這時菲律賓擁有空中優勢，從菲律賓巴拉望起飛的軍機到達南沙後還可以作戰三十分鐘（更遑論在中業島的簡易機場），而從越南大陸起飛的飛機到南沙後就只能作戰十分鐘。一九七六年，越南在南子島的駐軍向菲律賓軍機開火（南子島與菲律賓所占的北子島距離極近）。馬可仕開始大量增加在南沙群島的兵力，截至一九七八年，菲律賓在各個島礁上的總兵力接近一〇〇〇人，大大超過了越南的兵力（約三五〇人）。[163]一九八二年四月二十五日，菲律賓總理費拉達（Cesar E. A. Virata）巡視了中業島（Pagasa）上的軍事設施。此時，菲律賓正計畫新建港口。[164]據臺灣當時的研判，菲律賓占有南鑰、中業、西月、北子、馬歡、費信及禮樂灘七島礁。除

---

[159]《法律條約彙編》，六七—六八頁。
[160]《法律條約彙編》，六九頁。
[161]《大事記》，六四頁。
[162]《法律條約彙編》，七二—七三頁。
[163] Rodney Tasker, Stake-out in the Spratlys, FEER, 1978/02/24. From CPTTD, p.150.
[164]〈菲在所謂自由邦之占地及建設狀況〉，駐菲代表處電外交部，民國七十一年五月四日，《外交部檔案彙編》，九六三—九六四頁。

費信島及禮樂灘駐兵情況不詳之外，其他各島都駐紮一個排的兵力。[165]

一九七八年，菲律賓占領了大致位於中業島與太平島中間的楊信沙洲（Panata, Lankiam Cay，當時中國報導中稱之爲帕納塔島）。根據菲律賓國防副部長巴爾維羅的說法，目的是「鞏固和加強菲律賓在南海斯普拉特利群島和陣地」。[166]一九八〇年五月，菲律賓抗議馬來西亞在司令礁（Commodore Reef）建立燈塔（後來證實只是建立了一個地標）。爲了阻止馬來西亞在南沙的擴張（見後），菲律賓在八月占領了司令礁。[167]這也是菲律賓在一九九九年之前在南沙占領的最後一個島礁。

在加強軍事占領的同時，菲律賓也積極計畫和外國展開對南海石油開發的合作。爲擺脫能源危機，石油利益本來就是菲律賓加快對占領南沙的動機之一。和外國公司合作，除了彌補菲律賓技術上的不足之外，還有助於通過第三方的石油利益爲菲律賓在開發區域的控制權加上保險：那些石油公司儘管多是私營公司，但在西方政界擁有強大的遊說能力。沒有一個國家能夠輕易不理會本國石油公司的海外利益受到侵犯。於是，菲律賓就在一九七〇年代成爲最早進行南海石油開發的沿岸國。一九七六年二月，菲律賓公布菲律賓的石油公司將和瑞典薩蘭（Salen）公司合夥在禮樂灘探勘石油，後又有美國公司（包括Amoco）加入，組成約十家公司的集團。

這些舉動遭到中國和越南的抗議。如中國外交部在六月十四日聲稱：「南沙群島與西沙群島、中沙群島和東沙群島一樣，都是中國固有領土的一部分，這些島嶼及其附近的資源都屬於中國所有。任何國家對南沙派兵、占領、資源開發都是不能承認的。」但菲律賓對中國和越南的抗議不以理會。菲律賓外交部長羅慕洛表示，禮樂灘位於菲律賓大陸架範圍內，也位於根據有關大陸架條約而劃定的菲律賓二〇〇海里專屬經濟區內；美國和瑞典公司的加入，可以令美國幫助保護菲律賓的權益等。如前所述，在中菲新近建交的友好氣氛和默契之下，中國的表態只是姿態性的，甚至是因爲針對越南的聲明才不得不語氣嚴厲。[168]

菲律賓和瑞典公司及美國公司的勘探並沒有受任何阻礙。一九七六年六月，薩蘭公司在禮樂灘鑽探了山巴吉塔一號井（Sampaguita No.1）。一九七七年，Amoco在禮樂灘鑽探了另外兩口井（A1，B1）。但這兩年間鑽探的三個油井[169]都沒有探測到石油。一九七八年五月，薩蘭公司又在禮樂灘鑽探山巴吉塔二號井（Sampaguita No.2），及在忠孝灘（Templier Bank）鑽探卡拉曼西一號（Kalamansi No.1），亦沒有探測到石油。一九八一年十一月，薩蘭公司再次被授權在禮樂灘鑽探山巴吉塔三號井（Sampaguita No.3），仍似沒有產出。[170]此外，一九七六年六月十八日，菲律賓把南沙群島之鄭和群礁、安渡灘及其附近海域劃作「特定區域」，供外商勘察。[171]但由於地理位置敏感，沒有石油公司願意在此區域開發。

菲律賓在南沙海域開發石油的成果很有限，但是引入西方石油公司以及批出石油開發權，在民事

[165]〈答復立委有關南沙群島之質詢〉，行政院函立法院，民國七十一年六月十八日，《外交部檔案彙編》，九六四—九六六頁。
[166]《大事記》，六一頁。
[167] CPTTD, p.150.
[168] CPTTD, p.151.
[169]〈函告菲國在南沙群島鑽探石油情形〉，民國六十五年七月九日，外交部致經濟部函，《外交部檔案彙編》，一三三四頁。
[170]《起源與發展》，一三四頁。
[171]〈函告菲國在南沙群島鑽探石油情形〉，民國六十五年七月九日，外交部致經濟部函，《外交部檔案彙編》，一三三四頁。

上加強了菲律賓對南沙部分地區的實際控制權和法理。此外，菲律賓在在巴拉望島西岸的沿海近岸開發石油有一定的成果，這些地區雖然不屬於南沙群島，但和九段線接近甚至有部分重疊，有時也被中國媒體和論著當作是「菲律賓竊取中國南海石油」的證據之一。[172]

此外，在這段時期，由於中國傳統海南漁民被禁止前往南海捕魚，菲律賓漁民漸漸成爲南海捕魚的主力。他們的目的地甚至遠至西沙群島和中沙群島附近。[173]

這樣，通過一九七〇年代的一系列舉措，菲律賓就從軍事控制上、開發上以及（國內）法律上取得了對南沙部分島嶼的控制權。

國際法簡評

綜上而論，從國際法而言，到七〇年代末爲止，菲律賓對南海諸島的主權要求的理由和邏輯可以歸納爲：(1)菲律賓所占領的島嶼不是南沙群島的一部分，而是一個獨立的群島（自由地）；(2)南沙群島在二戰之後的法律地位是託管地，不屬於任何一國；(3)克洛馬最早「發現」了「自由地」，並成立了「自由地國」，並通過保護或割讓等形式成爲菲律賓的一部分；(4)這些島嶼離菲律賓近，也在菲律賓的大陸架上和經濟專屬區內，對菲律賓的安全和利益有不可取代的重要性；(5)一九七九年九月十四日，馬可仕就南沙群島答記者問，還強調，南沙群島在二戰後是託管地，應該由盟國處理。[174]

這些理由都是經不起推敲的。第一點顯然是狡辯，儘管歷史上對 Spratly Islands 的具體範圍確實有模糊不清的地方，但是就《舊金山和約》中的 Spratly Islands 來看，其包括除了南威島（Spratly Island）之外的主要島礁還是很清晰的，而且在中（臺）越菲交涉中，中國一再指出了「自由地」也包括在南沙群島之內，但菲律賓經過二十多年還在這個問題上糾纏，根本是混水摸魚的做法。第二，《舊金山和約》中確實沒有規定南沙的歸屬，但是同樣沒有把南沙定爲託管地。條約中明確規定的託管地只有原日本託管的北太平洋島嶼，以及可能成爲託管地的琉球群島（但最後沒有成爲託管地）。條約中沒有令南沙成爲託管地的規定。而且即便南沙群島是託管地，也沒有法律依據由菲律賓接管。第三，克洛馬的自由地是否能成爲一個「國家」在國際法上存在很大的問題，而且克洛馬所謂「發現」南沙群島顯然是無法成立的。他在南沙群島上活動得益於國民黨退守臺灣之後暫時撤離了南沙群島，越南和法國又無力在島上駐軍而導致島上一時成爲無人島。但這並不等於臺灣、越南（法國）「放棄」（abandon）了南沙群島。換言之，當時南沙群島並不是無主地，克洛馬沒有國際法上先占的基礎。第四，距離菲律賓近並不是一個取得領土的正當理由。南沙諸島雖然荒蕪，但菲律賓所占領的幾乎都是常年露出水面的島嶼，而由陸地決定海洋的原則，這些島嶼無法因爲位於某國大陸架上就自動成爲某國領土的道理（只有暗沙可以如此）。至於對安全和利益的重要性，也非符合國際法的理由。最後，《舊金山和約》雖然規定日本放棄南沙群島，但從沒有提過南沙是託管地。

菲律賓對南沙法理的優勢在於：第一，菲律賓在戰後初期獨立不久（一九四六年）就公開提出了

【172】《起源與發展》，一三四頁。

【173】John G. Buthcer, *The closing of the frontier: a history of the marine fisheries of Southeast Asia c 1850-2000*, Institute of Southeast Asian Studies, 2004, p.192.

【174】《大事記》，七二—七三頁。

對南沙的領土要求，距離法國公開其領土主張（一九三三）只有十三年，還處於能夠提出異議的有效期。而且考慮到菲律賓在戰前是美國的殖民地，在外交上沒有自主權，而菲律賓本土人士也提出了對南沙的領土要求，只是由於美國不同意而無法在國際場合提出，這是可以被諒解的理由。第二，菲律賓（特別是作爲現代菲律賓一部分的蘇祿國）與南沙群島有歷史性的聯繫，但在一九七〇年代，菲律賓並沒有注意到這點而加以闡述。菲律賓也未能舉出有力的證據，顯示菲律賓漁民與南沙群島有緊密的聯繫。第三，考慮到菲律賓從一九七〇年占領南沙部分島嶼至今，已經成爲一種現狀。儘管由於其他國家的持續抗議並不能形成「時效」，但如果放上國際法庭，這種「現狀」還是值得考慮的法律點。

四・九　中越西沙海戰及其後果

一九七四年之前，大體上中國和南越在西沙都保持克制，沒有直接的軍事衝突。如前所述，這很大程度上和美軍在南海的存在有關。但進入一九七〇年代之後，出現了兩個重大變化。首先，美國總統尼克森在一九七一訪華，成功打破了美國與共產主義中國的堅冰。兩國都根據自己的需要，調整立場，共同對抗蘇聯。中國趁著這個蜜月期，正好可以在南海擴充地盤。其次，也是更重要的，由於越南戰事的不利與國內反戰運動的勃興，美國在一九六八年十一月宣布停止對北越的空襲，結束了「局部戰爭」。之後，各方開始邊打仗邊談判。尼克森政府上臺後，宣布「戰爭越南化」政策，逐步退出越戰。一九七三年一月二十七日，四方（北越、美國、越南共和國與南方民族解放陣線）在巴黎簽訂和平條約。美國正式撤出越南，把爛攤子留給了南越的阮文紹政府，對西沙也不再有防守的義務。對美國來說，加強和中國的關係，比維持和一個已經對之失望和厭倦的南越政權，更爲符合美國要取得冷戰勝利的戰略利益。

南越雖然在美軍撤退時接收了一些美艦，但那些艦隻都是美國海岸防衛隊的舊艦，用於西沙海戰的最強大火力（HQ-16）不過是擁有一門五英寸口徑的火炮。【175】況且軍事人員嚴重缺乏，訓練不足，難言在極短的時間內眞正形成戰鬥力。事實上，由於兵力不足，南越正逐漸減少在西沙西部島嶼上的駐軍。在一九七三年底，僅在珊瑚島上保留了駐軍，甘泉島和金銀島上的駐軍都被撤銷，僅以常規性的巡邏維持在西沙西部的管治。南越兵力空虛，成爲中國攻取西沙的有利條件。

北越這時處於一個極爲微妙的政治局面。在越戰中，北越得到蘇聯和中國兩方面的支持。但蘇聯和中國反目已久，北越的站隊極爲重要。在傳統的親華派胡志明去世之後，親蘇派黎筍上臺，與中國已經貌合神離。但此時，北越還承認西沙屬於中國，而且在越南戰事上，也還依賴中國的支持，不會對西沙採取實質性的行動。而蘇聯在當時被美國把持的南海並無兵力，也不構成對中國奪取西沙的障礙。這些因素構成了中國攻取西沙西部難得的時間窗口。

一九七三年，趁著越戰停戰，南越加緊了對南海的開發，陸續和歐美石油公司簽訂合約，開發南海油田。一九七三年九月六日，南越內政部長黎功質發布命令：根據九月一日內閣決議，把南沙諸島

【175】SFPIA, p.74.

調整到福綏省紅土郡的福海社。[176]對南越來說，南沙群島早就被劃入福綏省，這次不過是行政上的微調，但這恰恰成爲中國採取行動的契機。中國並沒有做出即時的反應，但事實上已經開始爲西沙戰事做準備。奪取西沙的決定來自最高領導毛澤東，而由後來的最高領導鄧小平親自主持。根據美國情報機關的解密檔案，奪取西沙的極機密的準備工作從九月就開始了。在一九七三年十二月中旬，中國駐廣西北海的部隊每天都有幾百人，早上乘六艘漁船出發，晚上返回，這種操練持續了十天。[177]事後看來，這顯然是爲登陸作戰做準備。對此，南越卻一無所知。在休戰多月之後，南越在一九七四年一月四日宣布重啓越南戰爭，海軍大部分駐紮在湄公河一帶對抗南解。

一月十一日，中國外交部發表聲明，抗議南越調整南沙群島行政劃分的行動，並宣布此行動引起「中國人民的憤慨」。中國在事發多月之後才突然發表這個聲明，其實是一個信號，但南越對此毫無警惕，反而專注於與北京的口水戰。一月十二日，越南接報，西沙出現異常情況，於是派出一艘艦隻進行偵探。十四日發現，中國「漁民」已經在無人駐守的甘泉島登陸（但留有南越的設施）。十五日，南越海軍進攻甘泉島，驅逐附近的四〇二號漁船，並把島上的「漁民」俘虜帶回。儘管事態出乎意料，鑒於「漁民」登陸事件以前也出現過（見四．五），南越未排除這是中國配合北越進攻的騷擾策略。但這時，南越已經提高警覺性。十五日，南越總統訪問峴港，並從峴港派出 HQ-16 開赴西沙。船上還有美國聯絡官科希（Gerald Emil Kosh），他是應美國駐峴港總領事館的要求隨船同行的。[178]但當他們抵達西沙的時候，發現事態比他們設想的還嚴重。十六日，另一批中國「漁民」在炮艦的掩護下，再次登陸甘泉島。而同時，中國已經派人占領了琛航島和晉卿島。十七日，南越海軍再次攻取甘泉島，也在金銀島登陸。但中國已經派出了四艘快艇、兩艘炮艦和若干「漁船」組成的艦隊抵達西沙永樂（彎月）群島，與南越的炮艦在海上對持。十八日，中國船隻阻止了南越攻取琛航島的計畫。雙方互不相讓，期間船隻發生碰撞，但未造成直接的軍事衝突。這時，在永樂群島，南越占據三島，中國占據兩島。

十八日晚上，南越總部向艦隊下達「和平地收回琛航島」這一難以實現的命令。海軍唯有遵從。於是，第二天早上八點半左右，二十名海軍登上琛航島，計畫對中國軍人喊話，要他們撤離島嶼。但正當他們涉水而上的時候，中國軍隊開槍，打死兩名南越軍人。[179] 對此中國有不同說法：是南越軍隊先開槍打傷中國「漁民」多名，「漁民」進行反擊，因此是越方挑釁在先。[180]

無論如何，這次槍擊事件頓時令局勢升級。南越駐西沙指揮官 Ngac 向西貢請示，但都無法和南越海軍的兩名最高指揮官聯絡上。他們中的一個正在從西貢往峴港的飛機上，另一個則前往機場迎接他。於是，第三位階的指揮官 Kiem Do 做出了開火還擊的指令。他同時向美國第七艦隊請求幫助，但無人響應。在 Kiem 的指令下，四艘南越炮艦向六艘中國戰艦發動攻擊。但是南越海軍的作戰能力之低令人吃驚。一艘的火炮無法運作，迅速被中方擊中喪失戰鬥力；一艘雖然擊中一艘中國艦，但隨

[176] Decision No.420, BNV/HCDP/26 of 1973/09/06, Vietnam Dossier II, p30.
[177] SFPIA, p.73.
[178] SFPIA, p.74.
[179] SFPIA, p.75.
[180] 《南海風雲》，二五二頁。

即艦上的火炮爆炸，在慌亂之中，撞上了HQ-16，後者電力全失，也喪失作戰力；最後一艘，被中國戰艦一炮打中艦橋，艦長當場死去，船隻也開始沉沒。短短幾十分鐘，四艘南越戰艦就被中國擊敗。三艘逃回南越的戰艦，被當作英雄般歡迎，擊沉兩艘中國戰艦則被宣傳爲大勝。

二十日，集結的中國軍隊在米格二十一和米格二十三飛機的空中支援下，向越據三島發動總攻，五〇〇名陸軍登陸三島。僅二十多分鐘，就控制了三島的大局。甘泉島的戰鬥最爲激烈，但人數處於劣勢的越軍無法抵擋十倍左右的中國軍隊，被中國的火力完全壓制，只能坐以待斃；金銀島上的越軍甚至在中國未登陸前就偷偷乘船逃走。最後，南越守軍慘敗，一〇〇多人陣亡，四十多人受傷，包括科希在內的島上人員被中國俘虜。中國有兩艘戰艦被擊沉，具體的傷亡情況至今還沒有公布。[181]

西沙海戰之後，中國外交部第一時間發表聲明，指一月十五日以來，南越西貢當局悍然入侵永樂群島，撞壞中國漁船，強占甘泉島和金銀島，向琛航島發動武裝進攻，打死打傷中國漁民和民兵多名，還向執行巡邏任務的中國艦艇首先開炮進攻。中國在「忍無可忍」的情況下，進行英勇的「自衛還擊」。[182]而南越則試圖通過駐聯合國觀察員，把事件提交安理會進行緊急會議。但由於中國已經取得聯合國代表席位並有否決權，美國對此並沒有積極反應，南越也不是聯合國成員，最終沒能將事件提交聯合國安理會。

美國對西沙群島表達了中立的立場。一月十九日，美國國務院發言人稱：「對此群島或維護任何一方在此的特殊主權要求都不感興趣，美國希望此一事件能以和平談判解決。」[183]美國當時最關心的是被中國俘虜的科希。一月二十三日，國務卿季辛吉就群島事件和中國代表進行談判，第一項議題就是要求釋放科希。科希在一個星期後就和另外三名南越的高級官員一起被遣送到香港。

總之，中國和南越在西沙爆發戰爭。雙方都聲稱對方挑釁在先，結果中國擊敗了南越，並取得了整個西沙群島的控制權。從此，西沙群島一直被中國占領和管治，直到今日。

在西沙失敗之後，南越加緊在南沙的軍事存在。除了南越一直視南沙是自己領土之外，南沙對於南越的另一層重要意義在於：越南是一個貧油國，南海石油的發現對南越極有吸引力。南越對南海石油利益非常關心。一九六七年九月七日，南越宣布大陸架及大陸架資源均屬越南共和國專屬管轄。[184]一九七〇年十二月一日，南越宣布《石油法》，確定向外國公司頒發特許勘探權，阻燃管和開發礦區的程序和規定。[185]一九七三年七月十六日，南越把頭頓以東海域劃分爲八個礦區，其開採專利權授予美國殼牌、飛馬、埃索，以及加拿大撒寧代爾四間公司。[186]九月六日，把長沙群島歸入福海區（Phước hải Commune）；[187]九月二十八日，宣布將在長沙島（南威島）上駐軍和建造雷達站，並強調這對「即將開始的在大陸架下勘探石油是很重要的。」[188]

[181]《南海風雲》，二五四頁。
[182]《南海風雲》，二五四頁。
[183]《南海風雲》，二五五頁。
[184]《大事記》，一五頁。
[185]《大事記》，一七頁。
[186]《大事記》，二四頁。
[187] Decision No.420, BNV/HCDP/26 of 1973/09/06, Vietnam Dossier II, p30.
[188]《大事記》，二四頁。

一九七四年一月三十一日，阮文紹派出一支由幾百名士兵組成的特遣隊，由「杜春洪」號爲首，帶領護衛艦、驅逐艦和登陸艦組成的艦隊，向南沙群島出發。二月一日，占領南子礁（命名爲西雙子）；三日占領了敦謙沙洲（命名爲山歌島）；五日，占領景宏島（命名爲生存島）；十四日，占領了鴻庥島（南偈島）；十七日，占領南威島（長沙島）；二十日，占領安波沙洲（命名爲安邦島）。[189]特遣隊在各島設立界碑並留下駐守人員，搭建了防禦工事。這是南越首次派遣軍隊駐守南沙群島。

其中，南越占領南子礁的過程頗有戲劇性。南子礁早在一九七一年已經被菲律賓所占領（一說是在一九六八年），並有常駐兵力。南越雖然急於在南沙占領島嶼，但基於和菲律賓同屬反共聯盟國家之關係，並不希望有直接衝突。這天，正好一個駐紮在三公里以外的北子礁的菲律賓軍官生日，南子礁的全體官兵都到北子礁參加生日派對。南越以增強友軍之間聯繫的名義，派出了幾個妓女，通過美色誘惑南子島的守軍，延長了他們在北子島逗留的時間。出於對友邦的信任，菲律賓人對此絲毫沒有起疑心。當守軍歡樂完畢後回到南子礁的時候，赫然發覺島上已經易幟，南越軍已經在那嚴陣以待。菲律賓軍人連忙返回北子礁並向上級報告。上級衡量了軍事和外交的因素後，決定還是以穩守北子礁爲上，避免與怒火中燒的南越人的衝突。自此，南子礁就落入越南人的手中。[190]

儘管有這些不快，南越和菲律賓之間的關係並沒有受到太大影響。一九七五年北越海軍攻打南子礁的時候，南越軍人爲了避免被北越俘虜，還逃到了菲律賓控制的北子礁。之後，菲律賓一度考慮過武力「收復」共產主義者控制下的南子礁，但隨即打探到北越在短短時間內已經在島上構建了工事，於是作罷。[191]

在揮軍南沙的同時，南越在二月十四日發表措辭強硬的聲明：「越南共和國政府認爲必須莊嚴地向世界宣布，對朋友對敵人都一樣：黃沙及長沙是越南共和國領土不可分割的一部分，越南共和國政府和人民決不會屈服於武力而放棄對這兩群島的全部或部分主權。只要其中某一個島嶼爲他國所強占，共和國政府及人民將繼續爲收回其合法權益而奮鬥。」[192]

有人預料中國會乘勝追擊，揮軍直下南沙。但中國除了一如既往地發出抗議之外，並沒有軍事行動。鞭長莫及是最現實的原因：南沙畢竟距離中國本土比西沙遙遠得多，中國的戰機無法支持長距離的作戰，而海軍相對南越並沒有壓倒性優勢，一旦戰事延長，補給就難以跟上。而且，一旦攻入南海，面對的就並非南越這一個敵人，菲律賓甚至臺灣都可能會加入進來。由於美國和它們都有軍事同盟關係，也可能不得不加入。因此無論在軍事還是外交上，中國都將處於劣勢。況且，中國當時還打算拉攏菲律賓，故無意在南海問題上挑動菲律賓的神經。

南越在南沙的行動引起了臺灣和菲律賓的不安。臺灣出動四艘軍艦在太平島一帶防衛，並再次向南越重申對南沙的主權。敦謙沙洲距離太平島只有六海里，據說駐守部隊因爲颱風警報二回太平島暫

---

[189]《大事記》，四六頁。

[190] https://en.wikipedia.org/wiki/Southwest_Cay.

[191] https://en.wikipedia.org/wiki/Southwest_Cay.

[192]《大事記》，四三頁。

避，給南越軍隊以可乘之機。惟臺灣無意給因西沙失敗而急紅了眼的南越火上澆油，只是想保住太平島，於是宣稱「若南越軍隊企圖登陸太平島，將盡量勸其離開，俾使雙方將損害減至最小程度」。[193]蔣經國在二月一日曾指示研究驅逐南越與菲律賓占據南沙島軍隊，但因國防部大力反對而作罷。[194]菲律賓在抗議的同時，也呼籲應該通過有關國家直接友好磋商來和平解決問題。美國也勸告南越不要過分擴大軍事行動，見好就收。於是南越在占領了安波沙洲後，在二月二十二日通過南越新聞社宣布已經完成鞏固南沙主權的計畫，並已占領四個島嶼。[195]因此，儘管南沙形勢一度緊張，但最終沒有發生衝突。從此，南越和臺灣及菲律賓一道瓜分了南沙群島。一九七五年二月十四日，在占領南沙六島一週年之際，南越發布長達一百多頁的《關於黃沙群島和長沙群島的白皮書》，這是越南方面歷來關於西沙和南沙最爲完整的歷史和法律論述。

臺灣對西沙海戰的態度不得而知。據說當年蔣介石得知解放軍戰艦穿越臺灣海峽時下令放行，還說「西沙戰事緊」。[196]這種說法被認爲是虛構的，[197]但也有認爲確實有一定默契。[198]事實上，當年西沙海戰進行的時間很短，規模也很小，根本不存在通過臺灣海峽調派戰艦。所謂的增兵，是指二月二十一日開赴南海的東海三艦，路過臺灣海峽時確實沒有受到任何干擾。但當時，西沙戰事早已結束，自然不存在增援的需要。臺灣的立場也正如前節所分析的，非常矛盾，故此在西沙問題上兩不相幫可能是不得已的選擇。但在南沙問題上，由於臺灣自己本身占領了島嶼，態度就明確得多。

同樣矛盾的還有北越。在西沙事件中，北越與「越南南方民族解放陣線」（南解）的反應非常曖昧。北越並沒有像以往一樣聲稱西沙是中國的領土。北越官方基本保持緘默，僅稱希望事件得到和平的解決。法新社援引北越「權威人士」說：捍衛領土主權是每個民族的神聖事業，領土爭議需要謹愼處理，應該本著平等、互相尊重、友誼和睦鄰友好的精神協商解決。[199] 一月二十六日，中國所承認的越南南方政府南解公布了三點立場：(1)主權和領土完整是每一個民族的神聖使命；(2)在邊界和領土問題中，各鄰國之間經常會發生由歷史遺留下來的爭執，有時是很複雜的，應仔細研究；(3)各有關國家應根據平等、互相尊重、友好和睦鄰關係的精神來研究這些問題，並通過協商來解決。[200]

駐北京代表 Tran Binh 則在幾天後爲紀念《巴黎和平協定》簽字一週年舉行的新聞發布會上稱：領土主權問題對於每一個民族來說都是一項神聖的事業。對於歷史遺留下來的領土爭議之類的複雜問題應謹慎處理，帕拉塞爾問題必須在相互平等、互相尊重和友好的基礎上，通過協商和平解決。[201] 南解還給予中國一封「感謝函」，對中國同志爲他們趕走僞軍，解放黃沙表示感謝。這當然是暗示中國應該把西沙西部交還給南解之意。此舉顯然激怒了中國，以致中國把信件原封不動地退回，並把所有戰俘交還越南共和國的阮文紹政權，而不是中國所正式承認的南解政權。[202] 這標誌著中國與北越和南

[193]《南海風雲》，二六五頁。
[194] 王懿輝《陸戰新傳》，海軍陸戰隊司令部，2005，159頁。
[195]《南海風雲》，二六六頁。
[196] 似乎最早出處是一九八八年八月十二日《黨史信息報》上的〈西沙之戰中的蔣介石〉。
[197]〈徐焰少將闢謠：不存在蔣介石對大陸海軍「放行」一事〉，《學習時報》二〇一一年十月二十四日第第〇七版。
[198] http://view.news.qq.com/zt2012/jjsxs/index.htm.
[199]《起源與發展》，九四頁。
[200]《大事記》，三六頁。
[201]《起源與發展》，九五頁。
[202]《南海風雲》，二五六頁。

解分裂的開端。

四・十　越南統一與中越西沙南沙論戰

作爲共產主義國家的一員，北越在第一次印度支那戰爭中得到蘇聯和中國兩方面的支持。五十年代末，蘇聯和中國反目，北越被迫站隊。傳統的親華派胡志明站在中國的一方，得到中國全力支援北越的第二次印度支那戰爭。胡志明去世之後，親蘇派黎筍上臺。一九七一年，中國又和「美帝」通好，共同對抗蘇聯，成爲「共產主義的叛徒」。北越基於意識形態已經和中國貌合神離，僅維持表面上的友好。一九七四年，北越和中國展開東京灣的劃界談判。北越聲稱，一八八七年的中法條約中已經規定分界線是一〇八度三分；但是中國聲稱，該分界線只是對東京灣內島嶼而言，並不是海域分界線（見五・五）。雙方不歡而散，北越和中國之間出現了另外一道裂痕。中國攻取西沙後，儘管北越沒有表示抗議，但曖昧態度令中國極爲不滿，爲中越之間的南海爭議埋下伏筆。

一九七四年一月，越南戰爭重啓。經過一年的殘酷戰鬥，一九七五年越南共和國政府突然兵敗如山倒，國防軍土崩瓦解，各大城市相繼陷落。一九七五年四月三十日，西貢淪陷。南解成立臨時政府，建立「南越南共和國」。一九七六年一月二日，南北越南正式統一，成立「社會主義越南共和國」（新越南）。

就在西貢將於淪陷的前夕，南解副總司令黎仲訊奉命「解放」南沙諸島。四月十四日至十九日之間，以峴港爲基地的海軍攻占了越南共和國政府控制的南沙六島。[203] 爲了安撫與越南共和國政府簽署了開發合同的石油公司，五月六日，南方共和臨時革命政府通過電臺廣播，宣布南方繼續進行石油勘探並準備「在尊重主權獨立的基礎上，與一切外國政府和石油公司進行談判，以共同進行勘探。」[204]五月七日，越南南方通訊社報導「解放軍在四月份，解放了中部中區和中部南區沿海島嶼，在長沙群島，解放軍進攻並解放了偽軍盤踞的西雙子島、山歌島、南偈島、生存島、長沙島和安邦島。」[205]這表明：(1)越南南方政權是管轄南海六島的政權；(2)越南南方政權繼承了越南共和國對南沙群島的主權要求。

而北越在五月十五日的《人民報》和《人民軍隊報》同日以整版的版面，刊登了越南全國地圖，西沙和南沙都出現在地圖上。五月二十八日，《人民軍隊報》刊登文章，宣布「從此，祖國的這些遙遠的島嶼永遠回到了我國人民的手裡。」[206]北越的越南通訊社（NVA）報導：越軍解放了「祖國的六個寶島」。[207]北越對南沙和西沙態度的轉變表露無遺。

一九七五年九月，黎筍率領越南代表團訪問中國，正式向中國提出對西沙和南沙的領土要求。鄧小平則對黎筍指出：「在西沙群島和南沙群島問題上，我們之間存在著分歧。在這個問題上，兩黨的

[203]《大事記》，四八頁。
[204]《大事記》，四八頁。
[205]《大事記》，四九頁。
[206]《大事記》，四九頁。
[207]《起源與發展》，九五頁。

立場也都是清楚的。我們的立場是，我們有足夠的證據說明西沙和南沙群島自古以來就屬於中國……這個問題可以留待將來討論。」[208]而越南方則記錄鄧小平說：「兩國在兩國群島問題上有爭議，雙方可以討論。」[209]

這時，北越剛剛取得勝利，兩越合併還沒有實現。北越也暫時無力在這個問題上糾纏，於是保持低調。一九七六年，南北統一後，越共清除了以黃文歡爲首的親華派，掃除了內部的障礙。新越南就開始旗幟鮮明地堅持自己在南海諸島的立場。一九七七年五月十二日，越南頒發《關於領海、毗連區、專屬經濟區和大陸架的聲明》。可能爲了顧及中國的反應，該聲明沒有直接提到黃沙和長沙兩群島，僅在第五條提及「構成越南領土之完整部分及第一節所述越南領海之外的島嶼和群島，有其本身的領海、鄰接區、專屬經濟區和大陸架，其範圍一如本聲明中第一、二、三、四節之規定」。[210]有的中國專家認爲，越南在該聲明中對南海海域提出廣泛的要求，並特別提到西沙和南沙是越南的領土，且越南應擁有其領海、毗連區、專屬經濟區和大陸架。他們指責越南此舉是將暗地裡的爭端公開化。[211]但事實是，當時越南還是希望通過雙方的談判低調地解決問題。

一九七七年六月，越南總理范文同出訪中國，與中國副總理李先念會晤。雙方就西沙和南沙的問題交火。李先念說：「越南同志過去也承認這兩個群島是中國的領土。……可是一九七四年以後，越南同志的立場就開始發生了變化，特別是一九七五年越南方面趁著解放南方的機會，侵占了我國南沙群島的六個島嶼，繼而向我們正式提出對南沙群島和西沙群島的領土要求。並且在越南國內和國際上大造輿論，宣傳南沙群島和西沙群島屬越南領土。」並指出范文同在一九五八年給周恩來的照會中承認西沙南沙屬中國。范文同對此反駁：「在抗戰中，當然我們要把抗擊美帝國主義放在高於一切的地位。……對我們的聲明，其中包括我給周總理的照會上面所說的，應當怎樣來理解？應當從當時的歷史環境來理解。」李先念隨即反駁，這種解釋是不能令人信服的。作爲國家，對待領土問題應該是嚴肅認眞的，不能由於戰爭的因素就作出別種解釋。何況在一九五八年九月十四日范文同發出照會時，越南並沒有發生戰爭。[212]

自此之後，中國和越南關於兩群島主權的爭議就廣爲人知。一九七八年，正當菲律賓加緊占領南沙的時候，中國在十二月二十九日發表聲明，重申對南海諸島的主權。[213]而越南隨即反駁，「完全駁斥中國外交部發言人在一九七八年十二月二十九日關於長沙群島問題的聲明中的蠻橫論調。長沙群島和黃沙群島是越南領土的一部分。」[214]這份針鋒相對的罕有聲明，成爲中越西沙南沙論戰的開始，也成爲中越關係急劇惡化的導火索。

事實上，在新越南成立後幾年間，中越關係急劇惡化的原因除了南海諸島主權矛盾外，還有以下幾個：越南一面倒投向蘇聯，簽署《越蘇友好合作條約》（一九七八年十一月三日），蘇聯在南海諸

[208]《起源與發展》，九五頁。
[209] 一九八八年四月，越南外交部《黃沙群島和長沙群島與國際法》，轉引自《大事記》，五〇頁。
[210]《法律條約彙編》，二三九—二四一頁。
[211]《起源與發展》，九六頁。
[212]《大事記》，五七—五八頁。
[213]《人民日報》，一九七八年十二月二十九日，《大事記》，六四頁。
[214]《大事記》，六五頁。

島問題上也完全站在越南一方，指責中國「專橫跋扈」；[215]越南發動「排華運動」；在邊境有小規模的衝突；爲消滅赤柬而發動的越柬戰爭被中國視爲「地區霸權主義」等都引起了中越之間極大的敵意。爲了給美國「投名狀」，鄧小平也趁機整頓軍隊，重新掌握軍權，趁越南精兵都在柬埔寨之際，在一九七九年二月十七日發動了對越南的戰爭（第三次印度支那戰爭），號稱「自衛還擊戰」。中國軍隊在短時間內攻占越南北部廣大地區，但在越南人在地游擊反抗下，中國軍隊傷亡慘重。越南又從柬埔寨調回久經沙場的精兵回擊。結果中國在越南北部摧毀一切建築和生產物資後，在三月十六日主動撤出越南。雙方都聲稱自己取得勝利。之後邊境戰爭持續長達十年之久，直到八〇年代末關係才和緩。

與此同時中越之間關於西沙和南沙的歷史主權的論戰還在繼續。雙方一邊接觸談判（但在南海諸島問題上不歡而散），一邊又發文論戰。爭論在一九七九年達到高潮。一九七九年三月十六日，越南《人民報》發表〈關於中國當局在邊界地區向越南領土進行挑釁和侵占問題的備忘錄〉，[216]當中指「北京當局悍然出兵用武力侵占黃沙群島」。而中國則在五月十五日的《人民日報》上發文〈西沙群島和南沙群島爭端的由來〉作爲回敬。[217]

隨後，越南在一九七九年八月七日發表《越南對長沙群島和黃沙群島之聲明》，聲稱：「一、黃沙群島和長沙群島是越南領土之一部分。越南封建國家是歷史上第一個占領、組織、控制和探勘這些群島者。這項所有權是有效的，符合國際法的。我們有充足的歷史和法律文件，證明越南對這兩個群島有不可爭辯的主權。」[218]在這份聲明中，越南還在二、三、四點中列舉了中國對越南觀點的「歪曲」，並指責中國一九七二年與美國侵略者密謀「背叛了越南人民」，「中國之行爲嚴重地威脅東南亞之和平與穩定，明顯呈現其擴張主義之野心、大國沙文主義、好戰本性、善變及背信本性。」[219]

接著，越南在一九七九年九月二十八日發布《越南對於黃沙和長沙兩群島的主權》（一九七九白皮書），在一九七五年五月由南越共和國發布的《關於黃沙群島和長沙群島的白皮書》（一九七五白皮書）上補充了新的材料。[220]而中國則在《人民日報》接連推出三大文章作爲回應：一九八〇年一月三十一的〈中國對西沙群島和南沙群島的主權無可爭辯〉，一九八〇年一月三十一日的〈駁越南當局所謂黃沙、長沙即我國西沙、南沙群島的謬論〉以及一九八〇年四月七日的〈西沙群島和南沙群島自古以來就是中國的領土〉。[221]中國現代有關西沙和南沙的歷史論據基本上都是在這個時期被發掘的，其中韓振華、林金枝和吳鳳斌等人應國家外事委員會組織，成立南海諸島研究課題組，在全國範圍內尋找資料和組織證據。[222]在其後幾十年，中國方面的歷史證據基本沒有超出這個範圍。而越南則在一九八二年一月二十八日再次發布《黃沙群島和長沙群島——越南領土》（一九八二白皮書）回

[215]《大事記》，六六頁。塔斯社評論員文章〈危險的打算〉，一九七九年一月一日。
[216]《大事記》，六六頁。
[217]《大事記》，六八—七〇頁。
[218]《法律條約彙編》，二四二頁。
[219]《法律條約彙編》，二四三頁。
[220]白皮書都有中文翻譯。見《越南匯編》，一—九七頁。
[221]一九八〇年一月三十一日〈中國對西沙群島和南沙群島的主權無可爭辯〉，一九八〇年一月三十一日〈駁越南當局所謂黃沙、長沙即我國西沙、南沙群島的謬論〉，一九八〇年四月七日〈西沙群島和南沙群島自古以來就是中國的領土〉。《大事記》，七五—八二頁。
[222]〈馬來西亞歸僑林金枝：書生意氣 揮斥方道〉，《福建僑報》，二〇一二年一月十二日。http://www.chinanews.com/zgqj/2012/01-12/3599722.shtml.

應。〔223〕中越論戰有著社會主義國家論戰的普遍特點。即在組織上傾全力而爲，爲政治而論證，肆意一廂情願地誇大證據，缺乏客觀的歷史和法理分析。有關西沙和南沙的古代歷史證據，在第一章已經簡略討論過，可參考筆者拙著《被扭曲的南海史》。

一九八二年十一月十二日，越南又發表《關於越南領海之領海基線聲明》（圖31），規定了在東南部海域的十二個領海基點。而關於其他的領海基點，第三條規定：在東

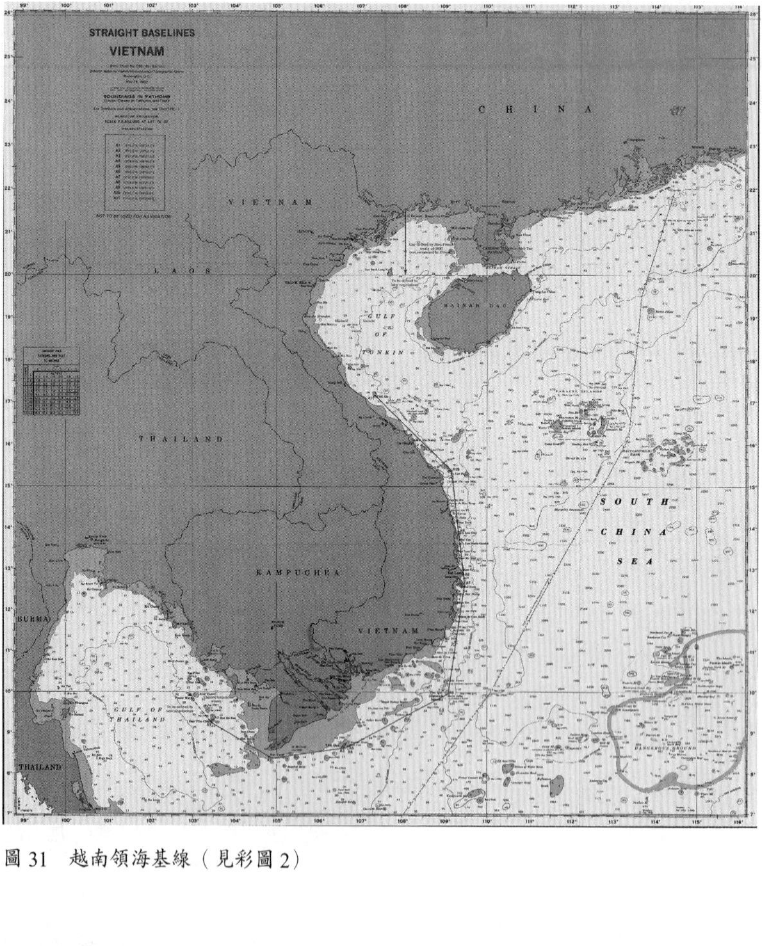

圖31　越南領海基線（見彩圖2）

京灣將以中法一八八七年條約爲基礎和中國協商而定：第四條規定：黃沙和長沙的領海寬度的基線，將依據一九七七年五月十二日的聲明的第五段加以劃定。【224】值得指出的是，越南的海岸線沿海的領海基線採用直線基線，而部分基點是遠離大陸的海島（最遠達八十點七海里），這種做法大大增加了內水與領海的面積，也增加了可以聲索的專屬經濟區和大陸架的面積。然而這種做法並不符合《海洋法公約》第七條的標準。【225】

一九八〇年代越南繼續在南沙占領島嶼和加強駐軍。據臺灣在一九八二年的研判，越南占領了敦謙沙洲、鴻庥島、安達礁、景宏島、南子礁和南威島等六個島礁。除了敦謙沙洲和鴻庥島駐有一個加強排之外，其餘各島各駐有地方軍和民兵二十到四十人不等。【226】同時，越南也升格了西沙和南沙政區的級別。越南在一九八二年十二月九日頒布法令，在黃沙設立黃沙縣，隸屬廣南——峴港省管轄；在長沙群島設立長沙縣，隸屬同奈省管轄。十二月二十八日，又把長沙縣劃歸富慶省管轄。【227】越南也加強對長沙的管理。一九八〇年六月二十一日在景宏島（越南稱爲生存島）附近，越南扣查了臺灣嚴明德船長和十四名船員駕駛的海輪。最後向他們提出警告，沒收船隻，將其遣返出境。【228】

【223】白皮書都有中文翻譯。見《越南匯編》，一—九七頁。
【224】《法律條約彙編》，二四七—二五一頁。
【225】《南海爭端與國際海洋法》，六六頁。
【226】〈答復立委有關南沙群島之質詢〉，行政院函立，法院，民國七十一年六月十八日，《外交部檔案彙編》，九六四—九六六頁。
【227】《越南彙編》，一七六頁。
【228】《越南彙編》，一七六頁。

越南還積極引入蘇聯聯合開發南海石油資源而對抗中國。一九八〇年七月三日，越蘇簽訂聯合開發南海石油協議。[229]

與此同時，中國則加緊建設在海南和西沙的基地。中越關係持續緊張，直接導致一九八八年的海上衝突。

越南「態度轉變」的法律評述

北越政府總共在外交上三次直接承認或者暗示西沙和南沙是中國的領土（更準確地說，三次承認西沙，兩次承認南沙是中國領土，見四．五）。那麼北越特別是新越南在一九七四年之後的態度轉變，是否構成了國際法意義上的反言？北越政府的態度是否等同越南喪失對西沙和南沙的領土主張？

在北越的歷次聲明中，以一九五八年范文同的照會最有代表性。在中國對越南在西沙（以及南沙）的立場的駁斥中，范文同照會占有突出的地位。在這份照會中，范文同提出「接受並贊成」中國關於領海的聲明。這無疑隱含了對中國聲稱對西沙和南沙主權的「接受和贊成」，也正是中國指責越南「出爾反爾」的原因。

關於這一點，越南最官方的的解釋當是一九七九年八月七日《對長沙和黃沙群島之聲明》。其中第二條寫道：中國對越南總理在一九五八年九月十四日所做有關承認中國擁有此二群島之照會的解釋，是一項最大的曲解，因爲照會的精神和文字僅意指承認中國領海十二海里。[230]

對於越南的解釋應如此理解：第一，要考慮當時的時代背景。中國說范文同是越南總理，這是不對的。范文同實際上是北越（越南民主共和國）的總理。在一九五四年日內瓦協定之後，越南正式分爲南北兩個國家，北方是越南民主共和國，南方是越南國（後來被越南共和國取代），簡稱南越。儘管這個劃分是臨時的，但這並不否定這兩個國家的合法性。中國常常把北越直接當作越南，並不正確。

當時北越和南越打仗，蘇聯和中國大力支持北越，除了提供錢糧槍炮之外，還派出專家或軍事人員到北越。除了當顧問之外，這些人員棲身於北越的重要場所，還有當人盾的作用——美國不願與蘇中直接開戰，就必然投鼠忌器而無法襲擊這些場所。蘇中越都屬共產主義陣營，在抗擊美國與戰勝西方集團的大目標之下，免不了權宜行事。根據越南說法，這是越南「眞誠信賴中國，認爲戰後一切領土問題將在同志加兄弟的基礎上完美解決」。[231]北越承認中國對西沙和南沙的主權和領海範圍，使美國海軍不能進入並利用這些地方（否則是與中國爲敵）大概也是出於同樣的考慮。其實，這個戰術上的考慮可能還是其次，北越大概擔心如果此時這些問題上和中國翻臉的話，中國會減少甚至停止對北越的支持。因此，按照越南後來的說法，這樣做完全是一種基於共產主義陣營的共同利益以及北越自身利益的權宜之計，並不反映北越的眞實意願。

第二，范文同公文中「故意」沒有（直接）提及領土問題，只提及十二海里領海問題，意味著范文同只承認中國十二海里的規定，而沒有承認西沙和南沙是中國領土的說法。因此，這屬「默認

【229】《大事記》，八七頁。

【230】Vietnam Dossier II, p.41-43.

【231】一九八八白皮書，《越南彙編》，一一四頁。

無效」。

然而，越南這兩種辯解即便是言之有理，在法律上也站不住腳。第一種辯解大概是眞的，北越在當時已經對中國滿腹怨言。早在一九五四年，周恩來和蘇聯對北越施加了極大的壓力，令北越放棄了大片已經在掌握之下的位於北緯十七度以南的土地。北越需要蘇聯和中國的支持，只得無奈吞下此苦果。在西沙問題上，北越的這個表態也很可能是因爲要繼續得到中國支持而不得不做出的表態。但那到底是出於當時的考慮，還是只是一種事後辯解的說辭？筆者沒有找到原始的檔案紀錄，無法下定論。

第二種辯解更缺乏說服力。雖然范文同確實沒有在函件中承認西沙屬中國，但是他既然「接受並贊成」了中國的這份聲明且沒有保留，那就意味著也贊成西沙屬中國的主張。如果這份公函沒有「越南民主共和國政府接受並贊成中華人民共和國政府於一九五八年九月四日所作的關於中國領海的決定和聲明」這一段，僅有「越南民主共和國政府尊重此決定並將會指示有關部門在與中華人民共和國海上關係徹底尊重中國領海十二海里的決定」這一段，那麼越南現在的說法還有可以爭論的地方。現在這份公函的措辭，在法律上理應是沒有歧義的。當然，考慮到當時的背景，如果當時范文同不加上那段話，中國也不可能接受。

無論如何，即便當時北越是心不甘情不願，聲明發出了就是發出了。擺上國際法庭，這封正式的公函也是極有法律效用的。更何況，北越關於這個問題的表態還有另外兩次：一九五六年六月十五日外交部副部長雍文謙的表態，和一九六五年五月九日外交部新聞司司長黎莊的聲明。這些表述中，北越再次明確地把西沙群島視爲中國的一部分。對於第一次，越南方面似乎不承認有這個發言（沒有在越南方面整理的資料中提及）。但筆者還是傾向那是屬實的。對於第二次，在《聲明》中也解釋了：「三、一九六五年，美國加強侵略越南戰爭以及對北越進行空中和海上的毀滅性戰爭。美國宣布其戰鬥區包括越南及越南海岸線外一〇〇海里的鄰近地區。在當時，越南人民在進行反美的民族解放鬥爭中，必須進行各種形式的戰鬥，以保護領土完整。此外越南與中國也維持著友好關係。一九六五年五月九日北越政府所做的聲明，爲由基於此歷史背景，才有其存在的理由。」[232]

即使越南的表態如同解釋一樣可能是策略性的（讓美國顧忌中國的反應），但從國際法角度看來，這些表態再一次肯定了北越在這個問題上的態度。此外，當時很多北越出版的報紙、地圖、教科書等等都把西沙視爲中國的一部分。這些證據和以上的官方表態相結合，充分說明了北越在當時承認西沙屬中國這個事實。

在國際法中，有「禁止反言」（equitable estoppel）這種理論。在私法中，這種理論要求當事者言行一致，恪守信用，不能出爾反爾。在國際法中，國際體系也要求一個國家在同一個事實或者法律立場上保持一致性。禁止反言通常以拉丁文諺語「allegans contraria non audiendus est」爲解釋，意即一個人不應該從他的前後不一致中受益。在國際法中，這個原則是爲了防止一個國家從前後不一致的態度中受益，而令其他國家的利益受損。這一原則對國際關係的穩定性、可預測性和不可改變性有至關重要的作用。儘管在國際關係中，對在多大程度和在多大範圍內應該遵守「禁止反言」不乏爭議，[233]

[232] Vietnam Dossier II, p.41-43.

[233] http://epublications.bond.edu.au/cgi/viewcontent.cgi?article=1362&context=blr.

但涉及領土爭議等法律問題時，「禁止反言」是一個相當重要的原則，是衡量一個國家是否有信用，是否有正義的重要標準。無論是在國際法庭，還是輿論造勢，這個原則都非常重要。

因此，范文同的公函（以及其他類似的表態）在國際法上看起來是對越南很不利的。但仔細分析，卻又不然。因爲問題的關鍵在於，自始至終承認西沙和南沙屬中國的只是北越（即民主越南共和國），而不是理論上和實際上都控制西沙和南沙的南越。南越從來沒有承認西沙和南沙屬中國。北越的態度不等同於南越，也不能代表統一後的越南。

在國際法上，國家的繼承關係至關重要。越南在戰後的國家繼承關係變遷極爲複雜：根據一九五四年的《日內瓦協議》，越南「臨時」依照北緯十七度線分爲兩部分：北越和南越。雖然這兩個國家最終要合併，但在未合併之前各自都是主權國家。爲了區分國家和政府，以下的「南越」均指代位於越南南方的這個國家。南越的政府一開始是以保大皇帝爲領導的「越南國」政府（State of Vietnam），一九五六年後變爲越南共和國政府（Republic of Vietnam）。一九七五年，越南共和國政府被南方臨時革命政府推翻，後者成立南越南共和國政府。一年之後，北越和南越合併形成新越南。儘管經歷了幾個政權，從一九五四年到一九七六年之間，南越都是一個主權國家。這是因爲：

南越與北越的關係是基於國際協議，等同於南韓和北韓。很多國家選擇性地和其中一個國家建立外交關係，比如美國以及其他八十六個國家選擇和南越建交，而中國（北京）等則選擇和北越建交。但是也有國家同時和南北越建立外交關係，比如柬埔寨。可見，這兩個國家在國際關係上是互不排斥的合法國家。儘管南越因爲蘇聯否決而無法正式加入聯合國，但還是加入了聯合國的一些特別委員會。因此，南北越的關係和南北韓相似，與大陸和臺灣的關係是截然不同的。

北越政府也承認越南南方是一個獨立的國家。儘管在《日內瓦協議》中並沒有直接把這兩個國家稱爲「國家」，只是用「區域」（zone）的字眼指代，但是另外一份正式的國際條約——一九七三年簽訂的《巴黎和平協約》（Paris Peace Accords）清晰地表明了兩者都是國家。該條約是北越、南越（越南共和國）、美國以及（南方）臨時革命政府（Provisional Revolutionary Government）四方共同簽署的正式文件。其中第十四條寫道：

> 第十四條　越南南方將奉行和平獨立的對外政策，它將準備同所有國家，不論其政治與社會制度如何，在互相尊重獨立和主權的基礎上建立關係，並接受任何國家不附帶任何政治條件的經濟和技術援助。越南南方今後接受軍事援助的問題屬第九條（乙）款所述的在越南南方進行普選之後建立的政府的權限。
>
> *South Viet-Nam will pursue a foreign policy of peace and independence. It will be prepared to establish relations with all countries irrespective of their political and social systems on the basis of mutual respect for independence and sovereignty and accept economic and technical aid from any country with no political conditions attached. The acceptance of military aid by South Viet-Nam in the future shall come under the authority of the government set up after the general elections in South Viet-Nam provided for in Article 9 (b).*

這裡明確指出越南南方將準備和其他國家在「互相尊重獨立和主權」的基礎上建立關係。這就說明越南南方是一個「獨立」和擁有「主權」的國家，也意味著「南越是一個獨立的主權國家」這一點也得到北越的承認。

在越南戰爭時期，南越國的合法政府自然是越南共和國政府，而和合法政府作戰的是越南南方共產黨爲主的越南南方民族解放陣線的游擊隊。在一九六九年，南方民族解放陣線成立臨時革命政府。於是越南共和國政府和臨時革命政府的關係就類似於中國國共內戰時，國民黨政府和共產黨政府之間的關係。

在中國看來，臨時革命政府是越南南方的合法政權。臨時革命政府在一九六九年六月六日正式成立，中國政府隨即發來賀電，正式承認臨時革命政府並建立外交關係。新華社六月十五日電中寫道：

> 中華人民共和國國務院總理周恩來致電越南南方共和臨時革命政府主席黃晉發，熱烈祝賀越南南方共和臨時革命政府宣告成立……
>
> 中國政府宣布正式承認越南南方民族解放陣線常駐中國代表團爲越南南方共和臨時革命政府駐中國大使館。[234]

中國承認臨時革命政府是越南南方的「眞正合法」政府，並承認其駐中國的代表團爲駐中國大使團，這意味著中國也承認越南南方是一個獨立的國家。事實上，承認臨時革命政府並與之建立外交關係的國家多達近三十個。可見，越南南方是一個獨立的國家這一點，得到包括北越、中國以及國際社會在內的承認。

一九七四年七月二日，參加第三次聯合國海洋會議的中國代表團，反對西貢政府代表南方越南出席這次會議，發言中說：「目前在越南南方存在兩個政權，即越南南方共和臨時革命政府和西貢當局。越南南方共和臨時革命政府是越南南方人民的眞正代表。在這種情況下，由西貢當局代表單方面出席這次會議是不適當的、不合理的」。[235]此聲明中，中國認爲越南南方共和臨時革命政府代表的越南南方，是一個獨立的國家，否則不應該出席主權國家才能參加的聯合國海洋會議（國民黨的中華民國政權就無法出席此會議）。

根據《日內瓦協約》，南北越南以北緯十七度爲界。西沙群島最北的的緯度剛好就是北緯十七度到十五度之間，整個都在北緯十七度以南。而法國原先駐守在永樂群島（Crescent Group）的行政機構自一九五〇年就被保大政權接管，一九五六年法國守軍也被越南共和國政府接替。因此，無論在法律上，還是實踐中，西沙群島都是南越的領土，而非北越的領土。

因此，北越認爲西沙是中國的領土並不影響南越對西沙的實控和領土主張。北越也無法把不屬自己的領土劃給中國。而南越，無論是保大政權、越南共和國政權，還是中國所承認的臨時革命政府，都沒有承認西沙是中國的一部分。中國在一九七四正是從越南共和國軍隊手裡奪得西沙群島西部。事後，越南共和國政府對此進行強烈譴責並向聯合國提出抗議。而中國所承認的臨時革命政府也沒有站在中國的一方，只是承認西沙群島主權有爭議，並認爲應該通過協商解決爭議：

[234]〈新華社北京十五日電：周恩來總理致電黃晉發主席〉，《杭州日報》，一九六九年六月十五日，第一版。

[235]《人民日報》，一九七四年七月三日，見《大事記》，四五頁。

領土主權問題對於每一個民族來說都是一項神聖事業。對於歷史遺留下來的領土爭議之類的複雜問題應謹慎處理，帕拉塞爾問題必須在相互平等、通過協商和平解決。[236]

因此，實際擁有西沙主權（從越南的角度）和控制權（西沙西部）的南越既沒有承認西沙屬中國，在失去控制權後也沒有放棄過對西沙的主權要求。

值得指出的是，西沙海戰後也是北越態度改變之時。單就北越的態度來看，無疑違反了「禁止反言」的原則。但接下來的是關鍵的一步：越南的統一並不是北越吞併南越，而是南北越在平等基礎上的和平統一。根據《巴黎和平協約》第十五條：

越南的統一將在越南北方和南方之間進行討論和達成協議的基礎上，在沒有外來干涉的情況下，通過和平方法逐步實現。

The reunification of Viet-Nam shall be carried out step by step through peaceful means on the basis of discussions and agreements between North and South Viet-Nam, without coercion or annexation by either party, and without foreign interference. The time for reunification will be agreed upon by North and South Viet-Nam.[237]

一九七五年四月越南共和國政府軍事失敗後，革命臨時政府取得越南南方全國政權，並建立起南越南共和國（Cộng Hoà Miền Nam Việt Nam）（類似於中國共產黨擊敗國民黨取得政權）。在法理上，她仍然是南越，並繼承了越南共和國政府的所有權利，包括對西沙的主權要求。

一九七五年八月，在越南共和國政府不復存在之後，南越南共和國和越南民主共和國同時向聯合國遞交成爲會員國的申請，在聯合國大會上得到一百二十三個會員國支持，但因美國的反對而失敗。中國在此議案中投贊成票，並認爲美國的行爲「明顯的徹底違反聯合國憲章各規則和聯合國大會各相關的決議」。[238]這表明中國繼續承認南越南共和國政權是南方越南的合法政府。

南越南共和國和北越（民主越南共和國）經過協商和籌備，最後達成協議在一九七六年七月三日成立了統一的社會主義越南共和國（新越南）。這個新越南並不是吞併了南越的北越，而是北越和南越的統一。

由於在統一之前，北越和南越都是國際承認的獨立國家，統一之後的新越南自然繼承北越和南越的所有權利。既然南越一直擁有西沙的主權要求（在越南的視角），那麼繼承了南越所有權利的新越南自然也擁有繼續對西沙提出主權要求的權利。

理論上說，新越南對西沙的態度既可以跟隨南越，也可以跟隨北越。但是在西沙群島主權爭議中，南越和中國才是當事方。在國際法上，北越只不過是在法理上無關的第三方，她並沒有決定主權

【236】*Vietnam Dossier II*, p.37.

【237】Vietnam War: The Essential Reference Guide, edited by James H. Willbanks, ABC-CLIO, 2013, p.273.

【238】〈接納新成員國和相關問題〉（Admission of new Members and related matters），聯合國（United Nations），一九七六年十一月二十六日。UN General Assembly Thirty-first session, Annexes, agenda item 26, document A/31/330.

歸屬的權利和義務，其態度充其量只是第三方的看法。因而，南越方面的主張對新越南來說才更爲重要，而北越曾經的態度並不是關鍵。故新越南繼承了南越的態度也是理所當然。

因此，中國在禁止反言問題上的主張有幾個缺陷：第一，中國錯誤地把北越等同爲越南，而不顧新越南是北越和南越合併而成的新國家；第二，中國現在閉口不提曾經承認過南越這個國家，更不提南越，無論是哪個政府，都主張西沙是越南的領土；第三，在越南統一之前，南越才是西沙群島的當事方。在西沙群島與中國存在主權爭議的是南越，而不是北越。北越作爲這個爭議之外的第三方，在法理上其態度對中國和南越之間的爭議本身並沒有實質的影響；第四，新越南繼承了南越和北越的所有權利，也自然而然地繼承了南越一直以來對西沙的主權要求，北越曾經的態度對新越南的立場在法理上並沒有影響。

綜上所述，范文同照會等文件作爲官方文件對范文同本人或者北越政府是有約束力的。范文同和北越政府在一九七四年之後對西沙的態度轉變屬「反言」。但是，由於新越南是南越和北越合併而成的新國家，而一直堅持對西沙有主權的南越（而不是北越）才是西沙主權的當事方，新越南繼承了南越的權利後，對西沙群島的主權問題採用了不同於一九七四年之前北越政府的態度，這在國際法上並不構成「反言」。所以，中國用「禁止反言」指責范文同或者北越政府「言而無信」是有理有據，但在國際法上，中國以此指控（新）越南將無法產生法律作用。

四・十一 馬來西亞、汶萊和印度尼西亞

在一九六〇年代後期以後，南海爭端中多了幾個新的競爭者：馬來西亞、汶萊與印度尼西亞。

馬來西亞

戰後，英國把英屬馬來亞重組爲馬來亞聯邦。一九五七年，馬來亞獨立，東姑・阿卜杜勒・拉赫曼成爲首個馬來亞總理。關於原英屬婆羅洲的前途在當時還在爭論之中。一九六一年，經過長期的討論、激烈的鬥爭以及民意表達後，英國和馬來亞同意讓沙巴和沙勞越，以國的形式和馬來亞聯邦共同組成新的國家；而爲了平衡新加坡華人的利益，新加坡也獨立地以平等的國的形式，加入新的馬來西亞聯邦。汶萊人則反對和馬來亞合併（儘管國王傾向如此）。於是在一九六三年九月十六日，由馬來亞、新加坡、沙巴和沙勞越組成的馬來西亞聯邦正式成立。馬來西亞的成立遭到印尼和菲律賓的反對。印尼當時由蘇加諾執政，鼓吹全體馬來人組成「大馬來由」。直到一九六五年印尼九三〇暴動，蘇哈托上臺才宣布放棄這種野心。而菲律賓則提出對沙巴北部的領土要求，原因是沙巴北部以前是蘇祿國租借給英國的領土，應該歸還菲律賓。直到一九六六年馬可仕上臺後才放棄這個要求（但直到現在沙巴問題還存在糾紛）。在一九六四年第一次聯邦大選前，新加坡李光耀領導的人民行動黨顯示了對選民的強烈吸引力。且以華人爲主的新加坡的加入使得馬來西亞聯邦中華人整體比例達到百分之四十，嚴重威脅到本土馬來人的政治地位。東姑決定迫使新加坡退出馬來西亞聯邦。無奈之下，新加坡在一九六五年八月九日宣布獨立。如此一來，現在的馬來西亞在一九六五年之後才正式成型。

與越南和菲律賓不同，馬來西亞採取的策略是「悶聲發大財」，先對南海沿岸石油開發入手，並不忙於主張主權。其實，馬來西亞近岸石油的開發甚至在聯邦未成立之時就已開始。英屬婆羅洲早在十九世紀末到二十世紀初已經開始在北婆羅洲的沿海岸上開發石油。沙勞越和沙巴在一九五七年和一九五八年已經分別在近岸大陸架上開始石油鑽探。[239] 一九六六年開始，由於技術的革新，近岸石油的探測進度大爲加快。

一九六六年，馬來西亞根據一九五八年聯合國《大陸礁層公約》制定了《石油礦法》（Petroleum Mining Act, 1966）和《大陸架法》（Continental Shelf Act, 28 July, 1966）。一九六八年，馬來西亞在東馬外海畫出礦區，其中有八萬多平方公里在中國的九段線內，覆蓋了中國宣稱主權的南康暗沙、北康暗沙以及中國主張的領土最南端曾母暗沙。其中和中國相關的那些暗沙都處於沙勞越一段，馬來西亞把它的開發權批予美國殼牌公司的子公司沙勞越殼牌公司（Sarawak Shell BHD）。SSB 在此礦區劃分了四個地理區塊（Baram Delta, Balingian, Central Luconia, and S.W. Luconia）。一九七〇年開始，馬來西亞與合作公司陸續在（中國聲稱的）南沙群島範圍的礦區內鑽探石油（南康暗沙、北康暗沙和曾母暗沙）。在 Baram Delta、Balingian 地理區塊中都發現豐富的石油儲備。一九七五年，在曾母暗沙以北海域發現儲量達五〇〇〇億立方米，年產量一〇〇億立方米的世界一流大氣田（民多洛氣田）。一九八二年，馬來西亞把 S.W. Luconia 一塊區域（靠近北康暗沙）的開發權通過生產分享合同（Production Sharing Contract）轉讓給以法國公司 Elf Aquitaine 爲首的聯合開發公司。[240] 離岸石油日漸成爲沙勞越的主要產業。

沙巴段的石油發現沒有沙勞越那麼成功。沙巴把這些區塊批予了 Esso、Sabah Shell/Pecten

（SSPC），以及 PETRONAS Carigali/BP/Oceanic 等三個集團，一九七一年，SSPC 和 Esso 分別在 Erb West 和 Tembungo 發現重要的石油資源。但是其他的鑽探收穫並不多。[241]

一九七四年，馬來西亞成立國家石油公司（PETRONAS），代表國家掌管整個馬來西亞的石油資源，以生產分享合同的形式，重新與外國公司訂立合同，進一步鼓勵外國公司的開發熱情。[242]

印尼蘇哈托上臺後，馬來西亞和印尼得以建立良好關係，開始就陸上和海上的分界線談判。在海上分界線的問題上，談判異常順利，雙方都同意以中線作為分界線。一九六九年十月二十七日，兩國簽訂了關於大陸架的協議。在南海海域東馬段，雙方同意以五個點之間的四條折線作為雙方領海的劃分線（Article I, 1-C）[243]（圖32）。一九七〇年三月十七日，兩國簽訂關於麻六甲海峽之間領海的協議（一九七一年三月十日生效）。[244] 而在南海，因雙方的距離大於二十四海里，故無必要進行領海談判。由於當時還沒有經濟專屬區的規定，馬來西亞和印尼之間沒有相關協議。但雙方大概默認大陸架和專

[239] Nordin Ramli, The history of offshore hydrocarbon exploration in Malaysia, *Energy*, Volume 10, Issues 3–4, March–April 1985, Pages 457–473. Proceedings of the Second EAPI/CCOP Workshop. doi:10.1016/0360-5442(85)90060-X.

[240] 同上。

[241] 同上。

[242] 同上。

[243] International Boundary Study, Series A, Limits in the Seas No. 1 – January 21, 1970, http://archive.law.fsu.edu/library/collection/LimitsinSeas/ls001.pdf.

[244] INTERNATIONAL BOUNDARY STUDY, Series A, LIMITS IN THE SEAS, No. 50, INDONESIA-MALAYSIA TERRITORIAL SEA BOOUDAHY, http://archive.law.fsu.edu/library/collection/LimitsinSeas/ls050.pdf.

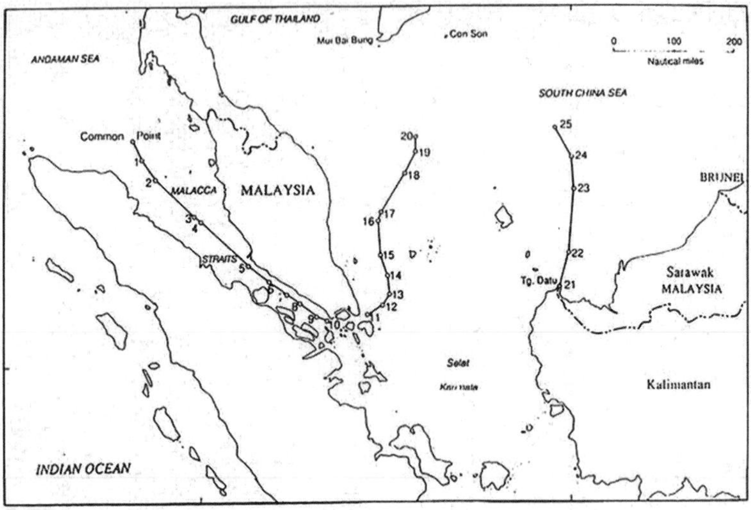

圖 32　馬來西亞和印尼之間的海上分界線

屬經濟區共用同一條分界線。在大陸架的協議中，印尼和馬來西亞聲稱的大陸架都與中國的九段線有重疊。其中印尼和中國九段線重疊的部分約爲五萬平方公里，馬來西亞由於更爲靠近中國一側，所以和中國的九段線重疊面積更大。

這樣一來，馬來西亞通過批出石油勘探權與劃分海域，已經從實踐上和法律上「侵犯」了中國的「海域」。但中國對此並沒有提出抗議，也似乎沒有什麼反應。越南和菲律賓對此也沒有特別的反應，因爲她們對南海的主張不如中國到達得那麼南端（北緯四度）。越南的主張到北緯七度左右，菲律賓的主張線更爲北一些。馬來西亞對沿海的開發並沒有與越南和菲律賓的主張線重疊。中國的低調反應可能有幾個原因：第一，馬來西亞沒有公開主張（比如發表聲明）對南沙的主權；第二，馬來西亞海域內的多是暗沙，既不能駐紮，也無從開發；第三，根據國際法，中國無法主張對暗沙的主權，況且那些暗沙距離馬來西亞實在太近，而馬來西亞開發近岸石油的理據和歷史傳統都很充足，貿然提出抗議會給國際社會留下霸道的印象；第四，當時中國主要針對的對象是越南，如果越南沒有抗議，中國也無必要專門提出抗議；最後，馬來西亞在七○年代開始就積極向中共靠攏。總理阿卜杜勒·拉扎克一反東姑反共的路線，奉行中立不結盟政策。他在一九七四年五月訪華，成爲與中國建交的第一個東南亞的原反共國家（印尼最早和中國建交，但是在六○年代斷交）。中國對馬來西亞大概也有類似和菲律賓一般的默契。

馬來西亞最早提出對南沙群島部分島嶼領土要求是在一九七一年。當時，前文提及的私人國家「人道王國」的後繼者「MSM 共和國」（見四·一），又向東南亞各國發出信函，聲稱擁有南沙群島的主權。馬國政府收到信函，引發對南沙地位的疑問。於是二月三日，馬國駐南越大使給南越外交部的照會中表示：馬國認爲南沙群島北緯九度和東經一一二度一帶的島礁屬於馬國，也詢問了南越對MSM 共和國信函的態度。[245]南越隨即在四月二十日發出照會，聲明越南擁有對南沙群島的主權。馬來西亞對此沒有進一步進行表態。[246]但已經開始注意南海諸島主權問題。之後，根據馬國一九八○年四月十一日《星洲日報》的一份報導：馬來西亞早前注意到一份一九七五年中國出版的地圖，把東馬海岸線附近大片海域畫在中國界內（當是指九段線，筆者），向中國提出抗議，但中國對此保持沉默。這也可能是馬國感到需要進一步行動的原因。[247]

[245] EOVS, p.149.
[246] 武飛黃〈黃沙和長沙兩群島是越南領土的一部分〉，《越南彙編》，二○○九頁。
[247] 《大事記》，八四—八五頁。

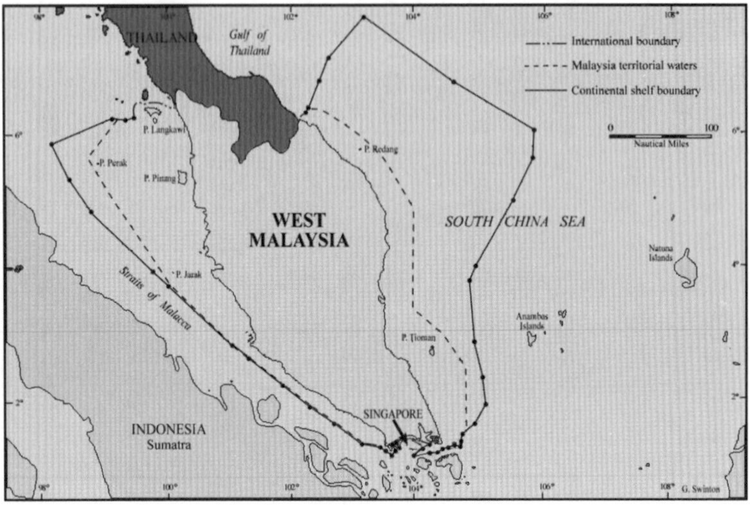

圖 33　一九七八年地圖，西馬部分

一九七九年十二月二十一日，馬來西亞官方突然出版了一幅馬來西亞大陸架地圖，正式的名稱爲：Peta Baru Menunjukkan Sempadan Perairan dan Pelantar Benua Malaysia（New Map Showing the Territorial Waters and Continental Shelf Boundaries of Malaysia，[248] 以下簡稱一九七九年地圖，圖33，圖34）。這幅地圖的海界與幾乎所有鄰國都存在爭議，旋即引起周邊各國的關注和抗議。

本來馬印之間在一九六九年和一九七〇年已就領海和大陸架問題基本達成協議。但協議未解決婆羅洲西側的蘇拉威西海上的兩個小島——利吉丹島和西巴丹島（Ligitan & Sipadan）。兩島當時在馬來西亞的控制下，但印尼認爲自己才是主權國。兩國協商時決定暫時擱置爭議。但在一九七九年的這份地圖上，這兩個小島被列爲馬來西亞領土。印尼就此對馬來西亞提出抗議。直到一九九七年，經雙方同意之下，這兩個小島交予國際法庭仲裁。法庭最終在二〇〇二年以十六比一裁定主權歸馬來西亞。[249]

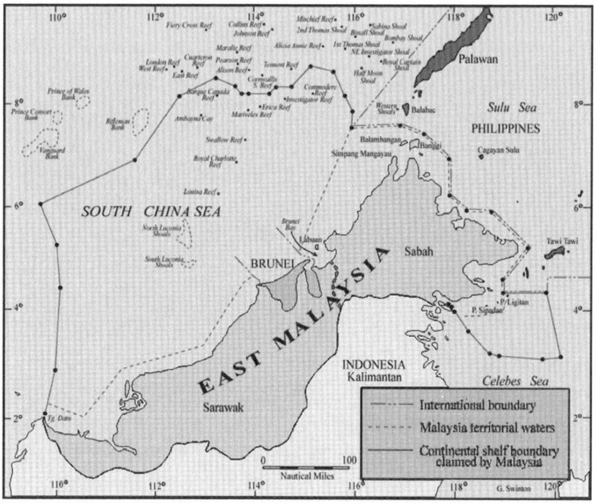

圖 34　一九七八年地圖，東馬部分

在同一份地圖中，馬來西亞把一直沒有爭議，且長期在新加坡控制之下的白礁島（Batu Puteh）列入馬來西亞的領土內。新加坡隨即提出外交抗議。一九九四年，新馬雙方同意將此島提交國際法庭仲裁。二〇〇八年，法庭以十二比四裁定島嶼主權歸屬新加坡。[250] 此外，該地圖在麻六甲海峽領海的畫法上還與印尼及新加坡存在爭議，在此不詳細分析。

該地圖引發的其他爭議都在東馬面對的南海。圖中出現了一條馬來西亞大陸架界限線（1979 Malaysia Continetal Limit Line）。它的西段從印馬一九六九年大陸架線開始，以距離婆羅洲大約二〇〇海里的平行線，一直延伸到英美一九三〇年界線處（界定英屬婆羅洲和美屬菲律賓的疆界）。線內的島礁，包括南樂

[248] Asri Salleh, Che Hamdan Che Mohd Razali1 and Kamaruzaman Jusoff, Malaysia's policy towards its 1963 - 2008 territorial disputes, *Journal of Law and Conflict Resolution*, Vol.1(5), pp.107-116, October, 2009.

[249] 同上。

[250] 同上。

暗沙、校尉暗沙、司令礁、破浪礁、南海礁、安波沙洲一線以南的區域（包括十二個小礁巖和環礁）都被劃入馬來西亞的領土。[251] 儘管馬來西亞一直在部分暗沙上開發石油，但都沒有正式提出領土要求。據說馬來西亞在一九七五年曾經向中國提出，中國地圖上的九段線畫得太靠近馬來西亞海岸。[252] 如果屬實，那就是最早有關九段線的異議。中國當時如何反應不得而知。但除此模糊的主張之外，馬來西亞並沒有直接對南沙群島提出要求。比如，越南在一九七五年占領安波沙洲以及一九七七年新越南再次占領安波沙洲（後又撤退）時，馬來西亞並沒有抗議。而在一九七八年菲律賓把卡拉延群島列入領土範圍時，馬來西亞也沒有提出抗議。因此，馬來西亞在一九七九年地圖上突然把如此多的島礁列爲自己的領土，相當出人意外。

在這條界線中，馬來西亞完全沒有考慮汶萊的權利。汶萊夾於沙勞越和沙巴之間。這兩邦在一九五八年加入馬來西亞聯邦的時候，已經與不加入聯邦的汶萊（當時還是英國保護國）達成兩項協議（見後），規定了汶萊東西兩側分別與沙巴和沙勞越的分界線。但是馬來西亞一九七九年地圖完全漠視汶萊的存在，把位於東西兩分界線（延伸線）之間（也就是理應屬於汶萊）的南通礁等都畫在了馬來西亞境內。

難怪這份地圖一出，立即引起外交紛爭。反應最激烈的是越南和菲律賓，她們立即提出抗議。菲律賓副外長英格里斯發出外交照會，稱馬來西亞侵犯了菲律賓在卡拉延群島和沙巴的主權；而越南則表示，馬把安波沙洲和彈丸礁劃入領土是對越南主權的侵害。[253] 臺灣也提出抗議。[254]

但中國的態度極爲低調，只是在私下向馬國提出抗議。一九八〇年四月十五日，官方新華社香港分社發文綜述各國對馬來西亞發行此地圖的抗議時，只提到印尼、新加坡、菲律賓、越南和泰國，沒有提到中國的抗議。提及中國的時候，只提到馬抗議一九七五年中國出版的地圖的事，並引述馬國《星州日報》所言，此一九七九地圖應被視爲暗示中國無權索取這些海域。[255]中國對馬來西亞的抗議，直到一九八〇年六月馬國外長在國會問答中才被披露，而且外長沒有透露抗議的內容。[256]中國對馬來西亞的態度甚至比對菲律賓更爲低調。對菲律賓，中國總會公開地重申對南沙的主權，而不僅僅是私下提出抗議。這種低調的原因可能是：當時抗議馬來西亞最激烈的是越南（特別是安波沙洲爭議），而中國和越南正在戰爭之中，反應低調有助拉攏馬來西亞在國際輿論上對抗越南。

馬來西亞還不止於地圖開疆。一九八〇年四月二十八日，馬國正式宣佈擁有二〇〇海里專屬經濟區。[257]一九七八年，馬來西亞就已經沒有聲張地在安波沙洲、彈丸礁以及司令礁等礁石上面豎立了標誌，這意味著馬來西亞正式在行動上對南沙的島嶼聲稱主權。但這些做法都被鄰國反制：安波沙洲上的標誌在一九七九年被重新登陸的越南兵拆除；司令礁上的標誌在一九八〇年被菲律賓拆除。越菲兩國分別駐守當地，直至今日。

---

[251]《起源與發展》，一四四頁。
[252] CPTTD, p.154, which Cites a BBC, SWB sourse, FE/6394/A3/9 (14/04/1980).
[253]《起源與發展》，一四四—一四五頁。
[254]《中國時報》，一九八〇年四月二十六日。《大事記》，八六頁。
[255]《大事記》，八五—八六頁。
[256] CPTTD, p.156.
[257]《大事記》，八六頁。

鑒於豎立標誌不足以確立對島礁的實控，馬來西亞打算直接占領島嶼，目標就放在彈丸礁。一九八一——一九八二年之間，馬國開始準備占領彈丸礁事宜，馬國軍隊爲登陸彈丸礁，進行了長達半年的準備。[258] 一九八二年，越南再次就彈丸礁向馬提出抗議，並在十一月宣布新的領海，明確把彈丸礁列爲越南的領土。馬來西亞隨即在一九八三年一月向越南提出抗議。三月二十五日，越南拒絕馬來西亞的抗議。兩國關係因此事而變得緊張。

六月底，馬來西亞參加五國防衛條約（Five Power Defence Arrangement，英澳紐馬新的軍事同盟）的年度軍演。在軍演的掩護下，馬軍於八月二十二日登陸彈丸礁，是爲馬來西亞在南海軍事占領的第一個島礁。九月四日消息公布，越南立即（九月七日）提出抗議。馬來西亞外長則稱彈丸礁「一直是而且現在都是馬國領土的一部分」，並反稱越南對安波沙洲的占領侵犯了馬來西亞的主權，因爲安波沙洲也「一直是而且現在都是馬國領土的一部分」。[259] 其後，馬國一直想勸說越南退出安波沙洲，但不果。一九八三年八月，馬國占領了安波沙洲東南六十四公里的拉揚礁（光星礁，Dallas Reef，馬來語 Terumbu Laya）。[260]

菲律賓對安波沙洲沒有領土要求，故沒有提出抗議。而中國此時的低調是極爲值得注意的。如果相關方是菲律賓，若越南對菲律賓提出抗議，中國至少會針對菲律賓指名道姓地重申一次主權，以示和越南分庭抗禮之意。但在馬來西亞占領彈丸礁後，中國僅在九月十四日聲明「最近位於我國南沙群島的彈丸礁被外國軍隊非法侵占，有的國家相繼對我國南沙群島的某些島礁提出領土要求」，並同時重申了對南沙的主權。[261] 這種不點名的做法是非常罕見的。中國對菲律賓和馬來西亞的不同態度，除了以上分析的因素之外，還可能是對馬來西亞以往相對和持續一致低調的回報。

一九八六年十一月到十二月，馬來西亞進一步占領了南海礁（Mariveles Reef）、光星仔礁（Ardasier Reef，馬來語 Terumbu Ubi-Ubi）。[262]於是到一九九〇年爲止，馬國共駐軍占領四個島礁。馬國對彈丸礁的處理在南海相關國家中頗爲獨樹一幟。她最早在彈丸礁上大規模填島，把一個礁石變爲一個人工島，並具備機場等設施。但其目的不是爲了軍事化，而是將其建設成立爲一個國際旅遊休假中心。該島在一九九〇年對外開放，至今還是一個熱門的旅遊點。現在馬國在彈丸礁上的管治已經非常鞏固。

馬來西亞對部分南沙群島的主權主張的理據一直都很含糊。總體上看，似乎是出於地理上的接近或者位於馬國大陸架上。比如在一九八三年五月十三日，馬國掌管法律事務的副部長在討論到馬國對安波沙洲的主權時說，這是簡單的地理原因（a simple geographic matter）。[263]但有時又似乎認爲其主權和某種歷史性權利有關。比如上文提及的外長的發言中強調彈丸礁和安波沙洲一直以來都是馬來西亞的一部分。另一個例子是一九八三年五月，馬國外交部長的國會祕書（Parliamentary Secretaries to the Minister of Foreign Affairs，相當助理部長）法德齊亞（Kadir Sheik Fadzir）宣布，「彈丸礁一直是

---

[258] CPTTD, p.156.
[259] CPPTD, p.155.
[260] 《大事記》，一〇三頁。
[261] CPPTD, p.155.《人民日報》一九八三年九月十五日，見《大事記》，一〇二頁。
[262] 《起源與發展》，一四六頁。《大事記》，一一三頁。
[263] CPPTD, p.154.

而且現在是馬來西亞領土的一部分，這與馬來西亞主張的專屬經濟區沒有關聯」。[264]這更清楚地表明了歷史性原因。但馬來西亞似乎從來沒有解釋在這部分南沙島礁有何歷史權利。其實一個方便的例子就是英屬婆羅洲在一八七七年和一八八八年，兩次批出對南威島和安波沙洲的開發權（見二・六）。如果英國把這個歷史性權利轉讓給馬來西亞，馬來西亞就可以擁有這個歷史性權利了。但馬來西亞從來沒有在公開場合引用過這個例子。

汶萊

汶萊在一九五〇年代沒有加入馬來西亞聯邦，而是選擇繼續成爲英國的保護國。以後幾十年，在和英國人的討論和爭取中，汶萊一直向著更大的自治直至獨立的方向演進。最後，在一九八四年一月一日，汶萊正式宣告獨立。一九五八年，英屬下的汶萊與沙勞越和沙巴分別訂立了一五一八號和一五一九號令（Order in Council 1958 no.1518 & 1517），規定沿用以往定下的一〇〇噚（1 Fathom = 600 feet，約一八六米）以下的水域內的分界線。在西線與沙勞越，在東線與沙巴，都大致上用與海岸垂直的直線向海伸展的形式形成分界線（圖35）。這兩條規定界線的外延只限於到達一八六米深處以內的水域。馬來西亞一九七九年的地圖中沒有考慮汶萊大陸架的問題，當與這兩條法令的界線止於一八六米深處有關。馬來西亞把位於這兩條線的延長線之間，但在一八六米等深線之外到二〇〇海里之間的大陸架都劃歸自己。如果不考慮汶萊的潛在主張的話，這種做法符合習慣法及《公約》，在一九六六年馬來西亞的大陸架法中，大陸架的定義也止於二〇〇米深的水域，[265]這不妨礙馬來西亞在一九七九年地圖中把大陸架擴展到二〇〇海里的水域處。

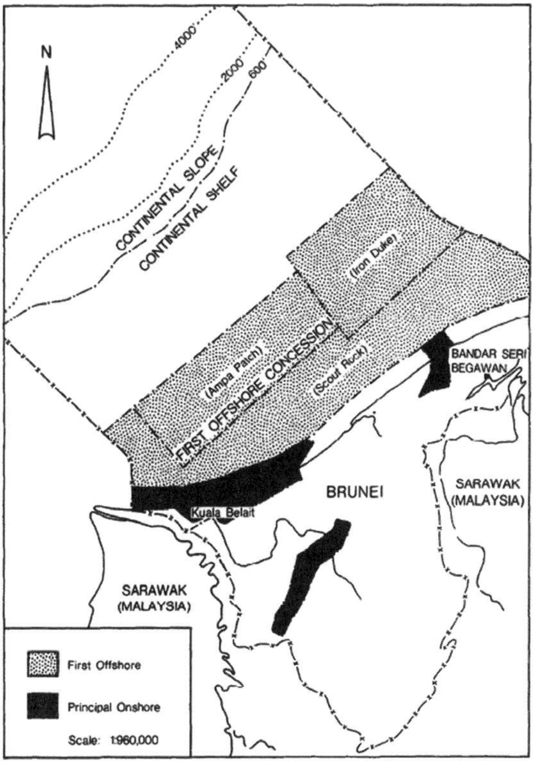

圖 35 一九五八年汶萊的海界

汶萊是東南亞最早開發石油資源的國家。早在一八九九年就已開始鑽探岸上石油；一九三三年擁有第一口近岸油井（offshore）；一九五九年時距離海岸三海里的海上鑽臺已投入使用。[266]一九五四年宣言（1954 Proclamation）[267]讓汶萊可以授權在三海里以外二〇〇英尺等深線以內水域的探測與開發，進一步加快了汶萊的近岸石油產業的發展。[268]一九六三

[264]《起源與發展》，一四五頁。

[265]《法律條約彙編》，一九八頁。

[266] Abdul Kani Hj. Mohd. Salleh, Offshore Exploration In Brunei, *Energy*, Vol.10. No. 3/4. pp.487-491, 1985.

[267] R. Haller-Trost, *The Brunei-Malaysia dispute over territorial and maritime claims in international law*, Maritime Briefings Vol. 1 no. 3, 1994

[268] Abdul Kani Hj. Mohd. Salleh, Offshore Exploration In Brunei, *Energy*, Vol.10. No. 3/4. pp.487-491, 1985.

年，汶萊殼牌石油（BSP）取得三海里外近岸石油的開發權。同年在 Southwest Ampa 區域發現了一個巨大的油田，一九七〇年在東面的 Champion 區域發現另一個大油田，一九七五年在 Champion 區域稍南的地方發現 Magpie 油田。此外，還發現一些小油田。這些油田都在二〇〇英尺以內，帶給汶萊極大的石油利益。一九六八年，汶萊批出二〇〇英尺等深線以外六〇〇英尺等深線以內的開發權給 BSP；一九八一年再批出四〇〇〇英尺等深線以內的開發權給 BSP（BSP 也陸續放棄了原先開發區中的百分之五十區塊給其他公司）。這些新區域中石油儲量較小，只有 Fairley 天然氣田（一九六九）儲量巨大。汶萊的油氣田集中在近岸。即便九段線距離汶萊只有區區幾十海里，也只有兩個油田坐落在九段線之內。

本來，汶萊並沒有主張南沙的領土。原因之一是汶萊在一九八四年之前並無外交權，而英國並非《聯合國海洋法公約》的簽署國，故汶萊也沒有參與公約。汶萊所遵從的還是一九五八年的《大陸礁層公約》，裡面規定大陸礁層寬度爲「海水深度不逾二〇〇米，或雖逾此限度而其上海水深度仍使該區域天然資源有開發之可能性者」。[269] 如果一直沿用二〇〇米等深線的規定，那麼其大陸架上並沒有南沙群島中的暗沙或島礁。

馬來西亞一九七九年地圖是刺激汶萊擴張大陸架的重要因素。因爲這幅地圖在把大陸架擴張到二〇〇海里之餘，絲毫沒有考慮汶萊的利益，也無視雙方早就同意的一五一八號和一五一七號令。於是汶萊在一九八四年獨立後，立即考慮加入《聯合國海洋法公約》（一九八四年五月五日簽署，一九九六年十一月五日批准）。一九八七—一九八八年，汶萊發布了三幅地圖（Map Showing Territorial Waters of Brunei Darussalam〔1987〕、Maps Showing Continental Shelf of Brunei Darussalam

【269】《大陸礁層公約》及中國對第六條的保留條款，http://customs-assoc.org/57.8.htm.

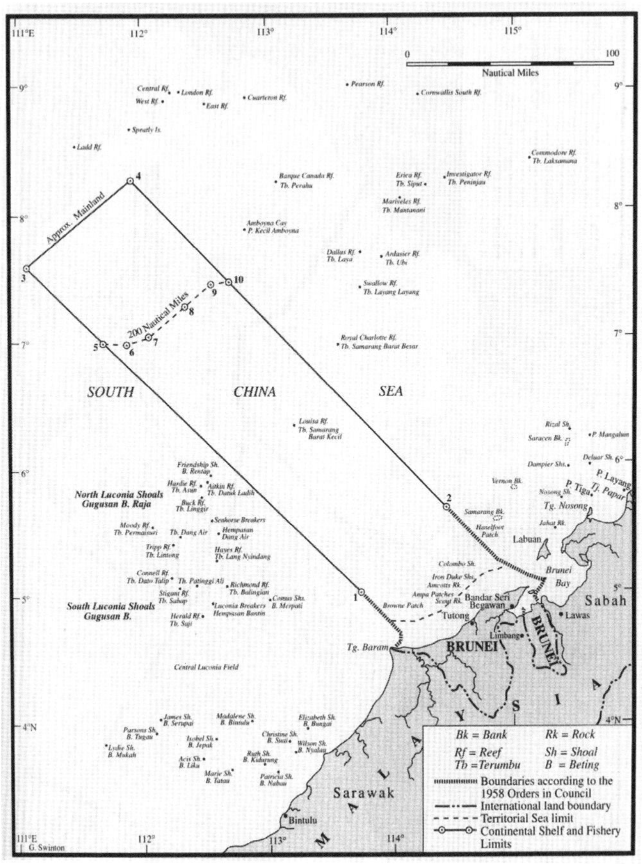

圖 36 汶萊主張海界的變遷

〔1988〕和Maps Showing Fishery Limits of Brunei Darussalam〔1988〕），分別表明了汶萊的領海、大陸架和漁業界限（相當於專屬經濟區）。在一九八八年的地圖中（圖36），南通礁（Louisa Reef）就在汶萊主張的大陸架上。南通礁是一個高潮時幾乎被完全淹沒的礁石，在國際法上勉強有資格主張領海。一九七八年馬來西亞在

南沙諸島「豎立主權標誌」的系列行動中，南通礁也被包括在內。汶萊在地圖上主張的大陸架不限於二〇〇海里，而是再擴充到近三五〇海里的最大界限。這比馬來西亞的主張線還要更接近南海中心，已經包括了另一個較大型的沉沒暗沙「南薇礁」或「南薇灘」（Rifleman Bank）和另一個較小的暗沙Owen Shoal。前者東西長二十四公里，南北長五十六公里，全部沒於水底，內還可以分爲蓬勃堡、常駿暗沙、金盾暗沙和奧南暗沙等幾個部分。蓬勃堡（Bombay Castle）是其東北角最淺的暗沙，沒入水中三米。越南在一九八九年占領蓬勃堡，在上面建造了燈塔，並有人看護。

由於汶萊國小力弱，南通礁也不宜人居，所以汶萊對其主權宣示只是口頭上的，實際並沒有派人登礁，更沒有派兵常駐。汶萊的油氣田都在近岸，目前也沒有計畫開發遠岸的石油，故也不甚積極「維權」。南通礁事實上被馬來西亞控制。也因如此，各國（除了馬來西亞）似乎對汶萊都沒有惡言相向。除了不斷重申主張之外，並沒有專門針對汶萊的外交行動。

印度尼西亞

印尼的現代疆界是荷蘭殖民時代奠定的，荷蘭人直到一九二〇年才統治了現在整個印尼疆域內的土地。二戰中，日本占領印尼，客觀上爲印尼人推翻殖民統治創造了條件。日本戰敗後，荷蘭人企圖重返印尼，但在二戰期間與日本人合作的蘇加諾已經成功鞏固了權力，並在戰後立即宣布獨立。通過獨立戰爭，已經被時代拋棄的殖民主義者重返印尼的企圖在一九四九年最終挫敗。印尼獨立後繼承了荷蘭大部分東印度殖民地的主權。一九六三年，荷蘭在東南亞的最後一塊殖民地——西新幾內亞亦被移交印尼。

印尼的國土與菲律賓一樣，全部都是島嶼，所以也極爲關注海洋權益。參加完第一次國際海洋法會議後不久，印尼就發布《群島國家宣言》（一九六〇年二月十八日）和《印尼海域法》（一九六〇年二月十八日第四號法令），宣布領海基線，規定基線內全爲印尼內水，基線起十二海里內爲印尼領海。在南海段的領海基線，從加里曼丹島與沙勞越交界的達土角向北延伸，到達納土納群島的拉烏特島等島嶼的外緣，再向西南到達亞南巴斯群島，然後向南折向新加坡海峽的賓坦島。於是這部分的領海基線，因納土納群島的存在，形成一個向外突出的口袋形基線。由於印尼是群島國家，所以這種直線基線符合國際法。一九六九年十月二十七日，印尼和馬來西亞簽訂了關於大陸架的協議。在南海海域東馬段，雙方就是以印尼在納土納群島的領海基線爲基礎，同意以五個點之間的四條折線作爲雙方領海的劃分線（Article I, 1-C）[270]（圖37）。

由於納土納群島橫亙於東馬和西馬之間，印尼群島國家的性質又規定領海基線之內是內水，故船隻和飛機不得隨意通過。納土納群島內部以及它和其他印尼島嶼之間所形成的內水便彷彿是東馬和西馬之間的一道屏風，給馬來西亞帶來嚴重的不便。雙方在這個問題上進行了長期的談判，最後雙方在一九八一年十二月三日達成《印尼共和國與馬來西亞領海及領空協定》。當中馬來西亞承認印尼爲群島國家，尊重印尼的內水；而印尼則對馬來西亞在東馬和西馬之間的航線、航空、通訊、電纜等「傳

[270] International Boundary Study, Series A, Limits in the Seas, Continental Shelf Boundary Indonesia-Malaysia, Department of State USA, 1970 Jan 21, No.1. https://www.state.gov/e/oes/ocns/opa/c1065.htm.

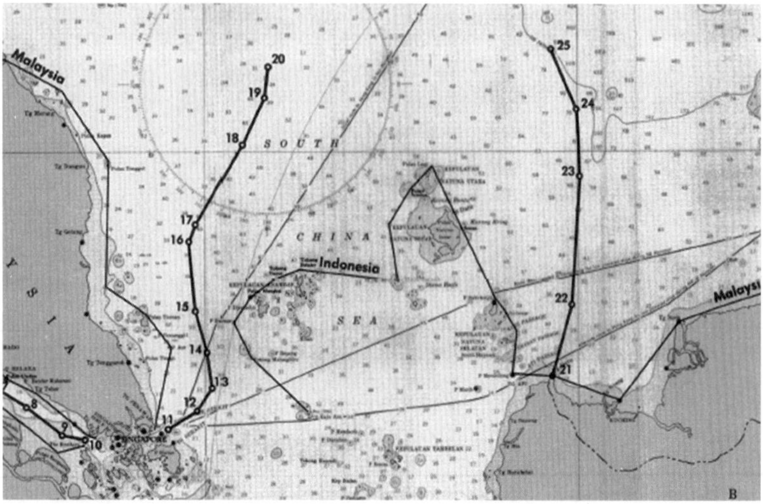

圖 37　馬來西亞和印尼在納土納群島附近的海界

統權利」給予尊重。[271]

納土納群島是印尼唯一面對（本書所討論的）南海的領土。在此有必要對它的歷史做一簡單回顧。納土納位於東馬和西馬之間（北緯四度左右），由二七二個島嶼組成，面積共二一一〇平方公里。而人口只有九萬。納土納群島自古以來是馬來人的活動範圍。十六世紀，北大年（Patani）和柔佛（Johor）的移民開始在此建立政權。一位納土納本土的貴族 Seri Bulan 旺（Wan）嫁給北大年的一個貴族 Lingkai al-Fathani 拿督（Datuk），他們的後裔成爲納土納的統治者。十九世紀，Muhammad al-Fathani 旺（Wan）執政。一八四八年一月二十五日，一艘英國船隻在納土納失事，他救助過船員，因而得到英國馬六甲總督 William John Butterworth 贈與的一尊銅炮。這些事實表明，納土納群島的早期歷史與馬來半島的聯繫，遠比與印度尼西亞群島的聯繫更爲密切。[272]

十七世紀開始，馬來半島成爲英國和荷蘭爭

奪的地方。雙方在一八二四年三月二十四日簽訂奠定現代馬來西亞和印尼疆域基礎的《一八二四年條約》（Treaty of 1824），當中規定荷蘭把馬來半島上的殖民地轉讓給英國，不再對新加坡有領土要求；作爲交換，英國把蘇門答臘島的殖民地轉讓給荷蘭，而且不再在新加坡海峽以南發展殖民地。如此一來，新加坡就成爲兩國在馬六甲海域一帶勢力範圍的分界線。但這條規定沒有阻止荷蘭向新加坡以北的島嶼擴張。在十九世紀後期，荷蘭吞併了納土納群島。荷屬東印度時期地圖已經把納土納群島列爲荷屬東印度的一部分，並且以斷續線的方式把群島區域劃分出來[273]（圖38）。印尼獨立時，全盤繼承了荷屬東印度的領土，自然也包括納土納群島。

中國網上有說法，指納土納群島在清代是以中國移民爲主。清兵入關消滅了南明政權後，在廣東沿海的幾百南明殘兵和幾百家不願意接受滿清統治的漁民逃到了納土納群島。廣東省潮州人張杰緒，在荷蘭入侵前曾在安波那島（納土納島）建立王國。十九世紀張杰緒逝世，內部發生紛爭，荷蘭人才乘機消滅了張氏王國。[274]這似乎是中國民族主義分子的虛構之詞，因爲在正規書籍中並無此紀錄。

印尼遠離中國，在地理上本來和中國毫無瓜葛。但是中國的九段線劃到了納土納群島的北面，

[271]《法律條約彙編》，一一五—一二〇頁。

[272] Oleh Mohd Hazmi Mohd Rusli, Kepulauan Natuna: 'Bergeografikan Malaysia' Berdaulatkan Indonesia, http://www.mstar.com.my/lain-lain/rencana/2013/12/07/kepulauan-natuna-bergeografikan-malaysia-berdaulatkan-indonesia/.

[273] door W. van Gelder en C. Lekkerkerker. Atlas van Nederlandsch-Indie Groningen, Batavia : J.B. Wolters, [1937].

[274] http://baike.baidu.com/view/13995965.htm.

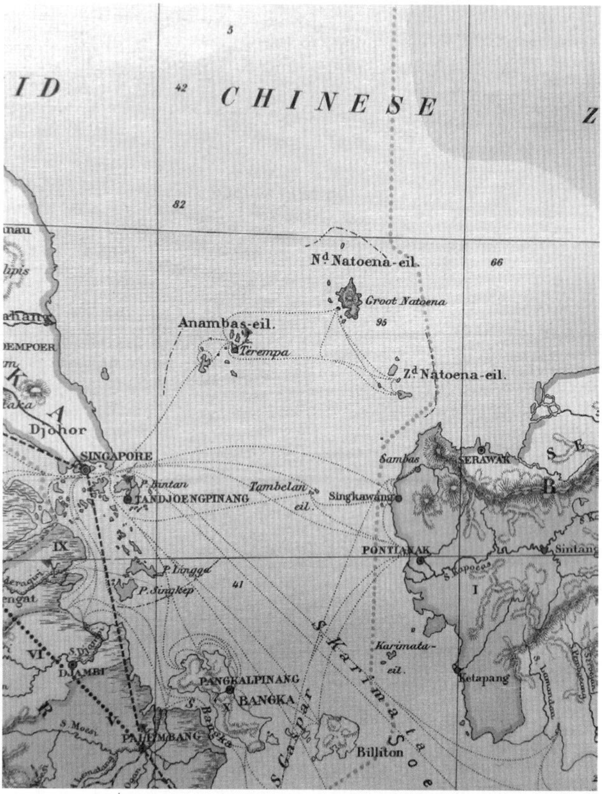

圖 38　荷屬東印度群島時期的納土納群島附近地圖（一九三七）

於是把印尼也拉進了南海的爭議中。一九六六年開始，印尼開始在海上劃分協議開發區。一九七〇年，義大利的Agip公司在納土納群島東北約二二五公里處發現儲量極爲豐富的天然氣田，估計可開採儲量爲四十六兆（Trillion）立方英尺（tcf）。一九八〇年三月二十一日，印尼發布《關於印度尼西亞專屬經濟區的聲明》，宣布專屬經濟區從領海基線算起延伸二〇〇海里。[275]同年，這個區塊（D-Alpha）以五十比五十的股份被授予國營Pertamina和美國Exxon集團。但是這個油田所含的二氧化碳高達百分之七十一，開發成本極高，直到一九九〇年代之前都沒能實際開發。

由於中國九段線並無坐標，而其在納土納群島附近的畫法正好是第三和第四條折線之間的空白處，所以難以肯定納土納群島以北的領海和專屬經濟區及大陸架是否已經進入九段線範圍之內。如果已經進入，亦無法確認重疊的部分有多大的面積。但根據一九八〇年的宣言以及一九八三年的《經濟專屬區法》，[276]印尼的專屬經濟區從納土納群島延伸二〇〇海里，肯定已經進入中國九段線範圍。根據中國專家估算，其協議開發區已經侵入中國九段線五萬多平方公里。印尼在九〇年代之前還沒有意識到會與中國有爭端，對於「突然」被捲入和中國的紛爭頗感意外。

自此，所有的爭議方已經全部登場。值得注意的是，這三方的主張基本上都是基於海岸線原則，都沒有提出南沙群島的歷史性權利。據李金明的說法，這完全是爲了南海新發現的石油資源。筆者不否認南海石油資源可能是三方積極開發沿海地區的最大驅動力。但是這三方基本都是在獨立後不久就在南海進行領海劃界，而且開採石油天然氣的時間都很早，油田也都集中在自己的近岸大陸架上。石油對於馬來西亞和汶萊的經濟都極爲重要。如果中國沒有把九段線劃到她們的「家門口」，並對遠離中國且無法控制的暗沙，以及幾乎淹沒在水面下的礁石聲稱主權，她們也未必希望與中國發生糾紛。

[275]《法律條約彙編》，一一三頁。
[276]《法律條約彙編》，一二八頁。

四·十二 中國向南沙的推進及中越南沙海戰

中國在南沙海域的探測

從一九七三年開始，中國科學院南海海洋研究所就開始對西沙和中沙一帶的海域進行考察，目的之一也是尋找近海石油。文革結束後，中國提出改革開放，巨大的工業發展需求令中國對石油的要求大增。中國從一九六〇年代開始就在南海近岸探測石油，其中一九六三年在海南島鶯歌海發現石油是中國南海石油第一個重要發現。一九七七年在此打出第一口深海油井「鶯一號」。但直到七〇年代末，所得仍然極爲有限，只在近岸鑽探了不足二十口油井。[277]一九七七年，東京灣盆地的「灣一井」僅開發出日產五〇·五三立方米的油井；一九七九年，在鶯歌海（瓊東南盆地）的「鶯九號」才開發出工業性的石油（日產原油三七·六四立方米）；珠江口盆地到一九八〇年才打出七口油井，日產原油共二九六立方米。[278]這些成果都大大落後於同期馬來西亞、汶萊甚至越南在南海近岸石油開發的進展。一九八〇年初開始，中國在南海石油開發方面走向規模化。一九八二年中國海洋石油總公司成立，是海洋石油的標誌性事件。改革開放後，中國也開始和其他國家一樣，對海底區塊向外國石油公司進行招商，用市場換合作的方式進行近海石油的開發。儘管當時中國開發的區塊還集中在東京灣、海南島東側和珠江口這三個重點地區，但已經十分關注南沙地區的石油資源，指責菲馬越等國掠奪「屬於中國」的南沙石油資源。與此同時，基於「收復國土」的原則，中國在奪得西沙控制權之後，對南沙控制權也開始躍躍欲試。正如外長黃華說的，時間一到，中國就要收回去（見四·八）。

中國對南沙的挺進從科研開始。截止一九七八年，中國以「實驗號」調查船爲主，對南海北部共進行了十一次綜合考察。最東到達過黃岩島，還「穿越過南沙群島北側」。【279】一九八三年，這些調查項目告一段落，寫成論文八十多篇，並獲得中科院科技成果獎一等獎。

在一九八三年中國海軍拉練之後（見下），科考隊又籌備南下。一九八四年七月、一九八五年六月和一九八六年四月，「實驗三」號連續三年出發到南沙海域進行考察。一九八七年五月，「實驗二號」和「實驗三號」再次出發考察。在這些考察中，研究人員登上十個礁石（蓬勃暗沙、仙賓礁、牛車輪礁、仁愛礁、美濟礁、仙娥礁、信義礁、海口礁、艦長礁和半月礁），並都留下標誌物。

與此同時，中國也加強了行政和法律準備。一九八三年四月二十四日，中國地名委員會公布南海諸島部分標準地名（共二八七個），【280】沿用至今。這個數字比一九四七年公布的一七二個更多，除了原有礁石名稱之外，還新增一些水道的名稱及礁石的名稱。可是，原先在一九四七年列表中的三個地名（立地暗沙、八仙暗沙和管事灘）沒有出現在這個新列表上。對此，國務院（82）國函字二八〇號文〈國務院關於南海諸島地名命名、更名方案的復函〉中稱：「……二、同意公布、使用和對外提供批准的二百八十七個……上報方案中的八仙暗沙、立地暗沙、管事灘三個地名暫不公布，也不公

【277】劉峰〈南海油氣資源開發與合作〉，《新東方》，二〇一〇年六號，總第一七七期，二〇—二三頁。
【278】《當代中國海洋石油工業》，當代中國出版社，二〇〇八，一三—一四頁。
【279】《讓歷史告訴未來》，二八八頁。
【280】《人民日報》，一九八三年四月二十五日，引自《地名資料匯編》，一八—二一頁。

開引用和對外提供。」[281]因此這次公布的是「部分標準地名」。那三個地名之所以不公布的原因，大概是其位置在九段線之外，其中立地暗沙和八仙暗沙的地理位置比曾母暗沙還要南，與一向宣布的曾母暗沙是中國的最南端相悖。[282]在行政上，一九八一年十月二十二日把原「廣東省西、南、中沙群島革命委員會」改名爲「廣東省西沙群島、南沙群島、中沙群島辦事處」的縣級機構。一九八四年十月一日，中國設立副省級的海南行政區，接管辦事處。此外，中國在一九八五年取消了漁民到南沙群島捕魚的禁令，中國漁民在三十年後又重新出現在南沙海域。[283]

中國也開始在軍事上做準備。一九八〇年五月五日，南海艦隊陸戰第一旅率先正式成立，這是爲登陸作戰而新設立的獨立兵種。一九八一年，中國把南海艦隊的指揮部從廣州搬到湛江，同時在海口、榆林北海等地建立一系列基地，並從北面調派先進的登陸工具到南海艦隊。一九八三年，中國海軍組織了一次海軍幹部的遠洋訓練，該海軍遠航航海實習船隊由一艘兩萬噸級的補給船和一艘兩千噸級的運輸船組成，裝載著一〇〇多名艦長、航海業務員等年輕幹部。船隊在五月十八日從湛江出發，經過西沙群島，穿過南海到達曾母暗沙。船隊在曾母暗沙拋錨鳴笛，並進行天文定位訓練。這是中國（包括大陸和臺灣）軍方首次到達曾母暗沙這個「傳說中的祖國最南方」。船隊之後穿越巴林塘海峽進入西太平洋，以硫磺列島爲轉向點，通過大隅海峽，跨越東海穿過臺灣海峽回到湛江基地。[284]

赤瓜礁海戰

中國這一連串的行動引起了越南的警覺。一九八七年四月，越南派出軍隊占領帕礁（Barque

Canada Reef）。中國立即發出強硬抗議。四月二十日，中國向聯合國提交對東西中南沙群島的主權聲明（A/42/236），譴責越南入侵南沙群島，並聲稱保留適當時機收復失土之權利。[285]一九八七年五月十六—十九日，中國海軍在南沙進行第一次軍事演習；六月底，又在西沙進行了登陸演習。十月八日到十一月二十日，中國海軍東海艦隊合成編隊在西太平洋和南海進行一次遠程航海訓練，航程達五·四萬海里，鍛煉了遠程作戰能力。[286]中國在南海的行動已箭在弦上，只待一個好時機。就在這時，聯合國「委托」中國在南沙設立七四號海平面觀測站，成爲中國在一九八八年前往南海活動的藉口。但是其具體過程細節模糊不清。

一九八七年二月，聯合國教科文組織通過《全球海平面聯測計畫》，決定在全球範圍內建立二〇〇個海洋觀測站。三月在巴黎召開的政府間海洋學委員會第十四次大會，要求各國自行報名承建。這純屬義務，聯合國並不提供撥款，而觀察所得數據也是全球共享，所以各方並不是太積極。從過程看，並不是聯合國要求中國在南沙設立觀察站，而是中國主動提出設立。中國稱，建立七四號觀測站

[281]《地名資料匯編》，二二頁。
[282]《地名資料匯編》，一七頁。
[283]夏章英《南沙群島漁業史》，海洋出版社，二〇一一，一八五頁。但似乎一九八〇年，中國已經在南沙捕魚，但可能只限於少數國家企業。https://www.cia.gov/library/readingroom/docs/CIA-RDP08C01297R000200130001-7.pdf, p.12.
[284]《讓歷史告訴未來》，三〇三頁。
[285]〈中共向聯合國提出主權聲明〉，駐紐約辦事處致外交部呈文，民國七十六年四月二十七日，《外交部檔案彙編》，一二九六頁。
[286]李國強《南中國海研究：歷史與現狀》，黑龍江教育出版社，二〇〇三年，四五四頁。

是大會與會國代表一致通過的，就連越南代表也投了贊成票。[287]鑒於當時越南對這些涉及主權的事項非常敏感，如果表決的是設立觀測站這個名單，很難想象越南代表會對此投贊成票。學者 Hayton 認爲，中國在材料中加上了南沙的島嶼，而當時沒有人注意到中國把這個地方「塞進名單中」。[288]我猜想可能當時表決的是設立觀測站這個計畫，但沒有涉及具體名單。而越南報導則稱，大會根本沒有委托中國設立這個海平面觀測站。根據越南的說法，中國所指的「委托設立的觀測站」的編號是七四和七六號。[289]但是在會議關於設立海平面觀測站的名單中（10CPG-OPC-118ANNEX3，一九八七年二月十六日），以及會議後國際海洋學委員會寄給越南海洋學委員會的「全球海平面觀察系統」名單中（10CGLOSS-116，一九八七年四月二十七日），都沒有任何一個站點設在西沙和南沙。中國方面只有編號爲七九、七八、二八三和二四七的觀測站，都位於北緯二一度三五分以北。編號七四的觀測站是美國的，而編號七六的觀測站是南非的。[290]到底事實如何，仍有待查清。

其實，這種外交戰小動作，越南也很熟悉和警惕。比如在一九八五年日內瓦召開的第八屆亞洲氣象會議中，通過了屬於 SYNOP 系統的氣象站名單，當中登記有中國在西沙和南沙的氣象站，越南在大會上正式提出抗議。[291]如果如中國的說法，但是越南沒有發現，當時是越南的一次外交失誤。

但無論如何，中國稱自己接受了聯合國指派的任務，在南沙建造第七十四號觀測站。於是在一九八七年五月十五日——六月六日間派科考船「向陽紅五號」到南沙群島進行海洋站選取地點調查。當時能稱得上島嶼的島礁已經全都被占據了，中國只能選取合適的礁石。考察船航行二一六三海里，重點調查了永暑礁、華陽礁、六門礁等十幾個無人礁石。調查結果認爲永暑礁（Fiery Cross Reef）位於太平島與南威島之間，海區寬闊，礁盤平坦且較寬（約七平方公里），地質基礎好，礁石以南十—三十米水域可以拋錨。[292]

永暑礁是在南沙群島西部的一塊礁石，最靠近南華水道，與越南控制的南威島相隔只有七十八海里，可用作爲對抗越南的前沿陣地。它是東北—西南走向延伸約二十六公里的一個礁盤，寬約七·五公里。在英國人十九世紀的紀錄中說明，在永暑礁有幾塊乾塊（dry patch），其中西南方的一塊最大，十九世紀兩艘英國船 *Fiery Cross* 號和 *Meerschaum* 號都曾在這個乾塊上觸礁。永暑礁的英文名就是從前者而來的。[293]這裡的乾塊似乎應該理解爲高潮時仍然能露出水面的礁石。到了二十世紀八〇年代，有關永暑礁在中國占據之前的自然狀態有兩種說法，一說「低潮時有些礁石出水，東北側有礁石高出水面〇·六米。一般水深十四—四十米之間，高潮時大部淹沒。」[294]似乎高潮的時候也有部分

[287] 陸其明〈大海將星——南沙海戰編隊指揮員陳偉文紀事〉，自陸其明《六十年海軍作品選·第五卷》中國文化出版社，二〇〇九，一〇八—一三七頁。

[288] SFPIA, p.81.

[289] 中國稱，七六號在西沙群島。

[290] 《大事記》，一四三頁。

[291] 《大事記》，一〇八頁。這裡的中國登記的在南沙的氣象站當指臺灣在太平島上建立的那個。同時這次會議也登記了越南在南威島建立的氣象站。

[292] 《讓歷史告訴未來》，三一九頁。

[293] *The China Sea Directory*, vol.II, 1879, p.63.

[294] 《地名資料匯編》，二〇〇頁。

礁石可以露出水面。但根據建設觀測站時的報導的描述：「永暑礁是一座呈東北至西南走向的水下礁盤，最低潮時，只有三塊礁石露出水面，建設站施工全部在水下進行。」[295]從這段報導來看，似乎它在高潮時會被完全淹沒。又有稱「漲潮時露出海面的一塊最大礁石，只有桌子般大，整個礁盤被海水淺淺地覆蓋著。」[296]可見，即便永暑礁在漲潮時能露出水面，其面積也是極小的。它處於無法擁有領海的低潮高地和可以擁有領海的礁石之間，國際法地位模糊。

一九八七年八月七日，中國海洋局和海軍就建站時機、位置、規模、可行性和可能遇到的問題向國務院和中央軍委提出報告。十月十三日，派出工程船再次到永暑礁進行考察，訂立建設方案。十一月六日，國務院和中央軍委同意在永暑礁上建設有人駐守的觀測站，由海軍承擔主要的建站任務。

越南對中國的舉動並非一無所知，前幾年中國科考船赴南海的時候，越南就已經警覺。越南也對那一帶海面進行調研，並盡可能占有能夠落腳的島礁。其時，南海的島嶼已經被瓜分完畢，對餘下的適宜駐軍的礁石越南也不放過。一九八七年，越南還占領了柏礁（Barque Canada Reef，Bãi Thuyền Chài／漁船礁）。永暑礁屬於越南認爲不宜駐軍的礁石，但在發覺中國有可能在永暑礁駐軍後，越南在一九八八年一月十八日也派工程人員前往永暑礁，準備先行一步構建工事。但爲時已晚，中國早在十一月已經派船隻控制了永暑礁和其南四十海里的華陽礁。[297]中國出動四艘軍艦在附近水面巡邏，越南建築船無法上岸。同期，中國也已在南薰礁上建立了高腳屋。[298]

一九八八年一月三十日，中國第一批建站人員開始向永暑礁出發。越南方面在三十一日也派出越南海軍一艘運輸船和一艘武裝漁船裝載工程材料前往永暑礁，企圖搶在中國之前在永暑礁建站。但是被中國早有準備的「護航編隊」（由幾艘護衛艦組成）趕走。中國建站人員在二月二日到達永暑礁，二月五日在礁石上建立了第一個高腳屋。二月三日，中國南海艦隊在湛江進行了誓師大會，派出兩艘登陸艦和幾艘工程船前往永暑礁增援。同時還在附近海面還派出作戰艦船和飛機，加強對南沙海區的巡邏。[299]

南沙的局勢繼續緊張（圖39）。中國占領永暑礁後，中越雙方的焦點轉向距離永暑礁以南四十一海里的華陽礁。二月十七日，正值中越農曆初一，中國一艘驅逐艦和一艘護衛艦護送一艘工程船向華陽礁進發。正準備登陸時，越南一艘掃雷艦和一艘運輸船也同時到達華陽礁，準備登陸。於是雙方在華陽礁海域對峙。不久，少數越軍划著橡皮艇準備從東面登礁。中國也不甘示弱，派出六名軍人組成登礁突擊隊，從西面接近。中國搶先在十五點四十分登上華陽礁，插上國旗，半小時之後，越軍也登上華陽礁，在距離中國國旗十五米的地方也插上越南國旗。雙方從海上對峙，發展到礁上對峙。幾個小時之後，天上突然下大雨，海水也開始上漲，雙方軍人都半身被浸泡在水中。越南軍人抵受不住，率先撤退；而中國軍人則堅守在島上。這場對峙就這樣以中國勝利而告終。華陽礁是中國占領的第二個礁石。[300]而作爲抗衡，越南在一月—二月份之間控制了在此附近的西礁、無乜礁、日積礁、大現

---

[295]《解放軍報》，一九八八年四月二十七日，轉引自《大事記》，一四四頁。
[296] 陸其明《大海將星》。
[297] 陸其明《大海將星》。
[298] 同上。
[299]《讓歷史告訴未來》，三二〇頁。
[300]《讓歷史告訴未來》，三〇八—三〇九頁。

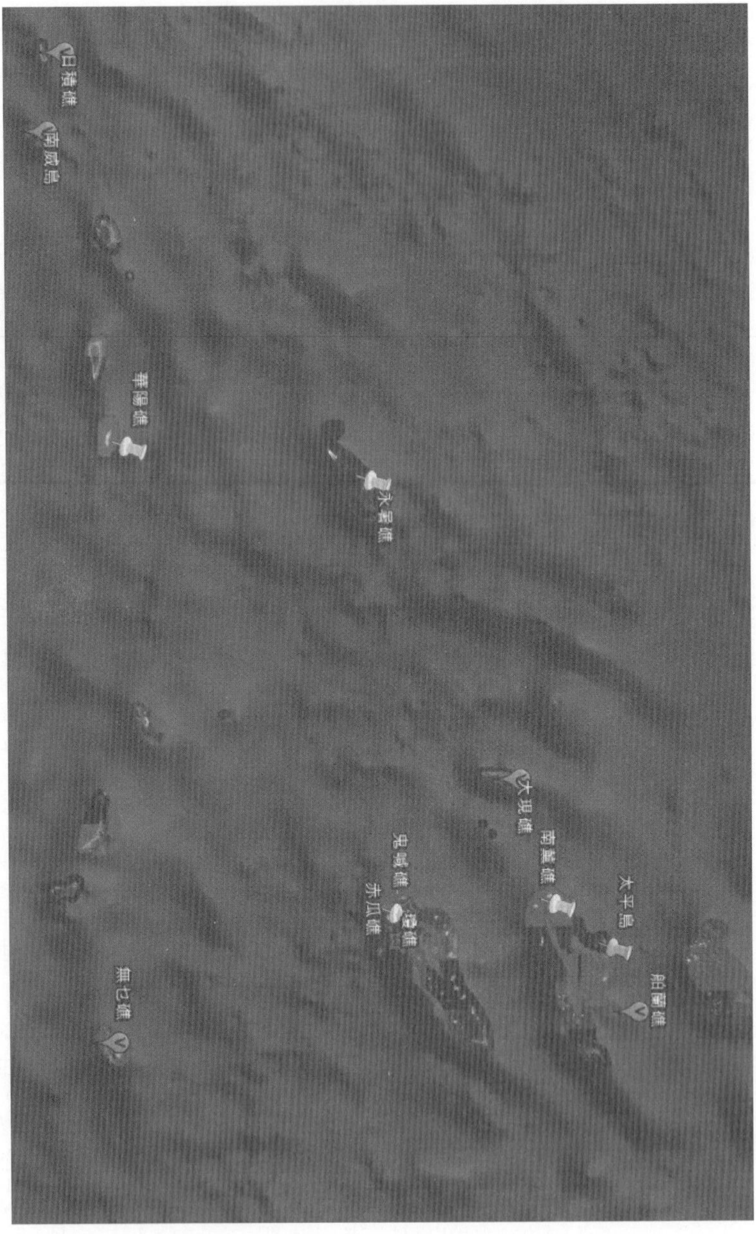

圖 39　一九八八年赤瓜礁海戰附近地圖

礁、東礁等五個島礁。[301]

預料到可能出現的對抗，中國這時已經做好對越南作戰的準備。二月十二日，中共總書記趙紫陽向時任中央軍委副主席、海軍總司令劉華清詢問有關南沙萬一開戰的準備方案。劉華清和其他將領討論後，以總參謀長的名義遞交建議。二月二十六日，劉華清向趙紫陽匯報，方案內容遞交軍委主席，中國實際領導人鄧小平。二月二十九日，鄧小平批示同意方案。[302]二月下旬，中國派出有豐富對越作戰經驗的陳偉文（時任海軍榆林基地司令部參謀長，參加過四次對越戰鬥）作為編隊司令，對南沙水域的海軍進行換防。在出發之前，他接受命令，此行的目標是守住永暑礁和華陽礁，除此之外還要控制附近四到六個礁盤；但同時，中央首長也指示「五不一趕」，即「不主動惹事，不首先開槍，不示弱，不吃虧，不丟面子，如敵占我島嶼，要強行將其趕走。」[303]

陳偉文帶隊和原駐守海軍完成交接任務後，兵分兩路，一路留下五一〇和五五三號在永暑礁和華陽礁一帶巡邏；另一路派五〇二和五〇三號到南薰礁巡邏，登陸南薰礁加固高腳屋，並巡邏和考察了東門礁、渚碧礁、奈羅礁、安達礁、牛軛礁、赤瓜礁、瓊礁和鬼喊礁。

越南得知中國的動向後，決定以赤瓜礁為突破口，誘發了三一四海戰。中國一舉徹底奪取了對南沙幾個礁石的控制權。赤瓜礁是位於永暑礁以東的一個小環礁，位處南沙群島北部最靠南的九章群礁

[301] 陸其明《大海將星》。
[302]《讓歷史告訴未來》，三四九——三五二頁。
[303] 陸其明《大海將星》。

的西南角，長約五千米，寬約四百米。它距離越南已經控制的景宏島只有十海里，以礁上生長的一種紅色的海參而得名。

中國一舉徹底奪取了對南沙幾個礁石的控制權。根據中國的說法，三月十三日，中國導彈護衛艦五〇二號到達赤瓜礁。十四點二十五分放下小船，準備登陸。十五點左右，三艘越南艦艇也趕來赤瓜礁。它們分兵三路，六〇四號運輸艦在赤瓜礁拋錨，六〇五號運輸艦在其東北五海里的瓊礁拋錨，五〇五號登陸艦在其西北一海里的鬼喊礁登陸。中國軍人搶先登上了赤瓜礁。

第二天，中國另外兩艘導彈護衛艦五三一號和五五六號趕到增援。五五六號監視瓊礁，五三一號則和五〇二號一道在赤瓜礁對抗越南船隻。在絕對劣勢的情況下，越南運輸船仍派人在早上六點左右登陸赤瓜礁，把建築材料運上礁石，並在島上插上越南國旗。中國則派出更多人員登陸。最後島上四十三名越南人和五十八名中國人對峙。「雙方人員相距一〇〇米，各站成一列，緩慢逼近，由於礁上水深及胸，珊瑚礁高低不平，雙方又都保持高度戒備狀態，所以前進十分緩慢，當相距三十米時，雙方停下，形成對峙。」[304]

根據中國官方的說法，八點半左右，一個越南人向前走了幾步插上一面越南國旗，一個中國人衝出和越南人扭打起來。一個越南士兵見勢首先開槍，中方開槍還擊。船上的軍人見勢也加入進來，互相掃射。但中國船隻既有二比一的優勢，火力又優勝。幾分鐘後，越南運輸船就被擊沉。礁上的越南人也在九點投降。是爲赤瓜礁海戰。

與此同時，鬼喊礁附近的越軍五〇五號登陸艦向中國五三一號護衛艦開火，中國艦隻開火還擊。不久，五〇五號艦連中七炮起火，失去戰鬥力，大火燒了五天。在瓊礁上，當中國五五六號艦九點十五分趕到瓊礁時，發現越南人已經登陸。五五六號艦警告越南人並要求他們離開，但越軍向五五六號開炮，五五六號還擊。十幾分鐘後，越南艦即失去戰鬥力，當晚在瓊礁附近沉沒。

這場海戰包括三個戰場，從赤瓜礁陸上對峙開始到結束，僅僅爲時三小時二十分鐘，實際戰鬥時間只有四十八分鐘。越南一艦被擊沉，兩艦重傷，傷亡失蹤四百多人，被俘九人。而中方只有一人受傷，取得完勝。[305]

中國當事人後來接受採訪，敘述當時在赤瓜礁上的情況與傳統版本有些不同：在形成僵持之後，是中國指揮陳偉文先下令進攻，由中國的王正利帶領士兵向越方衝過去，「杜厚祥一把撞開越軍的護旗兵，奪過旗杆，一截爲二」，首先發起身體接觸和挑釁的是中方。越軍試圖瞄準，開槍是因爲中方上前奪槍爭持時走火。[306]越南人敘述的版本更爲不同：在赤瓜礁上對峙時是中國先開槍；在鬼喊礁和瓊礁是中國軍艦向兩艘正常通過的越南運輸艦開火，此外另一艘懸掛紅十字旗幟的船隻前往救助傷亡人員時，也遭到襲擊。[307]這一指控被中國否認。

雙方相互指責對方先開第一槍是常有之事，難分眞假。但不管怎樣，到底是誰先開槍這個問題其實並不重要。戰事的核心是中國要挺進南海，在南沙建立立足點，能夠不作戰自然是最好的，但中國

---

[304]《讓歷史告訴未來》，三〇九頁。
[305]《讓歷史告訴未來》，三一〇頁。
[306]《南海！南海！》，二四四頁。
[307]〈丁部長出席立法會外交委員會報告南沙群島事件問題〉，民國七十七年三月二十三日，《外交部檔案彙編》，一二九八—一三〇三頁。

早有以武力解決的準備。戰鬥中，越南出動的只是運輸船，噸位和火力明顯在中國導彈護衛艦之下。實戰中越南也不堪一擊。因而較難想象越南會主動挑起戰鬥。事實上，越南在整個過程中步步落後，中國想登陸哪一個礁石，越南就跟在後面，完全喪失主動性。

越南的失敗並非偶然。在南北統一之後，越南幾乎立即就和中國鬧翻，完全投向中國的敵人蘇聯。還沒有進行長期戰爭後的休養生息，就出兵柬埔寨，推翻紅色高棉。中國在後方出兵越南，爆發第三次印度支那戰爭。儘管中國不久後就撤出越南，但在中越邊境的戰爭持續多年。越南幾乎沒有時間和精力用於經濟發展，把資源大量投放到軍事，尤其是陸軍方面，以致海軍極爲薄弱。反視中國，邊境戰爭對中國來說不過是癬疥之疾。中國海軍雖然也不強大，但進入八〇年代後實力不斷提升。到一九八八年，中國海軍實力已經完全在越南之上。越南爲了對抗中國，在一九七九年把金蘭灣海軍基地租借給蘇聯。但蘇聯在衝突中完全置身事外。蘇聯當時已經和美國及中國緩和關係，甚至有計畫縮小在金蘭灣的駐軍規模。而美國在中越之間支持中國，蘇聯難以因爲這些礁石而捲入和中國（甚至美國）的戰爭當中。越南也低估了中國在南沙建立據點的決心。事前，越南考察過這一帶的礁石，凡是研判爲適合駐軍的地點已經盡可能占領。根本沒有料到，中國對永暑礁、赤瓜礁等這種在自然狀態下都僅是高出海面一兩米的礁石，也有決心占領和駐軍。此外，戰前三月十日，越南總理范雄去世，越南領導班子正在重整，也影響了越南對戰事準備。

但中國是否有意通過戰爭的方式來取得這些島嶼仍然有疑問。有文章指出，在三一四海戰當時，指揮陳偉文還收到上級發來的電報，要五〇二編隊不得主動動武。在短短的幾個小時內，共收到二十六封電報，其中十四封有著各種「不准」的指示。如果不是陳偉文頂住壓力（當然也由於收到電報時，已經開火了）違反指示，中國就難以取得如此大的成果。凱旋歸來後，陳偉文立即遭到審查，他對此難以理解。在外國媒體廣為報導之際，中國國內媒體對此卻長時間緘默。兩個星期之後，國內媒體才姍姍來遲地加入報導，但還是把戰果往小裡說，據猜測是為了「不刺激」越南。中央軍委發出嘉獎令，對參戰部隊表示嘉獎，但立功名單上沒有陳偉文的名字。出乎很多人的意料，陳偉文儘管因此獲得少將軍銜，但並沒有在職務上獲得提拔，反而平調往文職機構，渡過剩下的軍旅生涯。【308】

種種跡象顯示，越南並不想挑起戰爭，而中國當時也不想擴大到武裝衝突的層次，只是想在不開火的情況下奪得這些礁石。但由於陳偉文違反中央指示，才導致了三一四海戰。所以三一四海戰可能是一次很偶然的戰事。當然，中國當時能否在不開火的情況下占領那些島礁，是值得懷疑的。

中國擴大南沙占領

三一四海戰發生後，國際對中越兩國在南沙不可避免的衝突感到擔憂。美國表示關切形勢，但不偏袒任何一方。蘇聯則僅對越南提供情報支持。而距離中國更近的菲律賓更為擔心。菲律賓一邊呼籲雙方和平解決爭端，警告雙方不可侵犯南沙群島中主權屬於菲律賓所有的島嶼；一邊向中國摸底。四月，總統艾奎諾夫人訪問北京專門向中國提出這個憂慮，據稱中國承諾不會攻擊菲律賓在南沙群島的

【308】陸其明《大海將星》。該作者認為是中央高層存在矛盾，僅存一說。

軍隊，菲律賓才放心下來。[309]馬來西亞重申對南沙擁有主權。[310]國際輿論從傾向中國變爲傾向越南。東盟在此事之後開始加強對南海事務的關注，逐步推進南海問題的國際化（見下章）。

一九八八年五月十三日，中國在聯合國遞交備忘錄，反駁越南對西沙和南沙的主權要求。中越之間再次爆發論戰。越南出版了第四本南海問題的白皮書（一九八八版）。而中國則在《人民日報》上發文〈拙劣的辯解〉作爲反駁。[311]

越南在戰後，加緊了和其他南海爭端國的合作。菲律賓外長曼格拉普斯（Raul Manglapus）於十一月二十七日—二十九日訪問越南，並與越南外長阮基石簽署《聯合公報》。其中第一條爲：雙方同意以和平方法包括談判及提交國際法院裁判等方式解決兩國之間有關南沙群島之爭執。第四條爲：越菲兩國彼此相互尊重領土完整、主權獨立，對雙方關係上避免使用武力。[312]這是第一次越南和菲律賓聯手準備解決南沙群島的問題。菲律賓和越南在南沙上的矛盾不見得無法調和，畢竟菲律賓主張的領土中不包括越南在南沙中心的南威島，越南也不見得必須要取得全部的南沙群島（儘管如此主張）。尤其是空前強大的中國的出現，令雙方抱團取暖的需要更爲迫切。

中國在南沙赤瓜礁一戰中可謂完勝。中國通過這次戰役，控制了永暑礁和赤瓜礁，成立了第一個南海基地。八月二日，中國在永暑礁上的海洋觀察站舉行了落成典禮。[313]這個基地擁有碼頭、環島防浪堤、房屋、道路和球場的基地，上面還栽種了椰樹，[314]不啻一個小型的人工島。自始，永暑礁成爲中國在南沙的核心基地。除了永暑礁、赤瓜礁、華陽礁之外，到一九八八年四月底爲止，中國還占領了西門礁、渚碧礁與南薰礁（Gaven Reef）。南薰礁是低潮高地，[315]是中國在永暑礁之後另一個主要的南沙基地。

一九八八年四月十三日，中國海南建省，「西沙群島、南沙群島、中沙群島的島礁及其海域」是和其下轄各市縣並列的編制。這顯示，中國對「三沙」地區的管理級別進一步提高了。一九八八年八月二日，中國在控制的永暑礁、赤瓜礁、華陽礁、南薰礁、渚碧礁和東門礁上落成了主權石碑。一九九〇年八月，在赤瓜礁、華陽礁、南薰礁、渚碧礁和東門礁的礁盤上建成了由海軍工程設計局設計的永久性設防工事。一九九一年四月，西沙永興島上大型機場竣工，兵力可覆蓋南沙。【316】這顯示，中國對「三沙」地區的管理級別進一步提高了。總之，在一九八八年後，中國正式開始了在南沙的軍事存在。

但同時，越南也擴大了在其他島礁上的存在。據中國報導，在三一四海戰之後，越南海軍先後「侵占」了瓊礁、鬼喊礁和舶蘭礁，而且在這些島礁上構建軍事設施。也在海戰之前占領的大現、南華、六門、無乜、日積和東礁等六個礁石上增派兵力，加固軍事設施。到一九八八年五月，越南已經

【309】Hans Indorf, *The Spratlys: A test Case for the Philippine Bases*, Manila: Centre for Research and Communication, 1988, p.14. 引自孫國祥〈論東協對南海爭端的共識與立場〉，《問題與研究》，第五十三卷第二期，三一—六六頁，二〇一四年六月。

【310】同上。

【311】《人民日報》，一九八八年五月十八日。引自《讓歷史告訴未來》，三一六頁。

【312】〈菲越公報主張和平解決南沙爭執〉，駐菲律賓代表處致外交部電報，民國七十七年十二月一日，《外交部檔案彙編》，九六八頁。

【313】〈中共南沙群島海洋觀測站興建完成〉，中央社，民國七十七年七月三十一日，《外交部檔案彙編》，一三〇六頁。

【314】《讓歷史告訴未來》，三二一頁。

【315】*The China Sea Directory*, Vol.II, 1879, p.65.

【316】《讓歷史告訴未來》，三二七—三二八頁。

占領了二十餘個島礁。【317】一九八九年四月底，越南總參謀長段奎和海軍司令甲文綱在鴻麻島上主持了越南「解放」南沙群島十四週年的儀式，進一步宣示了保衛南沙群島的決心。【318】

一九八八年赤瓜礁海戰是在南海地區最後一次軍事衝突。中國在戰後本來可以乘勝追擊，趁機向南挺進。但中國原本並沒有這個計畫，而更重要的是，突如其來的世界局勢翻天覆地的變化，徹底改變了南海的局勢。

四・十三　戰後國際社會對南海主權的態度

戰後國際社會對南海諸島主權有否共識，對於在國際法上認定其歸屬有一定的支持作用。戰後初期，中華民國很快就在各個國際場合「見縫插針」地主張對南海諸島的主權。而周邊各國，大概由於新近獨立的原因，這種外交上的敏感性有相當差距。中國在這類證據上擁有一定優勢。此外，在中國與越南一九七四年西沙海戰之後，國際社會對西沙和南沙存在的主權問題已經有普遍的了解，此後地圖等資料反映出來的是國際社會的「站隊」問題，比如共產主義陣營的國家大多支持中國。這種「站隊」根據政治的需要也可以變化，比如蘇聯地圖原先支持西沙屬於中國，但在一九七〇年代後期就轉而把西沙「劃給」越南。本節主要集中討論一九五〇—六〇年代的相關資料。

美軍在南沙群島探訪事

臺灣認爲，美國在一九五六年測繪南海若干島礁時，事先向臺灣提出「申請」，這就意味著美國當時承認南海諸島屬於臺灣。[319]

此事的來龍去脈是這樣的：美軍因測繪和軍事需要，計畫在一九五六年九月在南海各處進行測繪。根據臺灣外交部致國防部的機密函件稱：八月二十一日，美國駐臺一等祕書韋士德（Donald E Webster）會見亞東司司長，提出美軍空軍人員六人將搭乘美國海軍艦隻前往下列島嶼探訪：九月二日，民主礁；九月三日，雙子礁；九月四日，景宏島或鴻庥島；九月五日，南威島。請「我國政府准予前往並給予便利」。[320]根據這份密函，美國既然要向臺灣申請「准予」前往那些島嶼測繪，自然是承認臺灣的主權。當時正值克洛馬事件，國防部和外交部都極爲重視。國防部立即回信，「茲准美方所請」。[321]美軍的行動（Hiran Project）後來被推遲到一九五七年二月，測繪也從爲期幾天變爲持續一年多，包括在空中拍照和在地面建立探測站，地點選取在雙子礁（North Danger）、景宏島（Sin Cowe）、南威島（Spratly）和民主礁（Scarborough Shoal）四處。

其實，美國當時深知臺菲越等正在爲南海諸島的主權爭議不休，之前又明確表示中立態度，又如

---

[317]《人民日報》，一九八八年五月二十五日，第四版，引自《讓歷史告訴未來》三一七—三一八頁。

[318]《起源與發展》，一〇七頁。

[319]《南海說貼》，二二頁。

[320]〈極密（關於美空軍人員六人前往我南海各島嶼事）〉，外交部函國防部，民國四十五年八月二十四日，外東第〇〇九三四八號，《外交部檔案彙編》，一一六二頁。

[321]〈美空軍人員前往中南沙探訪由〉，國防部函外交部，民國四十五年九月一日，靈雲字第〇二三八號，《外交部檔案彙編》，一一六四頁。

何會單獨承認臺灣的主權？事實是，美國爲避免牽涉入爭議，對臺灣、南越和菲律賓都發出類似的信函。美駐臺大使館給臺灣外交部的備忘錄中是這樣寫的：

Teams of 10, 7, 4 and 4 men will be at the above respectively and will operate from U.S. Naval vessel utilizing helicopters, life equipment, etc.

The Embassy will endeavor to keep the Ministry of Foreign Affairs informed concerning team schedules.

The Embassy has been advised that the Governments of the Republic of the Philippines and Vietnam also have been furnished the above information.[322]

（大使館被告知，菲律賓和越南政府同樣被提供了以上的信息）。

美軍解密文檔中也提到，美國駐馬尼拉和臺北的大使正在爲這次測繪而協調。[323]可見，所謂美國向臺灣申請，說明美國承認臺灣在該四處的主權，全然站不住腳。

一九六〇年，美軍再次向臺灣要求獲得允許前往南沙群島的景宏島、南威島與雙子礁進行地圖測量。[324]筆者沒有找到美國向其他國家請求的資料。但以一九五七年的事爲例子，加上美國在南海諸島領土問題上保持中立的一貫態度。[325]此事美國很可能也向菲律賓和南越發出類似的請求了。

此外，臺灣在一九六五年，由交通部民用航空局劃設東沙、南沙限航區。[326]一九六六年一月二十七日，還致函美國臺灣協防司令部，請美軍飛機如需飛航東南沙限航區請事先通知以免遭受誤擊。[327]這一來是臺灣單方面的要求；其次，當時美臺有協防協議，而臺灣確實實控了東沙和太平島，即便美國答應了這個要求，也只能視為一種現實的安排，而不能說明承認臺灣對南沙的主權。

國際民航組織與國際氣象組織等民事組織

一九五五年十月二十七日，第一屆國際民航組織（International Aviation Transport Association）太平洋區域飛行會議在馬尼拉召開，中華民國（臺灣）、美國、英國、法國、日本、菲律賓及越南（南越，由法國代表）等十六個會員國代表參加，會議由菲律賓代表 Mr. Florres 任主席。英國代表團及國際航海運輸協會（IATA）代表提出議案，要求中國政府在南沙島上修建一座氣象臺，收集和發布地面和高空氣象信息，每日提供四次 PIBAL 氣象報告。議案經過氣象委員會討論並修正後被大會採納，列為第二十四號議案，經無異議通過並列入該會之最後報告書中第二節〈報告及建議〉。[328] 記錄原文如下：[329]

---

[322] Memorandum, 12/28/1956,No.37.《外交部檔案彙編》，一一六二—一一六四頁。

[323] Memorandum for Chairman Joint Chiefs of Staff, Latest developments in the Paracel and Spratly islands, 26 June 1956.

[324]《史料選輯》，一二八頁。《南海說貼》，二二頁。

[325] https://www.cia.gov/library/readingroom/docs/CIA-RDP08C01297R000300180019-2.pdf.

[326]《史料選輯》，一九二頁。

[327]《史料選輯》，一二八頁。

[328]《外交部檔案彙編》，八七二—八七三頁。

[329]《中菲外交關係史》，九四四—九四五頁。

(a) That the network as recommended in resolution 2 of RA V, 1st session, and in resolution 4 of RA II, 1st session of WMO, be considered as constituting the required surface and upper air synoptic networks in so far as they apply to the Pacific Region, with the folloing changes:

（RW-Radiowind; RS – Radiosonde; P – pilot ballon）

Add				
British North Borneo	Upper Air observation			
96479 Kudat	0553N	11651	03 09	15 21
China（Taiwan）				
46752 Hengchun	2200N	12045	RW	RW
46734 Pescadores	2414N	11422E	RW/RS	RW/RS
46092 Nansha Island	1023N	11422E	RW/RS	RW/RS
Delete				
CHINA（Taiwan）				
46743 Taiwan	2300N	12013E	RW/RS	RW/RS

根據經緯度判斷，這裡的南沙島就是被臺灣占領的太平島。菲律賓和英法等國家參與了這個會議，並未對此提出異議。隨後，臺灣交通部通報內政部，[330]一九五七年，臺灣交通部再次爲此事致函內務部。[331]在一九六〇年把氣象站擴建爲氣象臺，並按協議每天四次向國際民航組織報告。

此外，一九六八—一九七一年，世界氣象組織援助中華民國在東沙島和南沙群島設立探空臺三處，在其編印發行的 NO.P, T.P.4, Vol.A 氣象觀測站名錄中，中華民國在南沙所設立的氣象臺均編印在列。[332]

中國和臺灣認爲，這些例子說明中國（及臺灣）對南沙的主權得到國際承認。[333] 但無論是國際民航組織還是世界氣象組織都是爲民事服務的國際機構，其目的是爲了協調民事方面的國際事宜，以「實用」爲出發點，主權歸屬問題並非其關注的事項。要求臺灣在南沙設置氣象臺，大概只是因爲臺灣實際控制了那裡，只能由臺灣提供相關信息而已。再者，這裡牽涉的也只有太平島一個島嶼，無法說明中國對整個南沙的主權。

其實，越南方面也有類似的例子，說明民事項目遵從實際控制國。一九四九年，世界氣象組織（World Meteorological Organization，WMO）把兩個建立在西沙群島上的氣象站登記在「安南」的部分之下：富林島（Phu Lam，永興島）上的代號爲四八八五九，黃沙島（Hoang Sa，即珊瑚島）上的爲四八八六〇；[334] 把南沙的波平島（Ba Binh，太平島）的氣象站登記在交趾支那的部分之下，代號爲四八九一九[335]（圖 40）。越南於是認爲 WMO 承認西沙和太平島等屬於越南。[336] 其實當時，永興島

---

[330] 《史料選輯》，一六一頁。

[331] 《史料選輯》，一六二—一六三頁。

[332] 《中菲外交關係史》，九四六頁。

[333] 《南海說貼》，二一頁。

[334] 一九七九白皮書，見《越南彙編》，六二頁。SRV ministry of Foreign Affairs, *Vietnam's Sovereignty over the Hoang Sa and Truong Sa Archipelagoes* (1979), Documents 13 and 14. *Vietnam Dossier II*, p.130.

[335] *Vietnam Dossier II*, p.130.

[336] *Vietnam Dossier II*, p.130. 一九七九白皮書。

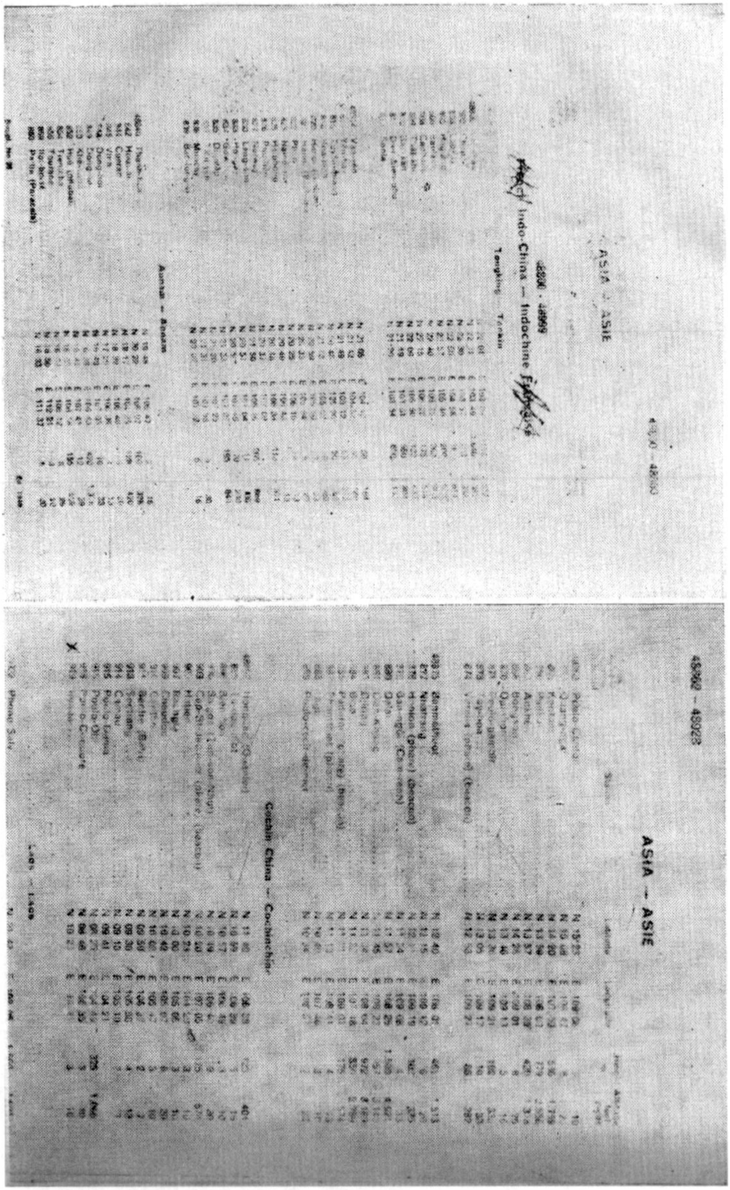

圖 40　一九四九年，世界氣象組織登記的氣象站

與太平島上都沒有法國或越南人，但 WMO 還承認法國在二戰之前建立的氣象站[337]（見三・一）。一九七三年四月，世界氣象組織文件中再次將其編入越南在黃沙的氣象站。[338]西沙海戰後，一九七五年九月十八日，中國參加世界氣象組織第二區域協會會議時，才對越南在西沙珊瑚島的四八八六〇氣象站提出抗議，改爲五九九八五號。[339]

一九八四年十一月二十四日，在日內瓦召開的第八屆亞洲氣象會議上一致通過了屬於 SYNOP 系統的氣象站名單，其中包括由越南在會議中登記的「長沙」氣象站。越南代表陳文安還聲明：同時還有「其他國家在會議決議附錄上登記的同這兩個群島（黃沙和長沙）有牽連的氣象站，是完全非法的」[340]這項表明，這些民事組織以實際控制爲標準，而非主權爲標準的原則。

此外，一九六四年聯合國亞洲及遠東區域製圖會議第四屆會議上，菲律賓提出國際合作勘測南海議案，提案中有「本區域不屬任何一個國家之領域範圍」。中國（臺灣）提出反駁意見：「南沙群島爲中國領土」，而蘇聯則提出「本區域似有中華人民共和國之領土」。各方爭持不下，最後勘察動議經過修改才獲得通過。[341]在一九七〇年十月的第六屆會議上，臺灣代表要求在會議紀錄上加入臺灣

【337】SVD, p.73.
【338】1979白皮書，見《越南彙編》，六三頁。
【339】《大事記》，五〇頁。SVD，p.73.
【340】《大事記》，一〇八頁。
【341】《中菲外交關係史》，九四六頁。

在七月東京通信工作小組的立場（在那次小組會議中，臺灣散發了一些主張南海諸島的地圖材料和刊有中國對南沙主權的聲明），這個提議遭到與會國的反對而不被加入會議紀錄。[342] 這表明，如果過分解讀了這些國際組織的決議，那麼是否可以認爲，在更爲正式而且和主權相關的場合（如聯合國），中國對南沙的主權並沒有得到國際承認？

明確的國際承認

國際上對西沙和南沙的歸屬沒有一致的立場，這裡主要討論大國對此的態度。美國一直認爲南沙和西沙是有爭議的地區，並恪守對其歸屬中立的立場，這從前文提及的美軍在南沙群島測繪一事中可見一斑。法國在西沙歸屬問題上支持越南，但似乎還沒有公開放棄對南沙的主權要求。

在二戰前，英國曾經就法國於一九三〇年四月占領南威島提出抗議，在二戰中承認法國對南沙的主權。但在戰後，英國重新提出擁有南沙主權（見四・三）。英國政府沒有公開放棄過這個要求，但英國駐新加坡的高級外交專員（High Commissioner）在一九七四年時稱「斯普拉特利群島是中國屬地，爲廣東省的一部分……在戰後歸還中國。」[343]「英國已經祕密承認了對中國對有爭議的帕拉塞爾群島的要求……英國政府悄悄地至少承認中國對帕拉塞爾的要求是對的」。[344] 英國駐新加坡高級外交專員相當於英國駐其他國家的大使（新加坡是英聯邦成員，故此用高級外交專員的稱呼）。他的態度是否在國際法上能被承認爲英國外交部（乃至政府）的態度值得商榷。在西沙群島方面，據說英國在一九五七年曾照會北京，申明其立爲：「我們默認中國對普拉塔和帕拉塞爾群島的要求。」[345]

日本在戰前支持西沙群島屬於中國，但認爲南沙群島屬於日本（見二・六）。在戰後，除了在

《舊金山和約》等條約中表示放棄對西沙和南沙的主權外，沒有另外的表態（見三・八）。

蘇聯對西沙和南沙的態度在新越南成立前後有轉變。蘇聯先是表態支持中國對西沙和南沙的主權。在舊金山和會上，蘇聯發言支持它們屬於「中華人民共和國」（見三・八）。但是在新越南成立之後，蘇聯轉而支持越南對這兩個群島的主權。

蘇聯對中國在一九五八年十二海里領海宣言的態度，立場模糊。一方面，蘇聯發出照會「蘇聯政府已經獲悉並且完全尊重中華人民共和國政府聲明中的決定。」[346] 由於中國聲明南海諸島屬於中國，也可以引申為蘇聯對中國在這個立場上的支持。但另一方面，蘇聯在這個照會中寫道：「蘇聯政府獲悉，中華人民共和國的決定適用於中華人民共和國的全部領土，包括中國大陸、臺灣及其周圍的島嶼、澎湖列島以及其他屬於中華人民共和國的島嶼。」[347] 對比中國的聲明，缺少了「東沙群島、西

[342] 同上，九四六—九四七頁。

[343] Leon Howell and Michael Morrow, Oil Exploration, Formidable task for Peking, FEER, 1973/12/31, p.39. "Spratly Island was a Chinese dependency, part of Kwangtung Province… and was returned to China after the war. We cannot find any indication of its having been acquired by any other country and so can only conclude it is still held by communist China".

[344] 《史料彙編》，五四七頁，這據說是美聯社倫敦一九七四年一月二十一日電，找不到原文。

[345] 《史料彙編》，五四七頁。這據說是美聯社倫敦一九七四年一月二十一日電，找不到原文。又見張海文〈南海局勢及其相關背景分析〉，《領導者》總四十七期，二〇一二年八月。http://www.21ccom.net/articles/qqsw/zlwj/article_2012111270857.htm.

[346] 《史料彙編》，五五九頁。

[347] 同上。

沙群島、南沙群島」的字眼，反而似有所保留的態度。對中國的這份聲明，東歐國家（包括羅馬尼亞、東德、匈牙利、捷克和保加利亞等）和蒙古也做出和蘇聯類似的表態，承認並支持中國十二海里的決定，但無一明確支持中國對南海諸島的主權要求。在一九七四年西沙海戰後，朝鮮明確支持中國對南海諸島的主權要求。[348]另外值得指出的是，在中國發表十二海里聲明後，美國、英國和其他西方國家表態不支持這個聲明。這是否意味著這些國家不支持中國對南海諸島的主權主張？亦值得商榷。

在東南亞國家中，印尼在一九七四年西沙海戰後由外交部長對報界闡述印尼官方的看法：西沙和南沙都屬於中華民國。[349]同樣在西沙海戰中，泰國副外長差提猜．春哈旺發表私人意見，認爲西沙屬於中國（不論是大陸還是臺灣）擁有。[350]但私人意見並不能視爲官方的正式表態。

綜上所述，在戰後，絕大部分無領土利益的國家持中立的態度，但也有支持中國或者支持越南的態度。國際社會對此意見不一。

---

[348] 同上。

[349] 同上，五五三頁。在該書中，編者把中華民國翻譯成「人民中國」或者「中國」。但談話中論及印尼支持一個中國政策，而當時印尼已經和北京斷交，一個中國指的是中華民國，所以這裡應該指的是中華民國。該書在翻譯中還有不少類似的問題，並不完全忠實於原文的翻譯，讀者要加以分辨和考證。

[350] 同上，五五四頁。

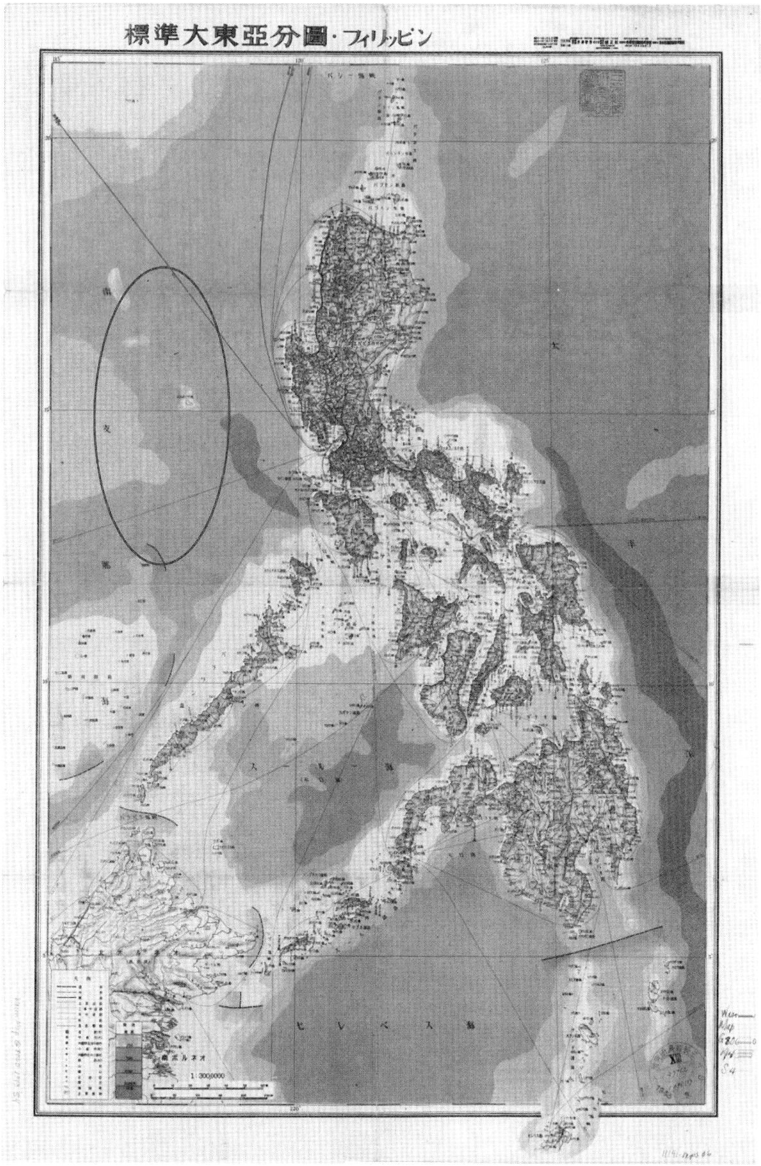

圖 41　日本出版的菲律賓地圖（一九四二）

外國地圖、百科全書和報刊

無論中國[351]和越南[352]都舉出第三方的不少地圖、百科全書和報刊資料來證明自己對西沙和南沙的主權得到國際承認，但沒有人對此做過系統的數量分析。這些資料如果是出版在二十世紀之前，那麼可以從「歷史證據」的角度論證其法律上的價值。但如果是出版在主權爭議之後，作用就極爲有限了。這些第三方的地圖、百科全書和報刊難以表明官方的態度，特別是西方國家的民間出版物不受政府操控，最多只能代表私人的意見，尤其是報刊的文章，更是只能代表作者的立場。而事實上，由於各國的民間態度迥異，無論中國、越南甚至菲律賓都能找到於己有利的證據。所以這些資料作爲「證據」極爲有限。筆者在此列舉出一些有代表性的地圖，以說明各刊物觀點迥異的論點。

在二十世紀上半葉的外國地圖中，就筆者所見都沒有以任何形式（包括文字、顏色、分界線等）標出西沙和南沙群島的歸屬。但在二戰時，日本出版的地圖開始明確標註，新南群島（即南沙）屬於日本，黃岩島屬於菲律賓，而西沙群島屬於中國（圖41）。在戰後，則出現了多種的表示形式：

(1)沒有標註。比如德國 *Meyers Enzykolpädisches Lexikon*（一九七一）卷二十七世界地圖（圖42）。顯示了西沙和南沙，但是沒有注明名稱和歸屬。英國一九五五年的 *Times Altas of the World*（圖43），西沙標註了名稱 Paracel，南沙則沒有整個群島的名稱，兩個地方都沒有標註歸屬。

(2)均標註爲中國。法國 *Atlas international Larousse*（一九六六）（圖44）。這是中國經常引用的一張地圖。在地圖中，西沙和南沙都用中國拼音爲首要標示，並在括弧中注明中國字樣

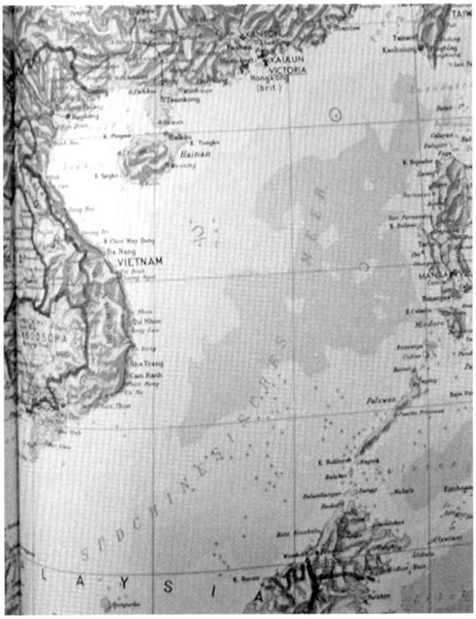

圖 42　德國出版地圖（Meyers Enzykolpadisches Lexikon, 1971）

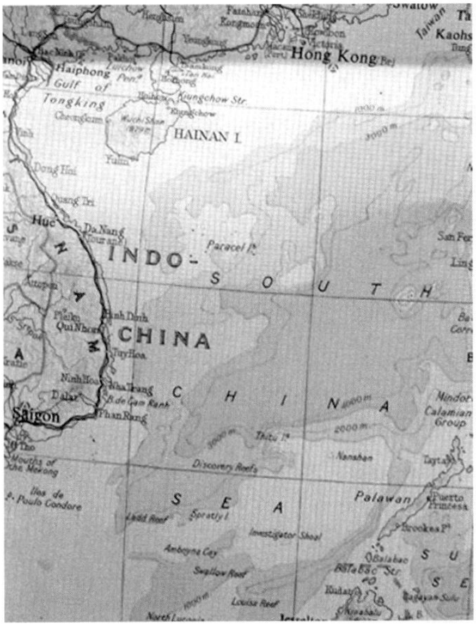

圖 43　英國出版地圖（Times Altas of the World, 1955）

【351】《史料彙編》，五六一—六六五頁。當中很多「證據」並不能充分說明中國的論點，這裡不一一分析。

【352】《特考》，一九六頁。

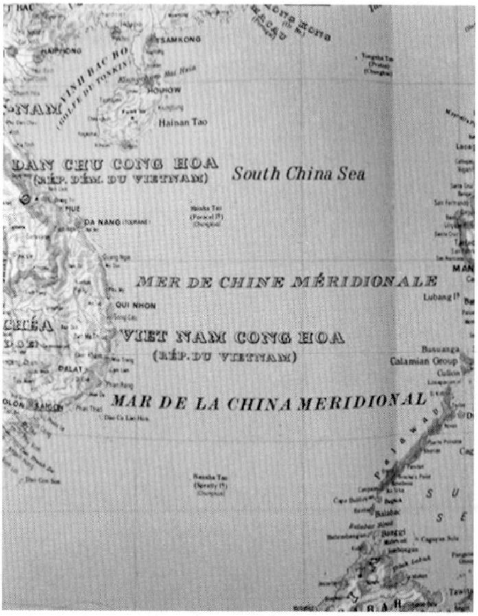

圖 44　法國出版地圖（Atlas international Larousse, 1966）

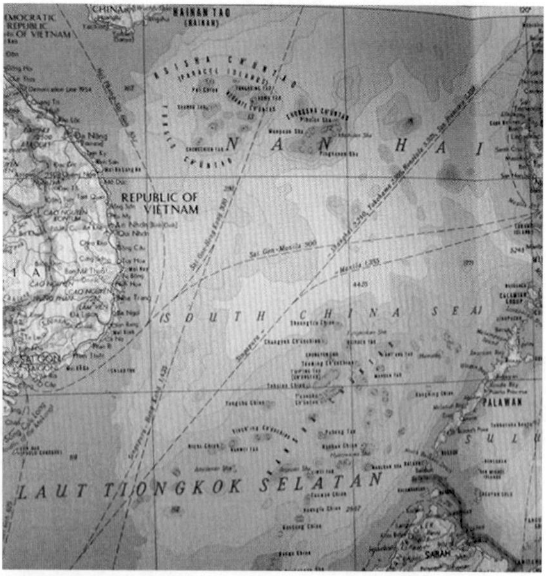

圖 45　波蘭出版地圖（Pergamon World Atlas, 1968）

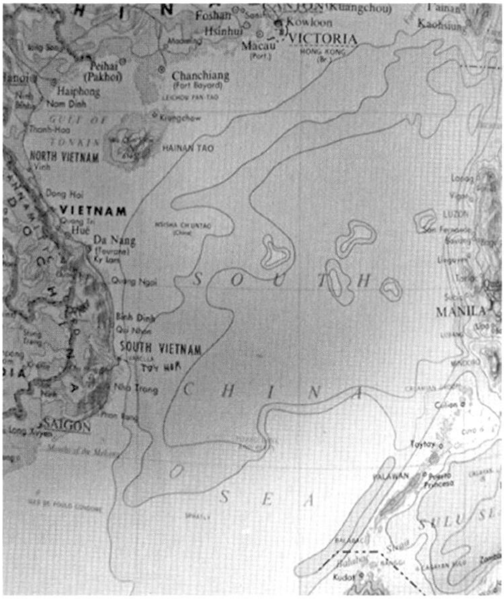

圖 46 美國出版地圖（Goode's World Atlas, 1964）

圖 47 美國出版地圖
（McGraw-Hill International Atlas, 1963）

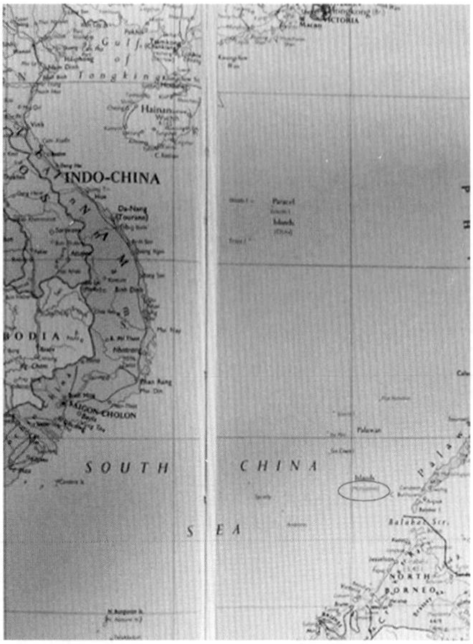

圖 48　英國出版地圖
（Cassell's New Atlas of the World, 1961）

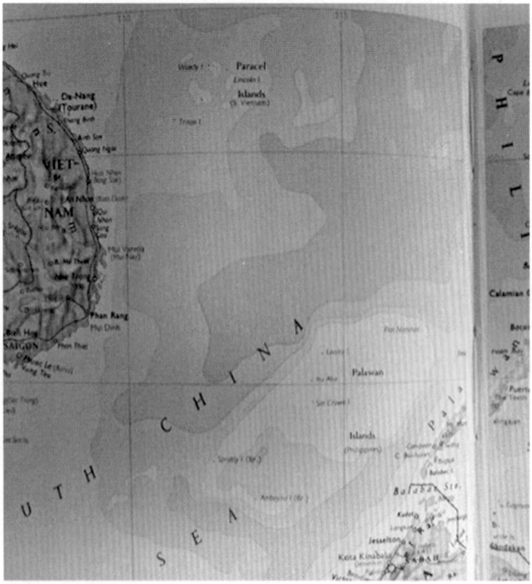

圖 49　英國出版地圖（ Aldine University Atlas, 1969）

（Chungkuo）。一些地圖上用中文的拼音標註了這兩個群島，但沒有列明屬於中國，也可算是承認這兩個群島屬於中國，比如波蘭 *Pergamon World Atlas*（一九六八，圖45）。

(3)西沙標註爲中國，南沙沒有標註歸屬，比如美國 *Goode's World Atlas*（一九六四，圖46）。

(4)西沙標註爲越南。比如美國 *McGraw-Hill International Atlas*（一九六三，圖47），西沙標注爲越南，南沙沒有標注歸屬。

(5)西沙標註爲中國，南沙標註爲菲律賓。比如英國 *Cassell's New Atlas of the World*（一九六一，圖48）。

(6)西沙標註爲越南，南沙一部分標註爲菲律賓，南威島和安波沙洲標註爲英國。英國 *Aldine University Atlas*（一九六九，圖49）。

總之，從戰後到一九七○年間，國際對南海諸島的歸屬並沒有公認的認識。通過對各種地圖的觀察和分析，南沙群島在一九七○年之前，在很多地圖上都沒有整體的名稱。另外，在筆者所看到的地圖上，沒有一幅畫出中國的九段線。可見九段線並不是一個被國際廣爲接受的概念。

中國的《史料彙編》中列舉了二○六幅從四○—七○年代標示了南海諸島屬於中國的外國地圖。當中列舉了一些越南（北越）在一九七四年前出版的地圖，上面以各種形式標註了西沙和南沙屬於中國，[353]或者沒有在越南版圖上。[354]這和在四·五、四·九和四·十中的討論是一致的。如四·

【353】《史料彙編》，六一五，六三四頁。

【354】《史料彙編》，六六六頁。

十中分析，這並不能說明新越南對它們主權歸屬的態度，也難以作爲證據反駁新越南的主張。此外，該書還列舉了兩張五〇年代西貢出版的地圖，它們沒有把西沙和南沙畫在越南版圖內。[355]這兩幅地圖的具體出版年份不詳。如前討論，越南在一九五一年已經正式提出了對西沙和南沙的主權要求（四·八）。這兩幅地圖似乎是極個別的例子，其民間出版的性質也缺乏法律效力，更無法與南越的正式主張相提並論，而且它們也沒有把西沙和南沙畫在中國的界內。

在《史料彙編》中還列舉了三幅沒有把南沙群島列在菲律賓國界內的地圖（分別是一九四〇、一九五〇和一九六九年）。[356]和前討論理據一致，由於在一九四六年菲律賓已經做出了對南沙群島的主權聲明，聲明的效力遠比地圖要大。所以即便存在這樣的地圖，也無法否定菲律賓對南沙群島的主張。而且在那些地圖上，南沙群島亦沒有標誌屬中國所有。

另外值得指出的是，當時很少有外國繪製的地圖畫出九段線。《史料彙編》中匯集了對中國有利的證據，在總共二〇六張外國地圖中只有九張標註有九段線（文中稱爲國界線），包括日本標準世界地圖冊、[357]東德世界地圖集（簡易版）、[358]東德哈克世界大地圖集、[359]東德最新世界地圖集、[360]東德哈克家庭適用地圖集、[361]蘇聯大百科全書附圖、[362]匈牙利《亞洲》掛圖、[363]法國拉魯斯現代地圖集，[364]以及日本世界新地圖集。[365]其中幾張東德出版的地圖是同一出版社同一人編輯的，從統計學角度來說應該排除在外，但這裡不深究。考慮到《史料彙編》裡收集的都是完全對中國有利的證據，如果算上對中國不利的地圖，畫出九段線的地圖所占的比例會更低。可見，九段線在七〇年代以前並非廣爲人知。

四・十四　結論：冷戰下的割據

隨著國民黨的敗退，南海諸島出現了短暫的權力眞空。《舊金山和約》也使南海諸島的主權繼續保持開放。到一九五六年爲止，有關各方對島嶼主權的態度都趨向明確：英國和法國實際上退出了南海的領土爭議，而北京和臺北政府、南越都明確自己對西沙的主權要求；南沙問題上，則多了菲律賓。北越當時承認北京的主張。

美國是南海唯一的霸權，但對南海諸島領土問題保持中立。這種態度一方面鼓勵了南海周邊衆盟國（臺灣、南越和菲律賓）之間的爭奪，一方面也防止了他們之間爭端失控，影響「反共」大局。

【355】《史料彙編》，六六七頁。
【356】《史料彙編》，六六四—六六五頁。
【357】*The standard atlas of the world*，一九五二，《史料彙編》，六一五頁。
【358】*Atlas zur Frd-und Länder Kunede*（Kleine Ausgabe），一九五六，同上，六二一頁。
【359】*Haack Grober Weltatlas*，一九六八，同上，六二一頁。
【360】*Nouvel Atlas Mondial*，一九七〇，同上，六二一頁。
【361】*Haack Hansatlas*，一九七三，同上，六二二頁。
【362】一九五三年，同上，六二二頁。
【363】一九五九年，同上，六二八頁。
【364】*Atlas Modern Larousse*，一九六四，同上，六三二頁。
【365】*New World Atlas*，一九六四，同上，六三七頁。

臺灣勉強保持了南沙的控制權，但對西沙鞭長莫及。西沙成爲南越和北京對峙的前線。

一九七〇年代初期發生的三件大事改變了南海的形式。首先，南海石油的發現，爲爭奪南海諸島的帶來更具吸引力的經濟因素。其次，北京取代了臺灣在聯合國的地位，兩個中國政府在這個時期的外交交鋒，爲菲律賓和馬來西亞等國帶來可乘之機，使它們得以占領南沙部分島嶼而未受到中國的阻撓。第三，美國和中國修好、退出越南戰爭和決定放棄南越，爲中國在南海的擴張帶來契機。這是中國在一九七四年西沙海戰驅逐南越的重要原因。

但隨後越南統一，中越對抗成爲南海問題的焦點。一九七〇年代末的中越戰爭，以及隨後的長期邊境戰，蘇聯都站在越南的一方。蘇聯租借金蘭灣，在南海形成和美國對峙的勢力。一九八〇年代中期，中國銳意向南沙擴張，但那時比較大的島嶼已經被別國占領。在美蘇環伺下，中國無法直接奪島，只得把目光放在其他國家難以占領的無人礁石上。最後，中國通過赤瓜礁海戰，占領了永暑礁等礁石，從此插足南沙。赤瓜礁海戰是南海最後一次熱戰。隨著冷戰的結束，南海島爭進入新時代。

當然，一九七〇—八〇年代，南海的爭議還不限於中越，越馬、菲馬、菲越甚至馬汶之間都有南海矛盾。在一九七九年這個節點，菲律賓宣布卡拉延群島屬菲律賓、馬來西亞宣布一九七九年地圖，都引起這些國家之間的關係緊張。只是它們之間的矛盾都沒有上升到武裝衝突，而且互相之間都有意願以和平的方式解決問題。

在這個時期，國際上對南海諸島的主權並沒有公認的態度，加上各方都主張了主權，單純的占領並不能確定主權（儘管更有利一些）。從國際法上看，南海諸島的主權一直存在爭議。

第五章　低烈度衝突時期（一九九〇—二〇〇八）

一九八〇年代中後期到二〇〇〇年是南海局勢發展的一個關鍵時期。這段期間發生了四件大事，直接影響了南海問題的走向。第一，一九八二年通過的《國際海洋法公約》（簡稱《公約》）在一九九四年開始生效。《公約》中規定了通過陸地主張領海、經濟專屬區以及大陸架權益的方法，引起南海各國依據海洋法主張經濟專屬區的競爭。第二，美國在冷戰之後撤出駐菲律賓的軍隊，南海處於權力的真空狀態。中國迅速取代美國成為在南海的最大單一勢力，但還不足以壓倒逐漸在南海問題上聲音一致的東盟。第三，中國推出睦鄰政策，又提出擱置領土爭議，南海衝突低烈度化。最後，中國和東盟各國在二〇〇二年達成《南海各方行為宣言》，保障了南海暫時的平靜。

五・一　冷戰結束和美蘇退出南海

戰後，世界處於兩個陣營的對峙中。一九六〇—七〇年代越南戰爭時期，南海一度成為美蘇對抗的最前線。美國退出越南戰爭後，雖然無暇顧及南海西岸的越南共和國，撤出了金蘭灣基地，但美軍仍然在東岸的菲律賓保留有克拉克和蘇碧灣基地。越南統一之後，蘇聯在一九七九年租借了越南的金蘭灣，形成在南海與美國對峙之勢。一九八〇年代，蘇聯進一步對金蘭灣進行了擴建，使其成為蘇聯海外最大的軍事基地。

一九八九年，中國爆發舉世矚目的六四事件。西方國家一致譴責共產黨政權的鎮壓，並對中國實行外交抵制和武器禁運。它結束了中國和美國在八〇年代的蜜月。隨後，蘇聯和東歐諸國相繼爆發民主運動。東歐各國成功推翻共產主義政權，柏林牆被推倒，兩個德國在一九九〇年合併，標誌著戰後雅爾塔體系的結束。一九八九年八月十九日，蘇聯保守派和部分軍人發動政變，拘禁蘇共總書記戈巴契夫。但是在以俄羅斯加盟共和國總統葉爾辛爲首的改革派的帶領下，各加盟共和國紛紛宣布支持戈巴契夫，宣布共產黨在各加盟共和國是非法政黨。最後政變者不得不釋放戈巴契夫。但這時，葉爾辛的聲望已經大大超過戈巴契夫，蘇聯解體也不可避免。一九九一年十二月二十五日，蘇聯各加盟共和國宣布成立獨立國家聯合體，蘇聯正式解體。冷戰最終以自由世界的勝利而結束。

冷戰結束後，中國和越南成爲世界上少有的仍然實行社會主義的國家。兩國從一九七〇年代後期起一直處於戰爭中，蘇聯是越南最大的支持者。蘇聯解體之後，越南頓失強援，而中國也正陷入國際孤立。兩國決定結束雙方長期的邊境戰爭，緩和關係。邊界談判和東京灣（北部灣）的海洋劃界談判也隨之開始，但雙方在南海諸島上的對立仍然無法調和。

菲律賓在九〇年代之前的安全形勢非常好。中國雖然挺進南沙，但活動範圍都限於南沙西部，不染指靠近菲律賓的南沙東部以及黃岩島。最主要的原因是美國有兩大基地在菲律賓呂宋島：克拉克空軍基地與蘇碧灣海軍基地。它們既是美國在亞洲軍事活動的重要據點，也有效地保障了菲律賓的安全。

蘇聯解體後，俄國失去在南海和美國對抗的實力。九〇年代初期，俄國大規模撤出在金蘭灣的兵力，只留下少數技術軍人留守。在二〇〇二年，俄國更因無法負擔租金而完全退出金蘭灣。南海遂成美國獨大之勢。但如此一來，美國也沒有理由和必要繼續留在南海，於是開始在東亞進行戰略收縮，遂有美國退出菲律賓基地之議。

克拉克空軍基地首先被清空，皮納圖博火山在一九九一年爆發，火山灰更徹底地摧毀了這個基地。但美國有意在之後至少十年的時間，繼續保留蘇碧灣基地。蘇碧灣的租借源於一九六六年九月十六日美國與菲律賓簽訂的條約，規定租借基地二十五年，租期到一九九一年九月十五日爲止。因此，如果美軍要繼續留在蘇碧灣，就需另立新約。

當時的菲律賓總統艾奎諾夫人早已意識到，美國在菲律賓的軍事存在對菲律賓的國土安全極爲重要。因此她極力主張允許美國繼續租用基地，並且在一九九一年與美軍達成了續租十年的協議。可就在這時，菲律賓民族主義者強力反彈。美菲軍事基地條約原本向來由總統和政府包辦，但在一九八七年馬可仕被推翻之後，菲律賓修改了憲法；其中第二十四部分第十八條（section 24，article XVIII）[1]規定：在一九九一年原美菲租用基地條約結束之後，新的條約需由國會批准。這爲國會參與美菲軍事條約留下了空間。

菲律賓的民族主義者反美早有傳統。冷戰結束之後，菲律賓的安全形勢得到改善，沒有即時的威脅，民族主義者便認爲菲律賓沒有必要保留美國的軍事基地。當時的反美者中也夾雜了馬可仕餘部：在一九八七年菲律賓大選時，支持民主的艾奎諾夫人得到美國的支持，把軍事強人馬可仕趕下臺。其舊部和既得利益者對美國感到不滿，於是亦加入反美的行列。

但是民族主義者忽視了他們理應最關心的國家安全問題。冷戰之後，菲律賓的國家安全長期嚴重依賴美國，自身的軍事建設極爲薄弱，即便在東南亞各國中也是最差之一。且菲律賓還與其他國家有未解決的領土之爭，比如南沙群島、黃岩島和沙巴（與馬來西亞），甚至有民族主義者要求美國管轄下的關島和北馬里亞納群島。美軍坐鎮的時候，各國都不敢採用武力或準武力的方式對付菲律賓，但不能期待美軍撤離之後還會如此。

對於菲律賓人來說，一個心理關口出現在一九九八年。一〇〇年前，菲律賓展開獨立運動，並趁美西戰爭的時機一舉建立政權、宣布獨立。但在美西戰爭結束後，西班牙把菲律賓割讓給美國。美國迅速重新征服菲律賓，廢除了菲律賓的政府。這被民族主義者視爲民族和國家恥辱。因此在國家獨立運動一〇〇週年紀念之際，把美「帝國主義」徹底趕出菲律賓就極富象徵意義。菲律賓民族主義者因而堅持，美國必須在一九九八年之前完全撤離菲律賓，租約最多只能簽七年。本來，七年和十年並不是一個很大的差別。但重點是，若以十年爲限，那麼美國在菲律賓的基地還有續租的可能，可若以七年爲限，那麼美國在一九九八年完全退出菲律賓就已成定局——菲律賓不可能會在紀念獨立一〇〇週年的時候重新簽訂一份延長租約的協議。

因此這三年之爭就成爲了交鋒的焦點。民族主義者一方面繼續宣傳美軍應該完全撤出菲律賓，以顯示菲律賓「完全獨立」；另一方面，把十年租約解釋爲美國對菲律賓獨立百年慶典的挑釁。比如，著名的左翼分子、菲律賓大學教授辛布蘭（Roland Simbulan）認爲：美國人太貪心，爲了僅僅三年時間而和菲律賓人作對，最終它反而丟失了七年的租用期，眞是因小失大。在這些左翼分子宣傳中，在菲律賓駐軍僅是美國的利益，菲律賓租借基地給美國是一種施捨。既然美軍遲早都要撤出菲律賓，那

[1] 憲法原文：After the expiration in 1991 of the agreement between the Republic of the Philippines and the United States of America concerning Military Bases, foreign military bases, troops or facilities shall not be allowed in the Philippines except under a treaty duly concurred in by the Senate and, when the Congress so requires, ratified by a majority of the votes cast by the people in a national referendum held for that purpose, and recognized as a treaty by the other contracting State.

麼提早三年又何關係？

菲律賓也不乏著眼全局的理性之人。艾奎諾夫人親自上街遊行尋求支持，甚至一度考慮全民公決的方式。外交部長曼格拉普斯（Raul Manglapus）也指出，通過協議會大大增強美菲關係，最終保障菲律賓的政治和經濟穩定。參議員德里隆（Franklin Drilon）也認爲，如果反對條約通過，會向美國發出一個強烈而錯誤的信號，最終損害的是菲律賓的利益。

可是，這些理性和基於現實的思考都無法阻止民族主義者的愛國口號。民族主義激起了民眾的熱情，令原本在國會中支持協議的議員立場動搖。一九九一年九月十日，五萬民眾示威要求拒絕協議。在國會投票當日，有超過十七萬人冒著傾盆大雨聚集在國會門前，給參加投票的議員極大的政治壓力。最後，菲律賓國會以十二票對十一票，一票之差否決了延長美軍基地租約的協議。這一結果令原先認爲租約能通過的美國相當震驚和沮喪，不得不開始撤出蘇碧灣海軍基地。這樣，南海再無美軍的軍事存在。沒有了美國在菲律賓的基地，美菲軍事同盟就沒有了物質的保障，基本淪爲一紙空文。民族主義者對自己的國家安全過分樂觀，當時國防部長拉莫斯提出海軍現代化建設的計畫一直被擱置。不久之後，菲律賓就嘗到了苦果。

五・二 《聯合國海洋法公約》的簽訂與生效

一九四五年九月二十八日，美國總統杜魯門（Harry S. Truman）頒發行政命令，規定美國對沿岸三海里之外的大陸架海床也擁有仲裁權和控制權，[2]這個概念引發各國競相效仿。有的國家甚至提出了二〇〇海里領海的主張。爲了解決海洋權益分配問題，聯合國在一九五八年召開第一次海洋法會議，簽訂了《日內瓦海洋法公約》。該公約由《領海及毗連區公約》、《大陸架公約》、《公海公約》和《捕魚及養護公海生物資源公約》這四個條約組成。[3]當時臺灣政府作爲中國在聯合國的代表，參加了這次會議，並在一九七〇年批准了《大陸架公約》。而北京因爲沒有取得在聯合國中的合法席位，沒有出席此次會議。

聯合國的第二次海洋法會議無功而返，從一九七三年開始召開第三次海洋法會議，會議一直持續九年。終於在一九八二年十二月，大會以一三〇票贊成、四票反對和十七票棄權達成了《聯合國海洋法公約》（以下均簡稱《公約》）。中國代表團在整個會議中，都積極參加了有關海洋法各實質性事項的審議工作，先後提出了三個工作文件。[4]

中國在海洋法會議中的立場主要爲：第一，堅持維護中國的利益；第二，支持發展中國家的要求，反對海上霸權在犧牲別國利益的基礎上對海洋的統治。[5]中國對《日內瓦海洋法公約》持批評和否定態度，認爲它是「建立在殖民主義、帝國主義、霸權主義基礎上的舊海洋法基礎」。一九七二年三月三日，中國代表團在參加海底委員會全體會議時首次發言，闡明其關於海洋權問題的原則立場，

---

[2] United States, Executive Order 9633 of 28 September 1945, 10 Fed. Reg. 12303, 59 U.S. Stat. 884. http://www.presidency.ucsb.edu/ws/?pid=12332

[3] http://www.un.org/chinese/law/ilc/convents.htm.

[4] 高建軍《中國與國際海洋法》，海洋出版社，二〇〇四年，九頁。

[5] 同上。

聲明堅決支持拉美國家帶頭興起的捍衛二〇〇海里海洋權、保護本國海洋資源的正義鬥爭。[6]如果簡單地把討論《公約》的國家分爲沿岸國和海權國兩大集團的話，中國的姿態顯然是屬於維護沿岸國權益的一方。

一九八二年四月三十日在對《公約》表決時，中國投了贊成票，並於同年十二月十日在最後會議上，與其他一一六個國家和兩個政治實體一起簽署了《公約》和《第三次聯合國海洋法會議最後文件》。中國總體對《公約》滿意，唯在三個方面表示「並不完全滿意」：

(1)關於軍艦通過領海的制度，《公約》「規定得很不明確」。《公約》二十一條中規定軍艦可以「無害通過」沿岸國的領海。中國和其他二十七個國家提出第二十一條修改議案，要求增加規定沿岸國有權按照本國法律和規章，要求外國軍艦通過領海時，先經該國批准或通知該國。但這受到多個國家的反對，最後並沒有寫入《公約》。[7]

(2)關於大陸架的定義。中國主張在七十六條第一款上的「擴展到」後面加上「不超過」三個字，在第三款中加上「一般性」三字，以使大陸架的定義更加準確和科學。

(3)關於《公約》有約束力的裁判的強制程序和保留條款。[8]《公約》二八七條規定：

> 一國在簽署、批准或加入本公約時，或在其後任何時間，應有自由用書面聲明的方式選擇下列一個或一個以上方法，以解決有關本公約的解釋或適用的爭端：(a)按照附件VI設立的國際海洋法法庭；(b)國際法院；(c)按照附件VII組成的仲裁法院；(d)按照附件VIII組成的處理其中所列的一類或一類以上爭端的特別仲裁法庭。

又規定：

締約國如爲有效聲明所未包括的爭端的一方，應視爲已接受附件Ⅶ所規定的仲裁。如果爭端各方已接受同一程序以解決這項爭端，除各方另有協議外，爭端僅可提交該程序。

中國認爲「這樣的規定在原則上是我們所不能同意的」。因爲中國堅持，國家之間有關海洋法的爭端應該由當事國直接談判解決，在自願的情況下，也可以提交仲裁機構解決，但不能接受國際爭端解決機構的強制管轄。[9]

《公約》三〇九條還規定：「除非本公約其他條款明示許可，對本公約不得作出保留或例外。」而中國「不同意任何在實際上不讓作任何形式保留的這樣一種必將導致損害各國主權和合理權利以及影響公約被普遍接受的條款。」[10]

但即便有這些不滿意的地方，中國還是簽署了，並隨後批准了條約。値得指出的是，中國在對日

[6] 同上。
[7] 同上，四八頁。
[8] 同上，一八頁。
[9] 同上，一五頁。
[10] 同上，一七頁。

後南海爭議最大的幾個來源：歷史性主權、島嶼制度、群島基線和直線基線這幾個問題上，都沒有提出反對。談判代表凌青事後反思：當年中國沒有深入考慮《公約》和中國的關係，過於強調反霸權主義，在《公約》通過後要國內批准之際，才有人提出對二〇〇海里權益條款做出保留的建議，但當時已經騎虎難下。[11]

除中國外，南海爭議各方也都參加了會議，並發揮了重要的作用。南海各方都是這個《公約的簽署國。菲律賓和印尼作爲群島國家，都支持擴大海洋權利，特別是群島制度，因此在條約簽署之後很快就率先批准了條約。其他各方也在九〇年代陸續批准了這個國際公約。[12]

一九九四年幾內亞批准了《公約》。這樣《公約》的簽約國達到與會的三分之二，《公約》正式生效。《公約》爲國際海洋爭端提供了明確的規則，在它的框架下討論和解決南海紛爭，成爲新的國際準則。

《公約》在爲海洋紛爭提供解決的準則和途徑的同時，也加快了各國潛在衝突的表面化。一九九二年二月二十五日，中國根據《公約》制定了《中華人民共和國領海及毗連區法》，第二條規定：

> 中華人民共和國領海爲鄰接中華人民共和國陸地領土和內水的一帶海域。
>
> 中華人民共和國的陸地領土包括中華人民共和國大陸及其沿海島嶼、臺灣及其包括釣魚島在內的附屬各島、澎湖列島、東沙群島、西沙群島、中沙群島、南沙群島以及其他一切屬於中華人民共和國的島嶼。

中華人民共和國領海基線向陸地一側的水域爲中華人民共和國的內水。

這是中國首次在法律上列出南海諸島屬於中國。這個規定，特別是關於南沙群島的規定，引發了東盟各國的擔心，成爲東盟提出《東盟共同宣言》的誘因之一（見五．七）。

五．三　擱置爭議政策的提出

一九八九年六四事件之後，中國的國際環境十分不利，以美國和歐盟爲首的西方國家高調批評中國政府對平民的屠殺，對中國實施高科技和武器禁運，七國集團凍結對華貸款。美國國會每年一次嚴格審核對華最惠國待遇，改革開放以來的中美蜜月期就此結束。社會主義陣營的崩潰也令中國孤立無援。

爲了擺脫外交上的不利，中國提出了幾個新的外交戰略。首先是韜光養晦，鄧小平概括爲十六字：[13]「善於守拙、決不當頭、韜光養晦、有所作爲」。其核心思想是專心發展，不強出頭。中國外

---

[11] 凌青《從延安到聯合國——凌青外交生涯》，福建人民出版社，二〇〇八，一六七—一七〇頁。

[12] 批准日期：中國，一九九六年六月七日；越南，一九九四年七月二十五日；菲律賓，一九八四年五月八日；馬來西亞，一九九六年十月十四日；汶萊，一九九六年十一月五日；印尼，一九八六年二月三日。http://www.un.org/depts/los/reference_files/status2010.pdf.

[13] 另一說是二十四字「冷靜觀察，韜光養晦，站穩腳跟，沉著應付，朋友要交，心中有數。」

交政策轉爲低調，以經濟發展和經濟交往作爲對外關係的核心。

其次是把外交重點放在鄰國，提出了「睦鄰」戰略。九〇年代初期，中國和多個鄰國改善外交關係和建交。中國結束了和越南長達十年的邊境戰爭，同意以和平的方式解決邊境劃界和海上劃界的爭議。中國和東亞多個國家建交，包括韓國（一九九二）、新加坡（一九九〇）、印度尼西亞（一九九〇）和汶萊（一九九一）。中國還積極發展對日關係。一九九〇年，日本首相海部俊樹在七國會議上宣布恢復對華貸款；一九九一年八月十日，海部訪華，率先和中國恢復正常關係。這些睦鄰政策改善了中國外交孤立的局面。

作爲這兩種思維的交集，中國在南海也開始抑制八〇年代以來的擴張勢頭，主張「和平解決」南海問題，不再動用武力。[14] 在此基礎上，中國又提出「擱置爭議，共同開發」的政策。一九九〇年八月，中國總理李鵬訪問新加坡，首次就南沙群島問題提出「擱置爭議，共同開發」的主張。李鵬表示，「中國已經準備好與東南亞國家共同努力開發南沙群島，目前先將主權問題擱置一旁」。同年十二月，李鵬在訪問馬來西亞的時候再次提出這一主張。一九九一年，中國主席楊尚昆出訪印尼時，又次提及這個主張。一九九二年底，李鵬訪問越南時被問到「萬安灘問題」時，又再重複提及這個主張。

其實，早在一九七二年中日建交時，中國故意避談釣魚島問題。[15] 一九七八年十月，鄧小平和日本簽署了和約之後，前往東京換文，在記者會上論述了擱置釣魚島爭議的政策：「這樣的問題放一下不要緊，等十年也沒有關係。我們這一代缺少智慧，談這個問題達不成一致意見，下一代比我們聰明，一定會找到彼此都能接受的方法」。[16] 另外，一九七〇年代中國和菲律賓建交，對菲律賓在南沙的擴張持低調態度，也可以視爲一種擱置爭議的表現。

中國關於擱置爭議政策的表述內外有別：對國內的宣傳用語是「擱置爭議，共同開發」；但是在政府內部則是「主權在我，擱置爭議，共同開發」。[17]在中國的宣傳中，擱置爭議政策是帶有極大善意的表現。但外間看來卻並非如此。第一，儘管中國對外宣中一般避談「主權在我」，但周邊國家都認爲接受擱置爭議，就等於默認「主權在中」的前提，所以反應都極爲審慎。值得指出的是，中國外交部條約司副司長唐承元，在一九九二年第三屆南海會議（見五·七）上闡述「主權歸我，擱置爭議，聯合開發」的十二字方針，[18]在中國領導人宣稱的「八字方針」之前增加和強調了「主權歸我」四字。可見，中國意圖通過讓各國接受「擱置爭議」而變相接受「主權在中」的前提。

第二，南沙諸島大部分都控制在其他國家手上，而這些國家已經在富有石油的地區投資開發多年。中國既不控制這些地區，又沒有什麼投入。因此對這些國家而言，中國與其說是要「共同開發」，還不如說是要「分一杯羹」。況且中國對自己控制的爭議地區，比如西沙群島，並沒有絲毫讓越南共同開發之意。

---

[14] 滕建群《有關國家南海外交活動的基本脈絡》，二〇一五，http://www.ciis.org.cn/chinese/2015-07/10/content_8060156.htm.

[15] 《釣魚臺是誰的》，三七九—三八六頁。

[16] 《釣魚臺是誰的》，三九二頁。

[17] 二〇〇九年後的中國在國內宣傳中，認爲以前一直只強調「擱置爭議，共同開發」，沒有強調「主權在我」，所以要求以後提及的時候，一定要把「主權在我」加上。

[18] 陳欣之〈東協諸國對「中國威脅論」的看法與回應〉，《問題與研究》，第三十五卷十一期，一九九六年十一月，一五—三三頁。

第三，中國許諾擱置爭議，的確讓東南亞臨海各國稍微鬆了一口氣。但對中國是否眞能擱置爭議，仍深有疑慮。在第二屆處理南海潛在衝突會議上，各國代表均擔心所謂擱置爭議，可能只是中國的權宜之計（見五·七）。果不其然，中國外交局勢一旦有所緩和後，就重新開始在南海擴張（萬安灘事件和美濟礁事件），只是擴張不再是通過武力達成。

此外，中國也一直主張南海問題需要相關國家雙邊磋商解決，反對「南沙問題國際化」，以對抗「域外國家」（主要指美國）的插手。

五·四　九段線爭議的開始

中國從一九四七年提出斷續線至一九九〇年代初，一直沒有闡明其涵義。民國政府遷臺後，還長期沿用在一九三一年制定的「領海範圍定爲三海里」的規定。直到一九七六年，臺灣內政部開始召集外交、國防、經濟、交通、司法行政等部組成臨時性的領海專案小組，研究擴大領海範圍及設立經濟專屬區的事宜。在一九七九年以總統（六八）臺統（一）義字第五零四六號令宣布「擴充我國領海爲十二海里，並設立二〇〇海里經濟海域」。[19]這只是一個原則，在沒有確定領海基線之前，並沒有實際的執行可能。但臺灣在確定領海基線的範圍時無可避免遇到三大難點：釣魚臺問題、南海問題，以及大陸的沿岸海岸線問題。臺灣在一九八〇年完成對臺灣地區及東沙島的基點研訂工作，但被總統批示暫緩宣布；在一九八九年完成大陸沿岸海岸基點研訂，但基於兩岸的複雜關係，行政院仍繼續擱置。在一九八〇年代，臺灣和鄰國（主要是菲律賓和日本）漁業衝突日增，但苦於沒有制定海域法律，無法確定經濟海域區域和措施。於是內政部在一九八九年四月重啓研訂領海基點基線和訂立《中華民國領海及鄰接區法暨中華民國專屬經濟區及大陸礁層法》（簡稱二法）的工作。[20]

內政部「研訂我國領海基點基線經濟海域及海洋法」工作小組召開八次會議之後，把領海基線方案提交內政部專案小組。一九九〇年九月十七日，專案小組召開第一次會議，在「南海地區擬模擬國際法上對歷史性水域之主張，採用傳統國界劃入我國領海範圍問題」上，傅崑成力主把U形線定爲「歷史性水域」。[21]專案小組儘管意識到「此一曲線包圍之海域相當廣大，如果向外提出，可能會遭致鄰近國家之異議，故有待以強有力之理由據理力爭」，但最後還是通過決議，「繼續沿用傳統國界作爲我國歷史性水域範圍，至於中沙西沙及南沙三群島之領海基線，則以各露出水面島礁之正常基線爲領海基線。又案由及說明中之『領海』一詞，均應改爲『歷史水域』」。[22]這是最早把九段線定爲歷史性水域的內部文件。在第二次專案小組會議上，確定了三沙群島基點一〇九點，正常基線一〇九條。由於在各海圖資料中島礁認定數目不一，故暫時以現今發現數目爲準，將來有變動時再按變動數目爲準。[23]

【19】內政部編印《海域二法制定實錄》，中華民國九十一年十二月，第一頁。
【20】同上，二頁。
【21】〈我國南海歷史性水域之法律制度——學術座談會紀要〉，《問題與研究》，一九九三年第三十二卷第八期，六—八頁。
【22】內政部編印《海域二法制定實錄》，一〇—一一頁。
【23】同上，一三頁。

經過二十三次工作小組會議，八次機關協調會議及兩次專案小組會議，二法各修改四五次。在最初領海法草案的第四條即規定「中華民國之歷史性水域及其範圍，由行政院公告之」。[24]在第二次修正稿中，則在正文下加上說明：

一、明定我國歷史性水域及其範圍，由行政院公告之。

二、歷史性水域係指經由歷史證據顯示，爲最早發現與命名、最早開發與經營、最早管轄與行使主權之固有水域，也就是中國南海。

三、查諸島因抗戰勝利而收復，經由內政部、國防部會同派員於民國三十五年十月起至三十六年二月分別接收完竣，並實測諸島位置圖，繪製海域國界、公布南海諸島新舊名稱對照表在案，爲確保我國諸島及四周海域主權權益，爰參照印度、巴基斯坦、斯里蘭卡等國家立法例，將歷史性水域及其範圍，於本法明定，並由行政院公告之。[25]

但以後的歷次修正稿以及專屬經濟區法各草案中，都沒有解釋臺灣和外國在所謂的歷史性水域中有何權益（比如航行自由與海洋資源），也沒有說明此水域是否等同領海。

草案在一九九一年七月一日被移送法規委員會審查，[26]在一九九二年一月二十一日報行政院審議。[27]此版本中，有關歷史性水域的條文被調整到第六條，但條文和說明都沒有變化。[28]在行政院審議後上交立法院的版本中，有關第六條的說明被減爲二條：

一，明定我國歷史性水域及其範圍，由行政院公告之。

二，歷史性水域係指經由歷史證據顯示，爲最早發現與命名、最早開發與經營、最早管轄與行使主權之固有水域，例如我國南海，茲爲確保我國南海諸島及四周海域主權權利，爰將歷史性水域及其範圍，明定由行政院公告之。[29]

儘管立法緊迫，但遞交的草案並沒有進入該年立法會期的審查議程，並且一拖就是幾年。期間，臺灣政府於一九九三年四月十三日制定《南海政策綱領》，主張：

「南沙群島、西沙群島、中沙群島及東沙群島，無論就歷史、地理、國際法及事實，向爲我國固有領土之一部分，其主權屬於我國。南海歷史性水域界線內之海域爲我國管轄之海域，我國擁有一切權益。」[30]

[24] 同上，七〇頁。

[25] 同上，八三頁。

[26] 同上，二〇頁。

[27] 同上，二五頁。

[28] 同上，一七一頁。

[29] 同上，一九〇頁。

[30] 中華民國八十二年四月十三日制定核定。文見內政部地政司，http://www.land.moi.gov.tw/law/chhtml/historylaw1.asp?Lclassid=22413 相關學術討論見 Kuan-Hsiung Wang, The ROC's Maritime Claims and Practices with Special Reference to the South China Sea, *Ocean Dev't & Int'l L.*, 41:237-252 at 243 (2010).

這是兩岸首次在公開的政府文件中提出「歷史性水域」的主張。一九九三到一九九五年間，臺灣各部門在各種場合都用歷史性水域這個名詞，[31]引起了美國的關注。一九九五年五月十日，美國國務院發表南沙與南海政策之聲明，歸納起來有五點，[32]第五點指出：

The United States would, however, view with serious concern any maritime claim or restriction on maritime activity in the South China Sea that was not consistent with international law, including the 1982 United Nations Convention on the Law of the Sea.[33]

但是，美國將嚴正關注任何違反包括一九八二年的《國際海洋法公約》在內的國際法的對南中國海的海域主張和對在南中國海海洋活動的限制。

這相當於反對臺灣「歷史性水域」的立場。臺灣外交部旋即堅稱「對於南沙群島問題，在牽涉我國歷史性水域（所謂U形線）主權方面，我國堅持主權之立場，絕不改變」。[34]越南當即表示抗議：臺灣主張對南海大片「U形傳統水域之主權」乃毫無根據及荒謬，將威脅南中國海之航行自由和區域安定。[35]這似乎是最早明確反對九段線的例子，而其他國家似乎沒有跟進。考慮到臺灣當時已經和主要國家失去邦交，其提出的主張影響力有限。馬來西亞學者就指出，臺灣的非國家身分，無法對任何領土宣稱擁有主權。[36]因而其他國家沒有特別重視臺灣的主張也就不奇怪了。

但來自美國和越南的國際阻力，已足以令臺灣感到壓力。可能正因如此，臺灣立法院遲遲沒有就此進行立法。事實上，有關歷史性主權的第六條爭議極大，絕大部分臺灣國際法專家，都認爲歷史性海域在國際法上無法成立，[37]就連原先傾向歷史性水域說的傅崑成也認爲九段線是「尚未完全確立細節之歷史性水域」[38]

在一九九五—一九九六年臺灣總統選舉前，中國在臺灣海峽試射導彈，給臺灣造成很大衝擊。之後臺灣政府對南海的立場明顯退縮。總統李登輝在面對此話題時，再不強調對南海的主權立場，而是提出應該以共同利益代替對抗，透過對話解決紛爭；此外也積極謀求參與國際的公開論壇討論此問題。[39]

---

[31] 例如，總統李登輝在一九九五年三月接受訪談時說「凡牽涉南海群島U型線歷史水域之內，我國堅持主權的立場絕不改變」，內政部長吳伯雄在一九九三年九月六日在主辦研討會的致辭中說「南海歷史性水域是我國管轄的海域」。轉引自宋燕輝〈南海會議與中華民國之參與：回顧與展望〉，《問題與研究》，一九九六，第三十五卷第二期，三三—三四頁。

[32] M Taylor Travel, US Policy towards the disputes in the South China Sea since 1995. http://taylorfravel.com/documents/research/fravel.2014.RSIS.us.policy.scs.pdf.

[33] http://dosfan.lib.uic.edu/ERC/briefing/daily_briefings/1995/9505/950510db.html.

[34] 《中央日報》，民國八十四年五月十二日。轉引自宋燕輝〈美國對南海周邊國家歷史性水域主張之反應（下）〉，《問題與研究》，三十七卷十一期，頁五〇（一九九八）。

[35] 《聯合報》，民國八十四年五月十九日，版二，轉引自宋燕輝〈美國對南海周邊國家歷史性水域主張之反應（下）〉，《問題與研究》，三十七卷十一期，頁五〇（一九九八）。

[36] B.A. Bamzah, Conflicting jurisdictional problems in the Spratlys: Scope for conflict resolution, speech in 2nd SCS workshop, 1991, July 15-18, p.200. 轉引自陳欣之〈南沙主權糾紛對臺海兩岸關係的意義與影響〉，《問題與研究》，一九九九年，第三十八卷第七期，二三—四〇頁。

[37] 見〈我國南海歷史性水域之法律制度——學術座談會紀要〉，《問題與研究》，一九九三年第三十二卷第八期。在這次一九九三年召開的會議中，與會專家僅傅成支持歷史性水域的說法，而邱宏達、陳鴻瑜、俞寬賜等都明確反對，此外的專家也都傾向反對。

[38] 宋燕輝〈美國對南海周邊國家歷史性水域主張之反應（下）〉，《問題與研究》，三十七卷十一期，五〇頁（一九九八）。

[39] 陳欣之〈南沙主權糾紛對臺海兩岸關係的意義與影響〉，《問題與研究》，一九九九年，第三十八卷第七期，二三—四〇頁。

但臺灣遲遲不立法所引起的不便，令一些立法委員不滿。以後幾年，林濁水等紛紛連署要求立法院把草案排入審查議程。一九九六年傅崑成等聯署指出，中共在一九九二年二月二十五日已經制定《領海及毗連區法》，並於一九九六年五月十五日公布《大陸領海的部分基線和西沙群島的領海基線》，故臺灣必須加速相關立法。[40]一再推動之下，立法院終於在一九九六年五月二十七日召開第一次聯席會議，審查草案。在第四次會議的逐條討論中，第六條被暫時保留不表決。[41]在一九九七年十月二十二日的第五次聯席會議中，在民進黨立委的支持下會議決議刪除這個條文，並加以說明：

有關歷史性水域照傅崑成委員等案不予列入本法之理由：本法為「領海及鄰接區法」，而國際法上之「歷史性水域」並非領海或鄰接區，因此不宜列入本法。[42]

傅崑成在這個問題上一直在搖擺：他最初提出的草案是刪除此條文的，原因在於刪除這個說法並不等於放棄這個說法，政府首長公開宣示其為歷史性水域已經足夠。但是在第五次會議上，他又轉而反對刪除這個條文。[43]從中也可看出此條文的爭議之大。

最後，在一九九七年十二月三十日和一九九八年一月二日，經過第一次和第二次院會進行三讀程序，二法的最後法案得以通過，並在一月二十一日由總統公布。[44]從一九七九年準備到一九九八年公布，歷時二十多年。[45]通過的兩個法案中都沒有歷史性水域或歷史性權益的文字。[46]一九九九年二月十一日公布的《中華民國第一批領海基線領海及鄰接區外界線》，[47]東沙島與黃岩島，採用正常基線。[48]對南沙群島的描述為：

在我國傳統U形線內之南沙群島全部島礁均爲我國領土，其領海基線採直線基線及正常基線混合基線劃定，有關基點名稱坐標及海圖另案公告。

可見，臺灣當時已經在很大程度上放棄了歷史性水域的主張，轉而遵守國際海洋法的規定。二〇〇一年三月，臺灣行政院發布《海洋白皮書》，當中也沒有提及歷史性水域。[49] 二〇〇五年十二月十五日，內政部以臺內地字第〇九四〇〇一六二九三二號函件正式停止了《南海政策綱領》，[50] 標誌著臺灣徹底放棄了歷史性水域這一提法。[51] 與此同時，傅崑成等專家轉而提出對九段線內水域擁有歷

[40] 內政部編印《海域二法制定實錄》，中華民國九十一年十二月，二九—三一頁。
[41] 內政部編印《海域二法制定實錄》，中華民國九十一年十二月，三八—三九頁。
[42] 同上，四〇頁。
[43] 宋燕輝〈美國對南海周邊國家歷史性水域主張之反應（下）〉，《問題與研究》，三十七卷十一期，頁五〇（一九九八）。
[44] 同上，四七—五一頁。領海法編號爲八七〇〇〇一〇三四〇，經濟區法編號爲八七〇〇〇一〇三五〇。
[45] 同上，編輯例言。
[46] 同上，二〇四—二一三頁。
[47] 行政院八八內字第〇六一六一號令公告。
[48] 《史料選輯》，一九六頁。
[49] 行政院研究發展考核委員會《海洋白皮書》，臺北，二〇〇一。
[50] http://www.land.moi.gov.tw/law/chhtml/lawdetail.asp?Lid=3910.
[51] 宋承恩〈中國在南海的水域主張——兼論歷史性論據的角色〉，http://csil.org.tw/home/wp-content/uploads/2012/11/%E5%AE%8B%E6%89%BF%E6%81%A9_%E4%B8%AD%E5%9C%8B%E5%9C%A8%E5%8D%97%E6%B5%B7%E7%9A%84%E6%B0%B4%E5%9F%9F%E4%B8%BB%E5%BC%B5%E2%94%80%E5%85%BC%E8%AB%96%E6%AD%B7%E5%8F%B2%E6%80%A7%E8%AB%96%E6%93%9A%E7%9A%84%E8%A7%92%E8%89%B2.pdf.

史性權利的提法。[52]

從九十年代起，大陸學界也開始對此進行解釋（未必和臺灣主張無關），儘管有很多專家支持九段線乃島嶼歸屬線的理論，但也有專家提出歷史性水域說甚至領海說。在正式場合，中國官方努力避免提及九段線的性質。比如在一九九五年七月，印尼外長Ali Alatas和中國外長錢其琛在北京會面。被問及對九段線的主張時，錢其琛回避了問題。[53]但是在一份內部材料〈關於提請審批《聯合國海洋法公約》議案的說明〉中，時任外交部副部長李肇星說：「批准《公約》後，我仍可以依據我地圖上長期標繪的南海斷續線和我漁民在南沙海域長期捕魚作業的傳統活動以及《公約》關於歷史性水域的特殊規定，堅持維護我在南沙海域的權利。」[54]一九九八年六月二十六日頒布的《中華人民共和國專屬經濟區和大陸架法》的第十四條規定：「本法的規定不影響中華人民共和國享有的歷史性權利。」[55]中國政府沒有進一步說明這裡的歷史性權利是什麼，以及它與歷史性水域有何不同。

印尼一向以調解人的身分出現在南海爭端中。從一九九〇年開始，就舉辦每年一度的「處理南海潛在衝突會議」（Workshop on Managing Potential Conflicts in the South China Sea）。在一九九九年的會議中，核心的討論內容就是九段線。各國的外交、國防、科研部門的官員、學者、專家都提出了對九段線的質疑和對歷史性水域主張的反對，敦促中國澄清對九段線的態度。儘管與會人士都以「個人」身分出席，聲稱非官方性質，但無疑可以代表國際社會對九段線的反對聲音。其後反對和質疑九段線的的聲音不絕於耳，九段線迅速成爲南海的核心問題。

五・五　從萬安灘到東京灣——九〇年代的中越南海爭議

萬安灘事件

中國從八〇年代開始與外國合作進行海底石油開發。中海油先後與美英法等十多個國家的四十多間石油公司簽訂協議，勘探近岸石油資源。但是從八〇年代初期到二〇〇〇年左右爲止，開發成績不佳。由於沒有勘探出大型油田，第一批在南海北部勘探的外國公司在一九八五年前後相繼離開。一九八七年，西方鑽探公司鑽井深度達到五〇〇〇米，接近當時世界紀錄，仍未獲得商業發現，只得退出。[56]中國在這個階段獲得的只有經驗和技術，而缺乏眞正石油資源收益。既然在近岸無法開發出石油，中國只能把眼光放到南沙群島附近。就在這時，一間名不見經傳的美國公司——克里斯通能源公司（Crestone Energy Co.）——突然找上門，令中國喜出望外。

湯普森（Randall C. Thompson）是美國科羅拉多州人，原先家境貧窮。後來在一家石油開採公司（Brinkerhoff Drilling Company）的負責人布里克爾霍夫（Sonny Brinkerhoff）的資助下，領取獎學金

---

[52] 傅崑成《南海法律地位之研究》，一二三資訊，一九九五。

[53] Nayan Chanda, Long Shadow: Southeast Asian Have China on Their Mind, *Far Eastern Economic Review*, Dec 28, 1995 & Jan 4, 1996.

[54] 轉引自宋燕輝〈美國對南海周邊國家歷史性水域主張之反應（下）〉，《問題與研究》，三十七卷十一期，五三頁（一九九八）。

[55] http://www.npc.gov.cn/npc/bmzz/aomen/2007-12/07/content_1382501.htm.

[56] 劉峰〈南海油氣資源開發與合作〉，《新東方》，二〇一〇年六號，總第一七七期，二〇—二三頁。

到科羅拉多大學求學。他在暑假實習時進入了布里克爾霍夫在懷俄明州的一家石油鑽井工作。畢業後又進入阿莫科（Amoco Corporation）工作，職務是landman，負責油田申請、開採和勘探一類的有關法律和談判工作。積累數年工作經驗之後，他決定自行創業。憑藉從布里克爾霍夫手裡得到的一百萬美元的投資，他創立了克里斯通能源公司，仍然從事石油談判工作。一九八九年，克里斯通的一位投資人德爾克伊（Durkee）說服湯普森前往菲律賓進行石油探測談判。湯普森於是來到了馬尼拉。在德爾克伊的協助下，克里斯通購買下瑞典蘭登（Lundin）公司在菲律賓的石油勘探權後，立即把其中百分之四十賣給了其他菲律賓公司，獲利不菲，且擁有了從巴拉望延伸到馬來西亞的，面積達到五十萬英畝的區塊（GSEC 54）的控制權。一九九〇年，克里斯通又把其中的百分之七十賣給了英國石油公司（BP）。可是後者經過勘探後，只發現少量的沒有開採價值的石油，於是在一九九一年放棄了油田，把探權還給了克里斯通。經過這些買賣，克里斯通雖然沒有開發出任何石油，卻在幾筆交易中發了大財。[57]

湯普森意識到在菲律賓近岸很難找到眞正有開發潛力的油田，於是把注意力轉向南海其他地方。在和英國石油公司高層的談話中，他得知了越南海岸附近的區域極有潛力。他花了幾個星期鑽研相關資料，最後確定了目標——一個位於南沙萬安灘附近的區域。

萬安灘（Vanguard Bank，越南稱四政灘）在中國劃定的九段線的最西南端，該處在十九世紀已經被英國人記錄。[58]它是一完全沒入水面的大型沉沒環礁，東西長六十三公里，平均寬度爲十一公里，最淺處水深爲十七米，與曾母暗沙一樣，不是可以聲稱主權的領土。從地理上說，由於印度支那半島外圍在南海一帶的大陸架寬度有限，它並不位於地質學意義的大陸架上。但在《公約》中，大陸架的範圍並不限於地質學意義上的大陸架，而是可以延伸到不深於二千米的深海處。所以，從法律意義上說，萬安灘仍然在越南的大陸架上。

越南共和國在一九七五年已經對南海區域油氣勘探和開發進行招標。統一後，越南在一九七七年和一九八二年兩次發表聲明強調對沿海大陸架資源的主權。越南在一九八八年公布了油氣區塊略圖。一九九〇年代，越南已大規模對油田勘探和開採進行招商，而此區域也被畫在了越南招商的區塊中。但當時越南和美國還沒有建交，美國對越南禁運，越南則禁止美國公司在越從事商業活動。湯普森只得另尋途徑。他發現萬安灘在中國的九段線之內，便燃起了從中國取得石油開發權的構想。就這樣，湯普森在一九九一年四月去到廣州，訪問相關的科研機構，進一步確信這個區塊有開採價值。通過廣州方面的關係，他和北京高層搭上線。一九九二年二月，他終於和中國海洋石油有限公司（CNOOC）展開談判，要求取得他畫出的區塊的勘探權。

其時，克里斯通只是一間很小的石油公司，只有區區四名員工，實際上是「皮包公司」，即從相關國家取得勘探權，之後轉包給其他公司勘探，最後轉手勘探權牟利。如此小規模的公司，照理中國是看不上眼的。但由於政治上的原因，中國視之爲一個難得的機遇：第一，當時中國與美國等西方國家還處於六四之後的外交低潮，有美國公司找上門，自然有助於中國和美國重建關係；第二，開發的

---

[57] SFPIA, pp.123-124.

[58] *The China Sea Directory*, Vol.II, 1879, p.58.

區域是萬安灘，位於越南的控制範圍內，這是九段線內中國沒有實控的地方。勘探和開發工作將把中國對南沙的控制權大大往南推進；第三，美國公司參與南沙區域的開發，有助於中國展示對南沙的主權。而且，中國也期望美國會捍衛美國公司的利益，在將來可能發生的衝突中站在中國的一方。

出於以上種種考慮，中海油在一九九二年五月八日僅以五萬美元的價格，把對「萬安北二一」區塊的勘探權賣給了克里斯通（圖50）。區塊面積達到二五一五五平方公里，其東部還有一塊五〇七六平方公里的區塊，作爲可能增加的面積。中國提供已有的地質數據，保留日後購買百分之五十一開發權的權利。而克里斯通則負責進行更多的探測，以及先期的費用。中國還承諾，將出動海軍保證克里斯通順利進行勘探工作。[59]合同在五月十六日由中國國務院批准，六月一日正式生效。

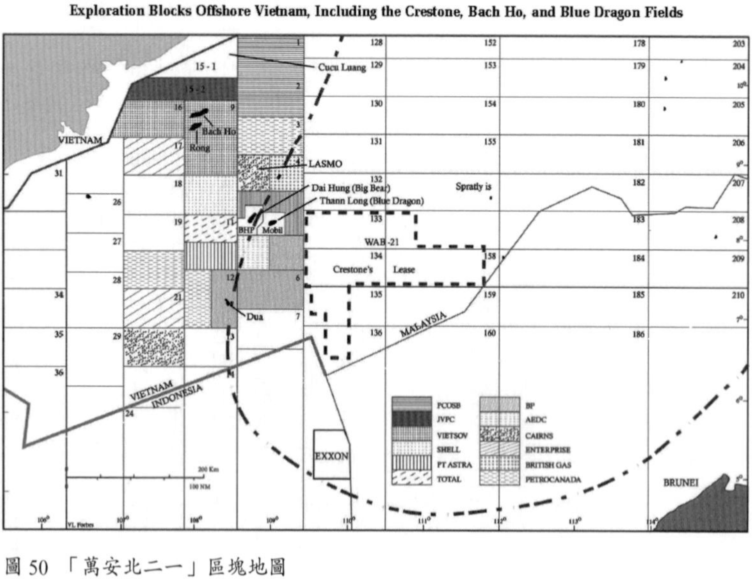

圖 50 「萬安北二一」區塊地圖

這時，越南在外海畫出一三三、一三四和一三五號區塊，與萬安北二一區塊重疊。五月十七日，越南外交部聲明，萬安北二一合同區屬於越南巴迪——頭頓省的四政灘地區，位於越南大陸架上，越南擁有主權，「要求中國停止通過克里斯通公司在屬於越南主權的領海裡進行非法勘探開採」。[60]中國三天後發表聲明，駁回越南的要求。[61]菲律賓在二十八日也對中國的舉動提出抗議，認爲此舉在政治上無助於和平公正地解決互不相讓的領土要求問題。[62]值得注意的是，菲律賓的領土主張中並不包括萬安灘，所以菲律賓和萬安灘並無直接關係。

而中國所期望的，讓美國支持美國公司的願望也沒有實現。美國政府發言人塔特懷勒在六月十八日發表聲明，稱「克里斯通是一家私人公司，美國政府對合同本身不會表態。鑒於南中國海的領土爭端，我們已通知克里斯通公司，它同中國協議涉及的水域，越南聲稱是屬於它的。」並強調，美國使館官員在簽訂協議的時候在場，並不等於支持中國對這一地區的主權，或者勸說克里斯通公司進行這筆交易。[63]

美國向來對南海諸島的主權問題都保持中立，因此這個聲明並不意外。而另一個原因是，當時已經有跡象顯示美國將對越南解除禁運，美國的大石油公司此時也正在積極地和越南談判，以期美國一

---

[59] SFPIA, p.126.

[60]《大事記》，二一八—二一九頁。

[61] 潘石英《南沙群島・石油政治・國際法》，香港經濟導報出版社，一九九六，一一一頁。《大事記》，二一八頁。

[62]《大事記》，二二〇頁。

[63]《大事記》，二二〇頁。

解禁就可以簽約。與克里斯通付出的區區五萬美元相比，它們準備付出的是千萬美元級別的資金。

中越在萬安灘問題上的矛盾並沒有立即擴大，因爲當時兩國都有關係正常化的意願。一九九二年十二月二日，中國總理李鵬出訪河內，再次重申「對一些難度較大的問題，如南沙群島問題，我們提出了擱置爭議、共同開發的主張」，並願意用和平的方式解決問題。[64]

然而中國並沒有停止對萬安灘考察的步伐。一九九三年五月，中國地質考察船在萬安灘進行第一次實際考察。越南提出抗議，要求中國停止作業。[65]但這時，越南對萬安灘的開發計畫還沒有實質進展，事件很快就平息了。

一九九四年二月三日美國政府正式對越南解禁後，美孚石油公司（Mobil）在四月十九日和其日本夥伴公司一道，與越南石油公司（PetroVietnam）簽訂了藍龍油田的勘探權。可想而知，與美孚這種巨頭相比，克里斯通這種皮包公司當然不可能得到美國政府支持。事實上，美國之所以解除對越南的禁運，與這些大石油公司遊說有很大關係。藍龍油田並非與萬安北二一區塊重疊，但相當接近，而且也在中國的九段線之內。[66]而越南此時還在繼續積極引入國際石油公司，開發和萬安北二一重疊的區塊。按捺不住的湯普森，在越南和美孚簽約的當天宣布，克里斯通公司已經在萬安北二一號區塊進行地震數據考察，並得到中國的完全支持。[67]

一九九四年四月十三日，克里斯通公司租賃了中國「實驗二號」勘探船，進入萬安北—二一區域。當天就有五艘越南武裝船隻對該船進行監視。第二天中午，越南船隻繼續靠近中國船隻，並進行抵近威脅和騷擾。十五日，又再重複這種威脅。由於勢單力薄，「實驗二號」還沒開展測量就被迫返航。[68]中國允諾的戰艦根本沒有出現。

越南隨後在一九九四年與俄羅斯石油公司以五〇：五〇的合資比例，就與萬安北——二一區塊重疊的地段簽訂了鑽探合同。五月十七日，俄羅斯鑽井開始在該區域鑽探。中國派出兩艘船隻在旁監視，儘管沒有直接騷擾平臺，但不斷試圖阻攔越南船隻運送食物和物資到平臺。這樣持續幾個星期後，俄羅斯鑽井挖到三〇〇〇米深處仍未探測到石油，最後唯有撤出該區域。【69】

東盟各國一直在爭論是否應該接納越南，而中越這兩次的對抗引起了東盟的不安。在萬安灘事件後，東盟在六月十一號主動宣布，將邀請越南加入東盟（見五．七）。而此時，越南甚至還沒有正式要求加入東盟。六月十九日，正好是俄羅斯鑽井對峙事件被公開的一天，東盟外長會議召開，正式向越南發出結盟邀請。越南在一九九五年七月二十八日正式加入東盟。在萬安灘發生事件不久後，東盟就主動向越南發出邀請，這相當於東盟國家在南海衝突中支持越南的政治表態。

在這種形勢下，中國也不得不從更高的戰略角度重新考慮與越南的關係。一九九四年九月五日，中國宣布，總書記江澤民將訪問越南，並向越南提供物資，中越的關係重新緩和。儘管中越隨後就

【64】一九九二年十二月二日，〈李鵬在河內答記者問〉，《人民日報》，一九九二年十二月三日。《讓歷史告訴未來》，三三三—三三四頁。

【65】《人民日報》，一九九三年五月十四日。《讓歷史告訴未來》，三三四頁。

【66】BUSZYNSKI, LESZEK, and ISKANDAR SAZLAN. "Maritime Claims and Energy Cooperation in the South China Sea". *Contemporary Southeast Asia*, 29.1 (2007): 143-171.

【67】SFPIA, p.127.

【68】潘石英《南沙群島．石油政治．國際法》，香港經濟導報出版社，一九九六，一三頁。

【69】SFPIA, p.128.

萬安灘事件展開口水戰，但中國沒有再進一步開展對萬安北—二一區塊的考察。一九九六年四月越南與美國大陸石油公司（CONOCO）在另一塊重疊區域又簽訂了一份鑽探合同，大大加強了對萬安灘的控制。而中國和克里斯通的合同則就此擱置。但萬安北合同成爲克里斯通的最大資產，一九九六年十二月六日，湯普森把克里斯通轉手賣給另一間石油公司Benton，又狠狠地賺了一筆。之後，合同幾經轉手，但一直沒有作廢。如果油田最終能被開發的話，湯普森還會繼續享有區塊百分之四．五的收益。[70]

萬安北事件可能是源於中國的一時衝動。當時中國和越南已經結束了長期的戰爭，並在一九九一年實現外交關係正常化。中國正推進睦鄰和擱置爭議的政策，而越南又是僅剩的幾個共產主義國家。因而萬安北事件顯得很不合時宜。中國大概並沒有預料到越南會有如此激烈地對抗，出於石油利益和對南沙主權宣示的誘惑而做出了錯誤的判斷。這一事件引起了三個後果：第一，加快了越南加入東盟的腳步，促進了東盟的整合，增強了東盟的實力；第二，越南徹底穩固了在南威島以西的統治，萬安灘被列入中國承認被越南「非法」控制的二十九個島嶼之一；第三，中國從此把在南海的擴張轉移到南海東側。也因爲這樣，南海衝突的主戰場從中越換成了中菲。

萬安灘主權法律評述

萬安灘事件後，中越都總結了己方的理由。越南聘請美國的Covington and Burling Law律師行撰寫了一份二十九頁的報告，論證萬安灘屬於越南。其主要的論據是：⑴萬安灘等位於越南二〇〇海里專屬經濟區內；⑵萬安灘也位於越南大陸架之上；⑶根據《海洋法公約》的等距離和按比例劃界原則，萬安灘也應該屬於越南。[71]而克里斯通則邀中國著名海洋法專家潘石英（已故）寫了一本書[72]反駁該報告。

萬安灘的主權問題應該分爲幾個層次來展開討論。首先，萬安灘是否能作爲南沙整體的一部分而納入領土主權範圍。如果答案是肯定的話，萬安灘的歸屬就應該作爲南沙歸屬的一部分來處理，那將會是一個涉及面更大的問題。潘石英的論述中很大一部分是論證南沙屬於中國。[73]這裡礙於篇幅無法深入討論。

如果萬安灘不能作爲南沙整體的一部分而納入領土主權範圍，中國就可進一步利用九段線進行論證。若萬安灘被納入九段線之內，那麼九段線的定義是什麼，是否有法律效力？是否意味著中國可以取得線內一切島礁暗沙的主權和生物礦產資源？這也是需要大篇幅論證的法律要點。潘石英的論述中也有很大部分是強調這個論點。[74]

這裡要討論的是，如果萬安灘不能作爲南沙的一部分來聲稱領土，也不能因九段線而主張主權，那麼萬安灘的主權歸屬又將如何？

---

[70] SFPIA, pp.129-130.

[71] Buszynski & Robert, *The South China Sea Maritime Dispute, Political, Legal and Regional Perspectives*, Routledge, 2015, p.96.

[72] 潘石英《南沙群島·石油政治·國際法》，香港經濟導報出版社，一九九六。

[73] 《南沙群島·石油政治·國際法》，一七—四〇頁。

[74] 《南沙群島·石油政治·國際法》，四一—六五頁。

從歷史上說，萬安灘是英國人發現的。中國和越南都沒有對萬安灘有效統治的證據。但在主權意圖方面，中國的處境稍微優越一些。一九三五年中國第一次地圖開疆之際，沒有把萬安灘列入《中國南海諸島中英地名對照表》之內，但臨近的廣雅灘（Prince of Wales Bank，當時稱爲比鄰無畏灘）、人俊灘（Alexandra Bank，當時稱爲埃勒生達灘）、西衛灘（Prince Cinsort Bank，當時稱爲比鄰康索灘）和李準灘（Grainger Bank，當時稱爲格陵澤灘）都在表中。這一帶的五個灘中唯獨缺了萬安灘。直到戰後的一九四七年，萬安灘才被收入《南海諸島新舊名稱對照表》中，而且它也在九段線之內。一九三五年爲什麼沒有收入萬安灘原因不詳，但既然其他四個灘都收入了，沒有理由認爲位置極近的萬安灘不在中國的主權意圖之中。而且，萬安北—二一號區雖然以萬安灘命名，但並不局限於萬安灘，還包括其他四個灘的一部分。

一九三三年法國宣布占領南沙時，只列明了主要島嶼，而沒有列明範圍，更沒有列舉萬安灘。因此，如果越南要從歷史性主權意圖入手，還必須沿著萬安灘是南沙群島一部分這條論證路徑。可是越南自己否認了這一點，轉而論證萬安灘（即四政灘）不屬南沙群島。[75]所以，如果萬安灘有資格被作爲領土來主張的話，那麼中國占了先機。

但是另一方面，從地理來說，萬安灘和其他四個灘一樣，是完全沒入水面的大型沉沒環礁，最淺處水深爲十七米。也都是暗沙。無論從哪一個意義上說，都不是可以聲稱主權的領土。那麼，它是否在某國的大陸架或專屬經濟區內，就成爲某國是否能夠擁有其主權的標準了。

從地理位置來說，萬安灘距離越南海岸基線只有八十四海里，距離越南海岸線只有九十五海里。[76]都位於二〇〇海里之內。潘石英認爲，從地質看，「南沙群島地塊是破碎的華南大陸邊緣陸塊，在其地質歷史中曾是破碎的華南古陸邊緣的一部分。而今天的格局是在後期的地質歷史演化過程中間向南運動、推移的結果。」「其發育特點與越南所在的中南半島上的中生代沉積盆地的特點明顯不同。」[77]其實，南沙群島的地質構造是由幾個不同的版塊所組成。潘所指的只是南沙群島北部的部分，與萬安灘無關。況且，從幾千萬年前的地質起源來論證現代大陸架的國際法歸屬，並無實際的意義。

在地質上，印度支那半島外圍南海一帶的大陸架寬度有限（一般地質學上認爲大陸架深度爲二〇〇米左右），越南大陸和萬安灘之間有一條深約一〇〇〇米的海槽相隔。萬安灘並不位於地質學意義的大陸架上。[78]但地質學上的大陸架和法律意義上的大陸架是兩回事。在《公約》中，大陸架的範圍並不限於地質學意義上的大陸架，而是可以延伸到最深爲二〇〇〇米的深海處。因此，在法律意義上，萬安灘在越南的大陸架上。

這樣的話，越南仍需與可能屬於中國的島嶼進行大陸架或專屬經濟區的劃分。距離萬安灘最近的島嶼就是越南占領的南威島。如果承認南威島屬於越南，那麼萬安灘屬於越南也沒有疑問；但如果南威島屬於中國，那麼萬安灘的歸屬就與南威島的劃界效力有多大相關。

---

[75]〈四政和青龍地區完全屬於越南大陸架〉，見《大事記》，二六〇—二六一頁。
[76]越南的領海基線和眞實的海岸線有相當大的距離。
[77]《南沙群島・石油政治・國際法》，六八頁。
[78]《南沙群島・石油政治・國際法》，六八頁。

南威島本身只有〇·一五平方公里。它無疑可以享有領海，但是否屬於能夠在自然條件下維持人類生活的島嶼很成疑問，畢竟在一九七〇年代之前沒有人在那里生活。若把它界定為不能維持人類生活的礁石，那它就沒有資格取得專屬經濟區和大陸架的權利，而萬安灘自然就應該歸越南。

即便它能被劃入可以維持人類生活的島嶼，但由於島嶼面積極為細小，也沒有理由享有和相對的大陸（即越南）平分專屬經濟區和大陸架的效力。作為一個類比，可以參考中越關於白龍尾島的例子（見後）。位於東京灣的白龍尾島面積是三平方公里左右，有天然水，有樹林，可以維持人類生活，但在劃界中，只取得了三海里的專屬經濟區的權利。南威島處處不如白龍尾島，因此即便有獲取專屬經濟區的權利，大概也難以超出三公里的範圍。這樣的話，萬安灘還是應該劃歸越南。

所以，如果不把萬安灘視為南沙的一部分，它屬於越南是最為符合法理的，這也正是越南方面論證的出發點。

那麼萬安灘是否能作為南沙群島的一部分呢？潘石英列出了幾個理由論證它是。首先，在一九三五年和一九四七年，中國都在地名表上列舉出萬安灘（或其臨近各灘）。第二，外國出版的地圖，比如法國的《中國南海及亞洲大群島圖》中也標示了萬安灘，但他沒有解釋為什麼在這幅圖上標示了萬安灘就意味著萬安灘屬於南沙。第三，在一九八八年越南發表的白皮書中，把萬安灘標示在南沙群島之內。此外，他還認為，根據《海洋法公約》第四十六條第二款：「群島」是指一群島嶼，包括若干島嶼的若干部分、相連的水域或其他自然地形，彼此密切相關，以致這種島嶼、水域和其他自然地形在本質上構成一個地理、經濟和政治的實體，或在歷史上已被視為這種實體。[79] 故此，南沙群島應該視作一「群島」，包括萬安灘。[80]

這些說法不確。第一，南沙群島或者 Spratly Islands 這個名稱出現很晚，而且範圍不確定。在十九世紀的航海書上，都沒 Spratly Islands 這個名詞。無論中國史書上的長沙石塘，還是越南史書上的長沙，都沒有準確的範圍。在一九三五年中國頒布中英對照名稱後，對南沙群島的稱呼是團沙群島，它只是南沙群島北部 Tizard Islands 的譯名。二戰後，即便是中國內政部和外交部，對它所指的範圍也存在很大的混亂和爭議（見三．六）。法國和日本在戰前交涉南沙的主權時，其範圍都不包括萬安灘。在戰後，菲律賓和中國（臺灣）爭議南沙群島主權的時候，南沙的範圍也是爭論的焦點之一。菲律賓不認爲南威島及以西（即包括萬安灘）屬於南沙群島。而越南、菲律賓和馬來西亞到現在也不承認北緯七度以南的暗沙（包括曾母暗沙）屬於南沙群島。因此，從歷史的角度看，南沙群島這個稱呼並不一定包括萬安灘。

現在談論南沙的範圍之所以包括這些地方，只是因爲中國一九四七年宣布的「接收範圍」如此。也就是說，現在所說的南沙範圍是直到戰後才被提出，而且因爲存在島嶼主權爭議的緣故，爲討論方便起見，才被廣泛引用。換言之，南沙群島範圍被廣泛接受（而非承認）是在爭議出現之後，而不是歷史上長期自然形成的。在明確了這個時序之後，就不難得出結論：即使萬安灘現在通常被稱爲南沙群島的一部分，它也不符合「歷史上已被視爲這種實體」的條件。

[79] http://www.un.org/zh/law/sea/los/article4.shtml.

[80] 《南沙群島．石油政治．國際法》，六五—七一頁。

第二，《公約》第四十六條所指的群島，是爲了描述群島國規則而制定。它規定群島國可以擁有超過非群島國的海洋劃界權利，其用意不是爲了說明暗沙是否可以擁有領土的地位，也沒有提及暗沙是否可以成爲領土。什麼地貌可以作爲領土，並不是《海洋法公約》管轄的範圍（見六・十三）。更有甚者，《公約》第四十七條群島基線的第一款就已經說明：「群島國可劃定連接群島最外緣各島和各乾礁的最外緣各點的直線群島基線，但這種基線應包括主要的島嶼和一個區域，在該區域內，水域面積和包括環礁在內的陸地面積的比例應在一比一至九比一之間。」[81]只有外緣各島和乾礁才可以制定群島基線。沒入水中的暗沙自然沒有這個資格。而且，萬安灘的地理位置，在南沙群島最西面的島嶼南威島之西。換言之，即便按照此規定制定群島基線，萬安灘也不在基線之內。

白龍尾島問題與中越東京灣劃界

中越關係在一九九〇年之後解凍。一九九〇年八月二十七日，中共總書記江澤民和總理李鵬在成都祕密會見了越共總書記阮文靈和部長會議主席杜梅，確定了雙方關係正常化的目標。次年十一月五日，已經成爲越共總書記的杜梅正式訪問北京，中越關係正式正常化。[82]雙方開始著手解決歷史遺留的邊界與領土問題。中越之間的領土爭議有三處：第一是陸上領土；第二是東京灣（北部灣）劃界；第三就是南海諸島。萬安灘事件之後，中越之間進入了和緩期，爲談判開展創造了條件。

還在越南法屬的年代，清朝和法國有一八八七年《中法界約》。在中國和越南雙雙走入新時代後，與其他所有中國和外國邊界條約一樣，這個舊時代的協議需要重新商定。但直到八〇年代末，中越之間還在進行邊界戰爭，因此這個過程被迫後推。有一八八七年《中法界約》作基礎，中越之間在陸地上的爭議其實只是技術性的問題。長期的戰爭更多爲的是政治目的而非領土目的。一九九九年，中國和越南簽訂《中越陸地邊界條約》。二〇〇九年，雙方勘界完成，簽署了《中越陸地邊界勘界議定書》，標誌著中越在陸地上的邊界得到最後確定。

與陸地爭議相比，東京灣的劃界牽涉更廣。它位於南海的西北角，是被中國和越南兩國圍繞的半封閉海灣。一八八七年六月二十六日，中法在北京簽訂《中法續議界務專條》（見二·五，及附錄一），第三條提及一條南北方向的紅線爲海上分界線，黏附地圖中也畫出了這條紅線，但該線在圖上僅止於近岸的小島。那麼此紅線是否一直貫穿整個東京灣？甚至是否穿越中南半島繼續延伸？它是僅劃分了海上的島嶼，還是已經對東京灣進行了劃分？中越雙方對這些問題存在爭議。這條紅線不僅影響了東京灣的海域劃分，更影響了位於東京灣中心的白龍尾島的歸屬，甚至和南海諸島的歸屬有關。

白龍尾島是面積只有三平方公里左右的小島，位於中國海南島與越南海岸的中間，距海南島一二〇公里，距越南海防市也是一二〇公里。越南一直認爲白龍尾島毫無疑問地屬越南，且該島現在處於越南的統治之下，但其主權歸屬沒有得到中國公開的明確承認。

儘管中國方面的專家稱白龍尾島「自古以來屬於中國」，但其實最晚從清朝中期開始，白龍尾島已經在中越東京灣傳統分界線的越南一側。法國在一九二〇年代確立了在白龍尾島上的統治權，

【81】http://www.un.org/zh/law/sea/los/article4.shtml.

【82】《李鵬外事日記》，轉自胡賁〈中越劃界一八年〉，《南方週末》，二〇〇九年十二月三日。

一九三七年派軍駐守。一九三二年，中法西沙爭議出現。中國聲稱一八八七年的紅線是延伸到大陸，其海中諸島範圍甚至包括西沙，因此西沙應該屬於中國。中國官方的表態，等同承認在紅線靠越南一側的白龍尾島是法國的領土。一九四四年，日本占領白龍尾島。一九四六年法國重新占領白龍尾島，中國也對此無異議。一九五〇年，國民黨在大陸戰敗後，有少量軍隊（四十餘人）退到白龍尾島，但該島當時還在法軍的有效管轄之下。一九五四年，日內瓦會議中協定北緯十七度歸北越，白龍尾島因此也該歸北越。同年八月，法軍連同絕大部分的越裔的居民退出白龍尾島，而國民黨殘餘軍隊和島上的華裔則繼續留在島上。一九五五年七月，北京「解放」了白龍尾島，並且在島上建立區級行政單位。一九五七年，中國把白龍尾島交給北越，但其性質語焉不詳。越南統一後繼續控制白龍尾島。[83]

此外值得注意的是，中國甚至在沒有占領白龍尾島之前的一九五三年，就把十一段線中東京灣的兩條去掉，將其變成了九段線。據估計，去掉這兩段線是與北越對東京灣和白龍尾島的態度有關。正是由於中國官方在這個問題上含糊以對，導致中國民間（和一些官員）至今仍認爲白龍尾島是（或者應該是）中國的島嶼。這種誤解也給東京灣劃界造成了困難。

之後，中國一直支持北越与與法國、美國及南越等作戰。到了七〇年代初，交戰各方簽訂《巴黎條約》，美國爲首的聯合部隊退出越南戰爭。在短暫的停戰期，北越開始準備對東京灣的大陸架進行招商。一九七三年十二月二十六日，北越建議與中國進行劃定邊界的談判。北京同意進行談判，但要求雙方均不得在東京灣中心107°-108°E，18°-20°N的一個長方形區域內進行勘探活動，亦不准任何第三國在灣內進行勘探。北越只得暫停與義大利、日本、法國等石油公司進行的勘探談判。

談判之初，《中法續議界務專條》就被擺到雙方的面前。一九七四年八月十五日，雙方進行第一次關於東京灣劃界問題的會談。中國拒絕接受紅線適用於整個東京灣，並認爲東京灣的水域從來沒有被劃分過。但越南堅持，東京灣水域界線已經在一八八七年的條約中劃分過。如果的確如越南所說，那麼越南將會擁有東京灣約三分之二的水域。中國不願接受，談判不歡而散。從一九七七年十月七日到一九七八年六月的第二輪談判中，（新）越南要求把西沙群島也列入談判議程。這更加超出中國的承受底線，談判陷於停頓狀態。中國堅持要求越南放棄以一八八七年條約作爲談判基礎。而作爲進一步談判的先決條件，越南則提議先進行陸地邊界的劃界和勘界，將東京灣問題擱置。一九七九年中越雙方兵戎相見。中國撤兵後，雙方在一九七九年四月展開第三輪談判。但之後中越又進行長時間的邊境戰爭。無論是邊界談判、東京灣劃界談判還是南海諸島問題都失去了談判的基礎。直至九〇年代中越關係正常化後，兩個才重新開始邊境的談判和東京灣劃界。[84]

第四輪談判從一九九二年十月開始，先由專家討論。一九九三年八月，雙方展開政府級談判。一九九三年十月十九日，雙方簽訂了《關於解決中華人民共和國和越南社會主義共和國邊界領土問題的基本原則協議》，確定成立聯合工作組，在專家級別處理陸地邊界和東京灣水域兩個問題。一九九九年十二月三十，雙方簽訂《中越陸地邊界條約》（Sino-Vietnam Land Border Treaty）。有爭

[83] 關於白龍尾島的歷史與主權分析見附錄一。

[84] Nguyen Hong Thao, The China-Vietnam border delimitation treaty of 30 December 1999, *IBRU Boundary and Security Bulletin*, 2000, pp.87-90.

議的二二七平方公里的土地中，中國得一一四平方公里，越南得一一三平方公里。陸地邊界成爲三大領土問題中最早解決的一個。但直到二〇〇八年，雙方才最後完成勘界。

關於東京灣的劃界問題上，雙方展開了更激烈的爭論。中國和越南在東京灣劃界方面的爭議主要集中在三個問題上：第一，如何看待「傳統海界」和「歷史性水域」？第二，如何處理白龍尾島的劃界效力？第三，如何公平地分享東京灣的漁業資源？

越南方面則認爲，這條線是對整個東京灣水面（包括海中小島）的劃分（第三種意見）。越南更引用《聯合國海洋法公約》，認爲這條線已經形成了越南的「歷史性水域」。在一九八二年十一月十二日發布的《關於越南領海基線的聲明》中：

> 三、東京灣是位於越南社會主義共和國和中華人民共和國之間的海灣；越南和中國之間的海界應依據一八八七年六月二十六日法國和滿清所簽訂的中法續議界務專條加以劃定。東京灣靠近越南之部分構成越南的歷史性水域，越南擁有內水的管轄權。從康科島至東京灣口之基線，將在東京灣封口線問題解決後加以劃定。【85】

中國認爲，這個分界線僅僅涉及沿岸島嶼的主權，既不能視爲對整個東京灣海洋的劃界，甚至不能視爲對東京灣內所有島嶼歸屬的劃界（第一種意見）。在一九八二年十一月二十八日，中國外交部就以上越南公布而發表聲明：「一九八二年十一月十二日，越南政府在其發表的『關於越南領海基線的聲明』中毫無根據地宣布，一八八七年中法界約『規定』了北部灣的海上邊界線……必須指出，一八八七年中法簽訂的中越界約根本沒有劃分過北部灣海域。因此在北部灣海域從來不存在什麼海上邊界。」[86]

中國在和越南就東京灣的分界談判時，對越南所主張的「歷史性水域」有過充分且詳細的分析，結論認爲越南的主張毫無根據。當時中國的出發點在於，如果按照這條分界線來劃分東京灣，越南就會占去東京灣的大部分。因而中國拋棄了民國政府的說法，堅持分界線僅爲沿岸小島的主權劃分界限。中國爲此羅列出種種理由：

> 該條約僅規定在中國與北圻交界處所會同勘定界限，而無隻字提到北部灣的海域劃界，故兩國勘界大臣在劃界過程中根本不會有什麼海域劃界的企圖，更不用說制定什麼海域劃界方案。即使勘界後形成的一八八七年《中法界務專條》或一八九四年《中法粵越界約附圖》，亦僅是提到通過茶古的「紅線」，說明線以東海中各島歸中國，以西海中九頭山及各小島歸越南，根本沒有提到北部灣海域的劃界。因此可以說，一八八七年六月二十六日中法界約中的紅線，只是芒街附近沿海島嶼的歸屬線，而不是北部灣的邊界線。在北部灣海域，中越兩國從未劃過邊界線。[87]

---

[85]《法律條約彙編》，二四七—二四八頁。

[86]《人民日報》，一九八二年十一月二十九日，見《大事記》，九四頁。

[87]李金明〈中法勘界鬥爭與北部灣海域劃界〉，《南洋問題研究》二〇〇〇年第二期。

粗略看來，北京和越南方面的意見都有一定的道理。這主要是基於條約中：

> 至於海中各島，照兩國勘界大臣所劃紅線，向南接劃，此線正過茶古社東邊山頭，即以該線爲界。該線以東，海中各島歸中國，該線以西，海中九頭山及各小島歸越南。

「海中各島」所指的「海」到底有多大的範圍?中國認爲這個海僅是沿岸附近的海面。但仔細研究，從談判過程來看，事實上中法曾經明確「海」的範圍指的是整個東京灣。根據一八八七年四月十一日法方代表狄隆給中方代表鄧承修的復函：

> 以下是兩國界務委員會關於這群島嶼的口頭勘界協議的紀要內容：兩國界務委員會一致認定：凡巴黎所在子午線以西（漢語中稱爲北南線）**105°43'**，經茶古島東角的**東京灣內各島嶼**均屬安南。中國界務委員要求，在該子午線（北南線）以東各島嶼統歸中國。法方界務委員會聲明，由於江坪及其他地點的勘界工程尚未完成，故此問題應由法蘭西共和國公使與總理衙門在北京會商解決，此點亦係經與中方界務委員會商定後達成的一致意見，特此記錄。[88]

可見，整個東京灣內島嶼以此分界線劃分是已經達成的協議。所以，這條線是整個東京灣島嶼的歸屬線最爲符合事實。

大概可以相信，在中法談判中，白龍尾島並不在中國的考慮之內，甚至也可能不在法國的考慮之內。但從整個過程來看，根據條約所規定的實際結果就是白龍尾島屬越南。如果當初這個島嶼眞的不在雙方所考慮的範圍之內，那麼這對於越南來說算是一個意外之喜。無論如何，這個問題在九〇年代的中越談判中已經解決。最後，雙方在二〇〇〇年底簽訂了《中越關於兩國在北部灣領海、專屬經濟區和大陸架的劃界協定》。達成的東京灣劃界的協議在事實按照了較爲折衷的第二種意見：即在承認白龍尾島屬越南的同時，也使越南放棄了把這條經線作爲整個東京灣水面分界的立場。

對中國更爲有利的是，越南同意縮減白龍尾島在水面分界上的效力。根據《公約》，白龍尾島是一個可以維持人類生存的島嶼（島上一直有人），所以除了擁有領海和毗連區之外，它還可以享有最多二〇〇海里的經濟專屬區。但是在最後達成的協議中，白龍尾島的專屬經濟區卻只有三海里。與一八八七年分界線相比，雙方最後達成的經濟專屬區分界線，在北面向中國方突出了一些，在南面向越南方突出了更大的區域，中國得到的面積更大。此次談判對中國而言還是很成功的。

二〇〇〇年十二月二十五日，雙方簽訂《中越關於兩國在北部灣領海、專屬經濟區和大陸架的劃界協定》及《中越北部灣漁業協定》。二〇〇一年六月三十日，雙方代表互換批准書與照會，條約正式生效。[89]在最後的協議中，中國取得了百分之四十．七七的水域，越南取得了百分之五十三．二五。白龍尾島屬於越南，但只享有十二海里領海和三海里專屬經濟區。而另一處屬於越南的昏果

---

[88] 黃錚、蕭德浩《中越邊界歷史資料選編》下，社會科學文獻出版社，一九九三年，一一四六頁。

[89] 外交部〈中越北部灣劃界協定情況介紹〉，http://www.mfa.gov.cn/chn//pds/ziliao/tytj/tyfg/t145558.htm.

島，則在劃定大陸架和專屬經濟區時只享有百分之五十的效力（圖51）。

二〇〇〇年中越談判產生的另一後果在於，中國既然在這個談判中確認了一八八七年分界線只對沿岸島嶼有效的原則，就不能再按照民國的說法，把這條分界線作爲對西沙和南沙歸中國的理由，否則就是違反「禁止反言」原則。當然，這裡要再次強調的是，無論從哪個方面看，民國的看法都是站不住腳的。

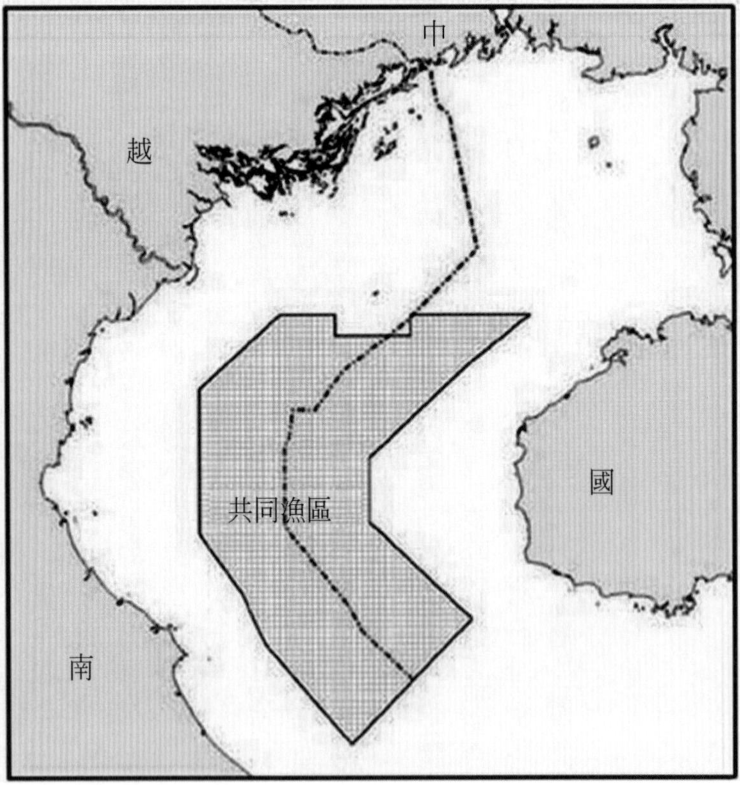

圖 51　東京灣（北部灣）劃界協定和共同漁區示意圖

東京灣海上劃界的國際法意義

《中越關於兩國在北部灣領海、專屬經濟區和大陸架的劃界協定》解決了中越在東京灣的劃界，成爲雙方通過談判解決海上劃界的一個典範，至今常常被中國當作成功的例子引用。東京灣劃界儘管已成定局，但其意義卻不止於劃界本身。國際法是習慣法，先前的國際協議和案例對之後的國際紛爭的解決有示範性的先例作用。而東京灣劃界是中國和外國間第一次海上劃界的協議，因此對中國以後在南海和東海的劃界有習慣法方面的意義。中國國家海洋局前高級工程師許森安也指出：這爲「中國和鄰國海域劃界開創了一個先例，很有借鑑意義」。[90]

中越在談判中的三個焦點問題：東京灣是否構成歷史性水域、白龍尾島的劃界效力有多大，以及如何以公平原則處理漁業問題，都對南海劃界問題有直接的參考意義。尤其在第一和第二點上。越南提出的歷史性水域可能會和中國九段線內水域是否能作爲歷史性水域的問題相關。而白龍尾島的劃界效力可以用來類比南沙群島的效力。因此，中國和越南劃界方面的一些理據和主張以及最終的結論，可以繼續適用在南海劃界方面。

關於歷史性水域

越方認爲東京灣存在歷史性水域，其分界線可以用《中法條約》的分界線認定。如上一節所

[90] 年祝康〈北部灣劃界可作借鑑　白龍尾島劃歸越南〉，《國際先驅導報》2004/08/05，http://news.xinhuanet.com/herald/2004-08/05/content_1717827.htm.

述，中國反對這個觀點。僅僅從這個證據來看，中國的這個觀點是成立的。綜合中越方面的說辭再結合史料，公允地說，《中法條約》中的分界線其實是一條劃分整個東京灣的島嶼歸屬線。最後的談判結果也否認了越南這個歷史性水域這個提法。

值得指出的是，越方在談判中沒有提出更多的證據證明「歷史性水域」這個論點。但如果仔細考究歷史，東京灣確實存在一條「傳統海上疆域線」。越南「歷史性水域」的提法其實有法理根據。如本章第二節指出，中越早在南宋已經有一條縱貫東京灣的海上疆界。周去非的《嶺外代答》中就說欽江河口有一個叫「天分遙」的地方，被當時的人視爲中國和越南的海上交界點（五州昔與交趾定界於此），[91]從此往南畫一直線，西南屬越南，東南屬中國。這是有史料可尋的，中越之間在東京灣最早的海上交界線。《清實錄》中也至少有兩處提到「白龍尾洋」屬越南，「毗連廉州瓊州二府所屬外洋」。[92]這也肯定了中越之間在東京灣的海洋劃界其實早已有之，而白龍尾洋是屬越南管轄的海域。

不過這些紀錄沒有說明，到底這條分界線是僅僅在海岸近處，還是縱貫整個東京灣。但在清初顧炎武的《天下郡國利病書》中記載：「又自烏雷正南二日經湧淪、周墩而至交趾永安州，歷大小麻墩恩勒隘茅頭少東則曰龍尾海，東府界至南大海外抵交趾占城二國界。」道光時期嚴如煜的《洋防輯要》卷十四《廣東防海略》中，再次引用了顧炎武的說法。[93]這裡的龍尾海就是白龍尾洋，這就證明，廣東與越南的海上交界，是自白龍尾向南，一直延伸到「南大海」的交趾占城爲止。也就是說白龍尾洋的界線是延伸到印度支那半島之上。因此，當時中越的傳統海上疆界線就是以白龍尾爲起點，以南北向一直貫穿東京灣。這條傳統海上疆界線實際上和《中法條約》中所畫出的線基本一致。

那麼這個傳統疆界線靠越南部分是否可以被確認爲歷史性水域呢？根據國際法上的慣例，以俄羅斯對彼得大帝灣的主張爲例，歷史性水域需要有三個標準：第一是長期存在；第二是毫無爭議；第三是行使主權。越南對東京灣傳統海疆線以西的海域符合此三點要求。首先，這條線最早從十一世紀就開始確立，最晚在十七世紀已經完全明確，至今已有三百多年。其次，在清朝，這條線得到越南唯一鄰國中國的承認；第三，越南對該海域有實際的管轄，這種管轄權也爲清朝所承認。而管轄權是行使主權的最主要方式。

這種管轄權在現代國際法的衝擊之下被中斷，因爲在越南成爲法國的保護國之後，法國依照國際法只承認三海里的領海，法國亦沒有另外宣稱這裡是法國的海域。以此推論，法國應當是認爲現代國際法否認了傳統海疆線的法理，因而認爲東京灣大部分的海域屬公海。

但這是否意味著，該傳統海疆線以西無法成爲歷史性水域？筆者認爲不能斷言。第一，越南之所以無法保持傳統海疆線，是因爲殖民主義侵略的緣故，並不是自己主動放棄的結果。這點必須加以考量。第二，也是最重要的，在二戰之前，法屬印度支那對此海域的實際管轄一直在延續。法國承擔了東京灣的絕大多數巡邏、緝私和剿匪任務（比如法國常規性地在白龍尾島巡邏）。實際上，法國的巡邏範圍幾乎遍及整個東京灣，而不僅僅限於傳統海疆線的西側。因此，儘管可以推斷這裡是公海，但

【91】周去非著，楊武泉校注，《嶺外代答校注》，北京，中華書局，一九九九，三五頁。
【92】雲南歷史研究所，《清實錄：越南緬甸泰國老撾史料摘抄》，昆明，雲南人民出版社，三〇〇頁。
【93】嚴如熤《洋防輯要》，臺北，臺灣學生書局，一九七五年，第三冊，一〇四〇—一〇四一頁。

法國在此區域的主權行使並沒有中斷。可見，越南其實是有充分理由論證該傳統海疆線以西是屬越南的歷史性水域，但在談判中沒有提出這些有利的歷史性證據，以致在法理上落了下風。

如果對比九段線內屬中國的歷史性水域的理論，不難發現九段線的法理遠遠不如越南主張東京灣傳統海疆線的法理堅實。這表現爲：

第一，在時間上，東京灣傳統海疆線從十一世紀開始形成，一直延續到十九世紀八〇年代，對其的實際管轄更一直延續到二戰；而九段線是直到一九四七年才開始出現。儘管有人認爲，中國所謂的包括幾乎整個南海的「傳統海疆」在宋朝已經建立。這種說法已經被否定。[94]即便這種不被支持的主張是成立的，中國官方所認定的南海傳統海疆線，在清朝已經「退縮到」海南島南端。[95]

第二，在幾百年的時間裡，東京灣傳統海疆線一直得到中國的承認，被確認爲中越海界。而九段線從一九四七年誕生後，一直沒有明確的法律意義，至今其涵義不明，更遑論得到任何國際承認。事實上，西沙、南沙和黃岩島都在長時間內（或者直至今天）爲外國所控制。

第三，從十七世紀到二戰之前，越南和法國一直保持在東京灣傳統海疆線內的管轄權。而在一九〇九年之前，中國清朝海疆所管轄的南限是在海南島玳瑁洲。比如道光皇帝曾下達有關南海巡邏的命令：「又據李增階咨稱，副將李賢等巡至岩州三亞外洋玳瑁洲，與越南夷洋接壤……，惟華夷洋面雖連，而疆域攸分，必須確悉情形，方可計出萬全。」[96]這是道光皇帝對當時海南水師奏報三亞開外的緝私情況的批示，當中提到巡邏的範圍僅到玳瑁洲。玳瑁洲就在距離三亞不遠之處，而三亞的外洋就只到玳瑁洲，之外就是「洋面雖連，而疆域攸分」的「越南夷洋」。可見，中國的傳統海疆和實際管轄的洋面的最南端，距離玳瑁洲不遠，直接和傳統的越南海面相接。[97]

直到一九〇九年，李準代表中國在西沙宣示主權，才把領土擴大到西沙。在一九三五年之前，中國地圖中的疆域，也只限於西沙以南而不包括南沙。九段線在一九四七年才開始被畫在地圖上，但在此之後的長時間內，中國都沒有在九段線內眞正行使管轄權。即使近幾年中國不斷擴大在南沙的控制，至今也仍然沒有任何證據，證明中國已經在南海九段線以內（特別是南沙群島）行使過沒有爭議的管轄權。

第四，中國在晚清之時就主動接受了現代國際法關於領海寬度的規定。比如，中國和墨西哥的一八九四年商約《華盛頓條約》，第十一款規定：

The two contracting parties agree upon considering a distance of a three martine leagues measured from the line of lowtide as the limit of their territorial.

彼此均以海岸去地三力克【每力克合中國十里】爲水界，以退潮時爲準。[98]

---

[94] 《被扭曲的南海史》，第三章。
[95] 《被扭曲的南海史》，第五章。
[96] 《宣宗實錄》卷二二六，二五—三〇頁。岩州即崖州。
[97] 《被扭曲的南海史》第五章，四五五—四六〇頁。
[98] *Treaties, Conventions, etc., between China and Foreign states*, The Statistical Department of the Inspectorate General of Customs, 1917, Vol.2, pp.833-843.

這意味著中國在九段線建立之前已經放棄了「傳統海疆線」的概念，而轉用國際法意義上的領海制度。在民國時期，中國繼續沿用此制度。在一九四七年宣布九段線的時候，中國並沒有提出與之相悖的概念。一九五八年中國政府重申十二海里的領海制度，後來也一直沒有說明九段線的涵義。因此，所謂九段線是歷史性的這種說法，與中國自晚清開始的法律實踐並不一致。

值得注意的是，越南放棄傳統海疆線是在被法國殖民主義控制之下的非自願行爲；而中國放棄傳統海疆線（當時中國南海傳統海疆線只到海南島南端）的觀念是在擁有充分主權之下的自願行爲。可見，如果越南在東京灣的歷史水域線是不被支持的，那麼中國的九段線就更加沒有被視爲「歷史性水域」的法理基礎。諷刺的是，中國反駁越南說法的絕大部分的邏輯，都可以直接套用在九段線的問題上。完全可以「以子之矛、攻子之盾」，否定中國現在一些專家所主張的「九段線是歷史性水域」的理論。

海島的劃界權利

一些中國和臺灣專家（比如傅崑成），爲了增加九段線的法理，主張除了所謂「歷史水域線」之外，九段線還有確實的地理意義，即「是南海諸島和周邊大陸或者大島嶼之間的等距離線」。[99]這並非事實。比如，九段線西南部距離越南海岸線很近，但距離南沙很遠。筆者難以確定具體距離（因爲九段線沒有坐標），但從地圖上看，這是顯而易見的。

即便中國專家所說是對的，像白龍尾島這種細小的島嶼可以擁有和大陸（或大島嶼）平分海域的理論也是錯誤的。如上文所述，白龍尾島的劃界效力爲南海諸島提供了先例。在去除十二海里領海之後，白龍尾島的專屬經濟區僅爲三海里，相當於海南島的十分之一左右。白龍尾島的面積有三平方公里，大於南海諸島中任何一個島嶼，而且當地從一九二〇年代開始就有永久性的居民，人數可達幾百之多。而南海諸島，特別是南沙群島，在人工塡海之前都只有少量軍人駐守，依靠不斷從島外運輸供應以維持，絕大部分島嶼都「不能維持人類居住」。而且，白龍尾島可以算爲中區島嶼（指大致在兩國大陸之間的中央），而南海諸島，特別是南沙群島和黃岩島，對中國來說卻是遠洋島嶼（指距離對方海岸比本國海岸更近的島嶼）。根據國際法實踐，其劃界效力比中區島嶼更小，甚至可能成爲「飛地」。因此，無論從哪一方面來說，南海諸島，特別是南沙群島和黃岩島，所擁有的劃界效力都理應比白龍尾島更小。以「中間線」來合理化九段線顯然是站不住腳的。

漁業問題

漁業問題是南海爭議的焦點之一。但漁業問題可以通過特別的安排，而與領土、領海，甚至專屬經濟區劃界脫鉤。對東京灣漁業問題的處理，成爲一個範例。

在漁業問題上，東京灣漁場主要位於中間線西邊的越南一側。如果完全按照國際法，此處資源當爲越南所有。但是，出於保護中國「公平」分享該地區漁業資源權利的原因，中國認爲，中間線應該向越南一側調整。[100] 最後，中越達成協議，在簽署劃界協議之外，雙方還在二〇〇〇年十二月

[99] 傅崑成〈南海U形疆界線的法律性質〉，http://www.guancha.cn/FuKunCheng/2014_04_01_214711.shtml.
[100] 高建軍，《中國與國際海洋法》，海洋出版社，二〇〇四，一三〇頁。

二十五日，簽署了《中華人民共和國政府和越南社會主義共和國政府北部灣漁業合作協定》，在界線越方一側三十點五海里設立共同漁區。自二〇〇一年起，中越之間爲該協定的補充議定書，舉行多輪談判，力圖推進協定的最終生效。[101]

九段線內是各國漁民傳統的漁場，從公平原則出發，不應該由一國獨享。從東京灣的協議（以及其他國家的相關協議）看，即便是某一國的專屬經濟區的漁業資源也可以和鄰國共享。這種共享可以是在一定區域內無條件的，也可以是有配額的。具體的方式可以由相關國協議產生。漁業問題不應該成爲解決南海問題的難點。

五・六　從美濟礁到仁愛礁——九〇年代的中菲南海爭議

美軍退出南海之後，南海局勢爲之一變。之前，對抗限於南海西側，即西沙群島以及南沙群島太平島以西的南沙島礁。之後，南海紛爭的熱點轉移到靠近菲律賓的南海東部。另一個可能原因是，直到一九八六年，菲律賓都由「中國人民的老朋友」馬可仕執政，雙方關係良好。而且中菲建交時，中國與馬可仕達成了默契，對菲律賓在南沙的控制和開發不太過問。但馬可仕在一九八六年被民主派推翻，代表「親美勢力」的民主派艾奎諾夫人上臺。中菲關係儘管表面上仍然良好，但馬可仕時代的互信基礎不再。中國的擴張在往越南方向受阻之後，轉向東面就順理成章了。於是從九〇年代中期開始，以美濟礁事件、黃岩島爭議和仁愛礁爭議爲代表，南海爭議進入了以中菲對抗爲主的年代。

美濟礁及仁愛礁簡史

美濟礁位於南沙群島的東側（圖52），距離巴拉望島約一三〇海里。一九三五年中國將其命名為南惡礁，一九四七年改為現名，沿用至今。中國漁民以「雙門」為土名稱之。其英文名為Mischief Reef，菲律賓稱之為Panganiban Reef。它在一七九一年由英國船長Henry Spratly發現，其英文名稱就來源於其手下一個叫Heribert Mischief的德國船員。[102]

仁愛礁又名仁愛暗沙（中華民國稱呼）、第二托馬斯礁（Second Thomas Reef或Second Thomas Shoal）。菲律賓稱之為Ayungin，越南稱之為Bãi Cỏ Mây，中國漁民的土名為「斷節」。它位於南沙群島東部，在美濟礁東南約十四海里處，距離菲律賓巴拉望島約一一〇海里。在十九世紀之前，沒有發現或到達仁愛礁的記載。十八世紀後期，英國人發明了可以測量經度的儀器，英國在一七九五年成立了隸屬海軍的水文測量局（Hydrographic Office），大力推動水文測量事業。在十九世紀初年，英國在一八〇七—一八一〇年間連續四年組織對南海進行測量考察：第一次針對中國沿岸，第二次針對西沙群島，第三次針對越南南部沿岸，第四次針對菲律賓巴拉望島西側。這四次測量基本上釐清了南海諸島的基本地理情況。仁愛礁就是在這一系列的測量中第一次被記錄下來，也因此有了「第二托馬斯

【101】高建軍，《中國與國際海洋法》，海洋出版社，二〇〇四，一三〇頁。

【102】http://www.globalsecurity.org/military/world/war/spratly-conflict.htm，但也有說法是源於一艘叫Mischief的美國商船，在一八五四年的時候可能路經南沙區域而發現和命名了這個礁石，見https://en.wikipedia.org/wiki/Talk:Mischief_Reef#A_question.

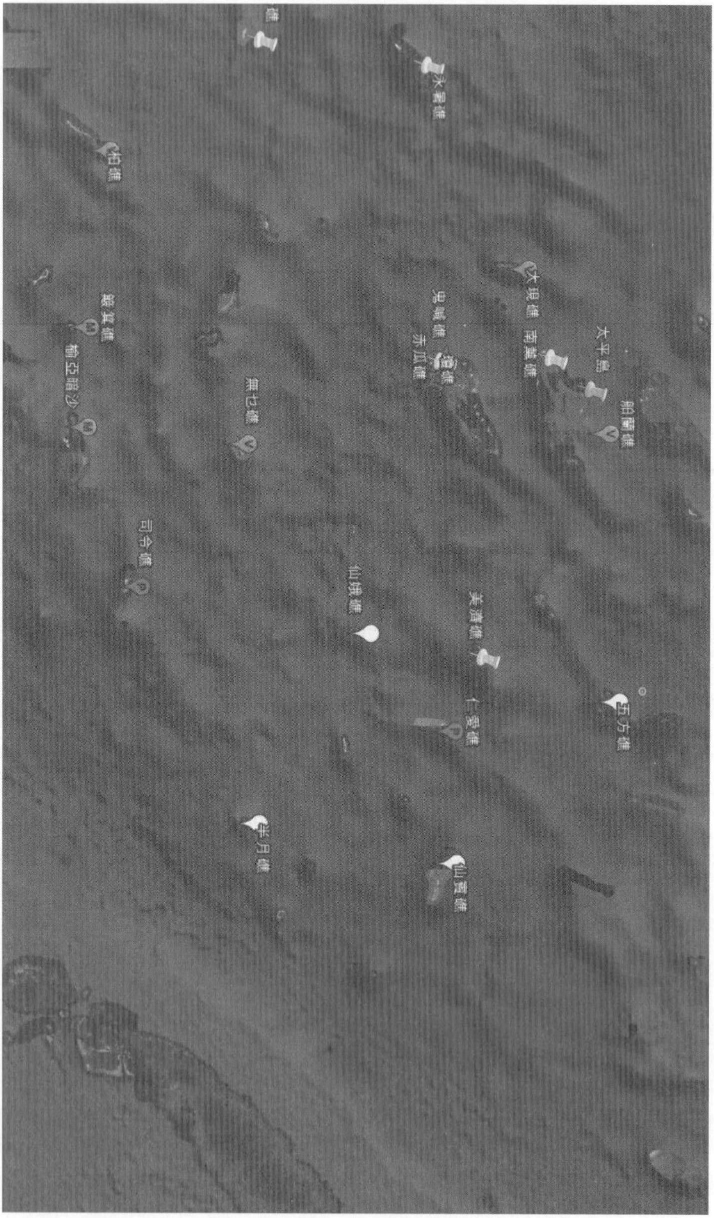

圖 52 美濟礁和仁愛礁附近地圖

礁」的稱呼。中國在一九三五年第一次地圖開疆中，把仁愛礁命名為「湯姆斯第二灘」，這顯然是根據英國海圖和資料翻譯的。

美濟礁和仁愛礁本身都是環礁型，屬「低潮高地」，只有在潮退的時候才部分地露出水面。它們在地理上自成一體，互相之間也沒有關係。在《公約》中，單獨的低潮高地沒有擁有十二海里領海的資格，更遑論專屬經濟區。因此，儘管中國、越南和菲律賓都聲稱擁有它們的主權，但是如果依照嚴格《公約》，它們並沒有多少實質的經濟利益。

二戰之後，法國和中國分別在一九四六和一九四七年相繼在南沙群島宣示主權。但雙方都沒有到達美濟礁和仁愛礁。一九四七年，中國內政部方域司出版了《南海諸島位置圖》，其中仁愛礁的名稱從「湯姆斯第二灘」改為「仁愛暗沙」。美濟礁和仁愛礁也被畫在斷續線內。一九四九年成立的越南保大政府宣布越南擁有對西沙和南沙所有島嶼的主權。而一九四六年新獨立的菲律賓則聲稱對南沙群島擁有主權，時間尚在林遵的南沙行動之前。各方爭持不下，只能以「未定」的形式暫時「擱置」爭議。越南與菲律賓所宣稱的主權範圍，都包括美濟礁和仁愛礁。但可能由於它們實在太不起眼一九五六年起的歷次南沙群島瓜分熱潮中，沒有任何國家將其軍事占有。

一九八〇年代開始，北京政府積極準備進入南沙。一九八三年，北京重新命名了南海諸島的島嶼。仁愛礁就是在這時得名。一九八七年，中國組織科學考察船前往南海。當時南沙主要的島嶼都有其他政府的駐軍，中國因而把目標放在無軍隊駐守的礁石上。這次行動考察了包括美濟礁和仁愛礁在內的十塊礁石，並在島上放置標誌物。

第一次美濟礁事件

一九九二年，美軍撤出菲律賓，給中國向南海東部擴張提供了一個難得的機會。一九九四年菲律賓把巴拉望外海的一塊區域批給菲律賓 Alcorn Petroleum 公司進行潛力評估，引起中國的抗議。這可能成爲中國下定決心向菲律賓開刀的藉口。[103]

這次中國不再出動軍艦，而是改由漁政部門出馬。如此以「民事」手段取代「軍事」占領，萬一引起衝突，也可降低事態升級的風險。一九九四年八月，廣東南海區漁政局長劉國鈞，接到北京農業部漁業局長卓有瞻的電話，要求他立即上京。到京後，農業部副部長張延喜直截了當地對他說，爲突出中國在南沙的存在，中央決定在美濟礁建設漁船避風設施，由劉負責。這是一個政治任務，必須無條件執行。[104]

一九九四年十二月二十九日，在菲律賓停止巡邏的季風季節，漁政編隊以一〇〇〇噸級的漁政三一號爲指揮船，抵達美濟礁，開始建築由水泥和鐵製預構件組裝的高腳屋，此外還有四艘漁船也參與了工程。向陽紅一四號科考船在元旦過後也抵達美濟礁。漁政三一號負責礁外的警戒工作。

一九九五年一月十日左右，中國在美濟礁海域截獲菲律賓漁船 Analita 號，扣留一週之後，將之驅趕出美濟礁。一月十七日，另一艘載有十二名菲律賓漁民的漁船前往美濟礁，由於速度很快，中國船來不及阻止它駛進潟湖。進入潟湖後，它遭到漁政三一號船的扣留、檢查和驅逐。[105]漁船回到菲律賓後，向當地媒體訴說了事件經過，菲律賓政府這才警覺中國的行動。二月二日，菲律賓派出巡邏艦和偵察機前往美濟礁考察。當偵察機對美濟礁進行低空拍照時，中國人向飛機投擲啤酒瓶等物品，其中一個啤酒瓶擊中飛機的尾翼。所幸無人傷亡，飛機只得撤離。

二月八日，菲律賓總統拉莫斯發表講話，宣布國防部已經證實，在卡拉延群島的龐阿尼班礁（即美濟礁）附近已經發現中國船隻，他已經指示外交部採取適當的外交行動，並提醒中國「與中華人民共和國有聯繫的人採取的這些行動，與國際法和東盟一九九二年通過的關於南中國海問題的《馬尼拉宣言》的精神和意圖不符。菲律賓（和中國）都是這個宣言的簽字國。」[106]次日，國防部長戴維拉向記者展示了菲律賓飛機在美濟礁航拍的照片，顯示中國已經在礁石上建有四座插著中國國旗的永久性建築。[107]拉莫斯在二月十五日發表長篇講話，強烈譴責中國，重申美濟礁屬於菲律賓；認爲這不是中菲兩國之間的事，而是影響了整個南海地區的安全和穩定；並聲稱不排除把南沙爭端提交聯合國解決。[108]此事不僅招來菲律賓的抗議，越南在九日和十日也接連發出兩份聲明，認爲中國的這項舉動性質嚴重，越南對此嚴正抗議。

對此，中國外交部在二月九日回應道：「中國地方漁政部門在美濟礁建立了一些漁船避風設施，目的是爲了保障在南沙海域作業的漁民生命和生產安全」。[109]中國甚至向菲律賓解釋，那是「低級幹

[103] SFPIA, p.85.
[104]《南海！南海！》，三六頁。
[105]《南海！南海！》，五〇—五一頁。
[106]《大事記》，二七三—二七四頁。原文如此，但實際上中國不是《馬尼拉宣言》，即《東盟南海宣言》的簽字國。
[107]《南海風雲》，三二四頁。
[108]《大事記》，二七五—二七七頁。
[109]《大事記》，二七四頁。

部『未告知中國政府並未得到中國政府準許的情況下』下令占領的」。[110]

三月二十一日，菲律賓副外長出訪北京與中國外長錢其琛討論南海問題。錢其琛指出：「兩國領導人曾就南沙爭議達成高度諒解，即『擱置爭議，共同開發』的辦法，是解決這些問題的最好途徑。」[111]雙方認爲，要以和平方式通過雙邊談判解決分歧。

儘管中國外交上態度低調，但在美濟礁建築方面態度強硬。菲律賓既沒有能力也不敢阻止，只能在三月二十五日派兵登上仁愛礁、仙賓礁、五方礁、信義礁、和半月礁等地，拆毀了中國八〇年代在南海科學考察時設置的標誌物（菲律賓稱這些標誌物爲外國所留，但國籍不明），並設置了本國的標誌物。三月二十五日，菲律賓在距離美濟礁三十多海里的仙娥礁以非法捕魚爲名，捕獲四艘中國漁船（瓊海〇〇四〇六、〇〇四八八、〇〇三〇八、〇〇三七三），共六十二名船上人員被投入監獄，直到九月三十日被捕的漁民才被釋放；次年一月二十六日，四名船主才被釋放。[112]中國對菲律賓的行爲除了抗議、外交交涉、以及爲漁民提供法律援助之外，並沒有進一步行動，因爲中國專注的是美濟礁。這樣做大概也是給予菲律賓的默契和妥協。

五月十二日，菲律賓組織三十八名外國和菲律賓記者，搭乘民間包租的船隻，在菲律賓登陸艦本蓋特號和巡邏艦米格爾·馬爾蘇瓦號的護送下，從巴拉望出發前往美濟礁，十三日早上抵達美濟礁水域。軍艦試圖開入美濟礁登陸，但在中國漁政三四號船阻止之下，無法靠近美濟礁。據說，當時中國有命令，如果實在阻止不了（漁政三四號是一艘只有五〇〇噸級的船隻），那麼就可把漁船鑿沉，堵在美濟礁主航道入口。[113]最後，包租船只得在美濟礁外停泊，一艘直升飛機載著記者飛越美濟礁上空拍照。雙方僵持近七小時，菲律賓才撤離美濟礁。中國發出強力抗議，但沒有採取進一步行動。

菲律賓雖然有輿論的優勢，但是中國不肯退讓，也無可奈何。菲律賓海軍極爲落後，只有對付走私犯的水平。因此儘管中國距離美濟礁遙遠，出動的也限於漁政船隻，沒有了美國的保護，菲律賓也毫無武力對抗的辦法。而且美國也不支持菲律賓擴大事件。六月二十二日，美參議院外交事務委員會通過決議案，促請中越臺菲馬汶自我節制，避免以武力伸張在南海的主權，威脅東亞地區的穩定與和平。[114]

七月三十日在汶萊舉行的中國——東盟雙邊對話中，中國外長錢其琛再次讓步：(1)同意日後與東盟就南海問題進行集體多邊談判，這與以前中國堅持國與國之間雙邊談判的立場有所後退；(2)中國也表示願意根據國際法爲標準進行談判；(3)保證不干預南海自由航行。[115]這三個立場基本滿足了除菲律賓之外的東盟國家以及美日等域外國家的要求。東盟各國紛紛表示滿意。在美國不支持擴大事態，東盟盟國態度緩和之後，菲律賓也只得接受現實。

八月九日到十日，中國外交部部長助理王英凡到馬尼拉，與菲律賓副外長就南沙問題進行磋

【110】見拉莫斯一九九五年二月十五日講話，轉引《大事記》，二七六頁。
【111】《大事記》，二七六—二七七頁。
【112】《南海！南海！》，七二，一〇六—一一九頁。
【113】夏綜萬〈南沙美濟礁科考紀事〉，《中國海洋報》，二〇〇四年七月二十四日。
【114】《南海風雲》，三四二頁。
【115】《南海風雲》，三四四—三四七頁。

商。雙方同意不訴諸武力，不影響兩國關係正常發展，在平等和相互尊重基礎上的磋商和平友好地加以解決。菲律賓未再向中國提出撤出美濟礁的要求。事件就此暫告一段落，中國在南海東部也找到了第一個立腳點（圖53）。是爲第一次美濟礁事件。

黃岩島的簡要歷史

美濟礁事件後又有黃岩島事件，中菲爭議從南沙群島擴大到北面的黃岩島。這也是西沙和南沙之後的第三個南海領土爭議，而且對日後南海局勢有很大的影響。

黃岩島不是一個「島」。它是距離菲律賓呂宋島二四〇公里的一個環礁，與中國海南島相距近九

圖 53　美濟礁三代高腳屋

〇〇公里，與中沙環礁相距約三五〇公里。它絕大部分在水底，只有一些剛好能露出水面的石頭。它在國際上被稱爲Scarborough Shoal，中華民國和臺灣的先後稱呼爲「斯卡伯勒礁」（一九三五）和「民主礁」（一九四七）。北京在一九八三年才把它改稱爲黃岩島。[116]在中國，它被歸爲中沙群島的一部分。這種劃分在國際上獨此一家。中沙環礁（即「中沙群島」的主體Macclesfield Bank）、黃岩島、憲法暗沙（特魯暗沙，Truro Shoal）與其他的幾個暗沙互相之間的距離都非常遙遠，相互之間基本上都是深海，在地理上不從屬於同一系統。而且「中沙群島」中，就只有黃岩島能露出水面。北京把它命名爲黃岩島，大概有拔高它乃至中沙群島的法律地位（從礁提升爲島）之意。

與釣魚臺、西沙、南沙等不同，儘管中國以歷史文獻豐富著稱，但在二十世紀之前，中國浩瀚的文獻記載中並沒有任何關於黃岩島的記載。[117]就文獻來看，中國最早在十九世紀末，從西方海圖中才知道黃岩島。[118]可以說，在現代之前，中國和黃岩島毫無聯繫。[119]

就筆者所知，中國媒體中最早涉及黃岩島的報導，是一九〇九年《東方雜誌》描述一九〇七—一九〇九年中日東沙島爭議的文章。文中描述當時中國不知道日本人開拓小島（即東沙島）的準確位置，以爲在北緯十四度左右，但查地圖發覺這個位置並沒有島嶼，只是在「其稍偏東北有小礁一

[116] 正式的寫法是黃岩島（民主礁）。
[117] 《被歪曲的南海史》，二一四—二四七頁，四七三—四七五頁。
[118] 陳壽彭譯《新譯中國江海險要圖誌》，第一冊，卷一，河海叢書，廣文書局，一九〇〇年，一〇頁。
[119] 《被歪曲的南海史》，四七三—四七五頁。

處，出水三尺」。[120]儘管文中連名稱都沒有提及，但按照經緯度定位，此小礁即黃岩島。「今欲證明其爲何國屬地，其地尚在小呂宋以南，據中國海岸千里而遙，以其爲中國屬地之據，各國皆無從考核」。[121]而據粵督張人駿奏報，此處（指誤以爲小島的方位）「離粵太遠，自難引爲粵境」。[122]可見，黃岩島當時並不屬中國。

相反，黃岩島離菲律賓很近，菲律賓原住民很可能是最早發現黃岩島的人。在十八世紀，黃岩島已經出現在西班牙人出版的地圖上；十八世紀中期，西班牙人又把它命名爲Masingloc（即Masinloc）。一七九二年，西班牙科學家考察了黃岩島，澄清了黃岩島的地貌。一八〇〇年，西班牙軍方巡防艦聖露西亞號（*Santa Lucia*）受命於馬尼拉當局，再次詳細測量了黃岩島。此後，一直有西班牙和其他國家地圖顯示它是菲律賓一部分。一八六六年有船隻在黃岩島觸礁，西屬菲律賓當局派船救助失事海員。所以當時，西屬菲律賓對黃岩島已經有主權意圖和有效控制。[123]

可是，一八九八年美西戰爭後，黃岩島在美西交接中「被丟失」了：在西班牙通過一八九八年《巴黎和約》（Treaty of Paris），把菲律賓（和波多黎各等地區）割讓給美國之際，[124]在第三條裡以經緯度連線的形式把菲律賓的島嶼和海域畫出（簡稱條約界線），黃岩島剛好在東經一一八度線之西，不屬於割讓範圍。目前還沒找到檔案能解釋當時爲何這樣處理。但這個界線也不包括其他一些美國認爲應包括的島嶼。於是雙方又簽訂了一九〇〇年《華盛頓條約》（Treaty of Washington, 1900），即《菲律賓偏遠群島之割讓》（Cession of Outlying islands of Philippines）作爲彌補。條約規定，在條約界線外的西屬菲律賓屬地也一併割讓給美國。所以法理上，如果西班牙在一八九八年之前擁有黃岩島的主權，那麼這個主權也在這一條約中割讓給美國。但是當時美國的關注點主要在蘇祿和西布杜等地所屬的島嶼，黃岩島並不在其關注之內。[125]

一九三五年菲律賓憲法中對菲律賓領土的解釋如下：

ARTICLE I The National Territory

Section 1. The Philippines comprises all the territory ceded to the United States by the Treaty of Paris concluded between the United States and Spain on the tenth day of December, eighteen hundred and ninety-eight, the limits which are set forth in Article III of said treaty, together with all the islands embraced in the treaty concluded at Washington between the United States and Spain on the seventh day of November, nineteen hundred, and the treaty concluded between the United States and Great Britain on the second day of January, nineteen hundred and thirty, ***and all territory over which the present Government of the Philippine Islands***

---

[120] 〈廣東東沙島問題紀實〉，《東方雜誌》，一九〇九年第六年第四期，六三頁。

[121] 同上。

[122] 〈粵督張人俊覆外交部東沙島系我國舊名有各種圖記可證電〉，《清宣統朝外交史料》卷二，宣統元年閏二月初六蒲島檔（一九〇九年三月三十一日），第四七—四八頁。

[123] 《被歪曲的南海史》，四七五—四八五頁。

[124] United States. Dept. of State; Charles Irving Bevans (1968). *Treaties and other international agreements of the United States of America, 1776-1949*, p.616.

[125] 《被歪曲的南海史》，四八五—四八九頁。

exercises jurisdiction.[126]

第一條　國家領土

菲律賓的領土包括所有在一八九八年十二月十日美國與西班牙簽訂的《巴黎條約》第三條第四款中限定的範圍及美國與西班牙在一九〇〇年十一月七日《華盛頓條約》所確定的所有島嶼，以及美國與英國在一九三〇年一月二日確定的條約所包括的所有島嶼，以及所有現任菲律賓政府行使司法權的領土。

中國一般認爲在此版憲法強調《巴黎條約》，根據條約界線已經排除了黃岩島。[127]可是，根據以上分析，憲法文本中的《華盛頓條約》和「所有菲律賓政府行使司法權的領土」均可以被解釋爲涵蓋了黃岩島，而且，美屬菲律賓確實在黃岩島上行使過司法權。

在美屬時期，菲律賓對黃岩島的態度極爲模糊。一方面，菲律賓仍有實際控制黃岩島的證據。最詳盡的記錄是在一九一三年五月八日，一艘瑞典船隻*Nippon*號在黃岩島擱淺。菲律賓馬尼拉海事局（Bureau of Navigation）派出海岸警衛隊船隻*Mindoro*號對之進行救助。[128]之後，一間打撈公司和保險公司，就這艘被打撈的瑞典船隻的貨物應如何分配打官司。官司首先在馬尼拉第一地區法院審理，後上訴到最高法院，案件編號 Erlanger & Galinger v. The Swedish East Asiatic Co., GR No. L-10051。[129]此事充分顯示了菲律賓對黃岩島地區的管轄權：首先，菲律賓提供對該位置失事船隻的救助服務；其次，菲律賓對發生在此地區的海難進行司法管轄。這兩點足以顯示菲律賓對黃岩島有實際控制權，也顯示了一定程度的主權意圖。

但另一方面，美國沒有認可菲律賓對黃岩島的主權。這可以從兩方面看出來。首先，自從一九〇〇年之後，美國出版的菲律賓地圖就幾乎全部不包括，甚至可以說刻意排除黃岩島。這些地圖大致有四種形式：一種畫出菲律賓界限，明確把黃岩島排除，比如下面這份一九四四年的軍用地圖（圖54）。[130]另一種形式最常見，就是在呂宋島的西面，巴拉望島的北面，放上各種標題、圖例、政區列表和放大圖等，把黃岩島掩蓋住，比如一九一一年的菲律賓地圖（圖55）。[131]第三種是在呂宋島的西面，巴拉望島的北面沒有任何的圖表，美國人寧願把這個區域畫成一片空白，也不把黃岩島畫上去，比如下面這幅一九〇九年的菲律賓地圖（圖56）。[132]第四種是雖然畫上黃岩島，但沒有明確標識黃岩島屬菲律賓，比如一幅一九〇八年的地圖，[133]菲律賓有著色，而黃岩島卻沒有著色，另外沙巴地區也沒有著色。因此從顏色上無法得出黃岩島屬菲律賓的結論。就筆者所見，二十世紀上半葉的菲律賓地

【126】http://www.gov.ph/constitutions/the-1935-constitution/.

【127】鐘聲〈中國對黃岩島的領土主權擁有充分法理〉，《人民日報》二〇一二年五月九日，http://paper.people.com.cn/rmrb/html/2012-05/09/nw.D110000renmrb_20120509_1-03.htm.

【128】詳細的事由和法庭記錄在這裡有記載，http://www.chanrobles.com/scdecisions/jurisprudence1916/mar1916/gr_1-10051_1916.php。此外，參與救助的還有另外一艘美國郵輪「滿洲號」（Manchuria），見 *The Evening News*，1913/06/17 High Seas Made Impossible Launching of Boat, page 3.

【129】同上。

【130】Army Map Service, A.M.S. 5305, *Philippines Islands*, 1944.

【131】*The Philippines, the land of palm and pines*, compiled by John Bach, Manila, 1911.

【132】*Philippines Islands*, Ordnance Survey Office, Southampton, 1909.

【133】Caspar Hodgson, *Map of the Philippine Islands*, US Library of Congress (catalog no. 2013590196), See Map 58 in the website http://www.imoa.ph/imoawebexhibit/.

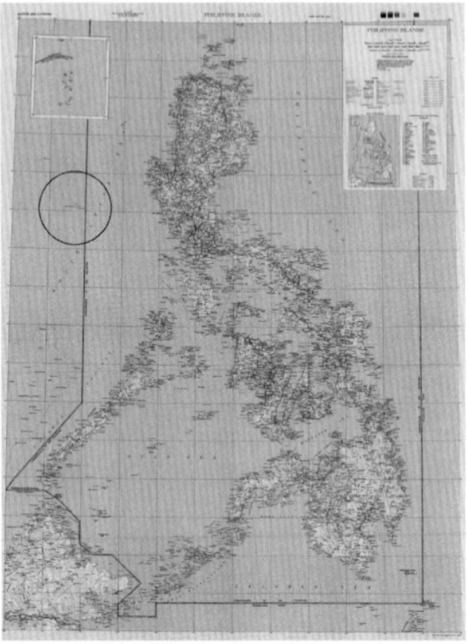

圖 54　菲律賓地圖（一九四四）

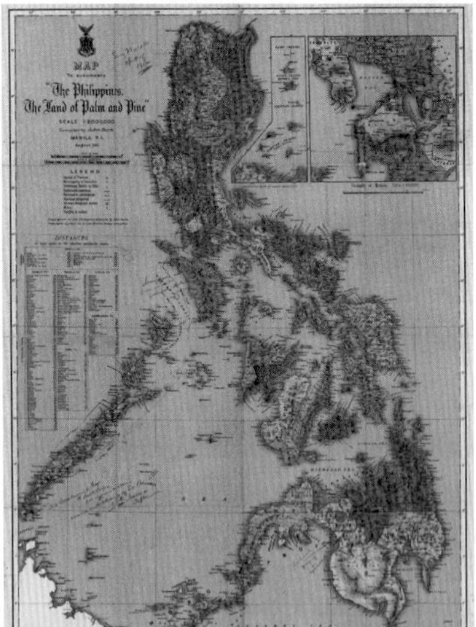

圖 55　菲律賓地圖（一九一一）

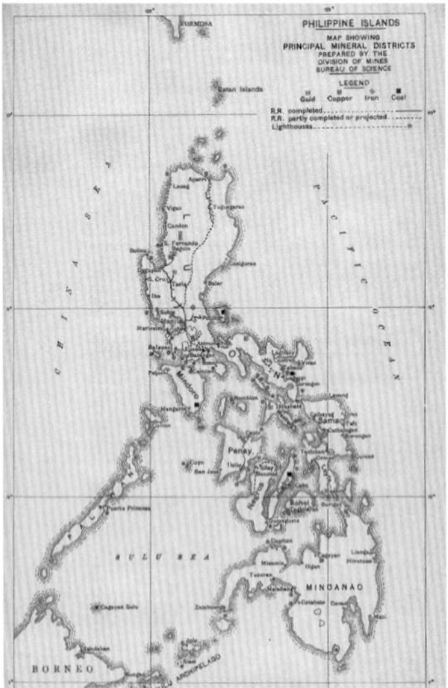

圖 56　菲律賓地圖（一九〇九）

圖，沒有發現一幅畫上黃岩島且清晰表明黃岩島屬菲律賓的，這和十九世紀的菲律賓地圖截然不同。

菲律賓還聲稱，在一九一八年的菲律賓統計的地圖上也列有黃岩島。查該四卷本的統計，黃岩島僅是在兩幅全國地圖上（Map of the Philippine Islands 與 Relief map）[134] 出現。但那兩幅地圖的畫法並不能夠證明該島礁屬菲律賓：一來，地圖上畫有菲律賓條約界線，黃岩島在其外（與圖54類似）；二來，沒有什麼著色或者其他方式顯示黃岩島是菲律賓的一部分；三來，在圖上也出現了東沙島，其著色和表示方式均與黃岩島一致，而東沙島明顯不屬菲律賓。在 Zambales 省的地圖上，並沒有畫出黃岩島。又有說一九三九年的菲律賓人口統計（Census of the Philippines: 1939）的地圖上有黃岩島。查這本多達三卷七本的大部頭資料，[135] 沒有發現所稱的菲律賓全圖，而裡面 Zambales 省（黃岩島在行政規劃上屬該省）的地圖中也不含黃岩島。就筆者對當時菲律賓地圖的了解，即便有這份地圖，大概也是和一九一八年的地圖類似，同樣無法說明菲律賓對黃岩島的主權意圖。

第二，一九三七年到一九三八年之間，美屬菲律賓曾經詳細討論過黃岩島的主權問題。當時爲了抵禦日本可能發動的對南海的進攻，政府討論是否應該宣布對黃岩島的主權以及在上面進行防備部署。一九三七年底，總督（US High Commissioner to the Philippines）的行政助理（administrative assistant）柯伊（Wayne Coy），向海岸及大地測量局（US Coast and Geodetic Survey）局長馬赫

[134] *Census of the Philippine Islands: 1918*, Vol.I, p.72. Bureau of Printing, Manila, 1920.

[135] Philippines Commission of the Census, *Census of the Philippines: 1939*, Bureau of Printing, Manila, 1940.

（Captain Thomas Maher）諮詢：斯卡伯勒礁是否被其他國家聲稱主權？馬赫回答：他無權處理有關主權的事宜，但他知道一八〇〇年西班牙聖露西亞號曾測量斯卡伯勒礁，「如果測量可以讓西班牙取得主權，或者得到別國承認主權的話，那麼該礁看上去應該被認爲是西班牙的領土，從而在一九〇〇年月七日的條約轉讓給美國。」[136]

幾個月後，菲律賓總統下屬政務司（Executive Secretary）瓦加斯（Jorge B. Vargas）詢問柯伊有關斯卡伯勒礁的主權狀況，並主張：「如果美國方面不反對，聯邦政府可能願意聲稱（該島）的主權。」[137]柯伊把這個意見轉交美國國務院。六月，美國國務卿希爾（Cordell Hull）在給戰爭部長伍德琳（Harry Woodring）的信中寫道：「除了所附文件上的信息之外，國務院沒有其他有關斯卡伯勒礁的主權方面的信息。此礁看起來在一八九八年十二月十日美西巴黎條約第三條所畫出的界線之外，但既然沒有其他政府聲稱對它的主權，它可以被認爲包括在一九〇〇年十一月七日美西條約所割讓的島嶼之內。」他並表示不反對菲律賓聯邦政府先對該島的價值進行研究再考慮正式聲稱主權的計畫，並提議戰爭部和商務部也研究該島嶼的價值。[138]在隨後幾個月，戰爭部和商務部都對此進行研究並且表示不反對這個計畫。但是就在菲律賓聯邦政府準備行動之際，日本已經攻陷了海南和南沙，黃岩島已不再具備戰略價值，菲律賓正式宣布對其主權的計畫也隨之無疾而終。之前的相關討論都只是以備忘錄形式在政府內部流傳。[139]

美國和菲律賓用了差不多一年的時間去研究黃岩島的問題，效率不可謂不低。這與美國一直對黃岩島的戰略價值偏低的評估有關。美國和英國當時在南海軍事防禦的討論重點是南沙群島，並聯合進行過幾次祕密勘察。[140]

從整個討論過程看，儘管一九三八年菲律賓和美國在法律上肯定了黃岩島可以是屬菲律賓的領土，但也確認了在此之前並沒有明確它是自己的領土。這與絕大部分美國出版的菲律賓地圖一直沒有把黃岩島畫入菲律賓界內是一致的。而美國和菲律賓在此研究討論過程中，顯然都不知道中國一九三五年地圖開疆時已經把黃岩島納入中國領土。菲律賓學者據此認爲，菲律賓已經提出對黃岩島的主權要求，也得到美國的贊同。[141] 但其實整個過程僅限於政府的內部討論，與中國在公開的文件中聲稱主權不可同日而語。

二戰中，日本一度占領了菲律賓。在日占期間，日本出版的地圖上，黃岩島似是屬菲律賓的。比

【136】http://www.imoa.ph/bajo-de-masinloc-scarborough-shoal-less-known-facts-vs-published-fiction/ . Original text: "If this survey would confer title on Spain or be a recognition of sovereignty, or claim for same without protest, the reef would apparently be considered as part of Spanish territory the transfer of which would be governed by the treaty of November 7, 1900."

【137】Ibid. original text: "The Commonwealth Government may desire to claim title thereto should there be no objection on the part of the United States Government to such action."

【138】*Ibid.* Original text: "This Department has no information in regard to the ownership of the shoal other than that which appears in the file attached to the letter under reference. While the shoal appears outside the limits of the Philippine archipelago as described in Article III of the American-Spanish Treaty of Paris of December 10, 1898, it would seem that, in the absence of a valid claim by any other government, the shoal should be regarded as included among the islands ceded to the United States by the American-Spanish treaty of November 7, 1900."

【139】François-Xavier Bonnet, Geopolitics of Scarborough Shoal, Irasec's Discussion Papers #14, 2012, pp.9-10.

【140】David Hancox and Victor Prescott, *Secret Hydrographic Surveys in the Spratly Islands*, Asean Academic Pr Ltd, 1999.

【141】同上。

如《標準大東亞分圖》（圖41）中，[142]南沙群島（日本稱爲新南群島）和菲律賓之間用虛線隔開，而虛線的走向無疑表示黃岩島屬菲律賓。但在戰後，無論是美國出版的地圖，還是菲律賓出版的地圖，菲律賓地圖的式樣又恢復如故。

總之，二十世紀上半葉，無論是在美國或菲律賓出版的地圖上，還是美國殖民政府的認知中，黃岩島都不屬菲律賓。在菲律賓從西班牙易手給美國的過程中，黃岩島實際上「被丟失」了。儘管期間菲律賓在一些事例上顯示了對黃岩島的管轄，但卻始終沒有宣稱對黃岩島的主權。這成爲以後中菲黃岩島之爭的根本原因。

中國在一九三五年之前的地圖多沒有黃岩島（見一九三四年申報出版的地圖，圖57）在一九三五年通過第一次地圖開疆，把黃岩島以「斯卡巴洛礁」的名稱作爲南沙群島（後來的中沙群島）的一部分，劃入中國版圖（見二·八）。之後出版的地圖才加上黃岩島（見一九三六年申報出版的地圖，圖58）。一個只是負責審核地圖出版是否正確的下級機構，僅憑一份刊物列出這個島的名稱，就斷言中國已經對黃岩島（和南沙群島）主張主權，這樣做是否已經滿足國際法的要求很成疑問。而且事後中國對該島也沒有採取任何實際行動。如前所述，就連關係相當密切的美國也不知道（或者不認爲）中國已經對黃岩島主張了主權。

一九四七年，中國對南海諸島採取了「收復」行動，但林遵的「收復」行動並沒有到達黃岩島。一九四八年，民國政府內政部方域司出版《南海諸島位置圖》，進行第二次地圖開疆，畫上了十一段線，黃岩島也在這條折線之內。同時，中國又對島嶼進行新命名，在這一版命名中，黃岩島的名字改爲民主礁。但在有效控制方面，民國政府不但沒有在行動上收復黃岩島，就連在二戰之後美國

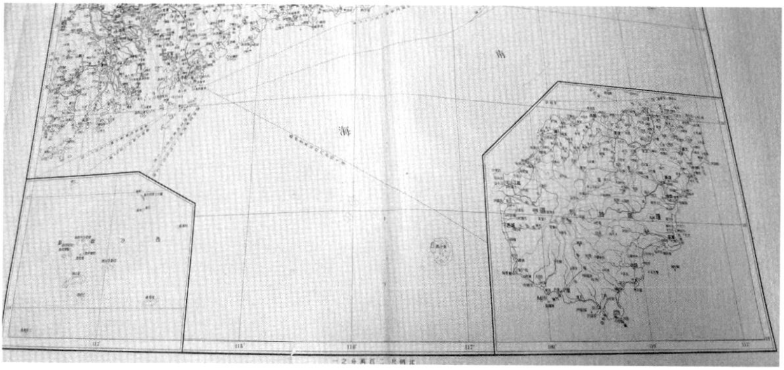

圖 57 一九三四年申報出版的《中國地圖集》之《廣東省地圖》

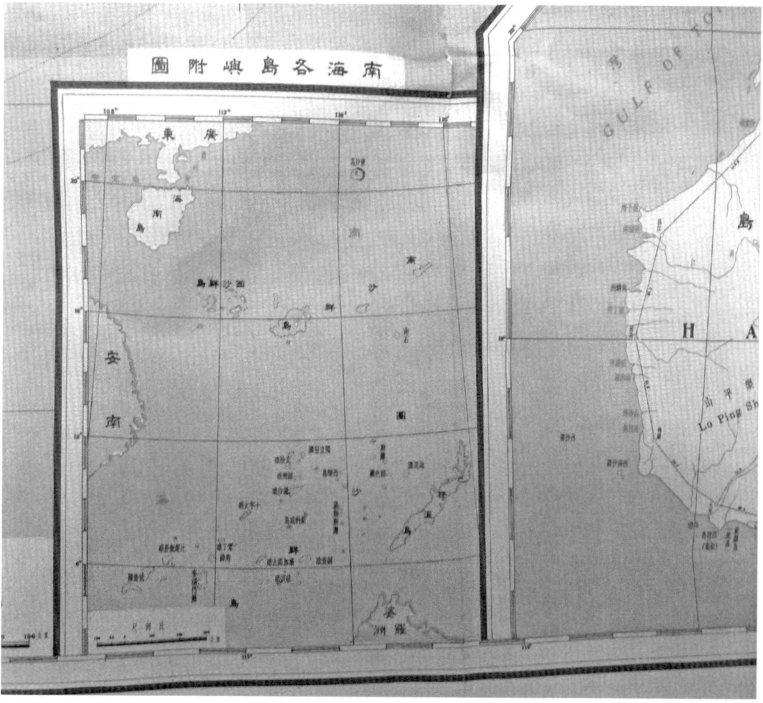

圖 58 一九三六年申報出版的《中國地圖集》之《廣東省地圖》

海軍把黃岩島當作靶場，定期在黃岩島上進行演練，民國也沒有對美國表示抗議。但是美軍對黃岩島的主權問題毫不關心，使得此期間黃岩島的主權問題依舊模糊不清。

菲律賓在獨立後主張了對南沙群島的主權，但是從一九四六年到一九七〇年代的各次聲明中，菲律賓所提出的領土範圍也沒有包括黃岩島。一份一九七四年美國中情局資料也確認菲律賓沒有主張對黃岩島的主權。[143] 直到一九七八年六月十一日，菲律賓頒布一五九九號令《設立專屬經濟區及其他目的》，[144] 黃岩島才坐落在專屬經濟區之內（見圖30）。一九九〇年代前出版的菲律賓地圖上，也沒有把黃岩島畫在界內。

但這並不等於菲律賓對黃岩島沒有體現主權的行動。相反，有好幾個事例能夠說明從一九四六年到一九九〇年代初之間，菲律賓對黃岩島行使過管理權：

(1)一九五七年，菲律賓和美國一起測量了黃岩島。美國同時事先通知了臺灣和南越，但菲律賓是唯一參與行動的國家。

(2)一九四七年，美國與菲律賓簽訂《軍事基地協議》（1947 Military Bases Agreement）。[145] 此後，菲律賓軍隊多次參與美軍在黃岩島上的轟炸演習。一九六〇—一九八〇年代，菲律賓在每次演習前都通過聯合國海事組織（UN International Maritime Organization），發布航海者通知（Notices to Marriners），要求船隻離開黃岩島一帶海域。[146]

(3)一九六一年，在上校 Antonio P. Ventura 的帶領下，菲律賓海岸和大地測量局（Philippine Coast and Geodetic Survey）對黃岩島進行爲期四天的測量和考察，還在一塊岩石上安裝了潮水和海流的測量裝置。[147]

（4）一九六三年十月，菲律賓海軍發現來自澳門和臺灣的走私集團與菲律賓人勾結，把黃岩島作爲基地向菲律賓走私。具體做法是，中國走私人員把貨物運往黃岩島，再由菲律賓人從黃岩島運往呂宋島。由於菲律賓和美國疏於防範，中菲走私分子甚至在黃岩島建起了兩座倉庫和一些碼頭設施。菲律賓出動空軍和海軍對黃岩島進攻和轟炸，逮捕了部分走私人員，並摧毀了這些建築（圖59，右上）。[148]

（5）類似的走私事件在一九六四年三月再次被發現。菲律賓決定加強對黃岩島的巡邏。一九六五年，菲律賓在黃岩島豎起一杆八米多高的旗杆並升起菲律賓國旗，同時建造了一座燈塔。從此以後，通過黃岩島走私的活動大大減少。[149]

（6）一九九二年美國從蘇碧灣撤軍之後，菲律賓在同年重新建立了燈塔，並報國際航海組織登記在

【142】芹澤馨吾，《標準大東亞分圖》，統正社株式會社，昭和十八年。
【143】https://www.cia.gov/library/readingroom/docs/CIA-RDP85T00875R000600040012-5.pdf, p.12.
【144】《法律條約彙編》，六九—七一頁。
【145】https://www.loc.gov/law/help/us-treaties/bevans/b-ph-ust000011-0055.pdf.
【146】Jarius Bondoc, Scarborough is Phl, antique maps show, http://www.philstar.com/opinion/2014/10/29/1385631/scarborough-phl-antique-maps-show-2. Also See, Justice Antonio T. Carpio, Hisotical Facts, histotical Lies, and Historical Rights in the West Philippine Sea. http://plj.upd.edu.ph/wp-content/uploads/2015/03/88-03-G-Historical-Facts-Historical-Lies-and-Historical-Rights-in-the-West-Philippine-Sea.pdf.
【147】http://www.imoa.ph/bajo-de-masinloc-scarborough-shoal-less-known-facts-vs-published-fiction/.
【148】François-Xavier Bonnet, Geopolitics of Scarborough Shoal, Irasec's Discussion Papers #14, 2012, p.19.
【149】François-Xavier Bonnet, Geopolitics of Scarborough Shoal, Irasec's Discussion Papers #14, 2012, p.20.

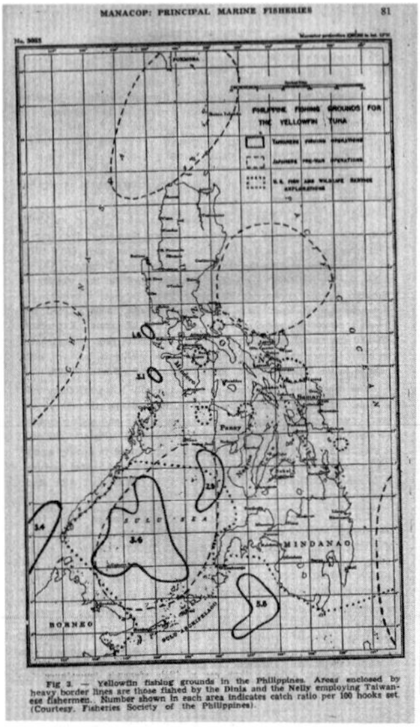

The principal fishing areas include Stewart Banks, Scarborough Reef, Apo Reef, the areas around Fortune, Lubang, Marinduque, Polillo, Ticao, Burias, Masbate, Cuyo and Busuanga Islands. The principal fishing season is during the calm months (December to May).

The fishing gear consist of simple handlines (*kawil*), multiple handlines (*kawil moderno*), trawl lines (*kitang*), fish corrals, and deep-water fish pots (*bubo*). The simple handline is operated day and night and employs light when used during the dark of the moon. Trawl-lines and multiple hand-lines are generally used during the day. Bubos artificially lighted with an ordinary flaslight tightly sealed in a glass jar are successfuly used in this fishery.

圖 59　戰後初期，菲律賓在黃岩島上的活動記錄
一九五二年版的 *Philippine Fisheries* 中的地圖（左）和有關黃岩島記錄（右下）；右上，當地報紙關於菲律賓軍方摧毀黃岩島走私集團建築的報導

案。菲律賓軍艦和警衛船隻一直在黃岩島和附近海域巡邏。[150]

這些事例表明，菲律賓在戰後，具備對黃岩島的有效控制，也表達了對黃岩島的主權。而中國政府（包括臺灣和大陸）都沒有對菲律賓的上述行動提出抗議。

需要指出的是，儘管菲律賓很大程度上控制了黃岩島，但由於距離本土遙遠，菲律賓對黃岩島的管轄並不嚴格。一般而言，對其他國家的漁民在黃岩島上的活動沒有什麼限制（這就是爲何它曾被作爲走私基地）。但菲律賓所採取的行動，已經能夠視爲一種有效管理。

此外，菲律賓漁民與黃岩島的關係較中國漁民密切。就文字記載而言，菲律賓在一九五〇年代初的漁業統計（Philippine Fisheries, 1952, 1953）中已經把黃岩島記錄爲菲律賓人的漁場（圖59，右下），漁業地圖中

也把黃岩島包括在內（圖59，左）。【151】此後也有漁民在當地持續活動的證據。【152】而中國漁民的《更路薄》上沒有到黃岩島的紀錄。中國解放後長期的南海禁漁到一九八四年才結束，漁民到黃岩島捕魚大概也是之後的事。

中國文革結束前，無論大陸還是臺灣都沒有在黃岩島上活動的紀錄。文革後，中國銳意向南海開拓。一九七七年十月和一九七八年六月，中國科學院南海海洋研究所兩次組織了前往黃岩島的研究活動。一九八五年四月，國家海洋局南海分局組織的綜合考察隊登上黃岩島，實施綜合考察活動。一九九四年，南海科學考察隊抵達黃岩島進行考察。這些考察活動既沒有向菲律賓提出申請，也沒有受到任何阻撓。在一九九四年的考察中，中國科學家甚至在島上留下一塊一米高的水泥紀念碑作爲中國的標誌物。【153】

另外，中國在一九八四年對南海島嶼重新定名，發表了公開的文件，把民主礁正式改名爲黃岩

【150】Philippine position on Bajo de Masinloc (Scarborough Shoal) and the waters within its vicinity, http://www.gov.ph/2012/04/18/philippine-position-on-bajo-de-masinloc-and-the-waters-within-its-vicinity/.

【151】D.V. Villadolid, *Philippine Fisheries (1952)*, Bureau of Fisheries. Chapter 8, Principal Marine Fisheries, p.88 (map in page 81). Also in the 1953 version, p.121.

【152】Andres M Mane, Status, Problems and Prospects of the Phillipine Fisheries Industry, *Philippine Farmers' Journal*, (1960 Dec), Volume II no.4, p.34.

【153】〈中國對黃岩島的領土主權擁有充分法理依據〉，《人民日報》二〇一二年五月九日，http://paper.people.com.cn/rmrb/html/2012-05/09/nw.D110000renmrb_20120509_1-03.htm.

島。[154]菲律賓並沒有對此事做出反應。和兩次地圖開疆的問題是一樣：如果外國對這些在中國國內公開發布的，但沒有在外交上正式通報的文件，沒有做出及時反應，是否等同默認文件內容？

菲律賓對黃岩島與南沙群島採取不同態度，可能有如下原因：第一，一九九二年之前，黃岩島被美國和菲律賓實際占領和使用，而沒有（明確的）爭議存在。嚴格說來，一九九二年前中國在不同場合中明確提出了對「中沙群島」的主權，但是中國和國際對「中沙群島」的定義不一，而中國也沒有專門就黃岩島的主權對美國或菲律賓提出交涉，菲律賓甚至可能不清楚所謂的「黃岩島」就是Scarborough Shoal；第二，黃岩島實在太小，根據國際海洋公連聲稱專屬經濟區的資格都沒有。即使到今天，還看不見漁業之外的價值；第三，菲律賓還有一種說法，認爲黃岩島屬租借的蘇碧灣海軍基地的一部分；一九九二年美軍撤離的時候，已把黃岩島交還菲律賓，[155]但這個說法沒有根據。

黃岩島主權就這樣一直處於模糊狀態。一九九二年以後，菲律賓加緊控制黃岩島，開始頻繁在黃岩島巡邏。一九九四年《海洋法公約》生效後，菲律賓宣布對黃岩島附近海域有海洋管理權。但在那刻，菲律賓仍然沒有宣稱對黃岩島的主權。

黃岩島事件

在第一次美濟礁事件之後，中菲之間的南海局勢大爲緊張。但這與遠離南沙的黃岩島，似乎看不到有什麼直接關係。直接引發爭議的事件還得從業餘無線電組織說起。在互聯網流行之前，通過無線電波互聯，是一種結交世界範圍內的遙遠、陌生，但有共同愛好的朋友的方式，一直爲愛好者推崇。

通過短波電臺進行遠距離通訊（distant communication，或 DX），是無線電愛好者的一項傳統活動。DXCC是一個國際無線電業餘愛好者組織，該組織把全世界劃分爲許多「國家」（DXCC country）。這些國家並不一定是眞正的國家，而可能只是一個虛擬國。比如美國有四個DXCC國家（本土、夏威夷、中途島和阿拉斯加）。全球共有三〇〇多個DXCC國家。如果一個愛好者（或一個協會），能夠成功地通過無線電聯絡一〇〇個DXCC國家，就可以向美國業餘無線電協會的管理員申請獎狀，並參加排名。能聯絡的「國家」越多，排名就越高。這種規則到了九〇年代，已經趨於「飽和」。唯有開發出新的DXCC國家，才能進一步提升排名。於是，在更爲遙遠的地方架設電臺，並申請爲新的DXCC國家，成爲當時無線電愛好者追逐的熱潮。黃岩島也因此進入了無線電愛好者的目標。因爲該處極爲偏遠，又從來沒有架設過電臺，所以如果能在那裡架設電臺就有資格成爲新的DXCC國家。而要在那裡架設電臺，就必須「遠征」到那裡。這就是黃岩島DXpedition（DX遠征）的背景。

最早注意到黃岩島的不是中國的無線電愛好者。屬於歐洲DX基金會的德國人迪特，大概是最早採取實際行動的。一九九〇年他已經向中國和菲律賓領事館諮詢有關黃岩島的主權問題和電臺架設問題。據說，菲律賓駐德國大使比安弗吉尼於一九九〇年二月五日致函迪特，稱「據菲國家地圖和資源信息部，黃岩島不在菲領土主權範圍以內」。[156]而中國大使館則批准了迪特架設電臺的申請，但他最

【154】正式的稱呼是黃岩島（民主礁）。

【155】Philippine position on Bajo de Masinloc (Scarborough Shoal) and the waters within its vicinity, http://www.gov.ph/2012/04/18/philippine-position-on-bajo-de-masinloc-and-the-waters-within-its-vicinity/.

【156】〈黃岩島上的無線電波〉，《三聯生活週刊》，http://www.duwanjuan.cn/huang-yan-dao-shang-de-wu-xian-dian-bo.

終未能成行。

當時想到黃岩島架設電臺的不止迪特一個。另一個德國愛好者漢斯，在一九九三年十月六日向美國業餘無線電協會提出申請，要求把黃岩島列爲新的DXCC國家。一九九四年三月，迪特再次向中國大使館申請，得到批准。而一個競爭對手芬蘭人馬蒂（Martti, OH2BH/VR2BH）搶先一步，於一九九四年四月在馬尼拉僱傭了一架飛機到黃岩島上空觀察，照片顯示露出水面的石頭太小，作業極爲艱難。迪特因此打消了念頭。馬蒂卻不死心，他找到與中國無線電界關係不錯的日本人溝口合作。在後者的牽線搭橋下，兩人於一九九四年五月到中國訪問了中國無線電協會。

當時，中國業餘無線電活動處於剛起步狀態，國內根本無人知曉與DXCC相關的事宜，自然對競相在黃岩島設立電臺之事一無所知。儘管馬蒂和溝口的相關接受，引發了中方的興趣，但根據中國無線電運動協會的說法，「外國人不能在中國獨立設置業餘電臺」。於是雙方決定組成國際聯合DX遠征隊。中國官方得知此事後，反應非常積極。國家體委主任伍紹祖很快批准了方案（無線電活動協會掛名在體委之下），無線電管理委員會批准了在黃岩島設置和使用業餘電臺，編號BS7H。而外交部也批准了外國隊員登陸黃岩島的申請。[157]（圖60）整個審批過程僅用了兩個星期。[158]中國無線電協會會長陳平是中國參加聯合遠征隊的唯一中國人，也是領隊。爲了能夠在礁石上搭建平臺，以符合申請成爲DXCC國家的標準，一個有在沖之鳥礁上架設無線電臺經驗的日本人被邀加入了行動。[159]最後聯合遠征隊包括中、芬、美、德、日、菲六國的八位成員。有趣的是，他們並不是從中國出發，也沒有用中國的船，而是租借和乘坐一條在巴布亞新幾內亞註冊的測量船（M/V Tabibuga，船長爲澳洲人），在一九九四年六月從菲律賓蘇比克出發，於六月二十五日到達黃岩島，架設了電臺，聯繫上了

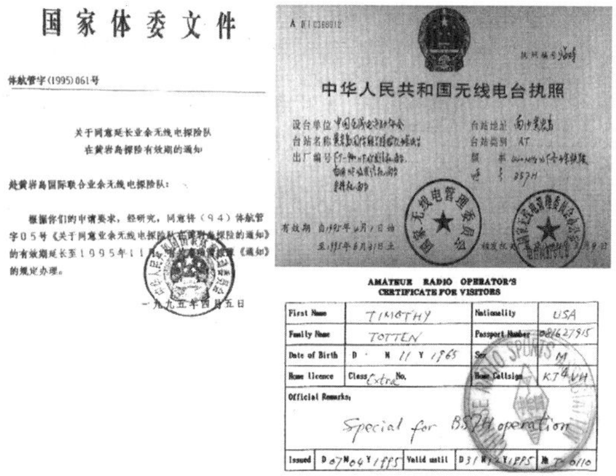

圖 60　中國批准登陸黃岩島的文件

中國無線電運動協會總部電臺 BY1PK，完成遠征。[160]

但是表示，他們在黃岩島設立電臺時，平臺的四條腿不是在岩石上，而是在海水中，不算陸上操作，故此黃岩島不能列入 DXCC 國家。於是，聯合遠征隊準備第二次遠征，同樣得到中國體委、無線電管理委員會和外交部的批准（見圖60）。一九九五年四月，聯合遠征隊再次前往黃岩島，所用的船隻仍然是上次的 M/V Tabibuga，從菲律賓出發。[161]

這次他們設立平臺很仔細，滿足了美國業餘無線電協會要求。但是通訊設備卻出了故障（發電機電壓太低），以致美國東岸的無線電愛好者未能收到信號，而美國東岸正是美國業餘無線電協會總部所在。再加上美國業餘無線電協會剛剛通過了「最小領土原則」，參照《聯合國海洋

[157]〈黃岩島上的無線電波〉。
[158] http://baike.baidu.com/item/BS7H.
[159]〈我國無線電愛好者「遠征」黃岩島始末〉，http://mil.huanqiu.com/photo_china/2011-10/2097304_4.html.
[160]〈黃岩島上的無線電波〉。
[161] http://www.n4gn.com/sr95/sr06.html.

法公約》一二一條規定，要能夠提供人類生存的島嶼才有資格成爲DXCC國家。這個新規定把黃岩島排除在外。但由於黃岩島申請在前，規則誕生在後，這個新規則是否能應用在黃岩島上存在爭議。一開始，黃岩島申請成爲DXCC國家的申請又遭到否決。陳平等在一九九六年一月赴美，在美國DX大會上力爭。最後一月二十三日，美國業餘無線電協會終於在對中國業餘無線電界提交的有關申請和上述所有主權文件進行審查後，發表相關公告，正式把代表中國的黃岩島列爲DXCC國家。[162]

在中方的描述中（主要出自陳平的敘述），對於一九九四年遠征還有不少模糊之處，比如爲什麼有美國和菲律賓（Tim及KJ4VH）[163]的成員加入？爲什麼從菲律賓出發？如何與菲律賓方面交流？

中國的無線電管理委員會、國家體育委員會和外交部兩次批准相關申請，[164]顯示了中國對黃岩島的主權意圖，這和中國對黃岩島的態度是一致的，也成爲了中國管理黃岩島的證據。而且，在有關黃岩島的主權問題上，陳平聲稱當時收集了很多有關黃岩島主權的資料。其中有三份是特別有價値的，可以視爲菲律賓否認自己對黃岩島主權的證據。第一份是德國的迪特曾經收到一九九〇年二月五日菲律賓駐德國大使寫給他的信，信中明確表示「據菲國地圖和資源信息部，黃岩島不在菲領土主權範圍以內」。第二份是一九九四年二月二十八日菲律賓環境及自然資源部寫給美國業餘無線電協會的證明信：「菲領土邊界和主權是由一八九八年十二月十日巴黎條約第三款所規定，黃岩島位於菲領土邊界之外。」第三份是菲律賓業餘無線電協會給美國業餘無線電協會的信：「本著業餘無線電精神，他們支持將黃岩島列作新的中國DXCC實體」。[165]中國強調前兩份文件都可以證明菲律賓對黃岩島不擁有主權。[166]而美國業餘無線電協會把黃岩島列爲中國「DXCC國家」也被一些人視爲國際承認中國在黃岩島的主權的根據。[167]但其實無論菲律賓還是美國業餘無線電協會只是業餘性質的協會，非官方機構，所作任何決定都缺乏官方效力。

菲律賓駐德國大使館給迪特的信和菲律賓環境及自然資源部寫給美國業餘無線電協會的證明信是非常有力的證據，極具法律效力。可是難以理解的是，它們的年代還不甚久遠，又如此地有法律效力，儘管中國無線電愛好者聲稱，在一九九四年已經收集了這兩封信的原件，[168] 它們卻從來沒有被公開過。不但原件沒有被公開，就連原始英文文本也沒有被公開。相關信息一直都只是中國傳媒在轉述。因此，這兩封信是否眞實存在尚有疑問。[169]

前兩次遠征都沒有引發爭議，船員登島也沒有受到任何來自菲律賓的干擾。但第三次登島卻引發了黃岩島爭議。

原來，儘管黃岩島被承認爲 DXCC 國家，但遠征隊第二次登島架設的電臺仍出現設備故障，於

---

[162]〈黃岩島上的無線電波〉。

[163] http://www.n4gn.com/sr95/sr04.html.

[164]〈中國對黃岩島的領土主權擁有充分法理依據〉，《人民日報》二〇一二年五月九日。http://paper.people.com.cn/rmrb/html/2012-05/09/nw.D110000renmrb_20120509_1-03.htm.

[165]〈黃岩島上的無線電波〉。

[166] 姜紅明，唐文彰，〈黃岩島主權辨析〉，《社科縱橫》，二〇一二年九月，總第二十七卷第九期，五一頁。

[167] 姜紅明，唐文彰，〈黃岩島主權辨析〉。

[168]〈黃岩島上的無線電波〉。

[169] 筆者曾經數次爲此寫信和致電美國業餘無線電管理協會求證，但並沒有得到回覆。

是又有第三次登島之議。這時，芬蘭人馬蒂等失去再次登島的動力，因而第三次遠征的組織工作轉入中國人手中。這次遠征隊成員有六名中國人，三名美國人和兩名日本人。陳平沒有親自遠征，但擔任組織者。這次的出發地點改爲廣州，乘搭中國官方海監船。按照組織者陳平的說法，之所以那樣安排，是認爲如果從中國出發會更有意義，於是找熟人聯繫國家海洋局。[170] 矛盾的是，他覺得能容納四十五人的海監船實在太大，並不理想（無線電隊員總人數是十一人），但海洋局出動了兩艘海監船（七四號和七二號）前往黃岩島。如此陣勢，很難不令人覺得此行是有備而來的。

一九九七年四月，遠征隊從廣州出發，試圖第三次登上黃岩島架設電臺。適逢出發前兩天（四月二十八日），菲律賓宣布在美濟礁發現三艘中國軍艦，向中國提出抗議。南海局勢再次緊張。船隊四月三十日到達黃岩島。就在登島架設設備的時候，兩架菲律賓飛機超低空偵查，「幾乎就像從隊員們的頭頂飛過去」。無線電隊員沒有理會，繼續架設設備。但據隊員描述，大家對此緊張情況毫無思想準備，都感覺非常意外。[171]

五月一日，一架菲律賓巡邏軍艦到達。菲律賓士兵登上了設立無線電臺的所有三塊礁石，檢查設備，並詢問他們登島的目的。據登島者說，菲律賓軍人態度非常友善，甚至拿出藥物救助因風浪而不適的登島者。在和無線電隊伍以及中國海洋局船隻討論之後，菲律賓軍官聲稱，那裡是菲律賓的經濟專屬區。中國海洋局船員則反駁，那是中國的領土，附近十二海里是中國領海。菲律賓軍官則不同意中方的說法。值得一提的是，在登島隊員的敘述中，菲律賓軍官承認過菲律賓沒有對這個礁石主張過主權。[172] 同時，菲律賓軍官似乎對這些設備是否會影響漁業活動更爲在意，在一一經菲律賓海軍檢查過這些設備，並確認它們與漁業活動無關之後離去。但在離開前又重申，這裡是菲律賓的經濟專屬區，中國的船隻可以穿越，但不能在任何一個地方停留過長。【173】菲律賓船隻雖然離去，但沒有走遠，還在當地水域巡邏。第二天，更多的菲律賓船隻到達現場，甚至有潛水人員出現。雖然雙方在整個過程中都沒有發生衝突，但是海洋局船隻的領導還是決定返航，這個原定七天（一說原計畫爲六天）的行動僅三天就宣告結束。船隊返航前在島上豎立了中國國旗。【174】

第三次遠征登島受到了菲律賓巡邏船隻干擾，引發了黃岩島主權爭議事件。這表明菲律賓實際控制了黃岩島附近一帶的海域，也反映菲律賓對前兩次和第三次登島持有不同態度的原因，可能與船隻的國籍和出發地點有關。

幾日後的一九九七年五月九日，南沙再起風波。菲律賓三位眾議員駕駛飛機巡視中業島，導致中菲關係緊張，無異於對黃岩島事件火上澆油。

中國外交部在五月十三日向菲律賓提出抗議。菲律賓外交部長西瓦松（D. Siazon, Jr.）反駁：那本是我國的水域。而菲國防部長則稱黃岩島屬菲律賓，因爲它位於菲律賓二〇〇海里的專屬經濟區內。五月中旬，菲律賓兩位國會議員登上黃岩島拆除了中國國旗，並豎立菲律賓國旗和標誌。【175】五月

【170】〈黃岩島上的無線電波〉。
【171】〈黃岩島上的無線電波〉。
【172】BS7H 1997 Bulletin 13, http://www.n4gn.com/sr/bltns/bltn13.html.
【173】BS7H 1997 Bulletin 13.
【174】〈黃岩島上的無線電波〉。
【175】《南海波濤》，五九—六〇頁。

二十日，中國外交部發言人沈國放稱「黃岩島自古以來就是中國領土，很久以前已經確定」。[176]五月二十一日，菲總統拉莫斯在新聞發布會上再次強硬表示「菲律賓對黃岩島擁有主權以探測和開發黃岩島的資源，它位於我們的專屬經濟區內。」[177]至此，中菲黃岩島之爭正式拉開序幕。

五月二十日，菲律賓海軍在黃岩島附近海域扣留了一艘中國臺山「六二〇九八」號漁船，逮捕二十一名中國漁民，並控其非法入境。兩國隨即圍繞漁民進行外交角力。菲律賓這時想起了美國，官員和政客都呼籲加強美菲軍事協定。但美國剛剛從蘇碧灣基地被趕走而心懷憤懣，稱對現在的軍事協定非常滿意，不會進行修訂，同時表示鼓勵各方以和平的方式解決問題。[178]最後，菲律賓法院裁定「非法入境」不成立，因爲漁民是在專屬經濟區中逮捕的，而不是在領海，所以不構成「非法入境」罪。此事這才告一段落。

一九九七年之前的黃岩島的地位耐人尋味。中國毫無疑問認爲黃岩島是自己的領土，而菲律賓也認爲黃岩島一帶是自己管轄的海域。在中菲黃岩島之爭中，中國常指出，菲律賓外長承認，「黃岩島是中菲之間出現的新問題」，可見菲律賓對黃岩島的主張是「新」的。但菲律賓外長的意思是，菲律賓以前沒有意識到中國對黃岩島主張領土，而黃岩島一直在菲律賓的控制之下，故此這是個「新」的主權爭議。

自始，黃岩島成爲中菲之間的新戰場。菲律賓加大了對黃岩島巡邏和漁業管轄的力度。一九九八年一月十一日，菲律賓海軍在黃岩島海域抓扣瓊海「〇〇三七二」號和「〇〇四七二」號漁船及二十二名船員。三月十一日，在黃岩島附近海域扣押中遠「三一一」號和「三一三」號漁船及二十九名船員。一九九九年五月二十三日，漁船「瓊海〇三〇九一」號和「瓊海〇三〇八二」號被菲律賓

「四七」號軍艦驅趕、追趕、槍擊達兩小時之久。瓊海「〇三〇九一」號漁船在三次撞擊後沉沒，菲軍艦逮捕其中三名落入海中的中國漁民。一九九九年七月十九日，菲海軍又在黃岩島附近海域追趕並撞沉「瓊海〇三〇六一」號船，船上十幾名船員落水，被另一艘中國漁船救起。一九九九年十一月三日，菲出動軍艦追捕正在黃岩島避風的海南瓊海的三艘漁船。後經中國駐菲使館緊急交涉，菲海軍才停止追趕。二〇〇〇年一月六日，菲海軍對在黃岩島附近作業的六艘中國漁船進行驅趕。一月十五日，菲「一一」號軍艦又在黃岩島附近驅趕「瓊海〇一〇〇八」和「〇二〇二二」號漁船。一月二十五日，「瓊海〇九〇九七」號等四艘漁船在黃岩島被菲「七〇」號軍艦人員登船檢查並沒收財物。二月五日，菲軍艦又在黃岩島附近向中國漁船鳴槍警告，強迫中國漁船接受其登船檢查並沒收中國漁民捕獲物。【179】二〇〇〇年三月十四日，菲律賓登島搜索十艘中國漁船，檢獲大批巨蚌和炸珊瑚用的雷管和炸藥。【180】二〇〇二年九月一日，菲海軍在黃岩島拘留四艘中國漁船和十四名中國漁民。

菲律賓軍艦還在黃岩島進行軍事活動。一九九九年十一月三日，一艘菲軍艦以「擱淺」爲由在黃岩島「坐灘」，約一個月之後才拖走（見後）。【181】二〇〇一年三月二十八日，菲律賓一炮艦長駐黃岩

【176】《南海風雲》，三六一—三六二頁。
【177】《南海風雲》，三六四頁。
【178】《南海風雲》，三六七頁。
【179】以上例子來自江淮〈菲律賓染指中國黃岩島回溯〉，《世界知識》，二〇一二年十期，http://www.lwlm.com/Military/201205/652826.htm.
【180】《南海風雲》，四一四頁。
【181】江淮〈菲律賓染指中國黃岩島回溯〉，《世界知識》，二〇一二年十期。

島。[182]此外，菲律賓議員以議員身分登島。[183]在上述事件中，中國儘管在口頭上進行抗議，但是都沒有採取實際行動。在二〇一二年之前，沒有一艘中國公務船或武裝力量進入過黃岩島海域。中國也承認，在二〇一二年之前，菲律賓實際控制著黃岩島。

一九九九年五月，菲律賓出版了新地圖，把黃岩島畫在菲律賓國境之內。二〇〇九年，菲律賓通過了參議院二六九九號法案和眾議院三二一六號法案，正式在法律上把黃岩島作爲領土列入版圖。

第二次美濟礁事件

黃岩島爭議後，中菲又發生第二次美濟礁事件。中國不滿足於在美濟礁上的民用高腳屋。一九九五年，中國建造第二代高腳屋，作爲簡單的哨所，留人駐守，達到控制島礁的目的，但無法用於軍事用途。中國接著要把美濟礁建設爲一個眞正的軍事前哨。從一九九八年開始，在美濟礁開始興建第三代「高腳屋」，即所謂的「礁堡」——在礁石上興建的大型鋼筋混凝土結構。

中國的舉動引起菲律賓的注意。一九九八年十月，在對美濟礁的偵察中，菲律賓拍攝到了正在興建的建築。十一月五日，菲外交部次長卡戴召見中國駐菲大使關登明，抗議中國武裝船舶入侵美濟礁。同日，菲總統府發言人在新聞簡報中表示：我們已經獲悉，中國正在美濟礁島上興建若干設施，並派遣了數艘海軍艦艇在那裡，包括兩艘有直升機升降場的軍艦。菲國防部長則認爲，中國強化在美濟礁上的工事，超越了經濟性的活動，顯示出中國對菲律賓的主權和領土完整是潛在的威脅。菲律賓要求中國將島上的工事拆除。[184]

中國駐菲律賓大使館回應道：「由於不可抗拒的自然因素，（一九九五年）上述避風設施已遭到嚴重損壞，中國地方漁政部門不得不對原有設施進行必要的維修加固。」「中國對美濟礁避風設施進行必要和適當的維修加固是中國主權範圍內的事，完全是爲了和平利用的目的。」中國此後的態度與此聲明一樣，堅持新建設的只是民用措施。

中國也加大外交力度，包括外長唐家璇和菲外長西亞松於十一月十四日在吉隆坡亞太經合組織部長級會議中會面；主席江澤民於十一月十七日在吉隆坡與菲總統艾斯科拉達會面。均達成擱置爭議，著手共同開發的協議。菲總統艾斯科拉達在十一月二十五日表示，菲律賓對中國在南沙群島上進行的工程做出讓步，他們的工作可以完成，但不能加建。[185]

美濟礁爭議看似告一段落，但在菲律賓，總統並不能控制一切，國會亦能起到作用。眾議員虞禮斯是巴拉望人，對中國在南沙活動比出身於呂宋島的總統更爲敏感。在總統有意降溫的情況下，他卻直接邀請美國眾議院國際關係委員會議員羅拉巴克（Dana Rohrabacher），在十二月十日一道乘坐空軍直升機前往美濟礁上空觀察。羅拉巴克得出結論：中國在美濟礁上出現戰艦是對軍事孱弱的菲律賓的威脅，並呼籲美國在外交和經濟上向中國施壓，撤離戰艦和拆毀建築物。[186]其實，美國政府也希望

【182】《南海風雲》，四一五頁。
【183】〈黃岩島上的無線電波〉。
【184】《南海風雲》，三七六頁。
【185】《南海風雲》，三七八頁。
【186】《南海風雲》，三七九頁。

息事寧人，事前曾經多次嘗試阻止羅拉巴克的行動，理由是安全無法得到保障。[187] 但美國政府同樣無法阻止美國國會議員的行動。

在美國國會鼓勵下，菲律賓國會再次提高調門。一九九九年一月十二日，在祕魯利馬舉行的亞太國會論壇年會上，菲律賓首次在公開場合就南沙問題與中國對峙。菲律賓代表副參議長胡碧禮，提出抨擊中國在南沙行動威脅地區和平與安定的第十五號決議案草案。中國代表要求收回草案，雙方在會議上展開尖銳的舌戰。

態度親中的艾斯科拉達不得不再次安撫。一月二十一日，他召開國家安全會議，包括政府、外交部和國會代表都出席了會議。最終達成以外交談判解決的共識。艾斯科拉達還堅持，美國無需介入領土爭端，也否定了以民族主義發動民眾升級事件的提議。[188]

與此同時，菲律賓在中業島擴建軍事措施作爲回應。這在一九九九年三月三日引發中國外交部抗議，被菲律賓拒絕。三月二十二日在馬尼拉召開的中菲南沙工作小組上，雙方達成協議，發表《中菲聯合公告》，表示在南沙「保持克制，不採取導致事態擴大化的行動」。[189] 美濟礁事件才告一段落。在第二次美濟礁事件中，中國成功地升級了高腳屋，從原先只能勉強住人的簡陋處所，變爲隨時可以改裝爲軍事堡壘的永久性基地。

儘管發表了聯合聲明，但菲律賓並不甘心。艾斯科拉達旋即在三月三十日透過新聞祕書表示，菲律賓將繼續爭取美濟礁主權，並準備把這個問題提交給聯合國所屬的海洋法國際法庭。[190] 但這遭到中國駁斥。四月二十日，新任駐菲大使傅瑩表示，兩國可以坐下來舉行雙邊會談，中國堅決反對把問題帶到國際場合。[191] 這是菲律賓第一次提出要把南海事務提交國際仲裁機構。從此，是雙邊還是多邊談判解決問題，或是通過國際法庭裁決，成爲南海問題的新外交角力點。十五年後，提交仲裁機構終於成爲事實（見六．九，六．十四）。

仁愛礁與黃岩島坐灘事件

在第二次美濟礁事件後，馬來西亞在一九九九年四月不動聲色地占領了簸箕礁（Erica Reef，Terumbu Siput）和榆亞暗沙（Investigator Shoal，馬來西亞稱之爲 Terumbu Peninjau，直譯爲觀察礁），在上面建立了海軍哨所。[192] 中菲都沒有精力阻止馬來西亞的行動。這樣一來，中國占領的美濟礁、越南占領的無乜礁（Pigeon Reef）和馬來西亞占領的榆亞暗沙，從北到南逼向巴拉望島。菲律賓擔心在新一輪的南沙爭奪戰中落了後手，也擔心國家安全，試圖採取反制措施——占領與美濟礁對望的仁愛礁，使它與南部的司令礁（Commodore Reef）連成一線，以阻止別國繼續逼近巴拉望。

菲律賓很快就等到了一個好機會。一九九九年五月八日，美國和北約在南斯拉夫的空襲行動中

【187】STATE DEPARTMENT REPORT, JANUARY 4, 1999, http://www.usembassy-israel.org.il/publish/press/state/archive/1999/january/sd1105.htm.

【188】《南海風雲》，三八五頁。

【189】《南海風雲》，三九〇頁。

【190】《南海風雲》，三九二頁。

【191】《南海風雲》，三九四頁。

【192】Mold Nizam Basiron, The search for sustainablity and security, from Joshua Ho & Sam Bateman (Ed.) *Maritime Challenges and Priorities in Asia: Implications for Regional Security*, Routledge, 2012, p.74.

「誤炸」中國大使館。[193]中國爲美中關係所困，無暇南顧。第二天，菲律賓命令在這一帶遊弋的坦克艦BRP Sierra Madre號開往仁愛礁，隨即在仁愛礁「失事」擱淺。這艘軍艦是美國在二戰時建造的軍艦，後來轉讓給菲律賓，當時已經基本喪失戰鬥力，正適合執行擱淺任務。

中國向菲律賓提出抗議。菲律賓聲稱，戰艦底部漏水無法行駛，不得已擱淺。中菲之間隨即展開多輪交涉，但菲律賓一拖再拖，最終不了了之。菲律賓在船上配備七名士兵，定期輪換。BRP Sierra Madre號長達一〇〇米，裡面有完善的生活設備，甚至有卡拉OK室。生活條件甚至比在其他島嶼上的高腳屋更好。菲律賓就這樣形成了對仁愛礁的實控。這是歷史上第一次有國家實控仁愛礁。此後，菲律賓定期對仁愛礁駐守的士兵進行物資補充和輪換，駐留的士兵數目在十名左右。

仁愛礁得手之後，菲律賓又想在黃岩島重施故技。五月二十三日，中國瓊海〇三〇九一號漁船在黃岩島附近海域捕魚，被菲律賓第四十七號軍艦驅趕。船隻發生相撞，十一名漁民落水後被救起，其中三名被菲律賓拘捕並送往馬尼拉。

中國大使傅瑩向菲律賓交涉，並會見被拘捕的漁民。漁民聲稱菲律賓軍艦追趕了兩小時，撞擊了漁船三次，是刻意撞毀漁船。但菲律賓解釋相撞是意外。六月二日，菲律賓釋放了被捕的三名漁民。[194]惟風波並未停止。六月五日，傅瑩在一個座談會中，出示了一幅菲律賓一九六七年出版地圖，顯示黃岩島在菲律賓的邊界線[195]之外。所以黃岩島並不屬於菲律賓。但菲律賓發言人描利干在十日回應，菲律賓一直按照國際法實施對黃岩島的主權，數十年前曾經在此剿滅走私者，並建造過燈塔。[196]

在外交交涉的同時，菲律賓試圖進一步控制黃岩島。十月二十日，菲律賓海軍派出建築隊和特戰隊到黃岩島施工。十一月三日，菲律賓五〇七號戰艦在黃岩島東南入口處北側坐灘，擱淺在島上充當觀察站。同時，兩艘護衛艦和炮艦在旁巡邏。十一月四日，中國巡邏機發現菲律賓的舉動，提出外交抗議。十一月五日，外交部部長助理王毅就菲軍艦在黃岩島「擱淺」一事向菲駐華大使交涉。十一月八日，外交部發言人章啓月表態說：「黃岩島自古以來就是中國的領土。中方要求菲方切實履行承諾，立即停止對中國領土黃岩島的一切侵犯行徑。」菲律賓則以「機艙進水」爲由，拖延了事。

適逢十一月底，東盟國家與中日韓三國領導人（10＋3）第二次非正式會晤和東盟與中國領導人（10＋1）非正式會晤預定在菲律賓首都馬尼拉舉行。中國政府總理朱鎔基準備出席上述領導人會晤並對菲律賓進行正式訪問。當時，菲方對東盟系列峰會能否在馬尼拉順利召開，以及朱鎔基總理訪菲高度重視。中菲兩國有關部門已經在爲朱總理訪菲進行緊鑼密鼓的準備工作。因而菲律賓軍艦企圖通過「坐灘」占領黃岩島，成爲影響訪問的一個重要敏感問題。中國外交部向菲方施加了強大的外交壓力，要求菲方承諾立即拖走「坐灘」黃岩島的軍艦。

十一月二十四日，陪同朱鎔基總理訪問菲律賓的部長助理王毅在馬尼拉約見菲外長，要求菲律賓儘快履行拖走軍艦的承諾。二十六日，隨同朱總理訪問菲律賓的中國外交部發言人朱邦造，在馬尼拉

【193】當時美國參與北約對南斯拉夫的軍事行動。三枚導彈炸中中國駐南斯拉夫大使館，造成三人死亡。原因說法不一。美國解釋是使用了舊地圖誤炸，但眞實的原因可能是中國大使館收藏了美軍一架被擊落的F117隱形軍機的殘骸，以獲取美軍技術和軍事機密。所以美國刻意炸毀殘骸。

【194】http://globalnation.inquirer.net/36003/scarborough-shoal-standoff-a-historicaltimeline.

【195】這裡的邊界線應該是指條約界線。

【196】《南海風雲》，三九六—三九九頁。

舉行記者招待會。有記者問起最近有菲律賓軍艦在黃岩島附近擱淺之事，朱邦造說，中方已就此事向菲提出交涉，菲方也已多次正式承諾將擱淺軍艦拖走。「希望菲方恪守承諾，這對菲方是否守信是一個考驗。」菲律賓外長西亞松不得不公開否認菲律賓海軍計畫占領黃岩島，並表態說：「我們已經做出承諾。我們將把該軍艦拖離該地區。」[197]十一月二十九日，在朱總理結束對菲律賓的訪問、登上專機離開馬尼拉之際，菲律賓於當天下午五點十五分左右拖走了在黃岩島「坐灘」了近一個月的菲律賓軍艦。黃岩島坐灘事件結束，菲律賓試圖在那裡建造高腳屋的計畫也只得放棄。

仁愛礁坐灘事件和黃岩島坐灘事件之所以有不同的結果，地點和時間都是很關鍵的因素。從時間上看，仁愛礁事件發生在美誤炸中國駐南斯拉夫大使館之際，中國無暇顧及仁愛礁。而黃岩島事件發生時，中國已經和美國解決了互相之間的衝突；而且菲律賓恰好是東盟10＋3會議的主辦國，外交顧慮大。兩者地點不同可能是更加重要的因素。黃岩島距離中國比仁愛礁距離中國要近得多。中國當時雖然沒有足夠的能力在黃岩島維持常規的巡邏，但如果下定決心，仍然有能力從西沙或者海南出發驅趕菲律賓。事實上，中國在一九九五年就單方面規定了南海「伏季休漁期」，其南線是北緯十二度，顯示中國有意願、有能力對這個區域進行掌控。但仁愛礁距離中國遠得多，而且美濟礁基地也尚未成型，中國對菲律賓的舉動可謂鞭長莫及。

在中國向南海推進的壓力之下，菲律賓才終於明白沒有美國的軍事支持將無法應對。於是在一九九九年，菲律賓重新和美國修好，同意恢復雙方的軍事聯繫。[198]

五・七　從南海會議到《南海各方行爲宣言》

現在，東南亞這個名稱耳熟能詳。但其實以東南亞稱呼這個區域始於二戰，當時的主要目的是劃分對日作戰的戰區。在此之前，東南亞並沒有一個統一的稱呼。正是這種劃分和稱呼，啓動了東南亞的區域建構意識。

戰後興起了區域性的國際組織。歐洲一九五八年成立歐洲經濟共同體（現歐盟的前身），非洲一九六一年成立非洲統一組織（現非盟的前身）。菲律賓和泰國在一九五五年參加了「東南亞條約組織」（SEATO），但那是一個軍事性爲主的組織，八個成員國中只有兩個是東南亞國家（另外六個爲美國、英國、法國、巴基斯坦、澳洲和紐西蘭）。這個組織並沒有像期望中那樣成爲東南亞版的北約，也沒有起到太大的作用。在一九七七年越南戰爭後已經實際被解散（在理論上，這個條約直到今天還沒有被廢止）。

在這個不成功的半軍事組織成立的同時，馬來亞、菲律賓和泰國在一九六一年又成立了東南亞聯盟（Association of Southeast Asia, ASA），這是一個經濟性的組織，是東南亞聯盟的前身。一九六七年八月八日，印尼、泰國、菲律賓、新加坡和馬來西亞在曼谷發表《曼谷宣言》，正式宣告東南亞國

【197】江淮〈菲律賓染指中國黃岩島回溯〉，《世界知識》，二〇一二年第十期。

【198】CRS: PHILIPPINE-U.S. SECURITY RELATIONS, October 10, 2000, https://file.wikileaks.org/file/crs/RS20697.txt.

家聯盟的成立，其主要目的仍然是推動東南亞的自由貿易。一九七六年，東盟第一次首腦會議簽訂了《東南亞友好合作條約》（Treaty of Amity and Cooperation in Southeast Asia），標誌東盟開始向政治性組織發展。一九八四年，汶萊獨立後也加入了這個組織。這六個國家一般被稱爲舊東盟國。但在冷戰的氛圍之下，東盟當時在政治上還沒有太大的影響力。一九八七年，東盟修改了《友好合作條約》，允許東南亞以外的國家加入條約，進一步體現了東盟向政治性組織發展的願望。[199]但直到冷戰結束後，東盟才眞正形成不可忽視的政治力量。東盟從經濟目的走向政治目的有很多原因，其中南海問題是極爲重要的一環。

在一九八八年之前，南海形勢雖然時有緊張，但出現武裝衝突的只有一九七四年中越西沙之戰，地點遠離舊東盟六國。中國對菲律賓和馬來西亞在南海的擴張都僅限於口頭抗議，沒有對互相之間的關係造成衝擊。而南海其他各方之間，也只限於外交交涉，並且都能得到妥善處理。所以在一九八八年之前，東盟並沒有把南海問題作爲東盟應該共同應對的挑戰。

一九八八年中越赤瓜礁海戰，發生的地點比西沙群島向南推進了上千公里，中國在南沙乃至南海的核心地帶取得重要據點。中國是否會進一步南下擴張？東盟各國都對此憂心忡忡。印尼前外交部官員賈拉（Hasjim Djalal）提出，南海周邊國家應制定政策以避免和防止區域內衝突的發生，並將此轉化爲可能之區域合作。[200]一九八九年，賈拉向加拿大「加拿大海洋研究所」（The Ocean Institute of Canada）和「加拿大國際開發署」（The Canadian International Development Agency）申請到經費，並在印尼政府相關部門的協助下，於一九九〇年一月二十二日—二十四日在印尼巴里（Bali）召開了第一次「處理南中國海潛在衝突研討會」（簡稱南海會議）。[201]之所以向加拿大而非美國機構申請資助，除了因爲加拿大對此問題也相當關注之外，還因爲希望淡化區外大國影響的色彩，以更容易被區域內更多國家接受。印尼外長阿拉塔斯在開幕式上致辭，期望會議以後可以上升到官方層次，取得實質性成果，對各國政府制定有關南海政策有所裨益。[202] 一九九〇年，中國提出「擱置爭議，共同開發」政策。印尼因此邀請中國參加南海會議，中國則答應在不牽涉主權問題的情況下參加，並同意讓臺灣參加會議。於是從下一屆南海會議起，最重要的紛爭方——中國、越南及臺灣都被邀請參加。此後，該會議每年召開，迄今已經二十四屆，成爲歷史最悠久的國際南海問題會議。

在第二屆南海會議中，各方代表在會後發表共同聲明，承諾向政府提出建議：⑴在不妨礙領土及管轄權的前提下，探討在南海合作的領域（包括交通安全、海難搜救、海盜、海洋環境、海洋科考及對抗販毒等）；⑵在領土主張重疊地區，相關國家可以考慮從事合作的可能性；⑶南海任何領土和管轄爭端，應該由對話和談判，以和平而非武力的方式解決；⑷當事國應自我克制，以免南海問題複雜化。這個聲明奠定了以後南海宣言的雛形。

一九九二年發生三件大事：美國退出南海，東南亞國家紛紛加強軍務；中國頒布《領海及毗連區

[199] 但除了巴布亞新幾內亞在一九八九年加入外，直到二〇〇三年才有其他區外的國家加入，中國和印度是最早加入的區外國家（二〇〇三年十月八日）。

[200] Hasjim Djalal, Managing potential conglicts in the South Chian Sea. 1st SCS Workshop, p.64.

[201] Workshop on Managing Potential Conflicts in the South China Sea.

[202] 宋燕輝〈「南海會議」與中華民國之參與：回顧與展望〉，《問題與研究》，一九九六年第三十五卷第二期。

法》，再次主張中國的陸地領土包括東沙、西沙、中沙和南沙以及「其他一切屬中華人民共和國的島嶼」，引起各國注意；中國海洋石油公司與美國克里斯通能源公司簽訂協議，開發「萬安北—二一」合同區域。該區域與越南以及馬來西亞和印尼主張的海域重疊。南海的領土爭議驟然升溫。[203]

一九九二年一月二十八日，東盟國家第四屆首腦會議在新加坡召開，簽訂了《新加坡宣言》，歡迎所有東南亞國家簽署《友好合作條約》。六月二十八日到七月二日第三屆南海會議舉行。在當時南海升溫的背景下，參加會議的中國外交部條約司副司長唐承元，卻不合時宜地提出「主權歸我，擱置爭議，聯合開發」的十二字方針，[204]即在「擱置爭議，共同開發」八字方針之前增加了「主權歸我」四字，當即引發各方不安。主持會議的印尼外長重申一九九一年的共同聲明，與會代表紛紛對中國提出質疑和指責，東盟各國的立場趨於一致。隨後七月在馬尼拉舉行的第二十五屆東盟外長會議，通過菲律賓總統拉莫斯的提議，首次把安全問題列入議題，南海問題成爲討論的焦點。這是東盟國家第一次在高級別的層面討論南海安全問題，也成爲東盟國家聯合一致，以一個聲音和中國對話的開端。

東盟六國外長通過了《東盟南海宣言》（The 1992 Manila Declaration on the South China Sea, 1992/07/22），[205]提出五點主張：⑴以和平手段解決南中國海主權和管轄權爭端，不訴諸武力；⑵敦促有關各方自我克制，創造良好氣氛解決爭端；⑶在不損害與該地區有直接利益關係的國家的主權和管轄權的情況下，各國就該地區的航行、交通安全、保護海洋環境、對付海盜、販毒、走私等方面商討進行合作的可能性；⑷推薦有關各方應用《友好合作條約》的原則爲基礎，制定南中國海的國際行爲準則（a code of international conduct over the South China Sea）；⑸邀請有關各方簽署該宣言。

《東盟南海宣言》基本上重複了第二屆南海工作會議的共同聲明內容，最主要的突破是提出了制定南海行爲準則，這在以後二十多年中都是中國和東盟各國之間的角力點。

東盟外長會議還提出了邀請越南加入東盟的建議。這在東盟歷史上有深遠影響。越南是一個共產主義國家，與舊東盟六國在政治制度不同，而且在冷戰時期是敵對方。但越南又是中南半島上最強大的國家，如果越南不加入東盟，東盟則無法代表整個東南亞。而且越南也是南海諸島的主要爭議國之一。越南加入東盟之後，東南亞各國才能更好地成爲整體抗衡中國。冷戰結束後，印尼總統蘇哈托在一九九〇年對越南進行私人訪問時，越南總理杜梅已經表達了加入東盟的願望，但直到一九九二年東盟外長會議時還沒有正式提出申請。東盟主動提出邀請，這是極爲主動的姿態。

在會議上，第一次被特邀的越南（和老撾）代表簽署了《友好合作條約》，成爲東盟觀察國，邁向了加入東盟的第一步。在以後幾年，越南（一九九五）、老撾（一九九七）、緬甸（一九九七）和柬埔寨（一九九九）相繼加入。東盟成爲代表東盟國家整體政治和經濟利益的組織，成員國總面積達四五〇〇萬，總人口近六億，成爲了一股不可忽視的力量。東盟以後又陸續邀請澳大利亞、加拿大、中國、歐盟、印度、日本、紐西蘭、俄羅斯、美國和韓國等，成爲東盟的對話夥伴國。

【203】李金明〈從東盟南海宣言到南海各方行爲宣言〉，《東南亞》，二〇〇四年第三期，三一—三六頁。

【204】陳欣之〈東協諸國對「中國威脅論」的看法與回應〉，《問題與研究》，第三十五卷十一期，一九九六年十一月，一五—三三頁。

【205】https://cil.nus.edu.sg/rp/pdf/1992%20ASEAN%20Declaration%20on%20the%20South%20China%20Sea-pdf.pdf

中國也第一次被特邀參加了會議。外長錢其琛再一次闡述了「擱置爭議，共同開發」政策，願意以和平的方式解決南海問題，表示《東盟南海宣言》的基本原則與中國政府的主張一致。故中國雖然沒有簽署《東盟南海宣言》，但被認爲已經接受了東盟關於南海問題的宣言。[206]

東盟國家也在各種國際場合上推動《東盟南海宣言》。比如，隨後九月在雅加達舉行的不結盟國家首腦會議上，印尼等推動將南海問題列入會程。最終形成的文件中如此寫道：「國家或政府首腦歡迎《東盟南海宣言》」。[207]

值得注意的是，儘管印尼在南沙沒有直接的爭端，卻是南海問題國際化最積極的推手。印尼最早是以一個調解者的身分介入南海爭議，因爲印尼認爲南海爭議主要在西沙和南沙，與自己無關，因而用「中立」的身分推動更爲有力。更主要的是，印尼是東南亞面積最大和人口最多的國家，一直以東南亞區域領袖以及不結盟運動領袖的角色作爲自己的國際定位：東盟祕書處就設在雅加達，印尼總統蘇加諾是不結盟運動的提倡者之一。他希望在東南亞發揮更大的影響力，也深知自己的影響力只有在東盟爲整體的情況下才能最大限度地發揮出來，故對東南亞事務非常積極。南海問題正是能彰顯其政治影響力的重要議題。

可是不久之後，印尼就發覺原來自己也是南海爭議的相關方。這源於中國一份錯版的地圖。中國出版的中國地圖都是按照國家標準繪製，再經過國家審定而出版的。絕大部分地圖上九段線的樣式都相當統一。但是一份一九九三年的地圖，卻把納土納群島畫入了九段線之內。更不幸的是，中國專家在一九九三年參加南海工作會議的時候，向其他代表散發的就是這張錯版的地圖。頓時引起印尼的不滿和極大警覺。儘管中國專家隨即發現了錯誤，再加以解釋。但這種「中國要奪取納土納群島」的印象已經留在印尼代表的腦海裡。況且中國出版的「正確」的九段線地圖，雖然沒有把納土納群島納入中國海域中，但距離納土納群島也極近，把納土納北方的天然氣田都包括在內。而且由於中國九段線沒有坐標，在面向納土納的部分是空白，而不是折線。中國以後怎麼把臨近的折線連在一起決定了納土納是否會被中國主張主權：如果平滑一些，就可能剛好在納土納群島邊緣經過；如果向外凸出一些，就會把納土納包括在內（圖61）。[208]這是印尼絕對不能接受的。印尼隨即成為激烈反對中國九段線主張的一方。據稱，中國主席江澤民在一九九五年訪問印尼時，向蘇哈托總統私下口頭保證，中國不主張對納土納群島的主權，但這點一直沒有得到中國的公開承認。直到二〇一五年，中國外交部發言人才公開承認，納土納群島屬於印尼。

隨著東盟的崛起與南海問題的升溫，官方場合（比如東

[206] 陳欣之〈東協諸國對「中國威脅論」的看法與回應〉。

[207] 陳欣之〈東協諸國對「中國威脅論」的看法與回應〉。

[208] http://thediplomat.com/2014/10/is-indonesia-beijings-next-target-in-the-south-china-sea.

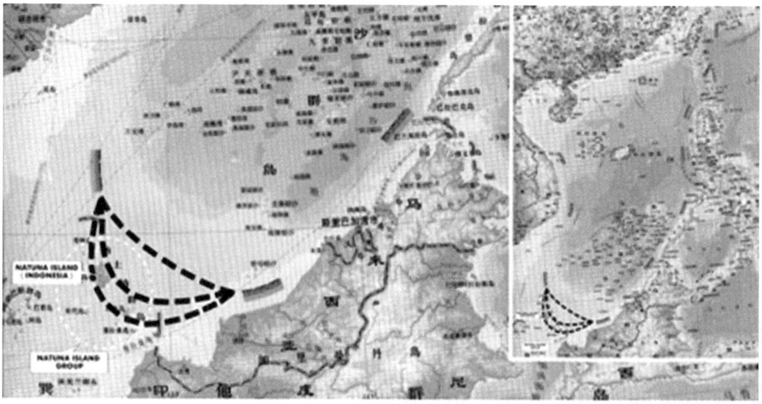

圖61　中國地圖上納土納群島附近的畫法

南亞峰會、東南亞外長會議、東盟區域論壇（ASEAN Regional Forum）等）越來越頻密地把南海問題作爲會議的主要議題。另一方面，在南海會議之外，各種半官方和民間的東南亞論壇也紛紛湧現。半官方的有如香格里拉對話會（IISS Asia Security Summit: The Shangri-La Dialogue，自二〇〇二年開始在新加坡舉行）。民間的有如南海工作會（South China Sea Workshop），這是美國智庫戰略暨國際研究中心/太平洋論壇（CSIS/Pacific Forum）和菲律賓智庫戰略暨國際研究中心（ISDS）合辦的非正式南海工作會議。[209]還有CSCAP海事合作工作小組會議和SLOC國際海線交通研究會等。這些會議提供了供各方交流和爭論有關南海問題的場合，爲各方增強理解，降低升級摩擦，管控分歧做出了重要的貢獻。

《東盟南海宣言》中提到了制定行爲準則（Code of Conduct）的目標，這成爲東盟國家外交努力的方向。一九九五年在汶萊舉行的第二屆東盟區域論壇中，菲律賓外長就提議「南海基本主權問題最終解決之前，所有相關國家應努力達成一項非正式協定、暫定協議或行爲準則」。[210]一九九六年七月，東盟外長會議中，各外長支持菲律賓提出的達成一份南海地區行爲準則的建議。一九九八年十月的南海會議就擬定行爲準則進行討論。十二月東盟峰會中，各國領袖同意推動擬定行爲準則。一九九九年五月東盟資深官員會議（ASEAN SOM）建議，由菲律賓負責在下一屆會議中提出南海行爲準則的草案。草案由菲律賓擬定，交由越南修改，一九九九年十一月，兩國修改的草案經在東盟地區論壇召開前夕被東盟國家一致討論通過（東盟方案）。於此同時，北京在一九九九年十月制定出自己的方案（北京方案）。但在東盟地區論壇上，雙方卻出現不少分歧。

其實，在南海要達成一些基本的行爲準則是南海各方的願望。一些國家已經通過雙邊宣言等方式陸續達成了基本的意向。比如，一九九五年在第一次美濟礁事件之後，中國和菲律賓在八月達成了一份共同聲明（Joint Statement RP-PRC Consultations on the South China Sea and on Other Areas of Cooperation），當中已經提到了在南海行爲的行動基本原則。一九九五年十一月，菲律賓和越南也達成了雙邊的行爲準則（Joint Statement on the Fouth Annual Bilateral Consultations between Vietnam and the Philippines）。[211]

東盟和北京的方案都包括一些共同點：比如以和平而非武力的方式解決爭議，擴大各方合作，建立信任機制等等。但中國和東盟在一些主要問題上有重大分歧。[212]

第一，北京把爭議範圍僅局限於南沙群島，而東盟把爭議範圍描述爲南海。其實，東盟內部對如何規定覆蓋範圍也有爭議。比如馬來西亞提出適用範圍應該限制在西沙和南沙群島；印尼提出不能把爭端擴展到納土納群島；越南提出有必要把西沙和南沙的爭端，與在越南主權和管轄權下的南海和大陸架的防禦問題區分開來。[213]總的說來，東盟（尤其是越南）的構思是西沙群島和南沙都在範圍之內。在最後的東盟版本中，採用了含糊的表述，不專門點出西沙群島，而採用了南海這個地理範圍。

[209] 劉復國〈國家安全定位、海事安全與臺灣南海政策方案之研究〉，《問題與研究》，二〇〇〇年，第三十九卷第四期，一—一六頁。
[210] 宋燕輝〈東協與中共協商南海區域行爲準則及對我可能影響〉，《問題與研究》，二〇〇〇年，第三十九卷第四期，一七—四〇頁。
[211] 各方草案文本見同上，附錄一—六。
[212] 參見同上。
[213] 《南海波濤》，一四六頁。

於是理論上，黃岩島的爭議也在當時東盟的描述之中，但黃岩島爭議當時不是討論的焦點。

第二，中國強調，南沙主權問題應該由相關主權國家，通過雙邊協商和談判解決。但東盟主張雙邊和多邊協商解決。

第三，東盟要求各聲索國不占領爭議區內尚未被占據的島嶼，但中國表述極有彈性，只肯承諾避免採取使爭議擴大或複雜化的行爲。

第四，中國方案中寫有：在爭議地區不舉行「與境外國家舉行針對第三國的軍事演習」，不進行任何危險、軍事偵察，以及海上軍事巡邏活動。這裡所指的是美軍和菲律賓等盟國的軍事演習。東盟方案對此並無提及。中國的提議顯然超出了東盟能接受的範圍，因爲美國和菲律賓有軍事盟約，馬來西亞、新加坡和英國、澳大利亞及紐西蘭是軍事同盟，在南海展開聯合演習不可避免。而且中國提出的軍事偵察和軍事巡邏，針對的對象都是美國，東盟自然也不可能自作主張地限制美國的行動。

第五，中國方案中要求各國不對漁船在爭議地區的作業進行緝捕拘留等強制性措施。東盟的版本中對此並無提及。當時中國漁民已經越來越多在南海捕撈，而且大量非法捕撈受保護動物。若按照中國的提議，等於讓南海漁業變爲無人管轄的狀態，東盟當然不可能接受。

第六，中國並不想達成一份有法律約束力的「行爲準則」（儘管在中國版本中的名稱也是行爲準則，但中國似乎後來意識到這個詞意味著有法律約束力），而只是希望達成一份沒有約束力的意向性的宣言。

經過多番討論，菲律賓在二〇〇一年七月草擬了一份新的文本，刪去準則涉及的地理範圍的描述。[214]但中國仍然堅持不能簽訂有約束力的「行爲準則」。二〇〇二年七月，在第二十五屆東盟外長會議上，馬來西亞提出折衷方案，[215]提出以沒有法律約束力的宣言的形式，換取中國達成政治性的協議的讓步，得到了中國的贊同。中國也在上述第三、四、五個問題上讓步。最終，在二〇〇二年十一月四日的東盟峰會上，中國與東盟各國代表簽署了《南海各方行為宣言》：[216]

1. 各方重申以《聯合國憲章》宗旨和原則、一九八二年《聯合國海洋法公約》、《東南亞友好合作條約》、和平共處五項原則以及其他公認的國際法原則作為處理國家間關係的基本準則。
2. 各方承諾根據上述原則，在平等和相互尊重的基礎上，探討建立信任的途徑。
3. 各方重申尊重並承諾，包括一九八二年《聯合國海洋法公約》在內的公認的國際法原則所規定的在南海的航行及飛越自由。
4. 有關各方承諾根據公認的國際法原則，包括一九八二年《聯合國海洋法公約》，由直接有關的主權國家通過友好磋商和談判，以和平方式解決它們的領土和管轄權爭議，而不訴諸武力或以武力相威脅。
5. 各方承諾保持自我克制，不採取使爭議複雜化、擴大化和影響和平與穩定的行動，包括不在現無人居住的島、礁、灘、沙或其他自然構造上採取居住的行動，並以建設性的方式處理它們的

【214】李金明《從東盟南海宣言到南海各方行為宣言》，《東南亞》，二〇〇四年第三期。
【215】《南海波濤》，一四四頁。
【216】中國外交部網站，http://www.fmprc.gov.cn/web/wjb_673085/zzjg_673183/yzs_673193/dqzz_673197/nanhai_673325/t848051.shtml.

分歧。在和平解決它們的領土和管轄權爭議之前，有關各方承諾本著合作與諒解的精神，努力尋求各種途徑建立相互信任

6. 有關各方願通過各方同意的模式，就有關問題繼續進行磋商和對話，包括對遵守本宣言問題舉行定期磋商，以增進睦鄰友好關係和提高透明度，創造和諧、相互理解與合作，推動以和平方式解決彼此間爭議。
7. 各方承諾尊重本宣言的條款並採取與宣言相一致的行動。
8. 各方鼓勵其他國家尊重本宣言所包含的原則。
9. 有關各方重申制定南海行爲準則將進一步促進本地區和平與穩定，並同意在各方協商一致的基礎上，朝最終達成該目標而努力。

這份文件雖然沒有法律約束力，但爲各國政治承諾，在日後南海局勢中發揮了巨大作用，南海的局勢進入了一個穩定期。其中第五條「包括不在現無人居住的島、礁、灘、沙或其他自然構造上採取居住的行動」，是條約中最大的成果，因爲條文甚爲明確，爲終止各方在南海擴張奠定了基礎。以後即便中國大規模造島，也只能在已經占據的礁石和暗沙上建造，而不能新占領島礁。

五・八　從軍事對抗到民事對抗

南海管理的民事化

進入九〇年代後，南海幾乎不再出現刀光劍影。各國在繼續加強軍事占領和擴大軍事實力的同時，也傾向用民事的方式處理南海問題。最爲顯著的是，南海日常巡邏和對抗的武裝力量，從軍隊逐步轉移到漁監、緝私，以及海岸防衛隊等低武力和行政管理色彩濃厚的機構。中國從九〇年代中期開始，就改變了以海軍作爲第一線對抗力量的做法。在第一次美濟礁事件中，中國出動漁業管理船保護在美濟礁上的建設，而不是像一九八八年那樣用軍艦保護。臺灣在二〇〇〇年成立海岸巡防署，取代國軍接管太平島。菲律賓也越來越多用海岸防衛隊（coastal guarding）代替軍艦對非法捕撈進行執法。

另一方面，**各國也積極對島嶼進行移民和民事活動**。

臺灣最早對太平島展開民事實控，早在一九五〇年代末就已經提出向太平島移民的計畫。但由於臺灣距離太平島相當遙遠，難以找到願意移民的平民。於是臺灣在五〇年代末提出計畫，鼓勵退役軍人開墾太平島。一九六三年中華民國退輔會於太平島設立「南海開發小組」，從事廢鐵打撈與磷礦開採。一九六八年將其擴編爲「南海資源開發所」。但由於原先太平島上最重要的資源磷礦，已經在二戰結束前被日本人開發完畢，島上已經沒有具開發價值的資源。所以這次移民成果寥寥，最後無疾而終。一九八〇年二月十六日，臺灣把東沙島和太平島歸入高雄市旗津區代管，設立「漁業工作站」。一九八七年改名爲「臺澎地區漁民服務站」。一九九〇年，行政院核定把東沙島和太平島以行政託管方式，納入高雄市旗津區管理。[217]二〇〇〇年一月二十八日，臺灣成立海岸巡防處，南海巡防漸交由民事行政的巡防處管理。[218]二〇〇七年，在島上成立海龜繁殖保育區。直到今天，太平島的定位還是漁業服務站和自然保育區，島上仍以軍人和政府工作人員爲主，沒有平民。

距離遙遠與交通不便是太平島沒能實行移民的主要原因。直到二〇〇五年，臺灣才開始在太平島上建立供軍隊使用的飛機跑道（一二〇〇米左右）。[219]二〇〇八年二月二日，陳水扁乘坐飛機抵達太平島，主持了啓用儀式。但在十月，臺灣國防部以不符合經濟原則之故，放棄延長機場跑道的計畫。二〇一三年記者往太平島上探訪，感歎太平島上連個「像樣的碼頭」都沒有，「大船吃水深無法靠岸，只能將所有運補物資用接駁船以搶灘方式運送至岸邊，再以人力搬運上岸」。[220]太平島本是南海生存條件最好的島嶼（有淡水），但由於距離本土遙遠，補給極爲不易，在開發上遠遠落在了其他島礁的後頭。

馬來西亞是最早實現島礁民事化的國家。彈丸礁本來只是一個環繞著淺水洼的窄長的珊瑚帶，在漲潮時有部分礁石能露出水面。一九八三年馬來西亞占領彈丸礁之時，就已經有人把那裡作爲潛水活動的地點。一九九一年，馬來西亞宣布在彈丸礁建造人工島和興建跑道，把彈丸礁開發成爲國際旅遊區。一九九三年九月一日，總理馬哈蒂爾到島上參觀建設進度。一九九四年，馬來西亞正式宣布彈丸礁對外開放。現在那裡已經成爲知名的國際旅遊地點（圖62）。[221]彈丸礁的人工島面積達到一平方公里，在中國二〇一四年大規模造島之前，是南沙最大的人工島（也是最大的島嶼）。通過旅遊開發，馬來西亞已經在國際上穩固了彈丸礁（Palau Layang-Layang）屬於馬來西亞的形象。很多國際性的旅遊書籍和網站都收錄了彈丸礁，並列在馬來西亞的名下。[222]

圖 62 彈丸礁成爲旅遊點

二〇〇二年之前，越南在南沙群島上只是採取單純的軍事駐紮。二〇〇一年二月，越共中央委員會召開的一個邊防委員會會議通過決議，在群島上建立地方政府機構，讓該群島像越南其他地方一樣擁有自己的政府，以便解決該地區人民生活及行政管理問題。這標誌著越南對南沙「民事化」的開始。越南在經濟不富裕的情況下，仍然通過撥款和募捐的方式大力支持南沙的建設。二〇〇四年開通了到南沙群島的旅遊路線。二〇〇五年擴建了南威島的機場。

【217】《史料選輯》，九七頁。似乎是一九八〇年提出代管，一九九〇年行政院才正式核准。

【218】《史料選輯》，九八頁。

【219】林正義〈臺灣於南沙太平島修建跑道的戰略意涵〉，《戰略安全研析》，一九九八年二月，第三十四期。

【220】〈【島嶼島語】太平島 南與難〉，《經典》，二〇一三年一月，一七四期。http://www.rhythmsmonthly.com/?p=13520.

【221】http://www.wonderfulmalaysia.com/layang-layang-island-malaysia.htm.

【222】例如 VirtualTourist.com 等。

二○○七年四月十一日，總理阮晉勇宣布（Decree No. 65/2007/ND-CP），把長沙縣改名長沙特區（二級單位，屬於慶和縣）；在長沙島（即南威島）設立長沙縣（三級單位），視爲城市化區域；又在Song Tử Tây（即南子島）和Sinh Tồn Tây（即景宏島）設立「社」（三級單位），[223]視爲鄉村化區域。這三個島成爲越南的「民事化」樣板工程。二○○八年起，越南制定了在南威島上的移民計畫，組織了七個家庭到南威島生活，在南威島上建立了小學、醫院、文化宮、發電站、寺廟等「日常」機構和建築。[224]在南威島上組織了「國會代表」的選舉。在二○○九年的統計中，長沙特區的總人口是一九五人（不包括軍人），其中在長沙縣的人口是八十二人。據統計，從二○○八年到二○一二年，越南對長沙特區的民事投資達到一一○○億越南盾（約五○○萬美元），這個數字對越南來說不是小數。[225]

菲律賓是在南沙民事化決心最早以及移民最多的國家。卡拉延群島的行政級別是Municipality，屬於在巴拉望省之下的第三級行政單位，其下設有一個巴郎圭（Baranggay，第四級也是最低一級行政單位），行政中心在中業島，菲律賓人稱爲帕加莎島（Pagasa）。[226]早在一九八○年，卡拉延群島就進行了第一次市長「選舉」。一九八八年一月十八日，馬可仕被推翻不久後，菲律賓就宣布把卡拉延群島「非軍事化」。一九九二年進行了第一次眞正的選舉，其時整個卡拉延只有五十個居民。菲律賓是距離南沙群島最近的國家，在現代科技之下移民到中業島並不太困難。九○年代，卡拉延人口快速增長。在一九九五年的統計中，卡拉延群島人口高達三四九人。但之後有所回落，到二○○○年時下降到二二三人，主要是軍人、政府人員和不長期定居的漁民。二○○一年開始，菲律賓決心在中業島建設「眞正的社區」。二○○二年九月二十二日，菲律賓派出約九十人到達中業島進行爲期三個月的安居試驗，但仍無法阻止島上人口下降。二〇〇五年島上人口跌落到最低點一一四人。爲了吸引移民，菲律賓給每個移民每年一萬四千美元的補貼，這在當地是一筆大數目。二〇一〇年，島上人口終於回升到二二二人。二〇一二年，卡拉延市長在中業島上設立小學，爲進一步「正常化」打下基礎。

菲律賓雖然比越南富裕，但是在卡拉延群島的基建投入卻不如越南。原先菲律賓在島上的生活要優於越南，但現在情況已經完全反轉過來。二〇一二年開始，兩國在雙子島的守軍，即越南占據的南子島和菲律賓占據的北子島，定期進行足球賽和籃球賽，以示意友好，也同時加強「民事化」的象徵。菲律賓軍人每次到達南子島，都不由得爲雙方生活質量對比之強烈長吁短歎一番。

中國在南海的移民計畫主要在西沙群島。島上的主要人員是政府工作人員、海軍、武警、建設工人以及大量過路漁民。中國在永興島上興建了永興村，村民多爲從海南過來的非永久定居的漁民以及少量的定居漁民（住滿半年的漁民有生活補助）。二〇一四年，中國在永興島上興建學校和配套工程，有望形成眞正的民間社區。[227]

[223] 越南的二級和三級行政單位有多種不同的名稱，中文譯名也有些混亂。長沙特區是越南六個島嶼特區之一，有的中國媒體還沿用以前「長沙縣」的稱號。有的二級單位也叫 Town，中文翻譯成縣，而有的三級單位，也叫 township，中文也翻譯爲縣。這不免帶來混亂。長沙島上的長沙縣，是長沙特區下的三級單位，而另外兩個社，也是三級單位。

[224] Xóm dân sinh trên đảo Trường Sa, http://www.webcitation.org/6BxYoOw6H.

[225] 〈越南在中國南沙群島強設所謂「長沙縣」始末〉，http://news.ifeng.com/mil/4/detail_2010_05/19/1531678_0.shtml.

[226] http://www.kalayaanpalawan.gov.ph/about_the_municipality/municipal_background.html.

[227] http://baike.baidu.com/view/28617.htm.

南沙群島上，中國占領的都是礁石，因此在二〇一四年大規模造島之前，沒有條件進行移民。也因如此，在實際占有南沙群島島礁的國家中，中國是移民最少的。但中國大規模造島之後，情況必然會有所改變。

中國民事化的成功例子是美濟礁內，由海南漁民張東海投資的漁業建設。二〇〇六年，在專家的幫助下，張東海來到美濟礁進行試驗性養殖。二〇〇七年六月二十九日下午，他帶領由九艘作業船（兩艘補給船、兩艘釣業船、三艘燈圍船和兩艘拖網船）和八十五名船員組成的船隊，浩浩蕩蕩抵達美濟礁。投放三十萬尾紅魚、長魚、七星魚、東興斑、軍曹魚等名貴魚種魚苗。以南沙當地捕撈的新鮮雜魚（小墨魚、小炮彈魚等）做飼料，美濟礁養殖的魚類要比海南島近岸養殖的生長速度快百分之三十左右。二〇〇七年十一月二十一日，強熱帶風暴「海貝思」襲擊美濟礁，捲走了張東海在美濟礁的全部投資。當時幫他在美濟礁看管漁排的九位漁民罹難，另外三名漁民在海上漂流七天八夜後才獲救。二〇〇八年十月，張東海帶領六艘船、四十三位漁民再次返回美濟礁，建起了能抗擊九級風力的圓形網箱。這次，張東海的投入和堅持得到了回報。從二〇〇八年到二〇一二年七月，他先後在美濟礁養殖作業中投入二〇〇〇多萬元，投放養殖魚苗近千萬尾，規模已擴展到四米×四米方形網箱十一組共計四十四口，半徑十二米的圓形網箱十組。他近五年的養殖也很順利，所養的東京斑、老虎斑等遠銷港澳、日本等地，賣出了好價錢。這使美濟礁望有成爲中國在南沙漁業中心。二〇一二年十二月五日，「三沙市南沙區美濟村村委會」揭牌成立，全村現有漁民五十三人，但所有人都居住在船上。其中村委會和十二名守護網箱的漁民，住在千噸級漁業養殖生活船「瓊富華漁〇一號」上，餘下的人住在兩艘燈光捕撈船上。[228]

東盟國家之間的雙邊協議

南海問題是典型的多邊問題。在理論上，各個相關國家一起來解決問題才是最終解決問題之道。但中國不願意把南海問題多邊化，而傾向與相關國直接對話，即其他國家和中國一一進行雙邊談判。東盟各國自然不願意這麼做，因爲：第一，中國態度極爲強硬，主張南海諸島和水域都屬於中國，缺乏可談判的基礎；第二，各國和中國實力相差極大，單獨與中國談判必然會處於極大的下風；第三，由於南海問題基本都牽涉到第三方，即便雙邊談判能夠成功，也不可能最終解決問題。東盟各國在多邊談判不果的情況下，傾向另一種做法，那就是在東盟各國內部進行雙邊談判，確定共同的立場，再在此基礎上，以東盟爲一個整體，與中國進行談判。從策略上來說，這可能是東盟國家最理想和最符合現實的做法了。然而，東盟國家的雙邊談判，只要涉及中國的利益，中國都會反對和抗議。這也顯示，中國提出的「相關國直接對話，雙邊解決」不切實際。

東盟國家之間進行海域的雙邊談判由來已久，也在互相理解和體諒的合作態度下取得諸多成果。[229]九〇年代之前，達成協議的國家主要集中在印尼、馬來西亞、新加坡、泰國與緬甸之間。早在一九六九年十月二十七日，馬來西亞就與印尼簽訂了《大陸架劃界協定》；一九七一年十一月十六日，印尼、馬來西亞和新加坡三方共同簽訂了《關於麻六甲海峽聲明》；一九一七年十二月二十一

[228] http://baike.baidu.com/view/50366.htm.

[229] 趙偉〈南（中國）海周邊國家協議解決海域劃界爭端的實踐機器對中國的啓示〉，《中國海洋法評論》，二〇一三年第一期。

日，印尼、馬來西亞和泰國簽訂了《關於劃分麻六甲海峽北半部大陸架疆界協議》；一九八一年十二月三日，印尼與馬來西亞簽訂了《領海領空協定》，繼而又簽訂《一九八二年印尼與馬來西亞劃界條約》。一九七九年十月二十四日，馬來西亞與泰國簽訂《關於劃分兩國領海疆界條約》和《劃分兩國在泰國灣大陸架疆界之諒解備忘錄》。[230]其中印尼和馬來西亞之間的雙邊條約都涉及了中國的九段線。但當時中國都沒有表示抗議，可見中國在那時還不主張九段線之內的水域，至少是不敏感的。

越南統一後就已經向東南亞各國提出協議劃分海上邊界。但在八〇年代，越南僅與柬埔寨在一九八二年七月七日達成了《關於歷史性水域協議》（圖63），同意在「越南的建江省海岸、復國島、土株群島與位於柬埔寨的勘波特省海域、波羅衛群島之間的水域，構成兩國的歷史性水域，置於各自的內水管轄權之下。」[231]但在協議中，並沒有對該「歷史性水域」進行進一步的分界，只是規定在達成協議之前，暫時以一九三九年布列韋線（Brévié Line）作爲分界線。

九〇年代後，隨著越南加入東盟，與越南有關的劃界取得了越來越多的成果。一九九七年八月九日，越南與泰國簽訂了《關於暹羅灣海域的專屬經濟區與大陸架劃界協議》（圖64），專屬經濟區和大陸架同時以一條直線劃分，即從圖上的C點（即馬來西亞和泰國聯合開發區的最北端）到K點（即到達越南和柬埔寨正在協商中的界線處）。[232]

越南和印尼的海上邊界談判，最早發生在南越政府時代的一九七一年。當時南越和印尼都持中線原則，但對於納土納群島是否應該被用於確定中線的起點有爭議。越南認爲，應該在越南大陸和加里曼丹島之間劃分中線，離岸的小島（比如納土納群島）不能計算在內；但印尼認爲，納土納群島有劃界的權利，要求中線以納土納群島和越南的崑崙島之間劃分，這樣對印尼更爲有利。越南統一後，

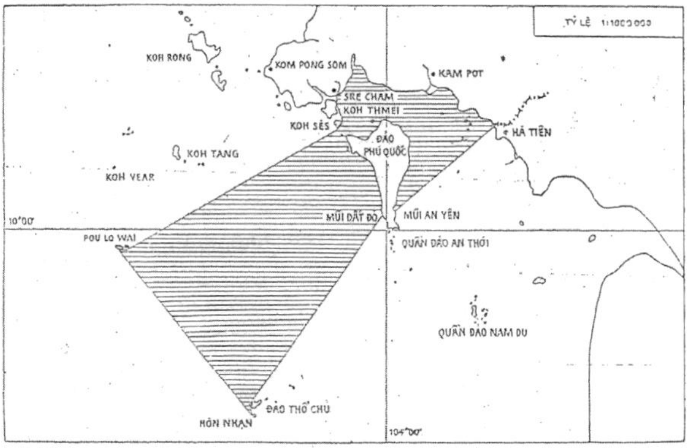

圖 63　越南與柬埔寨的歷史性水域界限

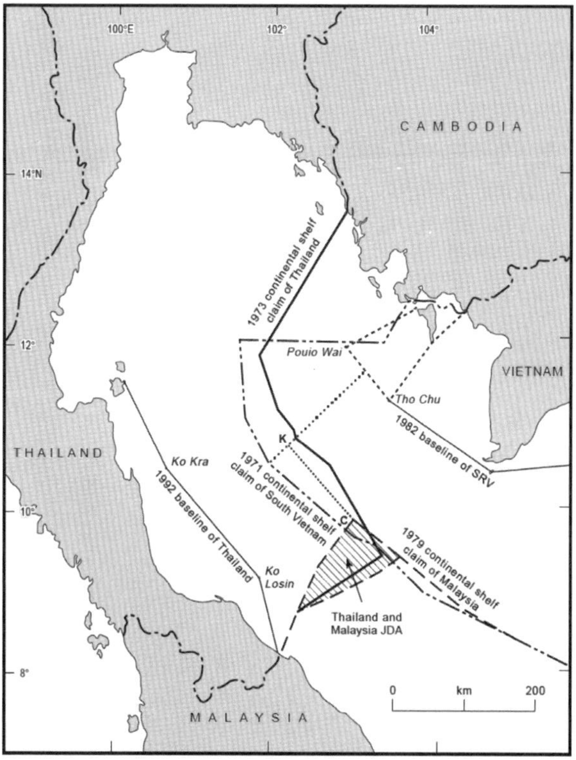

圖 64　越南與泰國之間的劃界協議

【230】均取自《法律條約彙編》。與緬甸有關的條約與南海無關，這裡不提及。

【231】《法律條約彙編》，二四四—二四五頁。

【232】Nguyen Hong Thao, Vietnam's First Maritime Boundary Agreement, *IBRU Boundary and Security Bulletin*, Vol.5, Autumn 1997, p.77.

越南提出新方案，認爲在納土納群島最北端的錫皮通島（Pulao Sipitung）的北部海岸有一條海溝，兩國應該根據「大陸架自然延伸」的原則，以該海溝爲界；但印尼堅持中線原則。直至七〇年代末，兩國談判無疾而終。[233]越南加入東盟後，越印雙方改善關係，重新開始談判。二〇〇三年六月二十六日，越南與印尼簽訂《關於大陸架劃界的協定》（圖65）。[234]劃定兩國在納土納群島北部海域的大陸架邊界。邊界由六個基點所連成的五段折線組成。最東的第一個基點（point 25）是印尼與馬來西亞大陸架分界線的最北點。它連同第二個基點（point X1）均在中國的九段線內。值得注意的是，兩國有關大陸架的分界並不影響兩國以後有關專屬經濟區的分界。也就是說，與越泰之間的分界線不同，越印兩國的大陸架分界線和專屬經濟區的分界線可以不是同一條。

越南和馬來西亞在泰國灣和南海的海域主張都有互相重疊的區域，由於情況複雜（在泰國灣還和泰國主張有重疊，在南海更爲複雜），越南和馬來西亞之間目前還沒有就海上疆界達成協議。但兩國都同意「擱置爭議，共同開發」，而且沒有「主權在我」的先決條件。一九九二年六月五日，兩國簽署「Memorandum of Understanding between Malaysia and the Socialist Republic of Vietnam for the Exploration and Exploitation of Petroleum in a Defined Area of the Continental Shelf involving the Two Countries」，確定在一個面積達一三五〇平方公里的區塊（PM-3 CAA）共同開發石油（不在中國九段線之內）（圖66）。該區塊在一九九七年已經開始產油。越馬兩國還共同對互相之間的南海海底區域進行聯合考察，以確定外大陸架界限。此舉在二〇〇九年引發新一輪的南海爭議（見六・三）。

馬來西亞、印尼與新加坡之間除了有海域之爭外，到了八〇年代，突然又有領土之爭。馬印之間的爭議是位於蘇拉威西海上的，加里曼丹島的沙巴附近的兩個小島：西巴丹島（Pulau Sipadan）和利吉丹島（Pulau Ligitan）。在爭議之前一直由沙巴管治。一九八二年，印尼突然提出對兩島的爭議，理由是一八九一年英國與荷蘭簽訂在婆羅洲的邊界協議。根據這個協議，小島在印尼的海域之內。兩國爭持不下，於是在一九九七年五月正式簽署協議，把主權爭議提交國際法庭裁決。菲律賓在訴訟期間因爲沙巴的爭議（菲律賓和馬來西亞之間對沙巴的主權歸屬有爭議，而這兩個島歷史上由沙巴管治），而提出了異議，但被法庭否決。二〇〇二年十二月十七日，國際法庭做出裁決，把兩小島判給馬來西亞。其主要根據是馬來西亞對島嶼的管治超過一五〇年，而且長期沒有爭議。兩國都接受了這個裁決。[235]

新馬之間則有白礁（Pedra Branca，馬來西亞稱 Pulau Batu Puteh）之爭。白礁位於新加坡海峽東面入口處，在新加坡以東二十五點五海里，距離馬來西亞柔佛七點七海里，面積不到一萬平方米。它最早爲柔佛蘇丹統治，但在一八四〇年，英國占領了白礁，並在島上建立了燈塔，歸新加坡管理。一九五三年，英屬新加坡殖民地祕書致信柔佛蘇丹，詢問有關白礁島的主權。柔佛蘇丹代州祕書回函，稱柔佛州政府不擁有白礁的主權。新加坡獨立後，繼續管治著白礁。從一九六二年到一九七五年間有至少六份馬來西亞官方出版的地圖，都標註該島爲新加坡的島嶼。但是在一九七九年，馬來西亞突然在《馬來西亞領海與大陸架界限》地圖中（與馬來西亞用以聲稱南沙若干島嶼主權的地圖是同

---

[233]《南海波濤》，四三—四六頁。

[234] *The Law of the Sea Bulletins*, no.67, p.39. http://www.un.org/Depts/los/doalos_publications/los_bult.htm.

[235] http://www.un.org/press/en/2002/ICJ605.doc.htm.

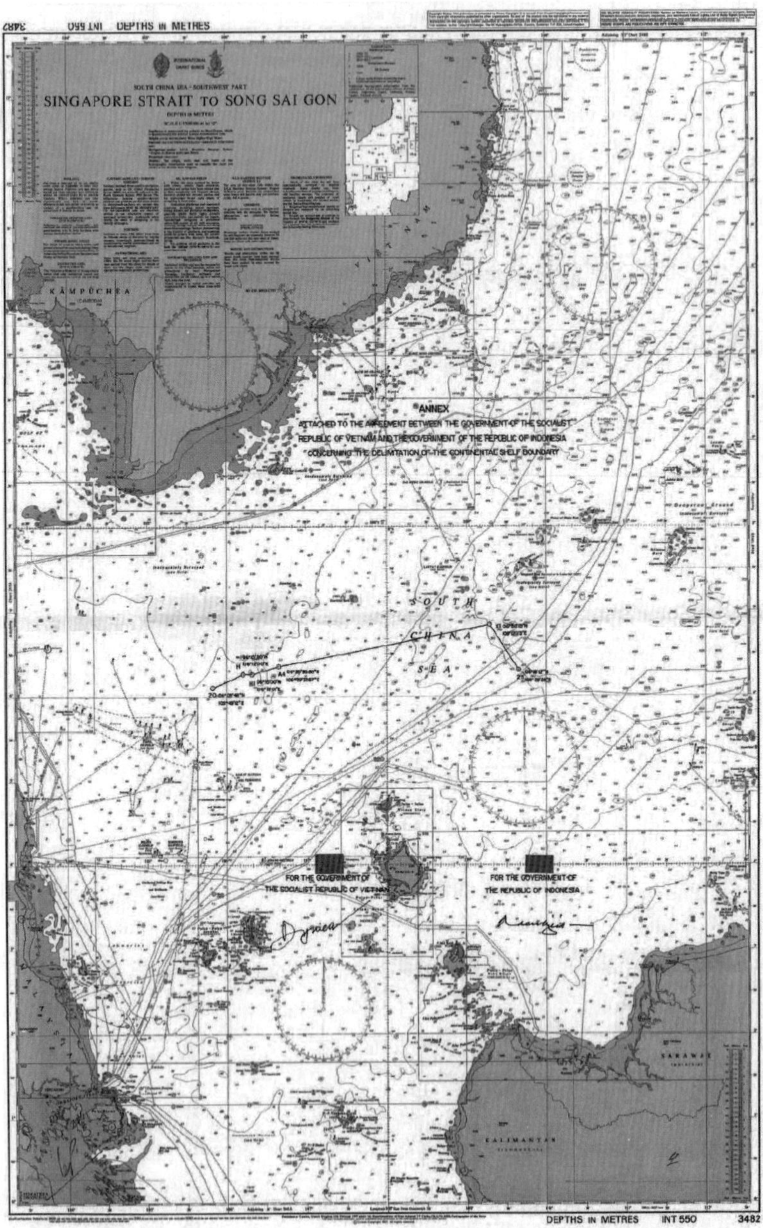

圖 65 越南與印尼之間的劃界協議

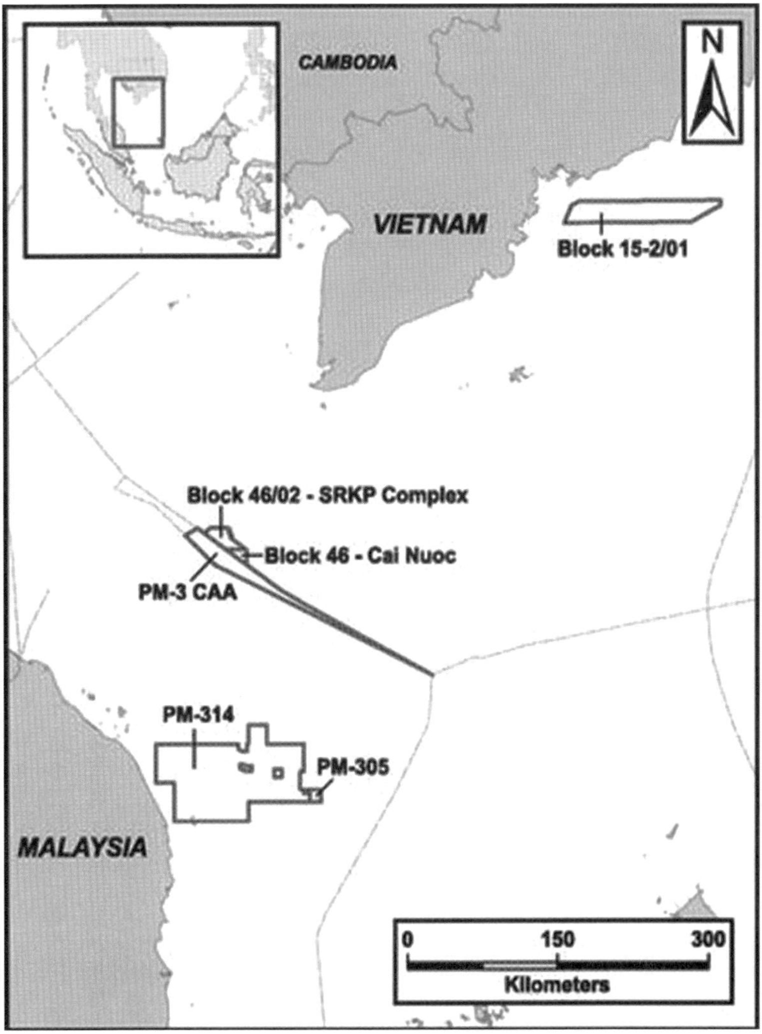

圖 66 越南與馬來西亞之間的劃界協議

一份），主張白礁屬於馬來西亞，新加坡立即提出抗議。兩國爭持不下後，在一九九四年同意把島嶼主權爭議提交國際法庭裁決，二〇〇三年正式提交國際法庭。二〇〇八年五月二十三日，國際法庭裁決白礁島歸新加坡所有。主要的原因是新加坡的實際管治與馬來西亞在歷史上對這種狀態的承認。兩國都接受這個裁決。[236]

馬來西亞和汶萊的領土和海域爭議由來已久。在陸地上的爭議主要是林夢（Linbang）的主權問題。林夢屬於沙勞越，其東面和西面都是汶萊領土。汶萊主張對林夢擁有主權。在海域方面，汶萊主張對汶萊海岸線對開二〇〇海里的海域擁有專屬經濟區，而大陸架則延伸到更遠的地方；但馬來西亞則認爲，根據兩國早前的協定，汶萊離岸水域的界限僅止於三海里以外二〇〇英尺等深線之處。根據汶萊的方案，汶萊擁有被馬來西亞聲稱主權的南通礁，還主張擁有位於延伸的大陸架上的南薇灘。該處在馬來西亞主張的大陸架之外，馬來西亞沒有主張其主權。

二〇〇三年馬來西亞國家石油和天然氣公司Petronas，把重疊區的兩塊近海地區的開發權授予墨菲石油公司，但汶萊在二〇〇二年已經把相同的兩塊區域的開發權，分別授予了殼牌石油爲首的三間石油公司和道達爾公司爲首的三間石油公司。[237]馬汶兩國的矛盾因此激化。汶萊派出一艘軍艦驅逐墨菲公司的探測船，而馬來西亞還以顏色，派出幾艘軍艦阻止道達爾公司的船隻進入此區域。最後雙方都中止了在此區域的開發。

二〇〇九年三月十六日，馬汶雙方簽署了一攬子協議（Exchange of Letters），解決了陸地和海域的爭議，也規定兩國在領海邊界合作勘探開發有爭議海域的石油與天然氣資源，因此這個協議被稱爲「主權換取石油」。[238]爲顧及雙方國民的情緒，這個協議的內容細則沒有立即發布，而是通過新聞官員一點一點地發放。在陸地方面，儘管在協議中沒有提及林夢，但汶萊承認歷史上和沙勞越有關的五個條約，也就是實質上承認林夢屬於馬來西亞。

而在海域方面，信息更是少得令人困惑。在協議簽訂結束後的新聞發布會上，雙方宣布達成了海洋劃界協議：

Both Leaders noted the agreement of their respective Governments on the key elements contained in the Exchange of Letters, which included the final delimitation of maritime boundaries between Brunei Darussalam and Malaysia, the establishment of Commercial Arrangement Area (CAA) in oil and gas, the modalities for the final demarcation of the land boundary between Brunei Darussalam and Malaysia and unsuspendable rights of maritime access for nationals and residents of Malaysia across Brunei's maritime zones en route to and from their destination in Sarawak, Malaysia provided that Brunei's laws and regulations are observed.[239]

---

[236] http://www.icj-cij.org/docket/files/130/14490.pdf.

[237] http://www.bt.com.bn/home_news/2007/12/19/is_bruneis_offshore_block_j_area_really_ours_or_malaysias.

[238] http://finance.sina.com.cn/world/gjjj/20090318/06545990384.shtml.

[239] Joint Press Statement by Leaders on the Occasion of the Working Visit of YAB Dato' Seri Abdullah Haji Ahmad Badawi, Prime Minister of Malaysia, to Brunei Darussalam on 15-16 March 2009, can be seen in http://bn.chineseembassy.org/eng/wlxw/t542877.htm.

具體達成的協議沒有公布。二〇一〇年汶萊宣布，根據二〇〇九年的協議，汶萊保有上述兩個區塊的主權。但沒有提及其他地區。由於該兩區塊都在爭議區域的中部，似乎可以推斷協議規定汶萊擁有整個爭議地區。二〇〇九年，馬來西亞和越南聯合向聯合國提交外大陸架劃界方案。根據該方案，馬來西亞東部的大陸架仍然採用一九七九年的畫法。但汶萊提交的初步方案中，則寫明「汶萊與馬來西亞在二〇〇海里以內的海洋劃界已經被兩個系列的協議所劃分：第一，汶萊與馬來西亞之間的一〇〇噚等深線以內的領海和大陸架已經被兩個一九五八年的英國法例（British Orders in Council）所劃分；第二，在二〇〇海里以內的領海、專屬經濟區和大陸架已經被二〇〇九年三月十六日的協議所劃分。」汶萊還強調，有權對二〇〇海里以外的外大陸架聲稱主權。[240]根據汶萊說法所暗示的，馬汶雙方已經達成了協議，承認汶萊原先主張的專屬經濟區和大陸架。馬來西亞貌似已經放棄了對南通礁的主權要求。[241]

與此同時，中國也和越南在二〇〇〇年達成了東京灣的劃界協議。這一系列的協議和仲裁，都是在南海主權和劃界中值得參考的例子。

曇花一現的中菲越聯合勘探

中國一直提倡「擱置爭議，共同開發」，特別是在石油資源上共同開發。但各國對此並不熱心，原因是中國提出的口號，隱含著「主權歸我」的意味。與中國合作，會被中國宣傳爲承認中國的主權。其次，中國提出共同開發的地區，都是其他國家早已苦心經營多年的沿海大陸架地區。在其他國家看來，即所謂「我的是我的，你的是我們的」（What is mine and what is yours is ours）。因此各國多與西方國家或其他區外國家合作開發石油，而不選擇與中國合作。

但在二〇〇四年，卻相當突然地出現了一次與中國「共同開發」的事例。事件的主角是一向在南海問題上和中國對抗的菲律賓。菲律賓之所以突然大轉向，是菲律賓高層一小撮人繞過既定的決策結構，背離國家與東盟策略的結果，其中還牽涉與中國有關的腐敗。[242]

亞羅育總統上臺之後，正值美國開始反恐戰爭，對東南亞的關注減弱。同時，中國也進入了高速發展的階段，在推進「共同開發」南海方面有心有力。菲律賓眾議院議長華能西亞（Jose de Venecia, Jr.）在這期間發揮了重要作用。他是菲律賓巴拉望外海石油第一波熱潮中的受益者，在菲律賓石油業界有重要的影響力。他同時也是政壇的親中派人士，發起成立亞洲政黨國際會議，以及擔任亞洲國會追求和平協會的會長，與中國政壇有很深的聯繫。

菲律賓另一個重要人物是馬納拉克（Eduardo Manalac），他長期在石油業界服務，而且擔任過美國飛利浦石油公司駐中國勘探經理一職長達七年，與中國業界有親密的關係。他在二〇〇三年退休後，進入政府，擔任能源部副部長。

在菲律賓的油田招商事務上，南海區塊由於其政治複雜性，以及向來勘探業績不佳等綜合因素，國際石油公司問津寥寥。馬納拉克因而希望可以與中國公司合作，並成功遊說亞羅育，找到與中國關

【240】http://www.un.org/Depts/los/clcs_new/submissions_files/preliminary/brn2009preliminaryinformation.pdf.

【241】J. Ashley Roach, Malaysia and Brunei: an Analysis of their Claims in the South China Sea, A CNA Occasional Paper, Aug. 2014.

【242】SFPIA，p.130-135.

係友好的華能西亞幫忙。

二〇〇三年九月，中國人大委員長吳邦國訪問菲律賓，當時兩國央行剛剛達成貨幣互換協議。吳邦國在演講中提到在南沙共同開發。負責接待吳邦國的是眾議院議長華能西亞，當即表示讚成。十一月十日，菲律賓國家石油公司和中海油簽訂了意向書，初步同意在某個南海海域共同勘探。

馬納拉克認為，如果菲律賓可以勘探那裡的石油，得到部分利益，總比一點都得不到要好，但對國家安全與東盟利益沒有足夠認識。亞羅育著眼全盤，本來有些躊躇。但二〇〇四年七月，她因為從伊拉克撤兵而和美國交惡，於是轉向了中國。在華能西亞的牽線下，她突然在八月訪問中國。之後一改猶豫的態度，將馬納拉克調任為菲律賓國家石油公司董事長，並在九月一日與中海油公司簽訂了《海洋地震聯合作業協議》（Joint Seismic Marine Undertaking, JSMU）。

菲律賓與中國簽訂該協議，事先瞞住了東盟夥伴，破壞了東盟行動一致的原則，也與菲律賓一向提倡的多邊解決南海問題背道而馳。亞羅育在做出決定之前，甚至沒有和菲律賓外長討論過。外交部得知後當即提出反對意見，但為時已晚。[243]菲律賓這一單方面的行動，震驚了東盟。越南尤其不滿，提出抗議，因為禮樂灘在理論上也在越南主張的範圍之內。但是在抗議無效之下，越南只能選擇加入，形成三方聯合考察。

二〇〇五年三月十四日，中國海洋石油總公司、菲律賓國家石油公司以及越南石油和天然氣公司簽署了為期三年的《在南中國海協議區三方聯合海洋地震工作協議》。三家公司將在一個總面積為十四點三萬平方公里的協議區內（圖67），研究評估石油資源狀況。[244]

中菲之間的協議，貌似出於美好的願望，但其實之所以能成事，與貪污腐敗的利益關係不無關

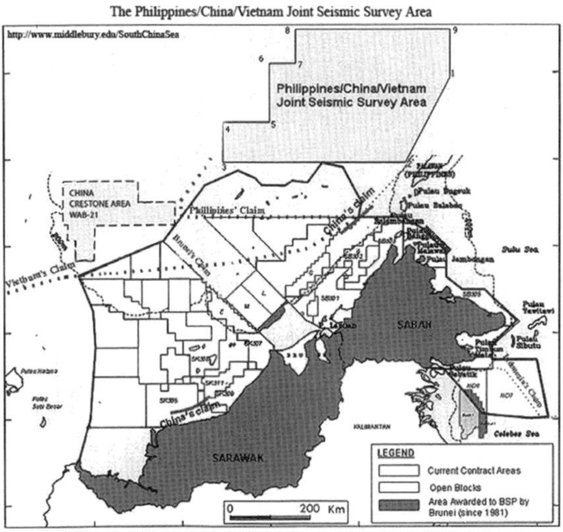

Source: Buszynski, Leszek, and Iskandar Sazlan. Maritime Claims and Energy Cooperation in the South China Sea. Contemporary Southeast Asia; Vol. 29, No.1, 2007, pg.143-171. map 6

圖 67　中菲越聯合探測的 JSMU 區域

係。馬納拉克可能是當中比較清白的一個，他在二〇〇六年底因爲「沒法忍受腐敗」而退出。二〇〇七年六月，在議會選舉前夕，菲律賓爆出了轟動政壇的 ZTE-NBN 弊案，涉及的是中國中興公司（ZTE）與菲律賓國家寬帶網絡（NBN）在四月簽訂的承建菲律賓寬帶網的，價值三．三億美元的合同。媒體揭露，這份合同在簽署之後幾小時，居然離奇失蹤。[245] 媒體一片譁然後，合同內容成爲焦點，菲律賓政府卻以各種理由拒絕公開合同內容。

華能西亞首當其衝受到攻擊，他的兒子——華能西亞三世是與中興公司競爭，但最終敗北的一方。有議員指出，華能西亞三世注冊的公司

【243】Barry Wain, Manila's Bungle in The South China Sea, *Far Eastern Economic Review*, January/February 2008, Vol. 171.2008, 1, p. 45-48.

【244】〈擱置爭議共同開發　中菲越聯合勘探南海石油〉，《人民日報》，二〇〇四年三月十六日。http://world.people.com.cn/GB/1029/42354/3246614.html.

【245】ZTE-NBN scandal triggers political crisis in the Philippines, https://www.wsws.org/en/articles/2008/03/phil-m07.html.

AHI，資金少得僅夠開「雜貨鋪」。自二〇〇二年創立以來，沒有實業，工作人員只有幾人。卻爲何能夠參與到如此大的項目中？

在國會選舉後，華能西亞再次擔任眾議院議長。參議院要求最高法院對合同進行審查。法院於是對合同頒發了臨時限制令。華能西亞三世十月出席作證，爆出更大的新聞：第一，這份合同的標價嚴重高估。以他自己的估算，實際高估了一・九七億美元（他自己的AHI公司出價二・四億美元；美國的公司AI出價一點三五億）；第二，他在競標的時候，先是受中間人（選舉委員會主席Abalos）出價一〇〇〇萬美元，要他放棄投標；後又受到總統亞羅育的丈夫邁克的威脅，要求自己退出競標。[246]之後的調查又指出，亞羅育丈夫在這個交易中，至少從中興公司獲得數百萬美元。此後，商務部長也作證，Abalos向他行賄五〇〇萬美元，要求他批准協議。[247]二〇〇八年一月，眾議院向華能西亞提出不信任動議。華能西亞在二月被迫辭職。之後，他爆料稱，亞羅育派三名高級軍官到他家，恐嚇他和兒子不得再在這件事上發聲。最後，迫於層層壓力，亞羅育命令中止了與中興的合約。[248]

之後，又有人指控，亞羅育的腐敗不止於寬帶工程，而是牽涉廣泛。在中國的海外公司和海外援助機構大量參與的菲律賓基建項目中，比如在呂宋島的鐵路項目，就是通過類似的提供回佣的方式與亞羅育亞羅育和其家族合作，以取得合同。[249]華能西亞也是這群高官腐敗集團中的一員，只是這次狗咬狗了。還有雜誌抨擊，在JSMU中存在祕密的「賣國條款」。[250]換言之，這些賄賂也是中國爲推進自己的戰略目標所爲，而中菲南海聯合考察與此相關。中菲之間之所以能達成聯合考察協議，也和中國通過其他商業合同的方式提供給亞羅育家族的回佣有關。[251]

這樣一來，由中興行賄而引發的貪腐醜聞越滾越大。儘管亞羅育自己堅決否認，但越來越多菲律賓人抨擊她的「賣國」行爲。亞羅育的前任埃斯克拉達就是因爲貪腐醜聞下臺，而由亞羅育接任總統，現在自己也深陷醜聞。在這種背景下，中菲越三國聯合石油考察評估行動，在二〇〇八年七月結束第一段考察後，就沒有再續約。[252] 幾年的考察行動並沒有取得太大的成果。

由於 JSMU 的合同始終沒有公開，在無法得知具體條款的情況下，無法斷定是否眞的存在「賣國」的協議，比如「共同開發」是否暗示或者默認了主權歸屬的前提。但考慮到越南也加入了這個協議，這種情況出現的機會不大，因爲越南在這個問題上比菲律賓更爲敏感。筆者認爲，即便中國在這個協議中存在行賄的疑雲，也不能否定這本身未嘗不是一種有益的嘗試。但由於過程的不規範、行賄的陰影，以及罔顧了東盟的共同立場，這次嘗試並不成功。此事件更大惡果是菲律賓的民族主義重新抬頭，在二〇〇九年之後成爲對抗中國的主力。而中國在很大程度上放棄了共同開發的念頭，而採用更加激進的方法推進南海勢力範圍。

---

[246] Jose Arroyo accused of influencing state deal (By Roel Landingin in Manila), 2007/09/19 http://www.ft.com/cms/s/0/d0581ee4-6649-11dc-9fbb-0000779fd2ac.html#axzz3xGDdm08P.

[247] ZTE-NBN scandal triggers political crisis in the Philippines.

[248] ZTE-NBN scandal triggers political crisis in the Philippines.

[249] ZTE-NBN scandal triggers political crisis in the Philippines.

[250] Barry Wain, Manila's Bungle in The South China Sea, *Far Eastern Economic Review*, January/February 2008, p. 45-48.

[251] https://wikileaks.org/plusd/cables/08MANILA1838_a.html.

[252] SBDW, p66.

五・九 結論：現狀的形成

冷戰結束後，和平和發展成爲新的國際關係基調。中國和南海各國既有加強經貿政治合作的需要，也有在南海問題上的矛盾，但後者並不占主導地位。中國在南海的推進，開始只限於南沙西部。但在美國退出菲律賓，以及中越關係的改善後，中國的擴張方向改向南海東部的美濟礁，漁政成爲中國在南海推進的利器。儘管南海諸國各自力量都比中國小，東盟的統合卻令其具備了對抗中國的底氣。一九九二年，東盟國家在東盟外長會議中發表了《東盟南海問題宣言》，提出與中國商議建立南海行爲準則。一九九五年越南的加入對東盟，對南海局勢發展有極爲重要的意義。從此，立場接近一致的南海聲索國開始形成以東盟爲整體抗衡中國的態勢。在種種因素的制約之下，中國在南海擴張的步伐受限，菲律賓亦能在仁愛礁和黃岩島頂住中國的壓力。二〇〇二年，中國與東盟簽訂《南海各方行爲宣言》，標誌著各方認可的南海「現狀」形成。

《聯合國海洋法公約》在一九九〇年代生效，影響深遠。南海的競爭從島嶼的爭奪，擴展到海域的爭奪。原先不被重視的九段線，開始成爲中國擴張的新工具。臺灣率先嘗試把九段線定義爲歷史水域，但在反對聲中消隱；中國隨即嘗試引入歷史性權益的概念，以合理化對九段線內水域主張的要求。值得指出的是，中國對九段線內水域的要求一直都不清晰，學界也都在探討。但已引起南海諸國的憂慮，美國則一再強調南海航海自由的重要性。九段線引發了爭議，但《南海各方行爲宣言》緩解了爭議。

南海各方在這段時期，達成了南海和周邊不少領土和海域劃分的協議。《南海各方行爲宣言》簽訂之後，各方在《宣言》框架的許可內，積極從「軍事化」南海轉型為「民事化」南海，通過在島礁殖民或者建立行政管理，鞏固主權。這引起中國不滿，儘管中國自己也這樣做。中國、菲律賓及越南嘗試在南海展開聯合石油勘探的合作，可是在貪腐醜聞之下無疾而終。這標誌著中國這時期南海政策的終結。很快，中國就重新在南海展開攻勢了。

第六章　海權之爭（二〇〇九—二〇一五）

二〇〇八年北京奧運會結束之後，中國提出海洋強國戰略，南海問題在此背景下不斷升溫，各種衝突不斷。二〇〇九年是南海歷史的轉折點。這一年發生了三大事件：中美無暇號事件、聯合國外大陸劃界案，以及美國提出亞洲再平衡戰略，南海問題迅速從區域問題轉化爲國際問題。中國不再掩飾其對南海的占有慾望，周邊國家群起對抗中國，以美國爲首的區域外大國也更積極地參與南海事務。二〇一一年的三大石油紛爭預示著南海局勢惡化。而二〇一二年是標誌性的一年：黃岩島事件是二十一世紀以來第一次南海實控轉移，中菲關係陷入持續的低谷；幾乎同時，中國宣布成立三沙市，在一系列的措施下，全面推進以脅迫的方式實現對南海實控的計畫；緊接著，中日釣魚島危機嚴重惡化了地區的穩定性，日本也加入南海爭議之中。二〇一三年，菲律賓不顧中國的反對，在東盟和國際的支持下，在國際常設仲裁庭起訴中國；作爲報復，中國挑起仁愛礁事件，引起國際輿論一致抨擊；九月，中國突然宣布在東海設立不符合國際法的「中國版」防空識別區，引發各國強烈反對之餘，也引起對中國可能在南海成立防空識別區的擔心以及對九段線的爭議。二〇一四年，在中國剛剛提出「中國——東盟命運共同體」之後不久，中國深海鑽探平臺在西沙水域作業引發越南強烈反彈和反華示威，西沙爭議再起。幾乎同時，中國在南海大規模造島被傳媒公開，引發各國猛烈抨擊，但中國不爲所動，直到二〇一五年六月宣布填島工程完成；二〇一五年底，美國高調進行自由航行，以宣示不承認人工島的法律地位；而菲律賓訴中國案件在中國拒絕參與的情況下，二〇一六年七月取得全面勝利，但中國拒絕承認仲裁案結果。

南海局勢發展之快，事件之多，令人目不暇給。南海問題甚至擴大到中美爭霸和權力轉移等深層次的全球性問題，日本、澳洲、印度與歐盟等原先在南海問題上不甚積極的國家也參與其中。必須強調的是，南海問題只是中國與東盟以及美日等國的關係的一個維度，儘管它極爲重要，但並非各國關係的唯一重要的維度，它同時也受各國的國內政治所影響。所以，即便有時南海衝突貌似很大，但因其他因素的同時存在和制約，南海問題總體上仍處於可控階段。詳細分析每一件事件的來龍去脈，尤其是各種因素之間的互相牽制，超出了本書的範圍，也不屬於「歷史」的研究範圍（而是屬於國際關係與戰略研究範圍），並非短篇幅可以涵蓋。所以，本章把重點放在對重大事件的綜述和法理分析之上，對內政、外交與戰略上的分析只能簡筆帶過。

六・一　中國的海洋強國戰略

二〇〇八年對中國是極其重要的轉折年份。三月，西藏發生暴亂。四月，在奧運火炬傳遞中，海外藏人發起搶奪聖火的行動，海外華人則發起了保護聖火的行動，中國人的愛國主義熱情被極大激發。五月，中國發生四川大地震，傷亡慘重，民間救災反應迅速而有效，大大激發了民眾的自豪感、愛國熱情和社會責任感，得到了「多難興邦」的評價。八月，中國成功地舉辦了盼望多年的北京奧運會，中國一下子成爲世界眼裡的超級大國，自信心隨之高漲。二〇〇八年十月，美國金融海嘯爲始，世界範圍內發生了嚴重的經濟危機，而中國不但能倖免於難，還對穩定區域乃至世界局勢發揮了至關重要的作用，成爲挽救世界經濟的希望。中國也從之前的「發展中國家」轉眼之間成爲世人眼中的「大財主」。財大氣粗之下，中國自信心更爲高漲。

奧運會和金融海嘯之後，國際形勢對中國大爲有利，而且中國也不必像奧運會前那般全面顧及國際形象，開始大步推行大國戰略。中國的大國雄心尤其反映在海洋權力方面。中國傳統上是一個陸地國家，對海洋關心甚少。在中共建國後，部分由於實力不足的原因，陸地權益長期是中國政界和軍界最爲關心的問題。但改革開放以來，海洋權益逐步成爲中國關心的核心問題之一。一九八二年劉華清出任海軍司令員後，中國的海洋戰略從早期的「近岸防衛」調整爲「近海防衛」。在他看來，所謂近海防衛就是「第一島鏈內的黃海、東海、南海海區……即包括依據《海洋法公約》規定的我國管轄的全部海域，也包括南海諸島等我國固有領土」。和原來的近岸防衛相比，這種海區的概念必須擴大，隨著經濟發展與技術的進步，「將逐步擴大到第二島鏈」。[1]

二〇〇八年之後，中國進一步強化了成爲海洋強國的決心。這被總結爲四個任務：「一是要能維護祖國統一和領土完整，捍衛國家海洋權益，並擴大我國海洋防禦的縱深。二是要確保對我國民經濟至關重要的海上通道暢通和商船自由航行。三是保衛我國日益擴大的海外利益與投資利益。四是擔當維護世界和平和海洋安全的任務」。[2]建設海洋強國的任務被寫入了十八大的報告之中。

中國軍費連續十幾年以兩位數的速度增長。優先發展海軍，研發和購置了大量武器與船隻，建造戰艦的速度「如同下餃子」。尤其值得注意的是兩點：第一，中國擁有了第一艘航空母艦，並加緊建造第二甚至第三艘；第二，中國把大量舊軍艦改建爲海監船，也新建噸位巨大的海監船。前者起到了戰略威嚇作用，後者爲中國在東海和南海的準武力推進的最直接工具。二〇〇八年底，中國海軍駛出中國鄰近海域，遠赴亞丁灣護航，艦隊走遍了世界了所有海域。這是中國「第一次打破第一島鏈」，實現了海軍走向世界的起步。

但中國更實際的目標，就是第一個任務，即「維護祖國領土完整，捍衛國家海洋權益」。中國是一個大陸國家，但有長達一萬二千公里的海岸線。中國與四個海相鄰接，從北到南，分別爲渤海、黃海、東海和南海。除了渤海爲中國內海，中國在其餘的三個海上都和海上鄰國有領土或領海的爭議：在黃海，中國和韓國有蘇岩礁之爭；在東海，中日雙方有釣魚島之爭；在南海的領土和領海爭議一直是世界上最複雜國際問題之一。

由於歷史地理的原因，南海諸島嶼的歸屬非常模糊。目前爭議直接牽涉的國家和地區多達六國七方。南海爭議包括了以下幾個層面的利益之爭：首先是領土之爭。南海的五個群島中的西沙、南沙和黃岩島都存在領土爭議。中國認爲，以上所有南海島嶼都是中國的領土，但目前相當一部分被外國侵占。其次是領海及經濟專屬區之爭。南海有豐富的漁業和石油資源。儘管沒有公開聲明，但中國傾向認爲自己在九段線內擁有管轄權。而九段線所劃範圍占南海將近百分之八十的面積，緊靠海上鄰國的海岸。中國認爲周邊國家大肆掠奪屬中國的石油和漁業資源。第三是航海自由之爭。南海是繁忙的國際通道，也有各國軍艦出沒。中國目前並沒有提出航海自由這個問題，但在歷史上多次抗議美國軍艦出沒南海。

東海與南海問題的核心在於，中國認爲所有有爭議的地區自古以來屬於自己，而它們現在處於被侵占的狀態。從中國的需要來說，中國國力強大後，對外交流和貿易大幅增加，中國有廣泛的海外權

[1]《劉華清回憶錄》，解放軍出版社，北京，二○○四年，四三七—四三八頁。

[2] 紀明葵〈維護海洋權益　實現海洋強國夢〉，《中國日報》，二○一三年七月三十一日。http://www.chinadaily.com.cn/dfpd/shizheng/2013-07/31/content_16858773.htm.

益需要維護。中國提出增加遠洋實力無可厚非的。但與此同時，在海洋爭議上，是否要遵守國際法，是否要尊重鄰國的合法合理的利益要求，被放在了次要的位置。

六・二 無瑕號事件

南海對美國有重要的戰略利益。從十九世紀開始，美國就已經在南海測量，是除了英國之外在南海測量最積極的國家。十九世紀末，美國從西班牙手裡得到菲律賓，與南海有了實質性的關係。二戰中，美軍是唯一在南海和日本作戰的國家。[3]二戰後，美國最早到達南沙群島的主島太平島，負責遣返島上日軍。其後，儘管美國沒有聲稱對南沙群島和黃岩島的主權，但美軍一直在南海不受限制地自由活動。在一九五〇—六〇年代，美國在中國海南島沿岸領海之外頻繁活動，只有進入沿岸十二海里之內，才受到中國「嚴重警告」。美國也多次測量南海諸島，把黃岩島作爲軍事訓練場。

美國在南海活動有多重目的：首先是保證南海航運暢通。南海是傳統的海盜高發區，美軍的存在和巡邏有助壓制海盜的猖獗。美軍也同時保證其他域內國家不能封鎖南海。美軍的存在使南海自二戰後一直保持暢通；其次是軍事作戰需要。在越戰中，美國海軍轟炸機可以從美國在南海航行的航空母艦起飛，攻擊北越；第三，參與人道主義救援。越戰之後，美軍戰艦大規模幫助越南人逃離西貢；第四，偵察周邊國家的軍事動向。美國在中國領海之外，對中國潛艇的聲納進行監聽，以掌握中國的軍事機密。第五，測量南海水文和地質。所獲資料既可以用於軍事預案，也可民用，比如美軍得到的地磁資料，就是南海石油開發的最初第一手資料。第六，進行軍事訓練和聯合演習。黃岩島在二戰後曾經作爲美軍的射擊基地。美國直到今天還不斷在南海與周邊國家進行聯合軍演。當中既有軍事價值，也有政治價值。可見，美軍在南海不受限制地自由航行已久，那對地區的穩定和發展有很大的正面價值。

中國一直不滿美國在中國近岸地方進行偵察，認爲這是對國家安全的威脅。這不難理解，但偵察和間諜行爲，自古有之。在長期的演化中，已經成爲國際關係中的一種慣例，是互相可以預測的行爲。在對方的行動不抵觸國際法的情況下，只能通過政治方法解決。

在一九六〇年代，中國沒有力量阻止美國的偵察，只能以「嚴重警告」來回應。一九八〇年代，中美友好，類似摩擦大爲減少。在一九九〇年代後，六四事件導致中美政治蜜月終結。中國軍力增長之後，開始對美國在沿岸活動進行武力擠壓。因而二十世紀末以後，中美在這個問題上摩擦重新增加。

二〇〇一年，美國海軍EP-3偵察機在南海執行任務，中國兩架戰鬥機進行監視和攔截，其中一架在距離海南島七十海里的位置與美軍偵察機相撞，釀成重大外交危機。中國飛行員王偉下落不明（後被確認爲死亡）。美軍偵察機受到重創，迫降於海南島陵水機場。但是由於不久美國即發生九一一事件，美國的外交軍事重點轉向阿富汗和伊拉克。中美在南海中的衝突暫時擱下。但美軍在中國南海、黃海和東海沿岸的偵察並沒有中止。二〇〇二年九月，中國漁政船在黃海距離海岸六十海里

[3] 一九四五年一月，漢考克號航空母艦爲核心的第五分隊在南海越南海面外攻擊金蘭灣日軍。

處對美軍鮑迪奇號（USNS *Bowditch*, T-AGS62）進行干擾。鮑迪奇號置之不理，最後一艘中國「漁船」撞上了鮑迪奇號的拖曳聲納，迫使它回日本基地維修。二〇〇三至二〇〇五年間，美國多艘調查船東海和黃海進行作業時受到中國海洋局和漁政局的干擾。但這些事件都沒有造成大影響。此外，美國沒有受到干擾的巡航和測量數量眾多。二〇〇一年至二〇〇九年之間，中美在這個問題上大致取得平衡和默契。

但是二〇〇九年的「無暇號」事件打破了這種平衡，成爲新一輪南海局勢緊張的先聲。無瑕號（USNS *Impeccable, T-AGOS-23*）是美國海軍的海洋測量船，裝有主動式拖曳陣列聲納系統（SURTASS-LFA）。該系統由主動和被動兩部分組成：主動部分（LFA）部分垂直懸挂掛在船體下方，向水中發射低頻聲波；被動部分裝有一系列水聽器的拖曳陣列被動聲納，由緩慢航行的測量船拖曳，接收反射回來的聲波，以此探測水底物體。它既能探測水底地形，也能探測水底潛艇。海南榆林港是中國大力打造的海軍基地，也是戰略核潛艇的母港，所以中國認爲無暇號在海南外海的任務是探測中國潛艇的活動。[4]

三月初，無瑕號在海南省以南七十五英里的南海海域如常執行任務時，中國船隻已經開始進行騷擾。五日，一艘中國船隻逼近無瑕號，在其船頭九十一米掠過；兩小時後，中國海洋巡邏機十一次在無瑕號上方低空飛過。三月七日，一艘海監船用無線電警告無瑕號，指其非法活動，並命令它離開，否則承擔一切後果。八日，無瑕號被五艘中國船隻攔截，包括一艘中國海軍情報搜集船、一艘海事局漁業監督船、一艘國家海洋水文監督船和兩艘小型掛著中國國旗的拖網漁船。船隻向無瑕號逼近到十五米的距離，揮動中國國旗，要求無瑕號離開。中國人甚至試圖奪走無瑕號拖曳的探測設備。無瑕號通過 bridge-to-bridge 交流，要求中國船隻保持安全距離，但中國船隻沒有理會。由於交流不便，無瑕號不清楚船隻的意圖，爲求自保，用水柱向接近的中國船隻噴水，中國兩艘船隻隨即橫插上去，擋住了無瑕號的船頭，無瑕號被迫下錨。中國船隻在無瑕號前頭放置大木塊，阻止其前進。[5]

中國沒有第一時間主動公布事件，只是十一日在記者提問下，外交部發言人才表示「無瑕號未經中方許可在南海中國專屬經濟區活動，違背有關國際法和中國法律法規的規定。中國已就此向美方提出嚴正抗議，並要求美方立即停止有關活動，以及採取有效措施，避免再次發生類似事件。」[6]

美國高度重視這次事件。三月九日，美國政府發表聲明，指責中國在海上危險航行，違反國際規則。三月十日，美國情報總監布雷爾在參議院作證：無瑕號事件是二〇〇一年撞機事件以來最嚴重的事件；中國在主張專屬經濟區海域上，變得越來越有侵略性。同日，美國傳統基金會亞洲研究中心主任瓦爾特洛曼提出：無瑕號事件顯示「美國要恢復對華軍事交流是一廂情願的錯誤做法，中國對南海的要求如果不受挑戰，那麼有朝一日，美國太平洋艦隊要進行例行性的活動時，都需要尋求中國的許

[4] 應紹基〈美軍「無瑕號」海測船南海事件綴研析〉，《海軍學術雙月刊》四四：三，二〇一〇年，三二—四五頁，http://www.mnd.gov.tw/Upload/201007/03-%E7%BE%8E%E8%BB%8D%E3%80%8C%E7%84%A1%E7%91%95%E8%99%9F%E3%80%8D_072676.pdf.

[5] Captain Raul Pedrozo, JAGC, U.S. Navy, Close Encounters at Sea, The USNS impeccable Incident, *Naval War College Review*, Summer 2009, Vol.62, No. 3. Jonathan G. Odom, The True "lies" Of The Impeccable Incident: What Really Happened, Who Disregarded International Law, And Why Every Nation (outside Of China) Should Be Concerned, *Michigan State Journal of International Law*, Vol.18:3.

[6]〈國防部新聞發言人就美國海軍監測船在中國專屬經濟區活動事答記者問〉，新華網，http://big5.news.cn/gate/big5/news.xinhuanet.com/mil/2009-03/11/content_10995832.htm.

可。」

三月十日，中國派出最大的漁政船三一一號（四四五〇噸）從廣州出發，到南海執行漁政任務。三月十一日，美軍派出以夏威夷爲基地的驅逐艦「鍾雲號」（USS *Chung-Hoon*, DDG-93）爲無瑕號護航。[7]但同一天，在華盛頓訪問的中國外長楊潔篪與國務卿克林頓會晤後，表示同意舒緩緊張氣氛，努力避免同類事件發生。[8]十八日，美國國防部長蓋茨也顯示溫和姿態。無瑕號事件得以平息。

無瑕號事件並非孤立事件。四月十一日，美國哥倫比亞大學的海洋地震測量船「馬庫斯朗塞特號」（R/V Marcus G. Langseth），應臺灣要求在東沙群島海域進行測量，以趕在限期之內向聯合國申請外大陸架範圍。中國漁船海監船八一號對測量船進行干擾，宣稱測量船未經同意進入中國海域，要求其離開。臺灣隨船人員立即向臺海巡處報告，要求支援。美國方面也第一時間向美國務院報告。最後三方都採取克制態度，避免了事件擴大化。五月一日，在黃海海面，美國調查船勝利號（*Victorious*, T-AGOS 19）也遇到兩艘中國漁船的騷擾，後者一度距勝利號到只有二十七米的距離。勝利號用水柱射向漁船但未能擺脫騷擾，只能向附近一艘中國軍艦求助。勝利號事件後，美國向中國表示譴責和抗議，但遭到中國反駁。六月十二日，美國神盾艦麥凱恩號（USS *John S. McCain*）在菲律賓蘇碧灣和中國潛艇相遇，中國潛艇撞毀了麥凱恩號放置的拖曳聲納。

無暇號事件之後，美國不久就展開「亞洲再平衡」戰略（見六・四），並未放鬆在南海巡邏。但這期間中美雙方的角力重點在外交，在軍事上則強調交流、增加互信和減少誤判，因此公布出來的衝突事件反而不多。直到二〇一四年南海局勢驟然緊張，中美之間才公布出更多的衝突。

無暇號事件的國際法分析

這一連串事件，以及它們被公開的事實，印證了中美在海洋自由航行的問題上分歧加大。這裡試圖從國際法的角度對此事件進行分析。

中國堅持，「關於外國船隻在中國專屬經濟區活動問題，《聯合國海洋法公約》和《中華人民共和國專屬經濟區和大陸架法》、《中華人民共和國涉外海洋科學研究管理規定》均有明確規定。」「美國海軍監測船無瑕號違背有關國際法和中國法律法規的規定，未經中方許可在南海中國專屬經濟區活動」。[9]中國認爲自己對專屬經濟區有管轄權。但官方從來沒有在這個問題上有正式的論述。中國學者的相關論證可以作爲參考，[10]但這些論點都是難以成立的。

首先，《公約》第五部分專屬經濟區的第五十八條第一款規定：

> 在專屬經濟區內，所有國家，不論爲沿岸國或內陸國，在本公約有關規定的限制下，享有第八十七條所指的航行和飛越的自由，鋪設海底電纜和管道的自由，以及與這些自由有關的海洋其他國際合法用

[7] http://news.bbc.co.uk/chinese/simp/hi/newsid_7940000/newsid_7940300/7940380.stm.

[8] http://news.bbc.co.uk/chinese/simp/hi/newsid_7930000/newsid_7938500/7938578.stm.

[9] 〈國防部新聞發言人就美國海軍監測船在中國專屬經濟區活動事答記者問〉。

[10] 鄭雷〈論中國對專屬經濟區內他國軍事活動的法律立場——以無瑕號事件爲視角〉，《法學家》，二〇一一年第一期，一三七—一四六頁。管建強〈美國無權擅自在中國專屬經濟區從事「軍事測量」——評中美南海摩擦事件〉，《法學》，二〇〇九年第四期，五〇—五七頁。

途，諸如同船舶和飛機操作及海底電纜和管道的使用有關的並符合本公約其他規定的那些用途。[11]

而第七部分公海（high sea）的第八十七條「公海自由」所指的是：

1. 公海對所有國家開放，不論其爲沿海國或內陸國。公海自由是在本公約和其他國際法規則所規定的條件下行使的。公海自由對沿海國和內陸國而言，除其他外，包括：
(a) 航行自由；
(b) 飛越自由；
(c) 鋪設海底電纜和管道的自由，但受第六部分的限制；
(d) 建造國際法所容許的人工島嶼和其他設施的自由，但受第六部分的限制；
(e) 捕魚自由，但受第二節規定條件的限制；
(f) 科學研究的自由，但受第六和第十三部分的限制。
2. 這些自由應由所有國家行使，但須適當顧及其他國家行使公海自由的利益，並適當顧及本公約所規定的同「區域」內活動有關的權利。[12]

可見，專屬經濟區內的(a)航海自由和(b)飛越自由與公海中的航海自由是一致的。注意在該款中，c-f的選項都受到某種程度的限制，只有a和b不受限制。而且在第五十八條內，還專門提到了「船舶和飛機操作」。即在航海自由方面，專屬經濟區等於公海。美國用國際海域（international sea）這個名詞，作爲公海（high sea）和專屬經濟區等可以擁有航海自由的海域的通稱，是恰如其分的。

沿岸國在專屬經濟區內享有什麼權利呢？這在第五十六條中規定得很清楚：

1. 沿海國在專屬經濟區內有：

(a)以勘探和開發、養護和管理海床上覆水域和海床及其底土的自然資源（不論爲生物或非生物資源）爲目的的主權權利，以及關於在該區內從事經濟性開發和勘探，如利用海水、海流和風力生產能等其他活動的主權權利；

(b)本公約有關條款規定的對下列事項的管轄權：

(1)人工島嶼、設施和結構的建造和使用；

(2)海洋科學研究；

(3)海洋環境的保護和保全；

(c)本公約規定的其他權利和義務。

2. 沿海國在專屬經濟區內根據本公約行使其權利和履行其義務時，應適當顧及其他國家的權利和義務，並應以符合本公約規定的方式行事。

---

[11] http://www.un.org/zh/law/sea/los/article5.shtml.

[12] http://www.un.org/zh/law/sea/los/article7.shtml.

> 3. 本條所載的關於海床和底土的權利，應按照第六部分的規定行使。[13]

沿岸國在專屬經濟區所擁有的，不是主權，而是「主權權利」。顧名思義，只有「經濟」上的權利，即只有海洋生物和非生物資源，以及對這些資源管轄和科研的權利。可見，如果其他國家在沿岸國的專屬經濟區範圍內進行與這些無關的活動，並不需要受到沿岸國的管轄，也不需要得到沿岸國的批准。

那麼美國的行動是否和經濟活動有關呢？如果無瑕號從事的地震數據收集，那麼還可以說與海底資源有關，因爲那可以探測海底有無礦藏和石油。但無瑕號從事的是海洋測量，即測量水底和水文，其目的是繪製海底的水文和（如中國所指）探測潛艇。這些都是和海洋資源無關的工作。事實上，測量（survey）在《公約》中是和海洋科學研究並列的。在第十九條中列舉在領海無害通過的意義時，第二款J項有「進行研究或測量活動」。[14]第二十一條列舉沿岸國在領海內可以無害通過的法律和規章時，第一款G項有「海洋科學研究和水文測量」。[15]可見，「測量」及「水文測量」，是與「研究」及「海洋科學研究」完全並列的兩種性質的行爲。無瑕號進行的測量，顯然不屬於研究或者海洋科學研究之內。

有中國學者認爲，低音聲納系統會對海洋生物造成威脅。但是一來這還沒有充分的證據，其嚴重程度也不確定，中國和美國都沒有把這種技術列爲對海洋生物有害的範圍。二來，即便有一定的損害，這種關於損害的邏輯也很容易被濫用。比如，螺旋槳造成海豚死亡，有眾多的統計支持，但沒有那種船不用螺旋槳推動。如果這種邏輯是成立的，那麼任何船隻在專屬經濟區航行都可以說成是損害生物資源。這等於變相剝奪專屬經濟區內一切船隻的自由航海權，當然不可取。

第三，中國專家聲稱，根據《公約》第五十八條第三款，「各國在專屬經濟區內根據本公約行使其權利和履行其義務時，應適當顧及沿海國的權利和義務，並應遵守沿海國按照本公約的規定和其他國際法規則所制定的與本部分不相牴觸的法律和規章。」，[16]各國需要遵守沿海國制定的法律和規章。《公約》的這段話有點複雜，但其意思是明確的，各國應遵守的是「按照本公約的規定和其他國際法規則所制定的與本部分不相牴觸」的法律和規章。如果這些沿海國的法律和規章(1)不按照《公約》的規定，或者(2)不遵守其他國際法規則，或者(3)與本部分相牴觸的話，各國不需要遵守。其中(3)所指的本部分，就是該條的第一款，即各國在專屬經濟區內享有和公海一樣的航海和飛越自由。

所以如果中國制定了違反《公約》的法律，根據國際法，外國並沒有義務遵守。其實在中國的《中華人民共和國專屬經濟區和大陸架法》中，字面上也沒有超出《公約》的範圍。相關的是第九條：

> 任何國際組織、外國的組織或者個人在中華人民共和國的專屬經濟區和大陸架進行海洋科學研究，

【13】http://www.un.org/zh/law/sea/los/article5.shtml.
【14】http://www.un.org/zh/law/sea/los/article2.shtml.
【15】http://www.un.org/zh/law/sea/los/article2.shtml.
【16】http://www.un.org/zh/law/sea/los/article5.shtml.

必須經中華人民共和國主管機關批准，並遵守中華人民共和國的法律、法規。[17]

與第十一條：

任何國家在遵守國際法和中華人民共和國的法律、法規的前提下，在中華人民共和國的專屬經濟區享有航行、飛越的自由，在中華人民共和國的專屬經濟區和大陸架享有鋪設海底電纜和管道的自由，以及與上述自由有關的其他合法使用海洋的便利。鋪設海底電纜和管道的路線，必須經中華人民共和國主管機關同意。[18]

可是中國專家把第九條中的海洋科學研究解釋爲包括測量，與《公約》的規定相悖。因此，各國並沒有遵守這種解釋的義務。

最後，《公約》第八十八條規定：「公海應只用於和平目的。」[19]中國專家認爲，美國在測量水文時危害了中國的安全，因此不是出於和平的目的，故此違反了《公約》。値得指出的是，《公約》的這條規定僅是一種出於理念的概括條文，本身缺乏細致的解釋，比如什麼行爲才是和平的行爲？在公海上進行軍事演習、爲前線運送兵力和物資是不是和平的行爲？在沒有明確的定義之下，這種條文充其量只是表達了美好的願望。其實，幾乎每一個條約中，都會寫上爲和平的字眼。就美國南海測量的事來說，美國也可以聲稱爲了和平的目的，水底地形的測量是制定航海圖的主要方法，這不是爲了和平的目的嗎？即便偵查中國潛艇機密，也可以說是爲了和平，防止中國向美國發動進攻。可見用第八十八條來指責美國違反《公約》，難以成立。

而美方在論證其行爲符合《公約》之後，可以運用《國際海上避碰規則公約》（Convention on the International Regulations for Preventing Collisions at Sea，一九七二，簡稱 COLREG），反指中國違反國際法。[20] 這是一九七二年簽訂的公約，由國際海事組織於公布，是關於海上航行的國際規則。包括海上瞭望、船舶安全速限、避碰及其採取措施、狹窄水域、分道航行區、船舶相遇、受限制船舶、船舶燈號等航行規則。中國在一九七三年已加入國際海事組織，承認《國際海上避碰規則公約》的有效性。[21] 二〇〇七年十一月二十九日，國際海事組織第二十五屆大會通過決議案 A.1004(25) 對該公約進行了最新修正。

該公約第八條規定，船隻有避免碰撞（collision）的義務。[22] 第十三條規定，船隻在超越（overtaking）的時候，必須不占用被超越船隻的水道。第十五條規定，如果兩艘船在將要交叉相撞（crossing）的時候，處於右手方（starboard side）的一方應該爲對方讓道。第十八條規定，高動力船

---

[17] http://big5.gov.cn/gate/big5/www.gov.cn/ziliao/flfg/2005-09/12/content_31086.htm.

[18] 同上。

[19] http://www.un.org/zh/law/sea/los/article7.shtml.

[20] Jonathan G. Odom, The True "lies" Of The Impeccable Incident: What Really Happened, Who Disregarded International Law, And Why Every Nation (outside Of China) Should Be Concerned, *Michigan State Journal of International Law*, Vol.18: 3.

[21] http://www.imo.org/en/About/Conventions/ListOfConventions/Pages/COLREG.aspx.

[22] https://en.wikisource.org/wiki/International_Regulations_for_Preventing_Collisions_at_Sea.

隻（power-driven）應該爲行動受限的船隻讓道。無暇號事件發生時，無暇號處於緩慢的作業狀態，屬於受限的船隻，故中國船隻應該給無暇號讓道。所以，中國至少在上述四個方面都違反《國際海上避碰規則公約》。[23]

綜上所述，儘管美國的做法在中國看來不友好，但在無暇號事件中，是中國而不是美國，違反了國際法。如果中美在事件中的角色調換，美國通常的做法是伴航，即與對方平行航行，阻止對方繼續深入，這在美蘇對抗年代最爲常見。

六・三　越馬外大陸架劃界案

在《聯合國海洋法公約》中，大陸架一般是基線以外二〇〇海里，在一定的條件下，還可以延伸到基線以外最多三五〇海里。但各國如果想取得二〇〇海里到三五〇海里的大陸架，即外大陸架（extended continental shelf），則必須向聯合國大陸架界限委員會（Commission on the Limits of the Continental Shelf）申請，並出示充分證據，證明該區域有大陸架的資格。[24]這就需要詳細勘察相關區域的海底，對科研實力一般的國家而言並非易事。故此，提交申請的最後期限在各國的呼籲之下，一推再推到二〇〇九年五月十三日。而實際上，由於很多國家仍未能完成勘探，這一截止日期又再後延。

而在二〇〇九年五月十三日這一敏感日前之前，已經有一系列事件引發南海問題升溫。三月十日，菲律賓國會通過《領海基線法》（Republic Act 9522），[25]將黃岩島和卡拉延群島劃爲菲律賓領土。馬來西亞總理巴達維在三月登上彈丸礁宣示主權。四月，越南舉行儀式，任命「黃沙地區」主席。這些行爲都引發中國抗議。

由於南海地形複雜以及可能引發的爭端，大部分南海國家都沒有提出在南海的外大陸架申請。菲律賓在限期之前只提交了在菲律賓群島東部菲律賓海賓漢隆起（Benham Rise Region）的外大陸架申請。[26]印尼只提出了蘇門答臘外海的申請。汶萊只提出了初步主張。中國沒有提出在南海的申請。只有馬來西亞和越南在二〇一一年五月六日，聯合向聯合國大陸架界限委員會提交了各自在南海南部二〇〇海里外大陸架「劃界案」[27]（圖68）。五月七日，越南又單獨提交了在南海中部部分地區的外大陸架「劃界案」[28]（圖69）。

馬越聯合遞交的劃界案中，按照雙方在南海相對的大陸海岸基線以外二〇〇海里畫出二〇〇海里線（紅線），由於兩國海岸之間的相對寬度大於四〇〇海里，各自二〇〇海里線之間的區域就被申請爲聯合區域（Defined Area，橙色區域）。而馬來西亞的二〇〇海里線則和菲律賓的二〇〇海里線（黑線）相接。應當說明，菲律賓和馬來西亞之間並沒有海上劃界的共識，因此這個連接點是馬來西亞單方面定義的。雙方的二〇〇海里線內大部分區域，以及聯合區域的全部，都在中國九段線的範圍

---

[23] Odom文中還認爲中國違反第十六項，筆者覺得理由不足，這裡不詳細分析。
[24] http://www.un.org/Depts/los/clcs_new/commission_submissions.htm.
[25] http://www.lawphil.net/statutes/repacts/ra2009/ra_9522_2009.html.
[26] http://www.un.org/Depts/los/clcs_new/submissions_files/phl22_09/clcs22_2009e.pdf.
[27] http://www.un.org/Depts/los/clcs_new/submissions_files/submission_mysvnm_33_2009.htm.
[28] http://www.un.org/Depts/los/clcs_new/submissions_files/submission_vnm_37_2009.htm.

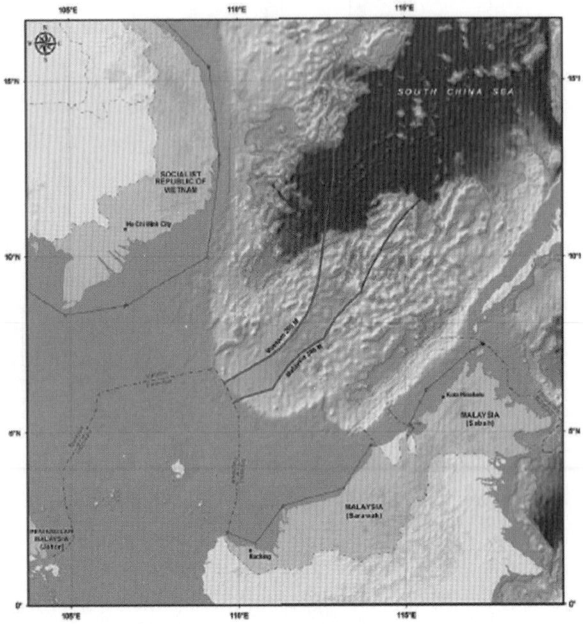

圖 68　馬來西亞和越南的聯合申請外大陸架區域（見彩圖 3）

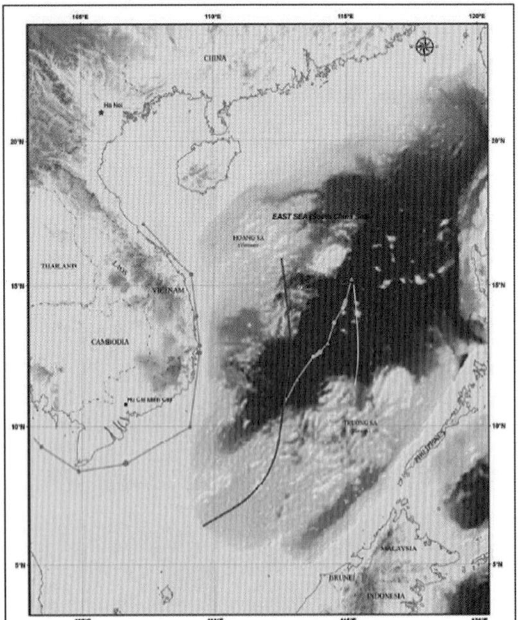

圖 69　越南單獨申請的外大陸架區域（見彩圖 4）

之內。值得指出的是，從馬越雙方看來，這個方案是保守的，因爲它只從大陸基線出發，而規避了南沙群島的法律效力問題。

在越南提出的劃界案中，在越南中部對開的海域畫出了二〇〇海里線與三五〇海里線（《公約》規定的最大距離），在兩線之間，越南定義了總共四十五個基點：其中兩端的基點，一個在三五〇海里線上，一個在二〇〇海里線上；其他的基點是通過百分之一的沉積物厚度或者大陸坡腳加六十海里規則而確定的。它們都是常用的確定外大陸架基點的方法。這些基點之間的連線（黃線）與二〇〇海里線之間的區域，就是越南提出的外大陸架申請區域。與馬越聯合劃界案類似，越南提出的方案中，也規避了西沙群島所帶來的法律效力問題。

中國在五月七日當即發出照會，對馬來西亞和越南在五月七日遞交的文件表達如下立場：

> 中國對南海諸島及其附近海域擁有無可爭辯的主權，並對相關海域及其海床和底土享有主權權利和管轄權（見附圖）。中國政府的這一貫立場爲國際社會所周知。
>
> 上述馬來西亞和越南聯合劃界所涉二〇〇海里以外大陸架區塊，嚴重侵害了中國在南海的主權、主權權利和管轄權。根據《大陸架界限委員會議事規則》附件一第五條(a)項，中國政府鄭重要求委員會對馬來西亞和越南聯合劃界案不予審理。【29】

[29] 文件 CML/17/2009, http://www.un.org/Depts/los/clcs_new/submissions_files/mysvnm33_09/chn_2009re_mys_vnm.pdf.

五月八日，中國又針對越南單獨提出的申請此發出了照會，表達反對的立場：

> 中國對南海諸島及其附近海域擁有無可爭辯的主權，並對相關海域及其海床和底土享有主權權利和管轄權（見附圖）。中國政府的這一一貫立場爲國際社會所周知。
>
> 上述越南劃界案，嚴重侵害了中國在南海的主權、主權權利和管轄權。根據《大陸架界限委員會議事規則》附件一第五條(a)項，中國政府鄭重要求委員會對越南劃界案不予審理。[30]

越南[31]和馬來西亞[32]立即提出反駁信件，強調聯合劃界地區屬於兩國主權範圍內。越南和馬來西亞在有爭議地區提交的外大陸架劃界被中國抗議，不足爲奇。就連菲律賓在八月十八日也對此去信聯合國表示反對，認爲越馬劃分的區域和菲律賓主張的區域有重疊（overlap）。[33]馬來西亞[34]和越南[35]也對此信表示反對。但是引人分外關注是，在中國發出的兩封照會中，都附帶了畫著中國的九段線附圖（圖70）。這是中國第一次在正式的國際文件中展示九段線。

然而查該附圖，卻沒有圖例，無法確定圖中九段線的準確涵義是什麼。中國在照會中的相關描述是「中國對南海諸島及其附近海域擁有無可爭辯的主權，並對相關海域及其海床和底土享有主權權利和管轄權（見附圖）。」但並沒有說明，九段線內區域是否就是中國文件所指的「附近海域」（adjacent waters）或者「相關海域」（relevant waters）。於是此地圖的出現，再次引起了國際對中國九段線的質疑。

二〇一一年四月五日，菲律賓經過詳細研究之後向聯合國提交照會（〇〇〇二二八號），對中國

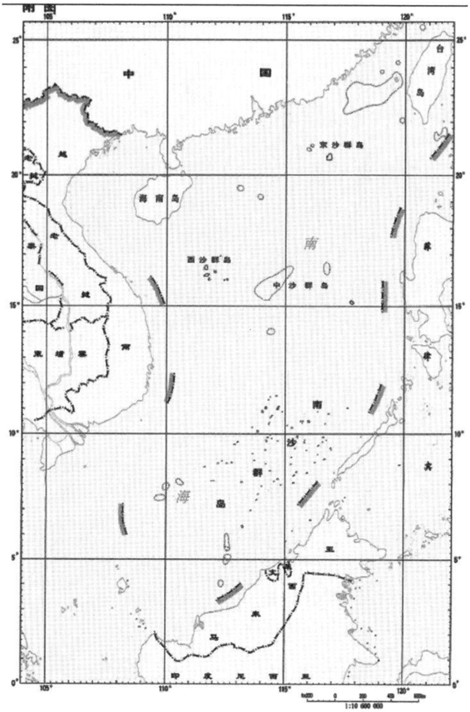

圖 70 中國遞交文件的附件地圖

兩照會中所提及的被指爲「爲國際社會所周知的一貫立場」的「附近海域」和「相關海域」提出三項抗議：(1)卡拉延群島是菲律賓的一部分；(2)根據國際法中「陸地決定海洋」（la terre domine la mer）的原則，菲律賓對卡拉延群島每一個構造的附近海域擁有主權和仲裁權；(3)中國提出的「相關水域和海床和底土」（如同附於兩照會後的所謂九段線地圖所指的）超出了以上所

【30】文件 CML/18/2009, http://www.un.org/Depts/los/clcs_new/submissions_files/vnm37_09/chn_2009re_vnm_c.pdf.

【31】http://www.un.org/Depts/los/clcs_new/submissions_files/mysvnm33_09/vnm_chn_2009re_mys_vnm_e.pdf.

【32】http://www.un.org/Depts/los/clcs_new/submissions_files/mysvnm33_09/mys_re_chn_2009re_mys_vnm_e.pdf.

【33】http://www.un.org/Depts/los/clcs_new/submissions_files/mysvnm33_09/clcs_33_2009_los_phl.pdf, http://www.un.org/Depts/los/clcs_new/submissions_files/vnm37_09/clcs_37_2009_los_phl.pdf .

【34】http://www.un.org/Depts/los/clcs_new/submissions_files/mysvnm33_09/mys_re_phl_2009re_mys_vnm_e.pdf.

【35】http://www.un.org/Depts/los/clcs_new/submissions_files/mysvnm33_09/vnm_re_phl_2009re_mys_vnm_e.pdf.

說的地理構造；「附近海域」部分的主張沒有國際法——特別是《聯合國海洋法公約》——依據。[36]

這是在國際正式文件中第一次針對九段線的抗議。但中國言及的「相關水域」是否指九段線內範圍仍然沒有定論。中國在四月十四日提交聯合國的反駁菲律賓的照會中（CML/8/2011）中並沒有明確反駁有關九段線的質疑，只是重複「中國政府自二十世紀三〇年代以來多次公布南沙群島的地理範圍及其組成部分的名稱，南沙群島的範圍是明確的。按照《聯合國海洋法公約》、一九九二年《中華人民共和國領海及毗連區法》和一九九八年《中華人民共和國專屬經濟區和大陸架法》的有關規定，中國南沙群島擁有領海、專屬經濟區和大陸架。」[37]

自此之後，東南亞和國際上針對九段線的討論就不絕於耳，九段線取代南海諸島的主權問題成為南海問題中最尖銳的矛盾。在各種東南亞論壇上都能夠聽到反對九段線的聲音，但中國從沒有對此作出清晰明確的聲明。

六・四　亞洲再平衡

亞洲再平衡戰略，一度被稱爲重返亞洲，但這個用語並不準確。[38]美國在亞洲[39]一直存在，而且亞洲自從二戰開始一直是美國的第二戰場。美國在東北亞有日本和韓國這兩個重要盟國；在東南亞有菲律賓和泰國兩個盟國；此外和新加坡的關係也異常密切，美軍在新加坡有基地，是世界最重要通道之一的麻六甲海峽暢通的保障。此外，美國與太平洋的澳洲和紐西蘭也是盟國；美國在北太平洋有一系列的屬土和自由聯繫國，前者包括關島和北馬里亞納群島，後者包括帛琉、馬紹爾群島和密克羅尼西亞聯邦。這些北太平洋島嶼和美國在太平洋北部的阿拉斯加和阿留申群島、中北部的夏威夷，以及南太平洋屬地美屬薩摩亞，形成美國控制整個北太平洋的網絡。

美國在九一一事件之後進入反恐節奏，亞太地區的重要性有所下降，但聯繫並沒有減少，只是關注點變成了反恐。美國加強對印尼、馬來西亞和菲律賓的援助，以阻止區內激進伊斯蘭勢力坐大。[40]在反恐戰爭告一段落之後，美國的戰略重點自然重新回到東亞。而這時中國崛起帶來對東亞秩序的衝擊，也成爲美國亞洲再平衡戰略的出發點。有兩個事件對美國的觸動尤爲突出：第一是美國石油公司在中國的壓力下與越南政府的合作受到阻礙（見下一節），第二就是六・二提到的無瑕號事件。前者關乎商業利益，後者關乎航海自由。[41]

二〇〇九年七月，在泰國舉行的第十六屆東盟地區論壇（ARF）上，國務卿希拉蕊・克林頓代表

---

[36] THIRD, since the adjacent waters of the relevant geological features are definite and subject to legal and technical measurement, the claim as well by the People's Republic of China on the "relevant waters as well as the seabed and susoil thereof" (as reflected in the so-called 9-dash line map attached to Notes Verbales CML/17/2009 dated 7 may 2009 and CML/18/2009 dated 7 May 2009) outside of the aforementioned relevant geological features in the KIG and their "adjacent waters" would have no basis under international law, specifically UNCLOS. See http://www.un.org/Depts/los/clcs_new/submissions_files/vnm37_09/phl_re_chn_2011.pdf.

[37] http://www.un.org/Depts/los/clcs_new/submissions_files/vnm37_09/chn_2011_re_phl.pdf.

[38] Sheldon W. Simon, The US rebalance and Southeast Asia, A work in progress, Asian Survey, Vol.55:3, pp.572-595.

[39] 這裡的亞洲指的是東亞、東南亞和南亞，不包括中東。

[40] 印尼、馬來西亞都是伊斯蘭國家，菲律賓南部也信奉伊斯蘭。

[41] 同上。

美國政府與東盟各國外長簽訂了美國加入《東南亞友好合作條約》（TAC）的文件。她在二〇〇九年七月二十二日抵達曼谷時表示：「我想發出一個非常明確的信息：美國正在重返東南亞，我們正在完全致力於在東南亞的夥伴關係。」

二〇一〇年六月五日，國防部長蓋茨在在香格里拉對話會上說：「南海海域安全不僅對周邊有關國家有著重要意義，對在亞洲地區有重大經濟與安全利益的國家同樣非比尋常。地區的穩定、航行自由、經濟活動自由而不受阻礙是極端重要的。美國政府一貫不站在爭端的任何一方，但反對任何一方使用武力和自由航行受到阻礙。美國政府還反對任何國家採取脅迫美國公司或其他國家公司在地區合法經營活動的行爲。美國政府強調，所有爭端方務必通過多邊和平談判，按照通用國際法解決。」

二〇一〇年七月在越南河內舉行的十七屆東盟區域論壇上，希拉蕊及東盟國家外長與中國外長楊潔篪進行了激烈的交鋒。之前，美國在一系列其他方面對中國做出了外交讓步。但希拉蕊在會上提出：中國對南海的要求應當「僅」以《聯合國海洋法公約》爲基礎。這意味著不承認中國對整個南海的「過分」海洋要求。楊潔篪則對東盟各國放出狠話：「中國是一個大國，而其他國家都是小國，這是一個事實」。[42]整個會議不歡而散。但美國對亞洲再平衡戰略已經下定決心。

二〇一一年三月，中國外交部助理崔天凱對美國官員說：中國把南海「一三〇萬平方英里的海域與西藏和臺灣同等看待。[43]

二〇一一年十月十一日，希拉里在《外交政策》雜誌上發表〈美國的太平洋世紀〉一文，[44]全面闡述了亞洲再平衡政策的必要性。文中指出：在下一個十年，美國需要把戰略資源投放在最關鍵的地方，以維持美國的領導地位，保證利益安全與推進價值觀。而這個關鍵地方之一就在亞太地區。[45]

二〇一二年七月，希拉里在東盟區域論壇年會上強調，美國在南海的自由航行上有「國家利益」，並會保護這種利益[46]。

此前此後，美國一系列高級官員都表達了類似的發言，包括國家安全顧問多尼隆（Tom Donilon），國防副部長卡特（Ashton Carter，二〇一五年擔任部長），亞太事務助理國務卿李模楷(Mark William Lippert)、太平洋司令部司令薩繆爾．洛克利爾三世（Samuel J. Locklear）等。

如多尼隆所說，[47]要實現美國的亞洲再平衡的目標，需要建立一套全面的、多維的戰略，包括：加強和東南亞各國的同盟關係，深化與正在崛起的國家的夥伴關係；與中國建立一個穩定、多產的、和有建設性的關係；加強區域機構的能力；以及幫助建立一個區域性的經濟架構以保持共同繁榮。

美國對此戰略的具體行動包括以下幾點：

第一，**製造輿論**。美國越來越多的高級官員出席東南亞的各種國際官方、非官方的會議和研討

[42] http://www.bbc.com/zhongwen/trad/china/2015/03/150312_china_marine_disputes.

[43] http://www.washingtonpost.com/wp-dyn/content/article/2010/07/29/AR2010072906416.html?sid=ST2010072906761.

[44] Hillary Clinton, American's Pacific Century, *Foreign Policy*, 10/11/2011. http://www.foreignpolicy.com/articles/2011/10/11/americas_pacific_century.

[45] 原文：" the next 10 years, we need to be smart and systematic about where we invest time and energy, so that we put ourselves in the best position to sustain our leadership, secure our interests, and advance our values. One of the most important tasks of American statecraft over the next decade will therefore be to lock in a substantially increased investment -- diplomatic, economic, strategic, and otherwise -- in the Asia-Pacific region".

[46] http://csis.org/publication/clinton-arf-and-us-rebalance-asia.

[47] https://www.whitehouse.gov/the-press-office/2013/03/11/remarks-tom-donilon-national-security-advisor-president-united-states-an.

會，在幾乎每個合適的場合都表達對南海問題的觀點。加以國內各種智庫的研究，推動國際和國內對南海問題的關注，表達美國的觀點（中國稱爲炒作南海問題）。

第二，**加強與東南亞各國的外交關係**。美國和其他東南亞國家的關係在歐巴馬時期都得到促進，尤其以菲律賓、越南、印尼和新加坡爲要；同時也和日本、印度、澳大利亞等利益相關國加強在南海問題上的互動協調（中國稱爲挑撥關係）。對美國的介入，渴望外援的東盟各國自然極爲歡迎。二〇一〇年，美國與東盟共同發表《美國與東盟聯合聲明》。其中第十八條專門針對東南亞地區的和平與穩定問題：重申區域和平與穩定、海洋安全、不受阻礙的貿易，以及航海自由的重要性，強調應當運用包括《聯合國海洋法公約》及其他國際法原則在內的相關被普遍接受的國際法原則和平解決爭端。[48]

第三，**在東南亞加大軍事存在，鞏固軍事同盟**。美國宣布，到二〇二〇年爲止，將把百分之六十的海軍力量佈置在太平洋（但這個計畫進展遲緩）。如 Lippert 總結的，在二〇一二年，美國和泰國、紐西蘭、緬甸、馬來西亞、印尼、越南、澳洲、菲律賓和新加坡都加強了軍事聯繫。[49] 最值得提及的是以下幾個聯繫：

釣魚島危機引發日本和中國激烈的外交對抗。美國支持日本首相安培晉三解禁「集體自衛權」，反覆強調美日同盟是整個東亞軍事穩定的基石，並鼓勵日本在解禁後，和美國一起在南海巡邏。

從二〇一二年起，美國在澳大利亞達爾文利用澳洲的軍事基地駐紮海軍陸戰隊，預計到二〇一六年，部隊將擴充到二五〇〇人。達爾文港距離印度尼西亞八二〇公里，美軍從那裡出發能夠迅速對東南亞可能出現的人道或安全危機做出反應。[50] 二〇一一年七月，美日澳三方在南海汶萊附近海域進行了第一次三方聯合軍演。東南亞媒體中有把美日澳三方的軍事關係稱爲「小北約」。

印度在近年來也積極推進「東進」政策，參與南海事務，特別是近年來中國和印度在拉達克和藏南的邊境糾紛有重新激化的趨勢。印度又稱中國在印度洋的「珍珠鏈」計畫是對印度在印度洋主導地位的挑戰。二〇一五年，日本加入美國和印度在印度洋每年一度的軍演，遭到中國抗議。

美國和菲律賓有《美菲軍事同盟關係》協議。二〇一一年，希拉里宣布將爲菲律賓提供武器和軍事裝備，以幫助菲律賓軍隊實現現代化。在一系列中菲南海衝突中，美國都站在菲律賓的一方，要求中國停止使用武力和脅迫的方式改變現狀。

一九九〇年代，美國和越南關係解凍，但兩國關係在近年來才得到飛躍發展，從經濟交流擴展到令中國敏感的軍事交流。[51]二〇一〇年八月，美國核動力航空母艦喬治華盛頓號和神盾級驅逐艦約翰麥凱恩號，與越南海軍一起進行史上首次聯合海上演習。二〇一三年十月，美越簽署協議，向越南轉讓民用核電站技術。[52]二〇一四年十月，美國宣布將會逐步解禁對越南軍售。[53]美越還就幫助越南成

---

[48] https://www.whitehouse.gov/the-press-office/2010/09/24/joint-statement-2nd-us-asean-leaders-meeting.

[49] Nelson Report, February 28, 2013.

[50] http://www.bbc.com/zhongwen/trad/world/2012/03/120320_australia_us_military.shtml.

[51] http://cn.nytimes.com/asia-pacific/20140818/c18vietnam/zh-hant/.

[52] http://www.wsj.com/news/articles/SB10001424052702304500404579125952609644352.

[53] http://www.bbc.com/news/world-us-canada-29469719.

立類似美國海岸防衛隊之類的半軍事力量進行談判，以對抗中國的海警。[54] 有中國專家認爲，越南是美國回歸亞洲的最大收穫。[55]

第四，經濟上，積極推進跨太平洋戰略經濟夥伴關係協議（TPP）。它是由亞太經濟合作會議成員發起，從二〇〇二年開始醞釀的一組多邊關係的自由貿易協定，旨在促進亞太區的貿易自由化。它在二〇〇五年成立之初只是由汶萊、智利、紐西蘭及新加坡四國加入的小型泛太平洋自由貿易協議。再平衡計畫提出後，美國積極參與推進談判。二〇一〇年十一月十四日，亞太經濟合作會議高峰會閉幕當天，與會九國同意美國總統歐巴馬的提案，將在二〇一一年十一月的亞太經濟合作會議高峰會上，完成並宣布泛太平洋夥伴關係協議綱要。同時，美國積極與東南亞國協各成員國協議，重申泛太平洋夥伴關係將匯集整個太平洋地區的各經濟體，無論是發達國家還是發展中國家，都能成爲統一貿易體的一員。二〇一五年十月五日，談判取得決定性進展。美國、日本、澳大利亞、加拿大、新加坡、汶萊、馬來西亞、越南、紐西蘭、智利、墨西哥和祕魯就TPP達成一致。各國批核之後，十二個參與國加起來將所占全球經濟的比重達到了百分之四十。其中，越南、汶萊、馬來西亞和新加坡都是東盟國家。

TPP的特點是全覆蓋與高標準，相互取消涉萬種商品的關稅。成員不僅要受到貿易機制的制約，還要受到法律法規、社會團體、生態環境、商業模式和公衆評判等制約。這可以說是國際對於「自由貿易」的全新注解。這是整體、多層次發展的自由貿易新模式。TPP與另一個美國主導的TIPP協議一道，將會成爲自由貿易的新標準。儘管多次表達支持中國加入，但事實上，中國難以達到TPP的規則要求，必然被排除在外。

TPP如能成功，無疑將和亞洲再平衡政策一起，成爲歐巴馬執政八年來最重要的外交遺產。美國大力推進TPP的原因，正如其所稱：「（國際貿易的）規則應該由美國來寫，我們應該讓競爭環境變得公平」，「這樣的規則不應該由中國制定」。歸根到底，TPP就是一個爭取規則制定權以及規則強制權的鬥爭。

TPP也可以被視爲美國與中國在東南亞爭奪經濟主導權，以改變東南亞「安全靠美國、經濟靠中國」的狀態。在美日開放市場之下，越南可望成爲最大的受益者，可利用優越的地理位置和廉價的勞動力以及後發優勢，成爲新的世界工廠。

儘管美國在對亞洲再平衡的表述上總是小心翼翼地避免使用指稱中國是南海威脅的字眼，[56]但無可置疑，其實施效果主要就是針對中國。特別是美國強調各國在南海行爲應該遵守國籍法，不能通過武力和脅迫行爲改變現狀。這被中國視爲「阻撓中國在南海的合理要求、牽制中國在地區的崛起。」[57]美國對「在主權問題上不選邊站，但應該依照國際法和平解決」的立場，被中國視爲「拉偏架」。即便TPP這樣以經濟爲主的活動，也視爲美國在東南亞刻意排斥中國的不友好舉動。

【54】http://www.usnews.com/news/articles/2013/04/09/us-helps-vietnam-defend-fishermen-who-get-into-trouble-with-china.

【55】http://news.sina.com.cn/w/sd/2011-11-25/121223524766.shtml.

【56】T. X. HammesR. D. Hooker Jr. , America's Ultimate Strategy in a Clash with China, *The National Interest*, 2014 June 10, http://nationalinterest.org/feature/americas-ultimate-strategy-clash-china-10633.

【57】葛紅亮〈冷戰後美國的南海政策及其對中美關係的影響〉，《東南亞南亞研究》，二〇一二年第二期。

中國應對美國的外交攻勢，先是提出「太平洋很大，可以容納兩個大國」；[58]繼而提出「中國——東盟命運共同體」[59]的口號；繼而又提出「亞洲的事情歸根結底要靠亞洲人民來辦」[60]的「亞洲門羅主義」，試圖把東南亞變成中國一國的勢力範圍；又提出「南海問題雙軌制」，即「有關爭議由直接當事國通過友好協商談判尋求和平解決，南海的和平與穩定由中國與東盟國家共同維護」。[61]同時又強力推進「一帶一路」戰略，其中「一路」是指「二十一世紀海上絲綢之路」。

由於中國戰略目標不明確，各國都心存疑惑。新加坡總理李顯龍就質疑「太平洋很大，容得下中美兩個大國」這句話到底應該如何理解？——是要中美劃分勢力範圍，把美國趕出西太平洋？還是要中美共同促進太平洋的繁榮？如果是後者，那麼當然歡迎；如果是前者，就是國際關係的倒退。[62]而在中國和東南亞國家在二〇〇九年之後的一系列衝突背景之下，「命運共同體」之類的口號無異難以取信東盟諸國。

與對中國的態度相反，東南亞國家與日本、澳大利亞和印度等重要利益相關國，對美國亞洲再平衡戰略極爲歡迎。二〇一三年六月香格里拉對話會上，越南總理張晉創演講時，公開歡迎美國在緩解亞洲區域緊張的問題上扮演更重要的角色：「沒有一個區域國家會反對域外大國的戰略介入，只要這個介入的目的是增強合作，促進和平穩定和發展」。[63]

總之，歐巴馬時代強力推進的美國亞洲再平衡戰略，雖然在軍事再平衡方面嚴重滯後，但是在輿論、外交、軍事交流與經濟圈的打造，取得了相當成功的效果。

六・五 從禮樂灘事件到割斷電纜

中國在海上執法力量加大之後，開始對南海，特別是南沙海域，越來越多地「維權」，其中又以石油和漁業最有代表性。在石油方面，中國插手外國公司與其他沿岸國之間的石油開發。在二〇一一年引發了三次典型的衝突。

首先是菲律賓。中菲越三方的聯合考察行動，因爲亞羅育貪腐問題而無法獲得延續，但菲律賓並沒有放棄單獨開發禮樂灘的企圖。幫助三國聯合考察進行勘探業務的論壇能源公司，在二〇一〇年二月獲得菲律賓政府升級的服務合同，繼續對原聯合開發區域進行探測。中國大爲惱怒。二〇一一年三月二日，當受僱於該公司的地震調查船眞理航海家號（MV Veritas Voyager，屬於法國公司）在禮樂灘進行考察的時候，中國海監七一和七五號船雙雙來到禮樂灘海域，命令眞理航海家號離開，並把考察船夾在兩船中間。接到報告後，菲律賓立即派出兩架偵察機前往觀察，當飛機到達時，中國海監船

---

[58] 習近平二〇一三年六月訪美時表態。http://www.cna.com.tw/news/firstnews/201306080019-1.aspx.

[59] 習近平二〇一三年十月在印尼國會演講中首先提到這個名詞。

[60] 習近平二〇一四年五月在亞信峰會上講話，http://www.cica-china.org/chn/yzaqg/t1172327.htm.

[61] 中國外長王毅在二〇一四年八月在緬甸內比都進行的第四十七屆東盟外長會議中提出。http://news.xinhuanet.com/world/2014-08/12/c_126858656.htm.

[62] http://www.chinanews.com/gj/2015/05-29/7310843.shtml.

[63] http://blogs.wsj.com/indonesiarealtime/2013/06/01/vietnamese-prime-minister-welcomes-larger-role-for-u-s/.

隻已經離開。菲律賓隨即派出兩艘戰艦為考察船護航，確保其完成考察任務。[64]

隨後，菲律賓就「禮樂灘騷擾」事件向中國發出嚴重的抗議。三月二十八日，菲律賓宣布在南海增加空中與海上巡邏，並宣布計畫在中業島上升級飛機跑道。四月六日到十五日，美菲舉行為期十天的「肩並肩」二〇一一—聯合軍事演習。儘管這是一項常規演習，但兵力為歷來最大，總共有三〇〇〇多名美軍參加，被中國視為針對自己。六月十三日，菲律賓氣象局奉艾奎諾三世之命，把對南海的稱號從傳統上的「南中國海」變為「西菲律賓海」（West Philippines Sea）[65]（二〇一二年九月，艾奎諾正式簽署行政命令二九號，要求所有行政部門和官方出版的地圖都如此稱呼南海中屬於「菲律賓經濟專屬區」的部分）。[66]六月十五日菲律賓宣布南海石油開採競標計畫，把菲律賓西部海域劃分為十五個區塊，歡迎各國公司投標，其中部分區塊位於九段線內。當中的兩塊就位於禮樂灘，在論壇能源公司被船隻被中國船隻「騷擾」的地點附近。為了增強外國公司對其主權的信心，菲律賓同時宣布，五月份在牛車輪礁、安塘灘和禮樂灘等三個地方，移除了「外國」豎立的標誌物（這些標誌物顯然是中國留下的）。[67]中國對此提出抗議，但菲律賓堅持計畫。整個事態直到七月六日菲律賓外長羅薩里奧（Albert del Rosario）訪華時，雙方聲明兩國將共同致力維護南海地區的和平與穩定之後，才開始淡化。艾奎諾原定四月的訪華，終於在八月三十日成行。但菲律賓在禮樂灘的態度並沒有軟化。二〇一二年二月菲律賓再次邀請外國石油公司投標禮樂灘區塊，並聲明「禮樂灘是菲律賓必不可少的一部分，不能被聯合開發，否則會違反憲法」，甚至邀請中國石油商也參與競標。[68]

另外兩次的典型衝突與越南有關。越南畫出的石油開發區塊與中國九段線重疊[69]（圖71）。二〇〇七年初，越南加入世貿組織，各路投資者紛紛湧入。這時和越南合作良久的英國石油公司

（BP）也決定加大在越南方面的投入。二〇〇七年三月六日，BP 宣布計畫和越油和康納可飛利浦公司（ConocoPhilips）一道，投資開發越南五點二區的天然氣油田。當時中國新駐英大使傅瑩正準備上任。她在二〇〇〇年時任外交部亞洲司司長時曾與 BP 打過交道。她當時要求 BP 不參與越南六點一號區塊的開發，但被拒絕。這次上任駐英大使後，她立即向 BP 施加壓力：如果 BP 參與五點二區塊開發，中國將會：⑴重新考慮 BP 在中國已經簽訂的一切合同；⑵中國不保證在新區塊作業的工人的安全。在這種威脅之下，BP 退縮，與中國達成了只繼續六點一區塊開發，而不參與五點二區塊開發的協議。不但如此，傅瑩還「建議」BP 擔任中間人，幫助中海油和越南石油公司談判，獲得五點二和五點三區塊的「共同開發」事宜。但中海油志不在賺錢，而是希望通過這種方法幫助中國造成獲得主權的假象。但在越方的堅持下，中海油沒有達到目的。不過此舉成功破壞了越油對五．二和五．三區域的開發。BP 和其合作方 Conaco Philips 都退出了合作，把合同無償讓渡給了越油。

中國用同樣的方法迫使另外一些外國公司退出了越南油田的開發。比如美國雪佛龍公司

【64】菲律賓船在南沙禮樂灘探油被中國二艘巡邏艦驅逐，http://news.ifeng.com/mil/1/detail_2011_03/25/5360273_1.shtml.

【65】http://news.asiaone.com/News/Latest%2BNews/Asia/Story/A1Story20110613-283772.html.

【66】West Philippine Sea Limited To Exclusive Economic Zone, *International Business Times*, September 14, 2012.

【67】*Philippine South China Sea Oil Contracts 'Within' Territory*, Bloomberg News，2011/06/04，http://www.bloomberg.com/news/articles/2011-06-14/philippine-oil-contracts-in-south-china-sea-within-territory.

【68】http://news.ifeng.com/mil/2/detail_2012_02/28/12830851_0.shtml.

【69】https://vietnamnavy.files.wordpress.com/2012/03/vietnam-offshore-blocks.jpg.

（Chevron）已經在勘探越南一一二區，這個區塊就在越南海岸線附近，但中國政府向它施加壓力而被迫使其放棄作業；美國的 Pogo 公司已經在勘探一二四區，也因爲同樣的理由放棄。中國甚至通過對外國政府施加壓力而達到同樣目的。比如日本的出光興產、日本石油和帝國石油組成的財團，原先計畫開發五點一 b 和五點一 c 區域，但在中國政府直接給日本政府壓力後，而被迫退出。

但也有一些公司不怕中國的壓力。比如埃克森美孚在二〇〇八年一月與越油簽署備忘錄，開發一五六—一五九區。這些區塊距離越南大陸最遠，已經深入中國九段線內。中國爲此突然取消了它與中國相關的液化天然氣工程。諷刺的是，儘管埃克森美孚不怕中國政府，但越南政府卻擔心它以後會因爲中國的制裁而放棄合同，把同時在談判的另外一個區塊授予了俄羅斯國營天然氣公司。因爲俄羅斯外交官告訴越南，中國從未對俄羅斯的石油公司加以警告。除了埃克森美孚之外，還有一些公司因爲和中國業務少而不怕中國威脅。另一類不怕中國威脅的公司則是與俄羅斯類似的，來自和中國「關係好」的國家的公司，比如韓國和印度的公司都可以參與越南區塊的開發。

對付這些不怕威脅的公司，中國使出了和對付菲律賓一樣的辦法，只是更爲暴力。二〇一一年五月二十六日，受越油和 CGC Veritas 僱傭的越南探測船平明二號（Binh Minh 02）在南海區塊一四八作業時，遭到三艘中國海監船（十二、十七和八四號）的包圍。在旁護衛的兩艘「拖網漁船」無法應付三艘船隻，海監八四號趁機駛過探測船，割斷了貴重的探測電纜。[70] 事發地點在北緯 12 48'25」N, 111 26'48」E，距離越南大陸海岸線約一一六海里（圖72）。既在越南聲稱的經濟專屬區內，也在中國聲稱的九段線內。對越南來說，幸虧電纜有自動浮起裝置，簡單維修即可用繼續使用。之後越南派出多達八艘船隻護衛，確保平明二號到五月二十六日作業完畢爲止。[71]

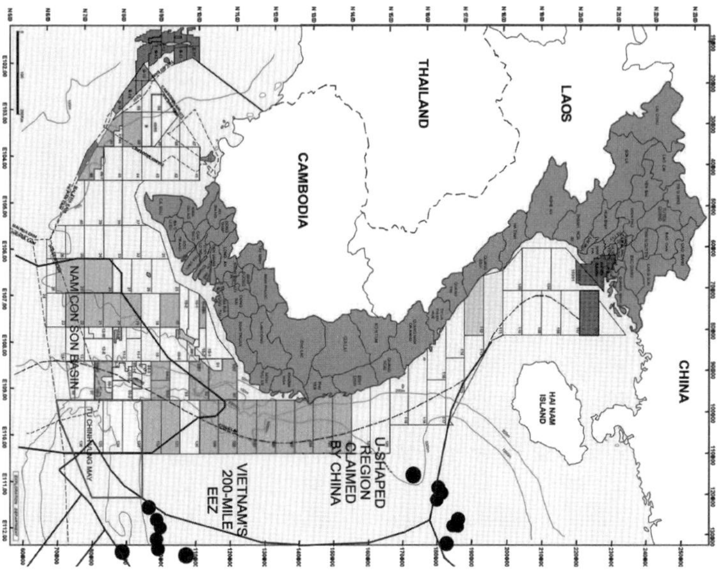

圖 71　越南的石油區塊

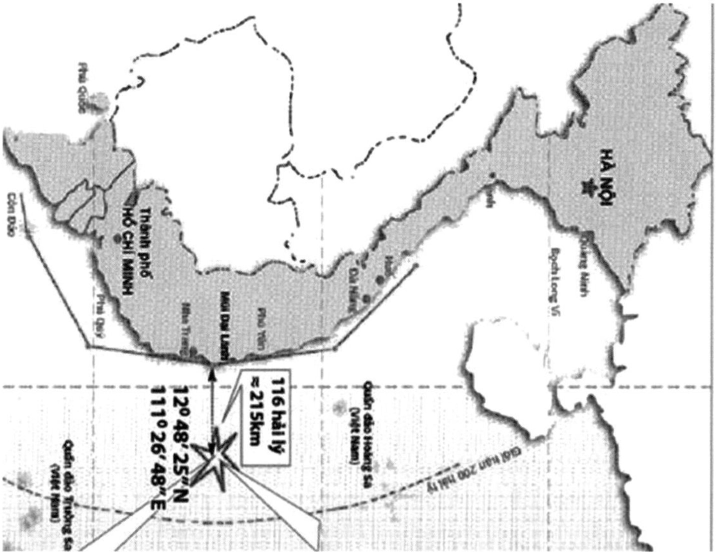

圖 72　二〇一一年中國剪斷越南探測船電纜

越南向中國大使館發出抗議，指責中國船隻違反國際法，侵犯越南主權，並要求中國賠償損失。但中國外交部發言人姜瑜表示，中方反對越南在中國管轄海域開展油氣作業活動，中國海監總船對越南非法作業船採取執法行動，是完全正當的。〔72〕

不久，中國在一三六—〇三區塊，也就是最東南端，出動了漁政船與漁船，割斷了正在作業的越南探測船維京二號（Viking II）的電纜。在事發之前幾天，維京二號在05-1D區塊爲日本出光興產公司進行測量時，已經遭到中國漁船騷擾。六月初，維京二號被加拿大Talisaman公司租借，測量一三六—〇三區塊，該區塊非常接近萬安北的區塊。六月八日，中國船隊來到維京二號作業地點，護衛的越南海警船Van Hoa 737號發出警告要求中國船隻離去，但中國船隻仍然在附近徘徊。六月九日，在漁政船三〇三號和三一一號的掩護下，拖網漁船六二二二六號駛過維京二號的電纜，拖網漁船配備電纜切割器，但是由於電纜太多（裝備了八條電纜），漁船反而和電纜糾纏在一起，螺旋槳被打壞，船身被維京二號拖行。中國漁政船於是前來「施救」，「只得」把電纜割斷。中國聲稱這是漁船的自保行爲。

越南通過外交途徑無法解決問題，唯有訴諸民族主義。六月五日，約三〇〇名越南人在河內中國大使館附近進行反華示威。同日一〇〇〇人在胡志明市進行反華遊行。第二次割斷電纜事件之後的週末，越南人繼續反華示威。示威潮持續了十二個週末。中越雙方宣布在南海進行軍事演練。爲了控制局面，六月二十五日，中國國務委員戴炳國在北京會見了越南特使副外長胡春山。雙方表示要通過談判和友好協商解決海上爭議。第二天，越南政府開始管制反華示威，阻止示威群眾接近中國大使館。

二〇一一年發生的三次騷擾行動，顯示中國加速對南海的控制。中國的行動已經從宣示主權升級到實際地阻止沿岸國對資源的開發，切實地威脅了沿岸國的商業利益和國家安全。而類似行動在以後的幾年有增無減。

二〇一二年十一月三十日，兩艘中國漁船在東經一〇八點〇二度／北緯一七點二六度海域（位於越南一一三區塊），切斷了同在這一海域作業的「平明二號」所拖曳的地震電纜。事發海域位於東京灣灣口外部，距離越南大陸海岸五十四海里，距離中國海南島七十五海里，距離西沙群島約二一〇海里。[73]當時平明二號是受俄羅斯國營石油公司僱傭。中國的這種騷擾甚至擴展到遠離中國大陸的南海南端，對象也擴大到一直低調的馬來西亞。二〇一二年八月二十一日，中國船隻曾經兩次騷擾馬來西亞的勘測船；二〇一三年一月十九日又發生一次。[74]

二〇一二年六月二十三日，作爲對越南頒布《越南海洋法》的報復，中海油公告推出九個海上區塊，分別命名爲「金銀二二、華陽一〇、華陽三四、畢生一六、彈丸〇四、彈丸二二、日積〇三、日積二七、尹慶西一八」（圖73），其中七個區塊位於中建南盆地，兩個位於萬安盆地與南薇西盆地

【70】http://www.thanhniennews.com/index/pages/20110527182714.aspx.

【71】http://vietnamembassy-usa.org/news/2011/05/chinese-marine-surveillance-ships-violate-vns-sovereignty.

【72】http://news.xinhuanet.com/politics/2011-05/31/c_121479872.htm.

【73】http://www.bbc.com/zhongwen/trad/chinese_analysis/2012/12/121209_china_vietnam_tonkin.shtml.

【74】SFPIA, p.146. from Buke Bertemu Ruas, *The RMN against china maritime surveillance agency* , 2013/04/16, http://malaysiaflyingherald.wordpress.com/2013/04/16/buku-bertemu-ruas-the-rmn-against-china-maritimesurveillance-agency/ last visit, 2015/1230.

部分區域。公告稱，這些區塊的水深在三○○—四○○○米之間，總面積爲一六○一二四點三八平方公里，供與外國公司進行合作勘探開發。【75】

這些區塊都在越南所劃定的大陸架之上，也和越南已經劃分的區塊重疊。此舉不出意外地遭到越南抗議：「嚴重侵犯越南主權」，要求中國停止有關國際合作開發的邀請。對此，中國外交部發言人洪磊稱：中國企業公布有關油氣招標區塊是正常的企業行爲，符合有關的中國法律和國際慣例。關於妥善處理中越之間的海上爭議，兩國有許多共識。中方希望越方遵守這些共識，不採取使爭議複雜化、擴大化的行動，立即停止在有關海域的油氣侵權活動。【76】但在越南的抗議下，以及南海爭議的敏感性，至今沒有看到外國公司與中國在這些區塊內進行合作的報導。

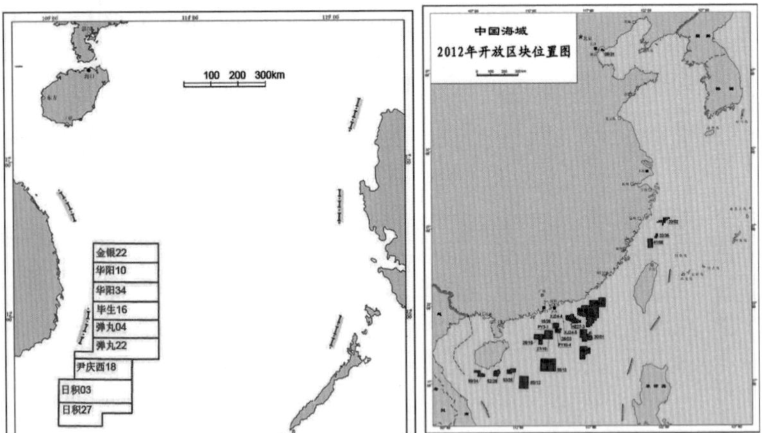

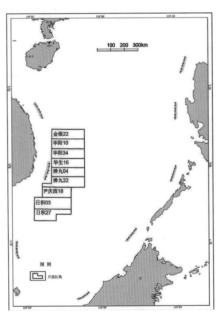

圖 73　二○一二年中國提出的幾個新招商區域與越南畫出區塊重疊

中國與東南亞國家在南海石油方面的矛盾在二〇一四年的九八一平臺問題上達到高峰（見六．一一）。

六．六　黃岩島危機

黃岩島危機前的中菲矛盾

二〇〇九年開始，南海局勢升溫，其中中菲矛盾最惹人注目。菲律賓從亞羅育時代與中國交好到後來反目成仇，有多種因素。亞羅育的腐敗案（見五．八）是因素之一，但最決定性的還是二〇一〇年的菲律賓總統選舉。埃斯克拉達和亞羅育連續兩屆總統的貪腐，令菲律賓人民極爲失望。清廉成爲菲律賓人民對下一任總統的最大要求。出生政治世家的艾奎諾三世（他是前總統柯拉松．艾奎諾的兒子），憑藉清廉政治的口號，也依仗他母親不久前去世的同情效應，輕易贏得了總統大選。艾奎諾三世在往後的六年任期中，成爲南海局勢中舉足輕重的人物。他是親美派，上臺後中菲關係急劇惡化。但細究中菲交惡的原因，又可列舉以下幾個：

第一，亞羅育在執政前期以親中著稱，但在貪腐案的指控下，不得不從親中轉向中立。爲了趕得及在截止日期前向聯合國外大陸架委員會遞交外大陸架申請（見六．三），菲律賓須修改領海基線。

【75】http://www.cnooc.com.cn/data/html/news/2012-06-22/big5/322013.html.

【76】http://paper.wenweipo.com/2012/06/28/YO1206280010.htm.

二〇〇七年八月，新一屆的菲律賓參議院提出一四六七號議案，擬把菲律賓群島領海基線擴大到包括黃岩島。十二月，眾議院提出更爲激進的三二一六號議案，不但包括黃岩島，還包括卡拉延群島。這引起中國大陸強烈抗議。在北京施壓下，亞羅育提出領海基線既不包括黃岩島也不包括卡拉延群島，而是把這兩個地方用「regime」來形容，並施壓讓國會照此方案立法。[77]菲律賓國會因此暫緩對此立法。但二〇〇八年二月，陳水扁高調參加太平島機場啓用儀式活動，重新激發菲律賓如何擴大領海基線的辯論。菲律賓外交部門、國會參眾兩院，以及國內民意，爲是否將卡拉延島群和黃岩島劃入菲國群島基線範圍內，出現激烈的辯論。中國大陸也一再施壓。儘管由於貪腐醜聞的影響，亞羅育政府已經在民意上落下風，但仍力圖令法案向著自己的方案靠攏，做出最大讓步。[78]最終，菲律賓國會在二〇〇九年三月十日的通過《領海基線法》（Republic Act 9522），[79]黃岩島和卡拉延群島並沒有直接在第一條中被列爲領海基點，而是在第二條中被單獨列出，聲明它們是菲律賓行使主權和仲裁權的「regime of islands」。菲律賓根據《聯合國海洋法公約》一二一條島嶼制度相容的原則而確定領海基線。

Section 2. The baseline in the following areas over which the Philippines likewise exercises sovereignty and jurisdiction shall be determined as □Regime of Islands□ under the Republic of the Philippines consistent with Article 121 of the United Nations Convention on the Law of the Sea (UNCLOS): a) The Kalayaan Island Group as constituted under Presidential Decree No. 1596; and b) Bajo de Masinloc, also known as Scarborough Shoal.

Section 3. This Act affirms that the Republic of the Philippines has dominion, sovereignty and jurisdiction over all portions of the national territory as defined in the Constitution and by provisions of applicable laws including, without limitation, Republic Act No. 7160, otherwise known as the Local Government Code of 1991, as amended.

中國認爲這種處理方法將黃岩島和卡拉延群島劃爲菲律賓領土，極爲不滿。根據菲律賓憲法，總統亞羅育有權否決該議案。中國爲此發表三次聲明、一次抗議和一次交涉，[80]促亞羅育否決議案。但迫於國內壓力，亞羅育沒有那麼做。從此，黃岩島被菲律賓在法律上正式列爲領土。同年五月十三日，菲律賓共和國法九五二二號生效。

第二，菲律賓不理中國反對，推進禮樂灘開發計畫。在中國出動船隻騷擾之後，仍堅持開發（見六・五）。

第三，二〇〇九年外大陸架劃界申請案中，中國在國際正式提出了「九段線」。此舉遭到東南亞各國強烈反對，而菲律賓是最強硬的一個。二〇一一年四月，菲律賓向聯合國發信，明確指出九段線

[77] https://wikileaks.org/plusd/cables/08MANILA1838_a.html.
[78] https://wikileaks.org/plusd/cables/09BEIJING579_a.html.
[79] http://www.lawphil.net/statutes/repacts/ra2009/ra_9522_2009.html.
[80] http://news.sina.com.cn/c/sd/2009-03-25/112317479223.shtml.

不符合國際法（見六・三），那是在國際正式文件中第一次對九段線做出質疑。菲律賓在事件過去近兩年之後才採取法律行動，可能與禮樂灘騷擾事件有關。二〇一一年七月二十五日，艾奎諾在國情咨文中強調，「我們不願意與任何國家加劇矛盾，但我們必須讓全世界知道我們已經準備保護屬於我們的東西。我們也正在探索將西菲律賓海爭端提交國際海洋法庭的可能性，從而確保所有爭端國都能夠冷靜和克制地解決問題。」菲律賓揚言要從國際法方面挑戰中國，甚至要研究擺上國際法庭，這正是中國最不願意的事情。

第四，二〇〇九年之後，中國和菲律賓在海上的衝突越來越多，主要可以分爲兩類：一類是中國漁船深入南海的「菲律賓專屬經濟區」甚至菲律賓的領海（比如蘇祿海）捕撈。另一類海上衝突是中國的「執法船隻」開到菲律賓的「專屬經濟區」「執法」。這些執法船隻對中國漁民的非法捕撈很少管理，卻干擾和驅趕菲律賓漁民，或者阻撓菲律賓執法船隻對中國漁民的拘捕。

如此一來，雙方摩擦不可避免。二〇一一年十月十八日，一艘菲律賓軍艦在南中國海碰撞了一條中國漁船。幾天後，菲律賓海軍稱此係意外撞擊，並就此道歉。二〇一一年十二月十一日和十二日，三艘中國艦船駛入菲律賓宣稱擁有主權的仙賓礁。菲律賓外長在二〇一二年一月五日發給中國大使館代辦的聲明中表示：「中國艦船的闖入是明顯的侵犯。」

黃岩島對峙

中菲之間發生黃岩島爭議之後，菲律賓仍然控制著黃岩島。菲律賓的海軍一直負責在此處的巡邏和執法。中國媒體也承認在二〇一二年之前，菲律賓實控了黃岩島這個事實。但是，菲律賓一般不阻止中國漁民到黃岩島捕魚。在菲律賓抓捕中國漁民的實例中，都僅針對非法捕撈的中國漁民，比如捕撈珍稀動物硨磲的漁民。在二〇〇二年之後，中國漁民和菲律賓漁民都可以在黃岩島正常捕魚，並無漁民之間的衝突的報告。

由於長期無人登島進行無線電廣播，黃岩島成爲DX最期待的「國家」榜單中的第二位，又有人認爲應該取消黃岩島的這種地位。於是，二〇〇七年四月，由中臺美德義（大利）新（加坡）菲等十七名愛好者組成的的國際DX遠征隊再次遠征黃岩島[81]（中國報導中說沒有菲律賓成員，而有芬蘭成員，[82]但和名單上的情況不符）。陳平再一次參加遠征。這次，他們乘坐從香港租借的船隻，從香港出發到達黃岩島。這時，由於黃岩島爭議已經眾所周知，遠征隊事先不但獲得了中國的批准，還通過菲律賓DX社區以及菲律賓業餘無線電協會（PARA），特別是菲方一個Tim N4GN的協會成員的幫助（他參加過一九九五年的登島活動），得到菲律賓方面的許可。[83]而爲了保證登陸人員的安全，菲律賓業餘無線電協會還專門和菲律賓海軍事先溝通，讓菲律賓海軍在遠處監察，並有直升飛機隨時候命，有需要時則提供幫助。[84]（據說陳平知道後對此很不高興，[85]但沒有能阻止菲律賓海軍的

[81] http://www.qsl.net/ba4alc/chinese/network/bs7h/bs7h2007.htm.

[82] 〈「BS7H」，中國黃岩島呼叫〉，《新民週刊》，http://news.sina.com.cn/c/2009-03-25/112317479223_5.shtml.

[83] BS7H - 2007 DXpedition to Scarborough Reef, http://www.gdxf.de/reports/files/BS7H-2007.pdf.

[84] The Rarest Piece of DX Land Mass on Earth,THE STORY OF BS7H. http://www.eudxf.eu/index.php/expedition-reports-etc-dxpeditions-37/20-reports-2007/20-bs7h, (last visit, 2016/02).

[85] 〈BS7H，黃岩島四次呼籲世界〉，《北京青年報》，二〇一二年九月九日，http://news.ifeng.com/gundong/detail_2012_09/09/17462779_0.shtml.

在旁監視。他甚至對船隻在回程時先行到達馬尼拉，以便其他國家夥伴回家都耿耿於懷。）結果遠征很順利，沒有受到任何干擾（除了中途有菲律賓漁民要求用水產交換汽油）。但據陳平描述，由於黃岩島開發已久，面貌已經不如十年前那麼「原生態」了，中國和菲律賓的漁民都在此捕魚和採集珊瑚。[86]此事再說明二〇一二年之前，黃岩島在菲律賓監管之下，但船隻一般可以自由進出。

但二〇一二年的突發事件改變了這一切。四月八日，菲律賓海軍偵察機通知總部，發現八艘中國漁船在黃岩島出現。隨後，正在返回馬尼拉的途中的海軍船隻 BRP Gregorio del Pilar 接到報告，聲稱有中國漁民在黃岩島非法捕魚，於是掉頭返回黃岩島。十日早上十點左右，軍艦在環礁外下錨，派出一隊登陸部隊進入環礁，發現總共有十二艘中國漁船。根據報告，他們檢查漁船時發現船上有很多受保護的珍稀動物，包括珊瑚、巨蚌和黑嘴鯊（blacktip shark），[87]於是準備拘捕中國漁民。他們拿出已經打印好的全外文文字憑證，要求中國漁民簽字畫押，承認「入侵菲律賓」。[88]就在這時，中國兩海監船（七五號和八四號）趕到，堵住了進入環礁的入口，阻止菲律賓海軍逮捕漁民。菲律賓海軍只得返回軍艦，與中國的海監船對峙。

中國駐馬尼拉大使館立即發表聲明，聲稱「菲律賓船隻非法進入中國水域」。第二天，中國外交部發言人劉爲民在記者會上表示「菲律賓試圖在黃岩島海域進行所謂『執法』的行爲是對中國主權的侵犯，也違背了兩國關於維護南海和平穩定，不使事態複雜化和擴大化的共識。中國有關部門已派出政府公務船前往黃岩島海域，目前中方漁民和漁船安全。」並重申，黃岩島是中國固有領土，中國對黃岩島擁有無可爭辯的主權。[89]

菲律賓外長羅薩里奧在十日晚召見中國駐菲大使馬克卿，聲稱「黃岩島是菲律賓不可分割的一部分」。菲律賓海軍則聲稱，有權在那裡抓捕非法捕撈的漁民，也強調菲律賓海軍以前一直這麼做。總統艾奎諾要求海軍不得採取武力行動，聲稱事件應該由外交方式解決。爲了緩和局勢，菲律賓派出海岸防衛隊的搜救船邦板牙 BRP *Pampanga*（SARV-0006）號前往接替海軍，該船於十二日到達黃岩島。[90] 同日，中國漁政船隻三〇三號抵達黃岩島。

十三日晚，中國漁船在海監七五和漁政三〇三的陪同下已經全部撤出黃岩島，但海監八四號還在黃岩島留守，繼續與菲律賓的搜救船邦板牙 BRP Pampanga（SARV-0006）號對峙。另外，環礁內還有二十多艘菲律賓漁船。局勢看似開始趨向平緩。但是第二天，事前一直在黃岩島考察的的菲律賓考古船「薩蘭加尼」號（考察團由菲律賓和法國專家組成），被重返的中國海監七五號警告離開。十五日，海監七一號和漁政四四〇六一號抵達黃岩島，對峙局面重新升級。四月十六日，菲律賓海軍船隻「埃德薩」號搜救船接替了邦板牙。而同日，早已計畫的美菲年度性的肩並肩軍演，在巴拉望省對開海域舉行。但這被中國媒體渲染爲軍演是黃岩島附近海域，意在向中國施加壓力。無論如何，中國南海漁政局召開緊急會議，以漁政南海總隊長帶隊，派出漁政三一〇號前往南海加入對峙。

[86]〈黃岩島上的無線電波〉，《三聯生活週刊》，http://www.duwanjuan.cn/huang-yan-dao-shang-de-wu-xian-dian-bo.

[87] SBDS, p.84.

[88]〈中國海監船菲律賓軍艦南海對峙 菲士兵持槍登船〉，http://news.sohu.com/20120412/n340315821.shtml.

[89]〈中國海監船菲律賓軍艦南海對峙 菲士兵持槍登船〉。

[90] SBDS, p.84.

這時，儘管中菲雙方都曾表態過要通過外交解決，但雙方的調門卻越來越高。除了一如既往各自主張擁有黃岩島的主權外，中國在四月十三日的《人民日報海外版》發表〈解決南海問題不能只靠一手〉一文，[91]提出「解決南海問題不能只靠一手，而要靠兩手，且兩手都要硬，齊頭並進。一手是努力推動合作與政治磋商，另一手是確保主權不受侵犯。後者是爲前者服務的。這兩手在中國和平發展的基本框架中，也是相輔相成、缺一不可的。」受政府控制的輿論也呼應：「一味的忍讓只會讓菲律賓這樣的國家得寸進尺，只有給他們點顏色看看，才能讓他們見識到中國在尋求和平解決南海爭端的背後，有著強大的軍事力量作爲國家利益的保障」。[92]

而菲律賓方面則採取幾手準備。首先，菲律賓堅持不訴諸軍事手段，堅持外交解決。總統艾奎諾聲稱「菲律賓不會因爲黃岩島爭議而和中國貿然開戰，吵吵總比打打好（To jaw-jaw is always better than to war-war）」。

其次，菲律賓不停止對峙。四月二十三日，菲律賓外長羅薩里奧稱：「菲方不會把海岸警衛隊船隻從黃岩島撤回，當我們願意離開時才離開，不是被人要求離開就離開」。總統艾奎諾也稱：「菲律賓會繼續在黃岩島部署船隻，相信那是菲律賓水域」。

第三，菲律賓向東盟求助。四月二十二日，菲律賓外交部長羅薩里奧稱：「中國對整個南海擁有主權的企圖明顯毫無根據」；並隨後號召東盟一起反對中國：「如果我們不表明立場，不只是菲律賓，所有國都會受到消極影響。」。[93]儘管越南等國支持菲律賓，但是作爲整體的東盟在當時並沒有採取有效行動。原因之一在於當時東盟的主席國柬埔寨是東盟中最爲親近中國的國家。在七月十日開始的金邊東盟外長會議，由柬埔寨總理洪森主持，柬埔寨堅決不答應菲律賓和其他國家所提出的，在共同聲明中提及 Scarborough Shoal（即黃岩島）的字句，否則不惜不發布任何共同聲明。

第四，菲律賓向美國求助。四月二十四日，美國國務院發言人紐蘭（Victoria Nuland）呼籲中菲雙方保持克制，避免動用武力，但並沒有更加明確地支持菲律賓。美國海軍陸戰隊太平洋司令蒂森中將（Lt. Gen. Duane D. Thiessen）稱：「美國與菲律賓簽署了共同防禦條約，依據該協議，任何一方若有需要，另一方將會提供國防援助。」但是根據協議，黃岩島並不在防衛條款之內（見下一節）。

第五，菲律賓尋求國際法支持。四月十七日，菲外長羅薩里奧表示：「菲政府將尋求通過『國際仲裁』的方式，解決中菲在黃岩島的對峙一事。」四月十八日，菲律賓發表立場文書（Philippine position on Bajo de Masinloc (Scarborough Shoal) and the waters within its vicinity），[94]解釋了菲律賓在黃岩島的主權根據和政策立場。

中國一開始也不缺乏溫和的聲音。比如四月二十四日，中國國防部長梁光烈接受鳳凰衛視的獨家採訪，回答記者提問「軍方在必要時候是不是應該出手」時回答：「這個根據國家外交的需要，現在我們是外交部門和有關的海事部門在應對處理這個問題，我相信會處理好。」[95]

【91】http://news.sohu.com/20120413/n340408704.shtml.

【92】http://mil.sohu.com/20120419/n340983997.shtml.

【93】http://news.ifeng.com/mainland/special/nanhaizhengduan/content-3/detail_2012_04/22/14068893_0.shtml.

【94】http://www.gov.ph/2012/04/18/philippine-position-on-bajo-de-masinloc-and-the-waters-within-its-vicinity/.

【95】http://news.ifeng.com/mainland/special/nanhaizhengduan/content-3/detail_2012_04/24/14123733_0.shtml.

但軍方和鷹派的聲音更多。四月二十六日，中國軍事科學研究會副祕書長、少將羅援發表文章，質疑政府先行撤退、不勝而敗的「善意」，稱那「是否是最佳選項，還有待歷史檢驗」；他同時指出：「筆者認爲若從戰略高度考慮，非但不應『撤火』，而且還應利用這次機會強化在黃岩島上的主權存在，在黃岩島懸掛國旗，設立主權碑，建軍事基地，起碼設立漁業基地。黃岩島應該是我們『破局』南海困境的示範區。既然菲律賓把黃岩島問題擺在世人眼下，我們就要向世人展示一下，我們是怎樣維護國家主權和領土完整的。」

在民眾層面，雙方也是劍拔弩張。四月十六日，馬尼拉的菲律賓民眾在中國領事館前舉行遊行示威，高舉牌子「China, back-off, from Panatag Shoal!」（「中國，從黃岩島撤走！」）。四月二十日，中國黑客攻擊了菲律賓大學網站，將該校主頁變成一張黃岩島海域的地圖，並將「我們來自中國」、「黃岩島是我們的」等文字打在地圖上。菲律賓大學負責公共事務的達尼洛 阿勞斯向「GMA News Online」網站證實稱，該校網站大概在二十日凌晨三點遭到攻擊。二十一日菲律賓黑客還以顏色，將七個中國網站黑掉。大部分中國人受政府輿論「黃岩島自古以來屬於中國」的影響，也幾乎一面倒地支持政府「亮劍」：「民意對中國政府展示強硬的行動給予了強大的支持」[96]

事態進一步擴大。五月三日，菲律賓總統發言人埃德溫·拉謝爾稱在記者招待會上表示：「菲律賓正式將黃岩島稱爲『帕納塔格礁』（Panatag Shoal）」。五月六日，菲律賓外交部又聲明，將與菲律賓海岸警衛隊聯手清理黃岩島上任何與中國相關的標記。

中國外交部副部長傅瑩當即約見菲律賓駐華使館臨時代辦蔡福炯，她說：「菲方沒有認識到正在犯嚴重的錯誤，反而變本加厲地不斷擴大事態，不但繼續派公務船在黃岩島潟湖內活動，而且不斷發表錯誤言論，誤導國內和國際公眾，煽動民眾情緒，嚴重損害雙邊關係氣氛。我們對形勢難以樂觀。」希望菲方「不要誤判形勢，不計後果地不斷推動事態升級。」並表示中方公務船將繼續對黃岩島海域保持警戒；中國漁政船也將依照中國法律對漁船進行管理，提供服務。她還敦促菲方撤走在黃岩島海域的船隻，「絕不能再干擾中國漁船作業，更不得干擾中國政府公務船依法執行公務。中方也做好了應對菲方擴大事態的各種準備。中方將堅持通過外交協商解決當前事態的立場。中方再次敦促菲方認眞回應中方關切，儘快回到正確道路上來。」[97]五月九日，傅瑩第三度傳召菲律賓駐華使館臨時代辦。她指出：鑒於菲方不斷挑釁，中方公務船將繼續對黃岩島海域保持警戒，警告菲方不要錯判形勢。

五月八日，《人民日報》發表文章「忍無可忍無需再忍」，稱菲律賓「不能將中國的善意視爲軟弱可欺，忍無可忍無需再忍的時候，中方不介意和菲方共同創造一個黃岩島模式」。五月十日，《解放軍報》發表署名專文〈休想搶走中國半寸領土〉。《環球時報》發表專文〈菲律賓調門越高，臉面將摔得越重〉。同日，東方衛視記者張帆登上黃岩島主礁，插上五星紅旗宣示主權。[98]

黃岩島形勢可謂風聲鶴唳，一觸即發。據日本防衛省指，解放軍一支大型艦隊正在南下，目的地不明；日本海上自衛隊偵察機，偵察到這支艦隊由五艘軍艦組成，其中包括一艘排水量二萬噸的〇

[96] http://mil.sohu.com/20120419/n340983997.shtml.
[97] http://www.fmprc.gov.cn/ce/cejo/chn/zgyw/t929746.htm.
[98] http://news.xinhuanet.com/zgjx/2013-06/20/c_132470708_2.htm.

七一級大型兩棲登陸艦，兩艘052B級導彈驅逐艦及兩艘江凱二級導彈護衛艦。其間有直八艦載直升機飛行。這支艦隊在五月六日已位處臺灣東南海域。

除了武力威嚇之外，中國也展開了對菲律賓的經濟制裁。禁止菲律賓對華的大宗產品——香蕉的出口。

就在這時，中國的南海休漁期從五月十六日開始。中國漁民可順水推舟地撤出黃岩島，而菲律賓也主動宣布在黃岩島的禁漁令。於是雙方的民間船隻紛紛撤出黃岩島，局勢有趨緩的跡象。五月十八日，菲律賓六名退役將領計畫上黃岩島插菲律賓國旗，宣示主權，但最後時刻被艾奎諾阻止，避免局面進一步惡化。但雙方公務船的對峙還在繼續。而且，儘管中國強調休漁令也適用於黃岩島，但中國在黃岩島的民間船隻卻變多了，只是從漁船變成了工程船。到五月中爲止，雙方在黃岩島的船隻以中國船爲壓倒多數，其中既有公務船，也有民間船隻，而菲律賓只有兩艘公務船繼續對峙。

直到六月份初，局勢才開始眞正緩和。雙方似乎達成了同時撤出公務船的協議。中國外交部發言人劉爲民六月六日宣布：菲律賓公務船滯留黃岩島潟湖一個多月後，終於在六月三日撤出。中國兩艘公務船清理現場後，於六月五日離開潟湖，繼續在黃岩島海域執行公務。六月十五日，基於颱風季節來臨，天氣漸趨惡化，菲律賓總統阿奎諾三世下令菲國在黃岩島的兩艘公務船撤離。六月十八日，菲律賓外長羅薩里奧在記者會上表示，「根據菲律賓與中國大陸達成的協議，雙方將把所有船隻撤出黃岩島潟湖。至於潟湖之外的問題，雙方正透過進一步的諮詢來謀求解決。」但中國大陸外交部發言人洪磊在同日舉行的記者會上表示，「中方將繼續保持對黃岩島的管轄與警戒。」針對菲律賓指責中方沒有信守撤船的承諾，洪磊否認中方曾承諾過撤船。

中菲雙方是否就黃岩島對峙達成過協議或者默契，尚無法確認。有說菲律賓曾經請求美國加以援手，而正是在美國的斡旋之下，中菲之間達成協議。但到最後，菲律賓撤出了黃岩島，但中國沒有撤出，並在最終實控了黃岩島。[99] 筆者認爲，中菲之間達成某種口頭默契是非常可信的，[100] 但具體默契的內容是什麼，雙方理解是否一致，還存在疑問。

不管怎樣，菲律賓對此非常無奈。就洪磊的聲明，菲律賓外交部發言人耶南德茲回應，雖然面對颱風威脅，菲國仍在考慮是否派船返回黃岩島海域。他也重申，即便在中國大陸的持續反對之下，菲律賓仍寄望國際海洋法法庭解決南海主權爭議。六月二十日，菲律賓總統阿奎諾稱，菲方將在天氣狀況好轉後派飛機到黃岩島海域偵察，並同時指責中方船隻仍留在相關海域。六月二十六日，菲律賓海軍總司令巴瑪（Alexander Pama）在記者會上宣稱，根據菲國海軍偵察機空中俯瞰所得，仍有二十八艘中國大陸船隻在黃岩島海域，其中二十三艘漁船停泊在黃岩島潟湖內，五艘政府船艦散佈在黃岩島周邊。[101]

之後，儘管菲律賓的飛機不時會到黃岩島偵察情況，菲律賓的公務船卻再沒有返回過黃岩島。黃岩島從此被中國實控。二〇一三年一月二十一日，菲律賓外交部長終於承認：中國已「實質上控制」黃岩島，菲船不能進駐。

[99] 薛力〈美海軍專家談如何看待南海問題訪談之二，Christopher Yung〉，http://www.21ccom.net/articles/qqsw/zlwj/article_20140213100476.html，最後瀏覽二〇一六年九月。

[100] China: The Three Warfares-Prepared for DoD 2013 June 7, https://cryptome.wikileaks.org/2014/06/prc-three-wars.pdf, p.396.

[101] http://www.ea.sinica.edu.tw/Forum/Huangyan%20Island.html.

總之，發生於二〇一二年四月至六月的黃岩島事件，最後以中國從菲律賓手裡奪得黃岩島的實控權告終。這也是自《南海各方行爲宣言》生效以來，中國第一次在南海擴張其實控區域。這對南海形勢發展有深遠意義。同年，中國宣告成立三沙市，同時派出大排水量的海監船隻（多由軍艦改裝）和軍艦在遠離中國大陸的南海海域遊弋（中國稱爲巡邏），其中也多次到達仁愛礁附近的海域。中國以準武力的脅迫方式在南海擴張之勢愈發明顯。菲律賓在和中國談判無望之下，也堅定了通過國際仲裁解決南海問題的決心。而東盟其他國家與以美國爲首的利益相關國，也越發抱團抗衡中國。黃岩島事件，可謂南海局勢惡化的標誌性事件之一。

黃岩島的主權問題

關於黃岩島的歷史，可以扼要總結爲：⑴在古代中國，並沒有關於黃岩島的任何記載。一二七九年郭守敬的四海測量地點並不在黃岩島。⑵從歷史紀錄來看，黃岩島可能最早被菲律賓人發現。最晚在一七三四年，西班牙人已經正式記載了黃岩島並將其畫入地圖。在二十世紀之前，有明確的證據顯示黃岩島是西屬菲律賓的領土。⑶二十世紀初，西班牙把菲律賓割讓給美國之時，沒有明確把黃岩島劃入割讓的範圍之內。之後多份關於菲律賓國界的法律文件也沒有明確把黃岩島畫在領土之中。到二戰結束前，儘管菲律賓對黃岩島有實際的控制，但是沒有證據顯示美屬菲律賓對黃岩島有任何公開的主權意圖。⑷一九三五年，中國通過地圖開疆聲稱對黃岩島擁有主權，但是這種「主權」只停留在口頭和紙面上，從來沒有實現過。而國際社會也沒有反對抗議之類的交涉。⑸二戰之後到一九九二年之間，美國和菲律賓實際共同治理了黃岩島。一九九二年美軍撤出後，菲律賓實際單獨接管了黃岩島的治理。在一九九七年之前，沒有任何國家（包括中國）對此提出過明確而直接的交涉。在這期間，菲律賓曾經在島上做過宣示主權的舉動。一九八〇年後，菲律賓提出黃岩島屬自己的專屬經濟區，但是長期沒有公開明確地提出對黃岩島的主權。(6)一九九七年，菲律賓正式在外交場合公開對黃岩島的主權要求；開啓中菲黃岩島之爭。一九九七年到二〇一二年之間，菲律賓仍然實際掌控黃岩島，直到二〇一二年中國公務船開進到黃岩島爲止。

從國際法角度看黃岩島問題，中菲雙方在法理上都有不足之處。中國明確聲稱得早，但缺乏實際管治；菲律賓長期實際管治，但很晚才公開表示主權意圖。中菲兩方爭議的重點就在於，到底是口頭聲稱更重要，還是實際治理更重要。

六・七　三沙市成立與對南海的實控

建立三沙市

伴隨著中國的海洋戰略，中國在大規模加強海軍軍備的同時，也加大了在南海的「民事執法」力度。從國際法的角度看，一國在某區域的民事執法比軍事占領更能體現「國家主權」，因爲它體現該國在那里的管理已經「常規」化，顯示對該地統治的穩固。另一方面，民事管理也規避了「武力改變現狀」的指控，儘管事實上也是屬於「脅迫」的方式。

中國從二〇〇九年開始推進對南海的民事實控，包括擴大巡邏範圍、干擾外國石油開採、驅趕或拘捕外國漁船，以及干擾外國船隻（如仁愛礁事件）。中國在二〇一二年建立三沙市，標誌著中國在南海民事實控的大提速。

早在二〇〇七年十一月二十九日，中國海南省文昌市宣傳部官員接受香港《明報》訪問時透露：國務院已經批准海南省人民政府的提議，把西沙辦升級爲「三沙市」。消息傳出之後，越南提出抗議。但中國當時並沒有正式宣布成立三沙市。這種先在內部通過，等待合適時機再宣布的策略，與中國政府一向的行爲模式一致。

二〇一二年四月到六月，中菲之間在黃岩島對峙，中國從菲律賓手中奪得了黃岩島，士氣正盛。而在六月二十一日，越南通過《越南海洋法》。其第一條規定：「本法規定了海岸基線、內水、領海、鄰接區、專屬經濟區、大陸架，各島嶼，黃沙和長沙群島，以及其他在越南主權、主權權利及仲裁權之下的群島；在越南海洋區域內的守則；海洋經濟發展，以及對海洋及島嶼的管理與保護。」[102]此舉將西沙和南沙群島正式寫入法律，當即引發中國抗議。中國外交部在當日發表聲明，聲稱中國對西沙群島、南沙群島及其附屬海域擁有「無可爭辯的主權」；越南對西沙群島和南沙群島提出的主權要求是「無效」的。[103]越南外交部發言人也在同一天做出回應，聲稱越南國會審議通過《越南海洋法》是正常的立法程序，旨在方便越南當局管理、開發和保護由它控制的海域和島嶼，以及方便越南開發海洋經濟。其實，把有爭議的領土寫入法律的做法中國早已有之：中國在一九九四年頒布的領海法和一九九八年頒布的專屬經濟區法，都已將西沙和南沙納入。

中國認爲這正好是公告三沙市成立的合適時機。在越南通過《海洋法》的同一天，中國民政部公告：國務院於近日批准，撤銷西沙群島、南沙群島、中沙群島辦事處，建立地級三沙市，政府駐西沙永興島。中國選擇這個時機正式公布，令人覺得這是因爲越南的「挑釁」而被迫採取的措施，搶占了輿論上風。越南外交部發言人表示，他們堅決反對中國對越南做出的「無理指控」，並對中國設立三沙市表示「強烈抗議」。

七月十七日，海南省四屆人大常委會通過《海南省人民代表大會常務委員會關於成立三沙市人民代表大會籌備組的決定》，三沙市的政權組建工作正式啓動。七月十九日，中央軍事委員會批覆廣州軍區，同意組建中國人民解放軍海南省三沙警備區，主要負責三沙市轄區國防動員和民兵預備役工作，協調軍地關係，擔負城市警備任務，支援地方搶險救災，指揮民兵和預備役部隊遂行軍事行動任務等。三沙警備區是中國最南端的陸軍建制單位，擔負該區域領海安全的任務。同日，三沙市第一屆人民代表大會籌備組成立，將產生六十名民選人大代表。七月二十三日，三沙市第一屆人民代表大會開幕。七月二十四日上午，三沙市成立大會暨揭牌儀式在永興島舉行，重達六十八噸的三沙市碑在永興島正式揭牌。中國共產黨三沙市委員會、三沙市人民代表大會常務委員會、三沙市人民政府和解放軍三沙警備區掛牌成立。同時啓用新郵編、郵戳，並更換銀行、醫院等各機構牌子。自此，三沙市正式成立。【104】

【102】 http://vietnamlawmagazine.vn/law-of-the-sea-of-vietnam-4895.html, "This Law provides for the baseline, the internal waters, the territorial sea, the contiguous zone, the exclusive economic zone, the continental shelf, islands, the Paracel and Spratly archipelagos and other archipelagos under the sovereignty, sovereign rights and jurisdiction of Vietnam; operations in Vietnam's maritime zones; maritime economic development; the management and protection of the sea and islands."

【103】 http://news.xinhuanet.com/world/2012-06/21/c_112269020.htm.

【104】 https://zh.wikipedia.org/zh-hk/%E4%B8%89%E6%B2%99%E5%B8%82.

在三沙市之下，中國設立了三個行政單位：西沙群島、南沙群島和中沙群島。西沙群島設有永樂群島管理委員會、七連嶼管理委員會，以及永興（鎮）管理委員會，每個委員會下轄若干「社區」（村級）。南沙群島因爲較小，只設立永暑社區和美濟社區。而中沙群島，除了黃岩島之外沒有露出水面的礁石，故此只設立了「中沙群島虛擬鎮」的虛擬地。[105]

三沙市的建立標誌著中國加速南海控制。最顯著舉動是整合海事力量、加大漁業控制，以及南海造島。

加強漁業控制

以往，中國在海上的執法力量政出多門，號稱「五龍治海」，即國土資源部下屬中國海洋局及「海監」系列執法船、農業部漁政局下屬的「漁政」船、交通部下屬的海事局「海巡」船、公安部邊防局下屬的「海警」船，以及海關部門的緝私艇。當中又以海監（八〇年代前由海軍代管）和漁政實力最強大，擁有最多大噸位遠洋船舶。政出多門最大的問題在於，各部門的海洋管理隊伍條塊分割、自成體系，協調工作難以進行，部門分工困難。對有些任務各部門互相爭，而對另一些任務各部門又互相推，反而導致執法力量不足。[106]

二〇一三年七月二十二日，隸屬國土資源部的中國國家海洋局正式掛牌，並成立中國海警局。海警局受國家海洋局管理，同時接受公安部的業務指導，對外宣稱以中國海警局名義進行海上武裝執法。[107]過去力量最強的海監和漁政只有民事執法權，而沒有刑事執法權；而擁有刑事執法權的海警與緝私則主要負責近岸執法。而統一後的海警具備遠洋執法的能力和權力，力量大增。同時，中國大力

配備大噸位海警船，最大者排水量逾萬噸，超越日本海警船成爲世界最大，規模甚至遠遠超過其他沿岸國一般的軍艦。【108】

中國以北緯十二度爲界，大致上把南海分爲兩個區域進行漁業管理。十二度以北，一般稱爲南海北部漁場，主要是東京灣、西沙以及黃岩島。東京灣和西沙兩個漁場主要都是和越南發生衝突。十二度以南，一般稱爲南海南部漁場，以南沙群島以及菲律賓、馬來西亞、越南沿岸大陸架附近爲主。其東部和西部的情況又有不同。西部，尤其是靠近越南和印尼納土納群島一帶跨越九段線兩側的區域，適合於拖網漁船的生產；東部，由於島礁林立，不適合拖網漁船，但有豐富的珊瑚、海龜、巨蚌等資源。南部漁場一般是與菲律賓、馬來西亞和越南有漁業衝突。因距離中國本土遠近不同而反映出來的衝突模式也不一樣。

在南海北部，中越漁業紛爭相當突出。在東京灣劃界之後，中越之間的漁業矛盾主要體現在越南人往西沙群島附近捕魚，遭到中國驅趕、沒收和扣押。根據中國海南省統計，越南漁船進入西沙海域從二〇〇三年的二一五艘上升到二〇〇七年前八個月的九〇〇艘左右，而且離西沙越來越近，破壞西

【105】海南志史網。地方志書《海南省志》西南中沙群島志《第一篇　地理環境》第一章　疆域　島礁。
【106】胡賁〈五路諸侯競逐中國海上管理權〉，《南方週末》，二〇一〇年十二月八日。
【107】〈國家海洋局重組，五龍治海時代終結〉，《人民日報海外版》，二〇一三年七月二十六日。
【108】〈中國萬噸海警船下水服役　明年赴東海南海維權〉，http://m.hexun.com.tw/news/2014-12-15/171418779.html.

沙軍民用設備次數越來越多，漁民身分越來越複雜，船噸位越來越大，且裝備不斷更新。[109]二○○四年到二○一二年，南海區漁政局組織開展西沙日常監管和護漁專項行動共一六八次；查處外籍（主要是越南）漁船六十九艘次，沒收漁船八艘；驅趕一二九三艘次，沒收炸藥九○○多公斤。[110]

在南海北部，中國從一九九九年開始實行休漁期制度。規定每年六月一日到八月一日（時間或略有變動）在南海北緯十二度以北的「中國管轄海域」（含東京灣）進行休漁。這個休漁令被視爲中國爲了加強對南海實控的措施，在頒布之初就遭到越南反對。但是在二○○九年之前，中國對外國船隻（主要是越南船隻）並沒有嚴格執法，故此國際上反響不大。二○○九年開始，越南對中國在西沙海域拘捕越南漁民進行抗議，受到國際關注。國際關注的另一個原因是，同年五月中國在給聯合國的照會中第一次顯示了九段線（見六．三）。國際開始質疑，中國是否要以拘捕漁民的方式，推進在九段線內的「管轄」。[111]

二○一二年十二月三十一日，中國頒發《海南省沿海邊防治安管理條例》。[112]其中四十七條規定「對非法進入海南省管轄海域的外國船舶，《條例》要求公安邊防機關可依法採取登臨，檢查，扣押，驅逐，令其停航、改航、返航等措施予以處置。」引起了國際社會議論紛紛。二○一三年五月，中國頒發休漁令，把西沙群島和中沙群島附近的與越南及菲律賓有爭議的大片海域，單方面地納入管轄區，並扣押了越南漁船，再次引起越南和菲律賓等國的警惕和抗議。

二○一三年十一月，海南省制定《海南省實施中華人民共和國漁業法辦法》，二○一四年一月一日生效，引發各國抗議。[113]菲律賓認爲這將進一步加劇南海的緊張局勢；[114]越南稱之爲「非法無效」，「要求中國取消上述錯誤舉動」。[115]美國稱之爲挑釁（provocative）和有潛在危險的行爲。[116]中國稱美國「別有用心，居心叵測」。[117]

各國對海南省這個法規的關注集中在兩點：第一，《辦法》第三十五條規定「外國人、外國漁船進入本省管轄水域進行漁業生產或漁業資源調查活動應當得到國務院有關主管部門批准。」第二，中國漁業管理部門有權對外國船隻進行檢查。[118]

其實這兩點規定毫不新鮮，早在中國八〇年代的漁業法中就已經有類似的條文。華春瑩就指出：「如果美方認真研究中國《立法法》、《漁業法》和海南省此次修訂的《實施〈漁業法〉辦法》及各自的法律實踐，就會發現《辦法》中有關外國漁船進入中國管轄海域的規定與一九八六年制定《漁業法》並無二致。」而且各國的漁業管理基本大同小異，也是國家的主權所在，美國的抗議的確貌

[109] 《起源與發展》，一〇九頁。

[110] http://politics.people.com.cn/GB/1026/17709615.html.

[111] Lyle Goldstein, Strategic Implications of Chinese Fisheries Development, *China Brief*, 2009, Vol: 9, Issue: 16.

[112] http://www.chinanews.com/gn/2012/12-31/4451913.shtml.

[113] http://www.voachinese.com/content/china-south-sea-20140109/1826400.html.

[114] http://www.bbc.com/zhongwen/trad/world/2014/01/140111_vietnam_philippines_china.

[115] http://www.bbc.com/zhongwen/trad/world/2014/01/140111_vietnam_philippines_china.

[116] http://www.bbc.co.uk/news/world-asia-25666849.

[117] http://news.sina.com.cn/c/2014-01-10/163129209087.shtml.

[118] 《海南省實施中華人民共和國漁業法辦法》，http://faolex.fao.org/docs/pdf/chn140585.pdf.

似無理取鬧。但是結合南海的特殊局勢，美國和鄰國的擔心也並非毫無道理。

從法律角度，海南省的該法規最大問題在於沒有明確規定「海南省管轄水域」的範圍具體所在，[119]故在法律層面是無法操作的。外國漁船不知道所謂的「海南省管轄水域」到底在哪裡，也就無法知道自己所從事的作業範圍是否在該水域之內。而中方即便在自認爲有權執法的區域內，也無法對「違法」的外國漁船進行處罰，因爲在法律層面中方無法證明外國漁船進入了「海南省管轄水域」。

從中國規定的海南省所管轄的區域來看，三沙市包括了整個西沙、南沙、中沙和黃岩島。因此，相關外國難免擔心，中國所謂的「海南省管轄水域」是否是在法律層面，把中國近年來在南海的「維權」行動固化？是否意在用「警察」的方式，爲中國聲稱的九段線的範圍提供「實控」例證，讓國際認爲中國「實控」南海已成「現狀」（status quo），從而增加中國對九段線範圍內的主權要求的法律依據。

聯繫到中國不久前才在東海設立不符合國際法的管轄性的防空識別區，而中國媒體也聲稱，要在南海設立類似的防空識別區，這些國家的擔心並非杞人憂天。美國國務卿克里在訪問東南亞時，就南海防空識別區的問題與諸多南海國家達成了共識，希望中國不要設立南海識別區，不要人爲繼續加劇南海的緊張局勢，[120]但沒有得到中國的回應。

由此可見，通過「管轄」化一個有爭議的南海區域來增加中國對該區域的主權證據，是中國既定的策略。從這個意義來說，中國每新頒布一個法令，就意味著中國多增加了「管轄」這個海域的一個證據。儘管嚴格地說，這些「證據」在國際法上對決定領土和領海歸屬無效。但如果鄰國和相關國家不對此提出異議，就很容易被中國說成是承認中國的這種管轄，亦即是承認現狀。這在國際法的框架中很可能構成對這些國家的不利因素。因此，外國就此提出抗議行爲是可以預期，也是再正常不過的舉動。

在南沙南部，由於距離遙遠，地域廣大，中國採取了不同的控制方式。在西部，由於越南等國實力較強，涉外事故風險高。在二〇一三年之後，少有中國漁船前往捕魚。[121] 而在東部鄰近菲律賓的海域，則以海警（漁政）作爲後盾，大力鼓勵中國漁民前往捕魚。而在西部，由於越南等國實力較強，中國的「維權」海警力有未逮，在涉外事故高風險的影響下，二〇一三年之後，少有中國漁船往該處捕魚。

中國漁民在近海竭澤而漁，導致漁業資源大幅度減少，只能到越來越遠的地方捕撈。除了南海之外，在黃海、東海，甚至遠至太平洋的帕勞，都有中國漁民非法濫捕而被外國逮捕和處置的事件。中國漁民在遠洋捕撈，以不可持續的方式過度透支海域資源，比如用絕戶網（網眼極小的漁網）和炸魚的方式（這些方法也存在於越南漁民中）。而且中國漁民的目標不只是魚，還包括各種珍稀受保護動物，比如海龜、硨磲、珊瑚等。這些無視國際環保原則的行爲甚至還受到地方政府鼓勵。比如往南海捕魚的主力潭門鎮一直有大規模的海龜與硨磲交易。二〇一二年，瓊海市政協專門赴潭門鎮考察硨

【119】http://www.law-lib.com/law/law_view.asp?id=23536，第一版，http://www.hinews.cn/news/system/2013/12/07/016278991.shtml，修訂版。

【120】http://www.bbc.co.uk/zhongwen/simp/china/2013/12/131216_kerry_vietnam_china.shtml.

【121】林丕文、鄒顯偉〈我國當前南海南部拖網漁業的困局和對策〉，《漁業信息與戰略》，二〇一四年八月，二十九卷三期，一七六頁。

磲貝產業發展情況，提出其「市場發展潛力巨大」，應當「進一步做大做強」。同年十一月在海口舉行的「中國國際時尚博覽會」還將「黃岩島硨磲玉」評爲海南十大旅遊商品，[122]完全無視硨磲交易是違法的行爲。中國政府每年夏天在南海北部的「休漁期」，也變相鼓勵了漁民到南海南部捕魚。

鼓勵漁民到南海捕魚可以造成「在南海生產」的現狀，而更重要的則是幫助中國海警製造「實控」的例子。二〇〇九年之後，中國漁政（海警）開到深入南海南部的中菲爭議區域，干擾和驅趕菲律賓漁民，或以「護漁」爲由阻撓菲律賓執法船隻對中國漁民的拘捕，試圖造成實際控制之假象。但中國畢竟海警有限，不可能全天候照看所有中國漁船。因此也不乏中國漁船被菲律賓扣留的例子。遇到這樣的情況，中國就通過外交壓力，指中國對該海域擁有主權，要求菲律賓放人。

比如，二〇一四年五月七日，菲律賓海警在南海半月礁（Half Moon Shoal）拘捕了一艘中國漁船（瓊瓊海〇九〇六三）和十一名船員。它是南沙的一個環礁，只有東部的一塊礁石在高水位時能突出水面一米左右。根據國際法有領土的權利，但沒有專屬經濟區的權利。中菲兩國都聲稱對這個礁石擁有主權。由於這個礁石實在太小，其上又沒有建築物，很難說在哪國的實控中。

菲律賓拘捕的理由是該漁船在菲律賓的專屬經濟區內非法捕撈受保護的珍稀動物。菲律賓官員在船上發現超過五〇〇隻海龜，而其中三五〇隻屬於聯合國承認的，被世界自然保護聯盟（IUCN）定義的瀕危物種（endangered species），在菲律賓法律中被禁捕。菲律賓警方同時還拘捕了一艘菲律賓漁船。中國船員辯稱他們沒有捕撈海龜，又稱這些海龜實際上是菲律賓人捕撈的，中國人只是買家。但捕撈是非法的，購買這些產品（交易）同樣是非法的。

中國外交部發言人表示，「中國對包括半月礁在內的南沙群島及其附近海域擁有無可爭辯的主權」，要求菲方給出合理解釋，並且立即放人放船。但菲律賓頂住壓力釋放了兩名未成年漁民後，以違反野生動物保護法和非法入境兩項罪名起訴其他九名船員，判處有期徒刑一年。直到二〇一五年六月八日，巴拉望省地方巡迴法院法官德盧納（Ambrosio de Luna）六月八日下令釋放了這些漁民。【123】

六・八　仁愛礁危機

二〇一二年七月，繼黃岩島事件之後，一艘中國護衛艦在仁愛礁東南的半月礁上擱淺（圖74），引起菲律賓的驚慌。菲律賓擔心中國用類似自己在仁愛礁上擱淺的方式占領半月礁。半月礁是南沙群島中最靠近巴拉望島的島礁，距離後者五十七海里。如果中國占領了半月礁，就可以切斷巴拉望島與仁愛礁之間的聯繫。幸好兩日後，中國護衛艦依靠自己的動力擺脫了擱淺狀態。對這次擱淺事件的解讀不一，可能只是單純的擱淺，也可能是中國進一步脅迫菲律賓採取的行動。

就在中國準備進一步向南海推進的時候，中日之間發生更爲嚴重的釣魚島危機（見六・一〇）。中國被迫推遲在南海的行動，把精力轉向釣魚島。

菲律賓在軍力上與中國有幾代的差距，無法指望通過武力與中國抗衡，唯一可行的做法就是採用

【122】http://mp.weixin.qq.com/s?__biz=OTE4MzAyODYx&mid=201038846&idx=1&sn=d5e938032e53014eba94c0c8399569a.

【123】http://news.ifeng.com/a/20150610/43945780_0.shtml.

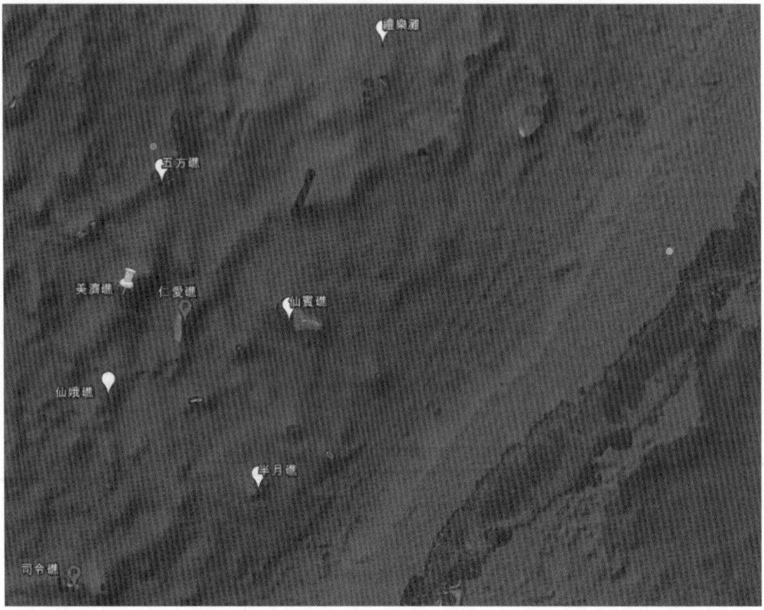

圖 74　仁愛礁與半月礁附近地圖

中國強烈反對的仲裁方式（見下節）。菲律賓的申訴在二〇一三年初的申請得到正面的回應。二〇一三年四月二十四日，國際海洋法法庭庭長柳井俊二宣布，委任三位仲裁員擇日聽證仲裁案的決定。此舉惹怒了中國，中國外交部發言人華春瑩在四月二十六日聲稱：

> 二十世紀七〇年代起，菲律賓違反《聯合國憲章》和國際法原則，非法侵占了中國南沙群島的部分島礁，包括馬歡島、費信島、中業島、南鑰島、北子島、西月島、雙黃沙洲和司令礁。中方一向堅決反對菲方的非法侵占，鄭重重申要求菲方從中國島礁上撤走一切人員和設施。[124]

中國列舉出菲律賓所占領的八個小島，並不包括仁愛礁。引起了對中國關於仁愛礁態度的揣測：是否中國不承認菲律賓對仁愛礁的實控？中國是否有意把菲律賓驅離仁愛礁？果然，五月七日，菲律賓在距離仁愛礁六海里處發現一艘中國海軍驅逐艦和兩艘海監船。菲律賓隨後向仁愛礁派出三艘軍艦（一艘 PS36 孔雀級巡邏艦、一艘 PS74 驅逐艦和一艘 PS71 運兵艦），但都在途中被中國船隻阻攔。

五月九日，在位於菲律賓東北部的海域，菲律賓執法船隻槍擊臺灣漁船廣大興二八號而導致一人死亡。儘管事發地點不在南海，與北京沒有直接關係，臺灣也聲明不希望北京插手，但北京還是顯示了強硬的姿態。南海氣氛進一步緊張。

五月十日，菲律賓就仁愛礁事件向中國發出抗議，中國不予理睬。往後的十幾天，中菲兩方的船隻在仁愛礁海面附近對峙。直到五月二十二日，中國才回應：

> 仁愛礁是南沙群島的一部分。中國對南沙群島及其附近海域擁有無可爭辯的主權。中國公務船在有關海域進行正常巡航，無可非議。中方敦促有關國家全面認眞落實《南海各方行爲宣言》，不採取使爭議擴大化、複雜化和影響南海和平穩定的行動。【125】

【124】http://qa.china-embassy.org/chn/fyrth/t1035477.htm.

【125】http://www.bbc.com/zhongwen/trad/china/2013/05/130529_south_china_sea_second_thomas.

關於對峙的原因，雙方說法不一。中國認爲，「非法擱淺」在仁愛礁上的菲律賓軍艦日久失修，逐步有沉沒的跡象，於是菲律賓急於派軍艦前往加固，企圖加強在仁愛礁的存在，中國不得不阻止。菲律賓方面指，本國先發現中國的海監和軍艦進入仁愛礁，才派軍艦進行監視；而菲律賓軍艦前往仁愛礁是爲了給士兵補充物資，屬正常的行爲。後來菲律賓又說，中國漁船在軍艦和海監支持下進入仁愛礁捕撈也是引起對峙的原因。查五月六日確實有一批中國漁船從海南出發，高調前往南海捕魚，但它們在五月十二號才到達黃岩島和禮樂灘之間的海域（N14°00', E117°14'）。仁愛礁對峙開始的時候，它們還未到達仁愛礁。中國選擇在仁愛礁與菲律賓對峙的另一個可能原因是禮樂灘。二〇一一年，菲律賓和美國石油公司合作勘察並批出開發禮樂灘的許可，但在中國的反對之下開發被中止（見六・五）。仁愛礁在禮樂灘南面，中國如果控制了仁愛礁，就可更有效地控制禮樂灘。

但最直接的原因應該是：第一，報復菲律賓把南海爭端訴諸國際法庭；第二，仁愛礁是菲律賓占據的島礁中唯一沒有水泥建築的，控制最爲薄弱，如果菲律賓要在島上建造水泥建築的話，中國必須阻止菲律賓固化在仁愛礁的存在；第三，同機奪取仁愛礁。

中國在承認仁愛礁對峙後，立即進行輿論造勢，同時也擴大了對仁愛礁的封鎖，除海軍和海監船監視之外，還派出了三十多艘漁船在附近包圍仁愛礁，進一步阻止菲律賓船隻的靠近。

菲律賓一開始態度強硬。國防部長加斯明（Voltaire Gazmin）在五月二十三日聲稱：「仁愛礁屬菲不存爭議」，並說：「直到剩下最後一名軍人，我們也要爲我們的領土鬥爭。」[126]

但菲律賓並不敢和中國正面衝突，儘管軍艦一直在附近對峙，卻始終不敢硬闖，尋求外交解決成爲唯一出路。一方面，菲律賓向中國示弱：先是放低姿態，聲稱不會單方面行動。五月二十七日，總統府發言人瓦爾特聲明：「爲了避免加劇仁愛礁緊張局勢，菲律賓政府已決定不採取任何行動。」[127]同時勸阻漁民暫時不要到仁愛礁附近捕魚。菲律賓國防部長向中國駐菲大使馬克卿保證，船隻前往仁愛礁只是爲了補給食品與供給，菲方沒有計畫在仁愛礁修建基礎設施。[128]

另一方面，菲律賓求助於國際社會與國際輿論。首先，在接受路透社訪問時，菲律賓高級軍官稱，仁愛礁登陸艦上的菲律賓海軍陸戰隊員，現在做飯煮菜只能依賴一臺發電機供電。且遠程無線通訊是靠蓄電池，一旦發電機燃油耗盡，蓄電池沒法充電，就將面臨「極其嚴峻的考驗」。而船上的資源只夠維持兩個星期。[129]菲律賓同時還發布船上駐守士兵的圖片，爭取同情。其次，六月二日香格里拉對話會在新加坡舉行，菲律賓宣稱要利用這個機會，全面討論包括仁愛礁在內的南海問題，並控訴中國以大欺小。第三，菲律賓向美國尋求軍事支持。美國、菲律賓和多個東南亞盟國，確定於六月下旬在距離黃岩島大約一九○公里附近的地方，舉行常規軍事演習，規模爲歷來最大。菲律賓還尋求日本的支持。日本答應贈送十艘海防船給菲律賓，以改善其海防巡邏能力。

---

[126] http://www.philstar.com/headlines/2013/05/24/945640/well-fight-our-territory-last-soldier. 原文爲：Ayungin Shoal is clearly within our continental shelf. As far as we are concerned there is no dispute over the area. It is ours and there's no reason to pull out our troops there. .. To the last soldier standing, we will fight for what is ours.

[127] http://www.chinanews.com/mil/2013/05-28/4864953.shtml.

[128] http://news.sohu.com/20130530/n377503777.shtml.

[129] http://news.sohu.com/20130531/n377581815.shtml.

此時國際上的氣氛也有利於菲律賓。中國和日本在釣魚島問題上劍拔弩張，成爲外交軍事上的頭號重要事件。中國雖然利用海監船隻，甚至軍艦到釣魚島一帶「巡航」，但始終無法突破日本的內線阻攔，也無法迫使日本承認釣魚島存在領土爭議。日本反而利用中國和東南亞國家甚至印度的領土矛盾，積極構建「共同價值」和「共同利益」包圍圈。

仁愛礁對峙事件發生之後，國際社會迅速將其與一年前的黃岩島事件相聯繫，視爲中國「脅迫」鄰國的新熱點。「脅迫」作爲一種以武力恐嚇爲後盾的準武力方式，被視爲非和平的手段。菲律賓因而得到國際輿論同情。

越南與菲律賓儘管也有領土之爭，但基本達成了和平解決的諒解。中國在仁愛礁的行動也引起了越南的不安，因爲越南實控的 Pigeon Reef 離仁愛礁不遠。越南與印度宣布，將於六月八日在南海進行聯合軍事演習，被視爲對菲律賓的一種支持。當時，中國與印度在拉達克也發生對峙。這樣，在每年一度的香格里拉對話會之前，中國同時與日本、菲律賓、越南和印度有領土衝突，面臨的壓力空前沉重。

此時美國的態度成爲關鍵。美國和菲律賓有軍事同盟，也一直反對以非和平的手段解決南海問題。仁愛礁對峙發生後，美國一再重申，希望南海問題以和平的方式解決。在五月二十二日、二十三日兩天，美國海軍「尼米茲」號核動力航母戰鬥群高調亮相南海海域，在近菲律賓水域進行了運輸船掩護、守礁部隊空中和海上支援、反艦攻擊等針對性頗強的演習項目。儘管演習海域不在仁愛礁附近，但也以此向中國發出了清晰的反對信號。最重要的是，美國總統歐巴馬邀請中國主席習近平六月初到加州莊園會談。這被視爲中美正式形成「新型大國關係」或 G2 格局的關鍵性會議。而新型大國關係和「舊型」的不同之處就是「不衝突」。因此，中國不希望破壞會談氣氛。

於是，中國和東盟於五月二十九日，在泰國進行了落實《南海各方行爲宣言》第八次聯合工作組會議（8th ASEAN-China Joint Working Group (JWG) on the Implementation of the Declaration on the Conduct of Parties in the South China Sea）。會議詳情沒有公布，但據中國所言，「會議充分肯定二〇一二年落實《南海各方行爲宣言》取得的積極進展，各方同意繼續全面有效落實《宣言》」。[130]在香格里拉對話會議前，中菲雙方儘管一直在仁愛礁對峙，但沒有升級行爲：菲律賓沒有冒險向仁愛礁輸送物資，中國也亦沒有採取過激的行動。

六月二日到四日的香格里拉對話會議並沒有出現事前預估的火爆場面。相關各方不同程度地表達了對中國通過脅迫手段擴張實控範圍的憂慮。越南副國防部長提出，相關國家應該考慮簽署一個「不率先動武」的協議。但語調都較爲和緩。中國副參謀總長戚建國和菲律賓國防部長加斯明在同一天緊挨著先後發言，都直接沒有談到仁愛礁事件，回答問題時也只是點到即止。戚建國強調海疆和平，哪怕於更爲危急的釣魚島問題，他也再次提出「擱置爭議」政策。在各方默契之下，香格里拉對話會爲和平解決仁愛礁事件創造了條件。[131]此後，六月七日到八日爲期兩天的中美加州莊園峰會上，歐巴馬向習近平強調了和平解決南海和東海問題的重要性。習近平也強調了中國維護領土的決

【130】http://news.sohu.com/20130606/n378219887.shtml.

【131】http://www.iiss.org/en/events/shangri%20la%20dialogue/archive/shangri-la-dialogue-2013-c890.

心；但這與和平解決問題並不矛盾。

在多方因素作用之下，菲律賓總司令在六月十九日突然宣布，軍方成功地通過一支海軍小分隊對仁愛礁進行了物資補充和換防的工作。他強調，沒有遇到中國的船隻；這種補充和換防是定期的，除了在仁愛礁，也會在其他菲律賓控制的島嶼上進行。他還說，菲律賓可以自由地在這個礁石上採取任何行動，無需知會中國，因爲這是「我們的」。當然他也提到向中國駐菲律賓大使馬克勤保證菲律賓沒有意願在仁愛礁上建造水泥建築。[132]

中國則稱：菲律賓的補充物資和換防是在中國船隻監視之下進行的。中國外交部在二十四日稱，中國不承認「坐灘」是一種實控的方式。[133]中國國防部稱，菲律賓必須兌現承諾，停止侵犯中國主權的行爲。[134]仁愛礁危機就這樣在悄無聲息的情況下，戲劇性地得到解決。

根據雙方的言語，菲律賓和中國顯然達成了某種協議：菲律賓答應不在仁愛礁起水泥建築，而中國承諾在菲律賓海軍向仁愛礁輸送物資的時候，中國戰艦在附近監視但不阻攔。這樣，雙方都能各自表述，作出有利己方的解釋：菲律賓確實在「補充和換防的過程中沒有遇到中國的船隻」，中國也確實可以說「菲律賓的補充物資和換防是在中國船隻監視之下進行的」。中國還指菲律賓應該履行承諾，拖走軍艦。菲律賓具體做出何等承諾不得而知，大概答應最終會拖走軍艦，但是沒有設定限期。至於「坐灘」算不算實控，雙方有不同的說法，是另一個「各自表述」的例子。但無論如何，在第三方看來，菲律賓在實現對仁愛礁的補給和輪換之後，進一步鞏固了對仁愛礁的控制乃是不爭的事實。菲律賓還進一步監察仁愛礁附近的海面。[135]

黃岩島事件與仁愛礁事件的異同

很多中國專家預言中國不會允許菲律賓補充供給，甚至認爲中國會強行拖走菲律賓的軍艦，使仁愛礁會變成「黃岩島第二」。這些把黃岩島和仁愛礁相提並論的論調，忽視了兩者本質的不同。

首先，**仁愛礁明確屬美菲軍事條約覆蓋範圍之內**。美國和菲律賓在一九五一年簽有軍事同盟《美菲互保條約》（Mutual Defense Treaty），規定美菲之間有義務進行軍事互保。關於南沙群島是否屬《美菲互保條約》覆蓋的範圍之內，頗有含糊之處。第五條規定當一國在以下三個範圍受到他國攻擊的時候，對方都有義務進行軍事互保：(1)菲律賓和美國的基本領土；(2)太平洋上擁有裁判權的島嶼；(3)在太平洋上的軍隊、公共船隻和航空器。

For the purpose of Article IV, an armed attack on either of the Parties is deemed to include an armed attack on the metropolitan territory of either of the Parties, or on the island territories under its jurisdiction in the Pacific or on its armed forces, public vessels or aircraft in the Pacific.[136]

---

[132] http://globalnation.inquirer.net/78115/afp-confirms-re-provisioning-troop-rotation-activities-in-ayungin-shoal.

[133] http://news.sohu.com/20130624/n379722906.shtml.

[134] http://news.sohu.com/20130627/n380065122.shtml.

[135] 六月二十三日菲律賓監察飛機 OV-10 偵察機在仁愛礁偵查時附近失事。

[136] http://avalon.law.yale.edu/20th_century/phil001.asp.

那麼南沙群島是否屬該範圍之內呢？季辛吉在一九七〇年代曾經以電文的形式解釋過：在該條約簽訂的一九五一年，菲律賓還沒有正式主張對南沙群島主權；況且，南沙群島也不在美西《巴黎條約》所規定的西班牙割讓給美國的範圍之內。[137]故第一項和第二項都不符合要求，唯一的可能是第三項。

一九七九年一月六日，美國國務卿萬斯（Cyrus Vance）給菲律賓外交部長的信中表示，第五條第三項中所說的攻擊軍隊、公共船隻和航空器的地點並不需要位於第一項和第二項規定的範圍內：

...as provided in Article V, an attack on Philippine armed forces, public vessels or aircraft in the Pacific would not have to occur within the metropolitan territory of the Philippines or island territories under its jurisdiction in the Pacific in order to come within the definition of Pacific area in Article V.[138]

一九九九年五月二十四日，美國駐菲律賓大使 Thomas C. Hubbard 給菲律賓外長的信中寫道：美國繼續堅持一九七九年的提法的立場，而且美國認爲南海屬太平洋。（「the US considers the South China Sea to be part of the Pacific Area」）[139]之後國務卿希拉蕊．克林頓多次重申美國會遵守《美菲互保條約》的義務。

根據季辛吉的電文，黃岩島也應該和南沙群島一樣，不屬第一、二項的範圍。而且當時黃岩島上沒有菲律賓的駐軍，中國也沒有攻擊菲律賓船隻（僅是對峙）。因此，美國沒有義務爲菲律賓協防黃岩島。但是仁愛礁的情況有所不同：儘管它也不屬第一、二項的範圍，但菲律賓有一艘軍艦停泊在上面，屬菲律賓武裝，符合第三條的規定。如果中國以武力登島拖走或摧毀船隻，就會構成對菲律賓武裝的攻擊，激活第三項，美國就可以依據《美菲互保條約》進行干預。

值得指出的是，在一九五一年簽訂《美菲互保條約》的時候，還沒有南海衝突。在以後六十多年間，該條約也沒有擴大其範圍和義務，所以不應該把該條約理解爲故意針對中國或者南沙群島。但由於這個條約的存在，美國按照該條約規定而介入南海問題，乃其義務，而不是一時之政策。除非美國廢除或者修改條約，否則無法置身事外。因此，中國爲了防止美國介入，只能最多採用堵截的方式，不能硬闖，除非中國已經決定不惜與美國正面衝突。

其次，**仁愛礁明確屬《南海各方行爲宣言》中的範圍**。《宣言》第五條「不得在無人居住的島礁上採取居住的行爲」是一條明確的標準，有效地阻止了各方在南海的占島行動。儘管《宣言》沒有法律的強制力，但它是中國和東盟在南海問題上所達成的唯一重要協議，也一直被中國和東盟各方強調需要遵守。

《宣言》規定其適用的地理範圍爲「南海」，按照字面理解是整個南海，東盟諸國也是這麼理解。但中國認爲「南海」僅是指稱有爭議的地區，即南沙群島，而不包括同樣有爭議的西沙群島和

【137】http://www.philippineembassy-usa.org/news/2566/300/Statement-of-Foreign-Affairs-Secretary-Albert-F-del-Rosario-Regarding-The-Philippines-US-Mutual-Defense-Treaty/d,phildet/.

【138】*United States Treaties and Other International Agreements*, Department of State, Vol.30, part I, 1978-1979, p.887.

【139】http://newsinfo.inquirer.net/190811/what-will-america-do-if-china-attacks-filipino-forces-in-spratlys.

黃岩島。因此，按照中國單方面的說法，黃岩島並不屬《宣言》的管轄範圍，所以中國占領黃岩島並不違反《宣言》。中國的說法並非完全無理。但仁愛礁是南沙群島的一部分，屬於中國也承認的《宣言》覆蓋範圍。因此，若以武力奪取就肯定違反了《宣言》。

中國爲在法理上的取得主動，轉而指菲律賓違反了《宣言》。中國先指菲律賓軍艦擱淺在仁愛礁上，違反了《宣言》。但這個指控不能成立：因爲該艦在仁愛礁擱淺在先（一九九九年），而簽訂《宣言》在後（二〇〇二年）。《宣言》並不具備追溯的效力。自一九九九年起，菲律賓的軍艦就已經擱淺在那裡，並有人駐守，因此屬「有人居住」的自然結構。中國爭辯：「擱淺」不算通常意義上「居住」，必須有水泥建築才算。這個說法頗具爭議性，但即便沿用這種邏輯，菲律賓若只輸送物資和輪換，沒有用水泥加固島礁，就不算違反《宣言》。如此一來，中國就缺乏對菲律賓採取行動的藉口。中國無法在不違反《宣言》的情況下，對仁愛礁採取進一步行動。

最後，從國際關係看，中國的處境和一年前也大不一樣。黃岩島只是中國在南海上第一個領土衝突的個案，當時中國周邊還沒有變成火藥桶。但此後中國四面出擊，與日本、菲律賓、越南、印度都有領土衝突。這些國家聯手抗衡中國的格局已經不可避免。日本和菲律賓連成一線，而越南和印度也連成一線，更何況日本和菲律賓都和美國有軍事同盟，而俄羅斯則是越南和印度背後的隱形支持者。國際形勢對中國非常不利。

儘管中國一直指責菲律賓爲「麻煩製造者」，但菲律賓一直主張通過國際法庭和平解決領土紛爭，非常符合國際社會的期望。相反，中國這一年的行爲被國際社會視爲造成東亞動盪的原因，在國際輿論上非常不利。在此背景之下，美國亞洲再平衡政策得到了除中國之外的相關國家的歡迎。中國在南海越強硬，只會讓東南亞國家越擁護美國的介入，中國對抗以美國爲首的亞太國家準聯盟的風險也會越高。中國只能暫時收縮。

此外，中國的戰略重點是打造新型大國關係，成爲世界的共同領導者。因而中國既需要美國的配合，也需要樹立自己在世界範圍內的正面形象。在這個前提下，中國當然不能爲了小小的島礁而破壞大局。況且南海局勢是由來已久的異常複雜的國際問題，不可能依靠仁愛礁來解決，自然可以先放一放。何況，中國當時已經準備在南海造島（見六．十二），仁愛礁並非當務之急。

因此，中國在仁愛礁的對峙舉動，並非一定要奪仁愛礁，而只是爲報復菲律賓提交仲裁。回顧對峙事件的時序爲：四月二十四日，宣布成立仲裁庭；二十六日華春瑩所列舉的菲律賓實控的島嶼不包括仁愛礁，這應該是看到了仁愛礁在實控方面的相對弱點（沒有水泥建築）；菲律賓研究之後，決定加建水泥建築；於是中國前往阻攔。可見，中國的底線就是阻止菲律賓加建水泥建築。在此基礎上，如果能夠奪島固然好，但是不奪島也可以接受。這種揣測也爲中國專家事後所證實。【140】

仁愛礁對峙事件的結果符合預期。中國基本實現了自己的目標：⑴報復了菲律賓提交仲裁的舉動；⑵中國第一次提出了仁愛礁沒有被菲律賓實控，爲以後的進一步可能行動打下基礎；⑶中國把菲律賓軍艦在仁愛礁的存在定義爲遇難船隻，否認菲律賓長達十四年的長期駐軍屬於侵占行爲，正式解釋了菲律賓在仁愛礁的存在；⑷中國強調在自己允許的情況下，菲律賓才能往仁愛礁輸送物資，繼而

【140】 http://war.163.com/13/0629/15/9210HP6600014OMD.html.

認為自己對仁愛礁有實控權；⑸中國成功阻止了菲律賓在仁愛礁興建水泥建築的企圖，保持了仁愛礁的現狀。

而另一方面，菲律賓也並非輸家，因為：⑴成功地為仁愛礁補充物資和換防，繼續了在仁愛礁上的存在，保持了仁愛礁的現狀；⑵強調了己方駐紮仁愛礁十四年，現在還能夠往仁愛礁輸送物資，證明在仁愛礁的實控；⑶中國官方史上第一次正式承認菲律賓實控八個島礁的事實。

這種雙方各有所得，沒有輸家的解釋貌似自相矛盾。但這正是一個硬幣的兩面，也是外交上留下「各自表述」空間的例證。

儘管中國後來繼續對菲律賓口誅筆伐，但是仁愛礁事件已經告一段落。二〇一四年八月，菲律賓再次對仁愛礁進行駐軍輪換和補給，其間沒有遭到中國的阻攔；雖然有中國海警船在附近監視，但是沒有採取敵對行動。[141]即便如此，仁愛礁對菲律賓來說仍充滿挑戰，如何把仁愛礁上的這艘舊船長期保護好，讓它不沉沒和繼續住人，也並非一件易事。

六・九　南海仲裁案：菲律賓訴中國

概況

菲律賓為了對抗中國，採用了提交國際法庭的方法。早在二〇一一年，菲律賓就最先提出可能採用提出仲裁的方式決定九段線是否合法（見六・三）。在黃岩島危機中，菲律賓又屢次通過各種方式提及國際仲裁解決黃岩島危機的可能性。中國對國際仲裁一向態度鮮明地予以拒絕。為了阻止菲律賓，二〇一二年十月中國副外長傅瑩專程到馬尼拉，就黃岩島事件警告菲律賓：第一，不得把爭議提交聯合國；第二，不得把問題國際化，包括提交東盟各論壇討論；第三，不得和其他國家（比如美國）合作；第四，不得在媒體公開中菲會談協商的事宜。[142]這無疑等於要求菲律賓默認黃岩島已經改變的現狀，即從菲律賓實控變爲中國實控。菲律賓當然不能接受。

二〇一三年一月二十二日，菲律賓外長羅薩里奧在媒體見面會上正式宣布：菲律賓根據《聯合國海洋法公約》二八七條的規定，按照附件七的程序，正式向國際海洋仲裁法庭（ITLOS）提出訴訟，要求法庭對中國在南海的主張提出仲裁。[143]由於中國拒絕應訴，國際海洋仲裁法庭廳長日籍法官柳井俊二按照附件七的程序，在三月二十三日爲中國政府任命波蘭籍仲裁員波拉克（Stanislaw Pawlak），同時任命德國法官沃爾拉姆（Rudiger Wolfrum）爲代表菲方的仲裁員。四月二十四日，海洋法法庭公告五人仲裁小組已籌組完成，其他三位仲裁員分別是：法國籍法官柯特（Jean-Pierre Cot）、荷蘭籍教授松斯（Alfred Soons）和首席仲裁員加納籍法官孟沙（Thomas A. Mensah）。仲裁庭將擇日展開聽

---

[141] http://mil.sohu.com/20140805/n403148051.shtml.

[142] Renato Cruz De Castro, China's Realpolitik Approach in the South China Sea Dispute: The Case of the 2012 Scarborough Shoal Stand-Off, "Managing Tensions in the South China Sea" conference held by CSIS on June 5-6, 2013. http://csis.org/files/attachments/130606_DeCastro_ConferencePaper.pdf.

[143] http://www.philippineembassy-usa.org/news/3071/300/Statement-by-Secretary-of-Foreign-Affairs-Albert-del-Rosario-on-the-UNCLOS-Arbitral-Proceedings-against-China-to-Achieve-a-Peaceful-and-Durable-Solution-to-the-Dispute-in-the-WPS/d, phildet/.

證。此消息是仁愛礁危機的導火線之一（見上節）。[144]

此次組建的仲裁庭，屬於常設仲裁法院（PCA）之下組建的仲裁庭。必須指出的是，儘管它並不是國際法庭，但它並不缺乏合法性。《聯合國海洋法公約》二八七條列明了解決爭端的三種常規程序：⑴國際海洋法法庭（ITLOS）、⑵國際法庭（ICJ），以及⑶按照附件七組成的仲裁庭。在這三種程序之中，只有仲裁庭才能處理一方不肯出席的情況。所以，菲律賓有此選擇，其實是其唯一可行的途徑。

儘管聽上去不如國際法庭那麼「正式」，但成立於一八九九年的PCA，其歷史比戰後聯合國設立的國際法庭更爲悠久。中國在清朝和中華民國時期都參加了PCA。一九九三年，中國恢復在PCA的地位，並在同年指派仲裁員。PCA仲裁過很多國際領土糾紛。最著名的一次，是一九二八年美國和荷蘭之間，關於帕爾馬斯島的主權爭議(Island of Palmas Case)。該次仲裁爲偏遠小島的主權爭議定下範例，美國亦接受了不利的仲裁結果。此外，一九三一年丹麥和挪威間關於東格陵蘭的主權爭議，也是PCA仲裁的經典案例。在PCA官方網站上，還列出了二十個近期仲裁的案件，可見其權威性。

檢視這次仲裁流程，其是由根據《公約》設立的國際海洋法法庭，再根據《公約》附件七的法定程序，在PCA設立仲裁庭，挑選在國際海洋法法庭註冊名單的仲裁員來展開仲裁。實際上，PCA所有的仲裁都是這樣「臨時」邀請仲裁員而組建的。與「完全」由PCA負責的仲裁相比，唯一區別只是：後者的仲裁員從PCA註冊的列表中挑選。國際海洋法法庭和PCA有固定的合作關係，不是「臨時」的安排。根據PCA網站的資料，《公約》成立至今，通過附件七程序處理的十幾件案件，[145]只有一件案件的程序和這件案件不同。PCA接受仲裁案件，就意味著以自己的權威和聲譽爲其公平性背書。

此後，仲裁庭多次要求中國參與訴訟，但中國一直拒絕。仲裁庭在八月三十日通過了仲裁所適用的程序條例（Rule of Procedure），[146]接納了菲律賓的仲裁申請。這是很重要的一步，意味著仲裁案正式進入程序。仲裁庭首先會通過管轄權聽證（Jurisdiction Hearing），針對此案的每一項請求，確定仲裁庭對是否有仲裁權。確定有仲裁權之後，才進入實體聽證的程序（Merits Hearing），以仲裁菲律賓每一項通過管轄權聽證的請求。二〇一四年三月三十日，菲律賓提交了訴狀，闡述了其實體主張以及仲裁庭的管轄權。二〇一五年三月十六日，菲律賓根據仲裁庭的要求，提交了補充書面陳述。

與以往不同，中國除了通過社論和外交部發言等傳統的方式，表達「不參與」的立場和羅列簡單的理由之外，在仲裁庭指定的提交辯訴狀的限期（十二月十六日）之前的二〇一四年十二月七日，發表《中國關於菲律賓所提南海仲裁案管轄權問題立場文件》。[147]詳細地從國際法的角度闡明了中國的立場。仲裁庭把《立場文件》接受爲中方答辯的材料。

二〇一五年七月，仲裁庭在荷蘭海牙和平宮進行了管轄權問題的聽證，並在十月二十九日做出了

---

[144] 一開始提出的首席仲裁員是斯里蘭卡籍的法官品托（Chris Pinto），後被換成孟沙。此替換據說和品托的妻子是菲律賓人，故而存在利益衝突有關。但這是否替換的原因，沒有正式的說法。

[145] https://pca-cpa.org/en/services/arbitration-services/unclos/.

[146] http://www.mb.com.ph/un-tribunal-adopts-ph-china-case-rules/.

[147] http://news.xinhuanet.com/world/2014-12/07/c_1113547390.htm.

關於管轄權的裁決。[148]在菲律賓提出的十五項要求中，批准了七項，另外七項將在實體聽證中一併仲裁，另外一項須由菲律賓補充材料。十一月底，仲裁案進入實體聽證程序，中國仍然拒絕參加。《人民日報》以「鐘聲」的筆名一連五天發表文章，猛烈抨擊菲律賓和仲裁庭。

從政治上說，菲律賓就南海問題提出國際仲裁是迫於無奈。自從二〇一二年黃岩島的實控權被中國奪去，菲律賓就一直在南海問題上處於守勢。菲律賓軍事實力和中國乃天淵之別，即便拉攏美國和日本爲其撐腰，也是遠水救不了近火。菲律賓想借助東盟的力量和中國談判，奈何中國關上了談判的大門。中國外交部發言人總是說中菲之間交流的渠道是暢通的，但中國不承認黃岩島存在主權爭議，也不肯就這個問題和菲律賓展開談判。同時，菲律賓在南海其他海域還受到中國海監船隻甚至軍用船隻的脅迫。在軍事和外交都無望的情況下，菲律賓唯有向國際仲裁求助的最後一招。中國指責菲律賓無事生非，但南海、南沙和黃岩島存在領土爭議是長久以來一直存在的事實，東盟各國和美日澳等國際社會都一面倒地支持菲律賓，可見無事生非之說難以成立。

管轄權問題上的爭議

在仲裁過程中，管轄權聽證是至關緊要的，也是菲律賓能否勝訴的關鍵，筆者認爲是菲律賓最難的一關。中國政府通過《立場文件》否認了仲裁庭對此案的管轄權。而其他中國專家也通過出版書籍、發表論文和報刊評論等各種方式表達了有利於中方的意見。這些意見可以分爲四大類：第一，仲裁案的實質是主權的問題，不在《海洋法公約》管轄之內；第二，中國在二〇〇六年的時候提出對《公約》的排除性聲明；第三，菲律賓曾做出通過談判解決問題的承諾，中國據此認爲菲律賓已經

「否定了仲裁的途徑」；第四，菲律賓沒有按照《公約》規定事先和中國協商，屬於濫訴。中方的論點看似有理，但筆者認為都經不起推敲。

菲律賓要求國際法庭裁決什麼

中國官方一再聲稱菲律賓向仲裁庭提請的裁決是有關主權爭議，「充分說明中菲南海爭議的本質就是領土爭議，菲提起仲裁案的動機和目的完全是為了否定中國對南海諸島的主權。」[149]但這並非實情。南海爭議中的核心矛盾，既有主權爭議，又有海洋劃界爭議。菲律賓也深知《公約》不能管轄主權爭議，故此專門聘請了以幫助弱小國家對抗大國聞名的美國律師雷切爾（Paul S. Reichler）主持，通過分割和組合，把菲律賓的訴求與主權問題脫鉤，集中在島嶼權利上面。菲律賓向國際法庭提出的仲裁有十五項：

(1) 中國在南海的海洋性權利，如菲律賓一樣，不能超過《公約》允許的範圍；

(2) 中國主張的對「九段線」範圍內的南海海域的主權權利、管轄權以及「歷史性權利」，與《公約》相違背。這些主張在超過《公約》允許的中國海洋權利的地理和實體限制的範圍內不具有法律效力；

(3) 黃岩島不能產生專屬經濟區或者大陸架；

【148】http://www.rappler.com/nation/111142-philippines-china-case-tribunal-jurisdiction-award.

【149】鐘聲〈中國對南海諸島的主權不容否定〉，《人民日報》，二〇一五年十二月十五日。

(4) 美濟礁、仁愛礁和渚碧礁爲低潮高地，不能產生領海、專屬經濟區或者大陸架，並且爲不能夠通過先占或其他方式取得的地形；

(5) 美濟礁和仁愛礁爲菲律賓專屬經濟區和大陸架的一部分；

(6) 南薰礁和西門礁（包括東門礁）爲低潮高地，不能產生領海、專屬經濟區或者大陸架，但是它們的低潮線可能可以作爲分別測量鴻庥島和景宏島的領海寬度的基線；

(7) 赤瓜礁、華陽礁和永暑礁不能產生專屬經濟區或者大陸架；

(8) 中國非法地干擾了菲律賓享有和行使對其專屬經濟區和大陸架的生物和非生物資源的主權權利；

(9) 中國非法地未曾阻止其國民和船隻開發菲律賓專屬經濟區內的生物資源；

(10) 通過干擾其在黃岩島的傳統漁業活動，中國非法地阻止了菲律賓漁民尋求生計；

(11) 中國在黃岩島和仁愛礁違反了《公約》下保護和保全海洋環境的義務；

(12) 中國對美濟礁的占領和建造活動：

(a) 違反了《公約》關於人工島嶼，設施和結構的規定；

(b) 違反了中國在《公約》下保護和保全海洋環境的義務；

(c) 構成違反《公約》規定的試圖據爲己有的違法行爲；

(13) 中國危險地操作其執法船隻，給在黃岩島附近航行的菲律賓船隻造成嚴重碰撞危險，違反了其在《公約》下的義務；

(14) 自從二〇一三年一月仲裁開始，中國非法地加劇並擴大了爭端，包括：

(a)干擾菲律賓在仁愛礁海域及其附近海域的航行權利；
(b)阻止菲律賓在仁愛礁駐紮人員的輪換和補充；
(c)危害菲律賓在仁愛礁駐紮人員的健康和福利；
(15)中國應當停止進一步的違法權利主張和活動。

這十五項訴求可以歸結爲五大類，都與主權爭議無關。第一類，菲律賓認爲中國的九段線是違反《公約》的不正當的要求；第二類，菲律賓認爲中國目前在南海所占領的「島礁」只能算岩石，本身沒有維持人類居住和經濟生活的能力，無法擁有專屬經濟區的地位；第三類，中國在南海以水底礁石爲基礎所建造的人造建築物（包括早期的高腳屋和後來的人工島），沒有生成專屬經濟區的地位；第四類，低潮高地沒有領土的資格；第五類，中國在南海對菲律賓漁民、船隻的騷擾不合法，人工島也不合法。

中國認爲：「只有先確定島礁的主權，才能確定基於島礁的海洋權利主張是否符合《公約》。」這是因爲：「《公約》規定的有關專屬經濟區和大陸架的海洋權利均賦予對相關陸地領土享有主權的國家。脫離了國家主權，島礁本身不擁有任何海洋權利。只有對相關島礁擁有主權的國家，才可以依據《公約》基於相關島礁提出海洋權利主張。」[150]

但如同菲律賓和國際社會一樣，中國也承認「陸地決定海洋」的原則，而這個原則包括兩個獨

[150]《立場文件》，一六—一七段。

立的要素：陸地是誰的（主權）、它能多有效地決定海洋（島嶼權利）。菲律賓的邏輯是，即便那些島礁屬於中國，但根據那些島礁，也不能聲稱如此廣大的海域。這種邏輯是符合法理的。

中國正確地指出：「任何國際司法或仲裁機構在審理有關島礁爭端的案件中，從未在不確定有關島礁主權歸屬的情況下適用《公約》的規定先行判定這些島礁的海洋權利。」[151]但這並不成爲仲裁庭無權管轄的理由，因爲《公約》第二八六條規定：「在第三節限制下，有關本公約的解釋或適用的任何爭端，如已訴諸第一節而仍未得到解決，經爭端任何一方請求，應提交根據本節具有管轄權的法院或法庭。」[152]菲律賓提交的仲裁事項屬於公約的解釋和適用的爭端，在通過了第一節和第三節（見後）之後，仲裁庭自然有權審理，而這和以前有沒有審理過類似案件無關。

除了在法理上成立之外，筆者認爲，這對於解決包括區域的島礁的主權問題也是有益的。因爲若仲裁庭裁定，這些島礁的權利是非常有限的，那麼各國在這些島礁上的利益將會大爲縮小，有助於南海問題的最終解決。推而廣之，仲裁的結果對其他國家之間的類似爭端有很強的先例作用。

綜上所述，雖然主權爭議並不在《公約》的管轄範圍之內，但菲律賓的仲裁申請並沒有涉及主權歸屬問題。因此在法理上，仲裁庭確實有權受理這些仲裁申請。

排除性聲明可否否定仲裁庭的管轄權

中國認爲，根據中國在二〇〇六年八月二十五日根據《公約》第二九八條的規定向聯合國祕書長提交的聲明：「關於《公約》第二百九十八條第一款(a)、(b)和(c)項所述的任何爭端，中華人民共和國政府不接受《公約》第十五部分第二節規定的任何程序」，[153]對於涉及海域劃界、歷史性海灣或所有權、軍事和執法活動以及安理會執行《聯合國憲章》所賦予的職務等爭端，中國政府不接受《公約》第十五部分第二節下的任何強制爭端解決程序，包括強制仲裁。[154]因此仲裁庭無管轄權。[155]

然而，中國的這個說法是不成立的，因爲：

第一，《公約》第二九八條規定：

> 一國在簽署、批准或加入本公約時，或在其後任何時間，在不妨害根據第一節所產生的義務的情形下，可以書面聲明對於下列各類爭端的一類或一類以上，不接受第二節規定的一種或一種以上的程序：(a)(1)關於劃定海洋邊界的第十五、第七十四、第八十三條在解釋或適用上的爭端，或涉及歷史性海灣或所有權的爭端，但如這種爭端發生於本公約生效之後，經爭端各方談判仍未能在合理期間內達成協議，則作此聲明的國家，經爭端任何一方請求，應同意將該事項提交附件五第二節所規定的調解；此外，任何爭端如果必然涉及同時審議與大陸或島嶼陸地領土的主權或其他權利有關的任何尚未解決的爭端，則不應提交這一程序……[156]

[151]《立場文件》，一八段。
[152] http://www.un.org/zh/law/sea/los/article15.shtml.
[153]《立場文件》，五八段。
[154] 同上。
[155] 李金明〈菲律賓爲何將南海問題提交國際仲裁〉，《世界知識》，二〇一三年，第十期。
[156] http://www.un.org/zh/law/sea/los/article15.shtml.

其中(a1)款是最相關的。可是排除性聲明只能對第十五、七十四和八十三條適用。第十五條是關於「海岸相向或相鄰國家間領海界限的劃定」；[157]第七十四條是關於「海岸相向或相鄰國家間專屬經濟區界限的劃定」的程序；[158]第八十三條是關於「海岸相向或相鄰國家間大陸架界限的劃定」的程序。[159]但在菲律賓的訴求中，除了不涉及主權歸屬之外，還均不涉及具體的海域劃分。因此，中國的管轄權排除聲明，沒有把菲律賓的訴求排除在外。換言之，仲裁庭仲裁與中國的排除性聲明並無牴觸。

此外，中國專家，如李金明認爲，中國或可用九段線是歷史性海灣的理由拒絕仲裁，[160]因爲二九八條「涉及歷史性海灣或所有權的爭端」。然而，儘管確有一些中國專家認爲九段線是歷史性海域，但這種意見即便在中國專家內部也非常不統一，中國政府更從來沒有作出過相關聲明，也從沒有定義過九段線。而事實上，菲律賓提出仲裁的第二項就是要中國澄清九段線的定義。

李金明還認爲，根據時效法，九段線產生在前，而《公約》產生在後，因此九段線不屬《公約》的管轄範圍。這個說法混淆了法庭管轄權問題和《公約》的適用性問題。即便根據時效法《公約》確實不適用九段線，也並不意味著法庭或仲裁庭對此沒有管轄權。正如判斷一個人有沒有犯盜竊罪，是法庭依據法律的適用性裁決而定，而不是事先說自己沒有盜竊就認爲法庭根本沒有管轄權。事實上，《公約》是否適用於九段線正是需要仲裁的項目，也是菲律賓提請仲裁的原因之一。

中國專家還指出，菲律賓也聲明《公約》不適用其領土：「該簽署不侵害或損害菲律賓在其任何領土上行使主權，例如卡拉延群島及其附近海域。」[161]因而提出仲裁無異於自打嘴巴。但正如上文論述的，菲律賓提出的並非針對具體的領土或者領海的仲裁。因此菲律賓的聲明對這個仲裁申請並無影響。

第二，《公約》二九八條「適用第二節的選擇性例外」第四款規定：「如締約國之一已根據第一款(a)項作出聲明，任何其他締約國可對作出聲明的締約國，將屬於被除外一類的任何爭端提交這種聲明內指明的程序。」中國就二九八條提出過排除性聲明（屬於「締約國之一」），但菲律賓卻沒有提出過針對二九八條的排除性聲明（屬於「其他締約國」）。因此，菲律賓有權向仲裁庭提出仲裁要求，仲裁庭也可以接納這個要求。中國可以不接受仲裁庭的仲裁與仲裁結果，但是卻無法因此否定菲律賓的仲裁申請和仲裁程序的合法性。這就是爲什麼中國「排除性聲明」無法阻止該案進入聆訊程序的原因。

值得指出的是，中國和東盟在二〇〇二年簽訂了《南海各方行爲宣言》（簡稱《宣言》）。《宣言》第一條就規定，包括《公約》在內的國際法原則是處理國家間關係的基本準則。既然《公約》是簽署《宣言》各方行爲的基本準則，中國在簽訂《宣言》之後再提交對《公約》的「排除性聲明」，等於單方面損害了對《宣言》的尊重。儘管《宣言》沒有約束力，但在道義上中國處於下風。

第三，《公約》二八八條「管轄權」第四款規定：「對於法院或法庭是否具有管轄權如果發生爭

【157】第十五條　海岸相向或相鄰國家間領海界限的劃定。
【158】第七十四條　海岸相向或相鄰國家間專屬經濟區界限的劃定。
【159】第八十三條　海岸相向或相鄰國家間大陸架界限的劃定。
【160】李金明〈菲律賓爲何將南海問題提交國際仲裁〉，《世界知識》，二〇一三年，第十期。
【161】http://www.cnas.org/files/documents/publications/CNAS_Bulletin_Dutton_TheSinoPhilippineMaritimeRow_0.pdf.

端，這一問題應由該法院或法庭以裁定解決。」[162]因此，法庭對管轄權有最後決定權。

最後，根據附件七第九條「不到案」規定：「如爭端一方不出庭或對案件不進行辯護，他方可請示仲裁法庭繼續進行程序並作出裁決。爭端一方缺席或不對案件進行辯護，應不妨礙程序的進行。」[163]因此，中國是否出席或者是否接受仲裁，並不是仲裁案是否能夠進行的必要因素。

菲律賓是否違反與中國的協議

中國認爲，「通過談判方式解決在南海的爭端是中菲兩國之間的協議，菲律賓無權單方面提起強制仲裁。」[164]菲律賓提出仲裁違反了與中國的承諾，其中包括：⑴一九九五年八月十日《中菲關於南海問題和其他領域合作的磋商聯合聲明》：「有關爭議應通過平等和相互尊重基礎上的磋商和平友好地加以解決」；⑵二〇〇〇年五月十六日《中菲關於二十一世紀雙邊合作框架的聯合聲明》第九點規定：「雙方致力於維護南海的和平與穩定，同意根據公認的國際法原則，包括一九八二年《聯合國海洋法公約》，通過雙邊友好協商和談判促進爭議的和平解決。雙方重申遵守一九九五年中菲兩國關於南海問題的聯合聲明」；⑶二〇一一年九月一日《中菲聯合聲明》第十五段：「兩國領導人就海上爭議交換了意見，認爲不應讓海上爭議影響到兩國友好合作大局。兩國領導人重申將通過和平對話處理爭議，繼續維護地區和平、安全與穩定以及營造良好的經濟增長環境。雙方重申尊重和遵守中國與東盟國家於二〇〇二年簽署的《南海各方行爲宣言》」；⑷二〇〇二年的《南海各方行爲宣言》第四條：「有關各方承諾根據公認的國際法原則，包括一九八二年《聯合國海洋法公約》，由直接有關的主權國家通過友好磋商和談判，以和平方式解決它們的領土和管轄權爭議，而不訴諸武力或以武力相威脅。」

中國認爲這些雙邊和多邊的宣言，「一脈相承，構成中菲兩國之間的協議。兩國據此承擔了通過談判方式解決有關爭端的義務。」因此，「對於中菲在南海的爭端的所有問題，包括菲律賓提出的仲裁事項，雙方同意的爭端解決方式只是談判，排除了其他任何方式。」[165] 菲律賓通過訴訟解決問題，違反誠信原則，違反雙方的協議。《人民日報》爲此還專門強調了《南海各方行爲宣言》的重要：[166] 菲代理人在庭審中妄稱，《宣言》「從未創設權利和義務」，只是「相互妥協」的「權宜之計」，歪曲各方共同承諾選擇的「通過友好談判協商解決爭議」的道路，指稱該承諾毫無約束力，且沒有達到任何預期成果。

中方的這些論點也是經不起審視的。第一，《南海各方行爲宣言》（見五．七）產生的歷史，恰恰應證了菲律賓的觀點：一九九〇年代，菲律賓和東盟提出爲南海訂立行爲準則。但中國不願意簽訂有約束力的行爲準則，只願意簽訂沒有約束力的《宣言》。最後東盟國家只得妥協滿足了中國的要求。因此，正如菲外長所言，《宣言》是在中國的要求下成爲沒有法律約束力的權宜之計。至於其他

【162】http://www.un.org/zh/law/sea/los/article15.shtml.

【163】http://www.un.org/zh/law/sea/los/annex7.shtml.

【164】《立場文件》，三〇—五六段。

【165】《立場文件》，三九—四一段。

【166】〈《南海各方行爲宣言》不容妄議〉，《人民日報》，二〇一五年十二月六日。

中菲之間的《宣言》，都是政治性的意向，並非無約束力。

第二，儘管中菲之間有過通過談判解決的宣言。但中國一直堅持雙邊談判，而菲律賓堅持多方談判。雙方爲此交換過多次照會，也是幾十年來一直未能解決的問題。因此，中菲之間並未在談判方式上取得共識。此外，包括菲律賓在內的國際社會長年在各種場合要求中國解釋關於九段線的定義，卻一直沒有得到正面回應。所以此案符合「訴諸這種方法而仍未得到解決」的情況。

第三，《宣言》中固然提倡通過談判協商解決爭議，但在二〇一二年黃岩島危機之後，菲律賓多次要求和中國展開談判，均遭反覆拒絕。這才迫使菲律賓走上仲裁之路。中國一面說只能通過談判解決，一面又拒絕談判，實際等同以「談判」爲藉口，阻礙相對弱小的國家通過其他和平合法的途徑解決問題。事實是，在黃岩島事件之後，中菲關係嚴重惡化，已經失去了繼續談判的基礎。

菲律賓是否濫用了訴訟程序

中國的另一個論點是菲律賓濫用了訴訟程序，即訴訟在程序上是不合法的。比如曹群認爲：[167]菲律賓事先沒有和中國協商就提交國際法庭，既違背了二〇〇二年的《南海各方行爲宣言》，也違背了《公約》二八一條「爭端各方在爭端未得到解決時所適用的程序」第一款：

作爲有關本公約的解釋或適用的爭端各方的締約各國，如已協議用自行選擇的和平方法來謀求解決爭端，則只有在訴諸這種方法而仍未得到解決以及爭端各方間的協議並不排除任何其他程序的情形下，才適用本部分所規定的程序。

菲律賓還同時違反了二八三條「交換意見的義務」：

> (1)如果締約國之間對本公約的解釋或適用發生爭端，爭端各方應迅速就以談判或其他和平方法解決爭端一事交換意見。(2)如果解決這種爭端的程序已經終止，而爭端仍未得到解決，或如已達成解決辦法，而情況要求就解決辦法的實施方式進行協商時，爭端各方也應迅速著手交換意見。

《宣言》中確實寫道：「有關各方承諾根據公認的國際法原則，包括一九八二年《聯合國海洋法公約》，由直接有關的主權國家通過友好磋商和談判，以和平方式解決它們的領土和管轄權爭議，而不訴諸武力或以武力相威脅。」但中國既然拒絕談判，又如何有道理認爲菲律賓無權向國際法庭求助？況且，通過國際法庭解決也是和平的方式。

而且，第二八一條並沒有規定雙方必須以雙邊談判的方法解決爭端。即便中菲之間已經達成「自行協議選擇和平方法解決爭端」，但既然「訴諸這種方法而未得到解決」，菲律賓仍然有權把這個問題提交法庭。

第二八三條確實規定有義務交換意見的項目是「對本公約的解釋或適用」的爭端，而不是具體

【167】曹群〈南海爭端與國際仲裁：菲律賓之妄訴〉，《國際問題研究》，二〇一三年第四期。http://www.ciis.org.cn/gyzz/2013-07/23/content_6145777.htm.

的爭議項目，但沒有規定必須先交換意見才能提請仲裁。何況菲律賓和中國之間確實交換過意見，比如菲律賓總統艾奎諾三世曾多次提出中國的九段線不合法，而中國也一再表態稱：中國對南沙群島及其附屬海域有無可置疑的主權。艾奎諾也多次宣稱中國船隻干擾菲律賓船隻的運作，但中國一再表態稱中國對這些海域有管轄權。菲律賓外交部長和國防部長在多次國際會議中也做了類似的聲明。曹群認爲在中菲外交磋商中並無中菲交換意見之事（此點筆者未能確認），但交換意見並不限於中菲外交磋商一種形式。菲律賓總統外交部長以及國防部長的聲明以及中國相關機構的表態也屬交換意見的一種形式。事實是，菲律賓多次知會中國並要求談判，但中國斷然拒絕，並在外交部記者會上「訓斥」菲律賓。

管轄權仲裁的結果

二〇一五年十月二十九日，仲裁庭對管轄權和可受理性問題作出裁決。判定對菲律賓提出的第三、四、六、七、十、十一和十三項訴求具有管轄權；對第一、二、五、八、九、十二和十四項訴求的管轄權問題保留至實體問題階段審議；指令菲律賓澄清其第十五項訴求的內容和限縮其範圍，並對該項訴求的管轄權問題保留至實體問題階段審議。

中國提出的「菲律賓不遵守協議」和「濫訴」均被駁回。仲裁庭認爲：二〇〇二中國東盟宣言和中菲之間一系列的宣言都爲政治性協議，不具有法律拘束力。它們並未規定有約束力的糾紛解決機制，並不排除其他糾紛解決方式。

有關「交換意見」的義務，仲裁庭認爲，菲律賓所出示的一些外交通信紀錄已經滿足了這種條件：「菲律賓明確表示了對包括其他南海周邊國家在內的多邊談判的偏好，而中國堅持其將僅僅考慮雙邊對話。」也認同「菲律賓已經尋求了與中國協商，並且表示已經被廣泛接受的國際法並不要求一個國家在得出協商解決爭端的可能性已經用盡的情況下繼續進行協商。」

關於中國對菲律賓「濫訴」的指控，「仲裁庭認爲將中國對於仲裁庭管轄權的擔憂作爲初步反對意見審議更爲合理。」意思是，如果中國在仲裁初期提出這些論據（指二〇一三年八月三十日通過了仲裁所適用的程序條例之前），這些意見會被更加嚴肅地考慮。可是當時中國沒有參與，也沒有發表《立場文件》，所以在現階段已經無法作爲有力的訴訟點。可見，中國的不參與策略造成了相當嚴重的不利局面。

關於中國提出的排除性聲明和南海問題實質是主權爭端的論點，仲裁庭做出了和筆者分析類似的裁決，認爲菲律賓提出的訴訟不涉及主權，也不是海洋劃界，故此中國的排除性聲明不能阻止仲裁庭的管轄權。

裁決對於菲律賓來說，即便不算完勝，也算是大勝。否定仲裁庭擁有管轄權一直被認爲是中國最強的一座堡壘。此關一過，菲律賓贏得大部分訴求的希望大增。

六・十　防空識別區與九段線爭議

答應制定《南海行爲準則》

仁愛礁危機之後，中國與東盟的關係極爲緊張。爲緩和這種關係以及中日釣魚島矛盾，並希望習近平訪美時能與美國達成「新型大國關係」的共識。[168]中國在二〇一三年下半年，在南海問題上姿態放緩。

二〇一三年六月初的香格里拉論壇上，中國副參謀總長戚建國重申，中國在釣魚島問題上的態度是「擱置爭議」。潛臺詞是，當時釣魚島危機比南海問題嚴重得多，如果在釣魚島問題上可以擱置爭議，沒有理由認爲在南海問題上不可以。

二〇一三年五月十六日，中國單方面劃定南海休漁區，其界限與越南的主張的專屬經濟區和傳統捕魚區域重疊，引發越南的抗議。五月二十日，越南漁船 QNg 90917 TS 號遭到中國海警船的衝撞而毀壞。越南要求中國賠償，並保證類似事件不再發生。中越關係一度緊張。但是在六月十九到二十一日，越南主席張晉創訪問北京，中越兩國達成了一系列的合作協議，並發表了《中越聯合聲明》。其中有關南海的部分如下：

> 四、雙方就海上問題坦誠交換了意見，同意兩黨兩國領導人就中越海上問題保持經常性的溝通和對話，從戰略高度和兩國關係大局出發，指導和推進海上問題的妥善解決。雙方將認眞落實《關於指導解決中越海上問題基本原則協議》，用好中越政府邊界談判等機制，堅持通過友好協商和談判，尋求雙方均能接受的基本和長久的解決辦法，積極探討不影響各自立場和主張的過渡性解決辦法，包括積極研究和商談共同開發問題。
>
> ……
>
> 雙方同意在海上爭議最終解決前，保持冷靜和克制，不採取使爭端複雜化、擴大化的行動。同時用

好兩國外交部海上危機管控熱線，本著建設性的態度妥善處理出現的問題，不使其影響中越關係大局以及南海和平穩定。雙方同意全面有效落實《南海各方行爲宣言》（DOC），共同維護南海和平與穩定。[169]

這是擱置爭議的翻版。此外雙方還簽訂了《中國農業部與越南農業與農村發展部關於建立海上漁業活動突發事件聯繫熱線的協議》。根據越南農業與農村發展部部長高德發的解讀，這個協議「確保（越南）漁民在海上合法捕撈的安全和正當利益，避免發生事故，影響兩國漁民的生活。」[170]

除此之外，中國最重要的舉動是調整了與東盟的關係，在重大問題上做出了讓步。六月三十日在汶萊開幕的東盟外長系列會議發表中國—東盟聯合聲明，與南海有關的部分提到：

> 各方歡迎中國與東盟國家爲維護南海和平穩定開展的良好交流，重申中國與東盟國家在該領域合作的重要性，強調應全面有效落實《南海各方行爲宣言》，在協商一致的基礎上穩步推動「南海行爲準則」的達成。
>
> 各方歡迎今年九月在華舉行第六次落實《宣言》高官會和第九次聯合工作組會議，屆時各方將就全

[168] 事實上，美國沒有認可這種關係，在會中，歐巴馬要求中國照顧美國在東亞的盟友的利益。
[169] http://www.gov.cn/jrzg/2013-06/21/content_2431071.htm.
[170] http://www.qdnd.vn/webcn/zh-cn/120/365/381/248838.html，最後瀏覽二〇一四年四月。

> 面有效落實《宣言》、加強海上合作深入交換意見，並同時在落實《宣言》框架下就「準則」舉行磋商。各方還同意採取步驟成立「名人專家小組」，爲上述磋商提供支持。各方認爲中國與東盟國家完全有決心、有能力將南海建設成爲和平之海、友誼之海、合作之海。[171]

這個聯合聲明最重要之處在於，中國首次同意與東盟國家一起制定「南海行爲準則」，並設定九月開始就準則進行磋商。東盟國家一直希望在沒有法律約束力的《宣言》的基礎上，推進簽訂《南海行爲準則》的協議。但中國一直以要先落實《宣言》爲由加以拒絕。二〇一二年的十一月，東盟試圖再次推進《南海行爲準則》，中國仍拒絕爲制定南海行爲準則定下時間表。在上文提到的中越聯合聲明中，也僅提到落實《宣言》。因此，中國在二〇一三年六月底這次轉變，被視爲東盟國家在南海問題上的一大勝利，儘管之後進展緩慢。

在南海問題上，最棘手的是中國與東盟各方是否能夠達成多方參與協商的方式。中國傳統上強調爭議國之間雙邊解決問題，而東盟方面普遍支持以東盟爲整體和中國談判。在這個方面，中國似乎也有讓步，因爲中越聯合宣言重提在二〇一一年十月十一日簽訂的《關於指導解決中國和越南海上問題基本原則協議》，當中有：「對中越海上爭議，雙方將通過談判和友好協商加以解決。如爭議涉及其他國家，將與其他爭議方進行協商。」[172]這裡沒有明確寫出「將與其他爭議方進行協商」中的主語是誰，是中越之間的任何一方呢，還是中越兩方。但從文理來看，前文的主語是「雙方」，因此這句話的主語也以理解爲「雙方」更爲合適。如果是這樣，中國相當於接受了多方談判的方案。

可見，在二〇一三年下半年，中國南海（和東海）外交一度出現理性回歸。但是就在中國和東盟關係有所緩和之際，因中日釣魚島危機而引發的防空識別區爭議，又頓時把東盟從中國身邊拉開。

釣魚島危機與防空識別區的爭議

二〇一二年，中日之間發生釣魚島危機。簡單地說，釣魚島列嶼（簡稱釣魚島）是位於臺灣島東北方與日本琉球西方之間的小群島，包括主島釣魚臺及鄰近南北兩小島、釣魚臺東北方的黃尾嶼，以及更東方的赤尾嶼，總面積不過七平方公里，現時處於日本的控制之下，但無人在島上定居。釣魚島在二戰後被美國琉球政府管治，在一九七二年《返還沖繩條約》中和琉球一起被返還日本管治。就在日美達成協議前夕，臺灣和中國突然提出釣魚島自古以來屬於中國，開啓了釣魚島之爭。中國和日本在一九七〇年代建交時曾經達成一定的默契，不讓釣魚島影響雙方的關係，但維持日本管治的現狀。二〇一二年九月十二日，日本政府不顧中國政府的反對，把釣魚島「國有化」，即把產權從私人手裡轉到日本政府手裡。此舉引發中國政府強烈反對，以及民間聲勢浩大的反日示威。從此，中日結束二〇〇七年以來的「暖冬」期，進入激烈對抗。[173]

中日釣魚臺之爭給整個東亞和東南亞局勢帶來翻天覆地的變化。首先，它大幅度加劇了東亞和東

【171】http://news.gmw.cn/newspaper/2013-07/01/content_1687173.htm.

【172】http://news.xinhuanet.com/politics/2011-10/12/c_122144683.htm.

【173】詳細來龍去脈請參考《釣魚臺是誰的》，四八八—四九六頁。

南亞的對抗和動蕩之勢。其次，日本民主黨政府被猛烈抨擊，在十二月的大選中黯然下臺，換上了強硬派的安倍首相。安倍爲了對抗中國，提出了⑴民主之弧，主張日本和東南亞國家以及印度等具有共同民主價値觀的國家一道聯合對抗中國；⑵解禁日本集體自衛權，這項建議最大的障礙是日本國內的自由派（和平主義者），但在中國強硬態度的威脅下，特別是急速擴軍、煽動對日仇恨、公務船不斷開進釣魚島水域、不願以國際法解決爭端、設立不符合國際法的防空識別區以及企圖分裂琉球，安倍和自民黨聯盟得以掌控上下兩院，在二〇一五年順利通過修訂安保法，成功解禁集體自衛權；[174]⑶日本爲減輕在東海的壓力，在南海加大外交力度，尋找同盟以轉移中國對東海的焦點；⑷南海對日本而言也是生命線。日本成爲南海問題上另一個重要的力量。

二〇一三年十一月九日至十二日，中國召開共產黨十八屆三中全會。會議通過決議，建立「國家安全委員會」，由國家主席、中共總書記，中央軍委主席習近平擔任主席。它「不是國家機構」，也「不是政府部門」，而是作爲中共黨內強力領導機關，把對外的國家安全和對內的國家安全結合在一起進行統一政治領導，統合公安、武警、司法、國家安全部、解放軍總參二部三部、總政的聯絡部、外交部、外宣辦等部門；總領軍隊、公安、外交、情報領域。十一月二十三日，國家安全委員會燃起了第一把火——中國突然單方面提出設立東海「防空識別區」。[175]此舉進一步激化了新一輪的東海矛盾。

中國設立的防空識別區有四個重要特徵。第一，設立得相當突然，事先沒有和任何一個國家溝通。第二，中國的識別區與鄰近國家和地區的識別區重合：與日本的防空識別區大面積重合，離日本最近處只有一三〇公里，亦覆蓋了釣魚臺；與韓國的防空識別區有重合，覆蓋了蘇岩礁；與臺灣的識別區也有重合。第三，也是更重要的，與美國以及鄰近國家和地區的監視性的防空識別區不同，中國的防空識別區是管轄性的，要求飛越識別區的所有飛機向中國提交飛行計畫並接受中國武裝力量的管理。第四，宣布之初，中國官方極爲高調地強調，設立防空識別區意義重大，突破了第一島鏈；軍方還聲稱，中國有權擊落進入識別區但不服從管理的外國飛機。【176】

這種做法等同於把防空識別區視爲禁飛區，舉世震驚，立即遭到一致反對。美國、日本、韓國，甚至臺灣都反應強烈。美國宣布不承認中國單方面設立的防空識別區，並派出了B52轟炸機在東海上空飛行。美國軍方強硬地提出「三不」政策：不會提交飛行計畫，不會預先無線電通告，不會提供頻段註冊。日本、韓國和臺灣也相繼高調地，不事先通報就進入中國防空識別區。澳洲、英國和菲律賓等紛紛明確表態不承認中國的識別區。其他大國如俄羅斯、印度和歐洲國家的輿論等也紛紛表示擔憂。日本和韓國一開始禁止國內民航在不進入中國領空，但穿越中國防空識別區的情況下，向中國事先提供飛行計畫。在美國基於民航安全願意提供飛行計畫後，日韓兩國改爲讓民航自行決定提供與否。各國隨即推出反制措施。韓國在要求中國刪去與韓國重疊的區域不遂後，宣布擴大自己的識別區，把有爭議的蘇岩礁（韓國稱離於島）也包括在內，範圍與韓國的飛行情報區（Flight Information Region）一致。韓國還準備把原先無需事先提交飛行計畫的識別區升格成爲類似中國那樣需要外國預

【174】《釣魚臺是誰的》，四八八—四九六頁。

【175】http://news.xinhuanet.com/mil/2013-11/23/c_118262792.htm.

【176】〈空軍少將：對方不聽警告進入防空識別區可擊落〉，《京華時報》http://politics.people.com.cn/n/2013/1127/c1001-23665731.html.

先提交報告的識別區。東海局勢驟然升溫。

在各國一再抗議和無視之後，中國外交部只得一再聲明：識別區不是領空，不是禁飛區，不影響各國自由飛行的權利云云。但這種說法顯然和中國制定的法規以及國防部起初的高調相反。儘管中國硬著頭皮不肯作出修改，而外國的民航也因爲擔心乘客的安全，不得不向中國規則低頭，但這大大加深了中國「霸道」的國際形象。另一方面，美國、日本和韓國的軍方都以強硬的姿態，以實際的行動否定了中國在其設立的防空識別區內的管轄權。

因此，中國突然單方面地設立違反國際法的管轄性防空識別區是重大失策。對外，此舉把各國推向中國的反方向；對內，讓一度極爲亢奮的民眾大爲失望，轉而嘲笑和不信任政府。即便一些支持中國立場的學者也不得不承認：這是一個「粗糙」的舉動。[177]東海和南海的局勢原本已經出現緩和的跡象，此舉一出，整個區域又重陷緊張。

關於防空識別區的國際法

中國設立防空識別區的想法醞釀已久。在東海的鄰近地區，如韓國（1950）、日本（1969）和臺灣都早已設立了防空識別區。因而，中國要設立自己的防空識別區也無可厚非。但問題是，中國設立的管轄性的防空識別區與國際法有嚴重衝突，這也是引起世界各國反對的主要原因。

從國際法的角度看，美國、日本、韓國及臺灣的防空識別區是監控式的。首先，它們明確區分了軍用飛機和民用飛機。對於外國的民航飛機，進入防空識別區需要備報和接受管理；但是對於外國軍機，除非是需要進入領空必須通報外，若僅僅是飛越防空識別區而不進入領空的話，則無須報備和接受管理。當然，在必要的情況下，本國的軍機根據識別區的內部指引，會對進入防空識別區的外國軍機進行監控、伴飛和阻攔。但在法律上，這只是對本國軍機的指引，而不是強加在外國軍機上的義務。

比如在法律定義上，美國的防空識別區的適用對象只限於民用飛機。在《美國聯邦法規》（*Code of Federal Regulations*）第九十九部分空中交通安全管制（PART 99—SECURITY CONTROL OF AIR TRAFFIC）部分，它的定義爲：「爲國家安全利益，民用飛行器需要準備出示標識、報告方位和接受控制的空域」（Air defense identification zone means an area of airspace over land or water in which the ready identification, location, and control of civil aircraft is required in the interest of national security）。[178]可見，這是一個針對民用飛機的空域。相應地，法規內的細則都是針對民用飛機，而不是軍用飛機。同時，其管制單位是隸屬於交通部的聯邦飛行管理局（Federal Aviation Administration）。因此，美國的防空識別區對外國飛機的管制規定都是針對民用飛機，而對外國軍用飛機則並無如此的法律要求。

對於軍機，美國的聲明是：「美國不承認沿海國家有權將其防空識別區程序應用於不準備進入其領空的外國飛行器，也不會對不準備進入美國領空的外國飛行器使用美國的這一程序。同樣，美國

[177] 王江雨〈設立防空識別區的實力與策略問題〉，http://www.nanzao.com/sc/opinion/17978/she-li-fang-kong-shi-bie-qu-de-shi-li-yu-ce-lue-wen-ti, 最後瀏覽二〇一六年八月。

[178] Code of Federal Regulations, Title 14, Part 99, 99.3. http://www.gpo.gov/fdsys/pkg/CFR-2003-title14-vol2/pdf/CFR-2003-title14-vol2-chapI-subchapF.pdf.

的軍事飛行器若不準備進入他國領空，亦不應向對方表明身分，或以其他方式遵守他國制定的防空識別區程序，除非美國明確同意這麼做。」[179]也就是說，如果外國軍機要進入美國領空，須向美國管理機構備報和接受管理；但如果外國軍機僅是要穿越識別區而不進入領空，就不用受美國的管理。這與國際空域的航空自由的國際法相符。

日本對於進入防空識別區的外國軍機並無任何法律要求，但會監視或派出飛機伴飛。中國軍機多次進入日本防空識別區，都沒有事先通報，更加不接受日本軍方的指揮，而日本也並不認爲中國的軍機違法。

反之，中國的防空識別區儘管套用了「防空識別區」之名，但在法律上卻大大擴充了內涵。美國設立識別區是規範本國軍機的行爲，比如在有別國軍機飛越該區域的時候，本國軍機應該怎麼應對，實質是要監控這個區域。而中國的識別區則是要規範別國軍機的行爲，也就是要管轄這個區域。

《中華人民共和國政府關於劃設東海防空識別區的聲明》[180]第二條中規定：

一、位於中華人民共和國東海防空識別區（以下簡稱東海防空識別區）飛行的航空器，必須遵守本規則。

二、位於東海防空識別區飛行的航空器，必須提供以下識別方式：

(一)飛行計畫識別。位於東海防空識別區飛行的航空器，應當向中華人民共和國外交部或民用航空局通報飛行計畫。

(二)無線電識別。位於東海防空識別區飛行的航空器，必須開啓並保持雙向無線電通信聯繫，及時準確回答東海防空識別區管理機構或其授權單位的識別詢問。

㈢應答機識別。位於東海防空識別區飛行的航空器，配有二次雷達應答機的應當全程開啓。

㈣標誌識別。位於東海防空識別區飛行的航空器，必須按照有關國際公約規定，明晰標示國籍和登記識別標誌。

三、位於東海防空識別區飛行的航空器，應當服從東海防空識別區管理機構或其授權單位的指令。對不配合識別或者拒不服從指令的航空器，中國武裝力量將採取防禦性緊急處置措施。

根據這個規定，所有飛機，無論外國還是本國，無論民用還是軍用，也無論打算要進入中國領空還是僅穿越識別區，都必須遵守中國單方面設立的規則：事先遞交飛行計畫，必須開啓無線電應答詢問，要「登記」識別標誌，更要服從中國武裝力量的管理和指令。

別國無法接受中國這些規定，因爲這個空域是公共空域，中國沒有任何權力去規範不進入中國領

【179】自U.S. Navy's Commander's Handbook on the Law of Naval Operations。原文爲：The United States does not recognize the right of a coastal nation to apply its ADIZ procedures to foreign aircraft not intending to enter national airspace nor does the United States apply its ADIZ procedures to foreign aircraft not intending to enter U.S. airspace. Accordingly, U.S. military aircraft not intending to enter national airspace should not identify themselves or otherwise comply with ADIZ procedures established by other nations, unless the United States has specifically agreed to do so.http://en.wikipedia.org/wiki/Air_Defense_Identification_Zone_(North_America).

【180】http://www.gov.cn/jrzg/2013-11/23/content_2533101.htm.

空的外國軍機。美日韓在這個公共區域有大量的軍事演習、巡航和其他活動，難道都必須事先向中國提交計畫，服從中國軍方的管理不成？

在各國批評下，中國不得不承認這種「管轄式」的做法，確實超越美日識別區的規定；但又辯稱防空識別區沒有國際協議，因此中國的做法也不違反國際規定。這種說辭顯然是錯誤的。

儘管國際法中並沒有防空識別區這個概念的協議，但可以通過《聯合國海洋法公約》中有關專屬經濟區的規定來衡量。《公約》第五十八條規定，在經濟專屬區上的上空，外國飛機有自由飛行的權利。[181]如果任何飛機都必須預先遞交飛行報告，並服從沿岸國軍事機構的管理和指令，就已經違反了飛行自由的規定。既然中國劃定的防空識別區面積覆蓋了中國的專屬經濟區，那麼相關的規定顯然違反了《公約》。因此，中國如此設立防空識別區，乃無視國際法和國際準則，單方面擴大了中國的空中管制範圍，在法律上把大片公共空域變成受中國管理的空域，變相把國際空域變成準領空。

即便是對民用飛機，中國的規定也有問題。基於乘客安全的理由，國際法對民用機另有不同的處理方法。很多國家（包括美國）確實規定進入防空識別區的民用飛機，需要提交飛行報告和識別。中國的規定貌似一樣，但仔細分析後，就不難發現中國其實違反了國際法。

聯合國屬下的國際民用航空組織（International Civil Aviation Organization）對世界上所有的空域做出的劃分，每個空域稱爲飛行情報區（Flight Information Region, FIR）。這些飛行情報區的範圍是經過廣泛國際協商而制定的（中國也參與其中），得到國際的公認，具有國際法效力。在進入每個飛行情報區的民用飛機，必須按照規定向飛行情報區所屬國報告飛行計畫，與管制單位保持聯絡和通告。這些措施是爲了保障民航飛機的安全。

目前設立防空識別區的國家，比如美日韓等，其防空識別區的範圍基本上都在國際民航組織爲其劃分的飛行情報區之內。美國的飛行情報區範圍幾乎覆蓋了整個西北太平洋，但防空識別區僅僅覆蓋了其中的一小部分。日本的飛行情報區在東海的界線和其防空識別區基本一致，在太平洋地區則遠遠小於其飛行情報區。韓國的防空識別區在擴大之前也小於其飛行情報區。也就是說，即便這幾國不設立防空識別區，飛越該區域的民航飛機本來就有義務備報飛行計畫和接受管制。因此，要求進入這些防空識別區的民航飛機進行備報和接受管制，與國際法並不相悖。

但中國在東海設立的防空識別區，範圍明顯超過出國際組織所劃定飛行情報區界線，與韓國和日本的飛行情報區大面積重疊。在這些超出的區域，民航飛機本來只需向韓國或日本備報和接受管制，現在卻還要受中國的管制。因此，中國的做法違反了國際民航組織的統一規劃，單方面地擴大了自己對民航的管制區域，既不按正常程序通過國際民航組織協商修改區域，也沒有和任何鄰國協議。這也是爲什麼日本和韓國最初不允許民航飛機向中國備報的原因，也是爲什麼日本揚言要在國際民航組織控告中國的理由。

中國一方面反覆強調民航飛行不受影響，但一方面又強調如果不遵守中國的規則，就有可能產生誤判。[182] 這事實上就是對民航飛機安全的一種威脅。在這種威脅之下，出於對民航飛機的安全著想，

【181】http://www.un.org/zh/law/sea/los/article5.shtml.

【182】http://news.xinhuanet.com/mil/2013-12/03/c_125802301.htm.

美國和韓國才先後允許民航公司向中國報備飛行計畫。

因此，在國際法的層面，中國的防空識別區明顯違反了國際法。它沒有區分軍機和民航飛機。它規定外國軍機提前向中國遞交飛行計畫並服從中國軍方指令和管理，把公共空域變成準領空，違反了國際法中關於航空自由的規定。對外國民航飛機來說，它實質上單方面地把中國的飛行情報區擴大到原本屬於別國的飛行情報區之內，違反了國際民航組織的法規和程序。

南海防空識別區與九段線爭議

中國設立東海防空識別區後，東南亞國家更加擔憂的是中國會否在南海推出中國版的防空識別區。儘管中國外交部發言人稱沒有設立南海防空識別區的計畫，但中國軍方揚言日後要在南海設立防空識別區，「這是中國長遠國家利益需要」。[183] 國防部發言人楊宇軍說：「我國將在完成相關準備工作後，適時設立其他防空識別區。」[184]

二〇一三年十二月十三日，東盟十國齊集日本東京，召開日本和東盟特別峰會，並在會後發表聯合聲明：「雙方將增進合作，並依照公認的國際法原則以及國際民航組織標準，確保飛行自由和民用航空安全。」[185] 儘管會議沒有明確批評中國防空識別區的批評，但是東盟各國能出席這個會議已經表明了態度。美國也迅速表態，國務卿克里在十二月十七日警告中國不要在南海設立像東海那樣的防空識別區。[186]

然而，日本《朝日新聞》一月三十一日的報導引匿名消息來源稱，中國空軍軍官已起草了在南中國海設置新防空識別區的計畫。新的防空識別區將以西沙群島爲核心，並擴及到周遭大部分海域，最大範圍可能涵蓋南中國海一半以上的地區。[187]美國國務院立刻發表聲明，稱劃定南海防識區「屬於單方面挑釁行爲」。對此，中國外交部發言人洪磊表示，「中國作爲主權國家完全有權根據自身面臨的空中安全形勢，採取包括劃設防空識別區在內的任何措施，維護國家安全，任何人都不能說三道四。」[188]國防部發言人楊宇軍上校指責這是日本右翼勢力的「蓄意炒作」，「他們的目的是分散國際注意力」，「別有用心」；又說「中國是否設立南中國海防空識別區主要看該地區緊張情勢以及對中國安全的威脅是否升高而定。」這似乎暗示中國暫時不會設立南海防空識別區。臺灣國際關係學者陳一新認爲：⑴短期不會，不表示長期不會；而另外一個潛在的意涵是，如果美國不在這個地區說三道四，或者增加這個地區的緊張局勢，中國大陸就有可能不設立。[189]

在南海設立防空識別區比在東海更複雜，因爲：⑴涉及的國家更多，除了與中國在南海關係緊張的越南和菲律賓之外，還有關係不錯的馬來西亞和印尼。一旦設立防空識別區，不免把馬印兩國推離

【183】http://military.people.com.cn/BIG5/n/2014/1129/c1011-26116926.html.

【184】http://news.sina.com.cn/c/2013-11-29/024928840904.shtml.

【185】http://www.bbc.co.uk/zhongwen/trad/world/2013/12/131214_japan_china_asean.shtml.

【186】http://www.bbc.com/zhongwen/trad/china/2013/12/131217_us_kerry_china_adiz.

【187】http://www.dw.com/zh/%E4%B8%AD%E5%9B%BD%E6%AC%B2%E8%AE%BE%E5%8D%97%E6%B5%B7%E9%98%B2%E7%A9%BA%E8%AF%86%E5%88%AB%E5%8C%BA/a-17402563.

【188】http://paper.people.com.cn/rmrb/html/2014-02/02/nw.D110000renmrb_20140202_8-03.htm.

【189】http://www.voacantonese.com/content/china-defense-20140227/1860474.html.

自己；⑵中國當時在南海南部還沒有立足點，設立飛行識別區有現實困難。但這個困難在大規模造島之後已經不復存在；⑶防空識別區是否應該覆蓋整個九段線範圍，難以抉擇。

儘管自從二十世紀末以來，國際上一直有要求中國澄清九段線的聲音，但是美國一直沒有明確表態。即便是在二〇一三年八月三日，中國外長王毅還在訪問新加坡時還表示「要求中國澄清九段線，只是部分國家在進行的一種炒作」。[190]但是中國打算設立南海防空識別區的意圖明顯後，美國對九段線問題不再保持沉默了。

二〇一四年一月，美國負責東亞事務的助理國務卿拉塞爾（Daniel Russell）訪問北京，向中國表達美國對東海和南海問題的關注，包括：⑴中國在黃岩島限制菲律賓人接近；⑵在仁愛礁向菲律賓施加壓力；⑶阻止其他國家在南海（甚至遠離中國聲稱的島嶼的地方）進行石油開發；⑷宣布要管轄有主權爭議的地區，甚至把它畫爲軍事區域；⑸以前所未有的力度在釣魚島附近海域採取危險的行動；⑹突然、不合作和單方面地在東海設立防空識別區；以及⑺更新了包括在南海有爭議地區的漁業管理規定。

二月五日，拉塞爾在國會聽證會上，闡述了美國政府在東海和南海問題上的立場。[191]他表示：美國在領土糾紛中不選邊，但是會努力確保領土和海洋糾紛通過和平、外交和依照國際法的方式來處理。這不但要保證沒有開火事件，而且要保證這些爭議須通過沒有恐嚇、脅迫和武力的方式被管控。而且，美國反覆強調在南海的航海自由受國際法保障，而不是由任何一個國家賦予的。

拉塞爾質疑，「中國試圖向國際宣布自己控制了南海九段線，儘管它被鄰國所反對，缺乏關於它本身的任何解釋和顯見的國際法基礎。」「該主張導致了這個區域的不確定、不安全以及不穩定。」

中國根據「九段線」宣示海洋權益與國際法原則不符。他敦促中國就此做出澄清或調整立場，以符合國際海洋法規定。他同時指出，中國和東盟制定南海行爲準則進展過慢。建議各國承諾不單方面改變南海的現狀，以及所有國家，不僅僅是中國，都能澄清本國根據國際法對南海的主張。這是美國官方第一次明確對南海九段線表態，要求中國解釋關於南海九段線上的立場。

對此，中國外交部發言人洪磊在二月八日表示：中國在南海的海洋權益是歷史形成的，並受到國際法的保護。對於同有關國家間的海洋爭議，中方一直致力於與直接有關的當事國通過談判和磋商解決。同時，中國高度重視同東盟國家通過落實《南海各方行爲宣言》共同維護南海的和平穩定。他強調，「中方的上述立場是明確的、一貫的。製造話題、渲染緊張無助於維護東南亞地區的和平穩定。美方一些官員在國會聽證會發表有關言論，不是建設性的行爲。我們敦促美方拿出理性、公允的態度，爲本地區的和平穩定和繁榮發展發揮建設性的作用，而不是相反。」[192] 該發言仍然拒絕澄清中國關於九段線上的立場。

在以後幾個月，要求中國澄清南海九段線的呼聲越來越大。六月在香格里拉對話會中，中國王冠中副總參謀長提出：「中國在南海的主權、主權權利、管轄權主張是在長期的歷史發展過程中形成

[190] http://www.voachinese.com/content/voa-news-chins-south-sea-nine-dashed-line-20150803/2898348.html.
[191] http://www.state.gov/p/eap/rls/rm/2014/02/221293.htm.
[192] http://www.chinanews.com/gn/2014/02-08/5814380.shtml.

的，從二〇〇〇多年前的漢朝就開始發現和逐步完善了對南海、特別是南沙諸島礁以及相關海域的管理。」這種明顯與事實不符的主張頓時引起一片譁然。

美國國務院在二〇一四年十二月五日發布《海洋界限：中國的南海主張》，重點放在九段線的論證，通過地圖對比（圖75，圖76）和國際法分析，認爲中國在南海的海洋主張既不明確也不連貫。【193】這正式宣告了美國對九段線的立場——九段線不符合國際法，美國不承認九段線。

對此，中國政府不以爲然，反而進一步固化九段線。二〇一四年前，在中國全國地圖中，九段線一般以一個小方框加外畫出。在二〇一四年，中國出版了新的「豎版」中國地圖（圖77），轉而採用和中國主體部分相同比例的形式畫出。這樣特出了九段線內區域屬於中國的意味，而且九段線也在東海多出一段，變爲十段線，把釣魚島畫在中國界內。

六・十一　HD-981平臺事件

與其他南海沿岸國一樣，中國在南海的石油開採一向在沿岸淺水區，集中在東京灣和珠江口一帶。在二〇一二年之前，中國缺乏在深水區鑽探石油的技術。二〇〇八年，中國海洋石油總公司開始建造鑽井平臺「海洋石油九八一號」（HD-981），並於二〇一二年二月正式進入南海作業。這個平臺是中國首次自主設計、建造的第六代三〇〇〇米深水半潛式鑽井平臺，代表了當今世界海洋石油鑽井平臺技術的最高水平。它具備在不深於三〇〇〇米的海域進行鑽探工作的能力，鑽井深度最深達一萬二千米。有了這個設備之後，中國就可以前往南海深水區作業了。

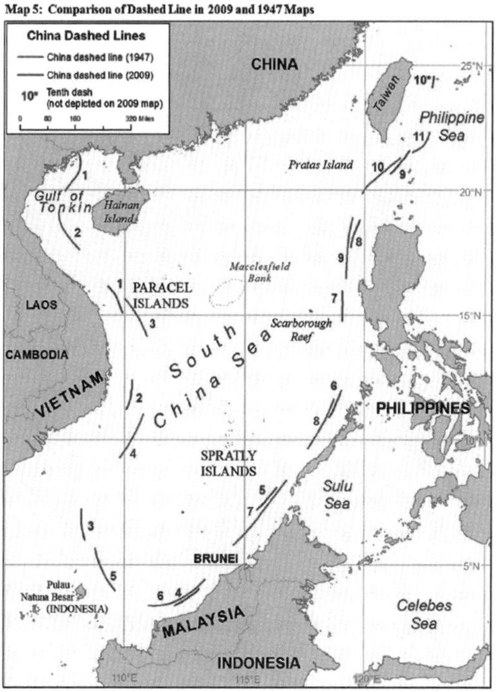

圖 75　一九四七年十一段線和二〇〇九年九段線的對比

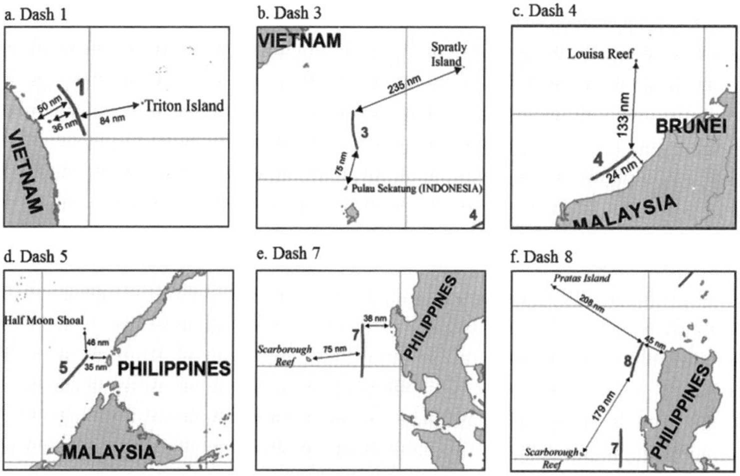

圖 76　九段線和各國海岸之間的距離

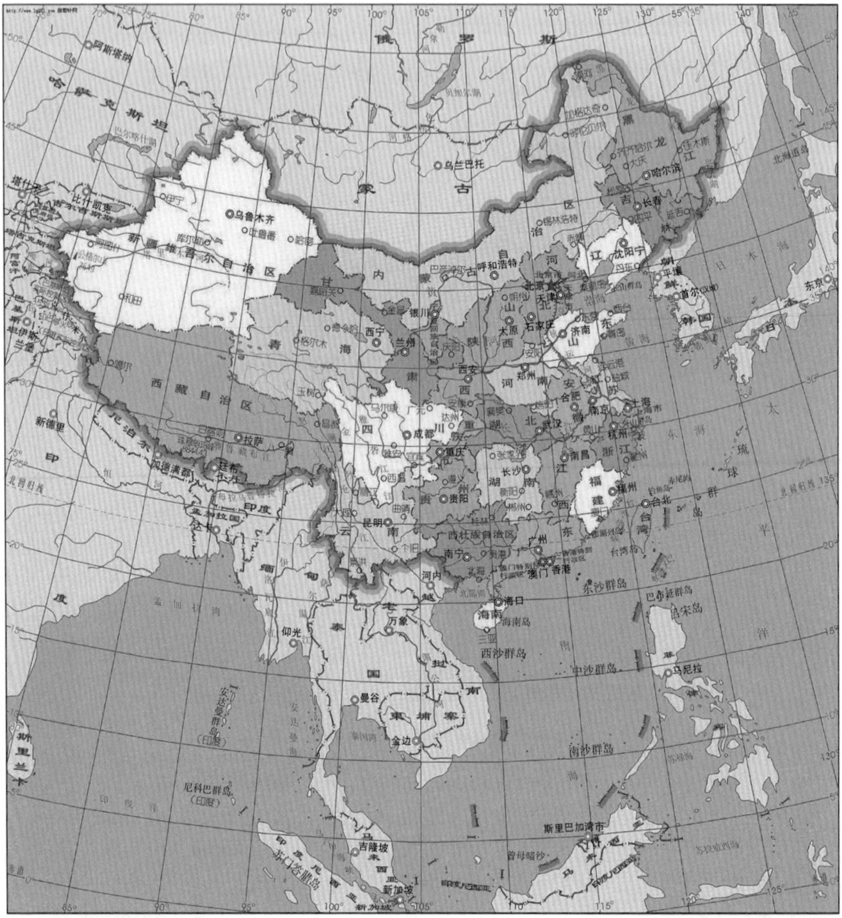
俄 罗 斯
阿斯塔纳
哈 萨 克 斯 坦
贝加尔湖
乌兰巴托
蒙 古
塔什干
比什凯克
乌鲁木齐
吐鲁番
哈密
库尔勒
新 疆 维 吾 尔 自 治 区
和田
西 藏 自 治 区
拉萨
新德里
尼 泊 尔
加德满都
廷布
孟加拉国
印度
缅 甸
仰光
泰 国
曼谷
柬 埔 寨
金边
老 挝
万象
河内
越
南
甘
嘉峪关
内 蒙 古 自 治 区
呼和浩特
青 海
西宁
兰州
银川
格尔木
玉树
四 川
成都
重庆
云 南
昆明
大理
贵州
贵阳
西 安
陕 西
郑州
河 南
武汉
长沙
湖 南
南昌
江 西
福 建
福州
台 北
台 湾
广州
广 东
香港
澳门
南宁
海口
海 南
三亚
北京
天津
石家庄
太原
山 西
济南
山 东
南京
合肥
上海
杭州
浙 江
沈阳
长春
哈尔滨
黑 龙 江
吉 林
平壤
首尔（汉城）
朝 鲜
韩 国
东京
日 本
日本海
黄 海
东 海
琉 球 群 岛
太 平 洋
东沙群岛
西沙群岛
中沙群岛
南沙群岛
巴布延群岛
吕宋岛
马尼拉
菲 律 宾
孟 加 拉 湾
安达曼群岛（印度）
尼科巴群岛（印度）
斯 里 兰 卡
印 度 洋
吉隆坡
马 来 西 亚
新加坡
苏门答腊岛
斯里巴加湾市
曾母暗沙
北回归线
赤道

圖 77　豎版中國地圖

二〇一四年五月一日，HD-981在西沙群島中建島西南十七海里的地方作業（圖78）。越南五月四日向中國發出照會和抗議，聲稱這個地點位於越南專屬經濟區內。但遭到中方反駁：該鑽井平臺位於中國海域，中國海事局五月三日就中國海洋石油九八一鑽井平臺的作業工作發布了航行警告，相關作業工作完全在屬中國的西沙群島的區域內。中國還辯稱，相關工程進行了十年，不明白越南爲何在這個時刻才發起爭議。中國並沒有明確指出「進行十多年的相關工程」是什麼工程，但在西沙群島海域的鑽探卻肯定是首次。

五月六日，美國外交部發言人薩基（Jen Psaki）聲明，「中國第一次在與越南有爭議的水域設立鑽井平臺，是一項挑釁（provocative）行爲，也加劇了緊張形勢。這種單邊行動看來是中國以動搖和平和穩定的方式推進自己在爭議性領土的主張的模式的體現。」美國對此表示非常關注，並呼籲各方妥善處理。[194]中國則再次強調：「越方對於中國企業的正常作業行動進行干擾。這樣的行動是違反了國際法和國際關係基本準則，侵犯了中國主權、主權權利和管轄權。西沙群島自古就是中國固有領土，而中國企業在西沙群島作業屬於中國主權內部的事，與越南無關，也與美國無關，美國無權對中國主權範圍內的事說三道四。」[195]

從五月六日起，越南方面出動船隻進行阻攔，並派出蛙人部隊，大量放置漁網、漂浮物等障礙

【193】Limits in the Seas, No.143, China: Maritime Claims in the South China Sea, US Department of State.
【194】http://www.state.gov/r/pa/prs/ps/2014/05/225750.htm.
【195】http://world.people.com.cn/n/2014/1225/c391819-26277209.html.

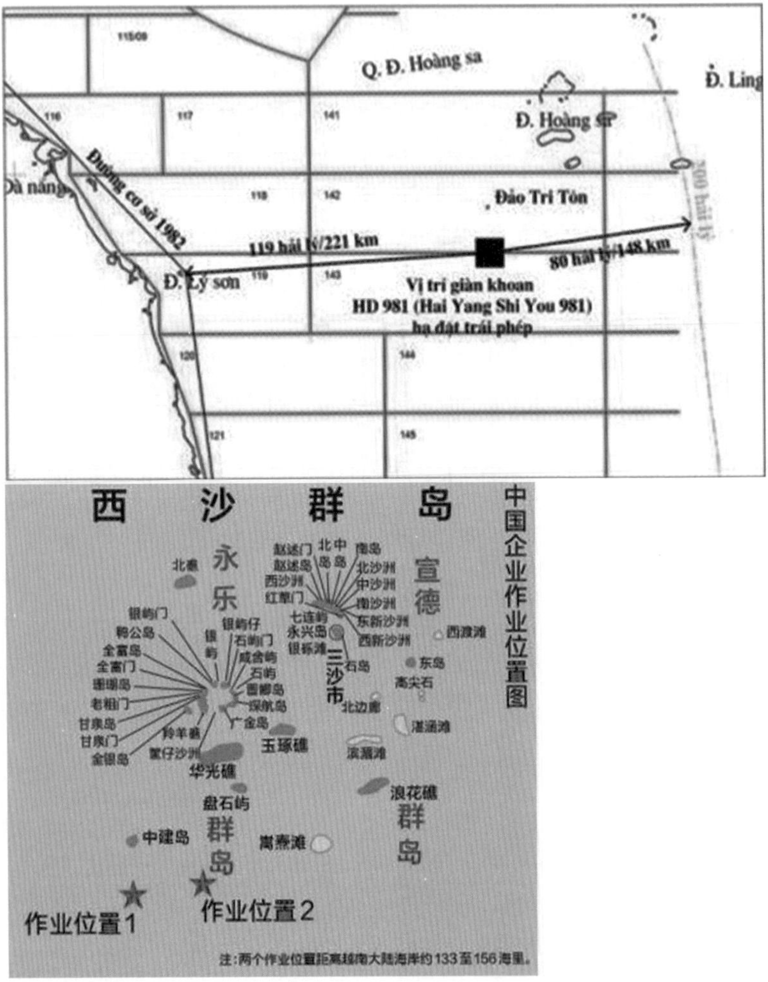

圖 78　HD-981 平臺事件

物，阻塞海道。越方稱，中國船隻衝撞越南船隻並發射水炮；越方在之後幾天也用水炮還擊。雙方船隻在當地海域對峙，中國海警和越南執法船多次追逐和碰撞。越南發表聲明，要求中國把九八一號平臺撤出西沙海域，[196]被中國斷然拒絕。到了五月下旬，中國在當地的船隻達到一〇〇艘左右，而越南的船隻也增加到幾十艘。五月二十六日，越南一艘漁船被中國漁船撞翻，十幾人落水後被救。中國稱那是該越南漁船向中國漁船衝撞後失控所造成的。五月二十七日，中國宣布海洋石油九八一完成既定任務，往其他地區「轉場」。[197]但實際只是向東移動十幾海里，仍然位於西沙海域。越南繼續進行阻攔，中國一如既往地派船隻「護駕」。據中國外交部統計，到六月五日爲止，「兩階段累計，越方已衝撞中方現場執行護航安保任務的公務船超過一二〇〇艘次」。[198]截至六月七日十七時，越方現場船隻最多時達六三艘，沖闖中方警戒區及衝撞中方公務船累計達一四一六艘次。[199]

除了在海上對峙之外，越南也動用了東盟的力量。在五月十日緬甸首都內比都的東盟峰會，罕有地在正式文件上評論南海局勢，對中越海上衝突表示「嚴重關切」，並敦促中方加大努力推進海上安全對話。會議的最後宣言表態較爲溫和，沒有直接點名中國，但強調應該以和平手段，並按普遍認可的國際法解決紛爭。而東盟祕書長黎良明在接受《華爾街日報》採訪時，認爲中國應該撤出爭議海

[196] http://www.thanhniennews.com/politics/vietnam-to-take-suitable-responses-in-oil-rig-row-ministry-26364.html.

[197] 〈九八一鉆井平臺南海作業中國海事局再發航行警告〉http://military.people.com.cn/n/2014/0527/c1011-25072305.html1.

[198] http://world.people.com.cn/n/2014/1225/c391819-26277209.html.

[199] http://news.xinhuanet.com/world/2014-06/08/c_126592086.htm.

域。[200]黎良明是越南人，但他以東盟祕書長的身分作出這種表態，顯然不僅僅代表越南本國的意見。

與菲律賓相比，「強悍」的越南人在民族主義方面顯示了更大的力量。從五月十一日起，越南國內發生聲勢浩大的反華示威。在胡志明市的示威甚至失控轉爲暴動，暴民襲擊和搶掠中資企業。十三日，胡志明市再次爆發反華示威，民眾衝進附近平陽省的外商聚集區，對廠區設備進行打砸搶。儘管本來目標應是中國大陸，但實際上由於越南人分不清哪些是中資企業，臺資、港資乃至日資和新（加坡）資企業都遭受襲擊，眞正受襲擊的中資企業反而是少數。其中以臺資企業損失最爲慘重，大批臺商連夜逃離越南。但大陸中冶集團爲臺商承建的廠房工地遭到襲擊，造成四人死亡，多人重傷的慘劇。發生暴動的還有河靜省、同奈省以及北寧省等地區，但規模較小。中國政府一開始對越南反華準備不足，應對失措。十三日才發出緊急通告，提醒在越中資企業人員做好安全防範工作，盡量減少不必要的外出，直到幾天後才開始大規模撤僑。在臺灣積極撤僑的同時，大陸的航空公司竟然以三倍價錢出售機票。而在越南的中資企業不得已掛上日本國旗，以防止襲擊。越南的反華示威頓時成爲東亞政治的焦點。

越南政府在暴亂中逮捕了幾百人並展開起訴。國家總理阮晉勇在十五日發布緊急通知，要求越南公安部等有關部委，在全國範圍內採取堅決措施，防止與懲罰擾亂秩序的人。通知中稱，「最近幾天，全國人民針對中國的海洋石油九八一在越南水域非法作業進行了抗議，這是合法的愛國主義。」「然而，一些自發性的破壞包含外國投資者在內的生產單位是違法的」，「這已經引起社會混亂，影響了生產活動、人民的日常生活，以及投資環境，和黨與國家的外交政策。」十五和十六日，阮晉勇親自發短信呼籲國民不要上街示威。隨後反華示威的規模都被嚴格控制，暴亂才告平息。越南承諾，外資的損失會通過各種形式進行補償，越南駐臺代表向臺商道歉，再三懇求臺商不要撤資。

越南的反華示威不免讓人聯想起二〇一二年中國的反日示威。作爲僅存的少數的共產黨專政國家，兩者的相似度驚人。當年在國際輿論層面，中國也面對無比的尷尬。現在的越南反華，就像是當時中國反日翻版。越南在西沙群島問題上的反華，與兩年前中國在釣魚島問題上的反日幾乎同出一轍。中國民族主義遇上越南民族主義，無法不令人百感交集。

一般學者都公認，這種示威如果不是受政府鼓動或者至少是鼓勵，就不可能被發起。但是一旦發起，由於國內的複雜政治環境，共產黨對社會的控制力大不如前。民族主義打雞血效應在各種民憤無法宣洩等因素的共同作用下，不可避免會實控，造成混亂甚至暴動，極大地影響國際形象，也給政府造成難以承受的壓力。對越南而言，其內部也存在南方改革派（以總理阮晉勇爲代表）與北方「社會主義派」（以總書記阮富仲）爲代表的分歧。若反華形勢繼續擴大，很容易引發原南方勢力（特別是海外越人）對現政權合法性的質疑。

越南總理阮晉勇在五月三十一日要求美國更加積極地調停。在衝突不斷升級的形勢下，中國在六月八日發放《「九八一」鑽井平臺作業：越南的挑釁和中國的立場》，對越南進行回擊，並要求聯合國祕書長將其作爲聯合國大會文件，散發給會員國。【201】越南也針鋒相對地發放資料，主張西沙群島屬

【200】http://www.nasdaq.com/article/asean-leader-china-needs-to-leave-disputed-waters-20140516-00129.

【201】http://www.qnsb.com/fzepaper/page/1/2014-06/11/A23/20140611A23_pdf.pdf.

於越南。

七月十日，美國聯邦參議院通過關於亞太領土主權爭議的四一二號決議案。要求中國將「海洋石油九八一」鑽井平臺和護航船隻撤離南海海域，恢復南海五月一日之前的狀態，敦促中國節制執行東海防空識別區的宣示。[202]

五月十五日，中國石油天然氣集團公司宣布，九八一平臺項目完成在中建島附近海域的鑽探作業，按計畫順利獲得了完整準確的相關地質數據資料。[203] HD-981平臺事件就此結束。

二〇一四中越HD-981平臺事件是南海近年來最爲激烈的海上對抗，有以下意義：

第一，**越南反華事件基本宣告了中國打造「中國—東南亞命運共同體」的宣傳外交攻勢的受挫**。中國之前的策略是把一向不聽話的菲律賓從東盟之中單獨跳出來教訓，再團結東盟的大多數。但是，以前的同志加兄弟，現在少有的「社會主義國家」越南，也站到了中國的反面，甚至成爲對抗的第一線。

中國幾乎同時與兩個南海主要的爭議國發生衝突，對其南海外交有非常不利的影響。越南和菲律賓也有領土爭議，但是由於中國的強勢姿態，兩國已經站在同一陣線。六月八日兩國駐南海部隊進行聯誼[204]正體現了這一趨勢。越菲各自的優勢幾乎是互補的：菲律賓儘管實力孱弱，但是有美菲同盟保護，且艾奎諾三世的外交手段相當老道，在輿論外交和法律方面極爲擅長，軟實力不俗；越南儘管在世界輿論中影響不大，卻是東南亞軍事實力最強的國家，有不屈不撓戰勝大國的歷史，有長期對抗中國的歷史傳統，背後有俄羅斯的支持，近年又得到印度的支持，硬實力不可小窺。

第二，HD-981事件重新引起國際社會對西沙主權問題的關注。儘管大部分中國人已經傾向忘記西沙是有主權爭議的領土這個事實，以致很難理解爲什麼越南在此事件中有如此激烈的反應。但西沙是有主權爭議的領土這個事實，並不因爲中國否認和長期實控而有所改變。

越南方面的理據有以下兩個：第一，西沙是越南「自古以來」的「固有」領土。在越南看來，HD-981 是在「越南的領土」附近海域開採石油，自然不能容忍。第二，即便不考慮西沙的主權歸屬問題，這個地點也在越南的專屬經濟區和大陸架上。中國宣稱鑽探地點距離越南一七〇海里，而距中建島（Triton Island）只有十七海里，因此屬中國的海域。但是越南方面認爲，中建島只是一塊礁石，無權主張專屬經濟區。甚至西沙群島本身也無法天然地維持人類的生活（因此在古代是無人定居的荒島），因而無權主張專屬經濟區。而 HD-981 開發地點距離中國最近的海南島也有一八〇海里，遠於到越南的距離。因此，按照中間線原則，該地點也屬越南而非中國。

這兩個主張中，在西沙群島主權問題沒有得到最終確定之前，越南的第一個主張有其合理性。但是第二個主張，則很難得到完全的支持。中建島很可能不能享有專屬經濟區，但西沙群島的主島應有此權利。其實越南更應該強調大陸和微小島嶼（如西沙）在海洋劃界上的權利並不一樣。劃界權利應該更傾向於大陸，而不應等分。

---

[202] https://www.congress.gov/bill/113th-congress/senate-resolution/412/text.

[203] http://news.xinhuanet.com/mil/2014-07/16/c_126757362.htm.

[204] http://world.huanqiu.com/exclusive/2014-06/5013046.html.

六・十二　人工島與自由航行

中國大規模建造人工島

二〇一四年五月十四日，正當世人眼球被HD-981平臺事件和越南反華暴動吸引之際，菲律賓媒體發放出一個更加令人震驚的消息：中國正在赤瓜礁大規模圍海造田，還在建設飛機跑道，意圖在南海打造一個大型的軍事基地。[205]與以往南海周邊各國在礁石上建造高腳屋不同，中國在赤瓜礁的建造工程規模之大史無前例，建成後它將是一個面積爲三十公頃（〇點三平方公里）的人工島。菲律賓認爲中國要在這個人工島上修建飛機跑道。[206]

菲律賓早在四月已經發現中國的造島行爲，並向中國提出抗議。[207]菲律賓指中國的行爲違反了二〇〇二年的《南海各方行爲宣言》。技術上說，這個指控並不成立。《宣言》中僅僅規定各國「不在現無人居住的島、礁、灘、沙或其他自然構造上採取居住的行動」。由於赤瓜礁上早就有高腳屋，中國的行爲並不算違規。但是鑒於從來沒有一個國家在南海上如此大規模地構建人工島，中國的行爲格外刺激鄰國的神經。

其實，中國在南沙造島並非一時之意。早在二〇一二年，中國船舶網已經在網上招標《西沙、南沙及中沙群島填海工程海砂供運合作意向書》[208]（圖79）。當時南沙造島大概早已完成了規劃。據估計，在被菲律賓披露之前，中國造島工程已經進行大約九個月。

六月五日，菲律賓又發現中國準備在南薰礁和華陽礁造島。而且很快各國就發現，原來中國是在幾乎所有實控的礁石和低潮高地上同時進行大規模造島。通過觀察google earth的衛星圖，幾乎每隔

收藏本页 | RSS订阅 | 帮助中心 | 4006-778-772　您好，欢迎来到中国船舶网 | 免费注册 | 会员登录 | 忘记密码?

CnshipNet.com
中国船舶网 专业的船舶行业服务平台

首页 供应信息 采购信息 设备专区 航运专区 公司库 展会 船舶新闻 求职招聘 船舶问答 论坛

请输入关键字 采购 搜索　热门：船舶配件 挖泥船 螺旋桨 阀门 船用家具 船锚

您当前位置：首页 > 采购 > 综合服务

西沙、南沙及中沙群岛填海工程　普通会员

产品/服务：西沙、南沙及中沙群岛填海工程
需求数量：　价格要求：　报价留言
规格要求：　包装要求：
所在地：广东 江门市　有效期至：长期有效
最后更新：2012-09-12　浏览次数：11714

您尚未登录，请登录后查看
会员名/Email　登录
免费注册为会员后，您可以...
发布供求信息　推广企业产品
建立企业商铺　在线洽谈生意
还不是会员？马上免费注册

无图
点击查看大图　收藏此商机

分享到：QQ空间 新浪微博 腾讯微博 搜狐微博 网易微博 百度空间 人人网 腾讯朋友

采购说明

西沙、南沙及中沙群岛填海工程
海砂供运合作意向书

甲方：________________简称需货方
乙方：________________简称供货方
甲、乙双方以公平互利、自愿为原则：经双方协商一致，达成本意向书，意向书条款如下：
第一条、取砂地点：湛江市、徐闻县海域及海南岛附近海域。
第二条、填海地点：西沙、南沙或中沙群岛海域。
第三条、供货时间：从2012年__月__日至2015年__月__日止(暂定三年)。
第四条、供应数量：供货试用期为两个月，试用期间月供量暂定__万吨（上不封顶），试用期满后每月供货量为__万吨（上不封顶）。
第四条、货物种类：海砂（由甲方指定取砂地点）。
第五条、运输单价：根据不同运输船只、抽砂船及中转船，运输单价见下表：

船只名称	海里数	每海里单价	备注
货轮船2~10万吨	约480	0.23元/吨/海里	凡货轮船无卸沙能力扣回6元/吨
射流船		11~12元/方	根据不同取砂点而定
自卸（皮带）船	5~8海里中转	2元/方/海里	
自吸自卸	5~8海里中转	自吸11元/方	
过驳船		5元/方	

注:①抽砂地点:广东徐闻、湛江、海南海域（或广西防城港铁沙港、茂名、阳江等）。
②付款方式:2万吨至10万吨船只，按每航结款一次。2至3.5万吨，调船费8万元/条，4至10万吨，调船费10万元/条，射流船调船费15至25万元/条，自卸（皮带）船、自吸自卸、过驳船调船费均2万元/条，另给船上人员伙食费。柴油按国家排价计算。
③2~10万吨货轮船只，乙方(中介)管理费1元/方；抽砂船、自卸（皮带）船、自吸自卸、过驳船，乙方(中介)管理费1元/方。
④抽砂、卸砂船只以中心点为计算，按半径3海里为标准。
⑤本合同结算单价为税后价。
第六条、供运费结算及付款方式：
1. 在正式合同签定后，甲方根据乙方的调船情况，射流船、自卸（皮带）船，调船费提前解封支付。（如有特殊困难作灵活解决）
2. 预付款方式：甲、乙双方签定合同后按乙方每月调入货运船只数量分两次（每十五天一次）打预付款入双控账户，2万吨至10万吨船只按实

圖 79　中國招標通告（中國船舶網截圖）

一段時間，相關島礁的形態就有新的變化。

南海造島體現了中國令人驚歎的工程能力。中國所用的技術爲吹沙填海或陸域吹填，[209]就是在填海點的周圍用吹沙的方式堆沙造地。它不同於傳統的挖土搬運，也不同於挖沙搬運，而是用挖泥船或挖沙船的泵（有的帶有長管道）將圈外海底的沙水一起吹進目標圈內。海水流出圈外，沙留在圈內，漸漸地圈內的海面就被不斷吹進的沙填成陸地。近距離吹沙不用管道，遠距離吹沙需要長短不一的管道，最長的延伸十多里。成陸後，再用強夯機壓實鬆土。[210]工程中最重要的是一艘名爲「天鯨號」的絞吸式挖泥船。它是由中交天津航道局有限公司投資，並聯合上海交通大學、德國VOSTA LMG公司進行設計，由招商局重工（深圳）有限公司建造的大型挖掘疏浚船，裝機功率、疏浚能力均居亞洲第一、世界第三。[211]

在短短不到兩年的時間內，中國在南海大規模建成了七個人工島：赤瓜礁（二〇一三年冬—二〇一四年夏季）、南薰礁（二〇一三年冬—二〇一四年十一月）、東門礁（二〇一三年冬—二〇一五年一月）、華陽礁（二〇一四年一月左右—二〇一五年四月吹填完成）、永暑礁（二〇一四年一月左右—二〇一五年五月）、渚碧礁（二〇一五年一月—六月）、美濟礁（二〇一五年一月—六月）（圖80）。在中國所占的島礁中，只有安達礁沒有造島。截至二〇一五年六月中國宣布停止「吹沙填海」爲止，七個人工島呈現三大四小的格局。四個較小的人工島是：赤瓜礁（〇點一〇二平方公里）、南薰礁（〇點一八平方公里）、東門礁（〇點〇八平方公里）和華陽礁（〇點二八平方公里）。三個較大的人工島是：永暑礁（二點八平方公里，圖81）、渚碧礁（四點一平方公里）和美濟礁（五點六平方公里）（圖82）。這三個大人工島的面積都比南沙最大天然島嶼太平島要大許多，[212]太平島的面積不足美濟礁人工島的十分之一。

這三大人工島呈品字形分布，島上都建有大型機場。二○一六年一月二日，民航機在最早完工的永暑礁人工島上進行了試飛校驗飛行。島上三○○○米長的跑道，可以與中國北京首都機場的跑道媲美，可升降大型客機、大型運輸機，以及一切軍機。其他兩大人工島的機場也是同等規模。據稱，永暑礁將會成爲南沙的軍事中心，[213] 渚碧礁將會成爲行政中心，[214] 而美濟礁將會成爲漁業管理中心。[215] 在永暑礁的東面，修建了一個新碼頭，可以停泊大型油輪和海軍艦艇。

從中國造島被披露開始，各國就極爲關注，並認爲是中國加強對南海實控，改變南海現狀的步驟，也是爲設立南海防空識別區做準備。因爲有了這三大機場，中國對南海的控制就可以延伸二

---

[205] http://www.reuters.com/article/2014/05/14/us-philippines-china-reef-idUSBREA4D00K20140514.
[206] http://www.reuters.com/article/2014/05/14/us-philippines-china-reef-idUSBREA4D00K20140514.
[207] http://cn.nytimes.com/asia-pacific/20140617/c17islands/.
[208] http://www.cnshipnet.com/buy/77/buy_info_384539.html, 06/02/2015 最後登入。
[209] 中國媒體報導中，對「人工造島」，一律稱呼爲「陸域吹填」。
[210] http://baike.baidu.com/view/935841.htm.
[211] http://baike.baidu.com/subview/3188709/15795909.htm.
[212] 資料來自百度百科。
[213] http://baike.baidu.com/item/%E6%B0%B8%E6%9A%91%E5%B2%9B.
[214] http://baike.baidu.com/view/314580.htm.
[215] http://baike.baidu.com/view/50366.htm.

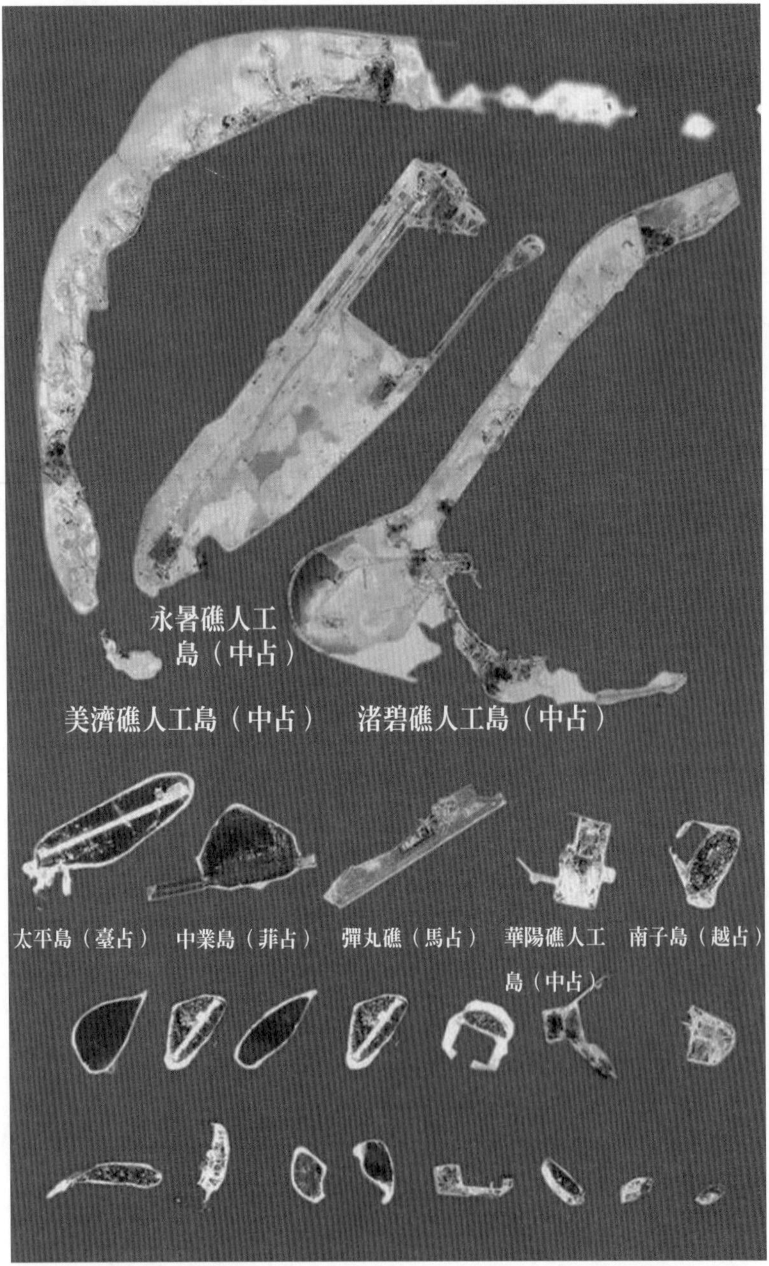

圖 80　中國人造島面積對比

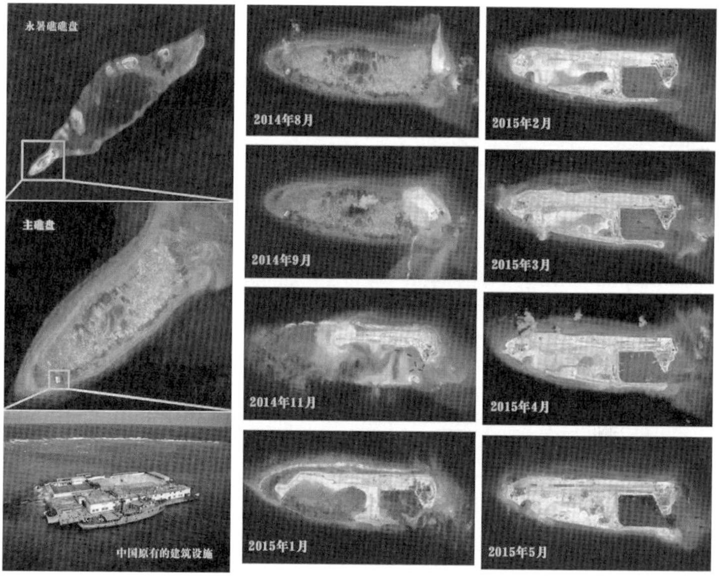

圖 81　永暑礁的變遷

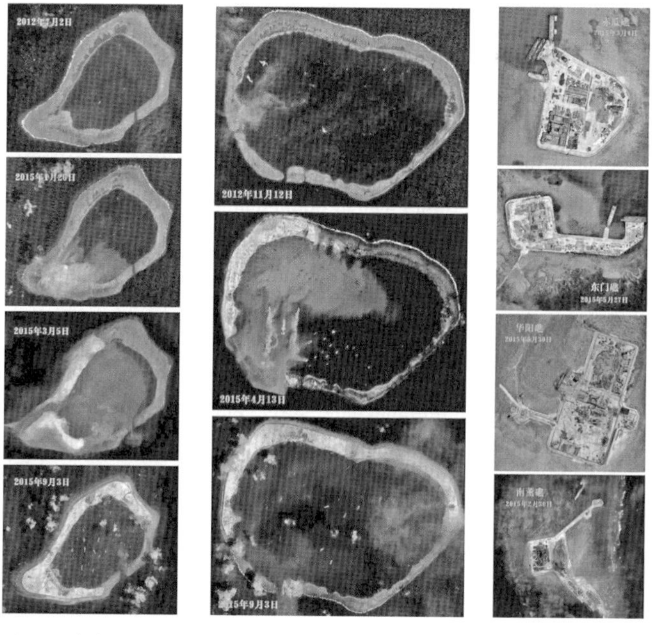

圖 82　美濟礁（左）與渚碧礁（右）的變遷

〇〇〇公里，軍機基本可以覆蓋整個九段線海域，設立飛行識別區就有了物質基礎。這將徹底改變南海的局勢。

於是，每次媒體發現中國南沙人造島擴大，都會引發各國的抗議和關注。但中國每次都反駁：這些礁石上建造人造島是中國主權範圍內的事，各國無權干預。直到二〇一五年四月九日，中國外交部才首次說明中國南海人造島的情況：「有關建設是中國主權範圍內的事情，合情、合理、合法，不影響也不針對任何國家，無可非議。」「南沙島礁擴建後，島礁上的功能是多方面的、綜合性的，除滿足必要的軍事防衛需求外，更多的是爲了各類民事需求服務。」針對環保組織對人工島破壞自然環境的指責，發言人稱：「中方進行島礁擴建工程經過了科學的評估和嚴謹的論證，堅持建設和保護並重，有嚴格的環保標準和要求，充分考慮到生態環境和漁業保護等問題，不會對南海的生態環境造成破壞。」最後，中國還指責美國等採用雙重標準，因爲「我們注意到某些國家對個別國家長期以來在非法侵占的中國南沙島礁上大興土木的行爲不聲不響，卻對中方在自己領土上的正常活動說三道四，這完全是在搞雙重標準，不公平，不具建設性。」[216]

人工島爲何惹來爭議

的確，如中國反駁的，中國並不是第一個在南沙填海建島的國家。馬來西亞在中國填海之前，就在彈丸礁人工造島，將其變成國際旅遊點，是人工島中最大的一個；菲律賓、越南，甚至臺灣，都有在自己占領的島嶼上填海的先例。那麼，何以中國的填海造島惹來如此大的反對呢？

那是因爲中國的人工島與其他國家的有本質區別：

第一，越南、菲律賓和臺灣雖然有填海，但都是在天然島嶼的基礎之上填海，並未顯著地改變島嶼的地貌。而且只是少量擴充島嶼的面積，以滿足一些建造工程的需要。中國在大規模建造人造島之前，進行的也是這種性質的填海工程。因爲中國所占領的都是礁石或者低潮高地，甚至暗沙，不填海的話何以駐紮軍隊？可見，小規模的填海，並不會引致如此大的反對。

相反，中國在極短的時間內建造的人造島規模巨大，遠非其他國家可比。比如，越南在南威島用五年時間，修築了六十英畝；馬來西亞用三十年時間，修築了六十英畝。但中國只用了短短十八個月，就修築了三○○○英畝（超過十二平方公里）。[217]而且，一些人工島的建造基礎，甚至與原先存在的人工建造無關。這些新建的人工島，完全改變了這些構造的原貌。它們與中國以前的填海，以及其他國家的填海，完全不可同日而語。因此，這不是填海多和少的問題，而是在原有基礎上少量加建和全新打造人工島的本質區別。

第二，其他國家在島嶼上的軍事力量極爲有限，基本上只限於防守，甚至象徵性的駐軍。馬來西亞的彈丸礁純粹是一個旅遊區。越南南威島、菲律賓中業島和臺灣太平島，儘管有一定的軍事駐守，也有機場，但機場規模甚小，跑道是一五○○米級別，只能供小型飛機使用。但中國的三大人工島都

【216】 http://news.xinhuanet.com/politics/2015-04/09/c_1114920500.htm.

【217】 Andrew S. Erickson & Kevin Bond, South China Sea and Beyond: Why China's Huge Dredging Fleet Matters, http://nationalinterest.org/blog/the-buzz/south-china-sea-beyond-why-chinas-huge-dredging-fleet-13562.

有成爲進攻性的軍事中心的可能，不由得各國不擔心。

第三，其他國家在南海的主張基本上都遵從國際法，在南海的目標有限而且可以預知。只有中國隱性提出「管轄」整個九段線內水域的主張（儘管中國對外不明確承認這一點，但也從來沒有否認過）。近年來中國在南海中的擴張策略，被外界形容爲「切香腸」，即一步一步地達到控制整個南海的戰略目標，令人極爲不安。

第四，中國在三大人工島上修建機場之後，就有能力實現監視整個南海的「防空識別區」，對南海的航行自由構成極大的威脅。儘管中國外交部反覆強調，甚至習近平也親口說「南海的航海和飛越自由從來沒有問題，將來也不會有問題」。[218]但這種說法掩蓋了問題的本質：即南海的航行自由是屬於被國際法所保障的自由，而不是被任何國家賦予的。根據聯合國海洋法公約，南海絕大部分區域應屬於公海（high sea）或者某國的專屬經濟區。而在航行自由問題上，專屬經濟區和公海一致（第五十六、五十八及八十七條）。因此，任何一國對南海絕大部分地區的航行都沒有管轄權。這與中國有管轄權但不做出干預是性質截然不同的兩回事。如果南海的防空識別區如同東海的那樣，外國飛機進入需要先通知中國，得到中國同意，再接受中國的管理，那麼就正如美國指出的，各國在南海自古以來就享受的航海自由就變成了中國「施捨」下的「自由」，絕對不是眞正的航海自由。因爲中國既可賦予這種「自由」，就可收回這種「自由」。

第五，中國在南海的行爲，違反了《南海行爲共同宣言》，加劇了南海緊張局勢。儘管嚴格說來，中國在已經建有人工建築的礁石上建造人工島，不違反《共同宣言》第五條。但史無前例的大規模造島，切實加劇了南海的緊張局勢。

第六，中國在大規模人造島之前，並沒有考慮對環境的影響。即便從中國國內程序上看，也違反了《環境影響評價法》的規定。因爲該法規第三條規定：「本法第九條所規定的範圍內的規劃，在中華人民共和國領域和中華人民共和國管轄的其他海域內建設對環境有影響的項目，應當依照本法進行環境影響評價。」[219]中國環境保護部需公示環評受理以及審批結果。但南海造島如此大的海域工程，事前沒有公示環境影響評估，公眾無從監察和判斷。何況中國的環評常態性地受到政治和經濟的干擾。[220]

環保組織認爲中國大規模造島，會對珊瑚礁造成災難性的影響。[221]中國海洋局雖然在二〇一五年六月十日專門發文反駁：[222]已經「在施工中採取一切應對措施，確保工程疏浚對珊瑚礁生態環境的影響降到最低」，但也承認：需要在事後「開展生態補償和珊瑚礁群落重建措施……實現珊瑚礁群落的恢復」，這個進程「受到自然或人爲破壞嚴重的礁區，只要採取有效措施，大約五—十年便可實現初步恢復，五〇—一〇〇年即可完全恢復優越的、具有複雜關係的、完整的生態系統」。文中還稱，在造島之前珊瑚礁已經處於「亞健康」狀態，而造島之後，還是「亞健康」狀態。試圖以此論證對珊

【218】習近平二〇一五年十一月七日在新加坡國立大學演講，http://news.xinhuanet.com/politics/2015-11/07/c_1117071632.htm.

【219】http://baike.baidu.com/view/414736.htm.

【220】比如二〇一五年中國記者柴靜的《蒼穹之下》紀錄片，就用多個例子說明這種「環評」基本都是形同虛設的。

【221】http://foreignpolicy.com/2015/05/15/dredging-for-disaster-china-land-reclamation-south-china-sea-spratly/.

【222】〈南沙島礁擴建工程未對珊瑚礁生態系統造成影響〉，http://www.soa.gov.cn/xw/dfdwdt/jgbm_155/201506/t20150610_38318.html.

瑚礁損害不大。必須指出，該文發表時，中國造島尚未完成，而且對珊瑚礁的破壞可能還有滯後效應。

美國的自由航行計畫

中國公開承認建造人工島後，東南亞各國、美國、日本和澳洲等都紛紛向中國施加壓力，希望中國停止建造人工島，不要破壞南海的穩定。但中國的態度一直強硬。加上中美之間在二〇一四年到二〇一五年間的一系列海上相遇事件，美國愈發感到南海的航行自由受到威脅。

中國在建造人工島的同時，也加強了對南海的實控。二〇一三年十二月五日，美國海軍導彈巡洋艦考本斯號（USS *Cowpens*, CG-63），在南海海域近距離搜集中國海軍遼寧艦航母演習的情報時，被一艘中國兩棲戰艦「迎面」攔截。中國軍艦發出警告信號，並命令考本斯號停下，美艦拒絕指令繼續航行。隨後，一艘中國登陸艦駛向考本斯號的前方並停下來，迫使美艦突然轉向，雙方最接近時距離僅爲七十六米。美國官員稱之爲「一次危險的行動」，而中方則指美艦駛進了中國預先宣布的航母演習區的內防區，故不得不將其截停。[223]

二〇一四年八月十九日，美國海軍一架P-8巡邏機飛抵海南島以東二二〇公里附近空域，進行抵近偵察。中國海軍航空兵一架殲-11b戰機對其逼近，在攔截時翻轉機身，向美軍展示攜帶的導彈等裝備。兩機最近時僅距六米。事後，美國五角大樓官員稱：「中國戰機做出一個極爲大膽的空中動作，機身以九十度傾角的姿勢從美國巡邏機的機頭前穿過，以此展示其機身下方攜帶的武器。之後，這架中國戰機在美國海軍飛機側翼伴飛，兩架飛機的機翼最近時只有三十英尺。」五角大樓還表示，此後這架中國戰機在美國巡邏機上方做了一個翻滾動作，飛過美機時兩機距離只有四十五英尺。美國防部指中方行爲極不專業、危險和違反國際規定。白宮副國家安全顧問羅茲稱，中國戰機的行動是「令人深感不安的挑釁」，已透過外交途徑向中方提出抗議。[224]

中國國防部官網在八月二十三日晚間，刊登新聞發言人楊宇軍的聲明。聲明指出，十九日上午九時許，美國海軍一架 **P-3** 反潛機和一架 **P-8** 巡邏機，飛抵海南島以東二二〇公里附近空域，進行抵近偵察。中國海軍航空兵一架殲—一一飛機起飛，進行例行性識別查證。中方飛行員相關操作是專業的，並與美機保持安全距離。

有軍事評論員認爲：事件猶如二〇〇一年中美撞機事件翻版，差別在於「今次無出事」。中國的這種行爲近乎炫耀，超過了驅逐的需要，危險不可取。[225]

二〇一五年五月十一日，美國濱海戰鬥艦「沃斯堡」號（USS *Fort Worth*, LCS-3）駛近南威島時，受到中國海軍護衛艦「鹽城」號尾隨監視。[226]這是美國軍艦第一次駛近越南控制的南威島，中國軍艦的跟蹤尤爲惹人注目。美軍稱雙方遵循《意外遭遇行爲規範》，進行了專業的溝通，沒有釀成衝突。中國外交部發言人華春瑩五月三日強調，爲應對任何侵犯中國主權和危害國家安全的行爲，中方將繼續對有關海空情況進行監控。

---

[223] http://thediplomat.com/2013/12/uss-cowpens-incident-reveals-strategic-mistrust-between-u-s-and-china.

[224] http://hk.apple.nextmedia.com/international/art/20140824/18842730.

[225] http://hk.apple.nextmedia.com/international/art/20140824/18842730.

[226] http://www.navyrecognition.com/index.php?option=com_content&task=view&id=2715.

在多種因素的共同作用下，美國國防部在二〇一五年五月初發表《二〇一五年中國軍事與安全發展態勢報告》，指出因中國在二〇一五年加速南海造島，[227]美國只能考慮以其他的方式對中國進行反制。五月十二日，美國不願具名的國防部官員透露，國防部長卡特要求考慮的應對選項包括：向中國在南海的爭議島礁派遣海軍偵察機，並向有關島礁十二海里範圍內派遣軍艦巡航。[228]

五月十六日，克里在訪華前夕，聲稱要讓中國「徹底明白」這個問題的嚴重性。但是在訪問過程中，李克強與軍委副主席范長龍會面後，卻得到了王毅外長「中方捍衛自己的國家主權和領土完整的堅如磐石，不可動搖」的表態。[229]中國沒有做出讓步。

五月二十日，美軍 P-8A 偵察機載著 CNN 記者 Erin Burnett，在中國的南海島礁附近巡邏。CNN 記者記錄了巡邏全過程，並拍攝了中國在島嶼上的工程現狀。[230]美軍的此類巡邏一直都在進行，但很少公開，而邀請記者全程報導更是近年來第一次。美國的行動留有餘地，比如沒有進入島礁的十二海里之內，這大概是克里和中國領導人會談後達成的默契。但隨即美國軍方宣稱：不排除以後進入十二海里內之可能。此舉再次遭到中國強烈抗議。

針對中國的抗議，五月二十八日，美國國防部長卡特在夏威夷出席美國太平洋司令部新司令哈里斯的上任儀式上督促：「中國和其他相關國家立即停止在南海爭議島礁填海造地的行動，並呼籲有關聲索國停止在爭議島嶼上興建軍事設施，以和平方式解決爭端。而美國將繼續依照國際法在南海巡邏。[231]這是美國第一次明確提出中國停止造島的要求。在稍後進行的香格里拉對話會中，中國再次成爲爭議的焦點。卡特再次要求中國停止造島工程，並稱：美國無意將南海爭端軍事化，但是也會確保「無人能夠阻擋」美國艦船在南海的自由航行權。[232]

在國際輿論和各國的壓力之下，中國終於在六月十六日宣布：「中國在南沙群島部分駐守島礁上的建設將於近期完成陸域吹填工程。」但隨即又宣布：「陸域吹填完成後，下階段我們將開展滿足相關功能的設施建設。」[233]對到底中國是在美國的壓力下停止造島，還是工程確實已按計畫完成，還有爭議。當然有可能是美國和中國達成的一種默契：美國在工程即將完成的時候才要求中國停止造島，以維護各自顏面。

廣泛預料，中國在造島之後的下一步就是軍事化，並宣布設立南海防空識別區，企圖鞏固對南海九段線的「主權」。[234]而自從中國宣布停止造島之後，島上是否進行軍事化就成爲各方角力的焦點。

八月四日在吉隆坡的東盟外長會議期間，中、日、韓、美、俄、朝鮮及澳洲等國外長也獲邀出席了東盟地區論壇部長會議。中國在南海建造人工島一事仍然成爲會議焦點。多個與會國家雖然沒有點名批評中國，但紛紛指塡海造島的行爲破壞了南海穩定。東道主馬來西亞批評「造島方拒絕與鄰國

---

[227] http://www.bbc.com/zhongwen/simp/world/2015/05/150508_us_southchinasea.
[228] http://www.bbc.com/zhongwen/simp/world/2015/05/150513_pentagon_military_challenge_china_sea_claims.
[229] http://www.bbc.com/zhongwen/trad/world/2015/05/150516_kerry_china.
[230] http://www.cnn.com/2015/05/20/politics/south-china-sea-navy-flight/.
[231] http://www.bbc.com/zhongwen/simp/world/2015/05/150528_usa_china_asia_south-china-sea.
[232] http://www.bbc.com/zhongwen/trad/world/2015/06/150601_world_us_asia_carter_pivotal.
[233] http://politics.people.com.cn/n/2015/0616/c70731-27162001.html.
[234] http://www.voachinese.com/content/voa-news-south-china-sea-20150723/2875874.html.

討論解決棘手問題」；美國提出南海「三停共識」，即停止塡海、停止建造設施、停止具威脅行動，獲得菲律賓全力支持；澳洲也表達了對南海局勢升溫的高度關注。最後東盟各國在地區論壇的聲明中加上了「關切南海塡海造島」、「敦促克制單方面行動不點名關切南海塡海造島」等字眼。[235]八月五日，美國國務卿克里直接向中國外交部長王毅呼籲中國停止在南海人工島上的建設工程，[236]但被王毅反駁「不現實」。[237]

之後，美軍再提在南海進入中國控制島礁十二海里之內的巡航計畫，但美國政府內部對此有爭議。以軍方爲首的強硬派，三番四次催促儘快進行巡航。但以歐巴馬爲首的溫和派，則主張留有餘地，遲遲不肯下決心。九月底中國主席習近平訪美與歐巴馬會談，成爲最後的機會。

根據日本共同社報導，歐巴馬在九月二十五日正式的公開晚宴之前，另外安排了一場私人晚宴。爲了能夠開誠布公討論美中之間的所有問題，出席這場晚宴的只有美中兩位首腦的極少數心腹。消息人士稱，除兩國首腦之外，出席晚宴的美方人士有副總統拜登、國務卿克里、白宮國家安全事務助理賴斯和美國駐華大使鮑克斯；中方人士有負責外交事務的國務委員楊潔篪、外交部長王毅、共產黨中央政策研究室主任王滬寧和中國駐美大使崔天凱。歐巴馬在長達三個小時的晚宴中談論最多的就是南中國海問題。[238]

歐巴馬再三強調「美國絕不能接受中國在南中國海建造人工島和軍事設施」，敦促中國「就此收手」，但習近平稱「此處是中國領土」。雙方展開了激烈的論爭，但沒有就南海問題取得任何成果。九月二十五日雙方發表聯合新聞發布會，對照在雙方事先列出的談判清單，在東海和南海的安全問題上可謂毫無寸進。消息人士稱，晚餐結束後，歐巴馬盛怒之下要求身邊心腹聯繫美國太平洋司令部司令哈里斯，並當場表示「批准在南中國海的作戰」。具體情況是否眞是如此不得而知，但是白宮與軍方在這方面的矛盾，以及在習近平訪美之後才做出最後決定，也得到其他報導的支持。[239]

從十月初開始，美國就不斷高調宣布，將「很快開始」在南海中國占領的島礁十二海里之內進行巡邏，以表達「不承認人工島擁有領海」的立場，但具體的行動保密。而中國海軍少將則在《環球時報》發文，聲稱中國會「迎頭痛擊」。[240] 十月二十七日，美國高調宣布，驅逐艦拉森號（USS *Lassen*）駛入渚碧礁十二海里的範圍，事先沒有通知中國，也沒有遭到中國的阻攔。

自由航行計畫

儘管美國這次在南海進行自由航行計畫（Freedom of Navigation Program），其放言的目的是不承認中國在南海的人工島，但需要指出的是，美國的自由航行計畫不是一項專門針對中國的航行計畫，而是美國從一九七九年就開始進行的法律、外交和軍事的行動計畫，旨在防止沿海國家「過分的海洋主張」，維護航海自由的傳統。自卡特政府之後，美國歷屆政府都繼承並實施了該計畫。美國每年根

[235] https://theinitium.com/article/20150805-dailynews-intl-3/.
[236] http://www.bbc.com/zhongwen/trad/world/2015/08/150805_asean_kerry_south_china_sea.
[237] http://cn.nytimes.com/world/20150806/c06diplo/zh-hant/.
[238] https://www.letscorp.net/archives/96971.
[239] http://www.ftchinese.com/story/001064254?full=y.
[240] http://www.ftchinese.com/story/001064399.

據自己認定所謂「過度海洋主張」的國家和地區，來開展航行自由行動，在法律、外交和軍事上對這些國家和地區發起挑戰。在法律上，每一次自由航行計畫的行動都爲在該處的自由航行製造一個新的例子，以顯示美國在外交上不承認「過分的海洋主張」，以及運用軍事手段維護航海自由的決心。

需要指出的是，美國的自由航行計畫與領土爭端無關，它針對的是「過分的海洋主張」，而非與美國敵對的國家。即便是美國的友邦，只要美國認爲對方顯示了「過分的海洋主張」，也會進行針對性的行動。美國對加拿大、菲律賓和韓國都曾實施過自由航行計畫，挑戰其「過分的海洋主張」。自由航行計畫也和領土爭端無關，並非偏幫其他南海聲索國對南海諸島主權訴求。

還需指出的是，儘管美國沒有簽署《聯合國海洋法公約》，但並不意味著美國不遵守或無權實踐《公約》所規定的「航海自由」。恰恰相反，美國進行自由航行計畫，是有充分的國際法依據的，而且每次行動都嚴格遵從國際法的規定。

首先，航海自由是從十五世紀開始已經確立的國際原則，它並非由《公約》賦予。相反，《公約》在一定程度上限制了這種自由，比如把領海寬度從原先慣例的三海里擴充爲十二海里，規定了「無害通過」的原則等等。因此，即便美國沒有簽署《公約》，根據國際慣例仍然有航海自由，而且在理論上甚至享有更多的航海自由，因爲嚴格說來，《公約》的那些限制對美國無效。

其次，美國儘管沒有簽署《公約》，但是簽署了聯合國一九五八年的《領海及毗連區公約》和《公海公約》等四大公約。這些公約到目前爲止都是有效的，而且一九八二年的《公約》其實是對這幾個公約的繼承。航海自由，不是一九八二年《公約》所賦予的，而是自古以來就有的，並且已經在一九五八年各公約中形成文化。當中有關航海自由的規定，與一九八二年《公約》並無矛盾。而且，美國自由航行計畫嚴格遵從一九八二年和一九五八年公約的規定。因此，以美國沒有簽訂一九八二年《公約》而否定其擁有自由航行的權利，是沒有道理的。

第三，美國是海洋法系。在美國的法律傳統中，美國沒有簽署的多邊條約，如果被認爲已經成爲國際習慣法，就可以直接應用到美國的法律體系中。在美國有多個成功運用這類國際法，而贏得對美國政府的官司的案例。因此，即便美國沒有簽署一九八二年《公約》，如果就某個相關案件，以違反一九八二年《公約》爲由在美國法院起訴美國政府，也很有可能勝訴。

從國際法的角度看南海自由航行行動

美國針對中國南海人工島的自由航行行動，需要面對複雜的法律問題，因此處理必須有效而且精確。[241]美國要表達「不承認人工島、人工島無資格獲得領海」這個目的，必須做到兩點：

首先，選擇進入哪些人工島的十二海里範圍？《國際海洋法公約》第一百二十一條規定：「島嶼是四面環水並在高潮時高於水面的自然形成的陸地區域」；而且「不能維持人類居住或其本身的經濟生活的巖礁，不應有專屬經濟區或大陸架」。中國所占領的島礁均不滿足享有專屬經濟區的條件。它們可以分爲兩類：一類是常年露出水面的礁石（如永暑礁），可擁有十二海里的領海，但沒有專屬經濟區；另一類是低潮高地，即只有低潮時才能露出水面的礁石（如美濟礁），連領海也沒有，更不用說專屬經濟區，即便建成人工島後，亦僅享有五○○米的安全距離。

[241] 黎蝸藤〈美國將會如何在南海行動？〉，《蘋果日報》，2016/10/16，http://hk.apple.nextmedia.com/news/art/20151016/19335467.

美國如果進入永暑礁的領海，將無助於表達其意圖，因爲永暑礁的領海是根據其自然狀態而非人工島而來的。因此，美濟礁這樣的低潮高地才是美國更好的行動選擇：若美濟礁原本就沒有獲得十二海里領海的資格，即便大規模造島後也不應該有。

其次，以何種方式進入十二海里內？《公約》十七條規定，各國享有在沿岸國十二海里領海內「無害穿越」的權利。《公約》一十八—三十三條對無害通過進行了詳細的規定。故即便美國水面軍艦穿越美濟礁十二海里的海域，也可以被解釋爲無害通過「美濟礁的領海」。所以，美國必須在美濟礁的十二海里範圍內進行「有害通過」才能表達這個海域不是美濟礁領海的觀點。

對美國來說，要在美濟礁十二海里內「有害通過」的較簡單的選擇有：第一、長時間在海域停留，這不滿足通過的定義，但停留多長才足夠恐怕仍會有爭議，而且可能會引起對峙的危機。第二、反覆進入海域，但挑釁的意味較爲明顯，不符合美國的初衷。第三、用潛艇進入。潛艇要「無害通過」某區域，就必須露出水面（見《公約》二十條）。故只要潛艇在水底穿越十二海里水域，即可視爲「非無害通過」。它進行時不張揚，惟其可行性受水文限制。最後，在軍艦上起飛直升機。根據《公約》十九條2e的規定，此方式不屬無害通過，而且比較方便和快捷。綜合而言，如果美國需要達到意圖，後兩者是最合適的方式。

信息混亂的美國南海巡邏

在十月二十七日的南海巡邏中，拉森號並沒有進入美濟礁海域，而是選擇了另外一個低潮高地渚碧礁。但是在巡航過程中卻出現很多問題。

首先，美國官方一開始沒有公布巡航的細節，只是籠統地說進入了十二海里之內，在十二海里之內做了什麼卻不置一詞。但那些細節恰恰對判定行動屬「無害通過」還是「有害通過」至關重要。

據美國不願透露姓名的官員聲稱，進入十二海里海域範圍內後，美艦關掉雷達，沒有起降飛行器。[242]而美國又透露，當時中國船隻跟隨在後，雙方還通過無線電用英語交談，氣氛友好，甚至聊起家常。如果這種說法屬實，那這次巡航看起來更像是行使「無害通過」的權利。美國國務院聲稱「不是無害通過」，但實際負責執行的國防部，卻一直沒有明確表示。而問題的關鍵在於，美艦如果真是「有害通過」，就必須展示有害通過的證據。

在大眾媒體上，其他專家和嘉賓對這個問題不甚了了。比如CNN的嘉賓套用「無害通過」的理由去合理化美國的行爲，甚至把它與中國軍艦在此之前穿越阿留申群島的「無害通過」相提並論。[243]但是，也有一些美國法律專家很快注意到這個問題。Adam Klein和Mira Rapp-Hooper這兩位智庫專家就在美艦巡航後，於Lawfare網站上發表多篇文章，討論這個問題，並質疑美國政府的曖昧態度：這次的行動到底是「無害通過」，還是「有害通過」？如果是無害通過的話，豈不是變相承認中國在渚碧礁的人工島有領海的權利？豈非與國防部的初衷背道而馳？[244]

---

[242] http://www.ftchinese.com/story/001064947.

[243] 穿越阿留申群島還可能引起對海峽的使用的法律問題，也不能相提並論。這裡不深入探討。

[244] 美國法律界的討論可以參見 Zack Bluestone, Water Wars: A Week of FON Fallout。https://www.lawfareblog.com/water-wars-week-fon-fallout.

這種爭論的聲音也傳到了政界。十一月十一日，美國重量級參議員麥凱恩致信國防部，要求澄清美國在南海巡航的法律意義。二〇一六年一月七日，國防部終於答覆了麥凱恩的質詢，公開了巡邏的詳情與理據。[245]首先，拉森號當時進入了五個島礁的十二海里內的海域：渚碧礁（Subi Reef）、北子礁（Northeast Cay）、南子礁（Southwest Cay）、赤瓜礁（South Reef）和謙敦沙洲（Sand Cay），這些礁石分別爲中國、臺灣、越南和菲律賓占領和主張，全部都沒有事先通知當事國。第二，當時拉森號是持續而通航性地穿越了這些水域，這種做法屬於「無害通過」，即可以在領海中，也可以在公海中做。第三，爲何在低潮高地的渚碧礁也「無害通過」呢，原因是渚碧礁雖然本身不能擁有領海，但是它位於可以擁有領海的敦謙沙洲（Sandy Cay）的十二海里之內。故此渚碧礁也擁有作爲劃分領海基線的權利。敦謙沙洲雖然被越南所占領，但中國也對其聲稱主權，故此美國不能確定渚碧礁是否能夠擁有領海。

這個論點的根據是《公約》第十三條「低潮高地」：

1. 低潮高地是在低潮時四面環水並高於水面但在高潮時沒入水中的自然形成的陸地。如果低潮高地全部或一部與大陸或島嶼的距離不超過領海的寬度，該高地的低潮線可作爲測算領海寬度的基線。
2. 如果低潮高地全部與大陸或島嶼的距離超過領海的寬度，則該高地沒有其自己的領海。

如果敦謙沙洲和渚碧礁同屬於一個國家所擁有，那麼情況就非常複雜。敦謙沙洲的地位是可以擁有領海的礁石，但是否屬於符合一百二十一條島嶼制度中的島嶼，仍然有爭議。如果敦謙沙洲是島嶼，那麼根據十三條，既然渚碧礁在它十二海里之內，那麼渚碧礁就擁有作爲領海基點的權利。但如果敦謙沙洲不屬於島嶼，那麼渚碧礁也就無權作爲領海基點。而如果敦謙沙洲和渚碧礁不屬於同一個國家（比如按照實控的情況，敦謙沙洲屬於越南，渚碧礁屬於中國），那麼即便敦謙沙洲是島嶼，渚碧礁也不能擁有領海基點的權利。換言之，儘管渚碧礁自身沒有領海，但是如果依附於敦謙沙洲，則根據敦謙沙洲的主權歸屬和法律地位，是否能擁有十二海里領海還不確定。正是由於法律上的複雜性，拉森號進行了「無害通過」，而不是「有害通過」。

總之，拉森號巡邏儘管宣示了美國的航海自由，但是卻無助於表達「人工島沒有領海」的初衷；由於在渚碧礁法律上的複雜性，也避免了「變相承認中國人工島可以取得領海」的指責。

美國拉森號巡航的分析

儘管拉森號航行的法律問題已經眞相大白，但是其政治問題繼續存在。美國本來可以輕易地選取相對獨立的美濟礁（它不在任何一個島礁十二海里之內），卻爲何偏偏選擇法律地位複雜的渚碧礁？

筆者認爲這是中美之間早有默契之故。第一，美國故意不選取能夠清晰表達立場的美濟礁，而選取法律狀態複雜的渚碧礁，用「無害通過」而不是「有害通過」，就是爲了讓事情留有餘地。第二，美國在事後遲遲不公布細節，也是爲了模糊整個事件。第三，在美軍行動時，中國沒有派出戰

【245】 https://www.lawfareblog.com/secretary-carter-illuminates-south-china-sea-fonop.

艦在水域對峙。美國出動速度較慢的驅逐艦，而不是速度較快的瀕海戰鬥艦，就是要大搖大擺地進入十二海里內。在信息極為充分的條件下，如果中國要阻攔，完全可以類似對待無瑕號和考本斯號一樣進行攔截。第四，中國在九月「無緣無故」地進入了美國阿拉斯加阿留申群島的十二海里水域，美國對此表示符合國際法。這是美國先讓中國一步，讓中國在美軍行動之後有臺階可下。第五，在美國高調宣布行動將要進行之際，中國出奇地沒有「語氣激昂」地指責；相反，范長龍在香山研討會上表示：即便「涉及領土主權問題，中國也決不輕言訴諸武力」；而外長王毅罕見地用了「奉勸」而不是「警告」的口吻，希望美國「三思而行」。第六，《環球時報》在事後發出了〈勸闖南海島嶼十二海里美軍艦做做樣子滾蛋〉的文章。該文語氣出奇平和，與其說是給美國人聽的，還不如說是「安撫」國內民族主義分子：「美國巡航問題不大」。第七，外交部發言人陸慷在回應事件時稱，中國船隻進行了「監視、跟蹤和警告」，並沒有用類似背景下的常用的「驅離」，也沒有說美軍侵犯了中國領海，而是說美軍威脅「中國主權和安全利益，危及島礁人員及設施安全，損害地區和平穩定」。最後，《環球時報》的文章還有一個在以往中國大眾媒體中少見的細節——它承認了「中國在南沙目前控制的島礁都屬於二三類」，即「㈡礁，露出水面一點，有十二海里領海，沒有專屬經濟區」；以及「㈢低潮高地，潮落才露出水面，潮漲則看不見，沒有十二海里領海」。這意味著，《環球時報》也承認中國所占領的渚碧礁和美濟礁是無權獲得領海的，而永暑礁等礁石，也無權獲得專屬經濟區（以及大陸架）。

後續的事件也表明中美之間有一定的默契。十一月十三日，五角大樓聲稱有兩架B52轟炸機本週曾飛近南沙群島，並受到中國空中管制員的警告。但也表示飛機沒有進入爭議島礁十二海里內的上空。[246]

十二月十日，一架B52轟炸機又進入華陽礁十二海里範圍之內。華陽礁是一個露出水面的礁石，可以擁有十二海里領空。《公約》第十七條規定：無害通過僅限於船舶，飛機並不包括在內。[247]《國際民用航空公約》第五條規定：「締約各國同意其他締約國的一切不從事定期國際航班飛行的航空器，在遵守本公約規定的條件，不需要事先獲准，有權飛入或飛經其領土而不降停，或作非商業性降停，但飛經國有權令其降落。」[248]但那只適用於民用飛機，而不適用於軍機。故此，美國此舉實是有違國際法。但雙方掩蓋消息長達九天，直到媒體暴露出來，美國才解釋說，該機當時是由於天氣問題誤入，並不是自由航行計畫的一部分。中國則表示下不爲例，語氣和緩。[249]

從以上可看出，南海問題儘管極爲重要，但它遠非中美關係的全部。美國拉森號巡航更主要是出於政治方面的考慮，而不是出於法律方面考慮。不選擇一步到位宣示「人工島不能擁有領海」，而是保持行動升級（進一步開展自由航行計畫）的可能，既可以向盟友和區域夥伴有所交代，又可令中美之間有所緩衝，保留溝通和妥協的餘地。

另外，此舉似乎也有助於鼓勵中國向國際法靠攏。值得注意的是，中國近年來在航海自由方面的態度有正在改變的跡象。正如六·二中指出的，中國在二〇〇九年無瑕號事件中表明外國軍艦不得未

【246】http://www.ftchinese.com/story/001064825.

【247】http://www.un.org/zh/law/sea/los/article2.shtml.

【248】http://www.caac.gov.cn/PHONE/XXGK_17/XXGK/GJGY/201510/P020151103354121925630.pdf.

【249】http://www.bbc.com/zhongwen/trad/world/2015/12/151218_us_china_sea_b52.

經批准在中國專屬經濟區活動，這有悖《國際海洋法公約》。但是在二〇一三年考本斯事件中，中國官方不再堅持所謂「專屬經濟區內外國船隻需無害通過」的原則，與在無瑕號事件中的態度大相徑庭。

其實近年來，隨著中國向海軍大國轉變，中國在別國經濟專屬區活動的情況越來越多。中國在東海日本經濟專屬區活動頻繁，其艦隊頻繁進出宮古海道以及潛艇在水底活動已經不是新聞。中國海軍的活動還進一步擴展到美國關島和夏威夷的專屬經濟區。中國艦隊在二〇一五年九月更穿越了美國阿留申群島的水道。美國對中國在其專屬經濟區的活動，都給以符合國際法的評價，甚至表示歡迎。在同等標準下，中國也沒有理由阻止美國在南海中國「專屬經濟區」的活動。

在南海問題上，中國遵從國際法將是一個合適和正確的選擇。原因在於：第一，《公約》是中國全程參與制定、簽署和經全國人大批准的。它不是外國制定後強加給中國的規則，不存在「別人制定的規則中國沒必要遵守」的問題。

第二，《公約》至今已經成爲國際社會海洋行爲的準則。中國貿然違反《公約》，就在道義上和法律上處於下風，給世界留下「不遵守規則」形象，對成爲「負責任的大國」，對希望主導制定世界規則的目標嚴重不利。

第三，中國在制定《公約》時，還只是一個海洋弱國，以沿岸國利益爲考量。但而今中國已經成爲一個海洋強國，海洋越開放對中國發展越有利。中國海軍要「走出去」，航海自由至關重要。在海洋強國美國等的堅持和爭取下，《公約》保留了很多對海洋強國有利的利益，最顯而易見的就是航海自由。因此，從現實利益出發，當今中國和美國在海洋權益方面應該相向而行而不是相反。如果可能，中國大概既想要自己航海自由，又不願讓別人有航海自由。但那既不符合公義，也不切合實際。在全球利益和局部利益矛盾的現實下，中國必須要做出取捨。從這個意義上說，中國在已經擁有南海幾個人工島的實利下，如果仍繼續堅持不符合國際法的訴求，後果只會令中國長期的全球利益受損。《環球時報》社論似乎也表達了中國正向著這個方向轉變的意願。也有中國專家指出，中國確實在專屬經濟區的問題上改變了立場。[250]

人造島事件小結

自由巡航事件之後，歐巴馬繼續呼籲中國停止島上建設，但中國仍然堅持原先的工程。二〇一六年一月，中國在永暑礁上高調進行了第一次飛行校驗，但是用的是民航客機而不是軍機。此舉引發越南的抗議。越南還向國際民航組織（ICAO）呈報：永暑礁位於越南的飛行情報區，而中國民航飛機進入這個區域，卻沒有按照規定事先知會越南飛行管理機構。但這些「無關痛癢」的糾紛阻止不了中國繼續按照原先計畫建設人工島的進程。

中國建設人工島是一個長期醞釀的計畫。以強大的工程能力爲依托，以強大的軍力爲後盾，以「國家主權」爲法律基礎，中國在短短兩年時間內，不顧國際反對，把幾個細小的島礁建設成南海中的「龐然大物」。完全改變了南海南沙群島一帶的形勢，爲中國進一步控制南海打下堅實的物質和軍

[250] 薛力〈中國海上崛起利益清單——美國爲何這麼怕永暑礁建設〉，http://www.21ccom.net/html/2016/zlwj_0112/663.html，最後瀏覽二〇一六年八月。

事基礎，也令中國設立南海防空識別區成爲可能。

儘管在自己聲稱主權的島礁上建造人工島是合法的，而且由於此七島均在二〇〇二年之前就被中國實控，是「有人居住」的島礁，在理論上也不違反《南海各方行爲宣言》。但此舉對南海形勢的嚴重衝擊無可置疑，也從違反了《南海各方行爲宣言》的精神。

中國建造的人工島，其規模和功能不能與其他南海聲索國的塡海相提並論，後者提出嚴重抗議是情理之中。但除了抗議之外，恐怕也沒有其他辦法。因爲沒有國際法可以制止中國這麼做，外交壓力對中國「切香腸」式的策略也不奏效。東盟國家本身缺乏足夠的實力與中國抗衡，只能進一步依賴美國、日本、印度和澳洲等域外勢力。而後者，唯有不斷加強實際的軍事存在（如巡邏），甚至重新在南海設置軍事基地，將軍事介入變成爲「新常態」。如此循環，只會令南海一步步地變爲火藥桶。

六・十三　馬來西亞和印尼與中國的衝突

除了與美國對抗，與越南和菲律賓繼續有衝突之外，中國在大規模造島之後，在南海的活動甚至引起了原本立場溫和的印尼和馬來西亞的對抗。東盟國家更加抱團對抗中國。

馬來西亞一直在南海事務上刻意保持低調。但其實二〇〇九年以後，中國漁政船深入馬來西亞海域「執法」就越來越多。二〇一〇年四月，中國漁政三一一號接近彈丸礁，馬來西亞軍艦和巡邏飛機在該海域與之對峙長達十八小時。當時馬來西亞政府選擇息事寧人，沒有「炒作」。[251]但中國的這種行爲越來越令馬來西亞人反感。二〇一三年春，馬來西亞舉行示威，抗議四艘中國船隻進入曾母暗沙。但馬來西亞政府仍希望低調處理，甚至刻意幫助中國淡化事件。比如二〇一四年一月二十六日，中國高調宣布，三艘中國軍艦：兩棲登陸艦長白山艦，以及兩艘導彈驅逐艦海口艦和武漢艦在曾母暗沙巡邏。面對嘩然的馬來西亞媒體，馬來西亞海軍部長加法爾將軍仍否認事實，聲稱中國海軍訓練發生在馬來西亞領海以北數百海里的公海，不在曾母暗沙。[252]

但是在中國大規模造島之後，馬來西亞也坐不住了。二〇一五年六月四日，中國海警船一一二三在南海瓊臺礁附近海域，與馬來西亞海軍與海事執法局艦隻對峙。瓊臺礁位於南海南沙群島南康暗沙中部，原爲暗礁，現已生長成一個低潮時高出水面十多米的小型島，長一七〇多米，寬二十多米，最大潮時也高出水二至三米，長六十來米，寬十多米。受漲退潮的影響，其面積會有幾十平方米的波動，現在正變得越來越大。[253] 馬來西亞稱南康暗沙與北康暗沙爲 Luconia Shoals，它們距離婆羅洲約一五〇公里，十分接近九段線的最南端，位於馬來西亞的大陸架上。一九七九年以來，馬來西亞對它們主張領土。在南康暗沙海域，有馬來西亞已經在開發的油田。

馬來西亞官方指出，中國海警船最近兩年一直在該海域下錨。馬方還表示該國海軍與海事執法局一直對該區域保持監視，保衛「主權」。大馬總理署部長稱，外國船隻可以自由航行，但不得未經馬方許可在該地下錨。對於外國船隻的「非法」捕撈和偷渡問題，馬來西亞高度重視，將採取一切可

[251] *NIDS China Security Report 2011*, Published by The Natinal Institute ofr Defense Studies, p.19.
[252] http://www.bbc.com/zhongwen/trad/china/2014/01/140129_malaysia_china_sea.
[253] http://www.appledaily.com.tw/realtimenews/article/new/20150604/622658/.

能的手段保護和防禦馬來西亞水域。[254]馬來西亞國家安全部長沙希淡（Shahidan Kassim）表示，該處並非有主權爭議的地方，將會採取外交行動；並透露，馬來西亞總理將會直接向國家主席習近平提出這個問題。馬來西亞海軍司令加法爾（Abdul Aziz Jaafar）更對法新社說，去年九月起，中國「入侵」的次數增加。馬來西亞每天都看到中國船，每天都在抗議。

瓊臺礁事件顯示，中國造島之後，馬來西亞對中國越來越不信任，越來越和其他東盟國家站在同一陣線。

印尼早已對中國公務船在納土納海域的活動極爲擔心。二〇一〇年六月二十三日，中國漁政三一一號在納土納附近海域與印尼巡邏艦發生衝突。當印尼巡邏艦試圖逮捕在該水域捕魚的十艘中國漁船時，漁政三一一號用機關炮指向印尼巡邏艦，威脅開火，要求印尼對漁船放行，事件幾乎失控，最後印尼被迫就範。[255]事件當時沒有被披露，直到八月才由日本媒體曝出，同時還被指類似事件在五月份已經發生過一次。[256]印尼如此低調的原因是希望在南海爭端中繼續保持「中立」的形象。[257]

印尼在中國大規模造島之後，加上新總統佐科上任，開始調整對中國的立場。二〇一五年一月十五日，印尼武裝部隊總司令穆爾多克在一次新聞發布會上表示，印尼正擴大空軍在南中國海的存在，以此發出新任總統佐科和軍方高級將領決心抗衡中國、維護納土納群島主權的最新信號。穆爾多克將軍甚至直言不諱：「有決心在南中國海挫敗任何中國威脅印度尼西亞領土的企圖。」[258]

五月二十日，印尼把在「印尼海域」抓獲的四十三艘非法漁船炸毀，要給外國漁船「好好地上一課」。[259]令人矚目的是，這批被炸毀的漁船包括中國的漁船。印尼炸毀抓獲的漁船並不罕見，但以往都會放過中國漁船。比如在二〇一四年發生的類似炸沉漁船事件中，在中國的交涉下，印尼放過了八艘中國漁船。這次印尼不對中國漁船網開一面，顯然說明了印尼所說的「好好地上一課」。是特別說給中國聽的。

十一月十一日，印尼安全統籌部長（Coordinating Political, Legal and Security Affairs Minister）胡特・潘查伊坦（Luhut Panjaitan）稱，印尼不承認中國的九段線。[260] 如果中國對南海絕大部分水域的主張，以及與印尼在納土納的領土的主張無法通過對話解決，那麼印尼可能會把中國訴諸國際刑事法院解決（路通社記者認爲他指的是國際仲裁機構）。[261]

對此，中國外交部發言人洪磊表示，「印尼對中國的南沙群島沒有提出領土要求。納土納群島主權屬於印尼，中方也沒有表示異議。」[262] 這是中國第一次公開承認納土納群島屬於印尼，但並沒有提中國和印尼之間在納土納群島附近的海域的衝突。

---

[254] https://www.malaysiakini.com/news/300677.
[255] http://www.weeklystandard.com/article/489430.
[256] http://www.weeklystandard.com/article/489430.
[257] http://www.aspistrategist.org.au/mapping-the-nine-dash-line-recent-incidents-involving-indonesia-in-the-south-china-sea/.
[258] http://www.ifengweekly.com/detil.php?id=1708.
[259] http://www.bbc.com/zhongwen/trad/world/2015/05/150520_indonedia_fishing_boat_sink.
[260] http://www.thejakartapost.com/news/2015/11/13/china-confirms-maritime-disputes-with-ri.html.
[261] http://www.reuters.com/article/us-southchinasea-china-indonesia-idUSKCN0T00VC20151111.
[262] http://world.people.com.cn/n/2015/1112/c1002-27809190.html.

潘查伊坦在欣喜於中國承認印尼對納土納群島的主權之餘，進一步否定了中國的九段線，他說：「這樣，中國主張的九段線就不再成立了，因爲納土納群島已經是印尼的一部分。」[263]

曾母暗沙的法律地位

曾母暗沙位於馬來西亞加里曼丹島的大陸架上，距離馬來西亞的海岸線只有八十公里（四十三海里），距離中國大陸極爲遙遠，到海南島最南端也有八七〇海里。它不是島嶼，而是距離海平面二十二米之下的珊瑚礁。

沒有證據顯示中國在古代就知道曾母暗沙。英國是首先發現而且首先命名這個暗沙的國家。在十九世紀中，英國海軍水文測量局在南海進行詳細考察，在地圖和水路志上第一次記錄了這個暗沙，並以英國探測人員名字 James Shoal 將其命名。

一九三五年中華民國由內政部進行了第一次地圖開疆時，James Shoal 也進入了內政部官員的視線，並根據英文的發音翻譯爲曾母灘。爲什麼他們會認爲一塊在水底下二十多米的珊瑚是中國的領土呢？這可能是翻譯的問題。在英文裡，shoal 指的是海裡面一個淺水的區域。如果水手在遠處觀察，就會看到浪花在這個區域向上湧，由此知道這裡是一個危險的淺水區。但這個詞不恰當地翻譯成中文的「灘」，很容易被誤解爲是海平面以上的沙灘。這些官員可能就是因此而誤解，加上並沒有親眼見過這個 James Shoal，才將這麼一塊在國際法上不能視爲領土的大珊瑚刊登在內政部的公告上。

就國際法而言，中國通過地圖開疆的單方面主張難以成立（見二・八）。對於曾母暗沙更是如此，在國際法的實踐上，沒有任何一個國家把這種暗沙視爲領土，何況曾母暗沙是英國皇家海軍發現並命名的，就算從歷史權利來看，也是英國人最有資格聲稱其主權。

二戰之後，中國民國政府進行了第二次地圖開疆，把很多島嶼的名字換成了中國式的名稱。曾母灘的名稱改爲曾母暗沙，並且包括在U型線內，進一步確定了曾母暗沙是中國的「領土最南端」。但其附近的兩個暗沙，立地暗沙和八仙暗沙，原在國民政府的名冊上，卻不知爲何沒有被U形線包括進去，後來在中國大陸的名冊上也不予公布。需指出的是，當時中國「收復」南沙的戰艦並沒有到達曾母暗沙。

一九七八年，馬來西亞宣布，根據聯合國《大陸架公約》擁有二〇〇海里的大陸架。一九八〇年，馬來西亞在南沙群島南部進行巡航並宣示主權，曾母暗沙也在其中。事實上，在更早的一九七〇年代，馬來西亞已經在南海大陸架上開發石油，其中一個油田就在曾母暗沙北部不遠處。可以說馬來西亞已經對曾母暗沙行使了權利。而中國直到一九八三年才第一次到達曾母暗沙。

《公約》第一百二十一條第一款規定：島嶼是四面環水並在高潮時高於水面的自然形成的陸地區域。這是對長久以來國際習慣的一個明確的確定，即在自然狀態下不冒出水面的暗沙沒有作爲領土的資格，更沒有得到領海、經濟專屬區和大陸架的資格。因此，根據國際法，曾母暗沙不可能作爲領土。在和韓國有爭議的東海蘇岩礁問題上，中國堅持作爲水下暗礁的蘇岩礁不能作爲領土，但卻堅持比蘇岩礁更深的曾母暗沙是中國的領土。這豈非雙重標準？

【263】 http://nasional.sindonews.com/read/1065520/14/china-akhirnya-akui-natuna-milik-indonesia-1448859010.

那麼如果曾母暗沙不是領土，那麼它屬誰呢？根據國際法分析，曾母暗沙更應該屬馬來西亞。理由如下：第一，曾母暗沙遠離南沙群島的島礁群，位於加里曼丹島的大陸架上，是一個獨立的地理構造。如三．六所述，在國際上南沙群島的範圍根本沒有統一的標準，曾母暗沙屬南沙只是中國單方面的說法。比如一般認爲，越南主張整個南沙群島的主權，但事實上越南並沒有主張擁有曾母暗沙。在南海地理權威 Prescott 的南沙地理描述中，曾母暗沙也不在南沙群島之內。[264]第二，曾母暗沙距離馬來西亞海岸只有四十三海里，比距離任何一個能露出水面的南沙群島的島礁都近。即使所有南沙群島都屬中國，按照等距原則劃分海界，曾母暗沙仍然屬馬來西亞。第三，曾母暗沙位於加里曼丹島的大陸架上，和南沙群島位於盆地上的構造不同。按照大陸架延伸的原則，即使所有南沙群島都屬中國，曾母暗沙也屬大陸架國家馬來西亞。第四，中國在東海劃界中認爲韓國的半島和日本的島嶼無法享受和大陸一樣的劃分海界的權利。按照這個標準，即使所有能露出海面的南沙群島都屬中國，這些極爲細小的島嶼也不應該和加里曼丹島這樣的大島嶼享受相同的權利。因此曾母暗沙更應該屬馬來西亞。

六．十四　南海仲裁案的判決

仲裁案判決前後的角力

進入二〇一六年，隨著南海仲裁案判決的日子漸近，各方展開外交和輿論角力。早在仲裁案宣判之前，中國就已經表明了「四不」的態度：不參與、不接受、不承認、不執行。七月十二日，一拖再拖的仲裁案終於宣判，結果對中國極爲不利。中國在輿論、外交和軍事三個層面對仲裁案做出反應。

法律上，中國國務院發布《中國堅持通過談判解決中國與菲律賓在南海的有關爭議》白皮書，[265]討論了南海與南海仲裁案的法律問題。

輿論上，中國先是形容無論最終裁決結果如何，都是一張廢紙。[266]判決後，在重複四不政策的同時，首先貶低仲裁庭，認爲其不是國際法院，只是一個如同「野雞組織」的臨時機構，爲錢而提供祕書服務。如六．九中討論，這種貶低完全是無稽之談。中國又說日本人是幕後黑手，姑且不管柳井對這個案件的態度如何，他對整起案件的參與，僅限於按程序挑選仲裁員——除了菲律賓有權指定一位仲裁員外，其實中國本也可指定一位仲裁員，並且可以參與選擇另外三位仲裁員；只是中國拒絕參與才導致剩下四個都由柳井俊二挑選。這些仲裁員都是各國有名的法律學者或法官，有自己的操守和專業，並非柳井豈是這麼容易被操控？中國又說這些仲裁員都不是亞洲人，不理解亞洲情況。可是，如果他們是亞洲人，中國又是否會指責他們存在利益關係，有預定立場呢？中國外交部副部長劉振民又說仲裁員收了菲律賓錢，[267]暗示他們拿錢辦事，更屬無稽。他說的大概是指附件七第七條關於開

[264] David Hancox & Victor Prescott, *A Geographical Description of the Spratly Islands and an Account of Hydrographic Surveys Amongst Those Islands*, Maritime Briefing Vol.1 No.6.

[265] 中國國務院新聞辦公室，《中國堅持通過談判解決中國與菲律賓在南海的有關爭議》，http://news.xinhuanet.com/2016-07/13/c_1119210479.htm.

[266] 〈戴秉國：南海仲裁案判決「不過是一張廢紙」〉，http://www.bbc.com/zhongwen/trad/china/2016/07/160706_china_philippines_dai_bingguo.shtml.

[267] http://www.chinanews.com/gn/2016/07-13/7938199.shtml.

支的規定，費用由雙方平分（這些費用除了仲裁員的報酬外，還有各種法律服務的費用）。因中國缺席，所有費用就只能由菲律賓單方承擔，這是再正常不過的安排。正如法庭審案，與訟雙方都需要負擔堂費。把這種費用作為貶低仲裁員的藉口，除了沒道理，亦缺乏對法官專業操守的尊重。

其次，論證仲裁庭「沒有管轄權」，聲稱中國不參與國際法仲裁反而才是遵守國際法的榜樣，[268]抓住判決中「太平島不是島」引發的爭議，論證仲裁庭荒謬；聲稱「大國不需要遵守國際法庭判決」。[269]

外交上，中國動用龐大的外交資源，拉攏不同國家表態「支持中國」。中國聲稱，截止到二〇一六年七月十一日，有超過七十個國家在南海問題上支持中國。[270]但中國聲稱的這些國家中，有的國家事後否認自己支持中國的立場（如波蘭、斐濟）；有的國家聲明僅支持依照國際法和《南海各方行為宣言》解決南海問題，但卻被中國解讀為「支持中國」；有的國家所謂支持中國，具體措辭不清，只有中國提出的版本，難以判斷真偽；有的國家聲明南海問題應該通過協商解決，但那和仲裁案並不矛盾；只有極少數的不相關的國家（如西非國家甘比亞）明確支持「中國不須理會仲裁」。但並沒有國家明確支持南海諸島和南海屬於中國。[271]

中國一方面堅持「四不」，一方面在各種外交場合避免提及南海仲裁案，以淡化仲裁案的影響。六月十四日在雲南玉溪，中國和東盟外長舉行會議。據法新社報導，馬來西亞外長原先發布了一份「罕見強硬」的東盟外長聯合聲明，提到人工島問題。但是在幾個小時之後，東盟祕書處宣布收回聲明，因為有內容要緊急修正。傳言是受到東道主中國的壓力。[272]七月二十五日東盟在老撾的外長會議上，中國反對把菲律賓提出的仲裁案寫入宣言，得到柬埔寨的支持下，被中國視為外交的勝利。但東

盟祕書長表示，這是爲尋求共識的價值觀和原則的勝利，在宣言中還是提及了南海造島和航海自由等問題。【273】

軍事上，中國除了在南海加緊軍事化，還在宣判前的七月五日起，由海軍司令吳勝利等四名上將親自坐鎮指導，在西沙海域集中了南海、北海和東海三大艦隊的部分兵力進行演習，涵蓋航空兵、潛艇、水面艦艇和岸防部隊各類作戰平臺。【274】

而與此同時，美、日、澳、加與歐洲等國宣布支持仲裁案，並一再表示，仲裁案有法律效力，要求中國遵守判決。七月初在日本舉行的G7峰會上，各國發表聲明，要求各方尊重仲裁案結果。【275】仲

【268】〈黎蝸藤：論《人民日報》批菲律賓仲裁案〉，《明報》，二〇一五年十二月二十七日，http://news.mingpao.com/pns/dailynews/web_tc/article/20151228/s00012/1451239520440.

【269】〈黎蝸藤：面對南海仲裁，中國應客觀看待〉，端傳媒，二〇一六年八月二十四日，https://theinitium.com/article/20160824-opinion-lai-southchinasea/.

【270】http://world.people.com.cn/n1/2016/0711/c1002-28544870.html.

【271】〈黎蝸藤：南海外交角力中的語言僞術〉，《明報》，二〇一六年五月十一日，http://news.mingpao.com/pns/dailynews/web_tc/article/20160512/s00012/1462990221450，另見 http://www.bbc.com/zhongwen/trad/china/2016/06/160617_china_scs_60_countries.

【272】http://cn.rfi.fr/%E4%B8%AD%E5%9B%BD/20160615-%E5%8D%97%E6%B5%B7%E4%BA%89%E7%AB%AF%EF%BC%9A%E4%B8%9C%E7%9B%9F%E5%AE%A3%E5%B8%83%E6%92%A4%E5%9B%9E%E5%AE%83%E7%9A%84%E8%81%94%E5%90%88%E5%A3%B0%E6%98%8E.

【273】http://www.voachinese.com/a/news-asean-china-scs-20160725/3434128.html.

【274】http://udn.com/news/story/9500/1817740.

【275】http://www.bbc.com/zhongwen/simp/china/2016/05/160530_china_japan_g7summit.

裁案宣判後，美、日、澳洲[276]等在第一時間支持仲裁判決。美國在仲裁案宣布前後，派出兩艘航空母艦「斯坦尼斯號」（USS *John C. Stennis*）及「里根號」（*Ronald Reagan*）同時在南海活動，[277]很可能是爲了防止中國在軍演中突然奪島。

二〇一六年，南海幾個主要的爭端方都經歷政壇選舉，爲南海問題增添變數。越南在一月召開十二大，原先傳言現任總理現任總理阮晉勇將會接任成爲總書記，成爲越南的第一把手。西方媒體也一致看好阮晉勇。阮晉勇出生在南方的金甌市，上調中央之前，長期在南方工作。若傳言成眞，這將會是繼阮文靈（一九八六—一九九一）之後第二位成爲總書記的南方人士，意義不可低估。一直以來，阮晉勇是改革派的標誌性人物，也被認爲是「親西方派」，主持推動多項改革開放的措施，特別是加入美國主導的TPP（跨太平洋夥伴關係協議）。可在會議上，阮晉勇卻被迫「全退」，年齡更大的現任總書記阮富仲得以留任。[278]儘管如此，阮晉勇的多名親信仍擔任要職，越南的權力也並非集中在總書記一人之手，何況阮富仲雖然被傳爲「親華」，但其實僅是較爲保守而已，並不意味著會在領土問題上會讓步。仲裁案之後，越南第一時間歡迎仲裁案的結果，而且表示也有可能就與中國的南海問題提出仲裁。[279]

臺灣的變化更令人注意。馬英九在「跛腳鴨」時期的一月二十八日不顧美國等的反對，高調登上太平島發表講話，主張對南海的主權，特別強調太平島是島不是礁，還提出「南海和平倡議」的路徑圖。三月二十一日，發表《中華民國南海政策說帖》。[280]但這些倡議影響寥寥。既由於臺灣沒有合適的國際法地位，也由於「南海和平倡議」一方面要擱置爭議，另一方面又默許中國不斷改變現狀，缺乏各國最關心的「不改變現狀」這個必要的前提條件，注定不會被各國接受。

民進黨蔡英文在上臺後，改變了「親中」的立場，在南海立場上也有很大變化。南海仲裁案判決之後，蔡英文一方面主張仲裁案中臺灣沒有參與，所以沒有約束力；一方面主張，南海諸島及其相關海域主權屬於中華民國所有。但最重要是，不再堅持「九段線」的提法。[281]

筆者認爲，臺灣擁有解決九段線問題的鑰匙。[282]這是因爲，民國政府是當初畫出九段線（當時是十一段）的政府，具有充分的史料和權威說明九段線的眞實涵義，即島嶼主權歸屬線。而且，臺灣也是最早提出九段線爲歷史性主權或歷史性權益的政府，臺灣有義務對此作出澄清。如果臺灣能夠宣布九段線僅爲島嶼歸屬線，那麼大陸要堅持其他解釋就失去基礎。這可爲大陸政府立場後退減少阻力。如果九段線被確認爲島嶼歸屬線，南海各方就可以在國際法的框架之下處理南海問題，符合各方的利

---

[276] http://www.bbc.com/zhongwen/simp/world/2016/07/160713_south_china_sea_ruling_latest_reax.

[277] http://www.bbc.com/zhongwen/trad/world/2016/06/160621_us_carriers_east_asia.

[278] http://news.mingpao.com/pns/dailynews/web_tc/article/20160127/s00014/1453831707297.

[279] http://www.bbc.com/zhongwen/simp/china/2016/07/160713_ana_south_china_sea_ruling_se_asia.

[280] http://www.mofa.gov.tw/Upload/RelFile/643/156143/%E4%B8%AD%E8%8F%AF%E6%B0%91%E5%9C%8B%E5%8D%97%E6%B5%B7%E6%94%BF%E7%AD%96%E8%AA%AA%E5%B8%96.pdf.

[281] 〈中華民國政府對「南海仲裁案」之立場〉，二〇一六年七月十二日新聞稿，http://www.president.gov.tw/Default.aspx?tabid=131&itemid=37701&rmid=514.

[282] 〈黎蝸藤：臺灣或是解開南海爭端的鑰匙〉，《明報》，二〇一五年五月二十九日，http://news.mingpao.com/pns/%E9%BB%8E%E8%9D%B8%E8%97%A4%EF%B9%95%E5%8F%B0%E7%81%A3%E6%88%96%E6%98%AF%E8%A7%A3%E9%96%8B%E5%8D%97%E6%B5%B7%E7%88%AD%E7%AB%AF%E7%9A%84%E9%8E%96%E5%8C%99/web_tc/article/20150530/s00012/1432922063423.

益。

菲律賓的總統換屆是南海問題最大的變數。由於仲裁案的宣判時間一拖再拖，原先預計在艾奎諾三世下臺之前（六月三十日）能出結果，最後拖到了新總統杜特爾特（Rodrigo Duterte）已經上任後才宣判。杜特爾特是「民粹派」的總統，上任不久就推行「親中遠美」政策，與美國關係急劇惡化，[283]主張在南海問題上與中國恢復對話。[284]他對仲裁案的態度以堅持仲裁結果爲主，但也聲稱若中國投資的話可以共同開發。八月初，菲律賓派出前總統拉莫斯爲特使赴香港與中國人大外事委員會主任傅瑩會面，開始新的接觸。[285]十月二十日，杜特爾特訪問中國，得到中國的盛情款待，送上十三項雙邊合作文件的大禮包，全面恢復中菲之間的關係。《中菲聯合聲明》[286]中有三條涉及核心矛盾南海問題，與中菲交惡之前的表述沒有太大分別，南海仲裁案沒有被寫入聲明：既沒有認爲有效，也沒有宣布無效。中菲之間似乎仍然走「擱置爭議，共同開發」的路。不久後，菲律賓漁民到黃岩島捕魚就不再受阻攔，菲律賓的海警船也能重返黃岩島附近活動。看起來，現在雖然沒有回復到二〇一二年之前的菲律賓管轄的狀態，也從中國控制變成中菲「共管」，雙方模糊了主權問題，變相地承認了仲裁案的結果。[287]菲律賓也在南海爭議中轉向低調。

東盟各國中，新加坡明確支持仲裁案。[288]其他國家除了柬埔寨明顯站在中國一方外，其他國家如印尼、泰國等的態度都比較模糊。

綜上所述，南海仲裁案宣判後，南海問題雖然氣氛緊張，但至少在短期內沒有發生衝突。其主要影響，會在中長期的未來體現出來。

國際法分析

南海仲裁案裁決對中國極爲不利。儘管中國認爲是一張廢紙，但在以後的南海爭議中，這個裁決一定會被爭議方作爲籌碼，國際也會以此衡量中國的行爲。對中國而言，判決的不利之處有以下幾個方面：

首先，**「九段線」被否定是中國最關心的事項**。這有感情和實踐上的雙重原因。感情上，「九段線」（前爲「十一段線」）畫在中國地圖上七十年，大部分中國人都看著「九段線」長大；近十幾年來，更被當作「祖國海疆」來宣傳。如今被宣布「不符合國際法」，在心理上難以接受不難理解。九段線是中國政府長期刻意回避和模糊化的問題，官方沒有作出解釋，學者之間也意見紛紜。在實体性聽證之前，中國都沒有對此表態。政府確有難言之隱：若把它說成歷史性水域或者國界線，肯定會被判不符合國際法；但是若澄清爲島嶼歸屬線，中國就只能擁有依照國際法規定的水域，心有不甘。

儘管中國沒有公布「九段線」的定義，但一般認爲，中國以「歷史性權利」爲理由，把「九段

---

[283] https://theinitium.com/article/20161017-dailynews-duterte-visits-china/#.

[284] https://theinitium.com/article/20161020-dailynews-duterte-xi/.

[285] http://www.bbc.com/zhongwen/simp/china/2016/08/160811_fuying_meeting_philippines_romos.

[286] http://news.xinhuanet.com/world/2016-10/21/c_1119763493.htm.

[287] 黎蝸藤：中菲關係增溫？·黃岩島是試金石，https://theinitium.com/article/20161028-opinion-lai-philippinesandchina/.

[288] http://www.thepaper.cn/newsDetail_forward_1509489.

線」當作管轄範圍。菲律賓列舉了眾多例子以論證中國實際把九段線視爲自己的管轄線。在管轄權宣判中，並沒有立即宣布九段線是否擁有管轄權，但其「歷史性權利」被否定，令中國在該水域行動的合法性受損。其實，即便仲裁庭宣布沒有管轄權，但做出「九段線從來沒有明確的法律地位」的說明，也同樣會打破中國主張九段線爲「歷史性水域線」的企圖，否定這條線有任何法律約束力。

九段線權利被否定後的不利之處首先在海域面積上。即使南沙群島（原先被認爲）合資格的島嶼可擁有最大二〇〇海里的專屬經濟區，也不能覆蓋整個「九段線」區域，特別是西南部，「空白區域」更大。該區也是近年的熱點：二〇一一年與越南的「切斷電纜事件」、近日與印尼在納土納群島附近海域的衝突，都處於這個區域。中國在這些行動中的「正當性」很大程度來自「九段線」。「九段線」被否定之後，中國在這些海域執法的正當性更將受到質疑。

除了面積之外，中國所認爲的「九段線」內的「歷史性權利」，遠超專屬經濟區有權享有的權利。比如，不少中國媒體就直接以「海疆線」形容之，認爲「九段線」內是中國領海。在稍微謹慎一些的學術界，以傅崑成爲例，列舉「九段線」內的權利，包括在西沙南沙設置「群島水域」的權利，還包括在「群島水域」外享有包括航海航空交通管制的權利，而外國只能接受中國的管理和控制。「歷史性主權」被仲裁庭否定後，這些構思中的權利自然也全部被否定。

其次，**對臺灣而言，太平島由「島」變「礁」爭議性更大**。國際法學界一般認同「九段線」在法理上難以成立，但幾乎沒有多少人會料到裁決結果把太平島「貶」爲礁。

根據《公約》第一百二十一條規定：

1. 島嶼是四面環水並在高潮時高於水面的自然形成的陸地區域。
2. 除第三款另有規定外，島嶼的領海、毗連區、專屬經濟區和大陸架應按照本公約適用於其他陸地領土的規定加以確定。
3. 不能維持人類居住或其本身的經濟生活的岩礁，不應有專屬經濟區或大陸架。

第三條「不能維持人類居住或其本身的經濟生活的岩礁」沒有明確的定義。因此怎樣的島嶼才算是能夠「維持人類居住或其本身的經濟生活」不乏爭辯的空間。馬英九在二月曾邀請國際傳媒一道登上太平島，力證太平島是島不是礁；臺灣「法庭之友」也遞交了報告書。此後臺灣一直對此非常樂觀。結果仲裁結果一出，舉臺震驚。

但其實這並非無跡可尋。首先因爲中國缺席，讓菲律賓在這次仲裁中上演「獨腳戲」。菲做了充分的準備：首先，仔細列出歷史上太平島並沒有人常住，漁民等只是暫住。其次，他們找到一份一九九四年三位臺灣科學家在政府支持下的科研調查報告，裡面有一些非常不利的證據，包括第一，報告提及太平島的地下水「鹹，不適宜飲用」，這和太平島上有淡水說法相悖。根據事後駐島軍人解釋，島上的水可以飲用，但仍然有鹹味。軍人只用來洗滌，飲食水都是外面運來的礦泉水。第二，報告提及島上面的土壤鹽度高，只適宜生長特定的植物；儘管報告中說有幾種植物可食，但菲又找來資料證明，它們都「很難吃」，一般不作食用。此外，菲找來臺媒體的報導，指島上有淡化裝置；島上的井，有的完全乾涸，有的間歇性乾涸。因此認爲在「天然情況」下，太平島不能支持人類的生活和經濟活動。菲律賓遞交的材料都來自臺灣，並非信口雌黃，在可信性上也令臺灣方面的證據落了下風。

儘管中國缺席審判，但是從庭審過程看，仲裁員還是很認眞和「挑剔」地盤問了菲方代表。判辭也採信了一些臺灣和北京方面的描述。但是根據雙方證據，裁決認爲雖然島上有淡水，但仍不足以支持穩定的社群生活，所以太平島被判爲礁。

這個判決適用於所有南沙群島。其實，對於中國控制的島礁而言，判決早在意料之中。就連中國官方的《人民日報》的子報《環球時報》在判決前後的文章[289]中也承認「中國大陸在南沙目前控制的島礁都屬於二三類」，即「二是礁，露出水面一點，有十二海里領海，沒有專屬經濟區」，以及「第三類叫低潮高地，潮落才露出水面，潮漲則看不見，沒有十二海里領海」。

島和礁的分界線在哪裡？很有爭議。地理定義上，礁並不是一般人想像中的一塊石頭而已。根據不同專家的觀點，礁的面積上限從○·○○二五到一平方公里都有；太平島天然面積○·五平方公里，正在島和礁之間。法律定義上，島應能「維持人類居住或其本身的經濟生活」。各種理論對如何理解此條件分歧極大，二仲裁庭採用的是最嚴格的理解，即必須形成一個「穩定的定居社群」。這個詮釋肯定有爭議，但也並非無中生有。裁決書更上升到立法原意的高度，從人類的共同財富與一國占有之間的矛盾解釋了裁決的理由，並非沒有說服力。最後，以往判例中存在比太平島要大，卻也被定義爲礁的先例。北京和臺灣也一直主張面積爲太平島八倍、在一八九六到一九四二年之間有日本人古賀家族長期生活、最多有超過一○○人居住的釣魚島沒有專屬經濟區的權利。

筆者認爲，在雙方充分辯論的情況下，對太平島的性質做出裁決會更合適。如果北京或臺灣有代表當庭抗辯，並非沒有機會說服仲裁員。但退一步說，即便考慮臺灣的實際情況，太平島是島是礁，影響並非太大。以太平島的「島情」，即便它被判爲礁，也不可能被賦予二〇〇海里專屬經濟區，三至十五海里已經是合理範圍。而事實上，臺灣既沒有頒布過太平島的專屬經濟區，也沒有採取過執法行動。

太平島被降格爲太平礁對中國大陸影響大得多。中國一直想「合法化」「九段線」，其中一種思路就是「以南沙群島爲整體」畫出領海基線，在這個基礎上以二〇〇海里專屬經濟區「湊夠」「九段線」，這樣即便「九段線」被否定，也多少能補救。但現在連最大的太平島也沒有專屬經濟區，其他島嶼也就更加沒有資格。仲裁庭甚至在這個基礎上還判定「整個南沙群島」都沒有這樣的資格。這等於徹底在國際法層面徹底切斷了中國的上述思路。此外，裁決使得南海的海洋劃界問題大幅度簡單化，不利中國的拖延戰術。

南沙群島主權有爭議，現實中又被各方占據，每個島礁的劃界效力也具爭議。所以以往分析南海專屬經濟區劃界，總是要分爲很多種情況進行處理（比如假設全屬中國、全屬越南、按照現狀，以及島礁的效力等），非常複雜。裁決後，只須考慮沿岸國向外擴展二〇〇海里即可，南海海洋劃界問題一下子簡化，且完全有利於菲律賓、越南、馬來西亞等國。這也確定了該訴訟中涉及南沙群島（如驅趕漁民、破壞環境）等事項的地點都屬於菲律賓的專屬經濟區，爲仲裁這些訴求奠定法律基礎。否則，由於主權不清兼仲裁法院不牽涉具體劃界，無從確定它們是否侵犯了菲律賓的權利。

---

[289]〈勸闖一二海里美軍艦做做樣子滾蛋〉，http://opinion.huanqiu.com/editorial/2015-10/7850727.html.

島與礁的定義問題對其他地方也有重要的影響。若按此標準，世界上一大批島礁都只能算是礁。但需指出的是，此仲裁案的判決只對雙方有效，它可作爲一個判例，在以後的案件中被引用論證，但不會自然而然地在其他場合生效。比如，若中國或臺灣就日本沖之鳥島的性質提出仲裁，幾乎可以肯定沖之鳥島會被判爲礁。中國若能轉變對仲裁的態度，接受並「善用」仲裁案，也可能會帶來意想不到的利益。

裁決中影響最大和最值得商榷的，是低潮高地問題。中國占領的美濟礁就是低潮高地：在天然的狀態下，只有低潮時才能露出水面。裁決中，它和其他低潮高地一樣被認爲沒有取得領土的資格。這一來，中國在南沙群島的領土主張受到重大打擊。在中國定義的南沙群島中，低潮高地爲數眾多，而且很多像美濟礁一樣分布較爲獨立，距離島礁十二海里以外。按照裁決，這些礁石都應根據位於哪國的經濟專屬區，而屬於該國的「主權權利」。而所有的（在低潮也不能露出水面的）暗沙無資格成爲領土，與低潮高地一樣，歸入沿岸國的「主權權利」。因此，即便假設中國擁有整個南沙群島的主權，也將喪失很多原本主張的低潮高地和暗沙，包括被宣傳了七八十年的領土最南端「曾母暗沙」。

筆者認爲，低潮高地比暗沙的問題複雜，該判決在程序上存在疑點。與太平島地位問題不同，太平島被審核的是劃界效力（entitlement），這與主權關係是可以區分的：劃界效力再小，也可以被分配主權，進而進行海洋劃界。正是這種可分割性，令菲律賓可以繞過中國二〇〇六年對《公約》的排除性聲明。但美濟礁問題是可被歸屬的問題（appropriation），它和主權關係直接相關：如果一個「島礁」不能成爲領土，那該「島礁」主權分配的問題也就不存在了。

《公約》中本不涉及領土的可歸屬問題，且中國在一九九六年批准《公約》時的保留聲明第三條爲：簽署《公約》不影響對南沙群島的主權。這裡的南沙群島自然也包括美濟礁等低潮高地，故《公約》對此沒有約束力。因此要處理這個問題，就必須以一般國際法爲根據。實際上，判決中提到的唯一依據，也是兩個案件（卡塔爾 vs.巴林以及尼加拉瓜 vs.哥倫比亞）的判例，認爲已經形成習慣法。

仲裁庭固然可以應用一般國際法，但在以往被應用的例子中，都是在雙方同意之下的仲裁。而此案卻是菲律賓單方面提起的仲裁，之所以能進入仲裁程序，完全依據《公約》的特殊規定。因此這裡的矛盾就在於：如果單方面提起仲裁，就只能限於裁決《公約》有規定的事項；如果要裁決一般國際法相關的事項，則應獲雙方同意。鑒於這種程序上的問題，筆者認爲低潮高地問題不應該在此次仲裁中得到處理。

此外，既然依照一般國際法，歷史因素就應該被加以考慮，但這次裁決中並沒有提到任何歷史因素。而且，在引述的兩個案例中，筆者感覺相關論述並不充分，說服力不足。有學者亦同樣質疑它們已經成爲「習慣法」的可靠性。[290]

另外，「九段線」和太平島只是涉及「潛在權利」。中國本來也沒有眞正控制「九段線」；臺灣和中國都沒有宣布太平島的領海基線和專屬經濟區。但該判決等同於直接宣布美濟礁屬於菲律賓，等

[290] Roberto Lavalle, The Rights of States over Low-tide Elevations: A Legal Analysis, *The International Journal of Marine and Coastal Law*, Volume 29, Issue 3, pp.457-479.

於要中國把已建設二〇年的人工島拱手相讓，完全超出了中國可接受的範圍。即便從「法律就是法律」的立場出發，也應適當考慮裁決的可被執行性，方能更好地維護法律的效用。

最後一個與劃界有關的問題是人工島的法律地位。人工島被判為無法改變島礁的權利是意料之中。《公約》第六十條第八款規定：「人工島嶼、設施和結構不具有島嶼地位。它們沒有自己的領海，其存在也不影響領海、專屬經濟區或大陸架界限的劃定。」而一二一條第一款規定「島嶼是四面環水並在高潮時高於水面的自然形成的陸地區域。」因此，只有自然形成的島嶼才有資格成為在《公約》中有主張專屬經濟區權利的島嶼。在暗沙之上建造的高腳屋和人工島，無論建築得多好，都不具備主張專屬經濟區的權利。

菲律賓訴求中還有多項關於具體行為的訴求，大部分都得到判決的支持。這裡只討論傳統捕魚權和人工造島問題。

從法理上說，與劃界問題相關的裁決是對具體行為裁決的基礎。菲律賓對此有充分認識，訴求是層層遞進的「連環拳」。以黃岩島為例：否定了「九段線」的權利之後，中國無法以「九段線」為由主張對黃岩島海域的權利；黃岩島是礁不是島，不能產生專屬經濟區和大陸架，則附近海域只能是菲律賓的專屬經濟區，中國只能取得十二海里領海。這樣，判決中國干擾菲律賓在專屬經濟區的主權權利，以及未阻止國民破壞區內生物資源才有理可循。

菲律賓還進一步要求在黃岩島內擁有傳統捕魚權。這樣，即便中國擁有黃岩島的主權，也無法剝奪菲漁民進入十二海里之內捕魚的權利；中國也因而不能在黃岩島附近「碰撞」菲律賓漁船。

傳統捕魚權屬於和歷史相關的權利，但在《聯合國海洋法公約》中不把它視為「歷史性權利」。《公約》中沒有出現這個名詞，僅保留了「歷史性海灣」和「歷史性主權」。從《公約》制定過程看，它是刻意被排除的，與歷史相關的各權利已分散寫入被非排他性的傳統捕魚權、以及排他性的「歷史性主權」（管轄權、司法權等）中。至於所謂「歷史性航海權」也不被視爲特殊的權利，而被視爲航海自由的一部分，在《公約》中被一系列相關條文所確定。

菲律賓漁民與黃岩島的關係比中國漁民密切。菲律賓一九五〇年代的漁業統計中已經把黃岩島記錄在案，也有此後漁民在當地持續活動的證據。而中國海南漁民的《更路簿》上沒有到黃岩島的紀錄；且中國解放後長期的南海禁漁到一九八四年才結束。因此海南漁民到到黃岩島捕魚大概也是那之後的事。

菲律賓在訴求中要求把黃岩島的主權也判給菲律賓，但仲裁法院正確地以「沒有管轄權」爲由拒絕。但作出裁決：不論黃岩島屬菲還是屬中，菲律賓都有傳統捕魚權，中國不得阻止菲律賓漁民在黃岩島十二海里內捕魚。同樣，菲律賓也不能阻止中國漁民捕魚。

由於傳統捕魚權是非排他性的，也出於對漁民生計的考慮，仲裁庭對傳統捕魚權的標準寬鬆，對歷史文檔的佐證並不嚴格。比如，菲律賓漁民的口供中提到，在黃岩島見過中國和越南的漁民，仲裁庭因此認爲越南在黃岩島也有捕魚傳統，實際上承認越南漁民在黃岩島也有傳統捕魚權。

此裁決有可操作的效果：中國如果阻止捕魚就屬違反仲裁，國際有依據進行干預。另外，以此爲例，在西沙等地方，越南也至少應擁有傳統捕魚權。這或成爲越南對中國提起仲裁的考慮因素。

在關於建造人工島是否合法的問題上，菲律賓的最初訴求中只涉及美濟礁的人工島，局限於個案；後來，菲添加了新訴求：要求裁決中國建造人工島違反海洋保護規定及加劇南海緊張局面。這些新訴求涉及所有的人工島，將影響全局。

以永暑礁爲例，它不在菲律賓由大島嶼產生的專屬經濟區內。作爲礁石，它有成爲領土的資格。中國聲稱擁有其主權，稱建造人工島是中國「主權範圍」內的事。但是否「外國無權干涉」造島呢？裁決是否定的。

其實，國際環保組織對中國建設人工島早有非議。中國常指摘國際社會對越菲等「早已建設人工島」視而不見，專門針對中國。但中國人工島和其他國家的「人工島」截然不同。以前的人工建築限於三種：高腳屋、面積很小的混凝土平臺和建築，以及在原有天然島嶼上添附的小量土地。前兩種，不但越菲等有，中國也早已建成。而第三種，因爲中國進入南沙太晚，沒能占領天然島，所以沒有條件做。

與菲越添附相比，中國人工島有幾個重要區別：第一，越菲添附都局限於島嶼海岸旁邊，但中國人工島並非在原有人工建築的基礎上添附而成，而是在礁盤別處全新打造；第二，越菲等添附的面積都顯著小於天然島的面積，而中國人工島面積是礁石天然陸地面積的過萬倍；第三，越菲的建築材料都是通過運輸而來，對原有環境影響較小，但中國的陸域吹填，就地取材，把大片珊瑚礁石打成碎沙來造陸。不難想像，用這種方式建造這麼大面積的人工島，直接毀壞了多少珊瑚礁，更不提隨之而來的其他負面生態影響。即便中國海洋局的報告也承認，在採取持續和有效的措施的前提下，也需要五十至一〇〇年才能恢復原先的生態系統。

仲裁庭認爲中國海洋局的報告存在各種不足，而全面採信了獨立調查報告。認爲中國違反了《公約》第一百九十二條「各國有保護和保全海洋環境的義務」及第一百九十四條「保護和保全稀有或脆弱的生態系統」等規定。判決甚至提到，中國也違反了自己的《環境影響評價法》。

有人質疑，建造人工島不是中國主權範圍的事嗎？其實，任何一個國家參加了任何一個國際條約，都自願放棄了部分主權。遵守國際社會共同訂立的規則、不以主權爲藉口爲所欲爲，正是現代國際關係文明的成果之一。

對中國有利的是，雖然裁決造島違法，但並沒有規定要拆除，也就是說對現已建成的人工島沒有影響。但如果中國還要在其他地方（比如黃岩島）造島的話，此裁決就可以成爲國際干預的理據。

值得指出，裁決並非對中國完全不利。在仁愛礁的問題上，仲裁庭以主權未定爲由宣布：該庭對菲要求中國停止干擾菲對擱淺軍艦進行補給的訴求，沒有仲裁權。對菲律賓要求中國遵守國際法和菲律賓的權利，仲裁庭以訴求不清爲由沒有進行裁決。

綜上所述，雖然部分裁決有爭議，但整體仍然是合法、公正和合理的。雖然中國堅持「四不」，但不等於中國不會以其他形式變相遵守至少部分的裁決。

對中國不參與政策的檢討

中國從一開始就堅持不參與仲裁，這種做法已遭到越來越多的質疑。[291]整個仲裁案在程序上分爲三部分：第一是審核該案能否進入仲裁程序；第二是裁決仲裁庭有無管轄權；最後才是裁決具體訴求。如果中國至少參與第一和第二部分，力爭仲裁庭沒有資格處理這些問題，就能表現出對仲裁庭的

[291] 凌兵：爲什麼中國拒絕南海仲裁有損中國的權益？https://read01.com/ED0z5B.html.

認可，同時又可明確否定仲裁案，那將有機會阻止整個程序，或者至少部分仲裁訴求。可是中國認爲參與任何一個步驟，就等於認可仲裁庭對此有管轄權。這不但存在邏輯錯誤，更大大影響了中國作爲大國尊重國際程序的形象。

如果中國參與，首先的好處是能指派一個能更好地代表自己的利益的仲裁員。還可對另外三個仲裁員的挑選提出意見。

其次，菲律賓訴求能否成功，最艱難就是程序的第一和第二步。若中國參加，菲律賓未必能通過這兩步。中國在《立場文件》中試圖論證，國際法案件中有先例，對於何爲「充分交換意見」有很高的標準，而中菲之間不見得已「充分」交換意見。如果能在庭上以此據理力爭，或許能說服仲裁員。任何一個有法庭體驗的人都知道，法庭做出的決定，是基於「呈現在法官（或陪審員）面前的證據和邏輯」。基於這種認識，就不難理解參與法庭的重要性；也可想而知，菲律賓能在庭上直接呈現材料、現場解釋以及回答質詢，必然獲得了很大的優勢。

第三，不參與的另一個劣勢，就是不能緊跟案件的進程，應對總是慢半拍。比如在剛開始，中國一直強調中國不參與，仲裁庭就不應該接受。事實上，附件七就是專門針對「一國不同意」的情況而設。中國的反對難以阻擋仲裁案進入審核程序。

中國提出的兩個有用論點：「中菲之間有協議通過談判解決」，以及「中菲之間沒有窮盡交換意見」，都應該在審核程序時就據理力爭。但中國遲至二〇一四年底的《立場文件》，才總結出有關這兩論點的證據，其時審核程序早已通過。在管轄權聽證時，這兩個論點已經不再是焦點。

值得指出的是，在管轄權裁決結束之後，至關重要的九段線問題的可管轄性還沒被確定。故此，在菲律賓提出仲裁後，中國有兩年多時間應對九段線問題。此期間，如果中國能提出對九段線的定義，哪怕非常不符合國際法，也可能阻止仲裁庭對九段線問題進行裁決。例如，中國聲稱九段線內水域是「歷史性港灣」或擁有「歷史性主權」，而因爲中國二〇〇六年的保留聲明排除了「歷史性港灣」與「歷史性主權」在可仲裁之列，仲裁庭也就沒有辦法對此仲裁。可是中國在這個問題上毫無作爲。

反觀菲律賓，由於全程參與，不僅清楚了解各個程序關鍵點，還能根據進程不斷補充材料，增加和修正訴求。菲律賓最初的訴求並沒有十五項，是在管轄權庭審之前才增加到這麼多。而十五項中原先沒有對太平島地位的訴求，是在實體庭審時才加上。菲律賓有備而戰，處處主動，優勢也越來越大。

最後，如果中國參與的話，可以通過戰術拖延仲裁進程。一來可以有充足的時間準備材料，二來，如果拖延到艾奎諾三世卸任之後，甚至還可能與新總統達成協議，撤銷仲裁申請。

六・十五　結論：命運共同體的終結

二〇〇九年以來，中國的南海政策和其主張的外交路線存在重重矛盾。一方面，中國對東南亞和世界各國釋放出「善意」，自詡「文明可親的獅子」；還宣揚中國和東盟是「命運共同體」。中國力推的「一帶一路」（絲綢之路經濟帶和二十一世紀海上絲綢之路）政策更被認爲是中國挑戰美國霸權的戰略「勝負手」。按照邏輯，中國在海上絲綢之路的起點南海，應該延續睦鄰的路線。

但中國在各種宣傳中渲染強化極爲強硬的姿態。每當國家領導人發言展示善意的時候，國內官方主流的媒體卻把重點放在「捍衛國家利益」、「不惹事也不怕事」上面，儘管在領導人的長篇大論中它們僅僅是一兩句話。更重要的是，中國在南海步步緊逼，擠壓鄰國的生存空間：單方面劃分禁止捕魚區、干擾石油勘探、擴大在南海的準軍事存在、揚言設立南海防空識別區、奪取黃岩島等等。國家領導人的美麗說辭所帶來的良好國際反應，就在這些強硬派的叫囂和行動中化爲烏有。

中國在南海問題上存在本質上的認識錯誤，這可能是導致這些矛盾的原因。中國出於傳統的反美思維，一直錯誤地認爲南海問題的實質是「中美之間的問題」。以「叢林法則」這種不合時宜的思維，將複雜的南海問題簡化爲「中美爭霸」或「美國要阻止中國崛起」。把幾乎所有相關國家都推到自己的對立面。

其實，南海問題的本質首先是中國和鄰國在領土和領海之間的矛盾。這些矛盾不是美國製造出來的，而是長期以來一直存在的，其核心就是幾乎包括了整個南海的九段線。中國在九段線問題上遲遲不肯表態，但實際行動上越來越強硬，令鄰國心懷恐懼。九段線問題關係到一半東盟國家的核心利益，也牽涉到世界主要國家的重要利益。這個問題一天不解決，中國和東南亞國家就不可能成爲命運共同體。

當然，如果沒有美國的「再平衡」，鄰國可能就只能礙於中國強大的實力而忍氣吞聲。但這並不意味著美國是這些問題的始作俑者。美國更多是充當警察的角色，防止中國單方面武力或準武力解決問題。儘管中國對此頗有怨言，但國際社會卻歡迎美國在南海發揮更大作用。東盟絕大部分國家出於現實利益的考慮，採取兩手準備：在經濟上繼續和中國交好，在安全問題上則向美國靠攏。

中國也沒有正視美國在亞太的傳統合法利益。航海自由是美國的核心利益，而且美國在亞太也有傳統權益。從十九世紀末以來，美國就是維護南海和平安全的最重要一環。沒有美國，東南亞至今可能還在日本的統治下。中國在南海提出的雙軌制倡議，即「有關爭議直接由當事國通過友好協商談判尋求和平解決，南海的和平與穩定由中國與東盟國家共同維護」，顯然欲將美國排除在外。因此美國提出的亞洲再平衡戰略，是對爲維護其在南海的傳統利益。

過去三十多年中國經濟持續高速發展，影響力日益壯大。中國提出一帶一路，開設亞投行，在國際組織增強影響力，都得到國際社會的肯定。但在南海問題上，中國的行爲卻遭到幾乎一致的反對，這很值得深思。

現在的理論界，流行把修昔底德陷阱（Thucydides Trap）應用在中美關係上。它源自古希臘歷史學家修昔底德對雅典崛起之後與斯巴達的衝突分析。這種理論認爲，「後起大國」會挑戰「守成大國」，引發激烈的衝突。在南海問題上，中國強調自己僅是捍衛領土利益，美國強調航行自由的重要性，以及自己在這個地區的傳統利益。但實際上，雙方都不認爲對方的目的僅限於此。這個理論非常有用，但把中美矛盾僅理解爲「兩國爭霸」，忽略其他脈絡因素，有高度局限性；若將這個框架應用於詮釋南海問題，會尤其凸顯這種局限。

儘管美國現在看起來站在「和中國對抗」的第一線，但其背後還有東盟、日本、歐盟、印度甚至俄羅斯。中國在南海強行改變現狀，受影響的不只有美國，而是幾乎所有的利益相關國家；以及經過幾百年形成的國際海洋法和國際法體系，甚至整個國際關係的架構。所以，「和中國對抗」的並非只是美國，而是「現狀」，以及現狀背後的一整套國際秩序，美國只不過恰好是這個現狀的積極支持者和維護者而已。

現狀（status quo）這個概念很神奇。國際關係中的現狀不一定合理，但現狀是一個歷史形成的相對均衡的結果，一般而言比其他的選項更容易接受。除了有極爲強大的世界性潮流（民族主義、反殖民、共產主義等），單方面急劇強行改變現狀，多半會引起激烈的反對。

這種急劇改變現狀的慾望，令後起國陷於「失道寡助」的困境。一戰中的德國和二戰中的日本，都是被自己膨脹的慾望所摧毀。美國是少有能走出「修昔底德陷阱」的後起國家——她長期的、公開的、不與英國爲敵的戰略目標，使英國不會產生戰略誤判；她不但沒有和守成的英國發生衝突，還一再幫助英國，最後實現了和平權力轉移。

現在世界已經成爲一個超越國界的「法治」社會。依照國際法行事，和平解決紛爭，已經在國際社會中成爲主流思想。越南在繼菲律賓之後，也準備拿起了國際法作爲武器，考慮以《聯合國憲章》和海洋法爲理據起訴中國。越南放下武力對抗的方式，轉而尋求國際上廣泛支持的法律方式解決國際紛爭，這是一個令人欣喜的轉變。印尼也表示考慮以仲裁的方式解決與中國之間的海域爭議。如果越南、印尼等也走上法律解決這個途徑，中國國際形象將更爲尷尬——爲什麼連原屬「非主流」的小國越南都能勇於通過法律的途徑解決問題，泱泱大國中國反而一再拒絕採用這一文明的方法處理國與國之間的紛爭呢？

歸根到底，南海的問題，無論領土爭議、海洋劃界還是自由航行，其最核心的矛盾在於，作爲處於二十一世紀的現代國家，是以過時的、野蠻的、單邊的、武力的方式解決問題呢，還是以合乎歷史發展潮流的、文明的、遵守國際法和公約的、仲裁的方式解決問題？

最後的結論

本書將南海現代史明確劃分爲四個階段。

第一階段從本世紀初到二戰結束爲止，可稱爲「日本時期」。日本在鼓勵南進的思路下，由政府鼓勵，通過私人公司或半官方性質的公司開拓南海。這是南海諸島出現領土爭議的主要原因。沿岸各國隨之開始積極主張主權，均帶有阻止日本獲得這些島嶼的目的。在此過程中，中國獲得了東沙島；西沙群島出現中法（越）之爭；南沙群島出現日法（越）英中之爭；連黃岩島也有潛在的美（菲）中之爭。

第二階段從二戰結束到一九八九年，南海進入以沿海國爭奪島礁爲核心的大爭議時代。日本被迫退出南海爭議；英美法荷紛紛讓殖民地獨立；然而《舊金山和約》並沒有解決南海諸島的歸屬問題。中國、越南、菲律賓於是成爲南海諸島爭奪戰的主角。由於中國在一九四九年後有北京和臺灣（中華民國）兩個政府，而越南則有北越和南越兩個國家，所以牽扯的各方關係錯綜複雜。冷戰的背景脈絡對南海各方勢力的此消彼長影響至深。在七〇年代初之前，北京和南越在西沙對壘；臺灣與南越及菲律賓在南沙對壘。前者雙方都互有顧忌，不敢輕舉妄動；後者三方都是美國的盟友，在反共的大旗下力免動武。但形勢在七〇年代初發生巨變：北京取代臺灣成爲聯合國「中國席位」的合法代表，並轉投美國陣營；美軍退出南越，南北越統一。南海格局亦隨之而變：北京在美國「不干預」政策之下，於一九七四年從南越手上奪取整個西沙，但招致北越交惡，以及南越佔領部分南沙島嶼；北京再經過一九八八年的對越海戰，奪得南海幾個島礁的控制權；菲律賓趁著北京與臺灣進行外交戰，藉機佔領了南沙幾個島嶼；臺灣只能退縮在太平島。而自七〇年代末起，馬來西亞與汶萊也加入了南海的爭端。

第三階段從一九九〇到二〇〇八年，南海進入相對的穩定期。冷戰結束後，中國爲擺脫外交困境，提出睦鄰與擱置爭議政策。南海爭議出現幾個新動向：首先，爭議的主角從中越轉爲中菲，爭議領土擴大到黃岩島；其次，手段從激烈的軍事沖突轉變爲次激烈的民事執法衝突，並且各國逐漸加強在島礁上的民生建設；再次，《聯合國海洋法公約》生效後，爭議範圍從島嶼主權之爭擴大到海洋劃界之爭。九段線爭議初起，印尼也因爲海域爭議而成爲南海爭議方；最後，東盟開始作爲一個政治力量在南海問題上發聲。南海問題從中國對壘其他國家，逐漸轉變爲中國對壘東盟。二〇〇二年簽訂的《南海各方行動宣言》是此階段取得的最大外交成果。

第四階段從二〇〇九年到二〇一六年，南海矛盾重新激化，而且中美爭議上升爲焦點。二〇〇八年，中國提出打造海軍強國的目標，南海成爲其「走向世界」的第一步。二〇〇九年發生無瑕號事件，美國在南海與中國的蜜月期就此結束。美國開始推行重返亞洲和亞太再平衡戰略。二〇〇九年，中國正式在國際文件中提出九段線，九段線爭議成爲不可迴避的焦點問題。二〇一二年，中國從菲律賓手中奪取了黃岩島，這是自二〇〇二年簽訂《南海各方行動宣言》以來南海島嶼控制權第一次發生改變。中國同時採用干擾其他國家石油勘探，以及海警深入南海南部「護漁」和干擾補給等民事「脅迫」方式，加大對南海的實際控制。而其最重要的舉動，則是在國際社會的強烈反對聲中，在七個所佔領的南沙島礁上建造大型人工島，並軍事化西沙和南沙，徹底改變了南海的軍事對比。美國在黃岩島事件後，改「消極中立」爲「積極中立」，以「自由航行計劃」的方式，宣示「不承認」中國人工島和九段線。菲律賓則在國際仲裁庭起訴中國，並獲得徹底勝利。這個階段的南海爭議，已經超越了領土之爭議和海域爭議，成爲中美世界霸主之爭的交匯點。

第四階段本來是「進行時」，這對一本「歷史書」而言，並不太容易處理。然而，二〇一六年美國總統選舉出現意想不到的結果，川普成功入主白宮。這爲南海局勢帶來莫大的不確定性，目前仍然很難預料南海局勢將朝哪個方向發展。但無論怎樣，可以肯定的是，歐巴馬政府所希望推進的南海進程不復存在；南海問題的第四階段也因而戛然而止，也正好令本書可以就此劃下完整的休止符。從二〇一七年起，南海局勢將進入新的階段。

《被扭曲的南海史——二十世紀前的南中國海》與本書先後透過對南海古代史與現代史的考察，澄清了南海歷史上的諸多疑雲。各爭議國對南海諸島的主權主張，都並非如各國單方面的說辭那般扎實。以中國爲例，西沙和南沙談不上「自古以來」屬於中國。中國對西沙的主權主張應從李準巡海的一九〇九年開始，遠遠晚於越南嘉隆帝在一八一六年的主權宣示；中國對南沙的主權主張，勉強可從一九三五年始算，這也晚於法國在一九三〇年提出主張（更不用提英國的一八七七年主張）；二戰前，西沙和南沙都存在主權爭議；二戰後，無論《開羅宣言》還是《舊金山和約》都沒有把兩地「歸還」中國；中國所謂「收復」西南沙，只是一次不太張揚的搶先佔領行動，而且還都落在法國（越南）的後頭；在中國佔領兩地的幾乎同時，越南和菲律賓也紛紛提出了對西沙和南沙的領土要求；戰後並不存在所謂「國際社會公認西沙南沙屬於中國」；中國的九段線更是沒有國際法基礎的單方面主張；《聯合國海洋法公約》與南海仲裁案，均否認了中國對南海的海域主張。當然必須指出的是，越南、菲律賓和馬來西亞等國對南海諸島的主權和南海的劃界要求，也都存在著各自的問題。這也意味著，南海問題上並沒有哪一方是完全占理的。

南海仲裁案是一次以國際法解決南海紛爭的範例。雖然中國現在不承認南海仲裁案，但此案判決結果卻仍將深遠地影響著南海的進程。筆者認爲，南海問題應該以和平的方式，以仲裁案結果爲基礎，根據國際法解決；並期望川普時代的南海，依然是和平之海。

附錄一　白龍尾島問題

一・白龍尾島問題的起源

中國和越南的邊界線解決得比較晚。在越南法屬的年代，清朝法國有一八八七年《中法界約》。中國和越南雙雙走入新時代後，與所有中外邊界一樣，舊時代的協議需要重新商定。但到一九八〇年代末，中越還在邊界戰爭，邊界協議只能往後推。一九九九年，中越簽訂《中越陸地邊界條約》；二〇〇九年，雙方勘界完成，簽署《中越陸地邊界勘界議定書》，最後確定了中越陸地上的邊界。

在海上，中越在西沙和南沙上的爭議至今懸而未決。除此之外，中越之間在二〇〇〇年底簽訂了《中越關於兩國在北部灣領海、專屬經濟區和大陸架的劃界協定》，解決了東京灣（北部灣）的劃界，成為雙方通過談判而解決海上劃界的典範，直到現在還常被中國當作成功例子而援引。

但此劃界中仍有一個疑點，位於東京灣中心的白龍尾島（附圖1）。它是一個僅三平方公里左右的小島，在海南島與越南海岸的中間，距海南島與海防市都是一二〇公里。儘管越南一直認爲白龍尾島毫無疑問屬於越南，該島現在也處於越南統治下，但它的主權歸屬一直沒有得到中國公開承認。

與東京灣其他近岸小島不一樣，此島嶼孤懸海外，在陸地邊界條約中沒有涉及。二〇〇〇年的海上劃界條約中，也沒有處理島嶼主權歸屬的條文，而中國外交部條約法律司海洋處處長蕭建國接受《國際先驅導報》訪問的時候則指出，儘管白龍尾島在海上劃界中屬越南的一側，但是這並不等於白龍尾島在這個劃界條約中規定屬越南。[1] 這種表述在技術上正確，但其對白龍尾島主權的模糊語氣仍令人困惑。在同一篇報導中，記者還採訪了外交部法律司海洋處，一個不願具名的「相關官員」承認「白龍尾島確實屬越南」。[2] 既然如此，何不光明正大地確認呢？

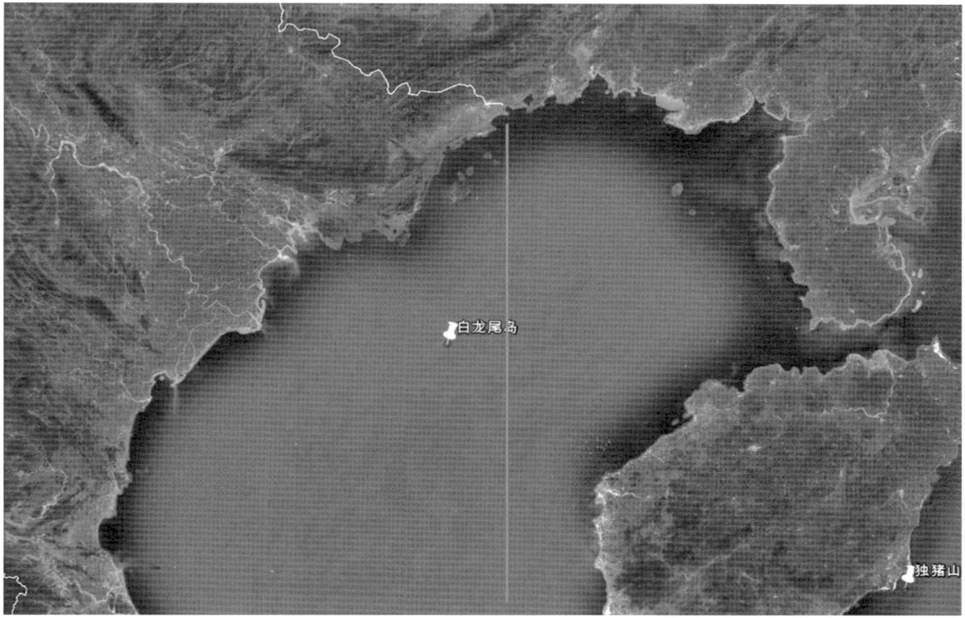

附圖 1　白龍尾島在東京灣的位置

[1] http://news.sina.com.cn/c/2004-08-05/14403937262.shtml.

[2] 同上。

白龍尾島的歷史在中國也含糊不清。學術界對此闡述不多，主要的材料幾乎都來自李德潮的一篇《白龍尾島正名》。[3]後來也有網站作了歷史專題[4]。但主要的來源也是這篇文章。

這篇文章對白龍尾島歷史是這樣敘述的：白龍尾島原名浮水州島或夜鶯島，是中國「自古以來」的領土。在一九三七年爲法國所占，一九四三年落入日本手中，一九四六年法國重新占領白龍尾島，一九五四年法國把島上所有人都遷往越南南方。一九五五年，中國「解放」了白龍尾島，一九五七年中國把島嶼「交給」越南。文章最後認爲：「白龍尾島，自古由中國人開發，中國人定居，中國管轄，有關條約及外交文件也查不到任何根據規定是越南領土。」文章中關於白龍尾島在一九三〇年代後的歷史，特別是戰後的歷史，大致正確：一九五五年中國占領並實控著白龍尾島，一九五七年把白龍尾島交給北越。但對於中國取得白龍尾島的性質是什麼，而後來中國「交給」越南的性質又是什麼，文章都語焉不詳。

於是出現了幾種說法。越南方面認爲：「白龍尾島是自古以來越南的領土」。戰後在法國撤退後，北越請中國幫助管理，中國應越南要求暫時代管。於是一九五七年還給越南也順理成章了。這個說法被李德潮在文章中反駁。

中國（民間）的說法有兩種。一種說法認爲白龍尾島在由中國「移交」給越南。在《我國與鄰國邊界和海洋權益爭議問題資料選編》中記載「北部灣劃界涉及一個重要因素，即在海域中央的一個島嶼，原屬我國，稱爲浮水洲或夜鶯島，一九五七年我移交給越南，越改稱爲白龍尾島。」[5]高健軍所寫的《中國與國際海洋法》一書也稱，「白龍尾島……在歷史上曾屬中國領土，一九五七年三月通過『祕密移交方式』將該島移交越南」。[6]邊疆史地研究中心的李國強說：「白龍尾島在上個世紀五〇年代，通過談判，已歸越南管理。」【7】儘管這裡沒有說明所謂移交和歸越南管理是什麼意思，但結合以上的說法，眞正涵義其實是指把主權交給了越南。

另一種說法是白龍尾島在一九五七年僅是借給越南。比如伊始、姚中才、陳貞國等著的《南海！南海！》就說「爲了支援越南的抗美戰爭，周恩來和越南總理範文同簽署協議，將我國北部灣裡的白龍尾島，出借給越南政府，讓其在上面修建雷達基地，作爲預警轟炸河內的美國飛機，同時作爲中國援越物資的轉運站。」【8】既然是出借，那麼後來又爲何把主權也交出去呢？關於這點又有兩種說法。一種說法是把島嶼借給越南，但是越南就此占據了這個島嶼，後來（不知道什麼時候），中國就只能順水推舟了，既然收不回來了，就只能承認主權屬越南了。另一種說法甚至認爲，中國直到現在都還是僅把白龍尾島借給越南，而沒有割讓。因此，白龍尾島的主權還在中國或未定。

儘管現在白龍尾島處於越南的控制下，而且也幾乎可以肯定中國實際已經承認主權屬越南。但由於這個過程非常祕密，語焉不詳，令白龍尾島成爲一個民間爭議的焦點。一種意見從認爲中國政府把

【3】李德潮《白龍尾島正名》，《海洋世界》一九九六年第九期。
【4】http://view.news.qq.com/zt2012/blwd/index.htm.
【5】中國人民解放軍國防大學科研部《我國與鄰國邊界和海洋權益爭議問題資料選編》，一九九二。
【6】高健軍《中國與國際海洋法》，海洋出版社，二〇〇四，一三〇頁。
【7】《北部灣劃界可作借鑒 白龍尾島劃歸越南》，http://big5.xinhuanet.com/gate/big5/news.xinhuanet.com/herald/2004-08/05/content_1717827.htm.
【8】《南海！南海！》，一九九頁。

「原屬中國」的白龍尾島送給越南，是出賣國土的行爲；另一種意見認爲，越南已經從中國手裡得到了白龍尾島，再和中國爭西沙和南沙，「得寸進尺」，眞是不知好歹。其實，這兩種觀點其實並不矛盾，取決於論述者的偏重點和目的而已。

一九五五—一九五七年之間發生了什麼？這在政府檔案解密之前無法搞清楚，僅根據越南的說法也無法互相印證。所以探討只能到此爲止。但白龍尾島主權問題的另一個關鍵在於：如果僅僅考慮一九五五年之前的歷史，白龍尾島更應該屬誰？如果歷史和法理上它更應該屬越南，那麼無論指中國政府「賣國」還是指越南「得了便宜還賣乖」都缺乏根據，因爲中國不過是把原本就應該屬越南的領土還給越南而已。

二・西方史料中的白龍尾島

儘管根據中方觀點（基本上全部源於李德潮的文章），白龍尾島「自古以來」屬中國，但這種理論並沒有堅實的根據。《白龍尾島正名》中很多說法都沒有出處，特別是有關白龍尾島古代和近代的歷史。可以相信其一部分的說法：在近代，準確地說在一八七〇年之後，白龍尾島確實成爲中國漁民的基地（他論文中所指出的最早時間是一八七七年）。其他所謂「千百年來」中國漁民在此休養生息之類的說法，都是猜想。而筆者翻查越方說法，越南人也說白龍尾島是自己漁民「世世代代」捕魚的地方。到底哪個更早？則是無從入手。何況，在國際法上，要論證一個國家對某個島嶼有沒有主權，漁民行爲是不足夠的。民間活動僅產生「初始權利」，只有政府行爲才能產生眞正的主權。因此，要進一步研究白龍尾島的法理，還得從文獻中找尋線索。

根據李德潮的說法，白龍尾島這個名稱是直到一九三〇年代法國占領該島的時候才命名的，之前的名稱是浮水州島或夜鶯島。其中，浮水州島是中國東京灣一帶漁民的叫法。但文字資料中，這個名稱只能追溯到一九五五年中國占領此島後，才有「浮水州辦事處」之類的名稱（網上有人說在一九二〇年代，那裡有一個村叫浮水州村，筆者沒有找到可靠的文字出處）。他又說：白龍尾島原名夜鶯島，「明清以來，乃至民國，中華人民共和國初期」，中國官方圖書的叫法一直是夜鶯島。可是，李德潮的文章沒有引用文獻說明這兩點。

李德潮有關白龍尾島的命名方面的斷論是錯誤的。首先，夜鶯島不是中國起源的叫法，而是來自西方人的叫法。「夜鶯」這個詞本來就洋氣十足，大概是從晚清開始中國才有這個中文詞。不太可能在中國明朝開始就已用這個詞去命名一個南方的小島。而事實上，夜鶯島這個名字確實是西方人起的。在西方地圖上，白龍尾島最早的名稱是西班牙人起的，在十七到十八世紀的西班牙人出版的地圖上稱爲「Is. De Mejo」。到了十八世紀，西方人（可能是英國人）給這個島起了一個「Nightingale」的名字（在其他西方出版的地圖上有一些變體但拼寫相似），即爲夜鶯。

爲什麼起這個名字呢？根據一份法國一九四四年的資料，[9]這個名字的來歷是這樣的：這裡是航海人士入夜時一個逃避風浪的地方，在英文中被叫爲**night in gale**（大風之夜）。而這個發音和夜鶯

---

[9] Indo Weekly, Saigon, 06/29/1944.

的發音一樣，故此，西方人就把它命名爲夜鶯島。[10]中國官方出版的地圖，若有夜鶯島這個名稱的話，也應是從這個英文再轉譯而來的。所以，李德潮說中國自明朝以來就稱呼這個島嶼爲夜鶯島，實乃想當然。

夜鶯島這個名稱在十八世紀肯定已經出現了，因爲在一份一七七一年的東京灣地圖上就已經標註了這個名稱（附圖2）。到了十九世紀後期，也有稱這個島爲 Merryman's Island（快樂人島）。爲什麼有這個起源不得而知，但這個名字並沒有夜鶯島用得普遍。值得注意的是，儘管當時很多西方地圖上都難以根據顏色去辨別島嶼的主權歸屬（小島缺乏著色），但在可以判斷這種歸屬的地圖上，這個島大都標爲越南的島嶼。比如一七九五年的《東京灣地圖》上（附圖3），這個島標爲黃色，與越南的顏色一樣，而與中國的紅色不同。這說明，在十八

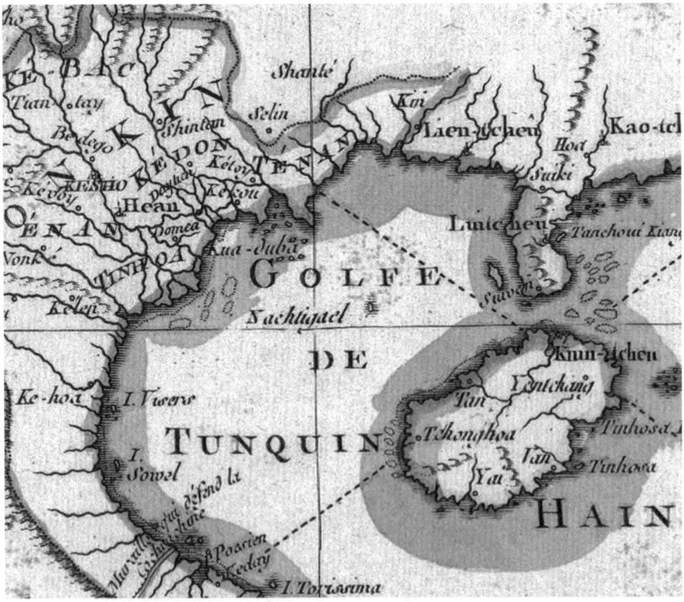

附圖2　法國出版的地圖中的夜鶯島（一七七一）

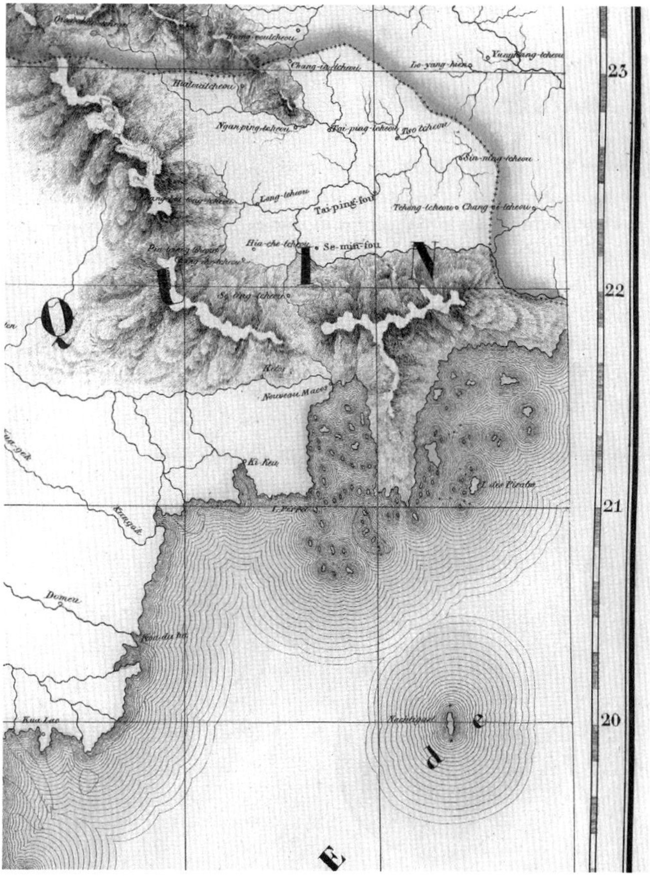

附圖3 法國出版地圖中的夜鶯島（一七九五）

【10】 http://www.archives.gov.vn/Pages/Tin%20chi%20ti%E1%BA%BFt.aspx?itemid=240&listId=c2d480fb-e285-4961-b9cd-b018b58b22d0&ws=content.

CHAP. XVII.] GUIE-CHAU ISLAND.—CAPE CAMI. 381

mile long and has a small town in a valley in the middle of the island. Chay-une affords no anchorage.

Shoal.—A shoal, on which H.M.S. *Lily* obtained 6 fathoms water, lies south-east from Chay-une island, distant about 18 miles, and is said to extend to within 11 miles of Chay-une island. A depth of 12 feet water is reported to exist on this shoal.

BACHT-LONG-VI, or Nightingale island, in lat. 20° 8′ N., long. 107° 46½′ E., from its position appears to form a good landmark for vessels bound to the northern part of the gulf. It is 2 to 3 miles in length, N.E. and S.W., high, with a flat summit, and its sides are almost everywhere precipitous, except to the south-east, where there are some huts along the shore. Towards the north-east it descends with a gradual slope, and terminates in a low, sandy, and projecting point, which shows white when the sun's rays fall upon it, and off which are sunken rocks, and breakers to the distance of half a mile. The sea also breaks some distance from the south-east point of the island ; there are 6 to 12 fathoms water at 2 miles from its western shore.

附圖4　一八七九版《中國海指南》中的白龍尾島

世紀末已經有這個島嶼屬越南的說法了。

李德潮又說，白龍尾島的名稱是法國在一九三〇年代爲了侵略該島才起的，企圖「混淆試聽」。這個說法也是錯誤的。

在一八七九年英國水文局出版的《中國海指南》中，已經有Bacht Long Vi（Nightingale Is.）這個名稱了[11]（附圖4）。這說明，最遲在十九世紀後期，已有把白龍尾島的稱呼。儘管《中國海指南》只是一份純粹的水文指南，不宜視爲判斷主權歸屬的資料，但在《中國海指南》中對白龍尾島的拼寫與對中國白龍尾半島（Cape Pahklung）的拼寫完全不同。因此，這個拼寫來源自越南。

白龍尾島在當時的地圖上一般繼續沿用Nightingale Is這個名稱，但是到了二〇世紀初，以Bacht Long Vi（或其變體）同時標注白龍尾島開始普遍。

比如，一份一九一七年的英國出版的中國地圖集（*Complete Atlas of China*）上，已有「Bacht Long Vi（Nightingale Is.）」的標注了（附圖5）。另外一份一九二五年的德國地圖也說明了這一點（附圖6）。當時的地圖已經很注意對島嶼進行著色以顯示其主權歸屬了。在以上兩幅地圖上，白龍尾島都很清晰地標注爲越南領土。這說明當時已經有白龍尾島屬越南的說法，且越來越普遍。這遠在法國在一九三七年派兵進駐白龍尾島之前，也在李德潮所說的法國開始準備「侵略」這個島嶼的一九三〇年代之前。

三・越南對白龍尾洋的歷史管轄

那麼，中國方面的記錄又如何呢？根據白龍尾島的位置，最可能找到這個記錄的地方當爲廣東方志（當時，現在屬廣西的東京灣沿海地帶屬廣東，廣東因此與越南接壤），以及相近的地方府志，如欽州、廉州和瓊州。筆者翻查過在十九世紀到二十世紀初的廣東省志以及欽州廉州瓊州一帶的地圖和地理方志，都沒有白龍尾島的蹤跡（地圖甚至沒有包括白龍尾島所在的水域）。比如十九世紀中後期的《廣東輿地全圖》中的欽州地圖就沒有包括白龍尾島（儘管它包括沿岸的一些島嶼）。可見，即便到了清末，白龍尾島也難稱是中國政府正式管轄的領土。而在民國時期出版的中國地圖中，白龍尾

[11] The China Sea Directory, Vol. II, Second Edition, 1879, p381.

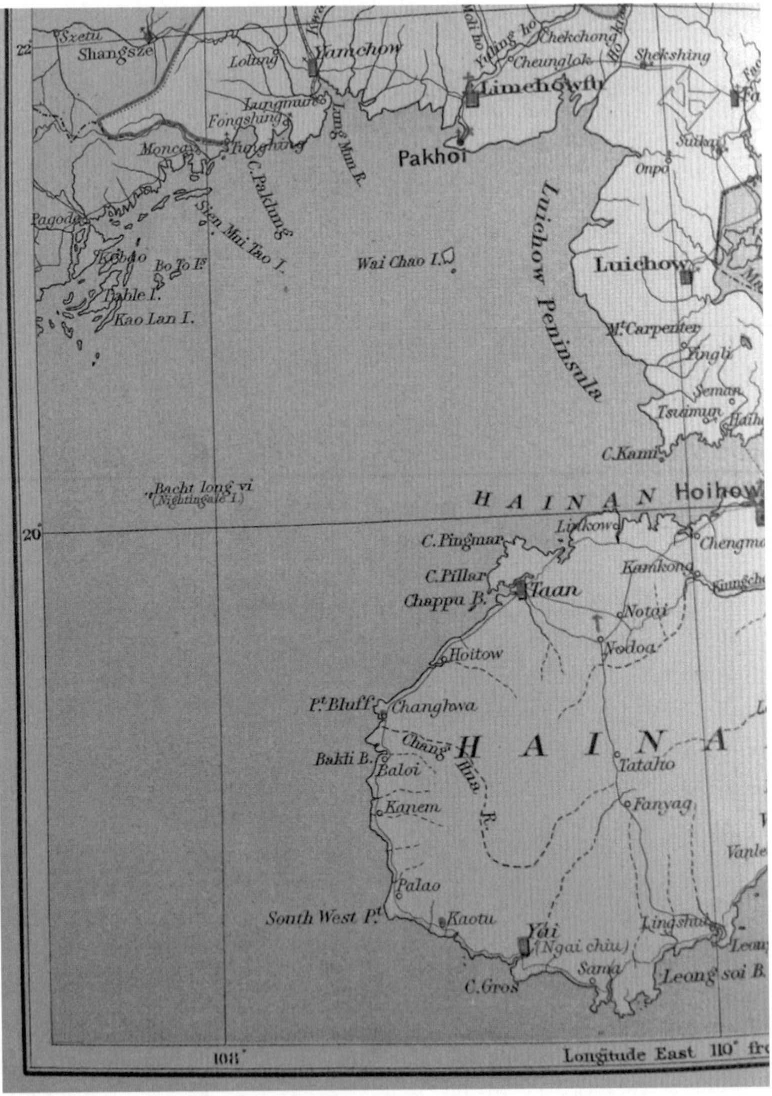

附圖 5 英國出版的地圖中的白龍尾島（一九一七）

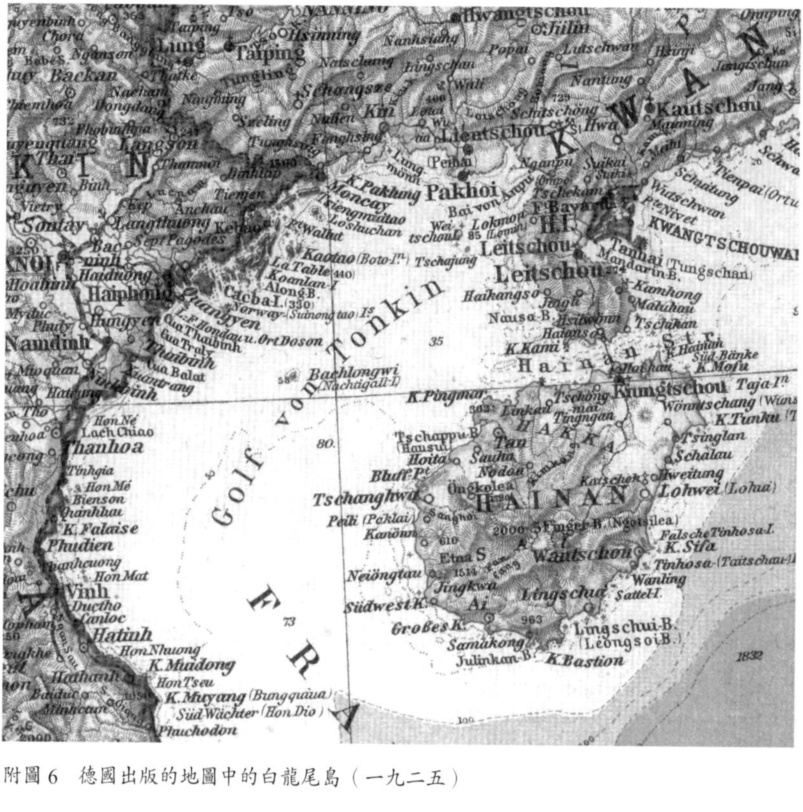

附圖 6　德國出版的地圖中的白龍尾島（一九二五）

島也不在版圖之內。因此，白龍尾島在晚清和民國時期，都不屬中國的一部分。

當然，如果查閱越南舊方志，比如《大南一統志》，地圖上也沒有白龍尾島。這和中國的情況是一樣的。因此，僅僅憑藉舊式地圖（中國和越南都一樣），還很難得出確定的結論：到底是這個島嶼眞的沒有被管轄，還是傳統的畫法忽略了這個島嶼而已。

其實，在中國古代史料中還可以發現另外一些線索，有助於釐清白龍尾島的「傳統歸屬」。宋代周去非的地理學著作《嶺外代答》中提到一個叫做天分遙的地方：

> 欽江南入海，凡七十二折。南人謂水一折爲遙，故有七十二遙之名。七十二遙中，有水分爲二川。其一，西南入交址海。其一，東南入瓊廉海。名曰天分遙。人雲，五州昔與交址定界於此，言若天分然也。令交址於天分遙已自占，又於境界數百余里吳婆灶之東以立界標，而採捕其下，欽人舟楫少至焉。[12]

這裡的欽江是現在廣西欽州市的一條河，其出海口在欽州的茅尾海。它是東京灣的一個小海灣，在中越東京灣交界點的東面，也在白龍尾半島的東面。在東京灣該點以南有一個叫「天分遙」的地方，被當時的人視爲中國和越南的海上交界點（五州昔與交址定界於此）。從地圖上可知，從欽江入海口往正南畫一直線，白龍尾島在直線西面，屬越南一方。可見，在宋代，白龍尾島所在的洋面很可能是越南的傳統範圍。

清代中國史料中似乎沒有直接提到白龍尾島（更沒有提到浮水州島），但卻提到一個叫白龍尾洋的地方。在《清實錄》中有關於中越一起抗擊海盜的事蹟，其中就有關於「白龍尾洋」的記載。

《高宗實錄》中記載，乾隆十五年（一七五〇），兩廣總督陳大受上奏中提到：「廣東欽州、龍門一帶，界連安南國之白龍尾海面。」[13]這說明，白龍尾洋隸屬越南管轄。《宣宗實錄》（一八三二）中又有：「廉州瓊州二府所屬外洋，毗連越南處所，聚有盜船……據稱廉州府知府張堉春稟報，探得越南紅螺沙口白龍尾洋面有匪船三十余，只盜匪類百人肆劫。越南現有師船緝捕……」[14]這兩條記錄說明中越之間在東京灣的海洋劃界早已有之，白龍尾洋屬越南管轄的海域。

這個白龍尾洋指哪裡呢？這有兩種可能。一種可能是，白龍尾洋就是指白龍尾島附近的洋面。這樣白龍尾島也自然屬越南管轄的了。另一種可能是，在當時廣東欽州防城沿海（現屬廣西）靠近越南處有一半島，名爲白龍半島，其最尖端稱爲白龍尾。這裡的白龍尾洋可能是根據白龍半島命名，這樣的話，白龍尾洋是否包括白龍尾島還需要進一步分析。

這兩種可能性各有疑點。就筆者得到的材料來看，清朝沒有出現過白龍尾島這個名詞，也沒有發現關於這個小島的描述（除了在海關的英文材料比如瓊海關檔案中用Nightingale Is.之外，見後）。所以若說在十八、十九世紀早期，中國以這個小島命名「白龍尾洋」難以成立。

至於白龍半島最尖端的白龍尾，這個稱呼在清朝已經存在。因此，按照清朝地理書上的命名習慣，白龍尾洋更可能是根據白龍尾半島命名的。但疑點在於，現在中國一直說白龍尾半島是「自古

[12] 周去非著，楊武泉校注，《嶺外代答校注》，北京，中華書局，一九九九，三五頁。
[13] 雲南歷史研究所，《清實錄：越南緬甸泰國老撾史料摘抄》，昆明，雲南人民出版社，五二頁。
[14] 同上，三〇〇頁。

以來」的中國領土，那麼怎麼會把白龍尾洋視爲夷洋呢？一種可能就是，白龍尾半島是中國的，而白龍尾洋是越南的。這種說法有些尷尬。另一種可能是，當時連白龍尾半島也是越南的。白龍尾半島位於現在中越交界附近，歷史上本是一個中越混雜的地方。在清朝道光時期，白龍尾被形容是「夷洋分界」。[15]事實上，白龍尾對岸就是所謂的京族三島（巫頭、萬尾和山心，現在通過填海都和大陸相連了）。在歷史上，京族三島自宋代就一直爲越南所統治，這也就是爲什麼島上都是京族人（越南人）之故。這三個島嶼在一八八七年中越談判之時才劃歸中國。中法談判中，白龍尾半島本是法國要爭取的地方，法國認爲自己有很強的理據。在法國談判代表狄隆致駐華公使的一封信中提到：

> 中國的地理志確認安南疆界直到龍門，並因此不言明，但更有理的說法，說其將與包括白龍尾，直到最近二十年來，情況的確如此。此後，白龍尾和龍門之間的這片地區曾被中國的海盜占據。該地區僅因此不是安南的。我們自白龍尾（含白龍尾）起擁有的權利是任何人也不能動搖的。[16]

談判到最後，法國才同意白龍尾半島和京族三島都歸屬中國。這說明，越南原先也對白龍尾半島有一定的理據。這裡不再深入討論這個問題。總之，這些史料說明當時在白龍尾半島對開的海面稱爲白龍尾洋，而白龍尾洋是屬越南管轄的地界。

那麼這個白龍尾洋的水域到底是否包括白龍尾島。從以上史料來看，在東京灣，中國與越南的水域相連的，沿著海岸連續分布。雙方的海域以白龍尾半島附近爲交界。以一般的觀點看，所謂某處的海域，是指從沿岸開始以與海岸相垂直的直線延伸出去的海域。以白龍尾洋爲例，如果是指白龍尾半島對開的海面，那麼它必定是以白龍尾半島一帶爲中心的海岸垂直線而與鄰近的海面相分界。這裡假定白龍尾洋和欽州洋面之間的交界就是在白龍尾半島，那麼在海中劃一條與海岸線走向垂直的直線的話，不難發現白龍尾島在越南的一側。而即使假定這條線不是以垂直於海岸線劃分的，而是以經度線劃分（那麼對中國更爲有利），白龍尾島也在越南的一側。

當然，這還有一個問題，就是在中國語境中某某洋是指距離海岸線多遠的地方。如果距離很近，那麼就無法延伸到白龍尾島，如果距離很遠，那麼就可以包括白龍尾島。可惜，現在並沒有找到合適的數據來說明這一點。中國所謂的洋，距離海岸線有時可以很遠，有時也可能很近。但從分析看來，說白龍尾島在白龍尾洋之中也是說得通。

另一個材料中可以找到進一步的支持證據。清代道光時期嚴如煜的《洋防輯要》卷十四廣東防海略中記錄：

> 又自烏雷正南二日經湧淪周整而至交趾永安州，曆大小麻墩恩勒隘茅頭少東則曰龍尾海，東府界至南大海外抵交趾占城二國界。【17】

【15】同上，三〇三頁，「經副將李元、遊擊李鳳儀等率帶兵船，駛赴夷洋交界白龍尾」。

【16】黃錚、蕭德浩《中越邊界歷史資料選編》下，社會科學文獻出版社，一九九三年，六八〇頁。

【17】嚴如煜《洋防輯要》，臺北，臺灣學生書局，一九七五年，第三冊，一〇四〇—一〇四一頁。

這裡的龍尾海就是白龍尾洋，說廣東與越南的交界自白龍尾海向南一直延伸到「南大海」的交趾占城爲止。這說明白龍尾洋的界線是延伸到印度支那半島上。

從白龍尾島的名稱的起源也可以得到對這個論點的支持。根據越南的說法，白龍尾島取自龍尾之意。在中越邊境東京灣沿岸越南一側，有一個叫做下龍灣的地方，越南人叫 Vinh Ha Long。這個地方有多達二〇〇〇個石灰岩島嶼，組成一個水上迷宮，蔚爲壯觀，是著名旅遊景點，也是聯合國認定的世界遺產。這個名字的來源是相傳古時，有一條龍在此地下水，吐出寶石，留下眾多的島嶼，形成抵抗侵略者的屏障，幫助越南人守衛家園。而白龍尾島，則是龍下水的時候，龍尾之所在。這個故事很優美，很可能和白龍尾島的名稱沒有關係。在英國的《中國海指南》中還看不到有下龍灣這個名稱，但已經有了白龍尾島的叫法，而白龍尾半島（Cape Paklung）也已經記錄其中了。這說明白龍尾島名稱很可能出現在下龍灣之前。

因此，筆者認爲，白龍尾島這個名稱還是根據白龍尾洋而來，而白龍尾洋的名稱則是根據白龍尾半島而來。這樣一來，白龍尾洋不是以白龍尾島而命名，恰恰相反，白龍尾島根據白龍尾洋命名。白龍尾島之所以被如此命名，正是因爲它處於白龍尾洋之中。如果這個說法是成立的，那麼白龍尾洋包括白龍尾島就順理成章了。結合清朝的史料，這個根據白龍尾洋而起名的白龍尾島，很可能應屬越南的轄區。

那麼，在十九世紀中之前，越南人在這個島上的活動有沒有什麼實質的證據呢？筆者沒有找到資料。一八七九年的《中國海指南》中對白龍尾島的描述，大概反映了十九世紀中期的狀況，它是基本上是一個荒島，只有在島的東南面，由於地勢平坦的緣故，有一些簡陋的臨時小屋（Hut）。可見，這個島無人常住，只是能夠作爲航海中臨時的落腳點。書中沒有更詳細地談到這些臨時小屋的特徵，以致無法確定到底這些小屋是誰建立的，是西方人，越南人還是中國人。

因此可以確信，十九世紀時，越南人沒有經常登島。但西方在十九世紀多把這個島視爲越南的一部分，大概並非沒有道理：越南必定有一定的活動在此，才令西方有這種觀點。而英國人後來把這個島用越南的讀法拼寫出白龍尾島的發音，這種讀法肯定是從越南人中來的，而不是從中國人中來的。結合中國史料中白龍尾洋屬越南海域的說法以及之前分析中對白龍尾島之名源於白龍尾洋的猜想，可較有把握認爲，在十八到十九世紀中前期，儘管它還是一個僅有船隻臨時停泊的荒島，但是越南已經顯示了在這個島上的存在，甚至可能越南已在一定程度上顯示了對這個島嶼的主權。

四・十九世紀後期之白龍尾島歷史

中國人什麼時候開始到白龍尾島上呢？根據李德潮的說法是「世世代代」，但文章中也承認，有據可考的，大約就是一百年（他的文章發表在一九九五年）。他提到的一個證據就是在一九五五年的時候，島上還有一個馬援廟，廟裡有鐵鐘一座，是光緒三年（一八七七）由海南人所鑄造。必須注意到，鐵鐘鑄造的時間可能和這個廟建立的時間不一樣，因爲鐵鐘可能是後來再搬過去的。但也不妨先假定，在十九世紀後期，中國人開始在這個島上活動。

根據法國人在一九四四年的報告：[18]「以前」，越南漁船也經常到這個島活動，中國人也在這

【18】Indo Weekly, Saigon. 06/29/1944

裡停靠。但是由於以前沒有淡水（因此，越南人又叫這個島爲無水島），所以島上不能住人。直到一九二〇年左右才發現第一口淡水井，從此在島上生活才成爲可能。因此可以推測，十九世紀後期，即使中國人白龍尾島活動增多，但一九二〇年代之前，還主要把它作爲臨時停泊點，沒有定居。

那麼爲什麼中國人在十九世紀後期在這個島上的活動更爲頻繁呢？這可能和越南的衰弱有關。在十九世紀初阮朝建立時，越南海軍實力強大（見一・二）。鴉片戰爭中，在英國船隻「船堅炮利」讓道光皇帝頭痛不已之際，他甚至還一度產生請求越南水師幫忙抗英的想法。但越南水師在一九五八—一九六二年的法越之爭中被摧毀，再沒能恢復元氣。此後，越南就喪失了對傳統水域的控制能力。比如，一八七〇年代，東京灣海盜仍頻，越南須要求中國海軍往越南境內幫助剿匪。在乾隆道光時期明確記載屬越南的九頭山和老鼠山，也被在十九世紀後期的《廣東輿地圖說》稱爲：「西迄防城外海之大洲、小洲、老鼠山、九頭山皆粵境也。」[19]

越南在西沙群島的歷史表明，越南在十九世紀中之前對海域和離島的控制是政府驅動的，而不是民間驅動的。當政府喪失了能力後，民間對離島的開拓動力並沒有能夠填補眞空，以致這些原在政府控制下的離島成爲中國漁民的地盤。相反，中國對海外的開拓是民間驅動的，政府反而不鼓勵這種開拓。故當中國政府力量削弱的時候，反而能夠促進民間的開拓。正是因爲這兩種不同的開拓模式，導致中國和越南同在政府削弱的情況下，對離島的開拓此消彼長。這種情況也適用於白龍尾島。

一八八七年，中法簽訂了邊界條約後勘界。六月二十六日，中法在北京簽訂《中法續議界務專條》，第三款規定：

廣東界務，現經兩國勘界大臣勘定邊界之外，芒街以東及東北一帶，所有商論未定之處均歸中國管轄。至於海中各島，照兩國勘界大臣所劃紅線，向南接劃，此線正過茶古社東邊山頭，即以該線爲界（茶古社漢名萬注，在芒街以南竹山西南），該線以東，海中各島歸中國，該線以西，海中九頭山（越名格多）及各小島歸越南。[20]

據法文版翻譯爲：

廣東界：已商定芒街以東和東北面，勘界委員會勘定的邊界線以外的所有爭議地點，歸中國所有，巴黎子午線東經105°43’以東，即經過茶古社島或稱萬注島東端並構成邊界的南北線以東的所有島嶼亦歸中國所有，這條子午線以西的九頭島及其他島嶼歸安南所有。[21]

[19] 廖廷臣等《廣東輿地圖說》，宣統元年重印本（一九〇八），中國方志叢書一〇七，臺北，成文出版社影印，一九六七，八頁。其實在中法一八八七年劃界中，這些地方已經重新確定屬越南，但地圖編撰可能有滯後。

[20] 王鐵崖編：《中外舊約章彙編》第一冊，三聯書店一九八二年版，第五一三頁。

[21] 法文爲：Au Kouang - tong ,il est entendu que les points contestés qui sont situés àl’est et au nord - est de Monka ,audelàde la frontière telle qu’elle a étéfixée par la commission de délimitation ,sont attribués àla Chine. Les les qui sont àl’est du méridien de Paris 105°43’de longitude est ,c’est - à- dire de la ligne nord - sud passant par la pointe orientale de l’le de Tch’a - kou ou Ouan - chan(tra - co) et formant la frontière sont également attribuées àla Chine. Les les Go - tho et les autres les qui sont àl’ouest de ce méridien appartien2 nent àl’Annam.

條約黏附的地圖上畫有一條南北方向的紅線（附圖7），並注明「從兩國勘界大臣所勘北界起往南直紅線經過茶古社山頭東邊以該線爲界。」[22]這條紅線位於從巴黎算起的東經一〇五度四十三分，按格林威治經線即爲東經108°03'13"。白龍尾島在這條分界線的延長線的西面，即越南一側。關於這個界線（以下簡稱分界線）的適用性，由於字句上的含糊，以後有四種說法：⑴分界線僅爲沿岸附近小島的分界線，不包括白龍尾島；⑵分界線及其延長線是整個東京灣內所有小島的分界線，包括白龍尾島；⑶分界線及其延長線是整個東京灣水域的分界線，而不僅是灣中的小島，以後形成「歷史性水域」分界線；⑷分界線及其延長線是所有中越間所有島嶼的分界線，甚至包括南海諸島。

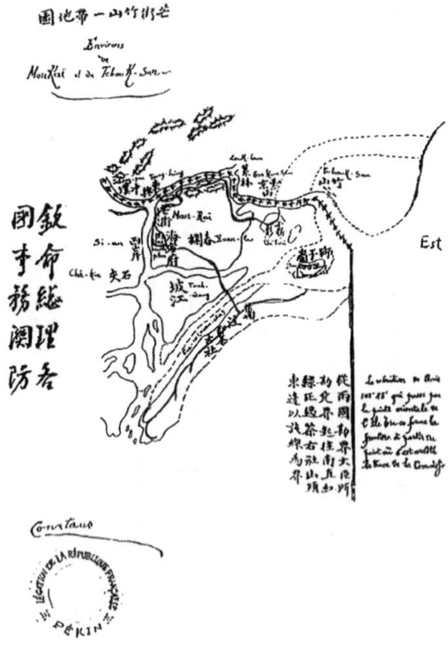

附圖7　一八八七年《中法續議界務專條》附圖

簽訂分界條約後，整個越南變爲法國殖民地（南部是直轄，中部和北部是保護國）。由於東京灣靠近法屬越南的統治中心河內，法國對之極爲關注，遠較西沙群島積極。一八八七年後，法國海軍經常在東京灣巡邏。在一九四四年的報告中說：法國偶爾會到白龍尾島巡視。[23]顯見當時法國對白龍尾島並沒有明確的主權意識。

而一八九五年，中國一艘「開辦」（Kaipan）號緝私船也曾至少一次在白龍尾島緝私。當時中國海關由英國人主持，緝私船的船長都是英國人。這次的緝私路線從海口出發，先到越南的潿州島和九頭山，再轉向西南，經過夜鶯島（白龍尾島）停泊並檢查漁船，最後返回海口。[24]由此分析，由於緝私船也到達了越南屬島，很難認爲這次行動證明了中國對白龍尾島的主權。

一般來說，在主權意圖明確的情況下，巡邏和緝私可作爲行使主權的證據，但這仍須綜合多方因素判斷。根據當時情況，無論法國還是中國，白龍尾島大概都是一個走私的黑點，需要不時前往巡邏，但都沒有把它視爲自己的領土。於是，白龍尾島繼續成爲中越漁民、走私犯甚至海盜的停泊點，中國人可能是人數上占優勢的一方。

---

[22] 此描述見沈固朝《關於北部灣的歷史性水域》，中國邊疆史地研究，二〇〇〇，第十卷，第四期，四四—五九頁，http://222.240.219.68:8080/files/files_upload/content/material_193/content/T/T9%E5%85%B3%E4%BA%8E%E5%8C%97%E9%83%A8%E6%B9%BE%E7%9A%84_%E5%8E%86%E5%8F%B2%E6%80%A7%E6%B0%B4%E5%9F%9F_pdf.

[23] Indo Weekly, Saigon. 06/29/1944.

[24] 《瓊海關檔案英文類》，廣東省檔案館藏，第六七八號，一七八—一八四頁。

五．法國對白龍尾島的主權的確立

一九二〇年左右，白龍尾島上發現了淡水資源，使這個僅能短暫停泊的島嶼變爲可以定居。這令法國對它的興趣大增，於是開始加強對白龍尾島的管轄。一九二一年，法國派一個官員到島上調查。當時，中國在島嶼已經有移民，他們向法國調查官員提交了一封手寫的申請書，要求法國准許他們在島上開發農業。這份申請書和法國官員的調查報告書在一九二一年八月一道交付上級，申請被批准。法國官員同時要求法軍加強對白龍尾島的巡邏，從不定期的偶爾巡邏，升級爲至少每年一次。[25]

法國人此舉中有三個行爲充分體現其對白龍尾島的管轄。第一，法國官員登島調查，屬一種明確的主權意識。第二，島上漢人向法國提出開發申請，而法國又同意了這份申請，行使了主權，屬有效統治。第三，此前，儘管法國甚至中國都有在此緝私的記錄，但都是偶發性的；此後，法國每年一次的巡邏密度雖然仍不高，但從偶爾性的行爲變爲「例行性」的行爲，進一步體現了法國對白龍尾島明確的主權意識和有效統治。

有材料認爲，用「浮水州」稱呼白龍尾島在一九二〇年代出現，[26] 這個說法可疑。一九二一年，商人何瑞年申請開發西沙群島之時（見一一．二），給廣東省政府提出承領「浮水洲」之申請，當中記載：

商等當日前往查勘之時，中途經過昌江縣港外海面，並發現有浮水洲荒島一處，其位置亦在瓊崖海面之西南，爲來往西沙群島必經之地，面積廣闊約三〇〇餘方里。但四周浮沙甚多，惟島面尚屬平坦，半雜泥沙，中央泥石堆成高阜，出有棕樹，大致與西沙群島無異。土人名爲浮水洲，曾於島上建有昌爺古廟一所，故隸昌江縣管轄。[27]

這個「浮水洲」很可能不是白龍尾島。位置而言，儘管白龍尾島確在昌江縣外洋，但其位置卻不在瓊崖海面之西南，而是西北，也不在來往西沙群島的必經之路上；面積而言，「浮水洲」面積三○○方里，等於約七○平方公里，遠較白龍尾島大；地貌而言，白龍尾島是火山島，是高出海面五○多米的平臺型島嶼，不是「與西沙群島無異」的珊瑚島。有可能當時有兩個地方都叫浮水洲，也有可能後人把浮水洲的名稱套用到白龍尾島上了。

內務部把它記錄在案，並且要求昌江縣委員連同何瑞年一道上島勘察，報備後再核准其開發權。[28]但何瑞年在香港聘請的兩個測繪員，都臨時有事而不能前往，於是對「浮水洲」的勘察遲遲不能行。在一九二三年，何瑞年第二次承辦西沙開發時，何瑞年也想再找人到「浮水洲」勘察，昌江縣應派員陪同前往，但昌江縣對此興趣寥寥，稱找不到人同行。何瑞年只得上報，待西沙開發基礎打好，再兼營「浮水洲」。最後，何瑞年再次被廢除西沙開發權，「浮水洲」開發淪爲空談。[29]如果

[25] Indo Weekly. Saigon, 06/29/1944.

[26] 武猛《浮水洲島的來龍去脈》http://zhugaozha.blog.163.com/blog/static/13014161820125146626846/，最後瀏覽二○一五年八月。

[27] 陳天賜《西沙島成案彙編》，三四—三五頁。

[28] 同上。

[29]《西沙島成案彙編》，六四頁。

「浮水洲」眞的是白龍尾島的話，那麼雖然何瑞年提出開發時（一九二一年九月）[30]比法國官員登島稍晚，如果官商都積極行動的話，白龍尾島說不定就能落入中國手中了。

當時的地圖證據也對越南有利。就筆者所見，當時的中國地圖都沒有把白龍尾島畫在中國的領土之中。中國出版的亞洲地圖，儘管畫有「夜鶯島」，但沒有視爲中國的國土。而其他國家出版的地圖，卻相當一致地把白龍尾島標識爲越南的領土。如上述一九一七年英國出版的《中國地圖》和一九二五年德國出版的《亞洲地圖》。

一九三七年，法國派兵駐守白龍尾島，並成立一個哨所和地方政府，進一步升級其管理的規格，也進一步明確了法屬越南對白龍尾島的主權意識和有效統治。

中華民國對於法國對這個小島的統治大概是清楚的，卻一直沒有加以反對；對法國駐軍白龍尾島也沒有表示抗議。據稱，在一九三四年廣東省政府還派專員到白龍尾島視察，[31]筆者沒有查到相關資料，未知眞假。但根據民國的態度（見後），即便有過此事，民國也不太可能視之爲領土。

民國政府的態度可以從兩方面理解。一方面，從歷史上看，儘管中國人在對白龍尾島的開發上有著重要的貢獻，但白龍尾島從沒歸中國管轄，民國政府於理無據。另一方面，更加重要的是，在一九三〇年代，中法西沙爭議開始後，民國政府爲了論證西沙屬中國，在一九三七年四月給法國的外交照會中提出：

㈠依照一八八七年中法續議界務專條第三款：「……至於海中各島，照兩國勘界大臣所畫紅線向南接劃。……該線以東，海中各島歸中國……。西沙遠在該線之東，應歸何國，一覽便知。」

中國認爲一八八七年中法分界線對中越之間所有存在爭議的島嶼都有效（第四節的第四種說法），據此認爲，根據條約，所有西沙小島全部屬中國。

這個主張是很難成立的，因爲這條經度線穿過了印度支那半島。如果它能成立，那麼所有的越南近岸小島也都成爲中國領土了。但當時，中法兩國僅爲把越粵陸上交界的條約引申到東京灣海上而畫出這條線，如此擴大化的解釋顯然難以成立。關於這條分界線的適用性，在一九九〇年代的中越東京灣劃界談判中被再次爭論（見第七節），雙方都不支持民國政府在一九三〇年代的說法。因此從法理上看，民國方面的看法是完全錯誤的。

但是，當時民國的這個立場恰恰可以爲越南擁有白龍尾島做背書。因爲這個島在分界線的西面。按照民國的說法，認爲這條線是要延伸到南海，那東京灣中的白龍尾島自然也適用。而法國說法是，這條線僅適用於東京灣（經線與印度支那半島相交後就無法再往南延伸，因此不能作爲南海劃界的根據）。無論當時民國還是法國的說法，都肯定了白龍尾島是法國的一部分。所以，就民國政府的立場而言，白龍尾島屬法國（越南）毫無爭議。這也是中國對法國管轄白龍尾島無異議的原因。這種態度令法國對白龍尾島的主權得以最終確立，因爲得到唯一可能的爭議方中國也已經承認了。

綜上所述，從一九二〇年左右開始，由於白龍尾島上發現淡水，島上開始有人定居和從事農業生產。當時島上可能是中國人較多，但法國在一九二一年已經確立了主權，一九三七年後更進一步固化

【30】Annex 14, SOPSL, p.199.

【31】武猛《浮水洲島的來龍去脈》。

主權。而中國政府為了在西沙爭議中尋找理據，認為一八八七年分界線是所有中越間爭議島嶼的分界線。這一立場支持了法國（越南）對白龍尾島擁有主權。

六・白龍尾島之戰後歲月

法國對白龍尾島的統治到日軍在一九四四年發動對越南的進攻時才短暫終止。戰後一九四六年，法國迅速重返白龍尾島。中國也對此無異議。

一九四七年，中國提出一條由十一段線組成的U形線，這是九段線的前身（見三・四節），但此線範圍是否包括白龍尾島卻模糊不清。在《南海諸島位置略圖》中沒有畫出白龍尾島（附圖8），斷續線難以確定坐標，白龍尾島似乎剛好在兩條斷續線的虛擬連線之上，很難確定白龍尾

图丙 2

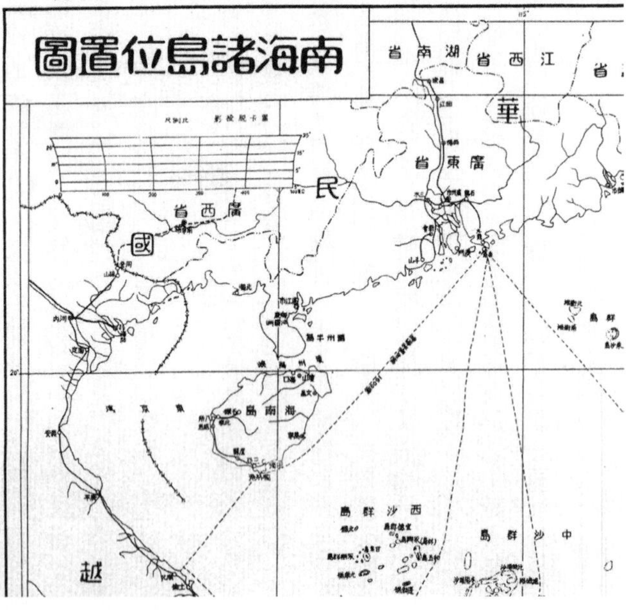

附圖8　南海諸島位置圖

島是不是在十一段線之內。當時的其他民國地圖以及後來臺灣出版的中國地圖上，絕大部分沒有顯示白龍尾島。這又分幾種情況：⑴圖太小，沒有標注出來；⑵在白龍尾島的位置以方框覆蓋的形式顯示其他資料；⑶圖既不小又沒有方框，卻在白龍尾島的位置顯示一片空白。而極少數顯示白龍尾的圖中，也同樣無法根據斷續線確定白龍尾島的歸屬。民國或臺灣出版的越南或東南亞的地圖中，倒一般畫有白龍尾島，但都沒有畫出斷續線。所以在這個問題上無法得到準確答案。有一點值得注意：一九二〇年代出版的地圖上，這個島標注爲夜鶯島；戰後地圖上，這個島標注爲白龍尾島。這多少可以解釋爲民國繼續承認白龍尾島屬越南的立場。

一九五〇年，國民黨在大陸戰敗後，有少量軍隊（四十餘人）退到白龍尾島，但白龍尾島還在法軍的有效管轄下。一九五四年，法國和越南各方達成了《日內瓦協議》，規定北緯十七度歸北越，白龍尾島因此也該歸北越。同年八月，法軍撤出白龍尾島，一起撤出的還有島上越裔居民七十一戶，二百六十九人；國民黨殘餘軍隊和島上的華裔六十四戶，二百四十九人繼續留在島上。[32] 因此島上剩下的人，如同李德潮所說，都是來自中國的漁民，由國民黨殘兵控制。

其實，早在一九五三年，甚至在中國沒有占領白龍尾島之前，北京就已經把十一段線中東京灣的兩段去掉，十一段線變成了九段線。這件事的檔案同樣並沒有被公開，但幾乎可以肯定，當時去掉這兩段線是與北越在東京灣和白龍尾島的態度上有關。可能北越認爲這兩段與一八八七年分界線有衝

[32] 李德潮《白龍尾島正名》，《海洋世界》一九九六年第九期。

突：即使在近岸，十一段線的第一段也明顯超越了一八八七年分界線而突入越南一方。也可能北越方面認爲十一段線看似把白龍尾島劃入中國領土。於是，大概在越南的要求下，爲了息事寧人、顧全大局或是實事求是，中國就去掉這兩段線。

一九五五年七月，解放軍發動對白龍尾島的進攻，「解放」了白龍尾島，並且在島上建立區級行政單位——澹縣人民政府浮水洲辦事處，還有中共儋縣委員會浮水洲工作委員會和駐軍單位中國人民解放軍海南軍分區浮水洲守備大隊等機構。這是中國政府第一次在白龍尾島建立統治。從中國如此正規的命名來看，這個行動似乎不應被視爲應北越要求代爲接管的行爲。

那麼，中國爲何又把白龍尾島交給越南呢？在檔案未公開之時無法確切回答。筆者估計有兩個方面的原因。第一，越南確實有統治過這個島的證據，而民國政府也確認過了，致使中國無法拒絕北越的要求。這可能是官方不願公開資料的原因：因爲儘管越南證據很充分，但中國畢竟已經實控了這個島嶼並建立了行政機構，當時島嶼上的人又都是中國人；交給越南難免惹人非議。事實上，當事人中也有對此不理解，比如原海南軍區副司令員、當時移交工作的全權代表馬白山就認爲自己做了一件大錯事。[33]

第二，當時可能也有支援北越的原因，白龍尾島後來成爲北越建立雷達站和儲存物資的中轉站。但事後回看，從有利戰爭的角度，把這個島嶼給北越，還不如讓島嶼保持在中國手裡更加有用。因爲美國不希望戰爭擴大，忌憚轟炸中國的領土，卻不忌憚轟炸北越領土。白龍尾島在戰時被美軍轟炸，絕大部分人都離開了。但另一方面，如果白龍尾島一直「寄託」在中國名下，那麼越南以後再拿回白龍尾島就並非這麼容易了。

北京一開始可能由於島上都是中國人以及國民黨軍隊駐紮之故，沒有意識到這個島更應該屬越南，也可能是心存僥倖，先打下來再說。總之，一九五五年時，中國沒有放棄占有白龍尾島的念頭，希望借實際占領而最後得到白龍尾島。但北越後來提出了交涉，中國亦在一九五七年把它交給越南。現在流傳的各種解釋為何交給越南的理由，很可能只是為了在面子上給雙方找一個說得過去的臺階。

之後，北越和南越解放陣線戰勝了美國和越南共和國，南北越合併成為統一的新越南。可是由於西沙和南沙的爭議以及其他更為重要的原因，中越反目成仇，兵戎相見，在大規模戰爭後又進行了長時間的邊境戰爭，直到一九九〇年代才開始邊界談判。

七．東京灣分界談判與白龍尾島的最後結局

在一九九〇年代中越關於東京灣的劃界問題上，雙方展開了激烈的爭論。中國和越南在東京灣劃界方面的爭議主要集中在三個問題上：第一，如何看待「傳統海界」和「歷史性水域」？第二，如何處理白龍尾島的劃界效力？第三，如何公平地分享東京灣的漁業資源？

越南方面則認為這條線是對整個東京灣水域（包括小島）的劃界（第三種說法）。越南更引用《聯合國海洋法公約》，認為這條線已經形成了中越雙方的「歷史性水域」。在一九八二年十一月

【33】馬正大《海角尋古今》，新疆人民出版社，二〇〇〇。

十二日發布的《關於越南領海基線的聲明》中：

三、東京灣是位於越南社會主義共和國和中華人民共和國之間的海灣；越南和中國之間的海界應依據一八八七年六月二十六日法國和滿清所簽訂的中法續議界務專條加以劃定。東京灣靠近越南之部分構成越南的歷史性水域，越南擁有內水的管轄權。從康科島至東京灣口之基線，將在東京灣封口線問題解決後加以劃定。[34]

中國爲避免東京灣因爲分界線而被越南占去大部分，堅持分界線僅爲沿岸小島的主權劃分界線，既不能視爲對整個東京灣水域的劃界，甚至也不能視爲對東京灣內所有島嶼歸屬的劃界（第一種說法）。在一九八二年十一月二十八日，中國外交部就以上越南公布而發表聲明：「一九八二年十一月十二日，越南政府在其發表的『關於越南領海基線的聲明』中毫無根據地宣布，一八八七年中法界約『規定』了北部灣的海上邊界線……必須指出，一八八七年中法簽訂的中越界約根本沒有劃分過北部灣海域。因此在北部灣海域從來不存在什麼海上邊界。」[35]

中國專家的理據是：

該條約僅規定在中國與北圻交界處所會同勘定界限，而無隻字提到北部灣的海域劃界，故兩國勘界大臣在劃界過程中根本不會有什麼海域劃界的企圖，更不用說制定什麼海域劃界方案。即使勘界後形成的一八八七年《中法界務專條》或一八九四年《中法粵越界約附圖》，亦僅是提到通過茶古的「紅線」，說明線以東海中各島歸中國，以西海中九頭山及各小島歸越南，根本沒有提到北部灣海域的劃界。因此可以說，一八八七年六月二十六日中法界約中的紅線，只是芒街附近沿海島嶼的歸屬線，而不是北部灣的邊界線。在北部灣海域，中越兩國從未劃過邊界線。【36】

北京和越南方面的意見都有一定的道理。這主要是基於條約中的「海中各島」所指的「海」到底有多大的範圍，模糊不清。但仔細研究，從談判過程來看，事實上中法曾經明確「海」的範圍指的是整個東京灣。根據一八八七年四月十一日法方代表狄隆給中方代表鄧承修的復函：

以下是兩國界務委員會關於這群島嶼的口頭勘界協議的紀要內容：兩國界務委員會一致認定：凡巴黎所在子午線以西（漢語中稱爲北南線）105°43'，經茶古島東角的**東京灣內各島嶼**均屬安南。中國界務委員要求，在該子午線（北南線）以東各島嶼統歸中國。法方界務委員會聲明，由於江坪及其他地點的勘界工程尚未完成，故此問題應由法蘭西共和國公使與總理衙門在北京會商解決，此點亦系經與中方界務委員會商定後達成的一致意見，特此記錄。【37】

【34】《法律條約彙編》，二四七—二四八頁。
【35】《人民日報》，一九八二月十一月二十九日，見《大事記》，九四頁。
【36】李金明《中法勘界鬥爭與北部灣海域劃界》，《南洋問題研究》二〇〇〇年第二期。
【37】黃錚、蕭德浩《中越邊界歷史資料選編》下，社會科學文獻出版社，一九九三年，一一四六頁。

因此，整個東京灣內島嶼以此分界線劃分是已經達成的協議。所以，這條線是整個東京灣島嶼的歸屬線理論（即第二种說法）最爲符合事實。

可以相信，在中法談判時，白龍尾島並不在雙方的考慮之內。但從整個過程來看，根據條約所規定的實際結果就是白龍尾島屬越南。這對於越南來說算是一個意外之喜。無論如何，中越在二〇〇〇年底簽訂了《中越關於兩國在北部灣領海、專屬經濟區和大陸架的劃界協定》，達成的東京灣劃界協議，在事實上亦按照了較爲折衷的第二種說法：承認白龍尾島屬越南的同時，也令越南放棄了把分界線作爲整個東京灣水面分界的立場。

對中國更爲有利的是，越南還同意縮減白龍尾島在水域分界上的效力。根據《公約》，白龍尾島是一個可以維持人類生存的島嶼（島上一直有人），所以除了擁有領海和毗連區之外，它還可以享有最多二〇〇海里的經濟專屬區。但協議中，白龍尾島的專屬經濟區卻只有三海里。而雙方最後達成的經濟專屬區分界線與一八八七年分界線相比，在北面向中國方突出了一些，在南面向越南方突出了更大的區域，中國獲益的面積更大。

那麼中國是否已承認了白龍尾島屬越南呢？條約中確實沒有明確規定，從中國政府一開始對一八八七分界線的立場看，也似沒有承認白龍尾島屬越南。但事實上，越南對白龍尾島的主權並非單純源於一八八七年分界線，更重要的是民國政府對白龍尾島屬越南的確認，以及法屬越南在一九二〇—一九五四年這段時間的無爭議的主權實踐；及一九五七年後，越南對白龍尾島行使主權。所以，白龍尾島屬越南的證據在國際法上是非常堅實的。而中國從來沒有公開正式地提出對白龍尾島的主權要求。二〇〇〇年的條約中也可以推導出白龍尾島主權屬越南的結論：白龍尾島在劃界中處於越南的一側。如果白龍尾島屬中國，那麼它就是一個「飛地」，有權主張十二海里領海。根據中國一九五八年《關於領海的聲明》：「中華人民共和國的領海寬度爲十二海里。這項規定適用於中華人民共和國的一切領土」。如果白龍尾島是中國的領土，那麼其周邊十二海里，就必然是中國的領海，不能劃給越南。但事實與此相反，所以只能理解爲，中國確認白龍尾島不屬中國。

二〇〇〇年談判的另一個後果是，中國既然確認了一八八七年分界線只是屬對沿岸島嶼有效的原則，就不能按照民國的說法，視之爲對西沙和南沙歸中國的理由，否則就是違反「禁止反言」原則。現在，中國政府沒有把這個作爲主張西南沙的主權的證據。但仍有一些「專家」，不知就裡，無視政府的立場，繼續把這個分界線作爲對西沙和南沙法理的依據堂而皇之地寫在專著裡面，令人遺憾。

八・結論

經過一系列的分析，白龍尾島歷史的基本線索已經得到厘清。白龍尾島自古以來是一個無人的荒島。在文獻中，它最早爲西方人所記錄，在十八世紀以來，被命名爲夜鶯島。從十八世紀到十九世紀中期（一八六〇年之前），在西方的普遍看來，這個島嶼與越南相聯繫，視爲越南的領土，並根據越南人的叫法，以 Bacht Long Vi（白龍尾）稱呼之。從清朝乾隆時期開始，越南就開始建立對白龍尾洋的統治，並得到清朝的承認。白龍尾島的名稱可能來源於白龍尾洋，從而也支持了越南當時已經對這個島有主權的理論。

一八六〇年後，由於越南海軍的消失，越南也喪失了對離島的控制。這時的白龍尾島成爲權力的眞空，使得中國人在這個島上的活躍程度超過了越南人。但是直到一九二〇年之前，由於沒有淡水資源，島上沒有固定人口。

一八八七年中法條約中，白龍尾島被劃歸法國，但可能當時雙方都沒有意識到這一點。法國在很長一段時間內對白龍尾島都沒有主權意圖。白龍尾島已經日漸成爲中國人活動的地區，中國政府也缺乏主權意圖。除了偶爾性的緝私和巡邏之外，雙方都沒有顯示出兼併這個島嶼的意圖。

在一九二〇年左右白龍尾島發現淡水後，到這個島定居的人開始增多，法國一改以往的態度，以一九二一年派員調查爲起點，通過多種形式顯示並鞏固了對其主權，民國對之仍沒有主權意識。一九三〇年代中法西沙爭議起後，民國政府爲增強西沙的理據，主張一八八七年分界線適用於所有中越爭議的島嶼，相當於承認白龍尾島是越南的一部分。一九三七年，法國在島上駐軍，進一步鞏固統治。一九四四年，日本侵占白龍尾島。戰爭結束後，法國在一九四六年重返白龍尾島，直到一九五四年根據日內瓦協議撤出這個島嶼。

一九二〇年到一九五四年之間，除了日軍短暫的侵略之外，法國對白龍尾島的主權是非常充分的：既有管治意圖，亦具備有效控制（駐軍和設立地方政府），還得到中國承認。故一九五四年法軍撤出白龍尾島的時候，它已是越南領土了。

法軍撤退後，白龍尾島短暫地爲國民黨殘兵所控制，但北京在一九五五年占領了這個島嶼。一九五七年，中國把白龍尾島交給了北越。儘管在一九五五年到一九五七年之間發生了什麼，現時沒有更加多的資料。但是根據以上分析，中國把白龍尾島交給北越，應該被定義爲「歸還」，而不是什麼

「賣國」，因爲它原本就是屬越南的領土。同理，雖然北越理應對中國歸還島嶼表示感激，但這不應被視爲需要「感恩圖報」。中越在二〇〇〇年解決東京灣的劃界，也順便解決了白龍尾島的最終歸屬。

附錄二　九段線的法律地位

南海爭端中最大的爭議是中國的九段線（又稱U形線），其他各國的聲索範圍都基本在《公約》的框架之內，但九段線卻難在《公約》中找到位置。更嚴重的是，中國一直拒絕澄清九段線的法律地位和主張的細節，複雜化了整個南海劃界問題。

一・九段線的起源與演化

在南海劃上U形線可以追溯到一九一四年，但當時U形線是實線，而且僅包括了西沙、東沙和中沙群島（當時叫南沙群島，且不包括黃岩島）（見三・四）。一九三五年政府公布《中國南海各島嶼華英名對照表》和《中國南海各島嶼圖》後，白眉初在一九三六年的《中華建設新圖》中的《海疆南展後之中國全圖》把這條U形線擴大到南沙群島與黃岩島，其解釋爲此地是「我國漁民生息之地，其主權當然歸我」，沒有說明畫出這個範圍，是否經過調查和有什麼依據。一九四七年前的畫出U型線的中國地圖既非官方，也不普遍。戰後，中國到西南群島宣示主權，決定進一步確定中國在南海諸島的領土範圍。一九四七年內政部方域司出版了《南海諸島位置圖》，在地圖上畫了十一段折線。同時出版的還有該事務主持人鄭資約編著的內政部方域叢書中的《南海諸島地理志略》，書中也附有該圖。

民國政府當時沒有對此線加以說明，但從外交部的檔案看來，其目的僅在於明確線內的島嶼屬中國（見三・四）。在民國時期，U型線有多種畫法：實線、幾乎連續的斷續線（各段靠得非常緊密）等，不一而足；其範圍也很不確定，除了都包括南海諸島。當時中國已經實行地圖標準化，多種畫法說明民國政府對U形線並沒有除宣布島嶼主權之外的更多考慮。

一九五三年中華人民共和國（以下稱北京）去除了東京灣（北部灣）的兩段，形成現在的九段線（以下U形線通稱九段線）。北京沒有解釋其原因，但普遍認爲和越南有關東京灣和白龍尾島的爭議有關（見附錄一）。此外，北京的九段線和民國的十一段線的範圍也有不同（圖75）。有研究歸結爲七點：⑴新、舊線相互銜接，順時針方向位移，如西部首段；⑵新舊線相互平行，有外擴，如南部曾母暗沙附近；⑶新、舊線相互平行，有內縮，如呂宋島東、萬安灘西；⑷新線在舊線的延伸線的位置上，如東南海域處；⑸關鍵區域新、舊線位置完全改變，如臺灣島東南處；⑹舊線各段長度較長，一般在一三〇—二二〇公里之間，且長度變化較大，不規則，新線長度較短，一般在一二〇—一三〇公里之間，長度變化不大，較爲規則；⑺新、舊線之間的距離最近的爲十八公里左右，最遠的三三三八公里左右。[1]

中國沒有公布九段線的坐標，每段之間間隔太遠，故也難以確定九段線的範圍。有中國學者用專門提供的一比五十萬的數字化地圖底圖，對各段線進行精心的數字化採集，得出線上四三八個離散節點的坐標，再利用張力樣條函數插值法，去擬合出一條看上去「光滑、緊湊、自然、合理」的連續性線。這個經過國家驗收的成果的數據處於「保密」狀態。[2]此外，北京出版的地圖把九段線畫得很粗，每一段斷續線由三個部分組成：最內緣是黑色細線，中間是較粗的深色線，最外緣是更加粗的淺色線。中國沒有說明黑線、深色線還是淺色線是九段線區域的界限，以其外緣還是其內緣爲界限所得

[1] 賈宇《南海「斷續線」的法律地位》，中國邊疆史地研究，二〇〇五年六月，第十五卷，第二期，一一二—一二〇頁。

[2] 彭認燦、許堅、沈文周《南海斷續線連接方案的研究》，地圖，二〇〇一年第四期，一〇—一二頁。

的區域面積差異很大。

北京一直沒有說明九段線的涵義，直到二〇〇九年才在提交給聯合國的文件（CML/17/2009）中附帶了含有九段線的南海地圖，惟其意義仍然不明。[3]

二・九段線涵義不清成爭議

長期以來，無論民國政府、臺灣還是北京都清楚說明九段線的法律地位。學者和傳媒一般稱之爲九段線，也有傳統海疆線、歷史性海域、甚至海疆線的說法；北京官方文件和《人民日報》社論等文稿中卻沒有出現過「九段線」這個名詞，標準說法是「南海諸島及其附近海域」，該說法並不能確定所指的海域是否即九段線內海域。中國在二〇〇九年提交聯合國的文件中（見六・三），聲明中國對南海諸島和附近水域享有主權，同時附上了畫有九段線的地圖。這是在正式文件中第一次出現帶有九段線的地圖，但即便在該文件中，也沒有在文字上提到九段線，更沒有解釋中國主張的權利。

一般認爲，九段線就是中國在在南海爭端中最大要價，但其法理基礎模糊不清。九段線的法理困難首先緣於其範圍太大，從視覺上已經可以觀察到，這些線極爲接近菲律賓、馬來西亞、汶萊和越南等國海岸，其西南部有一大片海域根本沒有任何島嶼。

專家鄒克淵[4]假定：⑴假定所有有爭議的南海島嶼全屬中國；⑵西沙群島海基線以中國公布爲准，南沙群島海基線以漲潮時能露出水面的島礁爲准；⑶在此基礎上以二〇〇海里爲指引計算出中國的專屬經濟區，如果和鄰國海岸不足二〇〇海里，則以中間線爲准。這种計算方法已經擴大了中國的專屬經濟區，這是因爲根據《公約》一二一條，只有能維持人類居住或其本身的經濟活動的島嶼才有可以主張專屬經濟區的權力，漲潮時能露出水面的島礁並不一定能夠維持人類居住（南海仲裁案裁決中所有南沙島嶼都沒有主張專屬經濟區權力，見六．一四）。此外，類似南沙群島這樣的島礁也很難擁有和大陸以及大島嶼均分海域的權利。但即使按這個對中國有利的假設計算出來的專屬經濟區也比九段線小。尤爲突出的幾個部分是：(1)九段線西部靠近越南南部對開海面的海域；(2)九段線南部靠近馬來西亞的海域；(3)九段線東南和東部靠近菲律賓的海域，特別是東南靠近巴拉望島的一段；(4)東沙島和菲律賓呂宋島相對的部分。值得注意的是，其中區域(2)和(3)都是目前盛產石油的區域，尤其是區域(2)。

其次是其法律涵義不清。從中外學者分析來看，以中國的權利從大到小排列，有幾種不同的理解：一曰海上疆界；二曰歷史性水域；三曰有歷史性權利的水域；四曰島嶼歸屬線。必須指出，在各理論中，特別是有關歷史性權利和歷史性海域的兩種論述中，經常會混淆了兩個不同的概念：(1)九段線產生之初的法律涵義是什麼；(2)經過產生這麼多年後，有沒有產生新的具備法律效力的涵義。以下作一分析。

---

[3] http://www.un.org/Depts/los/clcs_new/submissions_files/mysvnm33_09/chn_2009re_mys_vnm.pdf.

[4] From Zou Keyuan, *Scarborough Reef: a New Flashpoint In Sino-philippine Relations?* IBRU Boundary and Security Bulletin Summer 1999, p72.

三・海上國界線還是島嶼歸屬線

海疆線理論和島嶼歸屬線理論互為對立：前者認為九段線是中國的海上疆界，線內島礁灘沙以及海域均屬中國領土；[5]後者認為九段線只是說明其內所有島嶼灘塗都是中國領土，不涉及任何海域的歸屬。它們的共通點都是根植於其九段線產生的初衷，故兩者可以一併討論。

以國際法而論，九段線作為國界線違反海洋法第三條規定：「每一國家有權確定其領海的寬度，直至從按照本公約確定的基線量起不超過十二海里的界限為止。」[6]九段線的面積顯然遠遠大於假定線內所有島嶼都屬中國的前提下根據國際法所畫出的界限。

海上國界線理論的支持者有國際法專家趙理海：「南海斷續線是幾十年來中國一貫堅持的一條海上邊界線」。[7]這意味著九段線以內是中國的內水或領海，九段線之外才是其他國家的領海或者是公海。儘管國內絕大部分的研究者都認為這種看法是不對的，在中國民間各媒體中，都有意無意地把「國界線」作為九段線的定義。比如，媒體人單之薔說：「南海九段線就是國界線」。[8]一篇發表在〈人民政協報〉但被轉載到人民網和新華網的文章開篇的第一句就是「南海海域自古以來就是中國的領土，海域面積達三六〇多萬平方公里。」[9]這裡的海域只能指九段線內海域。中國出版的地圖中一直用與國界線類似的圖標來標注九段線，也有意無意地引導公眾支持這種看法。

這種理論的支持論據主要是依靠《南海諸島位置略圖》和一九四八年的《國家區域地圖》中的畫法。根據當年內政部方域司參與彙編地圖的王錫光後來回憶：「斷續國界線畫在我國和鄰國中間線的位置上。」[10]傅崑成認為這種「中間線」的畫法「可想見的是，中國政府是以一種自我抑制的態度，試圖藉此疆界線，來區分中國與鄰近國家間，對南海水域的管轄和利益分配。」[11]他又認爲「當時世界各國已因杜魯門宣言引發海洋圈地的風潮，紛紛擴大各國在海域中的權利主張範圍。當時中國政府之主張，實爲對此已全球風潮之因應。」[12]地理學家王穎聲稱找到了海上疆域線的「新證據」。[13]她分析了一九四八年中國出版的《國家區域地圖》，發現在海上畫的線和陸上畫的線是一樣的，而且在圖例中寫成是「國界」，於是她就斷言，九段線是一條「海上國界線」。按照她的說法，線內的水域都是中國的領海。

這些論點意在證明，再畫出九段線之初，中國已經「聲明」了九段線是海疆線。但這種說法完全無法成立。第一，首先僅憑地圖上的圖例就斷定中國已經聲明九段線是海上疆界線理据極爲不足。

[5] 許森安《南海斷續國界線的內涵》，轉引自羅婷婷《九段線法律地位探析》，中國海洋法學評論，二〇〇八年第一輯，五六—六四頁。
[6] 同上。
[7] 趙理海《海洋法問題研究》，北京大學出版社，一九九六年，三八頁。
[8] 中國國家地理，二〇一四年八月號。
[9] 何立波《一九四六年收復南海諸島與「九段線」的由來》，二〇一一年十二月十五日，http://history.people.com.cn/n/2014/0403/c372327-24816742.html，http://news.xinhuanet.com/politics/2011-12/15/c_122426612.htm.
[10] 引自《南海爭端與國際海洋法》，五〇頁。
[11] 法律地位，三九頁。
[12] 同上，二〇四頁。
[13] 南海九段線就是國界線，http://blog.sina.com.cn/s/blog_48bb0d010102uzro.html.

第二，《南海諸島位置圖》用的是位置，說明地圖表達的是南海諸島的位置，而不是疆界線。[14]

第三，這條線並不是在中國和鄰國的中間線位置，在多個位置都大大靠近外國海岸線（圖76）。

第四，用了標記爲「國界」的圖標不代表是海上國界線。這種畫法是當時國際上廣泛流行的地理速記法，即以群島最外緣的島礁爲界，把眾多島礁全包括在一條界線之內，省得逐一羅列出來。[15]比如，二十世紀前期，印尼納土納群島附近也有這種斷續線的畫法（見圖38，該地圖出版於一九三七年，比U形線早）。故當時，這類海上界線的畫法表示的實際是島嶼分隔線，而不是海域劃分線。

第五，在這兩幅圖上，菲律賓和沙巴之間的分隔線也用國界線的樣式，它能分清各島嶼屬，這條線與菲律賓和沙巴之間的條約界線有明顯差別。如果不把它理解爲島嶼分隔線，中國又豈可越俎代庖地幫菲律賓和沙巴劃分海界？

第六，如果這是中國和鄰國之間的海域分界線，中國又豈可單方面劃定而不與鄰國協商？

第七，如果這是海上疆界線，當時民國已有地圖審查機構，爲何民國同期地圖中，這類U型線的畫法如此多樣，範圍不一？難道國界可以這麼多變嗎？

第八，在《國家區域地圖》上還有嚴重錯誤：當時中國已經承認蒙古獨立，但地圖還把蒙古畫在國界之內。這雖然不直接關係南海問題，但也降低了這幅地圖的權威性。

這個理論更大的問題是缺乏歷史的支持。瞭解畫線的初衷還須從檔案出發。在外交部歷史檔案中，有關於設立九段線的討論。根據這些討論，外交部和海軍要求內政部畫出南海諸島的範圍，以方便海軍接管南海諸島（見三．三）。正是在這個要求下，內政部製作了南海諸島地圖，畫上了斷續線，並說明斷續線內是我國島嶼。比如，在一九四七年四月內政部致廣東省政府的公函○四三四號中指出：

事由：爲西南沙群島範圍及主權之確定與公布一案函請查照辦理由

查關於西南沙群島範圍及主權之確定與公布一案，經本部於三十六年四月十四日邀請各有關機關派員會商記錄在案，除分行外，相應抄同會議記錄，函請查照辦理爲荷。【16】

而同函件附上的一九四七年四月十四日內政部國防部外交部和海軍的會議記錄指出：

㈠南海領土範圍最南應至曾母灘，此項範圍抗戰前我國政府機關學校及書局出版物，均以此爲准，並曾經內政部呈奉有案，仍照原案不變。㈡西南群島主權之公布，由內政部命名後，附具圖說，呈請國民政府備案，仍由內政部通告全國周知，在公布前，並由海軍司令部將各群島所屬各島，盡可能予以進駐。【17】

【14】李金明《國內外有關南海斷續線法律地位的研究述評》，南洋問題研究，二〇一一，第二期。
【15】李金明《國內外有關南海斷續線法律地位的研究述評》，南洋問題研究，二〇一一，第二期。
【16】史料彙編，一八一頁。
【17】史料彙編，一八二頁。

可見，附具圖說的原因僅爲表示西南沙群島的範圍。故九段線初衷就是爲確定島嶼接收而畫出來的島嶼歸屬線，目的是要標示出哪些島嶼屬於中國。

民國時期，一九三〇年初，海軍、財政、參謀本部等五部經過詳細討論，最後經提交行政院第二十一次國務會議決議，在一九三〇年六月二十四日，頒發《中華民國領海範圍定爲三海里令》，[18]內稱：「複經提出本院第二十一次國務會議決議：「領海範圍定爲三海里，緝私界程定爲十二海里……」[19]而在此令頒發前後的另外一些行政命令，亦無不以去案三海里爲界。[20]民國時期對領海寬度爲三海里的規定，已經否定了九段線作爲領海線的可能性。

在當時外交部檔案中找不到和「南海水域管轄和利益分配」有關的討論，找不到一份材料把畫出九段線和杜魯門宣言聯繫在一起的檔案。有關對領海的討論可以用一九四七年六月十日，由行政院主持，內政部、國防部和外交部多方參與的會議記錄作一說明。這個會議是在最後決定公布接收領土範圍前召開的，最後敲定了發布九段線的事宜。關於領海結論是：「領海亦國土之一部，與主權有關，不容放棄，何況南沙群島與巴拉望島相距在十二海里以上，雙方除彼此領海三海里之外，尚有相當距離的公海相間隔。」[21]這說明，在九段線內但是位於南沙諸島三海里之外的海域，被中國政府視爲公海。這就從「立法原意」上否定了九段線是海域線的說法。

因此，傅崑成等的說法都是事後理由，缺乏史料支持。中國專家李金明認爲：「倘若如傅先生所言，那麼當時的中國政府劃定U形線就不是爲了防患外國勢力入侵，維護領土主權，而是在進行所謂的『海洋圈地』，『擴大海域權利主張範圍』。傅先生的說法顯然與當時的事實不符。」[22]

一九四九年之後，海峽兩岸有關領海的立法，繼續否定海疆線理論。一九五八年九月四日，中國總理周恩來發表《關於領海的聲明》，把領海寬度擴充爲十二海里：

(一)中華人民共和國的領海寬度爲十二海里。這項規定適用於中華人民共和國的一切領土，包括中國大陸及其沿海島嶼，和同大陸及其沿海島嶼隔有公海的臺灣及其周圍各島、澎湖列島、東沙群島、西沙群島、中沙群島、南沙群島以及其他屬中國的島嶼。[23]

聲明指出在南海諸島領海基線（儘管當時沒有給出領海基線）以外十二海里之內才是中國的領海，而即便如何畫南海諸島的領海基線，其範圍也遠遠不足以覆蓋九段線的範圍。而且，在該聲明也明確指出，南海諸島（以及臺灣澎湖等島嶼）和大陸之間存在公海。可見，該聲明意味著九段線內的水域有很大部分屬於公海。若九段線是國界線，在其內部又何來公海呢？

一九九二年二月二十五日公布的《中華人民共和國領海及毗連區法》規定：

[18] 黃剛《中華民國的領海及其相關制度》，臺北，臺灣商務印書館，一九七三年，五三頁。

[19] 轉引自黃剛《中華民國的領海及其相關制度》，臺北，臺灣商務印書館，一九七三年，一六二—一六三頁。

[20] 黃剛《中華民國的領海及其相關制度》，臺北，臺灣商務印書館，一九七三年，五二—五四頁。

[21]《關於南沙群島收復範圍之審查》，民國三十六年六月十二日，外交部檔案彙編，七八四—七八八頁。

[22] 李金明《國內外有關南海斷續線法律地位的研究述評》，南洋問題研究，二〇一一，第二期。

[23] http://news.xinhuanet.com/ziliao/2003-01/24/content_705061.htm.

第三條　中華人民共和國領海的寬度從領海基線量起為十二海里。中華人民共和國領海基線採用直線基線法劃定，由各相鄰基點之間的直線連線組成。中華人民共和國領海的外部界限為一條其每一點與領海基線的最近點距離等於十二海里的線。[24]

由於無論如何，中國的領海基線都不可能是指九段線往內推十二海里的地方。事實上，根據一九九六年五月十五日國務院發布的《中華人民共和國政府關於中華人民共和國領海基線的聲明》，西沙群島的領海基線是以各島最外沿的連線。[25]這意味著，位於九段線內和領海基線外的水域，並不是中國的領海。因此，把九段線說成是中國的領海，不但不符合國際法，也違反中國的國內法，它顯然是錯誤的。

在臺灣方面也從來沒有說過九段線內水域是中國領海，反而在一九九三年說明這片水域是歷史性水域（五點四）。

其實，中國文件中也已經把九段線定為「南海諸島歸屬範圍線」。在二〇〇三年五月國家測繪局印發的《公開地圖內容表示若干規定》[26]中，第三章界線第六條中寫有：

1. 準確反映中國領土範圍。

(1)圖幅範圍：東邊繪出黑龍江與烏蘇里江交匯處，西邊繪出噴赤河南北流向的河段，北邊繪出黑龍江最北江段，南邊繪出曾母暗沙（漢朝以前的歷史地圖除外）；

(2)中國全圖必須表示南海諸島、釣魚島、赤尾嶼等重要島嶼，並用相應的符號繪出南海諸島歸屬範圍線。比例尺等於或小於一：一億的，南海諸島歸屬範圍線可由九段線改爲七段線，即從左起刪去第二段和第七段線，可不表示釣魚島、赤尾嶼島點。

此外，從國際實踐上看，從古到今，南海上的自由航海權從來沒有被中斷過。中國政府也多次聲明，南海沒有航海自由問題。如果九段線確定爲領海線，那麼航海自由就必須受到限制。這和實踐相違背。

因此，從九段線制定初衷到以後中國政府長期的立法和實踐中，九段線都是且僅是島嶼歸屬線。把九段線視爲中國領海的理論，既不符合國際法，也不符合國內法，更不符合國際實踐，是不成立的。中國多數學者也持島嶼歸屬線的態度。[27]

---

[24] http://www.npc.gov.cn/wxzl/wxzl/2000-12/05/content_4562.htm.

[25] http://www.fmprc.gov.cn/mfa_chn/ziliao_611306/tytj_611312/tyfg_611314/t556673.shtml.

[26] 國家測繪局，《公開地圖內容表示若干規定》，http://dtsc.sbsm.gov.cn/article/zcfg/dtscyj/201009/20100900072143.shtml.

[27] 管建強《南海九段線的法律地位研究》，國際觀察二〇一二年第四期，一五—二二頁。劉楠來《從國際海洋法看'U形線的法律地位》。李金明《南海斷續線的法律地位：歷史性水域、疆域線、抑或島嶼歸屬線？》，南洋問題研究，二〇一〇年第四期。李令華《關於南海U形線與國際海洋邊界劃定問題的探討》，現代漁業信息，二〇〇五年十二月刊。賈宇《南海「斷續線」的法律地位》。

四・歷史性水域

認爲九段線內是中國的歷史性水域（historic water）的理論是一九九三年臺灣發布《海洋政策綱領》的時候首次提出的。中國專家現在越來越多用這個說法，根據一些學者闡述，歷史性水域意味著對水域中的領地和水體都有主權。這樣，歷史性水域線在效力上就基本等同海疆線了。但這個理論同樣沒有根據。

在《公約》中僅三處提到了「歷史性」這個名詞，而沒有給出歷史性水域的定義。在第十條海灣中有：

6. 上述規定不適用於所謂「**歷史性**」海灣，也不適用於採用第七條所規定的直線基線法的任何情形。[28]

在第十五條海岸相向或相鄰國家間領海界限的劃定有：

如果兩國海岸彼此相向或相鄰，兩國中任何一國在彼此沒有相反協議的情形下，均無權將其領海伸延至一條其每一點都同測算兩國中每一國領海寬度的基線上最近各點距離相等的中間線以外。但如因**歷史性**所有權或其他特殊情況而有必要按照與上述規定不同的方法劃定兩國領海的界限，則不適用上述規定。[29]

在二九八條中適用第二節的任擇性例外有：

(a)(1)關於劃定海洋邊界的第十五、第七十四第八十三條在解釋或適用上的爭端，或涉及**歷史性海灣或所有權**的爭端……

歷史性水域這個名詞是在七八十年前提出來的，遠在《公約》以及經濟專屬區等概念產生之前，用意是承認一些水域和一國領土有密切關係，可以讓該國在該水域有管轄權。歷史性水域這個概念從一開始在國際法中就意義不明，也沒有得到廣泛的承認。在《公約》產生後，由於正式規定了領海、毗連區和專屬經濟區，歷史性水域也漸漸走向了終點。

歷史性水域的定義是什麼，有什麼權利，眾說紛紜。根據國際法學家布切茨（Leo J. Bouchez）在《國際法中的海灣制度》一書中論述了確定歷史性水域的定義：「歷史性水域是這樣的水域，沿岸國家並非採用一般的國際法條款，而是通過明確、有效、連續和長期地行使對該水域的主權，並得到國際社會默認的水域」。[30] 一九六二年出版的《國際法委員會年鑒》明確地提出了作為歷史性水

[28] http://www.un.org/zh/law/sea/los/article2.shtml.

[29] http://www.un.org/zh/law/sea/los/article2.shtml.

[30] Leo J. Bouchez, *The Regime of Bays in International Law* (Leyden, A.w. Sijthoff, 1964), pp281.

域應具備的三個條件：⑴對此地區行使權力；⑵行使權力有連續性；⑶這種權力要求得到外國的默認。[31]這也可以代表大部分支持歷史性水域的專家的觀點。

根據奧康奈爾（D.P. O’Cornell）的看法，有三類水體可以看作是歷史性水域：⑴歷史性海灣；⑵一國主張享有主權之沿岸水域；⑶一國對於原先屬公海之海域，但是基於特殊的歷史利益而主張例外地歸於其主權之下。[32]值得指出的是，這個看法是在一九八二年海洋法通過之前寫的。並不一定合適海洋法之後的狀況

第一種情況比較多，在《公約》中所提到的「歷史性」的字眼也都僅指「歷史性海灣」。比如俄國日本海北部的彼得大帝灣（Peter the Great Gulf）就被俄羅斯宣稱是歷史性水域。這個水域深入大陸，兩側都是俄國領土，灣區開口處寬一〇八海里（小於專屬經濟區的寬度），附近沒有爭議國。歷史上，這個海域完全由俄國人管轄。無論從哪一個方面看，都是符合以上的共識。但即便如此，其歷史性海灣的地位也沒有被國際普遍承認（美國否認）。

第二種情況所指的水域，運用直線基線和群島水域的概念已經足可覆蓋，不需要專門應用「歷史性水域」的概念。[33]

第三種情況只有東加王國（湯加）運用。東加是一個群島國家，根據國際法可以擁有群島國家的規則畫出群島基線。但早在一八八七年八月二十四日，東加已經在憲報上畫出了一個由四條經緯線所組成的四方框，把其島嶼圍在其中，並宣告爲國界（此國界比按照以後的群島基線規則所形成的要大）。[34]國際上從未抗議，東加之後也一直實踐這種主權。於是在約一〇〇年後，《公約》簽署時，東加已經建立起足夠的歷史性主權。這是唯一國際認可的例外。

可見，這三種情況都和南海的情況不符。南海是被中國大陸、中南半島、婆羅洲和菲律賓所包圍地中海，而不是一個海灣。中國大陸僅位於其北端，南海周圍全是爭議國家。從地理上說，和國際較爲公認的歷史性海灣完全不同。南海諸島遠離中國大陸，也不適用第二種情況。中國不是群島國家，也不適用第三種情況，何況九段線並不是以直線畫出來的線。

當然，如果中國對南海的「管轄」達到以上列舉的標準，那麼即便南海並非海灣，中國也有可能主張這種歷史性水域的權利，但中國的歷史管轄證據不足。

五・傳統海疆線在哪裡

根據以上檔案分析，九段線劃定時，中國根本沒有考慮過歷史性水域的問題。故其劃定的原意，自不可能是表示歷史性水域。但中國可以有兩種辯解：第一，還在相關國際海洋法產生之前，中國已經擁有了對九段線內水域的「傳統」管轄權，儘管這種管轄權不符合近現代國際法的要求，但亦足

【31】李金明：《中法勘界鬥爭與北部灣海域劃界》，《南陽問題研究》，二〇〇〇年第二期，第七六頁。UN Doc. A/CN 4/143, 1962/03/09 "Juricial Regime of Historic Waters, Including Historic Bays", Yearbook of the International Law Commission (1962), Vol. II, p.6.

【32】D.P. O'Cornell, *The International Law of the Sea* (Oxford, Clarendon Press, 1982), Vol. I, p.417.

【33】法律地位，二〇七頁。

【34】Hanns Jürgen Buchholz, *Law of the Sea Zones in the Pacific Ocean*(), p.85.

以證明中國對此水域的歷史性主權。而在畫出九段線的時候，儘管沒有這麼考慮，但其範圍實際和「傳統」的管轄範圍大致相等。第二：自一九四七年中國畫出九段線之後，經過幾十年時間，已經形成了從一九四七年開始計算的歷史性主權。

中國有時會把九段線稱爲「傳統海疆線」，這種稱呼被越來越多的中國專家應用，其目的大概是更強調其歷史性權利。一些外國學者，比如鄒克淵也用 Tranditional Maritime Line 去形容之。傳統海疆線理論有兩種容易混淆的概念：第一種指中國古代沒有接受近現代國際規則前，所形成的疆域；第二種指的是源自一九四七年，即開始畫出九段線之際，開始形成的歷史性。用了這個字眼而不加細分，很容易掩飾了九段線是從一九四七年才開始有的一條線這個事實，混淆了這兩個截然不同的概念。

本節先討論第一種意義上的「傳統」海疆線。如果歷史上，中國對大致相當於九段線內的水域存在諸如巡邏緝私等管轄的實踐，那麼即使依據今天的標準，對南海的航行實行如領海一樣嚴格規管，那也一定程度上能說明中國對這個水域的歷史性主權。但這必須先回答兩個問題：首先，中國有否眞正管轄意義上的傳統海疆線；其次，如果有的話，中國的傳統海疆線是否基本上與九段線重疊？這些都需要用史料加以論證。

首先須明確，在對海洋命名的問題上，東西方傳統上有所不同。在西方傳統中，某一個海的名稱只是一個單純的地理名稱，不暗示著它屬於這個名稱的沿岸國。比如，印度洋、日本海、菲律賓海等由來已久的稱呼，不意味著西方航海家認爲這些海域屬於印度、日本或者菲律賓。僅根據西方的稱呼去認爲某個國家對某個洋面有主權是缺乏根據的。

但是在東方傳統中，對海域的命名卻帶有一定的主權色彩。比如阿拉伯航海家就把南海分爲三部分：崑崙海、占城海和中國海。事實上，從地理上看，南海並無此涇渭分明的三部分，這種稱呼除了爲方便指稱某個海面或者洋面外，顯然也帶有一定的主權意味。西方把南海稱爲「南中國海」，而不會像東方人那樣繼續細分爲崑崙海、占婆海和中國海，因爲對於他們來說，在地理上只是一個海，沒有必要繼續按照所屬關係繼續細分爲三個海。

在中國古代文獻中，會以粵洋（海）、閩洋（海）等形容廣東開外或者福建對開的海面，也會用越南夷洋、交趾洋、占城海等形容越南的海面。中國文獻中在提及這些地方的時候也同樣賦予了除卻地理意義之外的涵義，比如認爲它是該處漁民的活動範圍，或者航海家心中的與沿岸國主權相關的海域，即傳統海疆。

這種傳統海疆的觀念一直到十九世紀中葉（約一八六〇年爲界）之前，都被中國和東亞各國沿用。但這種疆界線的普遍問題是：第一，界線不清晰，其向外延伸的範圍也很難確定；第二，缺乏官方認可，也因而缺乏嚴格的國際法意義。但是在一些特定例子中，界線大致清楚，也具備官方的行政管轄上的意義，比如巡邏。若符合這些條件，這些傳統海疆就可以被定義爲歷史性水域了。

要確定清朝之前中國的傳統海疆線較爲困難，因爲沒有詳確的行政上的史料，此外也沒有太大的必要，因爲古時疆域線變動很大，時進時退，難以確證。另外，在明朝，中國實行長期海禁，其對海洋的管治意識長期停留在海防和洋防層次，其範圍也和清朝變化不大。

在清朝，得益於文獻的增加，也得益於中越在十九世紀初期在海上聯合緝私打擊海盜等行動，需要明確雙方的巡邏範圍，中越對傳統海疆有較爲明確的劃分。這時這條傳統海疆界線就已經擁有現代國際法意義上的「歷史性主權」海界的意味了。

那麼這條界線在哪裡呢？在一八三三年，即崖州協水師成立後一年，就有道光皇帝下達有關此洋面巡邏的命令：「又據李增階諮稱，副將李賢等巡至岩州三亞外洋玳瑁洲，與越南夷洋接壤……，惟華夷洋面雖連，而疆域攸分，必須確悉情形，方可計出萬全。」[35]這份文件是當時海南水師奏報三亞開外的緝私情況。當中提到巡邏的範圍僅到玳瑁洲，即距離海南三亞不遠之處。三亞的外洋僅到玳瑁洲，之外就是「洋面雖連，而疆域攸分」的「越南夷洋」。道光也確認了此點。可見，中國海疆的南端僅僅距離玳瑁洲不遠的地方。

在王之春的《各國通商始末記》中寫道：「道光二十年間，該國（指安南）頭目阮廷豪等兵船在崖州洋遭風破壞，遞至欽州轉送回國。」[36]可見，越南當時軍方的巡海區域直達崖州（即三亞）附近。聯繫到越南在十八世紀中到十九世紀中對西沙群島的管轄（見第一章），這時中越之間的傳統海界在海南島以南是可信的。

十九世紀後期，中國海關被英國人把持，這時海關巡邏有詳細的英文記錄。這些記錄中，海關巡邏的路線都不超出海南島南端的範圍。在一八九二年官方編訂的《廣東輿地圖說》中，進一步寫明：「粵省……，今之海界，以瓊南爲斷，其外爲七洲洋，粵之巡師自此而還」。[37]在一九〇九年，中國要到西沙宣示主權，這時廣東水師的船隻並不足以到達西沙（見第一章），需要向福建水師和海關借調船隻。這再次肯定中國清朝的海界僅僅在海南島南端不遠。可見，在晚清時期，廣東水師也不足以到達西沙，更遑論在西沙以南的水域巡邏。因此，中國實際管轄的水域僅限於海關所巡邏的範圍，即海南島南端。

一八九四年，中國和墨西哥簽訂《華盛頓條約》，規定領海「彼此均以海岸去地三力克【每力克合中國十里】爲水界，以退潮時爲准。」[38] 根據這個規定，中國的海界寬度爲三十里，約合八海里。至此，中國已經接受了國際法中關於領海的定義。中國海界也完全拋開了「傳統海界」的觀念，而全面採用了符合國際法的海界觀。因此，在這時，傳統海界已經失去效力。在一八九四年到一九四七年之間的中國海界，當以國際法和習慣確定，在民國期間，這個寬度被定爲三海里。

因此，可以得出結論，在中國古代，確實存在一條傳統海疆線，中國在此海疆線中有巡邏和緝私等主權實踐。但是這個範圍僅到達海南島南端，和越南的傳統海疆相接。它尚未到達西沙群島，更沒有到達南沙群島，更不用說和九段線的範圍相提並論了。

六・九段線內水域是歷史性水域嗎

第二種「傳統海疆線」所說的「傳統」是指自一九四七年中國畫出九段線之後所開始形成的歷

【35】《宣宗實錄》卷二二六，二五—三〇頁。

【36】王之春《各國通商始末記》卷九，寶普書局，一八九五年，六—七頁。轉引自史料彙編，七七頁。

【37】同上，八頁。

【38】*Treaties, Conventions, ect, between China and Foreign states*, The Statistical Department of the Inspectoriate General of Customs, 1917, Vol.2, p833-843.

史性傳統。但這個「歷史性」更難被認可。

首先，那麼如此短的歷史難以被稱爲「傳統」，否則很多國家都能拿出類似的「傳統海域線」，比如菲律賓的條約界線，畫於一八九九年，遠比九段線要早。而眾多南美國家如厄瓜多爾、祕魯等，提出二〇〇海里領海線也在一九四七年左右。按照中國的標準，他們那些「領海線」豈非也是傳統海域線？這顯然背離了國際法，也難以讓絕大部分國家接受。

其次，一九四七年之後，中國對九段線海域並沒有管轄權。這體現在幾個方面：第一，在九段線內的各島嶼並非爲中國獨占。

第二，一九四七年之後，如同歷史上一直以來那樣，各國軍隊和民間船隻在南海享有航海自由：法國在一九五六年之前多次在南沙和西沙水域巡邏；美軍更是在南海保持強大的軍事存在，是美軍海軍和空軍參與越戰的重要戰場；美軍僅在極靠近海南島和中國大陸海岸的時候，才會遭受中國的「嚴重警告」。這些船隻在九段線內水域的航行，即不需要得到中國的批准，也沒有導致中國的抗議。

第三，在五〇—六〇年代，南沙和黃岩島成爲海盜與走私的基地。當時主要是菲律賓和美國在這一帶對抗走私，是美國和菲律賓，而不是中國，實踐了對這一帶水域的管轄權。

第四，在一九五六到一九八四年之間，中國沒有在南沙海域進行漁業活動。而越南和菲律賓同時都有對南海海域進行漁業活動和漁業管理的記錄。

第五，從一九七〇年代起，馬來西亞、越南和汶萊各國都在南海近岸開採石油，油田的位置有不少位於九段線之內。但中國並沒有制止這些開發，可見中國並沒有在九段線內的管轄能力。

由此可見，儘管中國在一九四七年畫了一條線，但是在一九四七年之後，並沒有連續無爭議地實踐和國際法相應的管轄權。

再次，在中國一九五八年的領海聲明和一九九二年制定的海洋法中，都沒有提及歷史性水域的概念，更沒有提到九段線。在中國和臺灣頒布的法令中，領海都爲十二海里。可見在中國政府頒布法律時，也沒有把九段線視爲歷史性水域。

再次，直到一九九三年，臺灣才提出歷史性水域的說法。而這種提法立即受到了美國和東南亞國家的關注和反駁。可見，國際並沒有默認中國哪怕是「紙面上」的管轄權。

最後，對比越南在東京灣提出的歷史性水域的要求（五點五），中國九段線的理據甚至還不如它有力。從時間上，越南在東京灣的界線可以追溯到宋朝，在清朝時亦被中國所承認（是爲傳統海域線）。即便從一八八七年中法東京灣劃界算起，也比九段線早了六十年。從效力上，紅線是中法締約的結果，九段線僅是中國單方面畫的線。從實控上，二戰之前，法國一直有在東京灣巡邏和緝私，並控制越南一側靠近紅線的白龍尾島，對紅線的越南一側有實際管轄。而中國直到現在還沒有實現對九段線的管轄。然而，中國不承認越南在東京灣擁有歷史性水域。以此爲標準，九段線作爲歷史性水域無法成立。鄒克淵亦持這種觀點。[39]

---

[39] Zhou keyuan, The international Journal of Marine and Coastal Law, Vol. 14, 1999.

七・九段線是擁有歷史性權利的水域嗎

由於歷史性水域被美國和東南亞國家一致反駁，臺灣在專家建議之下，從「歷史性水域」這個提法退縮。在二〇〇五年十二月十五日，內政部以臺內地字第〇九四〇〇一六二九三二號函件正式停用了《南海政策綱領》，[40] 標誌著臺灣放棄了歷史性水域這一提法。[41] 這時，臺灣政府轉而提出對九段線內水域擁有歷史性權利的提法。一九九八年六月二十六日中國頒布的《專屬經濟區和大陸架法》第十四條也規定：「本法的規定不影響中華人民共和國享有的歷史性權利」。[42]

理論上說，歷史性水域意味著歷史性主權，它和歷史性權利是有嚴格區別的。在《公約》中沒有提到歷史性權利（historic right），只有歷史性主權（historic title）。如前所述，歷史性主權主要適用歷史性港灣。因此，嚴格說來，在《公約》中沒有歷史性權利這個概念。有的學者把歷史性權利和歷史性主權混爲一談，從而認爲海洋法中提及歷史性權利，[43] 這是錯誤的。歷史性主權（title）包含各種權利（right）；但擁有某種權利（比如捕魚權）並不能被視爲擁有主權。歷史性權利比歷史性主權權利要小，之間的分別是顯而易見的。

此外，英文文獻中還有其他更加微妙表述。Dupuy 指出，外國學者一般用 histotic right 這個名稱，而越來越多中國學者發表的英文文章中，則使用 histotical right 這個名詞。前者是一個已經通過歷史而建立起來的權利，而後者則更多表達一種與歷史相關的權利，這種權利並非已經建立起來，但卻傾向於能夠建立。[44]

但是通過分析中文文獻，李金明認爲：「多數學者還是把歷史性權利和歷史性水域等同看待」。[45]因此，對一些進取心強的中國學者來說，提出擁有歷史性權利的水域這個概念取代歷史性水域，僅為了規避國際海洋法中對歷史性水域的高要求。比如，歷史性水域規定等同於內水，這就和南海一直以來的航海自由相違背。但如果能通過把對這個水域的歷史性主權分解為各種權利，然後逐個論證，得出中國擁有除卻「內水」之外的其他權利的結論，就可以既「符合國際法」，又爭取到最大利益，這不啻另闢蹊徑。同時很多中國專家的論述中都僅籠統地提及歷史性權利，對方如果無法得知具體指什麼權利，也就難以逐一仔細地反駁了，由此也可以獲得更大的彈性。

那麼，在這些專家看來，到底中國應該主張哪些歷史性權利？其內涵與排他性如何？這並沒有一個統一的說法，代表性的意見有：

---

[40] http://www.land.moi.gov.tw/law/chhtml/lawdetail.asp?Lid=3910.

[41] 宋承恩，中國在南海的水域主張——兼論歷史性論據的角色，http://csil.org.tw/home/wp-content/uploads/2012/11/%E5%AE%8B%E6%89%BF%E6%81%A9_%E4%B8%AD%E5%9C%8B%E5%9C%A8%E5%8D%97%E6%B5%B7%E7%9A%84%E6%B0%B4%E5%9F%9F%E4%B8%BB%E5%BC%B5%E2%94%80%E5%85%BC%E8%AB%96%E6%AD%B7%E5%8F%B2%E6%80%A7%E8%AB%96%E6%93%9A%E7%9A%84%E8%A7%92%E8%89%B2.pdf.

[42] http://www.npc.gov.cn/npc/bmzz/aomen/2007-12/07/content_1382501.htm.

[43] 比如李金明，南海斷續線的法律地位：歷史性水域、疆域線、抑或島嶼歸屬線？，南洋問題研究，二〇一〇年第四期。

[44] Florian Dupuy* and Pierre-Marie Dupuy, A Legal Analysis of China's Historic Rights Claim in the South China Sea, The American Journal of International Law, Vol. 107, No. 1 (January 2013), pp. 124-141.

[45] 李金明《國內外有關南海斷續線法律地位的研究述評》，南洋問題研究，二〇一一，第二期。

⑴潘石英認爲：該線標誌著中國的歷史性所有權，這一權利包括對於線內的所有島、礁、灘、沙的主權和對於線內內水以外海域和海底自然資源的主權權利，同時承認其他國家在這一海域內的航行、飛越、鋪設海底電纜和管道等自由。[46]換言之，這種觀點在主張線內的島、礁、灘、沙屬中國領土的同時，把內水以外的海域視同中國的專屬經濟區和大陸架。

⑵傅崑成認爲：九段線內水域是「歷史性水域」，但這種歷史性水域和國際法中定義不同，是一種特殊的歷史性水域，中國享有優先權（Preferential Rights）而非排他權。他認爲在九段線內中國有⑴對其中海洋各種資源管理、養護、勘探、開發之優先權利；⑵保護與保全海洋環境之優先權利；⑶科學研究之優先權利；⑷航海、航空交通管制的權利——甚至於周邊的越菲馬印尼等國家相關知航行管制安排。而其他國家，越南可擁有漁撈、貿易航行、維持治安所必要之熱追權等歷史權利；菲律賓泰國應可主張自由貿易航行的歷史權利；其他各國完全沒有任何歷史權利可言，應該完全接受中國在此一歷史性水域內之管理、控制、開發之優先權利。[47]

⑶鄒克淵認爲，中國的歷史性權利至少有漁權。[48]

和分析歷史性水域一樣，考慮「歷史性權利」也有兩種概念，第一種是指在九段線建立之前的權利，第二種是自從九段線建立後所形成的權利。它們之間的分別在上一節已經討論過了。

就第一種概念的歷史性權利而言，有兩種權利是可以成立的。第一是捕魚權。中國是最早在南海捕魚的國家，在西沙和南沙海域都有長久的漁民活動記錄。在西沙，可能在明朝已經開始活動；在南沙大約在十九世紀中期開始活動，在黃岩島，大概到一九八四年大陸重新開放南海漁業才開始。越南人在西沙進行漁業活動在二十世紀初，在南沙開始漁業活動當在現代。菲律賓在南沙和黃岩島的漁業活動可能直到二十世紀中期開始。因此，中國在西沙和南沙有無可爭議的漁業傳統權利。但這個權利大約難以擴展到整個九段線內水域（比如在黃岩島附近就缺乏這種權利，在南威島西南側的水域也並無證據顯示是中國的傳統漁場）。

第二種權利是航海權。中國無疑享有這種權利，但其他沿岸國家也享有這種權利，甚至域外國家也一直擁有在南海的自由航行權利，看不出爲什麼中國的傳統航海權會比他們多。因此，所謂傳統航海權利，其實是各國所共享的。而不是一國所獨有。

至於中國其他的權利，則沒有根據。比如傅崑成所說的對其中海洋各種資源管理、養護、勘探、開發之優先權利，保護與保全海洋環境之優先權利，科學研究之優先權利以及航海、航空交通管制的權利，中國在現代之前的歷史上從來沒有在海南島以南的海域裡面進行過這些活動。二十世紀之前，中國從未對南海進行任何勘探測量，反而是英國法國西班牙和美國進行過大量的測量，如果有這種權利的話，那就理當屬這四國以及他們的繼承國。說管制權，二十世紀之前中國的管制能力僅限於海南島南端，而其南就是越南所巡邏的地方。如果要有這種傳統管制權，那麼當屬越南。所以，中國並無這些項目的歷史性權利。

【46】潘石英：《南沙群島・石油政治・國際法》，香港：香港經濟導報出版社，一九九六年版，第六十一頁。
【47】《法律地位》，二一〇頁。
【48】Zou Keyuan, *Historic Rights in International Law and in China's Practice*, Ocean Development & International Law, 32:2, 149-168, DOI:10.1080/009083201511100280.

所以，如果說中國有第一種意義上的歷史性權利，那就只能限於捕魚權和航海權。惟這兩種權利，雖然都和歷史相關，在《公約》中都被視爲「非排他性」的權利，均不需通過歷史性權利這個方式，而完全可以在普通的海洋法框架下就取得。傳統捕魚權利在國際海洋法第五十一條就有規定。航海權更是在一七—三二，三四—四五，五二—五四，五八，八六—一一五，一二五等諸多條款中都可以得到保障。

就第二種概念的「歷史性」權利而言，即自從九段線建立後所形成的「歷史性」權利，在郭冉的文章中討論得最仔細。他把中國「逐步建立的權利分爲三期：「第一階段，從U形線提出前後到二十世紀七十年代初，中國政府主要主張南海諸島的領土主權，實際上是通過歷史鞏固過程鞏固歷史性所有權；第二階段，二十世紀七十年代初至八十年代，除了主張領土主權之外，中國還增加了對南海諸島「附近海域」的主張，進而對非完全主權意義上的歷史性主權權利提出要求；第三階段，一九八二年《公約》通過之後，中國開始根據《公約》維護自己的各項海洋權益，並最終在二〇〇九年全面提出中國的南海主張。」[49]他在這裡稱爲歷史性所有權，其實指的是歷史性權利。

從表述和文中的分析來看，中國其實只是不斷擴充對南海的權利的「主張」，而並非「建立」了這種權利。事實上，越南、菲律賓和馬來西亞等國也同樣地主張這些權利。那麼，難道可以說他們也在這個海域內建立了這種「歷史性權利」嗎？答案顯然是否定的。至於事實上，中國的這些權利建立了嗎？從本書的分析可知是否定的。事實上，在南海特別是南沙群島海域，在一九四七年後，無論漁業還是石油業，中國都落後於越南、菲律賓和馬來西亞。與其說這段時間中國「建立」了在南沙的歷史性權利，還不如說越菲馬文等「建立」了這些權利。

八・九段線被周邊國家默認嗎

在中國的宣傳中，九段線在頒布之後，長期（在一九七〇年代發現石油之前）沒有國家提出異議。這個說法似是而非。確實，那三十多年之間沒有哪個政府專門反對過那九段線，但是也沒有哪個政府承認過。各國政府對九段線的態度是「視而不見」。

無論國際社會對九段線持什麼態度，九段線都是客觀存在的：它是一條畫在地圖上意義不明的斷續線。承認這條線是客觀存在的，不等於承認這條線是合理與合法的。二〇一三年，中國設立東海防空識別區，畫出的線也是客觀存在的，但沒有一個國家承認這條線是合法的；美、日、英、澳等公開表明這條線是非法的，但這不等於她們否認存在這麼一條線。又比如英國為印度和西藏間劃定的麥克馬洪線也是客觀存在的，中國也承認這條線的存在，但不等於中國承認這條線是合法的。

事實上，從來沒有國家承認過中國在那一區域的權益。即便以九段線是島嶼歸屬線的最低要求來衡量，各國也是不承認這條線的合法性的。四五十年代，菲律賓、法國和南越多次提出了西沙和南沙的主權要求，這些島嶼全部都在九段線之內。在戰後到一九七四年，法國和越南就一直占領著西沙群島西部；菲律賓在戰後到二〇一二年一直實際管轄著黃岩島；馬來西亞在七十年代起就在九段線以內的中國宣稱擁有主權的島礁附近區域大規模開發石油資源。如果這些國家對九段線內的島嶼主權都存

【49】郭冉，《論中國在南海U形線內海域的歷史性權利》，太平洋學報，二〇一三年，二十一卷，十二期，四〇—四九頁。

在爭議，那麼能夠說這些國家都承認九段線嗎？

如果按照領海說這個中國的最高要求，則更無法自圓其說。美國軍方在戰後至今在南海頻繁活動，自由航行；其他國家的戰艦也在南海通行無阻；菲律賓在一九六一年公布的領海線深入九段線內；越南一九七七年的專屬經濟區線也大面積和九段線重疊。這難道還算是對九段線的合法性的默認嗎？因此，如果說九段線頒布了之後，沒有人對九段線產生爭議，就算是默認九段線的合法性，這未免自欺欺人。

其實，所謂沒有國家對九段線提出異議，大概只是因爲中國從來沒有對九段線給出官方說法（甚至連坐標都沒有公布）的結果。各國大概把它（正確地）視爲島嶼分界線而已。這樣，各國就無需專門去否認這條線，因爲她們都已提出對那些島嶼的領土要求了。

還可以考察一下設立時間與九段線時間相近的「李承晚線」（Syngman Rhee Line），作一對比。李承晚線是韓國在一九五二年一月十八日單方面設立的一段圍繞韓國的水域線，和中日兩國的水域鄰接。和中國沒有解釋的九段線不同，李承晚當時就宣布其意義爲：對朝鮮半島周圍及大陸架一九九海里內的自然資源、礦物資源及水產物均享有國家主權；強調爲防止魚類等資源及財富受到損害，保護國民、國家利益，政府將對水產業和漁撈業進行監督和管理。[50]這個聲明立即遭到日本的反對，最終在一九六五年，韓國終於宣布撤銷李承晚線，轉而以日韓漁業聲明（Japan-Korea Fishery Agreement）取代。可見，如果當初中國聲明了九段線的意義的話，難以想像周邊國家不會做出任何反應。

另外一個證明是，一九九三年臺灣發布《南海政策綱領》把九段線定義爲「歷史性水域」，主張「南海歷史性水域界限內的海域是我國管轄範圍，我國擁有一切權益」，[51]這是兩岸首次提及九段線的涵義的官方文件。各國立即表示抗議，是史上第一次的九段線爭議。這再一次證明了九段線之所以在四五十年代無人理會，乃是因爲相關國家都不知道中國九段線定義之故。即便中國有證據證明，當時畫出的九段線已經擁有不同於「島嶼歸屬線」的涵義，那麼中國也沒有用正確的方式明確地宣布出來。從現在中國歷史、法律和國際關係界對九段線的涵義還在爭論不休，就可以知道根本無法要求鄰國能夠理解這種額外的意義，這完全是中國自己的責任。

九・九段線能不受聯合國海洋法約束嗎

最近，中國又提出另一個論據：九段線產生在一九四七年，比《公約》早三十五年，所以無法用《公約》去要求九段線。比如吳士存提出「九段線的產生先於一九九四年生效的《公約》至少四十多年，而要求前者符合後者，甚至企圖用後者否定前者，則違背了法不溯及既往的國際法基本原則，顯然有失偏頗。」[52]二〇一二年一月七日，中國外交部邊界與海洋事務司副司長易先良關於「南海斷續線」的問題作以下回應：首先，從時間順序上，中國公布斷續線在前，一九八二年《聯合國海洋法公約》在後，要求斷續線符合《公約》本身不符合實際。其次，斷續線是爲了重申中國的領土主

[50] 轉引自李軍，王傳劍《中韓相鄰海洋權益問題研究》，太平洋學報，二〇一〇年，十八卷，十二期，六九—七八頁。
[51] 南海政策綱領，http://www.rootlaw.com.tw/LawArticle.aspx?LawID=A040040091060500-0820413.
[52] http://opinion.huanqiu.com/opinion_world/2014-02/4829762.html.

權以及相關海洋權益，並不是因爲畫這條線才擁有這個權益。《公約》不規範、不影響各國的領土主權問題，不能將《公約》作爲評判中國在南海主張合法性的唯一或主要依據。再次，《公約》本身並不排斥在它之前已經形成並被持續主張的權利，更不能爲任何國家侵犯和損害中國的領土主權製造「合法性」。

這是另一種錯誤的理論。首先，如果中國在《公約》生效前已經公布過九段線的定義，這還有一定的法律討論空間。但九段線從產生至今都沒有法律解釋。國際社會在公約生效後，要求中國根據《公約》澄清九段線的法律地位，並無任何法律上的偏頗，也和所謂「法不溯及既往」的原則毫不相干。

其次，國際要求各國根據《公約》，修改本國此前單方面頒布的領海法則，並不違反「法不溯及既往」的國際法基本原則。國際海洋法，如同絕大多數國際法一樣，是習慣法。《公約》在一九八二年簽署，一九九四年生效，並不意味著之前就沒有海洋法的習慣，不意味當時就無法可循。在國際公法領域，這個公約並不是「新的立法」，而僅是把以往的習慣和法規，以及各方談判的結果「成文化」（codified）。如果中國認爲《公約》不算數，那麼回溯到當時畫出九段線時的初衷和當時的國際法，中國（和國際）只承認三海里的寬度，哪裡允許新畫出一個「歷史性水域」？

第三，從歷史進程看，制定《公約》是對各國新的海洋主張的互相妥協。在二戰之後，世界各國開始海洋圈地運動，有國家甚至提出二〇〇海里的領海要求。這些單方面宣布的領海並沒有得到國際社會的公認，也沒有成爲國際社會的行爲準則，還引發起各國的衝突。換句話說，這些行爲都沒有形成國際法。國際社會從一九五〇年代開始三次召開海洋會議，正是爲了解決這些問題。包括中國在內的與會各國最終在一九八二年達成現在的《公約》，其根本目的就是爲了規範自二戰之後各國在互爲衝突的海洋主張上的混亂。如果說在一九四七年畫出的九段線僅因爲時間上在《公約》達成協議之前就不受《公約》的規定，這顯然不是公約的目的和初衷。按照中國的邏輯，世界各國在《公約》達成協議之前所單方面頒布的領海也都不能受《公約》的規限。那些宣布二〇〇海里領海的國家也有道理繼續主張其二〇〇海里了，所有在《公約》生效前單方面宣布其不符合《公約》主張的國家都不受約束了。這顯然是荒謬的。如果這種說法是成立的話，《公約》也等於一張廢紙了。

就南海沿岸國家而言，菲律賓在一九六一年發布三〇四六號令確立領海基線，一九六八年發布五四四六號令，宣布條約界線爲領海線，一九七八年發布一五九九號令設立專屬經濟區，這些法令都在《公約》之前，那麼這些法令是否也不需要修改？

最後，事實上，在《公約》談判和《公約》規定中，爲所謂的「歷史性海灣」留下空間，這正是《公約》對在生效之前各國的主張合法與否的規定。如果某國在公約簽署前所主張的海域符合「歷史性海灣」的規定，那麼這些主張就符合《公約》的要求，被《公約》支持。否則，就需要根據《公約》而廢除或者修改。如果九段線能符合「歷史性海灣」的要求，那麼中國就應該按照這個方向進行努力論證，而不是用所謂九段線不受《公約》規限這種理論。

十・中國官方的態度及可能的解釋

中國至今沒有明確九段線的性質和自己的要求。但是從一系列法案以及官方表述來看，還是可以推測出一些線索。

中國長期以來對南海海域的表述是：中國對南海諸島及其附近海域擁有無可爭辯的主權。[53]在二○○九年五月七日中國提交給聯合國的照會中，中國更新了表述：「中國對南海諸島及其附近海域擁有無可爭辯的主權，並對相關海域及其海床和底土享有主權權利和管轄權（見附圖）。」[54]這裡提及的附圖就是一份標注九段線的地圖，但文件中沒有表明九段線內水域是否就是文件中所提及的海域。

這裡提到了附近海域（adjacent water）和相關海域（relevant water）這兩個概念。由於提及對附近海域擁有主權，因此，這裡的附近海域可能被視爲內水或領海。而提及「相關海域及其海床和底土」則具有「主權權利和管轄權」（Sovereign rights and jurisdiction），這在國際海洋法中應該對應毗連區和專屬經濟區以及大陸架。

因此，中國在九段線內的要求可能會如下：

首先，先假定中國能夠取得西沙、南沙和黃岩島的主權。中國會在西沙、南沙和黃岩島畫出領海基線。中國已經在西沙畫出了直線基線。黃岩島由於僅僅限於一島，所以大概以自然基線爲准。在南沙可以依照三種模式：[55]第一，點陣式，即完全按照國際海洋法的規定，每一個島礁作爲單一的地理單位，以低潮線畫出自然基線。第二，但基於西沙的模式，更有可能畫出「一體式」的直線基線。即整個南沙群島作爲一個單位，以島礁外沿爲基點，畫出一個包括所有島礁的多邊形。現在無法估計中國以那些島礁作爲這些基線的點。這可能有幾種選擇：⑴把南沙所有礁（包括暗礁）作爲一個整體畫出多邊形區域線；⑵把所有低潮時能夠露出水面的礁石作爲一個整體畫出多邊形區域線；⑶把所有高潮時能露出水面的礁石作爲一個整體畫出多邊形區域線。第三，位於這兩個極端的中間可能採用

「區塊式」的方案，即把南沙群島分割爲次一級的單位，再以上述幾個標準畫出多個多邊形區域線。

在以上幾個選項中，以一體式畫出的面積最大，點陣式畫出的面積最小。用直線基線的方法，首先違反國際海洋法（見後）會帶來很大的爭議。而且基線內的水域即等同內水，外國船隻沒有無害通過權，對外國自由航海權有極大衝擊。如果面積不大的話，外國可能不計較，但是如果面積太大，必然引起強烈不滿。

以一體式方案會引來極大的抵制。如果以標準⑴包括暗沙，違反國際法最多，因爲暗沙並不能作爲領土，也沒有構成領海基線的權利，且覆蓋面積極大，各國難以答應。標準⑵亦違反海洋法，因爲第一百二十一條島嶼制度規定「島嶼是四面環水並在高潮時高於水面的自然形成的陸地區域。」所以僅僅在低潮能高於水面而在高潮被完全覆蓋的礁石沒有領海權，也自然無法成爲領海基線。標準⑶符合島嶼制度的要求，但採取直線基線還是違反國際海洋法。以區塊式的方案同樣違反國際海洋法中直線基線的規定。但把南沙先分割成小單位的話，會大規模減少內水面積，所以比較容易令國際社會接受。有西沙的先例，很難設想中國僅僅滿足於符合國際法的點陣式方案。

其次，在領海基線設立後，向外擴張十二海里作爲領海，外國船隻有無害通行權。

【53】中國關於菲律賓所提南海仲裁案管轄權問題立場文件，2014/12/07 http://news.xinhuanet.com/world/2014-12/07/c_1113547390.htm.

【54】http://www.un.org/Depts/los/clcs_new/submissions_files/mysvnm33_09/chn_2009re_mys_vnm.pdf.

【55】周江《論我國南海主權主張中的附近海域》，重慶理工大學學報，二〇一一年第二十五卷第九期。

再次，在領海基線算起十二海里到二十四海里之間，作爲毗連區。

再次，在領海基線外推最大二〇〇海里的範圍內，會設立經濟專屬區。在《公約》一百二十一條規定中，「不能維持人類居住或其本身的經濟生活的岩礁，不應有專屬經濟區或大陸架」。[56]從國際實踐中看，即便可以維持經濟生活的小島嶼，也無法擁有和大陸以及大島嶼一樣的劃界能力。比如在白龍尾島的例子，其專屬經濟區就僅僅在領海外三海里。同時國際上也有多個例子，一個國家擁有某個小島嶼的主權和領海，但卻沒有經濟專屬區和大陸架。整個小島位於另一國的專屬經濟區和大陸架上，形成一種特殊的「飛地」。黃岩島的情況正好適用於這個例子。因此，即便中國劃定領海基線之後，這些島嶼能帶有多大的專屬經濟區和大陸架的劃界效力，肯定也是一個極大的爭議。

最後，在九段線以內，如果還有在經濟專屬區之內的海域，這裡稱爲剩餘海域。中國大概會以「歷史性權利」的方式主張其效力和經濟專屬區相等。剩餘海域的有無和大小高度依賴於中國如何制定領海基線。如果以一體式方案制定直線基線，那麼剩餘海域就可能很小甚至不存在。

[56] http://www.un.org/zh/law/sea/los/article8.shtml.

徵引書目

中文資料

專著

黎蝸藤《釣魚臺是誰的——釣魚臺的歷史與法理》，臺灣五南出版社，二〇一四

黎蝸藤《被扭曲的南海史——二十世紀前的南中國海》，臺灣五南出版社，二〇一六

李金明《中國南海疆域研究》，福建人民出版社，一九九九

李金明《南海爭端與國際海洋法》，海洋出版社，二〇〇三

李金明《南海波濤——東南亞國家與南海問題》，江西高校出版社，二〇〇五

李國強《南中國海研究：歷史與現狀》，黑龍江教育出版社，二〇〇三

吳士存《南沙爭端的起源與發展（修訂版）》，北京，中國經濟出版社，二〇一三

郭淵《晚清時期中國南海疆域研究》，黑龍江教育出版社，二〇一〇

傅崑成《南海法律地位之研究》，一二三資訊，一九九五

呂一燃《中國近代邊界史》，四川人民出版社，二〇〇七

夏章英《南沙群島漁業史》，海洋出版社，二〇一一

史料和資料

中華民國外交部研究委員會編印《外交部南海諸島檔案彙編》，臺北，外交部，民國八十四年

臺灣內政部編印《中華民國南疆史料選輯》，二〇一五

陳天賜《西沙島、東沙島成案彙編》，商務印書館，一九二八

韓振華主編《我國南海諸島史料彙編》，東方出版社，一九八八
廣東省地名委員會編《南海諸島地名資料彙編》，廣東省地圖出版社，一九八七
《中國南海諸群島文獻彙編》，臺灣學生書局，一九七五年
張良福《讓歷史告訴未來——中國管轄南海諸島百年紀實》，海洋出版社，二〇一一
張良福《南沙群島大事記，一九四九—一九九五》，中國科學院南沙考察隊，一九九六
法律條約彙編　陳鴻瑜編譯《東南亞各國海域法律及條約彙編》，國立暨南大學東南亞研究中心出版，一九九七
伊始、姚才中、陳幀國《南海！南海！》，廣東人民出版社，二〇〇九
《清季外交史料》，文海出版社，一九六三年
雲南歷史研究所，《清實錄：越南緬甸泰國老撾史料摘抄》，昆明，雲南人民出版社
《中國古地圖珍集》，西安地圖出版社，一九九五
《廣東輿地全圖》，成文出版社，根據宣統元年版本影印，中國方志叢書，一〇八號
陳壽彭譯《新譯中國江海險要圖誌》，河海叢書，廣文書局，一九〇〇年
王鐵崖編《中外舊約章彙編》，三聯書店，一九八二

其他

高建軍《中國與國際海洋法》，海洋出版社，二〇〇四年
趙理海《海洋法問題研究》，北京大學出版社，一九九六年

黃剛《中華民國的領海及其相關制度》，臺北，臺灣商務印書館，一九七三年

蕭曦清《中菲外交關係史》，正中書局，一九九五

《當代中國海洋石油工業》，當代中國出版社，二〇〇八

陸其明《六十年海軍作品選・第五卷》中國文化出版社，二〇〇九

凌青《從延安到聯合國——凌青外交生涯》，福建人民出版社，二〇〇八

潘石英《南沙群島・石油政治・國際法》，香港經濟導報出版社，一九九六

黃錚、蕭德浩《中越邊界歷史資料選編》下，社會科學文獻出版社，一九九三年

《劉華清回憶錄》，解放軍出版社，北京，二〇〇四年，四三七—四三八頁

政府檔案

《中國關於菲律賓所提南海仲裁案管轄權問題立場文件》，二〇一四

《中國堅持通過談判解決中國與菲律賓在南海的有關爭議》，二〇一六

臺灣內政部編印《海域二法制定實錄》，中華民國九十一年十二月

中華民國南海政策說帖，二〇一六年三月二十一日

論文及評論

曹群〈南海爭端與國際仲裁：菲律賓之妄訴〉，《國際問題研究》，二〇一三年第四期

陳欣之〈東協諸國對「中國威脅論」的看法與回應〉，《問題與研究》，第三十五卷十一期

陳欣之〈南沙主權糾紛對臺海兩岸關係的意義與影響〉，《問題與研究》，一九九九年，第三十八卷

第七期，二三—四〇頁
葛紅亮〈冷戰後美國的南海政策及其對中美關係的影響〉，《東南亞南亞研究》，二〇一二年第二期
管建強〈美國無權擅自在中國專屬經濟區從事「軍事測量」——評中美南海摩擦事件〉，《法學》，二〇〇九年第四期，五〇—五七頁
管建強〈南海九段線的法律地位研究〉，《國際觀察》，二〇一二年第四期，一五—二二頁
郭冉〈論中國在南海U形線內海域的歷史性權利〉，《太平洋學報》，二〇一三年，二一卷，十二期，四〇—四九頁
郭躍虎〈美國對中菲南沙群島爭端政策的歷史考察——基於美國新近解密外交檔案的解讀〉，《當代中國史研究》，二〇一三年第二期
胡賁〈五路諸侯競逐中國海上管理權〉，《南方週末》，二〇一〇年十二月八日
紀明葵〈維護海洋權益 實現海洋強國夢〉，《中國日報》，二〇一三年七月三十一日
賈宇〈南海「斷續線」的法律地位〉，《中國邊疆史地研究》，二〇〇五年六月，第十五卷，第二期，一一二—一二〇頁
姜紅明，唐文彰，〈黃岩島主權辨析〉，《社科縱橫》，二〇一二年九月，總第二十七卷第九期，五一頁
江淮〈菲律賓染指中國黃岩島回溯〉，《世界知識》，二〇一二年十期
康占忠〈灤河之子——白眉初捍衛南海海疆〉，灤河文化研究會
李金明〈中法勘界鬥爭與北部灣海域劃界〉，《南洋問題研究》二〇〇〇年第二期
李金明〈從東盟南海宣言到南海各方行爲宣言〉，《東南亞》，二〇〇四年第三期，三一—三六頁

李金明〈南海斷續線的法律地位：歷史性水域、疆域線、抑或島嶼歸屬線？〉，《南洋問題研究》，二〇一〇年第四期
李金明〈國內外有關南海斷續線法律地位的研究述評〉，《南洋問題研究》，二〇一一，第二期
李金明〈菲律賓爲何將南海問題提交國際仲裁〉，《世界知識》，二〇一三年，第十期
李軍，王傳劍〈中韓相鄰海洋權益問題研究〉，《太平洋學報》，二〇一〇年，十八卷，十二期，六九—七八頁
李令華〈關於南海U形線與國際海洋邊界劃定問題的探討〉，《現代漁業信息》，二〇〇五年十二月刊
林碧炤〈我國南海歷史性水域之法律制度——學術座談會紀要〉，《問題與研究》，一九九三年第三十二卷第八期，六—八頁
林若雩〈東協與中國達成《南海行動宣言》的意涵與臺灣的因應之道〉，《新世紀智庫論壇》五十五期，二〇一一
林正義〈臺灣於南沙太平島修建跑道的戰略意涵〉，《戰略安全研析》，一九九八年二月，第三十四期
凌兵〈爲什麼中國拒絕南海仲裁有損中國的權益？〉
劉峰〈南海油氣資源開發與合作〉，《新東方》，二〇一〇年六號，總第一七七期，二〇—二三頁
劉復國〈國家安全定位、海事安全與臺灣南海政策方案之研究〉，《問題與研究》，二〇〇〇年，第三十九卷第四期，一—一六頁
劉楠來《從國際海洋法看"U"形線的法律地位》
羅婷婷《九段線法律地位探析》，中國海洋法學評論，二〇〇八年第一輯，五六—六四頁

呂一燃《近代中國政府和人民維護南海諸島主權概論》，《近代史研究》，一九九七年第三期，三—四一頁

彭認燦、許堅、沈文周《南海斷續線連接方案的研究》，地圖，二〇〇一年第四期，一〇—一二頁

沈固朝〈關於北部灣的歷史性水域〉，《中國邊疆史地研究》，二〇〇〇，第十卷，第四期，四四—五九頁

宋承恩〈中國在南海的水域主張——兼論歷史性論據的角色〉

宋燕輝〈南海會議與中華民國之參與：回顧與展望〉，《問題與研究》，一九九六，第三十五卷第二期，三三—三四頁

宋燕輝〈美國對南海周邊國家歷史性水域主張之反應（下）〉，《問題與研究》，三十七卷十一期，頁五〇（一九九八）

孫國祥〈論東協對南海爭端的共識與立場〉，《問題與研究》，第五十三卷第二期，三一—六六頁，二〇一四年六月

王江雨〈設立防空識別區的實力與策略問題〉

吳鳳鳴〈我國近代地理學開創者白眉初的新地理觀〉，《地理研究》，二〇一一第三十卷第十一期

夏綜萬〈南沙美濟礁科考紀事〉，《中國海洋報》，二〇〇四年七月二十四日

薛力〈美海軍專家談如何看待南海問題訪談之二，Christopher Yung〉

薛力〈中國海上崛起利益清單——美國爲何這麼怕永暑礁建設〉

應紹基〈美軍「無瑕號」海測船南海事件緻研析〉，《海軍學術雙月刊》四四：三，二〇一〇年，

三二—四五頁
趙偉〈南（中國）海周邊國家協議解決海域劃界爭端的實踐機器對中國的啓示〉，《中國海洋法評論》，二〇一三年第一期
鄭雷〈論中國對專屬經濟區內他國軍事活動的法律立場——以無瑕號事件爲視角〉，《法學家》，二〇一一年第一期，一三九—一四六頁
周江〈論我國南海主權主張中的附近海域〉，《重慶理工大學學報》，二〇一一年第二十五卷第九期

越南專著及史料

史地雜誌二十九期　Tập San SỬ ĐỊA số 29 Đặc Khảo Hoang Sa Truong Sa, 1975
阮雅等著，戴可萊譯，《黃沙和長沙特考》（即史地雜誌二十九期的中譯本），商務印書館，一九七八
戴可來、童力編譯《越南關於西南沙群島問題文件資料彙編》，河南人民出版社，一九九一
The Hoang Sa and Truong Sa Archipelagoes (Paracels and Spratly), Dossier, Published by Vietnam Courier, I (1981), II (1985)
The Sino-Vietnamese Difference on the Hoang Sa and Truong Sa Archipelagoes, by lưu văn lợi, The Gioi publishers, Hanoi, 1996
Trần Nam Tiến, *BIỂN ĐẢO VIỆT NAM – HOÀNG SA TRƯỜNG SA: HỎI VÀ ĐÁP* , Nhà Xuất Bản Trẻ, 2011
Nguyen Q. Thang , *The Hoang Sa and Truong Sa Archipelagoes part of Vietnam's Territory, From the Standpoint of International Law*, translated by Ngoc Bach, Ho Chi Minh City General

Publishing House, 2013

Tran Cong Trug, *Evidence of Vietnam's Sovereignty on the Bien Dong Sea*, translated by Pham Xuan Huy, Information and Communications Publishing House, Ha Noi, 2014

日文專著

浦野起央《南海諸島國際紛爭史》，刀水書房，一九九七

西方英文專著及史料

專著

Marwyn S. Samuel, *Contest for the South China Sea*, Methuen & Co. 1982

Chi-Kin Lo, *China's policy towards territorial disputes, the case of the South Cina Sea Islands*, Routledge, 1989

R. Haller-Trost, *The Brunei-Malaysia dispute over territorial and maritime claims in international law*, Maritime Briefings Vol. 1 no. 3, 1994

David Hancox & Victor Prescott, *A Geographical Description of the Spratly Islands and an Account of Hydrographic Surveys Amongst Those Islands*, Maritime Briefing Vol.1 No.6, 1995

Robert Catley & Makmur Keliat , *Spratlys: The Dispute in the South China Sea*, Ashgate Publishing, 1997

Monique Chemilier-Gendreau, *Sovereignty over the Paracel and Spratly Islands*, Kluwer Law International, 2000

Kimie Hara, *Cold war frontiers in the Asia-Pacific*, Routledge, 2007

Bill Hayton, *The South China Sea: The Struggle for Power in Asia*, Yale University Press, 2014

Joshua Ho & Sam Bateman (Ed.) *Maritime Challenges and Priorities in Asia: Implications for Regional Security*, Routledge, 2012

Buszynski & Robert, *The South China Sea Maritime Dispute, Political, Legal and Regional Perspectives*, Routledge, 2015

史料和資料

The China Sea Directory, published by Hydrographic office , Admiralty, 1884 version

China Sea Pilot, Hydrographic Department, Admiralty, Vol.I, 1937 version

Foreign Relations of the United States Diplomatic papers

Post WW II foreign policy planning State Department records of Harley A. Notter, 1939-1945

United States Treaties and Other International Agreements, Department of State

Allan W. Cameron, Viet-Nam Crisis, A documentary history Vol. 1: 1940-1956. Cornell University Press, 1971

菲律賓專著與史料

專著

Juan Arreglado, Kalayaan, Historical, legal, political background, Foreign Service Institute (Manila), 1982

Hans Indorf, The Spratlys: A test Case for the Philippine Bases, Manila: Centre for Research and Communication, 1988

Teresita Ang See, Chito Sta. Romana, Sailing beyond Disputed Waters, Philippine Association for Chinese Series, Chinese Studies Journal Volume 10, 2013

Philippines-China Relations: Sailing beyond Disputed Waters, Philippine Association for Chinese Studies, Chinese Studies Journal, Vol.10, 2013

史料

The Philippines, the land of palm and pines, compiled by John Bach, Manila, 1911

Census of the Philippine Islands: 1918, Bureau of Printing, Manila, 1920

Philippines Commission of the Census, Census of the Philippines: 1939, Bureau of Printing, Manila, 1940

D.V. Villadolid, Philippine Fisheries (1952), Bureau of Fisheries. Chapter 8, Principal Marine Fisheries

英文論文

Francois-Xavier Bonnet, The Spratlys: A Past Revisited, World Bulletin Vol. 23, 2004

Nayan Chanda, Long Shadow: Southeast Asian Have China on Their Mind, Far Eastern Economic Review, Dec 28, 1995 & Jan 4, 1996

Renato Cruz De Castro, China’s Realpolitik Approach in the South China Sea Dispute: The Case of the 2012 Scarborough Shoal Stand-Off, “Managing Tensions in the South China Sea” conference held by CSIS on June 5-6, 2013

Shepard, F. P., Emery, K. O., and Gould, H. R., 1949, Distribution of sediments on East Asiatic continental shelf: Allan Hancock Found. Occasional Paper 9, p64

Lyle Goldstein, Strategic Implications of Chinese Fisheries Development, China Brief, 2009, Vol: 9, Issue: 16

Virginia A. Greiman, A Model for Collaborative Development in the South China Sea, The Journal of Asian Finance, Economics and Business, Vol.1 No.1 pp.31-40

Abdul Kani Hj. Mohd. Salleh, Offshore Exploration In Brunei, Energy, Vol.10. No. 3/4. pp.487-491, 1985

Roberto Lavalle, The Rights of States over Low-tide Elevations: A Legal Analysis, The International Journal of Marine and Coastal Law, Volume 29, Issue 3, pp.457-479

Geoffrey Marston, Abandonment of territorial claims: the cases of Bouvet and Spratly Islands, British year book of international law, Vol.57, 337-356

Andres M Mane, Status, Problems and Prospects of the Phillipine Fisheries Industry, Philippine Farmers’ Journal, (1960 Dec), Volume II no.4, p.35

Hiroshi Niino, K. O. Emery, Sediments of Shallow Portions of East China Sea and South China Sea,

Geological Society of America Bulletin, 1961,Vol.72, pp.731-762

Jonathan G. Odom, The True "lies" Of The Impeccable Incident: What Really Happened, Who Disregarded International Law, And Why Every Nation (outside Of China) Should Be Concerned, Michigan State Journal of International Law, Vol.18: 3

Nordin Ramli, The history of offshore hydrocarbon exploration in Malaysia, Energy, Volume 10, Issues 3–4, March–April 1985, Pages 457–473. Proceedings of the Second EAPI/CCOP Workshop. doi:10.1016/0360-5442(85)90060-X

Asri Salleh, Che Hamdan Che Mohd Razali1 and Kamaruzaman Jusoff, Malaysia's policy towards its 1963 - 2008 territorial disputes, Journal of Law and Conflict Resolution, Vol.1(5)

Nguyen Hong Thao, Vietnam's First Maritime Boundary Agreement, IBRU Boundary and Security Bulletin, Vol.5, Autumn 1997, p.77

Nguyen Hong Thao, The China-Vietnam border delimitation treaty of 30 December 1999, IBRU Boundary and Security Bulletin, 2000, pp.87-90

Stein Tønnesson, The South China Sea in the Age of European Decline, Modern Asian Studies 40, 1 (2006), pp.1–57

Barry Wain, Manila's Bungle in The South China Sea, Far Eastern Economic Review, January/February 2008, Vol. 171.2008, 1, p. 45-48

Zou Keyuan, Historic Rights in International Law and in China's Practice, Ocean Development & International Law, 32:2, 149-168

博雅文庫 185

從地圖開疆到人工造島——
南海百年紛爭史

作　　者　黎蝸藤
企劃主編　蘇美嬌
實習編輯　康婉鈴
封面設計　姚孝慈
出 版 者　五南圖書出版股份有限公司
發 行 人　楊榮川
總 經 理　楊士清
總 編 輯　楊秀麗
地　　址　106 臺北市大安區和平東路二段 339 號 4 樓
電　　話　(02)2705-5066
傳　　真　(02)2706-6100
劃撥帳號　01068953
戶　　名　五南圖書出版股份有限公司
網　　址　https://www.wunan.com.tw
電子郵件　wunan@wunan.com.tw
法律顧問　林勝安律師
出版日期　2017 年 8 月初版一刷
　　　　　2024 年 9 月初版三刷
定　　價　新臺幣 880 元

國家圖書館出版品預行編目資料

從地圖開疆到人工造島：南海百年紛爭史 / 黎蝸藤著 . -- 初版 . -- 臺北市 : 五南圖書出版股份有限公司 , 2017.08
面； 公分
ISBN 978-957-11-9200-0（平裝）

1. 南海群島　2. 南海問題　3. 歷史

739.2　　106008323